上海市教育委员会高校重点教材建设项目
上海市教育委员会组编

现场总线技术与应用

张凤登　编著

科学出版社
北　京

内 容 简 介

现场总线技术是测量与控制领域的新技术。本书系统地介绍了现场总线技术的产生背景、理论与技术基础，深入揭示了导致现场总线标准多样化的媒体访问控制技术，并将现有20多种总线国际标准划分为I/O位传输现场总线、设备现场总线、狭义现场总线和工业以太网4个大类，从总线的技术特点、规范、总线接口电路设计及现场总线控制系统设计与应用等方面，较全面地阐述了4类总线的典型代表CAN、Profibus、FF-H1和FF-HSE，同时也给出了其他总线标准的技术要点和区别。

全书共分9章，每章配有习题。内容由浅入深，避免了概念上的跳跃，较为系统和完整地反映了现场总线技术的最新发展状况。

本书可作为高等院校自动化、测控技术、信息工程、计算机应用、机电一体化等专业高年级本科生、研究生的教材，也可作为从事现场总线技术及应用的工程技术人员的参考书。

图书在版编目(CIP)数据

现场总线技术与应用/张凤登编著.—北京：科学出版社，2008
上海市教育委员会高校重点教材建设项目.上海市教育委员会组编
ISBN 978-7-03-022745-4

Ⅰ.现… Ⅱ.张… Ⅲ.总线-技术 Ⅳ.TP336

中国版本图书馆CIP数据核字(2008)第121691号

责任编辑：孙明星 潘继敏／责任校对：陈玉凤
责任印制：徐晓晨／封面设计：耕者设计工作室

科学出版社出版
北京东黄城根北街16号
邮政编码：100717
http://www.sciencep.com
北京凌奇印刷有限责任公司印刷
科学出版社发行 各地新华书店经销
*
2008年9月第 一 版 开本：787×1092 1/16
2021年7月第七次印刷 印张：24
字数：544 000

定价：69.00元

(如有印装质量问题，我社负责调换)

前　　言

控制技术、通信技术、计算机技术和芯片技术的高速发展，导致了测量与控制领域的深刻变革，产生了现场总线这一新技术。现场总线是运行在生产现场的智能检测设备和控制设备之间、测控设备与控制室之间的双向、多点、全数字串行通信系统，被认为是测量与控制领域的开放系统互连通信网络。现场总线的出现，对测控设备及控制系统的设计方法产生了巨大革新，从根本上改变了传统测控系统的结构形式，并给测控设备和系统的最终用户带来更大的实惠和方便。因此，自其出现之日起，就受到广泛关注，并迅速成为世界范围内测控技术研究的热点。

目前，现场总线技术的发展还处于初级阶段，完善和单一的现场总线国际标准短时期内还不会出现。尽管如此，由于其在经济性、安全性、可靠性及高效率等方面的优势，该技术全面进入测量与控制领域将是大势所趋，几乎所有发达国家的大学、科研机构和著名公司都在进行相关的研究。现场总线是多种技术的综合，庞大而复杂。现有的现场总线多种多样，总数超过 40 种，其中 25 种已经成为现场总线国际标准。这种技术上的多样性和种类的不统一，给人们学习和掌握这一新技术带来很大困难。本书作者从事集散控制系统和现场总线技术的教学和研究工作长达 15 年，对现场总线技术有了一定程度的理解，期望通过编写本书，由浅入深，系统、全面地介绍现场总线的产生背景、理论与应用技术基础，反映现场总线的最新发展状况，为推动现场总线技术的开发和应用发挥作用。

全书共分 9 章，每章配有习题。第 1 章介绍现场总线的产生和发展趋势；第 2 章介绍数据通信基础与通信接口标准；第 3 章介绍一些网络基本概念和术语，分析构成现场总线的要素和现场总线的一般体系结构；第 4 章深入揭示了导致现场总线标准多样化的媒体访问控制技术；第 5、6、7、8 章，将现有 20 多种总线国际标准划分为 I/O 位传输现场总线、设备现场总线、狭义现场总线和工业以太网 4 个大类，从总线的技术特点、规范、总线接口电路设计以及现场总线控制系统设计与应用等方面，较全面地阐述这 4 类总线的典型代表 CAN、Profibus、FF-H1 和 FF-HSE，同时给出其他总线标准的技术要点以及它们之间的差别；第 9 章则介绍现场总线控制系统的一般设计方法、集成技术，并分析现场总线网络与企业信息网络的相互关系。本书带星号（*）的章节可根据教学需要灵活选用。

从本书的章节结构组成可以看出，作者力图将现场总线技术这一庞大的主题细化，使之更易于理解，讲述的重点是基本原理以及与该技术和体系结构有关的重要问题，同时也探讨了一些该领域的领先技术。

本书的编写得到了科学出版社和我的同事们的大力支持。周美娇参加了本书第 2、4 两章的编写；左小五、艾春丽参加了第 5 章的编写；张俊华参加了第 6 章部分内容和应用实例的编写工作；于莲芝副教授参加了第 7 章的编写。唐莹、顾嫣、顾睿菲、米萍、龚勇、郭苗苗等做了书稿的文字校对工作。本书还得到清华大学阳宪惠教授和北京航空航天大学满庆丰教授的审定。在此谨向他们以及本书中引用的参考文献的作者致以衷心的感谢。

由于作者水平有限，书中错误和不足之处在所难免，敬请读者批评指正。

编　者

2008 年 5 月

目　　录

第1章　概　　述

测量与控制技术、通信网络技术、计算机技术、芯片技术的高度发展，使得自动化领域中的设备制造、控制方式、系统集成、系统维护等方面发生了深刻的变革，并直接导致了现场总线这一新技术的产生和发展。时至今日，建立在现场总线基础上的现场总线控制系统，正在逐步取代传统的模拟仪表控制系统、直接数字控制系统和集散控制系统，并从根本上改变了传统控制系统的结构，对自动化产品及控制系统的设计方法也产生了巨大冲击，为自动化系统的终端用户带来更大的实惠和方便。

1.1　现场总线的基本概念

现场总线的原始思想非常简单，就是想用一个开放的、互可操作的、多点的数字通信系统代替已使用很久的4～20mA标准。但是，这样一个概念的实现却异常困难，不仅涉及众多技术领域，单就理解现场总线的含义和复杂性，就花去了工业界近十年的时间。

导致对这一概念长时间酝酿的原因有两个。首先，不同的国际标准化组织对各自设计的现场总线的优缺点存在激烈争论；第二，现场总线远不只是简单代替4～20mA标准。由此看来，要想真正掌握现场总线这一新兴技术并不是一件简单的事。为了便于学习现场总线，我们首先简单介绍一下其产生和发展过程，然后给出它的定义。

1.1.1　现场总线的由来

事实上，现场总线的产生与发展，与计算机在工业控制领域的应用密切相关。这里将通过回顾计算机在控制系统中的应用历程，帮助我们理解现场总线技术。

1. 数据采集与处理

计算机在控制系统中的应用始于20世纪50年代，此时的计算机主要是对大量的过程参数进行巡回检测、数据记录、数据计算、越限报警以及对大量数据进行累积和实时分析。典型系统结构如图1-1所示。

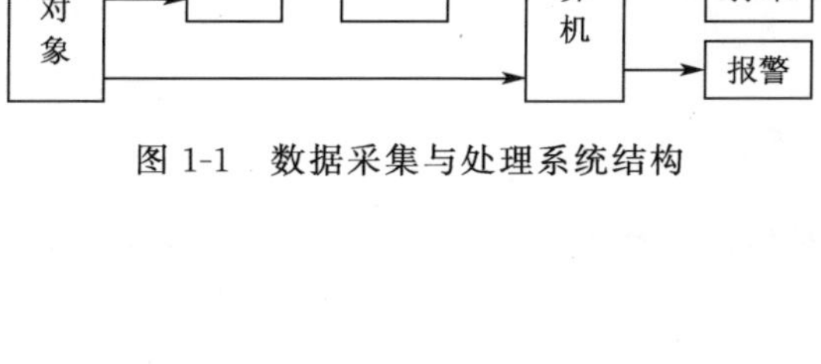

图1-1　数据采集与处理系统结构

在这种应用结构中，计算机并不直接参与控制，对生产过程不会产生直接影响，但其作用还是很明显的。它表现在能对整个生产过程进行集中监视，故对指导生产过程控制有一定的积极作用，同时可进行越限报警，以确保生产过程的安全。此外，这种应用方式可以得到大量统计数据，有利于对生产过程进行研究，以便建立和改善生产过程的数学模型，即找到生产过程中各参数（包括被控量、干扰、控制量）之间关系的数学表达式，这样就为计算机直接参与控制创造了条件。

2. 直接数字控制系统

20世纪60年代以前，虽然计算机已经应用于控制系统，但仍不能称之为过程计算机控制，其根本原因在于它不直接参与过程控制，充其量不过是一个离线数据分析工具而已。60年代以后，由于计算机上提供了与过程装置之间的接口，人们开始试验用直接连接的方法，使计算机与变送器、执行器之间的信号传送都不用人工干预，并获得了成功，其结构如图1-2所示。

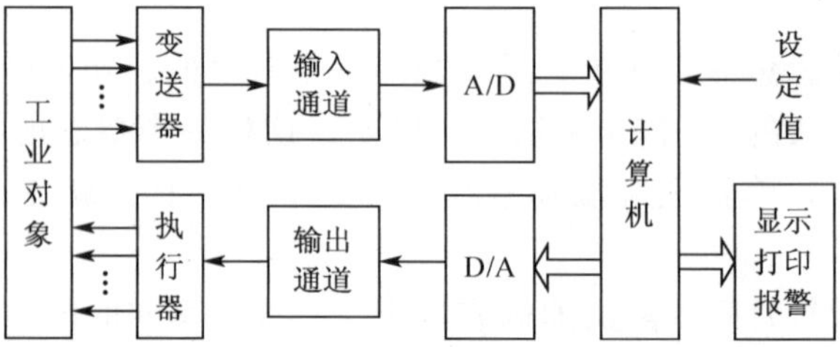

图1-2 直接数字控制系统结构

在这种系统中，主要是由计算机参与闭环控制过程，无需模拟控制器，计算机通过过程输入通道对一个或多个被控参数进行巡回检测，并根据确定的控制规律进行运算，然后发出控制信号，通过输出通道直接操纵控制阀等执行机构，构成闭环控制回路。一般情况下，这类控制系统有一个功能较齐全的运行操作台，设定、显示、报警等集中在这个控制台上，操作方便。也就是说，计算机配备上变送器、执行器和信号连接装置就完全可以实现过程的检测、监视、控制和管理了。这种计算机控制系统能够替代模拟控制仪表，实现由模拟技术到数字技术的转换，而系统的功能却保持不变。因此，该系统已经成为计算机控制技术的基础，通常称为直接数字控制系统（DDC，Direct Digital Control）。

然而，在DDC系统中，由于计算机与过程装置之间的双向信号流动是通过硬性物理连接装置来实现的，其中流动的信号都是电气信号，因此计算机不可能与现场装置离得太远，所以每台计算机所控制和管理的过程装置数量很少。当单台计算机控制着几十甚至几百个回路时，除可能因运算量大，计算机负荷过载外，危险也集中了，一旦计算机发生故障，将导致生产过程全面瘫痪。因此，DDC在多数情况下的应用为单回路控制。

3. 监督计算机控制系统

在DDC方式中，对生产过程产生直接影响的被控参数设定值是预先设定的，并且存入微型计算机内存中，这个设定值不能根据过程条件和生产工艺信息的变化实时修改，故直接数字控制方式无法使生产过程处于最优工况，这显然是不够理想的。

监督计算机控制（SCC，Supervisory Computer Control）系统中，计算机根据原始工艺信息和其他参数，按照描述生产过程的数学模型或其他方法，自动地改变模拟控制器或以直接数字方式工作的微型计算机中的设定值，从而使生产过程始终处于最优工况。

监督计算机控制方式的控制效果，主要取决于数学模型的优劣。数学模型一般是针对某一目标函数设计的，如果数学模型能使一目标函数达到最优，那么，这种控制方式就能实现最优控制。当数学模型不理想时，控制效果也不会太好。监督控制的结构形式如图 1-3 所示。

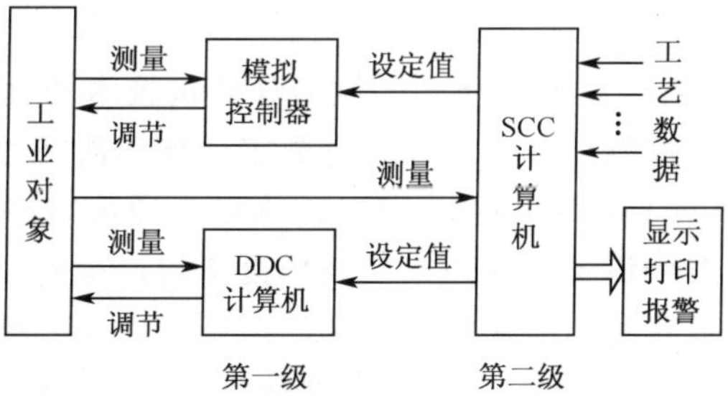

图 1-3　监督计算机控制系统结构

SCC 一般由两级计算机组成，第一级计算机与生产过程连接，并承担测量和控制任务，即完成 DDC 控制。因此要求可靠性高，抗干扰性强，能独立工作；第二级计算机按照生产过程工况、操作条件的变更信息和数学模型进行必要的转换，给第一级计算机提供最佳设定值和最优控制量等各种控制信息。第一级计算机和第二级计算机之间的数据通信，通常采用串行数据链路规程，传送速率一般较低。

4. 集散控制系统

工业生产过程中，管理的集中性和控制的分散性，进一步推动了计算机控制技术的发展。20 世纪 70 年代中期出现了集散控制系统（DCS，Distributed Control System），它是以微型计算机为核心，采用单元组合方式，根据不同需要灵活组合的一个完整系统，即基础级是以微型计算机为核心的基本控制站，实现 DDC 控制。各基本控制站通过网络和上级监控计算机、CRT 操作站等联系起来。监控级可采用高性能的 32 位微型计算机，CRT 操作站的核心部件也是微处理器。到了 80 年代，DCS 已在自动化领域中占据主导地位，其基本结构如图 1-4 所示。

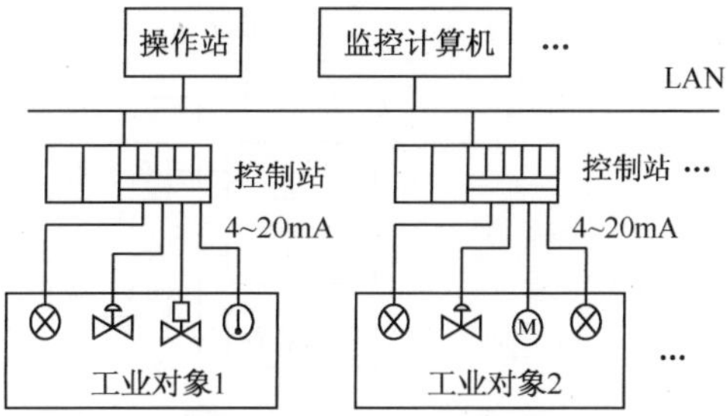

图 1-4　集散控制系统基本结构

从整体逻辑结构上讲，DCS 是一个分支树型结构，整个系统既集中又分散，现场控制站分布在各个工业现场，通过数字通信网络联系起来，可在中央控制室通过监控计算机、操作站等进行集中监视、维护和管理。

其重要特点是：采用网络技术实现数据的高速远距离传送；采用分布的、相对独立的控制站在一定程度上避免了多回路集中控制的风险；通过控制站的冗余设计提高了控制系统的可靠性。因此，目前DCS被广泛应用于大型厂矿企业中。

5. 现场总线控制系统

前面讲述的DCS系统虽然已经在控制室内实现了数字化，但处于现场的大量变送器、执行器仍然是模拟的，每台现场仪表都必须各自用2芯或4芯电缆将4～20mA的直流模拟信号通往控制站，随着测点的增加，所需控制电缆数势必随之增长。另外，大量测控信息必须通过控制站才能实现控制和管理，并没有实现真正意义上的分布式控制，也就是说，没有将控制回路完全下放到生产现场的变送器或执行器上，只是实现了控制站的相对分散。

20世纪80年代，随着通信网络技术、微型计算机技术的发展，通用或专用的微处理器开始逐步进入测量与控制仪表，使之具有数字计算和数字通信能力。逐步放弃常规的4～20mA模拟信号传输标准，采用一定的媒体作为通信线路，按照公开、规范的通信协议，在位于现场的多个设备之间，以及现场设备与远程监控计算机之间，实现全数字传输和信息交换，形成各种适应实际需要的控制系统成为一种趋势，现场总线控制系统（FCS，Fieldbus Control System）正是在这种背景下产生的。

1.1.2 现场总线的定义

数字技术的发展完全不同于模拟技术，数字技术标准的制定往往早于产品开发。为保证新兴产业的健康发展，国际权威组织国际电工委员会（IEC，International Electrotechnical Commission）极为重视现场总线标准的制定，早在1984年就筹备成立了专门的工作组（IEC/SC65C/WG6）起草现场总线标准，并对现场总线做出如下定义。

在生产现场的测量控制设备之间实现双向、串行、多点数字通信的系统称为现场总线，也被称为控制领域的计算机局域网。

我们可以认为现场总线就是一直延伸到现场测控设备的通信总线，它使得许多现场设备（如变送器、调节阀、基地式控制器、记录仪、PLC、便携式终端等）与控制室自动化设备可以在同一总线上进行双向、多信息数字通信。现场总线是用全数字化、双向、多变量的通信方式来代替了之前普遍使用的4～20mA单变量、单向模拟传输方式。通常，我们将建立在现场总线基础上的控制系统称为FCS，其基本结构如图1-5所示。

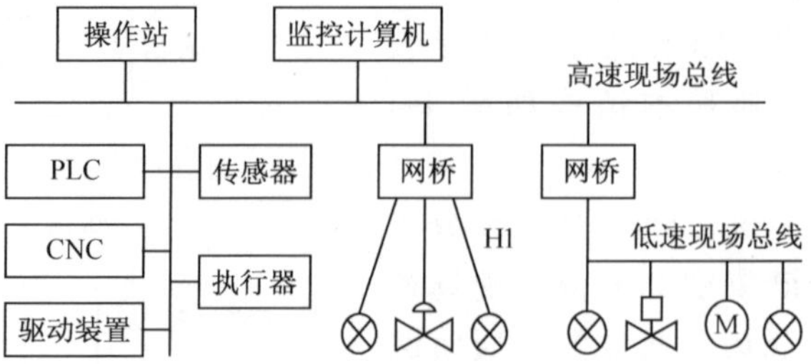

图1-5 现场总线控制系统基本结构

FCS是一种新型的网络集成式全分布控制系统。现场总线作为设备的联系纽带，把挂接在总线上的、作为网络节点的智能设备连接成网络系统，并通过组态进一步成为控制系统，实现基本控制、补偿计算、参数修改、报警、显示、监控、优化以及测、控、管一体化的综合自动化功能。由此可以看到，现场总线是一个以智能传感器、自动控制、计算机、通信、网络等技术为主要内容的多学科交叉的新兴技术，在过程工业、制造工业、楼宇自动化、交通运输、电力配送等领域都有广泛的应用前景，被誉为21世纪最有发展潜力的自动化技术。

与SCC、DCS等其他类型控制系统相比，建立在现场总线基础上的FCS具有更大的优越性，我们将在下一节里专门进行介绍。

1.2 现场总线的特点

长久以来，过程控制现场的设备之间主要采用点对点连接，用模拟电压、电流信号进行测量与控制，难以实现设备与设备之间、系统与外界的信息交换。现场总线的出现，将从根本上改变这种状况。

1.2.1 现场总线的基本特性

全数字通信的现场总线，不同于DDC、PLC、DCS等系统，它是在吸收了这些系统优点的基础上发展起来的一门新技术，具有很强的生命力和优越性。

(1) 开放性。开放是指相关标准的一致性、公开性，强调对标准的共识与遵从。所谓开放系统，是指它可以与任何遵守相同标准的其他设备或系统连接。现场总线标准是公开的、一致的，对用户是透明的。不同厂家的设备或网络之间可以实现信息交换，用户可根据自己的需要，使用来自不同厂家的产品，组成大小可调整的、开放的互连系统。

(2) 互可操作性与互换性。互可操作性是指互连的设备之间、系统之间可以相互通信或操作；而互换性则意味着不同厂家生产的性能类似的设备可以相互替换。

(3) 设备智能化。全数字化通信的前提是设备具有数字信号处理能力，以微处理器为基础的现场总线设备，不仅能够满足这一要求，而且能够实现各种功能，如滤波、标度变换、报警、修正补偿、状态诊断以及自动控制等。另外，从图1-6中可以看出，由于减少了A/D与D/A转换环节，也使得测控精度得到提高。

(4) 彻底分散。现场总线构成一种全分布式控制系统结构，从根本上改变了集中与分散相结合的DCS结构。例如，在FCS中可将PID运算等植入现场仪表中，实现现场自主调节。

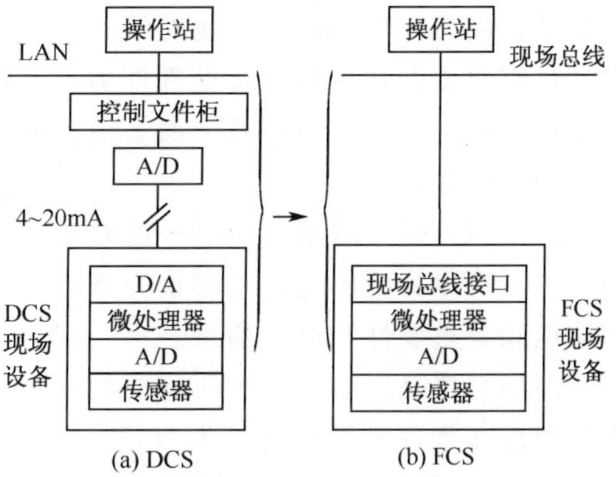

图1-6 FCS与DCS基本转换环节比较

(5) 现场环境适应性。现场总线是为适应现场环境而专门设计的。支持双绞线、同轴电缆、光缆、电力线和无线传输媒体；能实现两线制供电；可满足本质安全要求等，具有较强的抗干扰能力。

(6) 系统可靠性。现场总线采用数字传送，避免了 4～20mA 模拟传输所带来的问题，如共模抑制、噪声、绝缘等，提高了系统可靠性。

(7) 信息一致性。当几个用户共享同一物理信息时，所有用户有相同的过程“图像”。采用广播方式传送的现场总线允许对连到总线上的设备状态同时采样，总线上的信息对连在总线上的所有用户有同等可用性。

(8) 经济性。建立在现场总线基础上的 FCS，不仅电缆费用急剧减小，而且由于减少了 I/O 卡、端子板、安全栅（I. S.）和控制室占用空间等，系统总成本也降低了。图 1-7 给出了在本安场合中 FCS 与 DCS 之间硬件的区别。

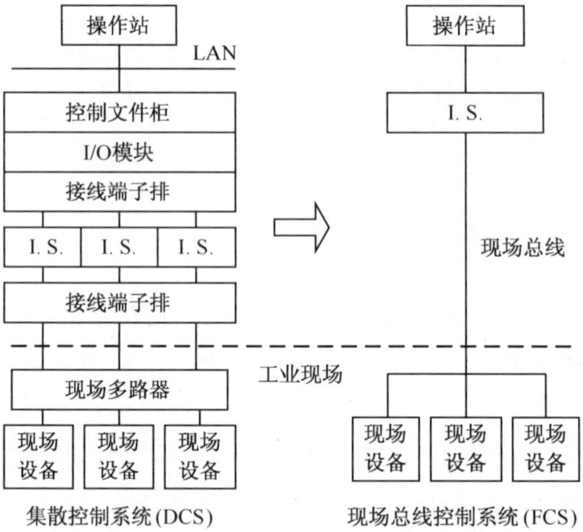

图 1-7　FCS 与 DCS 的硬件区别

(9) 易于安装和维护。在 FCS 中，不同用途或地点的系统子组合可分别进行测试和快速集成；增加现场设备只是简单地安装一个连接器到网络电缆上，而不是铺设新的电缆以及在控制设备上增加新的电路板。传统控制系统中，操作员只能看到 I/O 点上的信息，而且是单向的。现场总线拓宽了操作员的监控范围，信息传送是双向的。现场设备具有自诊断和简单故障处理能力，并能通过数字通信将相关的诊断维护信息送往控制室；操作员可以监控总线上所有设备的运行、诊断和维护信息，以便早期分析故障原因并快速排除。

以上只列举了现场总线的一些较普通的特性，其技术优越性将在本书以后章节中详细阐述。可以肯定的是，随着这一技术的不断发展，越来越多的研究人员、企事业单位会认识到其重要性和远大前景。

现场总线是厂矿企业中所需要的一种底层控制网络。涉及网络就不可避免地使人联想到现在非常普及的信息技术（IT，Information Technology）网络，我们有必要了解它们之间的不同之处。

1.2.2 现场总线与IT计算机网络技术的区别

用于测量和控制的数据通信既不同于以传递信息为主的邮电通信，也不同于一般信息技术的计算机网络通信。现场总线传递信息是以引起物质或能量的运动为最终目的，其数据通信是允许对事件进行实时响应的驱动通信，需要具有很高的可用性和数据完整性，当运行环境中存在电磁干扰、地电位差、易燃易爆等情况时，也能正常工作。

以下将从5个方面阐述现场总线与IT网络技术的差别。

(1) 实时性。所谓“实时”是指信号的输入、运算和输出都要在一定时间范围内完成，亦即系统（如计算机）对输入信息，以足够快的速度进行处理，并在一定时间内做出响应或进行控制，超出了这个时间，就失去了控制的时机，控制也就失去了意义。应用于工业控制系统的现场总线，必须满足数据传输和系统响应的实时性要求。通常情况下，过程控制系统的响应时间要求为0.01～0.5s；制造自动化系统的响应时间是0.5～2s，而IT网络的响应时间为2～6s。因此，在IT网络的大部分应用中，实时性是可以忽略的。

例如，在过程控制系统中，主要通过现场设备（如传感器、执行器等）实现与外部物理过程的不间断相互作用，其中包括从传感器中读取数据、完成计算和发送新的命令等。一般说来，这些步骤是周期性进行的，响应时间在毫秒级，对数据通信实时性具有较高要求。表1-1给出了部分传感器和执行器的时间特性和数据长度。

表1-1　传感器和执行器时间特性

参数值	位数/bit	响应时间
快变模拟量	12	≈1ms
慢变模拟量	12	≈1s
事件型逻辑输入	1	≈1ms
状态逻辑输入	1	20～100ms
ON/OFF执行器	1	20ms～1s
计数器/积算装置	16	≈1ms

(2) 环境适应性与安全性。在安装计算机网络时，都要考虑良好工作环境的设计问题，这样做的目的绝不是因为人的因素，而是现有网络设备的工作条件太苛刻。直到今天，要使IT网络正常工作，仍有许多限制，有些限制在工业现场是不可能得到满足的。尽管在控制和I/O层次上，IT网络已经占有了工业网络的一席之地，但在工业现场应用时，网络设备必须具有工业强度。这里所说的工业强度包括：设备使用低压电源，例如18～24VDC；具有抗噪声干扰能力，如工业现场的振动、交流声及大型电机和焊接机器人等产生的冲激噪声，极易造成数字通信失误；能在−45°～85°C环境中运行等。现今为IT网络所设计的接插件、集线器和电缆等的抗干扰技术，不能满足上述要求。

工业控制系统中，特别是在易燃、易爆环境中，通常采用总线供电，电源电压及电流大小都要受到限制，作为负载的现场设备，其功率也要受到约束。尽管在危险的地方IT网络可以使用防爆导线，但就目前而言，还没有验证其防爆性能的方案。实际情况是，IT网络缺少相应的处理措施。另外，IT网络根本没有考虑总线供电问题。

三重冗余设计已被控制领域认为是保证信息安全传输的基准，IT网络可以作到两重冗余设计，却难以实现三重冗余设计。今天，商业领域使用的安全系统已经高度专业化，并且事实上是专用的。除非IT网络由安全系统生产商进行设计，否则它在安全系统中的应用是非常有限的。

（3）额外开销。IT网络的额外开销也是潜在的工业用户所关心的问题。IT网络使用以太网协议，该协议需要32位地址长度，32位循环冗余帧检验码，以及最小为46个字节的报文长度。为了能够检测网络中不同设备所发生的通信冲突，IT网络使用这样大的报文长度是必须的。而工业网络的每个网段上只有少量节点，因此，现场总线并不需要支持使用长报文、长地址传递数据。

（4）逻辑链路控制服务形式。现场总线拥有两种逻辑链路控制（LLC）服务形式，即面向连接的服务和无连接的服务。面向连接的服务提供很高的服务质量，在连接的每一端，服务提供者始终监视着发送和接收的数据单元，并增加了差错恢复和避免重读等特性。非连接服务十分简单，它支持点对点、多点及广播等不同工作方式，它无需启动时间就能实现通信。然而，IT网络中的两个自主系统之间只建立暂时的一对一工作方式。

（5）通信要求。IT计算机网络通信与现场总线的现场装置之间的网络通信，其要求有所不同，前者通信量较后者大。但FCS通信系统的信流最终都要变成物流、能流、动作流程，任何通信差错都可能带来严重后果。因此，现场总线采用的网络技术不仅要先进，更重要的是必须成熟和实用。

FCS对数据通信的要求十分严格，但它仍然是信息系统，不能简单地把它与普及的Ethernet、Internet等信息技术通信对立起来。某些场合FCS不宜用IT通信，但有些场合FCS却需要IT通信。

应该理解的是，IT网络本身并没有提供完整的网络解决方案。但是，由于网络协议对网络用户来说是透明的，尽管用户听说过许多这方面的名词，如TCP/IP，但并不一定十分了解，只要应用信息可靠、安全、准时的流入和流出，用户并不关心网络的层次或规范。现在的情况是，如果想用IT网络解决工业控制中的问题，不仅仅是以相对较小的成本获得处理大量数据的能力，要想将其移植到工业平台上，如上所述，还存在许多问题需要解决。

工业系统如炼钢厂、核反应堆等一旦投入运行，通常不允许出现不可控制的失误。所以，工控领域的每项新技术，都要经过长时间的实验和试运行，当实际应用的可靠性达到一定程度时，才有工程师敢于将新技术应用于重要工程。企业将新的控制技术直接列入自己的新投资项目中，这种情况是很少见的。正是由于控制工程师仍然对使用IT网络感到忧虑，至今还没有一个IT网络的工业实现方案为全球所认可。

1.3 现场总线的现状

现场总线协议最先出现在核领域和军事领域，以CAMAC和MIL-STD1553为标志，仪器仪表领域提出HPIB总线是在1978年。这3种总线的概念与今天所提的现场总线存在较大差别，它们之中只有MIL-STD1553是串行总线。尽管如此，由于这一新技术蕴涵着巨大的市场潜力，在当时技术尚不成熟的情况下，发达国家和一些大型的控制设备制造商为抢先占领市场，就纷纷开始推出各自的现场总线技术和产品，并出现了许多有影响的现场总线标准化国际组织，如国际标准化组织（ISO）、国际电工委员会、现场总线基金会（FF，Fieldbus Foundation）、WorldFIP（World Factory Instrumentation Protocol）协会等。

成立于1947年的ISO，是国际上制定国际标准的权威机构之一。1978年，ISO建立了一个“开放系统互连”分技术委员会，起草了“开放系统互连参考模型”的建议草案，1983年成为正式国际标准ISO7498，1986年又对该标准进行了进一步的完善和补充。ISO提出的网络层次结构建议，是世界上已出现的各种网络协议走向国际化标准的重要步骤。ISO把此建议称为开放系统互连（OSI，Open System Interconnection）参考模型，该模型使用7个层次来描述通信系统，由低到高分别为物理层、数据链路层、网络层、传输层、会话层、表示层和应用层，顺序编号依次为第1、2、…、7层。每一层执行通信中的一个特别任务，且与上下两层都有接口，所有通信由称作协议的数据交换规则进行控制。

现场总线作为应用于工业现场底层的控制网络，并没有用到参考模型描述的所有层次。这是由于工业现场大量使用的是传感器、控制器、执行器等，它们通常零散地分布在一个较大的范围内，由它们构成的控制网络，单个节点面向控制的信息量不大，信息传输任务相对比较简单，但实时性、环境适应性要求较高。如果使用ISO/OSI 7层模型，层间操作与转换非常复杂，时间开销与网络接口造价也显得过高。因此，现场总线在既遵循开放系统互连的原则，又充分兼顾测量与控制应用特点的情况下，将通信模型主要集中在4个层次上：

（1）物理层。数据通信媒体，替代4～20mA模拟信号标准。

（2）数据链路层。监督各种设备之间的通信，并能进行全部错误检测。

（3）应用层。将数据变成所有网上设备都能理解的报文，并提供过程控制服务。

（4）用户层。连接分离的各个厂区并提供应用环境，实现高层控制功能。

自现场总线的概念产生以来，已经形成了50多种较有影响的现场总线协议，它们大都以ISO/OSI参考模型作为基本框架，根据应用行业的需要施加某些特殊规定后形成标准，并在较大范围内取得了用户与设备制造商的认可。

由于标准，特别是国际标准，对产品的研发、生产、销售和应用至关重要，迫切需要国际标准化组织开发一个统一的、开放的现场总线国际标准。通过这一标准可以集成多种检测仪表和控制系统，能够实现完全可互换性和互可操作性，不同仪器仪表制造商生产的各种产品可以实现无缝连接。

时至今日，这一令人胆怯的任务没有获得预期的高潮。一个重要原因是一些设备制造商觉察到开放的通信协议可能影响到他们的市场地位，因此不断提升自己的专用协议产品，缺少对统一现场总线标准的兴趣。为保证设备和工厂的正常运行能力，自动化终端用户要依靠系统供应商，只能被动地追随他们。正因为如此，二十多年过去了，始终未能推出一个统一的标准。

1.3.1 现场总线国际标准

长期以来，有关现场总线的标准问题争论不休，互连、互通、互操作以及实时性问题很难解决。不仅已有的50多种现场总线仍然没有走向统一，而且仍在不断推出新的标准，如 FlexRay。从各种数字技术的发展经历来看，国际标准开发组织影响力较大，因此这里将简单介绍由它们推出的现场总线国际标准。

1. 国际电工委员会制定的现场总线国际标准

(1) IEC61158。IEC 作为一个国际标准化组织，对批准一个标准是严格的。按照其规定，一个标准需要经过 9 个程序或阶段，层层过关。在表决方法上，必须有 75% 以上有表决权的国家投赞成票且反对票（包括观察员国在内）少于 25%，这个标准才能通过。因此，尽管 1984 年 IEC 就成立了制定现场总线标准的工作组（IEC/SC65C/WG6），因为各国意见很不一致，工作进展十分缓慢。

经过十多年的努力，IEC 61158.2 现场总线物理层规范正式成为国际标准；IEC 61158.3 数据链路层服务定义和 IEC 61158.4 数据链路层协议规范经过 5 轮投票于 1998 年 2 月成为国际标准最终草案（FDIS，Final Draft of International Standards）；IEC 61158.5 应用层服务定义和 IEC 61158.6 应用层协议规范于 1997 年 10 月成为 FDIS。1998 年 9 月，对 IEC 61158.3～6 这四个 FDIS 草案进行最后一轮表决，决定其是否成为国际标准，投票结果是 68% 的国家赞成，32% 的国家反对，现场总线标准未获通过。在随后的 10 月份，IEC/TC65 召开年会，经过对投票结果的充分讨论和协商，决定将 4 个 FDIS 文件于 1999 年第一季度作为技术规范（TS，Technical Specification）出版，于是诞生了 IEC61158 现场总线标准第 1 版 TS61158。

长期的争论并未到此结束，各国代表为了各自利益，要求修改 IEC61158 第 1 版的技术规范，使其至少包含另外一种行规（profile）。因此，IEC/SC65C/WG6 工作组着手制定单一标准的、多功能的现场总线标准。修改后的 IEC61158 标准第 2 版，于 2000 年 1 月，经 IEC 各国委员会投票表决最终通过。IEC61158 第 2 版保留了原来的技术规范，并作为 Type1，来自其他总线开发组织的总线按照 IEC 原技术规范的格式作为 Type2～Type8 进入 IEC61158 中。至此，历经 15 个年头，IEC/SC65C/WG6 现场总线工作组的工作告一段落，IEC61158 标准的修订和维护由新成立的维护工作组（IEC/SC65C/MT9）负责。

IEC61158 标准第 2 版包含 8 种现场总线，其类型编号和技术名称如下：

Type1：TS 61158 现场总线（基金会现场总线 FF-H1 是 Type 1 的一个子集）；

Type2：ControlNet 现场总线；

Type3：Profibus 现场总线；

Type4：P-Net 现场总线；

Type5：FF HSE 高速以太网；

Type6：SwiftNet 现场总线；

Type7：WorldFIP 现场总线；

Type8：Interbus 现场总线。

IEC61158 标准第 2 版并不是一个功能单一的标准，而是一个由多个部分组成的标准。尽管 8 种类型的总线都属于 IEC 61158 标准第 2 版，但每种总线的产生背景和应用领域等存在较大差异。

上述 8 种类型的现场总线中，P-Net 和 SwiftNet 是用于有限领域的专用现场总线，主要考虑所适应对象的特定要求，这类总线的功能相对比较简单。ControlNet、Profibus、WorldFIP 和 Interbus 现场总线是由 PLC 为基础的控制系统发展而来的，从本质上讲，它们是以远程 I/O 总线技术为基础的，通常不具备通过总线向现场设备供电性能和本安性能。如果进一步划分，ControlNet 只是监控级总线；Interbus 仅是现场设备级总线；Profibus 和 WorldFIP 则是包括现场设备级和监控级两个层次的总线。FF-H1 和 FF-HSE 总线是由传统的 DCS 发展而来的现场总线。FF-H1 用于现场设备之间的通信，充分考虑了向现场设备两线制供电和本质安全要求，功能较为复杂；而 FF-HSE 是监控级现场总线。

8 种现场总线采用完全不同的通信协议。FF-H1 采用链路活动调度器方式和发布/预订接收模式；ControlNet 使用并行时间域多路访问（CTDMA）方式和生产者/用户模式；Profibus 采用令牌环方式和主站/从站方式；P-Net 采用虚拟令牌传递方式；FF-HSE 为 CSMA/CD 方式；SwiftNet 使用槽路时分多路访问（STDMA）方式；WorldFIP 使用总线裁决方式；Interbus 则采用集总帧协议。由此可见，要实现这些总线的完全兼容和互操作，几乎是不可能的。

实际上，IEC61158 第 2 版中已经包括了所有在国际上影响力较大的现场总线。从以上对它们的简要分析中，我们可以发现，要想将 IEC 颁布的 8 种总线协议统一起来，是十分困难的。尽管如此，由于 IEC 的巨大影响力，所有现场总线产品最终都将向 IEC 靠拢。

为了反映现场总线与工业以太网技术的最新发展，IEC/SC65C/MT9 工作组对 IEC61158 标准第二版进行了扩充和修订，并于 2003 年 4 月正式推出 IEC61158 标准第 3 版。标准的第 3 版在原有的 8 种类型现场总线基础上，增加了 2 种总线：

Type9：FF-H1 现场总线；

Type10：ProfiNet 实时以太网。

由于各种现场总线都存在某些方面的不足，如互可操作性、时间确定性等。于是现场总线的研究开始转向在 IT 领域广泛应用的、开放的、成熟的以太网技术，经过近几年的努力，以太网在测量与控制系统中的应用逐渐扩大。为了满足控制系统中的实时性要求，各大公司和标准化组织纷纷提出各种提升以太网实时性的技术解决方案，从而产生了实时以太网（RTE，Real-Time Ethernet）。为了规范这部分工作的行为，2003 年 5 月，IEC/SC65C 专门成立了 WG11 实时以太网工作组，负责制定“基于 ISO/IEC8802.3 的实时应用系统工业通信网络行规”国际标准，于是又出现了 IEC61158 标准第 4 版。2007 年出版的这一版本中就加入了 7 种新的实时以太网规范。

IEC61158 第 4 版共有 20 种类型的现场总线，新增 10 种如下：

Type11：TCnet 实时以太网；

Type12：EtherCAT 实时以太网；

Type13：Ethernet Powerlink 实时以太网；

Type14：EPA 实时以太网；

Type15：Modbus-RTPS 实时以太网；

Type16：SERCOS Ⅰ、Ⅱ 现场总线；

Type17：Vnet/IP 实时以太网；

Type18：CC-Link 现场总线；

Type19：SERCOSⅢ实时以太网；

Type20：HART 现场总线。

在第 4 版标准中，将 Type2 作了扩充，除包含原有的 ControlNet 现场总线外，还增加了 DeviceNet 和 Ethernet/IP 实时以太网，其技术名称也改变为 CIP 现场总线。Type6：SwiftNet 现场总线是美国飞机制造商波音公司推出的，因为市场推广应用不理想将被撤消。至于 HART，它是 4～20mA 标准向现场总线过渡的产品，通过在 4～20mA 模拟信号上叠加一个数字信号实现数字通信，并不是全数字化的，严格地说，不能算是现场总线，放在标准之中的内容，有价值的只是 HART 的应用层协议而已。

(2) IEC62026。IEC 分管低压开关设备和控制设备的分技术委员会（IEC/TC17/SC17B)，根据低压电器的特点，制订了现场总线国际标准 IEC62026。

IEC62026 中包括 5 个部分，第 1 部分为总则，其他 4 个部分介绍了 4 种现场总线标准，从第 2 部分到第 5 部分依次为：

第 2 部分：AS-I（Actuator Sensor Interface，执行器-传感器接口）现场总线。它是针对机床控制中的二进制开/关设备开发的总线。

第 3 部分：DeviceNet 现场总线。提供现场设备和控制设备中速连接的总线。

第 4 部分：SDS（Smart Distributed System，智能分散型系统）现场总线。专为 I/O 级控制应用而设计的总线。

第 5 部分：Seriplex（Serial Multiplexed Control Bus，串联多路控制总线）现场总线。主要用于位级工业控制和数据采集的总线。

2. 国际标准化组织制定的现场总线国际标准

CAN 是控制器局域网（Controller Area Network）的简称，这是一种串行通信总线，最初是由德国 Robert Bosch 公司设计的，主要目的是提供车辆内电子控制单元(ECU，Electronic Control Units）之间的串行通信，其特点是实时性强，传输可靠性和数据安全性高，且 CAN 产品种类多、成本低。现在，CAN 的应用范围已不再局限于汽车工业，在其他领域也得到广泛使用。1991 年 9 月，Philips Semiconductor 公司制定并发布了 CAN 技术规范，1993 年 11 月，ISO 将其列为国际标准。

CAN 标准第 1 版：ISO11519（低速 CAN，1993)。信号传输速率高达 125kbps，使用标准的 11 位标识符。

CAN 标准第 2 版：ISO11898（高速 CAN，1993)。信号传输速率为 125kbps～1Mbps，也使用 11 位标识符，通常称为标准 CAN 2.0A 版。

CAN 标准修订版：ISO 11898 修订版（高速 CAN，1995)。信号传输速率仍为 125kbps～1Mbps，而标识符长度可扩展到 29 位，通常称为扩展 CAN 2.0B 版。

CAN 不是一种完整的网络协议，缺少应用层和网络管理部分。领先的用户定义了他们自己的协议，今天存在的应用层协议有 DeviceNet、SDS、CANopen、CAN Kingdom 等。

综上所述，现场总线的国际标准共有 25 种，其中包括 IEC61158 的 20 种、IEC62026 的 4 种，以及 ISO 的 CAN 1 种。

1.3.2 造成多个标准共存的原因

产生多个现场总线标准的原因十分复杂，主要包括以下几个方面：

（1）某些大公司由于早期投入大量资金使得现场总线产品问世较早，一旦国际标准与其技术不符，其投入的大量资金则必然化为乌有，因此他们不得不尽力争取成为国际标准。

（2）各种现场总线开发组织都受到国际上一些处于垄断地位的跨国公司的支持，而他们所开发的却是打破垄断、全面开放的现场总线，这本身就是一对矛盾。为了从自己的专有技术（如DCS和PLC等）中取得更多、更大的利润，从某种程度上讲，这些跨国公司并不迫切希望看到统一的现场总线标准早日出现。而另一方面，这些跨国公司为了他们的长远利益和保持他们的垄断地位又不得不去开发现场总线，以领导新潮流。

（3）IEC是多极化组织，其代表来自各个国家的一些大公司，根据IEC有关章程，统一的国际标准需要得到75%以上有投票资格国家的赞成。一些小国家在技术和经济上很大程度地依赖于一些跨国公司，这些小国为了自己的利益，在IEC投票表决中常常发生摇摆而不能自主。

（4）统一的现场总线国际标准之所以难以制定，其技术原因在于使用一种技术方案满足不同用户千差万别的需求，的确是件很难的事，更何况到目前为止，还没有哪种总线在技术上占有绝对优势。既然现场总线是为了满足测量与控制技术发展的需要而产生的，不同领域的测量与控制需求又各有特点，因此在某个领域中产生的总线技术一般对这一特定领域的满足度高一些，适应性好一些，应用多一些。现场总线用户必须依赖设备制造商，才能确保设备和工厂的正常运行能力，只能被动地追随他们。

1.3.3 现场总线标准的共性与分类

现场总线种类很多，各有特色，但它们之间也存在共同点。

1. 现场总线之间的公共基础

对于世界范围内如此之多的现场总线规范，必须有一个统一的、全面的理解，IEC61158标准为工业网络通信提供了这种理解的公共基础。为此，IEC61158要求进入该标准的现场总线，对于每一层的描述都要尽可能地使用公共的观点、概念、定义和描述方法。IEC61158系列标准规定各类型现场总线都采用如下的基本概念：

（1）ISO/OSI模型作为通信任务的分解参考。ISO/OSI参考模型为通信标准提供了分层方法，说明了各层应具有的功能，其中每一层都可以单独进行开发和修改。现场总线的复杂通信任务可以分解为基于这个参考模型的不同层，分层描述的方法有助于提供结构化功能和接口。同时，模块化结构也有助于实现各种不同的技术。

（2）层规范化。各种类型的现场总线都由一个或多个层规范构成。多数现场总线包括大量可供选择的服务和协议，实际工作系统需要这样的选择。各种现场总线服务，其相应选择被以通信行规形式予以规范化。大多数行规得到了某些联合会或贸易协会的支持。

(3) 服务和协议的差异处理。各种现场总线的物理层、数据链路层和应用层所提供的服务和协议之间可以存在差异，但能够以互补的方式进行描述。

(4) 工程应用能力。各种类型的现场总线协议，在经过工程化以后，都能支持信息处理、监视和控制系统，用于过程自动化工厂传感器、执行器和本地控制器之间的底层通信，它们与 PLC 系统互连可广泛应用于各种工业领域。

2. 分类方法

各种现场总线在上述方面拥有共同的特征，但离统一的通信标准尚有较大距离。各种总线规范不仅带有典型行业特色，在网络通信能力、现场设备的互可操作性等方面也存在较大差异。另外，现场总线是多种技术共同发展的产物，其知识面不再局限于某个特定的技术范畴。所有这些，给我们学习和掌握现场总线技术带来很大不便。

为了便于读者较为全面地掌握现场总线这一测量与控制领域的新技术，本书除了讲述现场总线的基础知识外，还按照传输数据宽度，把较有影响的多种现场总线分为 4 个大类，在每个大类中各选择一种有代表意义的总线，对其特点、原理及应用进行重点阐述，并给出每个大类中各种总线之间的异同之处。这 4 个大类分别是：输入输出位传输现场总线、设备现场总线、狭义现场总线和工业以太网。表 1-2 给出了各类总线的共同特点，以及本书要涉及的总线实例。

表 1-2 现场总线的分类

分类	特点	现场总线实例
位传输现场总线	位(bit)传输、快速、简单	CAN、P-Net、SwiftNet、AS-I、DeviceNet、SDS、Seriplex
设备现场总线	字节(byte)传输、单体设备控制	Profibus、ControlNet、WorldFIP、Interbus、CC-Link
狭义现场总线	数据包传输、系统控制	FF-H1
工业以太网	文件传输、网络	FF-HSE、ProfiNet、Modbus-RTPS、EPA、Ethernet Powerlink、EtherCAT、VNET/IP、TCnet

1.4 现场总线的未来

在剧烈的市场竞争中，企业为提高经济效益，增强竞争力，需要进行生产经营的整体优化，把生产过程、企业管理、市场营销等环节组织为一个系统，从全局角度制定各功能层次的实施策略，实现一体化目标下的网络化综合管理。长期以来，困扰这一发展的主要原因就是工业自动化系统的信息孤岛问题，现场总线的出现，彻底打破了这个多年来未曾解决的格局。

随着现场总线技术研究工作不断深入，许多方面已经突破了对现场总线功能的最初设计目标，导致了测量与控制领域许多新概念的产生，如多变量测量设备、现场分布式控制等。在具有双向通信能力的现场总线中，不仅工程师能够访问现场设备中的信息，现场设备本身也能够完成很多任务，如通过网络广播信息、为其他控制器提供实时数据等。如此以来，控制网络也能实现从底层现场设备到上层信息网的数据交换，为企业的信息化管理奠定了基础。

现场总线已经成为现代信息管理系统中的一个重要组成部分，随着这项技术的应用和发展，其优越性将被更好地体现出来，越来越多的科研、设计和工程应用人员将会投入其研究中，促进这一技术向着更高的目标发展。

1.4.1 积极推动单一现场总线国际标准的制订

推动单一现场总线国际标准的制订工作，而不是被动地接受纷繁复杂的众多标准，是推动这一技术发展的积极办法，而且是有可能的。从自动化领域内的现场仪表信号制的发展历史来看，其国际标准都是单一的。如气动仪表的信号制就是 0.2～1.0kgf/cm^2 的气压信号；而电动仪表的信号制，在初期阶段，各国的标准也是不统一的，到了上个世纪 70 年代，就统一成为 4～20mA 的直流信号。纵观国际标准的历史，一个国际标准出现 20 多个种类，不能算是正常现象。

面对如此之多的现场总线，可以靠 OPC（OLE for Process Control）技术和各种专用接口、网桥、网关等转换设备达到系统集成。这种做法在技术上是可行的，但增加了用户投入，而且信号转换造成了时间滞后、精度下降、可靠性降低，是一种不得已而为之的办法。

为了加快现场总线技术的发展，人们不断寻找新的出路。近几年里，高速发展的以太网成为探索统一标准的途径之一。以太网布线灵活、互可操作性强，已有多个现场总线开发组织致力于研究基于这种网络标准的解决方案，他们都在研究通过一种称作管道（Tunnel）的简单传送机制，将以太网用于传输实时报文。在过去很长一个时期里，以太网技术主要局限于办公室计算机网络方面的应用，现在工业以太网正在变成一种新的工业控制网络专门用语，Profibus、DeviceNet 等都已开始在其监控层使用工业以太网。与此同时，美国电气与电子工程师协会（IEEE）正着手制定现场设备与以太网通信的新标准，该标准能够使网络直接“看到”对象（Object）。这些工作都将为以太网进入工业自动化领域打下基础。基于 IEEE802.3 标准的以太网，已经开始出现在包括工业自动化在内的许多应用中。利用这一网络技术，数据传输速率最高可达 100Mbps。随着要求提高网络速度的呼声越来越高，人们正在致力于开发传输速率可达 1Gbps 甚至更高的以太网。一个明显的事实是，以太网传输速率的提高有助于增强网络的实时性。

单一的标准，不仅可以确保信息准确、快速、完整的传输，还可以方便地实现与 Internet 的集成，使控制网络和信息网络紧密地结合在一起，使现场总线用户从技术进步中真正得到实惠。

1.4.2 从冲突走向合作

目前，由现场总线构成的 FCS 已经得到越来越广泛的使用，其通用现场总线网络结构如图 1-8 所示。

从图中可以看出，用于过程自动化领域的现场总线与用于制造自动化控制的现场总线在结构和要求上是不同的。过程控制领域的现场总线以 FF 推出的现场总线标准

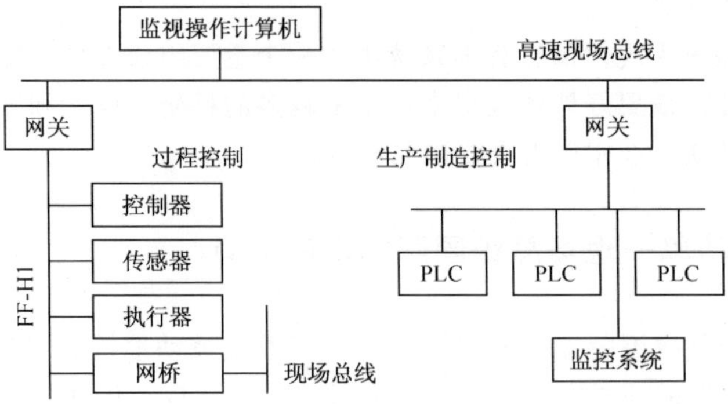

图 1-8 通用现场总线网络结构

(FF-H1、FF-HSE) 为代表，由于要解决向现场仪表两线制供电问题，技术要求相对较高；制造自动化领域的现场总线以 Profibus、ProfiNet 为代表，这类现场总线在世界上的安装节点数已接近 2000 万个，应用较为广泛。过去的争论主要来自这两个方面。经过长期争执，人们逐步认识到不同领域的应用有着不同的要求，只有通过互补与合作，共同发展，才能不断满足工业自动化行业的各种需求。

2006 年 10 月艾默生过程管理公司与西门子自动化与驱动集团同时宣布将共同扩充系统接口，以扩展各自系统支持现场总线国际标准的能力，为用户提供更高的互操作性和更强大的功能。首批产品已在 2007 年中期面世。西门子将增加其过程控制系统 (SIMATIC PCS7) 接口并扩展设备管理软件 (SIMATIC PDM) 以支持除 Profibus 和 HART 标准以外的其他 FF 现场总线标准。这意味着西门子的系统将可以连接更多类型的艾默生 FF 现场总线仪表、阀门定位器以及其他公司的 FF 现场总线仪表。艾默生也将同样扩展其控制系统 (DeltaV、Ovation) 和智能设备管理系统的应用软件 (AMS Suite)，以支持目前 FF 现场总线标准和 HART 标准以外的 Profibus、ProfiNet 标准。艾默生公司的系统将可以连接更多的西门子驱动设备、电机启动器、离散设备以及其他公司生产的支持 Profibus、ProfiNet 标准的设备。

艾默生和西门子将在其主系统中采用电子设备描述语言 (EDDL，Electronic Device Description Language)，该项技术的优点是将 EDDL 连续应用于数据描述及传递数据到用户接口。EDDL 还用于 OPC 服务器和 OPC 客户应用程序的信息交换，实现了操作系统及其变量的相对独立。与此同时，还采用了 OPC 基金会最新推出的 OPC UA (Unified Architecture) 标准。OPC UA 具有支持复杂数据内置、命名空间增大、跨平台 (不再唯一依赖 COM/DCOM)、支持大量通用服务功能等特点。将 EDDL 与 OPC UA 相结合用于数据交换是现场总线基金会、HART 通信基金会和 Profibus 总线技术协会推荐使用的方式。由此可见，工业自动化技术的重点已由通信集成开始转向系统信息集成，在多种类型现场总线共存的现实情况下，通过使用 EDDL、FDT/DTM (Field Device Tool，现场设备工具；Device Type Manager，设备类型管理器) 和 OPC UA 等技术，建立互操作的统一工业自动化系统平台已是大势所趋。

习 题

1. 现场总线产生的背景是什么？

2. 现场总线的定义是什么？

3. IEC 发布的现场总线国际标准 61158 包括哪些种类？

4. 简单描述各种现场总线国际标准之间的公共基础。

5. 以现场总线为基础形成的网络集成式全分布控制系统称为现场总线控制系统（FCS），FCS 取代集散控制系统（DCS）是控制系统发展的必然趋势。参照第 1 章中图 1-7，从成本、安装、维护、分布式控制四个方面简要探讨从 DCS 过渡到 FCS 所带来的好处。

6. 产生多种现场总线标准共存的原因是什么？

7. 按照现场总线传输数据的通信宽度，现场总线可分为几类，请写出分类名称和特点？

第 2 章　数据通信基础

现场总线采用全数字信号进行数据通信，其任务是在通信设备之间以可靠、高效的手段传递信息。通信设备之间的连接方式有多种，本章将着重讨论两个直接连接设备之间的通信问题，内容包括信号传输、传输媒体、信号编码、接口、差错检验以及信道复用等。

2.1　通 信 模 型

通信是把信息从一个地方传送到另一个地方的过程。用来实现通信过程的系统称为通信系统。如果一个通信系统传输的是数据，则称这个系统为数据通信系统。以计算机系统为主体构成的网络通信系统就是一种数据通信系统。通信系统的基本模型如图 2-1 所示。

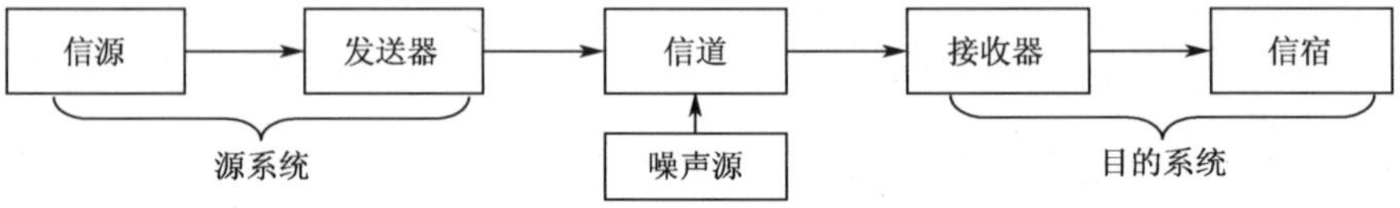

图 2-1　通信系统的基本模型

信源和信宿，是信息的发出者和接收者。信源的作用是将原始消息转换为相应的电信号，这样的电信号通常称为基带信号。常用的信源有计算机、话筒、传感器等。信宿的作用是将恢复出来的原始电信号转换成相应的消息，例如电话机的听筒将音频电信号转换成声音，提供给最终的消息接收对象。

发送器，基本功能是对基带信号进行各种处理和变换，以使它适合于在信道中传输。这些处理和变换通常包括编码、调制、放大和滤波等。

信道，连接发送器和接收器的通信通道。它可以是有线的，也可以是无线的。有线的和无线的均有多种传输媒体，如电缆、双绞线、光缆、空气等。信道可分为数字信道和模拟信道。可直接传送二进制信号或经过编码的二进制数据的信道叫数字信道，可传送连续变化的信号或二进制数据经调制后的信号的信道叫模拟信道。

接收器，功能与发送器的相反，其作用是对接收的信号进行必要的处理和变换，以便恢复出相应的基带信号。

噪声源，图 2-1 中的噪声源是信道中的噪声以及分散在通信系统其他各处的噪声的集中表示。信道给信号传输提供了通路，但可能会带来噪声和干扰，以至于使信号畸变，其结果是使信号在传输后造成差错。传输信道的传输媒体特性不同，还会使信号的传输速率受到限制。

以上所述的是单向通信系统，但在大多数场合下，信源兼为信宿，通信的双方需要随时交流信息，因此要求双向通信。这时，通信双方都要有发送器和接收器。如果两个方向有各自的传输媒体，则双方都可独立进行发送和接收；但若共用一个传输媒体，则必须用频率或时间分割的办法来共享。通信系统除了完成信息传递外，还必须进行信息的交换。传输系统和交换系统共同组成一个完整的通信系统，乃至构成复杂的通信网络。

2.2 数据传输

数据传输的基本原理构成了本书涉及的所有概念和技术的基础。要理解为什么需要编码技术、接口技术、复用技术和差错控制技术，就必须先了解数据在传输媒体上是如何进行传播的。本节介绍了数字数据和模拟数据之间的区别，以及数字传输和模拟传输的区别，同时还描述了衰减及噪声等概念。

2.2.1 数据传输的基本术语

数据，被定义为传达某种意义的实体。数据涉及事物的形式，而信息涉及的则是数据的内容和解释。

数据有模拟数据和数字数据两种形式：模拟数据是指在某个区间产生的连续的值，如温度、压力、声音和视频等都是连续变化的值；数字数据是指在某个区间产生的离散的值，如文本信息、整数和脉冲数等。

信号，是数据的表示形式，或称数据的电气或电磁编码。它使数据能以适当的形式在通信媒体上传输。

信号也有模拟信号和数字信号两种基本形式：模拟信号是在一定的数值范围内可以连续取值的信号，是一种连续变化的电信号（如某些物理量的测量结果、模拟计算机的输出等），这种电信号可以按照不同频率在各种通信媒体上传输；数字信号是一种离散的脉冲序列（如数字计算机的输出、数字仪表的测量结果等），它用恒定的正电压和负电压来表示二进制的 0 和 1 值，这种脉冲序列可以按照不同的速率在通信媒体上传输。

数据与信号的关系如表 2-1 所示，可以通过不同的方式将数据编码成各种信号。

表 2-1 数据的信号表示形式

信号 数据	模拟信号	数字信号
模拟数据	两种：信号与模拟数据占据相同的频谱； 模拟数据被编码后占据不同的频谱	通过编解码器的编码产生数字化比特流
数字数据	数字数据通过调制解调器产生模拟信号	两种：信号由两个电平组成，分别代表 0、1； 编码后产生所要求属性的数字信号

传输，数据传输中的一个重要概念，是指用电信号把数据从发送器传送到接收器的过程。不论是模拟信号还是数字信号都可在合适的传输媒体上传输，如何传输这些信号

是传输系统的功能，表 2-2 概括了数据传输的方法。

表 2-2　模拟和数字传输

信号＼传输	模拟传输	数字传输
模拟信号	不论信号是用来表示模拟数据还是数字数据的，处理方式相同，都通过放大器来传播	假设这个模拟信号表示的是数字数据，信号通过转发器传播。在每个转发器上，根据入口信号恢复数字数据，并用它来生成新的输出模拟信号
数字信号	不使用	数字信号表示的是 0 和 1 的比特流，它代表了数字数据，或者是经过编码的模拟数据。在每个转发器上，根据入口信号恢复数字数据，并用它来生成新的输出数字信号

模拟传输是传输模拟信号的方法，它不考虑信号的内容。这些信号可能代表了模拟数据，也可能代表了数字数据（如经过了调制解调器的二进制数数据）。无论哪种情况，模拟信号在传输了一段距离后，会变得越来越弱，即发生信号能量衰减。若要进行远距离传输，需要使用放大器增强信号能量。遗憾的是，放大器同时也增强了噪声成分。如果为了远距离传输而将放大器级联起来，那么信号失真就会越来越严重。对于由模拟数据而来的模拟信号，譬如话音，失真比较严重也还是可以容忍的，其数据仍然清晰。但是对由数字数据而来的模拟信号，级联放大器将导致误差的产生。

与此相反，数字传输与信号的内容有关。在衰减、噪声或其他损伤威胁到数据的完整性之前，数字信号只能传送很短的距离，要实现远距离传输就必须使用转发器。转发器接收到数字信号，并将其恢复为 0、1 模式，然后重新传输一个新的信号，这样就克服了衰减。假设一个模拟信号携带的是数字数据，那么同样的技术可用于这个模拟信号。传输系统在适当的位置加入转发器，而不是放大器，转发器将模拟信号恢复为数字数据，并生成一个干净的新模拟信号，这样噪声就不会积累。

模拟传输与数字传输哪一种方法更好呢？来自电信界和用户的回答是，数字传输比较可取，不论是远距离电信设施还是建筑物内的服务都在逐步向数字传输方法转化。

传输速率，指信道在单位时间内传输的信息量。包括数据传输速率和调制速率两种。

数据传输速率是指单位时间内传输二进制代码的位数。用比特率表示，单位是位/秒，记为 bit/s 或 bps。计算公式为

$$S = \frac{1}{T}\log_2 n \tag{2-1}$$

式中，S 为数据传输速率；T 为电脉冲信号（码元）的宽度或周期；n 为电脉冲信号所有可能的有效状态数，是 2 的整幂数。例如，若 $n=2$，即电脉冲只有“0”和“1”两种状态，则每个电信号只传送一位两进制数，那么 $S=1/T$。

调制速率是信号经调制后的传输速率，表示单位时间内传输的码元个数，又称为码元速率。用波特率表示，以波特（Baud）为单位。由下式求得

$$B = 1/T \tag{2-2}$$

式中，B 表示调制速率。

由此可见，数据传输速率和调制速率的关系是 $S=B\log_2 n$。只有当 $n=2$，即二进制调制时，两者才是相等的。在多元调制时，两者是有差别的。

2.2.2 传输模式

数据传输模式是指数据在信道上传送所采取的方式。按数据代码传输的顺序可以分为并行传输和串行传输；按数据传输的同步方式可分为异步传输和同步传输；按数据传输的流向和时间关系可分为单工、双工和全双工数据传输；按被传输的数据信号特点可分为基带传输、频带传输和数字数据传输。

1. 并行传输与串行传输

并行传输是将数据以成组的方式在两条以上的并行信道上同时传输，可以同时传输一组比特，每个比特使用单独的一条线路。例如采用 8 位代码字符时，可以用 8 条信道并行传输，另加一条“选通”线用来通知接收器，以指示各条信道上已出现某一字符的信息，接收器可对各条信道上的电压进行取样，如图 2-2 所示。

并行传输的主要优点是不需要特别的措施就实现了收发双方的字符同步，缺点是需要传输信道多，设备复杂，成本高。一般适用于计算机和其他高速数字系统，特别适合在设备之间距离较近时使用。最常见的例子是计算机和外围设备之间的通信，CPU、存储器模块和设备控制器之间的通信。不适宜远距离传输，因此现场总线中一般较少使用。

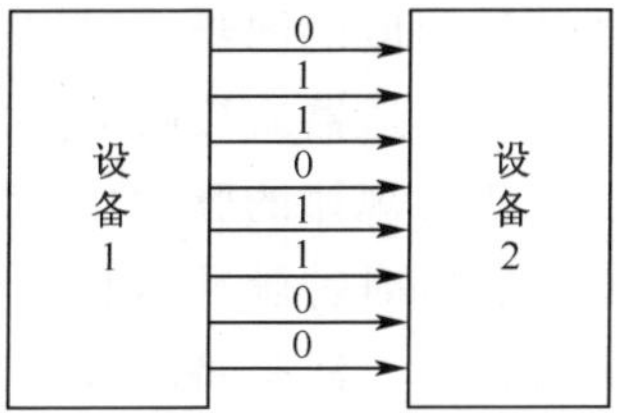

图 2-2　并行传输

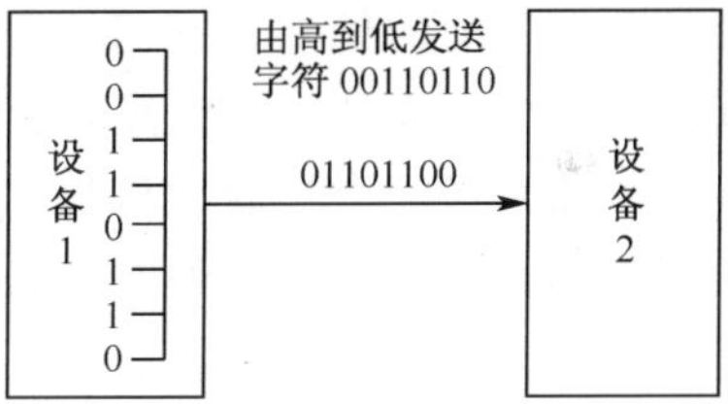

图 2-3　串行传输

串行传输提供了并行传输以外的另一种选择（见图 2-3）。串行传输指的是组成字符的若干位二进制码排列成数据流以串行的方式在一条信道上传输。通常采用的传输顺序为由高位到低位，传完这个字符再传下一个字符，因此收、发双方必须保持字符同步，以使接收方能够从接收的数据比特流中正确区分出与发送方相同的一个个字符，这是串行传输必须解决的问题。串行传输只需要一条传输信道，易于实现，是目前应用最多的一种传输方式，本书主要关心的也是这种方式。

2. 异步传输与同步传输

在串行传输时，接收端为了从串行数据码流中正确地划分出发送端发送的每个字符所采取的措施称为字符同步。如何解决字符的同步问题，目前主要存在两种方式，即异步传输和同步传输。

异步传输方式也叫起止方式，数据的传输是一次一个字符，每个字符的传输中都使用同步信息，因此在新字符开始的时候，接收端都会有机会重新取得同步，参考图 2-4 很容易理解这种技术。实现方法是这样的，在每个字符代码的前面增加一个起始位（逻辑 0），在接收端收到起始位后，立即启动一个内部时钟，按要求接收一个字符的代码（有时字符中包含一个检验位），字符代码之后跟一个或多个停止位（逻辑 1），表示该字符传输结束，然后等待下一个字符的开始。起始位通常占一位的时间间隔，而停止位的长度是有定义的，通常占 1.5 或 2 位的时间间隔。字符可以连续发送，也可以单独发送。当不发送字符时，保持“1”状态，也称为线路空闲状态，接收端等待从 1 到 0 的跳变，以便得知下一个字符的到达。在这种传输方式中，每个字符的起始时刻可以是任意的，这也正是称为异步传输的含意。

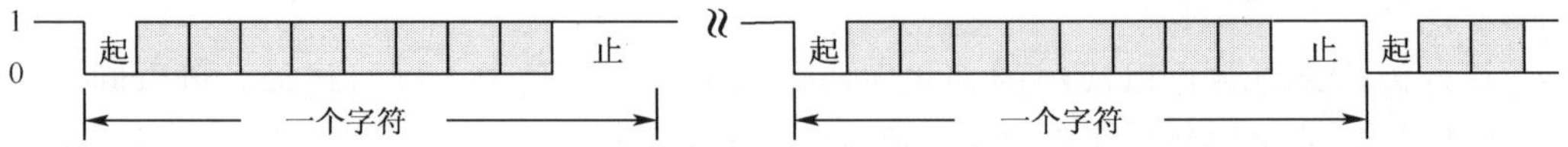

图 2-4　异步传输示意图

异步传输方式的优点是实现字符同步比较简单，收发双方的时钟信号不需要严格同步。缺点是对每个字符都需加入起始位和终止位，因而传输效率低。如字符采用 7 位编码，起始位为 1 位，终止位为 1 位，并采用 1 位奇偶检验位，则传输效率 $\eta=7/(7+1+1+1)=70\%$。异步传输方式常用于 1200bps 及其以下的低速传输。

为了提高效率，可以使用另一种同步方式，称为同步传输。使用同步传输时，数据块以稳定的位流形式传输，没有起始位和停止位。数据块的长度可能是很多位。为了防止发送器和接收器之间的偏差，它们的时钟必须达到某种程度的同步。可以在发送器和接收器之间提供一条独立的时钟线路，由线路的某一端（发送器或接收器）定期地在每个位时间中向线路发送一个短脉冲信号，另一端则将这些有规律的脉冲作为时钟。这种技术在短距离传输时表现良好，但对于长距离的传输，这些时钟脉冲本身就与数据信号一样可能受到损伤，因而产生定时误差。另一种可供选择的方法是将时钟信息嵌入到数据信号中。对于数字信号，通过曼彻斯特编码就可以实现，详见 2.4.2 小节。对于模拟信号，也有很多技术可供使用。例如，载波频率本身就可以根据载波的相位来同步接收器。

在使用同步传输时，还需要另一级同步，让接收器能够判断数据块的开始和结束。为了做到这一点，每个数据块以一个“前同步码”的位模式开始，并用一个“后同步码”的位模式结束，前同步码和后同步码的形式是根据所采用的传输控制规程而定的。另外，在传输过程中，被传送的数据块一般带有控制信息，某些控制信息也有用于同步的。将前同步码、控制信息、实际数据以及后同步码加在一起就称为一个帧。具体的帧格式取决于使用的数据链路控制过程。

图 2-5 为同步传输的典型格式。通常一个帧以一个称为标志（FLAG）的前同步码开始，这个标志的长度为 8 位，后同步码使用的是同样的标志。接收器等待标志格式的出现，以此得知一个帧的开始，紧随其后的是一些控制字段，然后是数据字段，接着还有一些控制字段，最后是重复使用的标志。

前同步码	控制字段 A	数据字段	控制字段 B	后同步码

图 2-5 同步帧的格式

对于较大的数据块来说，同步传输比异步传输效率高。异步传输需要有 30%以上的额外开销，而同步传输中的前同步码、控制信息以及后同步码加起来通常不超过 100 位。例如，某种数据传输机制中包含了 32 位的控制信息、8 位前同步码和 8 位后同步码。因此，对于一个 1000 个字符的实际数据块，每个帧包含 48 位的额外开销，以及 1000×8＝8000 位的数据，其额外开销仅占 48/8048×100%＝0.6%。

同步传输效率高，但实现起来比较复杂，通常用于速率为 2400bps 及其以上的高速传输。

3. 单工/半双工/全双工传输

数据传输是有方向性的，根据线路的传输能力，通信线路上的数据交换可以有以下三种不同的方式，如图 2-6 所示。

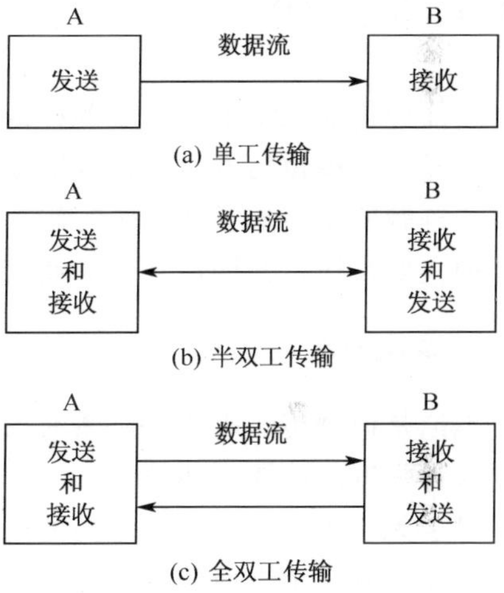

图 2-6 单工、半双工和全双工传输方式

（1）单工传输，通信线上的数据始终在一个方向上传送，而不进行与此相反方向的传送。如图 2-6（a）所示，数据信息总是从发送器 A 传输到接收器 B。这种情况可以跟无线电广播类比，信号只在一个方向上传播，电台发送，收音机接收。

（2）半双工传输，数据流可在两个方向上传输，但同一时刻只限于一个方向传输。如图 2-6（b）所示，通信的双方都具有发送器和接收器，信息可以从 A 传至 B，或从 B 传至 A。由于两个方向的传输使用的是同一信道，要实现双向传输，必须交替改换信道方向，也就是说，A 和 B 的信息发送必须交替进行，可以把它比喻为一坐单车道的双向桥。

（3）全双工传输，数据流可以在两个方向上同时传输。如图 2-6（c）所示，它相当于把两个相反方向的单工传输组合在一起。这种“双向同时”方式可被看作是一座双车道的双向桥。显然，对于数字设备之间的数据交换，全双工传输比单工和半双工传输效率高，控制简单，但结构较复杂，系统造价高。

对于数字信号传输，全双工操作需要两条独立的传输信道，而单工和半双工则只需要一条传输信道。模拟信号的传输则与频率有关：如果站点的发送和接收都使用同一个频率，那么在无线传输中它必须以单工或半双工传输方式操作，而在有线传输中，如果使用两条独立的传输路线，那么使用同样的频率也能以全双工方式操作。如果一个站点在发送时使用一个频率，而在接收时使用另一个频率，那么它就可能在无线传输中实现全双工方式的操作，而在有线传输中，这种情况只需要一条线路就可以实现全双工方式。

4. 基带传输、频带传输和数字数据传输

（1）基带传输，是指计算机（或终端）输出的二进制“1”或“0”的电压（或电流）原样信号直接送到传输电路的传输方式。基带信号不经调制，可以进行波形变换（或码型变换），经驱动后进行传输。基带信号的特点是频谱中含有直流、低频和高频成分，随着频率的升高，其幅度相应减小，最后趋于零。基带传输是最基本的数据传输方式，适合做短距离的数据通信，广泛应用于计算机局域网和现场总线。

（2）频带传输，就是将代表二进制数据的“1”和“0”信号，通过调制解调器变成具有一定频带范围的模拟信号进行传输。典型的例子如电话电路，其频带范围一般为300～3400Hz，基带信号不能通过，所以要采取措施把基带信号调制到电话电路的频带范围内传输。频带传输可实现远距离的数据通信。

（3）数字数据传输，是利用数字话路传输数据信号的一种方式，如 PCM 数字电话。这种方式效率高，传输质量较好。

2.2.3 传输损伤

在任何传输系统中，由于各种传输损伤的存在，接收到的信号可能与传输信号并不完全一样。就模拟信号而言，这些损伤会降低信号的质量。对数字信号则会导致比特差错：二进制的 1 变成了 0，或 0 变成 1。以下将讨论衰减和衰减失真、时延失真、噪声等几种主要损伤，并评估它们对通信链路信息运载能力的影响。

1. 衰减和衰减失真

不论是何种传输媒体，随着传输距离的增长信号强度会不断减弱。对有线媒体来说，这种强度的减弱也叫衰减，通常可用对数表示，因此常常表示为单位距离的分贝值。对于无线媒体，衰减是距离的复杂函数，并与大气成分有关。由于衰减的存在，传输工程需要有 3 个方面的考虑：

（1）接收到的信号必须有足够的强度，这样接收器中的电路才能检测信号。

（2）信号电平必须比噪声电平高，这样接收到的数据才没有差错。

（3）频率越高衰减越严重。

（1）和（2）中的问题只要注意信号强度并使用放大器或转发器就可以解决。对于点对点的链接，发送器的信号应当足够强，使接收器能分辨信号，但也不能太强，以至于发送器或接收器的电路超负荷，这将导致生成的信号失真。到了一定距离之外，失真程度超出了可接受的范围，此时就需要使用放大器或转发器不断增强信号。对多点线路而言，由于发送器和接收器之间的距离是可变的，因此情况要复杂的多。

对模拟信号而言，（3）中的问题要引起足够的注意。由于衰减失真是作为频率的函数变化的，因而接收到的信号会有失真，可懂度会降低。为了解决这个问题，通常采用均衡技术，即利用加感线圈改变线路的某些电气特性，使信号衰减变得比较均匀。另一种方法是使用放大器，使其放大高频的倍数比低频的倍数高。

例如，如图 2-7（a）所示，对典型的专用线路来说衰减是频率的函数，图中的衰减值是频率为 1000Hz 时衰减的相对值。纵坐标轴上的正值代表衰减比 1000Hz 时的衰减高。将一特定功率的 1000Hz 单频波加到输入端，在输出端测得功率为 P_{1000}。对于其他任何频率 f，重复上述过程，则以分贝（dB）为单位的相对衰减值为

$$N_f = -10\lg \frac{P_f}{P_{1000}} \tag{2-3}$$

图 2-7（a）中的实线表示没有经过均衡的衰减情况。我们可以看到话音频段的高端频率成分比低端频率成分衰减大的多。很明显这样接收到的话音信号将失真。图中虚线表示了均衡效果，对应的扁平曲线是质量得到改善后的话音信号。这样通过调制解调器的数字数据即使速率相当高也可以正常传输。

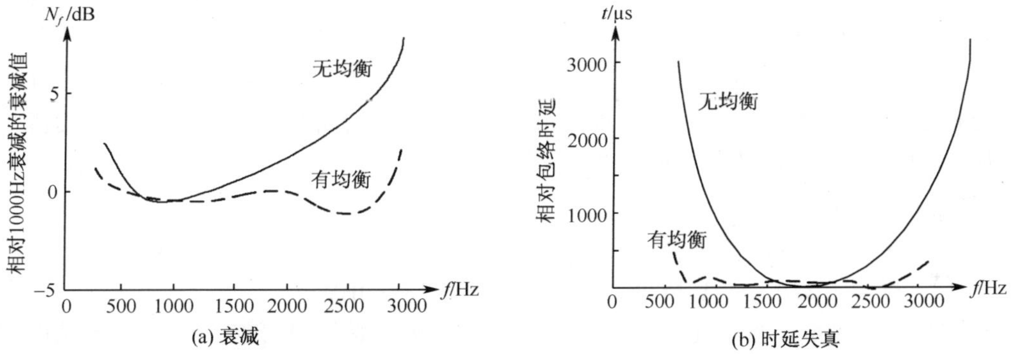

图 2-7　一个语音信道的衰减和时延失真曲线

对数字信号来说衰减失真不是什么大问题。如我们所知，数字信号的强度会随频率的上升而急剧下降，但绝大部分信号的内容集中在信号的基频或比特速率附近。

2. 时延失真

时延失真是有线传输媒体特有的现象，这一失真的产生是由于在有线媒体上信号传输速度随频率的不同而改变。对频带有限的信号来说，在靠近中心频率的地方传播速度趋于最快，而在频带两侧的传播速度则较慢。因此，信号中不同频率成分到达接收器的时间也不同，从而导致了不同频率之间的相移。这就是说接收到的信号因频率成分延迟的不同而产生了失真，这一影响称为时延失真。

时延失真对数字传输尤为重要。假设不论用的是数字信号还是模拟信号来传输一个比特串，由于时延失真的存在，某个比特位中的频率成分会溢出到其他比特位上，因此会产生码间串扰。对传输控制来说，它是限制最大比特速率的主要因素。

均衡技术也可用于时延失真。这里还是以专用电话线路为例，图 2-7（b）表示了均衡对时延的影响，以频率的函数表示。

3. 噪声

对任何传输事件来说，接收到的信号都包含被传输的信号、因传输系统引起的各种失真导致的变形、以及在传送和接收之间的某个地方插入进来的不希望有的信号。后者

是些无用的信号，称为噪声，它是传输系统性能的主要制约因素。

噪声可以分为4类：热噪声、互调噪声、串扰和冲激噪声。

（1）热噪声，是由导体内电子的热运动造成的。热噪声存在于所有的电子设备和传输媒体中，并且是温度的函数。热噪声均匀地分布在整个频率范围内，因此通常称为白噪声。热噪声是无法消除的，这就为通信系统的性能带来一个上限。

在任何设备和导体中，1Hz带宽内存在的热噪声的值被称为噪声功率密度，用 N_0 表示，单位为瓦/赫兹（W/Hz）。N_0 的值可根据下式确定：

$$N_0 = kT \tag{2-4}$$

式中，k 为玻尔兹曼常数，其值为 1.3803×10^{-23} J/K；T 为绝对温度。

我们认为噪声与频率无关。因此，在 B Hz带宽内的热噪声 N 用瓦（W）表示就是

$$N = kTB \tag{2-5}$$

N 的单位一般用分贝-瓦（dBW）表示，因此 N 的计算式变为

$$N = 10\lg k + 10\lg T + 10\lg B = -228.6 + 10\lg T + 10\lg B \tag{2-6}$$

【例2-1】 在室温 $T=17℃$，即290K时，对于一个带宽为10MHz的接收器，噪声功率密度和输出端的热噪声电平各为多少？

解 由式（2-4）、（2-6），有

$$N_0 = 1.3803\times10^{-23}\times290 = 4\times10^{-21}(\text{W/Hz}) = -204\text{dBW/Hz}$$

$$N = -228.6 + 10\lg290 + 10\lg10^7 = -134(\text{dBW})$$

（2）互调噪声，当不同频率的信号共享一个传输媒体时可能产生。互调噪声带来的影响是产生了额外的信号，其频率为两个原频率之和或差，也可能是若干倍的原频率。例如，将频率分别为 f_1 和 f_2 的信号混合在一起，就有可能产生频率为 f_1+f_2 的能量。这一生成信号有可能会在频率为 f_1+f_2 的地方干扰需要的信号。

互调噪声的产生是由于在发送器、接收器中存在非线性因素，或者是传输系统受到干扰。通常发送器、接收器以线性系统方式工作，就是说输出等于输入的常数倍。在非线性系统中输出是输入的复杂函数，这些非线性因素的产生可能是由于元器件发生了故障或使用过强的信号，在这些情况下会出现频率相加或相减的情况。

（3）串扰，如果你曾经在打电话时听到过别人的对话，那么你对串扰已经有过亲身经历，它是信号通道之间的耦合现象。它的产生是由于载有多路信号的相邻双绞线之间发生电耦合，有时在同轴电缆之间也会发生，不过很少见。当微波天线收到不需要的信号时也可能发生串扰现象。虽然微波采用方向性很强的天线，但在传播过程中总会有能量扩散。通常，串扰的量级与热噪声的一样（或更小）。

（4）冲激噪声，以上讨论的三种类型的噪声都是可预测的，并有着比较固定的强度，因此在设计传输系统时可以妥善处理这些问题。然而冲激噪声是非连续的，由不规则的脉冲或噪声尖峰组成，这些噪声尖峰的持续时间短而振幅大。它的产生有多种原因，包括外部电磁波干扰（如雷电），以及通信系统本身的故障和缺陷。

对于模拟数据来说，冲激噪声引起的麻烦并不大。例如，话音传输可能被短暂的咔嚓声打扰，但并不影响对话音的理解。然而，在数字数据传输中冲激噪声是差错的主要原因。例如，一个持续时间为0.01秒的能量尖峰不会破坏任何话音数据，但有可能会毁掉500位以50kbps传输的数字数据。图2-8中所举的例子是噪声对数字信号的影响，

这里的噪声由适中的热噪声加上偶尔发生的冲激噪声尖峰组成。通过对接收到的波形一次一位地采样，可以从信号中恢复数字数据。如我们看到的，有时噪声的存在足以将 1 变为 0，或将 0 变为 1。

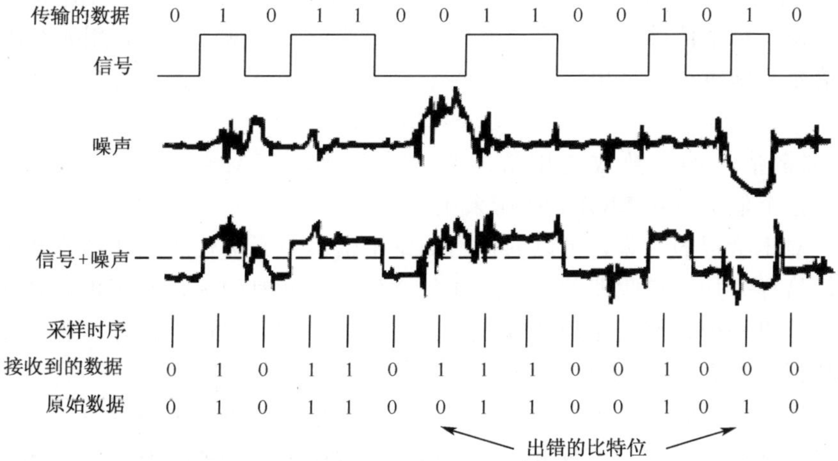

图 2-8　噪声对一个数字信号的影响

4. 信道容量

我们已经知道有多种形式的损伤可能导致信号的失真或损坏。就数字数据而言，我们会想到一个问题，这些损伤对数据率带来的限制会达到何种程度？在给定条件下，某一通信信道上的数据所能达到的传输速率称为信道容量。

这里涉及四个彼此相关的概念：

数据率，这个速率是指数据能够进行通信的速率，用 bps 表示。

带宽，一个信号的绝对带宽是指它的频谱宽度，对许多信号而言，其带宽是无限的。但是，一个信号的绝大部分能量集中在相当窄的频带内，这个频带称为有效带宽或就叫“带宽”。传输信号的带宽是指在发送器和传输媒体的特性限制下的带宽，用赫兹或每秒的周数表示。

噪声，这里是指通信通路上的平均噪声电平。

误码率，即差错发生率。这里的差错是指发送的是 0 而接收的却是 1，或者发送的是 1 而接收的却是 0。

应当引起注意的问题是：通信设施是昂贵的，并且一般说来通信设施的带宽越宽，所花费用就越高。更进一步说，任何实际应用的传输信道都是有限带宽的。带宽的限制是由传输媒体的物理特性带来的，或者可能是发送器故意限制了带宽，以防止其他干扰源的干扰。相应的，我们希望能够尽可能地有效利用给定的带宽。对数字数据来说，这意味着我们希望在给定的带宽条件下尽可能地提高数据率，同时又将误码率限制在某个范围内。限制我们达到这种高效率的主要不利因素是噪声。

(1) 奈奎斯特带宽。首先让我们假设信道无噪声的情况，此时数据率的限制仅仅来自信号的带宽。根据奈奎斯特定理，这一限制公式是：如果信号传输率是 $2B$，那么频率不大于 B 的信号就完全能够按此数据率传送。这一限制主要是由时延失真等影响造成的。

如果被传输的信号是二进制的（两个电压值），那么 B Hz 能承载的数据率是 $2B$ bps。作为一个例子，假设使用话音信道通过 MODEM 来传送数字数据。若其带宽为 3100Hz，则信道容量 C 是 $2B=6200$bps。然而，如果被传输信号使用的电压值多于两个，也就是说，每个信号单元可代表多于一个比特位的数据。例如，用 4 个可能的电压值来表示信号，则每个信号单元可代表两个比特位。这时，奈奎斯特公式就变为

$$C = 2B\log_2 M \tag{2-7}$$

式中 M 是离散信号的个数或电压值的个数。因此，当 $M=8$，$B=3100$ 时，C 就是 18600bps，这个值被一些 MODEM 所采用。

因此，对于给定的带宽，可以通过增加每个信号单元可代表的比特位数来提高数据率。但是，这样会加重接收器的负担：在每个信号单元时间内，它不再只是从两个可能的信号中区分出一个，而是必须从 M 个可能的信号中区分出一个信号来。传输线上的噪声和其他损伤将会限制 M 的实际值。

（2）香农容量公式。奈奎斯特公式指出，当其他所有条件都相等时，带宽加倍则数据率也加倍。现在来考虑一下数据率、噪声以及误码率之间的关系。参考图 2-8 可以更形象地解释这些关系。噪声的存在会破坏一个或多个比特位。假如数据率增加了，那么这些比特位会变“短”，因而给定的噪声模式会影响更多比特位。于是，给定一个噪声值，数据率越高则误码率越高。

所有这些概念可以通过一个公式清楚地联系在一起，这个公式是由数学家香农推导得出的。如刚才看到的，数据率越高，噪声带来的破坏越严重。在噪声存在的情况下，给定一个噪声值，我们希望通过增大信号强度来提高正确接收数据的能力。在这一推导中涉及的主要参数是信噪比 SNR，它是指在传输过程中某一点的信号功率与噪声功率之比。通常信噪比在接收器处测量，因为正是在这里需要处理信号并消除噪声。为了使用方便，这个比率通常用分贝来表示：

$$(\mathrm{SNR})_{\mathrm{dB}} = 10\lg \frac{P_{\mathrm{signal}}}{P_{\mathrm{noise}}} \tag{2-8}$$

式中，P_{signal}、P_{noise}分别表示信号功率和噪声功率，$(\mathrm{SNR})_{\mathrm{dB}}$表示有用信号超出噪声值的量，单位为分贝。SNR 的值越高，表示信号的质量越好，所需中间转发器的数量越少。

对数字数据传输来说，信噪比十分重要，因为它设定了一个可达到的数据率上限。香农得出的结果是，用 bps 来表示的信道的最大容量遵从以下等式：

$$C = B\log_2(1 + \mathrm{SNR}) \tag{2-9}$$

式中，C 是信道容量，用 bps 表示；B 是信道带宽，用 Hz 表示。香农公式表示了理论上可达到的最大值。然而在实际应用中能够达到的速率要低得多。其中一个原因是该公式假定噪声为白噪声（热噪声），既没有考虑到冲激噪声，也没有考虑衰减和时延失真。

式（2-9）中提到的容量称为无误码容量。经香农证明，假如信道上的实际信息率比无误差容量要低，那么从理论上说，通过使用适当的信号编码，信道就有可能达到无误码容量。遗憾的是，香农的理论并没有给出如何找到这种编码的方法，但他确实提供了一个用来衡量实际通信机制性能的计算标准。

从上面这个等式中，还可以想到其他一些有用的东西。对于给定的噪声值，看起来似乎通过增加信号强度或带宽就能提高数据率，然而，如果信号强度提高了，则系统的非线性程度也会提高，这就导致互调噪声的增加。还有一点需要注意，由于假定噪声是白噪声，那么带宽越宽，系统容纳的噪声也就越多，因此随着 B 的增加 SNR 反而降低了。

让我们看一个与奈奎斯特公式和香农公式相关的例子。假定某个信道的频谱在 3MHz 到 4MHz 之间，信噪比为 24 分贝，那么

$$B = 4\text{MHz} - 3\text{MHz} = 1\text{MHz}$$

$$(\text{SNR})_{\text{dB}} = 10\lg\text{SNR} = 24\text{dB}$$

$$\text{SNR} = 251$$

根据香农公式（2-9），得

$$C = 10^6 \times \log_2(1 + 251) \approx 10^6 \times 8 = 8\text{Mbps}$$

这就是理论上的极限，是很难达到的。如果能够达到这个极限，根据奈氏公式（2-7），需要多少信号值呢？应该有

$$8 \times 10^6 = 2 \times 10^6 \times \log_2 M \Rightarrow M = 16$$

2.3 传输媒体

传输媒体是在数据传输系统中位于发送器和接收器之间的物理通路。传输媒体可分为有线的和无线的两类。在这两种情况下，通信都是以电磁波的形式进行的。对有线媒体而言，电磁波被引导沿某一固体媒体前进，有线媒体包括双绞线、同轴电缆及光缆。无线媒体提供了传输电磁波信号的手段，但不引导它们的传播方向，主要包括空气、海水、外层空间等。使用无线媒体的信号传输形式通常称为无线传输，其中包括地面微波、卫星微波、无线电波及红外线传输技术等。

数据传输特性以及通信质量取决于传输媒体的性质和传输信号的特性。对于有线媒体，传输受到的限制主要来自于媒体自身的性质。对于无线媒体，在决定传输特性这个问题上，发射天线生成信号的带宽比媒体本身特性更为重要。天线发射的信号有一个重要属性：方向性。一般情况下，低频信号是全向性的，也就是说信号从天线发出后会沿所有方向传播。当频率较高时，信号才有可能被聚集成为有向波束。

通常，在设计数据传输系统时，主要考虑的是数据率和传输距离，总是希望它们越大越好，而决定数据率和传输距离的许多因素都与传输媒体及信号有关。

2.3.1 有线传输媒体

表 2-3 给出了常见有线媒体的点对点传输特性，下面我们将依次介绍表中所列 3 种媒体。在采用多点连接的网络中，这些媒体的特性有所不同，我们将在以后章节中，结合具体的网络类型进行讨论。

表 2-3　有线媒体的点对点传输特性

有线媒体	频率范围	典型衰减率	典型延迟	转发器间距
双绞线(有负载)	0～3.5kHz	0.2dB/km @ 1kHz	50μs/km	2km
双绞线(多对线)	0～1MHz	3dB/km @ 1kHz	5μs/km	2km
同轴电缆	0～500MHz	7dB/km @ 10MHz	4μs/km	1～9km
光缆	180～370THz	0.2～0.5dB/km	5μs/km	40km

注：THz 称为太赫兹，$1THz=10^{12}Hz$

1. 双绞线

双绞线是一种最常用的传输媒体，它由两根彼此绝缘的导线组成，两根导线按照规则螺旋状绞合在一起。这一对线作为一条通信链路使用。通常，将许多这样的线对捆扎在一起，并用坚硬的、起保护作用的护皮包裹成一根电缆。当距离较长时，一根电缆可能要容纳数百个线对。将线对绞合起来是为了减轻同一根电缆内的相邻线对之间的串扰。同一捆中的相邻线对通常具有不同的绞距。

双绞线既可以用于传输模拟信号，也可用于传输数字信号。对于模拟信号，大约每隔 5～6km 需要使用一个放大器。而对于数字传输（包括使用数字信号或模拟信号），大约每隔 2～3km 就要使用一个转发器。

在各种有线媒体中，双绞线在传输距离、带宽以及数据率上局限性最大。双绞线的衰减是一个与频率密切相关的函数，随着频率的上升而上升，其他损伤对双绞线的影响也很严重。这种媒体之所以非常容易受到干扰和噪声的影响，是因为它很容易与电磁场耦合。例如，一根与交流电源线平行的电线可以获取 50Hz 的能量。冲激噪声也能方便地侵入双绞线。为了减轻损伤，可以采取一些措施。如用金属网罩或护皮将电线屏蔽可以减少干扰；将电线绞合起来可以减轻低频干扰，而相邻线对使用不同的绞距则可以减轻串扰现象。

对于点对点的模拟信号传输，使用双绞线能够达到 1MHz 左右的带宽。对于长途点对点的数字信号传输，数据率能够达到几兆赫兹。当距离很短时，数据率则可达到 100Mbps，甚至 1Gbps，目前此类产品已经上市。

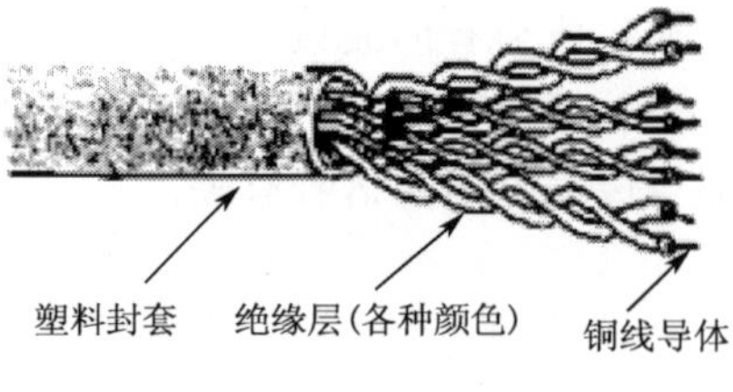

图 2-9　非屏蔽双绞线电缆

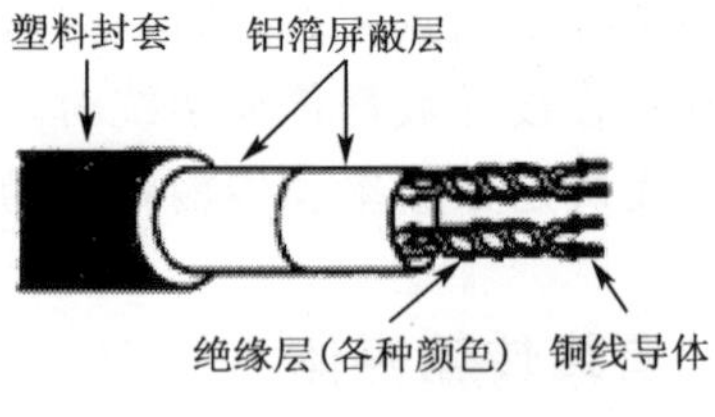

图 2-10　屏蔽双绞线电缆

双绞线有两种不同类型：非屏蔽双绞线（UTP）和屏蔽双绞线（STP），如图 2-9 和图 2-10 所示。UDP 是所有常见媒体中最便宜的一种，而且使用方便，安装简单，但在外部电磁场的干扰面前显得相当脆弱，这些干扰包括来自相邻双绞线的干扰和周围环境产生的噪声。为改善此类媒体的特性，其中一个办法就是用金属网罩或护皮将双绞线屏蔽起来，以减少干扰，由此产生了第二种双绞线，即屏蔽双绞线。这种屏蔽双绞线在高数据率的情况下有更好的表现，然而它需要配有支持屏蔽功能的特殊端接设备和相应的安装技术，比无屏蔽双绞线价格贵，而且使用也不太方便。

为适用不同应用的需要，美国电气工业协会（EIA）为双绞线电缆定义了五种不同的质量级别，给出了非屏蔽双绞线和屏蔽双绞线及其端接设备的使用规约。目前常用的UTP电缆有两种：一种是数据率可达16Mbps的UTP电缆，通常称为3类线；另一种是数据率可达100Mbps的UTP电缆，通常称为5类线。3类线和5类线的关键差别在于单位距离上的绞数不同。5类线旋得较紧，一般为每绞0.6～0.85cm；而3类线每绞则有7.5～10cm。电缆旋得越紧，价格越贵，但性能也强得多。

2. 同轴电缆

同轴电缆是网络中应用十分广泛的传输媒体之一。它也像双绞线那样由一对导体组成，但其构造与双绞线不同，同轴电缆是按“同轴”的形式构成线对，其结构如图2-11所示。最里面是内导体，外包一层绝缘材料，外面再套一个空心的圆柱形外导体，最外面则是起保护作用的塑料外皮。内导体和外导体构成一组线对，外导体也可以由编织线来实现。

同轴电缆中的外导体形成了围绕着内层导线的可弯曲的金属圆柱，从而起到防止电磁辐射的屏障作用。这种屏障从两个方面隔离内层导线，它既防止外来能量引起的干扰，又阻止内层导线中的信号辐射能量干扰其他导线。由于屏蔽层在各个方向上围绕导线，因此屏蔽是十分有效的。同轴电缆可与其他导线平行放置或盘在角落，屏蔽始终起作用。同轴电缆适用于点到点连接和多点连接。

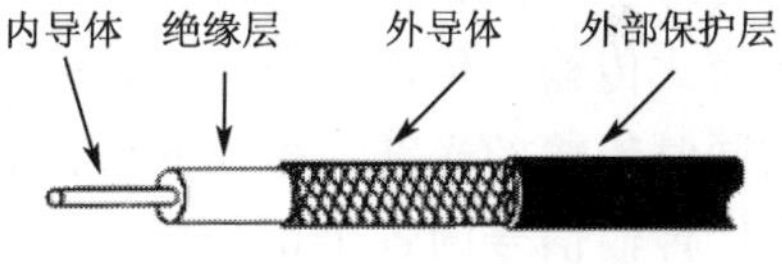

图2-11　同轴电缆

有两种广泛使用的同轴电缆：一种是50Ω电缆，用于基带数字传输；另一种是75Ω电缆，用于宽带模拟传输。“宽带”这个词来源于电话业，指比4kHz宽的频带，然而在计算机网络中，“宽带电缆”是指使用模拟信号传输数字数据的较宽频带的电缆。

用基带电缆传输数字信号时，信号占据整个频宽，电缆上只有一个信道。基带电缆主要用于局域网，数据速率一般为10Mbps。宽带电缆使用标准的有线电视技术，频带高达300～450MHz，由于传输模拟信号，传输距离可达100公里。为了在模拟网上传输数字信号，需要在接口处安装电子设备，用以把进入网络的比特流转换为模拟信号，并把网络输出的模拟信号再转换成比特流。依照电子设备类型的差异，1bps占据大约1Hz的带宽。使用先进调制技术，可以达到每赫兹多个比特。

从技术上讲，宽带电缆在传送数字数据方面要比基带电缆差，但它的优点是已被广泛安装。面对电话公司和有线电视公司激烈竞争的形势，可以预期有线电视系统会作为计算机城域网运行，并会越来越多地在它上面提供电话和其他服务。

同轴电缆的频率特性比双绞线优越，可被有效地应用于频率高、数据率快的环境里。同轴电缆的性能限制主要来自衰减、热噪声以及互调噪声，其他干扰对其影响不大。

对于模拟信号的长途传输，每隔几千米就需要使用放大器，频率越高，放大器的间隔就越近。模拟信号的有效频谱可延伸至500MHz左右。对于数字信号系统，大约每千米就需要一个转发器，数据率越高，间隔就要越小。

3. 光缆

光缆是网络传输媒体中性能最好的一种。光缆是一种纤细、柔韧且能够传导光线的媒体，由光导玻璃或塑料芯（光纤）构成。它被另一层称作包层的玻璃包住，最外一层是坚硬的保护层，纤芯为光通路。包层由多层反射玻璃构成，可以将光折射到纤芯之上。每一芯及包层或紧或松地被外壳包裹着，如图2-12所示。在紧型结构中，光纤被外层塑料壳完全裹住；在松型结构中，光纤与保护壳之间有一层液体胶或其他材料。无论哪一种结构，外壳都起着提供必要的光缆强度的作用，以防止光纤受外界温度、弯曲、外拉、折断等影响。

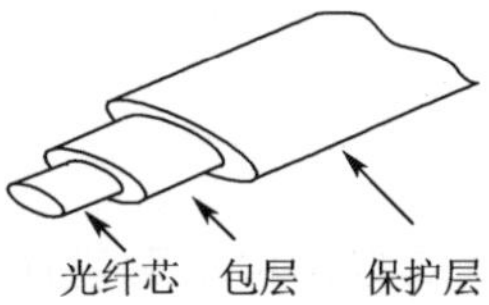

图2-12 光缆的构成

光缆可以由单股光纤构成，也可将多股光纤捆在一起放在光缆中心。光纤比铜导线细且轻，所以大型光缆能比同尺寸的铜电缆有更多的导体作用，这一特点使光纤在空间有限的环境下使用更理想。

光纤主要分为传输点模数类和折射率分布类两大类。传输点模数类分单模光纤和多模光纤。单模光纤的纤芯直径很小，只提供一条光通路，在给定的工作波长上只能以单一模式传输，传输频带宽，传输容量大。多模光纤是在给定的工作波长上，能以多个模式同时传输的光纤。多模光纤由它的包层根据光的不同折射率来控制不同模的速度，使光纤传输信号的各个部分能同时到达，接收者感觉到的仅是一个脉冲。与单模光纤相比，多模光纤的传输性能较差。折射率分布类光纤可分为跳变式光纤和渐变式光纤。跳变式光纤芯的折射率和保护层的折射率都是一个常数。在纤芯和保护层的交界面，折射率呈阶梯型变化。渐变式光纤芯的折射率随着半径的增加按一定规律减小，在纤芯与保护层交界处减小为保护层的折射率。纤芯的折射率的变化近似于抛物线。

有两种光源可被用作信号源：发光二极管（LED）和注入型激光二极管（ILD），它们有着不同的特性。光纤的接收端由光电二极管构成，在遇到光时，它给出一个电脉冲。光电二极管的响应时间一般为1ns。这就是把数据传输速率限制在1Gbps内的原因。热噪声也是个问题，因此光脉冲必须具有足够的能量以便被检测到。如果脉冲能量足够强，则出错率可以降到非常低的水平。

在计算机网络中最常用的光纤为玻璃多模，850nm波长的LED，传输速率100Mbps，有效范围约20km。目前正在研制超高速光纤通信系统，除2.4Gbps系统已投入商用外，5Gbps、10Gbps甚至20Gbps、30Gbps的系统也正处于研制阶段，超高速系统中最主要的问题是速度受到光纤和电子器件速率的限制，因而需要研究解决高速调制的方法和器件。

光纤的传输距离仅受波长的影响，衰减率极低。同时为了更有效增大传输距离，一般都采用1.55μm零色散波长光纤，同时利用掺饵光纤放大器作为接收机的前置放大器或在光纤线路中作为中继器，可使光纤的传输距离为几十公里，甚至上百公里。由于光纤采用的是光谱技术，没有泄漏信号的现象，也不受电磁波和高频失真的影响，使它更适合有危险的、高压的或者泄漏信号、干扰信号很强的环境。

2.3.2 无线传输

无线媒体不使用电或光导体进行电磁信号的传递工作，它的发送和接收都是通过天线实现的。在发送时，天线将电磁能量发射到无线媒体中；而在接收时，天线从周围的媒体中获取电磁波。从理论上讲，地球上的大气层为大部分无线传输提供了物理通路。无线传输有两种基本的构造类型：定向的和全向的。在定向结构中，发送天线将电磁波聚集成波束后发射出去，因此发送和接收天线必须仔细校准。在全向的情况下，发送信号沿所有方向传播，并能被许多天线接收。通常，信号的频率越高，被聚集成方向性电磁波束的可能性就越大。

表 2-4 总结了不同频带的无线传输特性。无线传输使用的频率范围很大，在对无线传输的讨论中，我们感兴趣的频率范围有 3 个，分别为微波频率、广播无线电波和红外线频谱。

表 2-4 无线通信频带的特性

模拟数据	数字数据	频带		名称		主要应用
		调制	带宽	调制	数据率	
30～300kHz	LF(低频)	不实用		ASK、FSK、MSK	0.1～100bps	导航
300～3000kHz	MF(中频)	AM	到 4kHz	ASK、FSK、MSK	10～1000bps	商用调幅无线电
3～30MHz	HF(高频)	AM	到 4kHz	ASK、FSK、MSK	10～3000bps	短波无线电
30～300MHz	VHF(甚高频)	AM、FM	5kHz～5MHz	FSK、PSK	到 100kbps	VHF 电视，调频无线电
300～3000MHz	UHF(特高频)	FM	到 20MHz	PSK	到 10Mbps	UHF 电视，地面微波
3～30GHz	SHF(超高频)	FM	到 500MHz	PSK	到 100Mbps	地面微波，卫星微波
30～300GHz	EHF(极高频)	FM	到 1GHz	PSK	到 750Mbps	实验短距离点对点

1. *地面微波*

微波天线最常见的类型是抛物面“碟状”天线，这种天线被牢牢固定，并且将电磁波聚集成细波束，从而在可视区内发送给接收天线。微波天线通常被安放在高出地面很多的位置，这样做是为了延长天线与天线之间的距离，并且能够越过位于天线之间的障碍物。如果没有中间障碍，则天线之间的最大距离遵从以下等式：

$$d = 7.14\sqrt{Kh} \tag{2-10}$$

式中，d 是天线间距离，单位为 km；h 是天线高度，单位为 m；K 是调节因子。K 的存在基于以下事实：微波在传播过程中会随着地球表面曲度而弯曲或折射，因而它传播的距离比视线所能达到的距离远。大量的实验得出 $K=4/3$，例如，两个位于 100m 高度上的微波天线，最大间距 $d=7.14\times\sqrt{133}=82$km。为了实现长途传输，需要使用到一组微波中继站。点对点的微波链路首尾相接，连成一线，就可达到所需的传输距离。

地面微波系统主要用于长途电信服务和电视传播，可替代同轴电缆或光缆。在传输距离相等的条件下，微波设施需要的放大器或转发器要比同轴电缆少得多，但它要求在视距内传输。微波的另一种应用是建筑物之间的点对点短距离传输，可用于闭路电视或局域网。

微波传输的频率范围为 2～40GHz，其主要损耗 L 来自衰减，用下式表示：

$$L = 10\lg\left(\frac{4\pi d}{\lambda}\right)^2 \mathrm{dB} \tag{2-11}$$

式中，d 是距离，λ 是波长，它们的单位是一样的。在下雨天时，衰减会增大，这一点对高于 10GHz 的频段来说影响尤其明显。损伤的另一个起因是干扰。随着微波应用的不断增多，造成传输区域重叠，干扰的威胁始终存在。

2. 卫星微波

一个通信卫星实际上是一个微波中继站，它用于将两个或多个地基微波发送器/接收器连接起来。卫星从一个频段（上行）接收传输信号，放大或再生后，将其从另一个频段（下行）发送出去。一个轨道卫星可以在多个频段上工作，这些频段称为转发器信道。卫星可以提供两个远距离地面天线之间的点对点连接，也可以提供一个地面发送器和多个地面接收器之间的通信手段，其重要应用包括电视节目传送、长途电话传输、专业商业网络等。

为了使通信卫星有效工作，一般需要它相对于地球的位置是恒定的，否则，它不能保证所有地球站都始终保持在可视范围之内。要维持恒定位置，卫星的旋转周期应该与地球的旋转周期保持一致。如果两个使用相同频带的卫星离得很近，它们会相互干扰。为了避免这个问题，目前的标准要求在 4/6GHz 频段有 4°的间隔（从地球上测得的角位移），在 12/14GHz 频段有 3°的间隔。因此，可用的卫星数目是相当有限的。

卫星传输的最佳频率范围为 1GHz～10GHz。在低于 1GHz 的情况下存在大量的自然界噪声，包括来自银河星系、太阳、大气层的噪声，以及来自各种电子设备的人为干扰。在 10GHz 以上，由于大气层的吸收和雨天等气候的影响，信号将严重衰减。

卫星通信还有几个特点需要注意。首先，信号从发送站通过卫星转发到接收站大约有 250ms 的传输时延，且这个时延与两站点间的距离无关。相对于地面电缆传播延迟时间约 5μs 来说，特别是对于近距离的站点，这要相差几个数量级。其次，卫星微波天生就是广播工具，多个站点可以向卫星发送信息，同时从卫星传送下来的信息也会被众多站点接收。

3. 广播无线电波

广播无线电波和微波之间的主要区别在于前者为全向性的，而后者是方向性的。因此，广播无线电波不要求使用碟状天线，也无须固定在某一精确校准的位置上。

广播无线电波的频率范围为 30MHz～1GHz，这个范围不仅覆盖了广播 FM 频段，还包括 VHF 和 UHF 电视频段。这个频率范围是广播通信的有效频段，与低频电磁波不同，电离层对高于 30MHz 的无线电波是透明的。无线电波的传输范围局限于视距范围，而相距很远的发送器不会因大气层的反射而互相干扰。与高频处的微波也不同，下雨对无线电波的衰减影响不大。作为视线传播技术，发送器和接收器之间的最大距离服从式（2-10），而传输距离带来的衰减服从式（2-11）。

无线电波损伤的一个主要来源是多路干扰。来自地面、水域和人造物体等的反射会在天线之间产生多条传输路径。

4. 红外线

通过收发器调制出不相干的红外线光，就可以实现红外线通信。无论是直接传输还是经过浅色表面如天花板等的反射，只要收发器与收发器之间的距离不超过视线范围，就可准确地进行通信，方向性很强，几乎不受干扰。

红外线传输的工作频率一般为 $3\times10^{11}\sim2\times10^{14}$ Hz，与微波传输之间的一个重要区别是前者无法穿透墙体，因此微波系统中的安全问题和干扰问题在红外线传输中都不存在。更进一步说，红外线不存在频率分配问题，因此没有必要取得使用许可。

选择传输媒体时要考虑的问题很多，它受到网络拓扑结构、通信量、可靠性要求、传输的数据类型、网络覆盖的地理范围等因素的限制，对各个方面进行综合分析是必要的。

2.4 传输数据编码

传输数据编码是指通信系统中以何种物理信号的形式来表达数据。前面 2.2 节已经阐明了模拟数据和数字数据之间以及模拟信号与数字信号之间的区别。两种类型的数据都可以编码成模拟信号和数字信号进行传输，这样就构成了 4 种数据编码方式。在这一节里，我们将着重介绍数字数据传输中的编码方式，至于模拟数据的传输，因其与本书内容的相关程度较低，只做简单介绍。

2.4.1 模拟信号传输数字数据

在使用调制解调器通过电话线路传输计算机数据时，我们采用的就是这种编码方式。两端的计算机（或其他数字设备）只能输出和接收数字信号，而所连接的电话系统只能传输模拟信号。模拟信号传输的基础是载波，载波是一个连续变化的信号。用于远距离计算机通信的模拟线路一般为频带传输线路，适于传输模拟信号而不能传输基带信号（原始的电脉冲信号），即不能传输近似于零频率的分量（直流分量）。因此，在发送端必须将数字数据变换（调制过程）成模拟信号后才能发送；在接收端须进行逆变换，从而恢复数字数据的原形（解调过程）。交变弦信号作为载波可用 $A\cos(\omega t+\Phi)$ 来表示，其中 A 为振幅，ω 为角频率，Φ 为相位，三者的任何变化都将影响波形，我们可以通过改变这三个参数，使其出现变化，以区分二进制数字 0 和 1，故这三个参数又称为调制参数。数字调制信号也可称为键控信号，依信号调制参数的不同，有幅移键控（ASK）、频移键控（FSK）、相移键控（PSK）三种基本信号形式，这三种形式的波形如图 2-13 所示。用于完成调制与解调任务的硬件称为调制解调器。

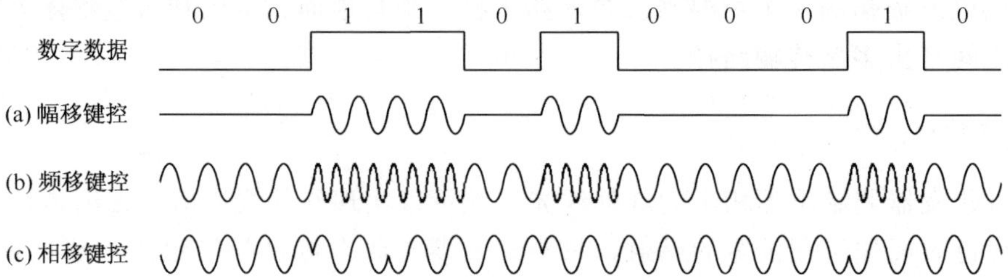

图 2-13　数字数据的模拟信号调制

1. 幅移键控

幅移键控也称振幅调制，在振幅调制中，频率和相位都是常数，振幅为变量，即载波的幅度随发送的信号而变化，可表示为

$$\omega(t) = \omega_0, \quad \phi(t) = \phi_0, \quad A(t) = A_1, A_2, \cdots, A_n$$

图 2-13（a）是具有 0、1 两个幅度值的调幅波形（二元制调幅波），具有一定幅度的载波信号表示“1”；幅度等于 0 的载波信号表示“0”。为提高传输速度，可采用多幅度调制，即调制电平有 4 个、8 个或更多个。

2. 频移键控

频移键控又称频率调制，把振幅和相位定为常量，频率为变量，可表示为

$$A(t) = A_0, \quad \phi(t) = \phi_0, \quad \omega(t) = \omega_1, \omega_2, \cdots, \omega_n$$

在二元制中，数字信号“0”和“1”，分别用两种不同频率的波形表示，如图 2-13（b）所示。“0”调制为较低频率的波；“1”调制为较高频率的波。频率调制的调频电路简单，抗干扰能力强，频带利用率低，适用于传输较低速的数字信号。

3. 相移键控

相移键控又称相位调制，把振幅、频率定义为常量，相位为变量，可表示为

$$A(t) = A_0, \quad \omega(t) = \omega_0, \quad \phi(t) = \phi_1, \phi_2, \cdots, \phi_n$$

在二元情况下，信号“0”和“1”，分别用不同相位的波形表示，如图 2-13（c）所示。传送数字“0”时，相邻两波形相位不变；传送数字“1”时，相邻两载波相位变化为 180°。相位调制占用频带较窄，抗干扰性能好。

另外，在实际的数据通信中经常使用的技术还包括多值调制和联合调制等，有兴趣的读者可以参考数据通信类专业书籍。

2.4.2　数字信号传输数字数据

数字信号是一串离散的不连续的脉冲序列，每个脉冲都是一个信号元素。二进制数据的传输是通过将每个数据位编码成信号元素（码元）而得以实现的。在最简单的情况下，比特位和信号元素之间存在着一一对应的关系。

在数字信号传输数字数据的编码方式中，通信源端所发出的信号、目的端接收的信

号、以及中间媒体所传输的信号都是跳变的数字信号。具体用什么样的数字信号表示 0 以及用什么样的数字信号表示 1 就是所谓的编码。编码的规则可以有多种，原则上只要能有效地把 1 和 0 区分开就行。图 2-14 示出了不归零码、曼彻斯特编码和差分曼彻斯特编码等常用的数字信号编码方案。

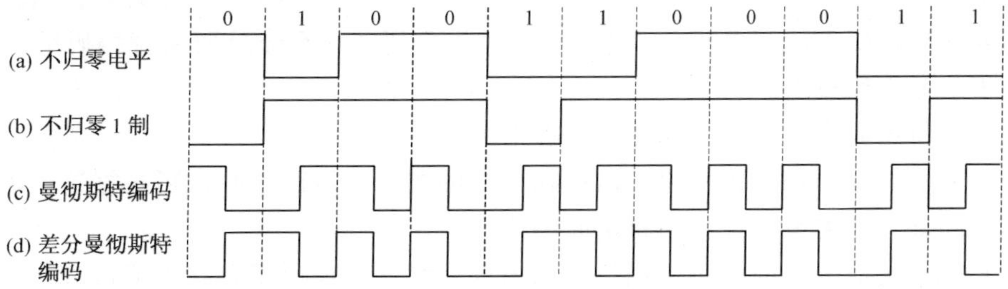

图 2-14　数字信号的编码格式

1. 不归零码

不归零（NRZ）码是发送数字信号最常用、最简单的一种方法，它用正电压表示一种二进制值，负电压表示另一种二进制值（图 2-14（a）)，又称不归零电平（NRZ-L Nonreturn to Zero-Level）编码。NRZ 码的一种变形是 NRZI（Nonreturn to Zero，Invert on one；不归零，见 1 反转）码，即 1 反相的不归零码。与 NRZ-L 相同，NRZI 在一个比特时间内为一恒定电压脉冲。数据的编码形式是在一个比特的起始时刻看信号有没有跳变。在每个比特的起始时刻，如果信号有跳变（低到高或高到低)，则表示这个比特为二进制 1，无跳变表示二进制 0，如图 2-14（b）所示。

NRZI 是差分编码的一个例子。在差分编码中，信号解码是通过比较相邻两个信号元素的正负极性是否相同，而不是判断信号元素的绝对值大小。通常，对当前比特的编码情况判断如下：如果当前比特是 0，那么这个比特编码后的信号与前一个比特相同；如果当前比特是 1，那么当前比特编码后的信号与前一个比特不同。这种方法的优点是：在存在噪声的情况下，检测信号是否发生跳变比检测绝对值（与一门限值进行比较）更加可靠；在复杂的传输系统中，信号的正负极性很容易变得不具有任何意义。对于后一个优点，我们可以看一个例子，在一个多点双绞线线路上，如果相连设备到双绞线的引脚偶然接反了，则 NRZ-L 中所有的 1 和 0 都将反相，而在 NRZI 中，这种情况就不可能存在。

采用 NRZ 码传输有几个缺点。首先，难以确定一个比特的结束和开始，这就需要有某种手段来维持发送器和接收器的时钟同步。另外，在每一比特期间存在直流成分，如果 1 或 0 占主要优势，直流成分将会积累。这样，就不可能使用变压器和交流耦合在数据通信设备和它们的环境间提供优良的电气绝缘，而且直流成分还可能引起连接件的接触镀层损坏或其他损坏。

2. 曼彻斯特编码

曼彻斯特编码和差分曼彻斯特编码技术克服了上述 NRZ 编码的缺点，是一种常用的基带信号编码。

在曼彻斯特编码中，每比特周期的中央存在一个跳变。比特中央位置的跳变不仅表示了数据，而且还提供了定时机制：从高到低的跳变迁表示 0，从低到高的跳变表示 1，如图 2-14（c）所示。在差分曼彻斯特编码中，如图 2-14（d）所示，比特中央位置的跳变仅用来提供定时关系，0 和 1 的编码则由比特周期开始处有、无跳变来表示。比特周期开始处存在跳变表示编码 0，而没有跳变表示编码 1。差分曼彻斯特编码的优势在于它应用了差分编码技术。

曼彻斯特编码和差分曼彻斯特编码有下列几个优点：

（1）同步：因为每个比特时间内存在预知的跳变，所以接收器可根据这个跳变来进行同步。因此，这类编码又称为自定时编码。

（2）无直流成分：因为每个比特时间内都有跳变，编码不存在直流成分。

（3）差错检测：如果预期的跳变不存在，则可用于差错检测。线路上的噪声必须使预期跳变前后的信号都反相才会引起不可检测的差错。

曼彻斯特编码技术在数据传输中广受欢迎，但在使用曼彻斯特码技术时，不同的通信系统可能对其做出更新的定义，无论怎样变化，其基本特点是一致的。

2.4.3 模拟信号传输模拟数据

在电话机和本地局交换机之间所传输的信号采用的就是这种编码方式。模拟的声音数据是加载到模拟的载波信号中传输的。

我们把输入信号和载波信号相结合产生传输信号的过程称为调制。使用模拟信号对模拟数据进行调制的方法有 3 种：

（1）幅度调制（AM）：简称调幅，使载波信号幅度随原始的模拟数据（即调制信号）的幅度变化而得到的信号（已调信号），载波的频率是不变的。

（2）频率调制（FM）：简称调频，使载波信号频率随原始的模拟数据的频率变化而得到的信号，而载波的幅度是不变的。

（3）相位调制（PM）：简称调相，使载波信号的相位随原始的模拟数据的相位变化而得到的信号，而载波的幅度是不变的。

2.4.4 数字信号传输模拟数据

使用数字信号编码模拟数据最常见的例子是用于音频信号的脉码调制（PCM，Pulse Coded Modulation），如图 2-15 所示。它主要包括三个步骤，即抽样、量化和编码。

图 2-15　脉冲编码调制

（1）抽样：抽样是指在每隔固定长度的时间点上抽取模拟数据的瞬时值，作为从这一次抽样到下一次抽样之间该模拟数据的代表值。根据采样定理，当抽样的频率大于或等于模拟数据的最大主频率的两倍（$2f_{max}$）时，所得的离散信号可以无失真地代表被抽样的模拟数据。

（2）量化：量化即分级处理，是把抽样取得的电平幅值按照一定的分级标度转换为对应的数字值，并取整数。这样，就把连续的电平幅值转换为离散的数字量。

（3）编码：编码是指把量化的结果转换为对应的二进制码。

例如，大多数话音能量的频率范围在 300～3400Hz 标准频谱内，当取其带宽为 4kHz 时，根据采样定理，抽样频率应该达到每秒 8000 次，量化过程由模数（A/D）转换器实现。在使用 PCM 机制的数字化话音系统中，通常使用 $N=256$ 个量化电平，即用 $\log_2 N=8$ 位二进制编码。这样，话音信号的数据传输率为 8000Hz×8=64kbps。

2.5 数据通信接口

前几节主要关心的是有关数据传输的属性，这节的重点转移到数据通信设备与数据传输系统之间的接口上。一般情况下，数字数据设备并不直接与传输媒体连接或交换信号，而是通过一个中介的标准接口完成。接口提供了发送/接收设备与传输线路之间相互作用的控制功能，其定义不仅包括电气特性，还包括连接的物理手段，以及发送和接收数据的过程。

2.5.1 通信接口特性

大多数数字处理设备的数据传输能力是有限的。通常，它们只生成一种简单的数字信号，譬如 NRZI，能够达到的数据传输距离较短。因此这类设备很少与传输设施或网络直接连接。在图 2-16 中描述了更为常见的情况。这里，我们所讨论的设备，包括计算机、打印机或其他数字化设备，都是用来发送和接收数据的，统称为数据终端设备（DTE，Data Terminal Equipment）。DTE 通过数据线路端接设备（DCE，Data Circuit-terminating Equipment）来使用传输信道。DCE 可以是调制解调器，也可以是一个简单的线路驱动器。当两个设备通过媒体互相连接并交换数据时，必须通过遵守相同的传输控制规程才能使通信双方协调、可靠地工作。图 2-16 中的传输控制器主要功能就是完成传输控制规程。数据电路加上传输控制规程称为数据链路。

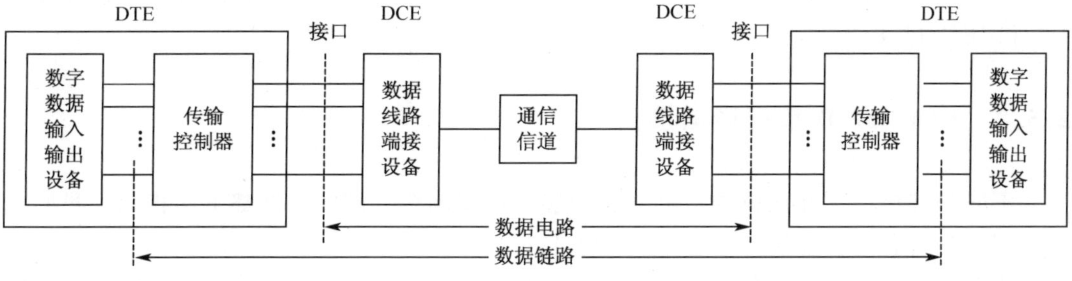

图 2-16　数据通信接口

DCE的一端通过传输媒体或网络，负责逐个比特地发送和接收数据；另一端又必须与DTE交互作用。通常情况下，这种交互作用既要交换数据，也要交换控制信息，它们都是由交换电路的一组连线完成的。要实现这种机制要求有高度的合作，通过传输线路或网络进行信号交换的两台DCE之间必须互相了解。也就是说，数据发送方和接收方必须使用同样的编码方式，以及相同的数据率。另外，每对DTE-DCE在设计时也必须实现良好的交互合作。为了减轻数据处理设备厂商和用户的负担，已经开发出一些标准，这些标准明确定义了DTE与DCE之间接口的本质。

通信接口特性是指DTE和DCE之间的物理特性。这种连接特性与选用的DCE类型、通信信道、传输模式和传输速率等诸方面因素有关。为确保双方正常通信，最基本的任务是保持接口特性的标准化，符合物理级规程所描述接口的机械特性、电气特性、功能特性和过程特性。

（1）机械特性：规定物理连接使用的接插件规格尺寸、引脚数量和排列等。例如，常用于串行通信的RS-232-C、EIA-232-D使用25针插座，EIA RS-449使用37针和9针插座等。

（2）电气特性：规定在物理连接器上传输二进制比特流所用的信号电压、匹配阻抗、传输速率和距离限制等。常用接口标准的电气特征可以分为3种类型：非平衡型、半平衡型和平衡型。它们的主要区别在于驱动线路与接口线路之间的信号不同。非平衡型的信号发送器和接收器均采用非平衡工作方式，每个信号使用一根导线，所有信号共用一根地线。在半平衡型中，发送器采用非平衡工作方式，而接收器采用平衡工作方式（使用差分接收器），每个信号也使用一根导线，但把发送方的信号地线作为差分接收器的一个输入。平衡型则根本不使用信号地线，每个信号使用两根导线，差动发送，差动接收，使得抗干扰能力大大增强。作为例子，RS-232-C、EIA-232-D属于非平衡型电气特征。EIA RS-449是对EIA-232-D接口标准的改进，主要定义了半平衡型和平衡型两种电气特性：对应于半平衡型特性由RS-423A定义，对应于平衡型特性则由RS-422定义。

（3）功能特性：是指给各个信号线分配确切的信号含义，即定义DTE和DCE之间每条线路的功能。信号线一般分为数据线、控制线、定时线和地线等若干类型。

（4）过程特性：定义了传输数据时发生的事件序列，其依据是接口的功能特性。

除上述RS-232-C、EIA-232-D和EIA RS-449/422/423A外，广泛用作物理接口的标准还有X.21，它是由CCITT提出的一种规范，在电气特性方面允许DTE和DCE进行面向长距离的高速数据传输。对于现场总线网络，常用两种标准接口，它们是RS-485和IEC61158.2。

2.5.2 EIA-232-D串行通信接口

不同物理接口标准在机械、电气、功能和过程四个方面的特性都不尽相同，我们首先仔细讨论著名的物理接口标准EIA-232-D。

EIA-232-D是由美国电子工业协会（EIA）制定的物理接口标准，也是目前数据通信与网络中应用最广泛的一种标准。它的前身是EIA在1969年制定的RS-232-C标准。

RS 是英文 Recommended Standard（推荐标准）的缩写，232 是标准的标识号码。RS-232-C 是一种应用十分广泛的物理接口标准，经 1987 年 1 月修改后定名为 EIA-232-D。由于两者相差不大，因此 EIA-232-D 与 RS-232-C 在物理接口标准中基本上是等同的标准，人们经常简称它们为“RS-232 标准”。在这个标准中，终端或计算机被正式地叫做数据终端设备，调制解调器被正式地叫做数据线路端接设备。

1. EIA-232-D 的机械特性

在机械特性方面，EIA-232-D 规定使用 DB-25 插针和插孔，插孔用于 DCE 方面，插针用于 DTE 方面。图 2-17 是一个 25 根插针标准连接器的结构图，顶层插针从左到右的编号依次为 1～13，下层插针从左到右的编号为 14～25。EIA-232-D 对 DB-25 连接器的机械尺寸及每根针排列的位置均做了明确的规定，从而保证符合 EIA-232-D 标准的接口在国际上是通用的。

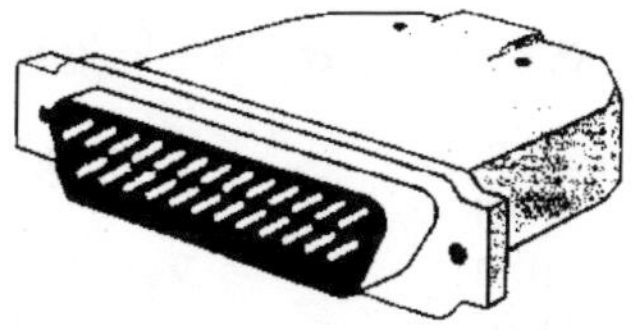

图 2-17　DB-25 接插件的机械图

2. EIA-232-D 的电气特性

EIA-232-D 的电气线路连接方式如图 2-18 所示。每个信号使用一根导线，所有信号共用一根地线。接口设计时的信号速率小于 20kbps，且传输距离小于 15m。由于是单线，线间干扰较大。其电性能用±12V 标准脉冲，值得注意的是 EIA-232-D 采用负逻辑。

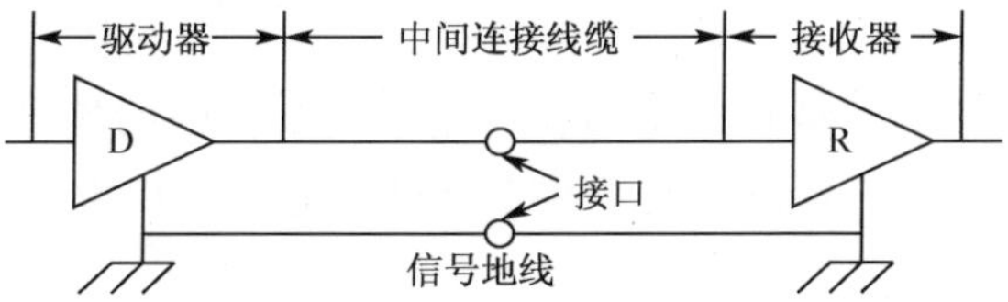

图 2-18　EIA-232-D 的电气连接

在发送数据（TxD）和接收数据（RxD）等数据线上：

Mark（传号）＝－5V～－15V，逻辑“1”电平；

Space（空号）＝＋5V～＋15V，逻辑“0”电平。

在请求发送（RTS）、允许发送（CTS）和 DTE 准备就绪（DTR）等控制线上：

OFF（断开，信号无效）＝－5V～－15V，逻辑“1”电平；

ON（接通，信号有效）＝＋5V～＋15V，逻辑“0”电平。

以上规定说明了 EIA-232-D 标准对逻辑电平的定义。对于数据信息：逻辑“1”的电平低于－5V，逻辑“0”的电平高于＋5V；对于控制信号：接通状态（ON）即信号有效的电平高于＋5V、低于＋15V，断开状态（OFF）即信号无效的电平高于－15V 低于－5V。也就是当传输电平的绝对值大于 5V 时，电路可以有效地检查出来，介于－5V～＋5V 之间的电压无意义，低于－15V 或高于＋15V 的电压也认为无意义，因此，实际工作时，应保证电平在±（5～15）V 之间。

EIA-232-D 的逻辑电平与 TTL 电平不兼容，为了与 TTL 器件相连必须进行电平转换。现有成品组件 SN75188 驱动器和 SN75189 接收器即是 EIA-232-D 通用的集成电路转换器件。电路电容不大于 2500pF，接收器输入阻抗约为 3～7kΩ。

3. EIA-232-D 的功能特性

EIA-232-D 的功能特性指标规定了 25 针分别与哪些电路连接，以及每个信号线的含义。EIA-232-D 各条信号线的功能分配如图 2-19 所示。图中所有的电路名称都是从 DTE 角度出发说明的。例如“发送数据”指数据由 DTE 向 DCE 发送；“接收数据”指 DTE 从 DCE 接收数据。

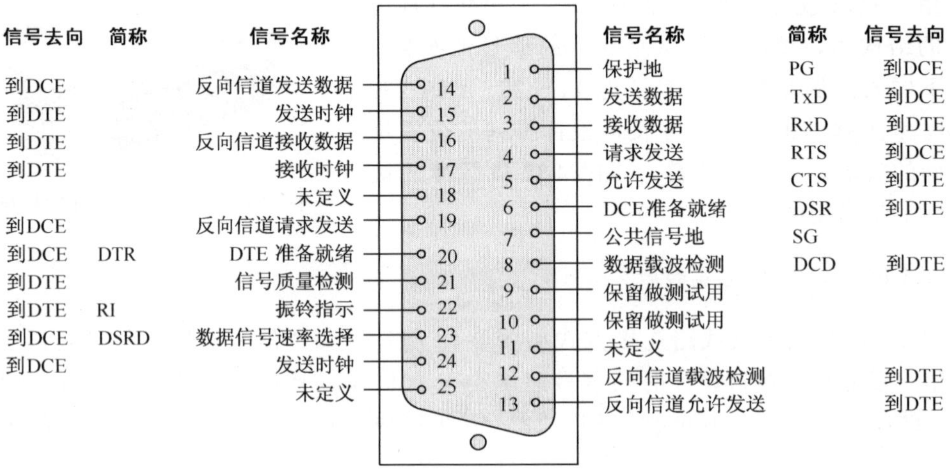

图 2-19　EIA-232-D 引脚分配

如果除去 25 条信号线中没有定义的和专用于同步传输的信号线，剩下的 11 条信号线（图 2-19 中拥有简称的信号线）就是在实际异步通信应用中所需要的信号线。

4. EIA-232-D 的过程特性

EIA-232-D 的过程特性规定了 DTE 与 DCE 之间控制信号与数据信号的发送时序、应答关系与操作过程。

控制信号何时有效、何时无效的顺序表示了接口信号的传送过程。例如，只有当 DSR 和 DTR 都处于有效状态时，才能在 DTE 和 DCE 之间进行传送操作。若 DTE 要发送数据，则预先将 RTS 线置成有效状态，等到在 CTS 线上收到有效状态的应答后，才能在 TxD 线上发送串行数据。

在将 EIA-232-D 用于远距离和近距离通信两种情况时，使用的信号线是不同的。

在进行 15m 以上的运距离通信时，一般需要加 DCE（如 MODEM），故所使用的信号线较多。例如，在通信双方采用普通电话线进行通信时，使用 2～8、22 和 20 号信号线进行联络，如图 2-20（a）所示。

下面我们以图 2-20（a）为例，说明两台计算机通过 MODEM 进行远距离数据发送的流程、信号时序和操作过程。这里，计算机作为 DTE，MODEM 作为 DCE，计算机与 MODEM 之间通过 EIA-232-D 接口连接。

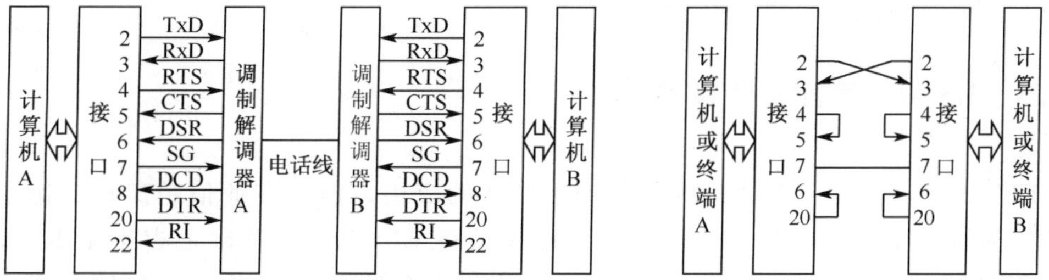

(a) 远距离通信时信号线的使用　　(b) 近距离通信时的简单连接

图 2-20　典型 EIA-232-D 信号线的使用

(1) 物理连接建立。如果计算机 A 发起一次物理连接，它首先通过 EIA-232-D 的第 20 号信号线（以下简称 20 线）向 DCE 发送数据终端准备好 DTR 信号，拨号呼叫对方计算机 B，建立物理连接。

计算机 A 连接的 MODEM A 在拨号之后，执行 MODEM 内部协议。双方 MODEM 通过发送用于检测通信线路状态和通信质量的载波检测信号。在确定通信线路接通并可以正常工作后，MODEM A 通过 6 号线，向计算机 A 发送设备准备就绪 DSR 信号。

计算机 B 在接到计算机 A 拨号请求建立物理连接指示后，如同意建立物理连接，应向与其连接的 MODEM B 发送 DTR 信号；在接收到 MODEM B 的 DSR 信号后，进入数据传输准备状态。

至此，双方 DTE 通过 DCE 与通信线路建立起物理连接，完成数据传输准备工作。

(2) 数据传输。如果计算机 A 准备发送比特流，它将通过 4 号线向 MODEM A 传送请求发送信号 RTS。MODEM A 在接收到 RTS 信号后，做好发送准备，通过 5 号线向计算机 A 发出允许发送信号 CTS。

计算机 A 通过 2 号线向 MODEM A 传送准备发送数据的信号 TxD；MODEM A 将数字数据信号调制后，变成模拟数据信号，经通信线路传送到对方 MODEM B，MODEM B 经过解调后，还原成数字数据信号，通过 3 号线向计算机 B 传送接收数据 RxD。

如果计算机 B 也要向计算机 A 发送数据，应采用与计算机 A 相同的 RTS、CTS 控制信号交互过程。

(3) 物理连接释放。当计算机 A 一次通信结束，通过释放 DTR 信号来通知 MODEM A，通过 MODEM 的内部协议，结束一次物理连接。

所谓近距离通信是指传输距离小于 15m 的通信。在这种通信中，不采用 DCE，通信双方可以通过 EIA-232-D 直接连接，只使用少数几根信号线。最简单的情况是根本不要 EIA-232-D 的控制联络信号，只需要使用发送（TxD）、接收（RxD）和信号地（SG）这 3 根线就便可实现全双工异步串行通信，如图 2-20（b）所示。图 2-20（b）中的 2 号线与 3 号线要交叉连接，因为在直接连接方式中，把通信双方都当作数据终端设备（DTE）看待，双方都可发送和接收。通信各方只要请求发送（RTS）和 DCE 准备就绪（DTR）有效，就能开始发送和接收。

2.5.3 RS-485 串行通信接口

EIA-232-D 作为一个通信标准得到了广泛的应用，但存在通信距离短、速率低的缺点。为弥补 EIA-232-D 的不足之处，EIA 又在 EIA-232-D 基础上提出了 RS-422 标准。RS-422 定义了一种平衡通信接口，将传输速率提高到 10Mbps，传输距离延长到 1200m（速率低于 100kbps 时），并允许在一条平衡总线上连接最多 10 个接收器。RS-422 是一种单机发送、多机接收的单向、平衡传输规范，被命名为 EIA-422-A 标准。

为了扩展应用范围，EIA 于 1983 年在 RS-422 基础上制定了 RS-485 标准，增加了多点、双向通信能力，即允许多个发送器连接到同一条总线上，同时增加了发送器的驱动能力和冲突保护特性，扩展了总线共模范围，后命名为 EIA-485-A 标准。由于 EIA 建议的标准都以“RS”作为前缀，所以在通信工业领域，仍然习惯将上述标准以 RS 作为前缀称谓。

1. RS-485 接口标准

RS-485 接口采用两线差分平衡传输，使用一对双绞线，其中一条为 A，另一条为 B，其信号定义如下：

当采用＋5V 电源供电时：

若差分电压信号为－2500～－200mV 时，为逻辑“0”；

若差分电压信号为＋2500～＋200mV 时，为逻辑“1”；

若差分电压信号为－200～＋200mV 时，为高阻状态。

RS-485 的差分平衡电路如图 2-21 所示，其一根导线上的电压是另一根导线上的电压值取反。接收器的输入电压为这两根导线电压的差值 $V_A - V_B$。

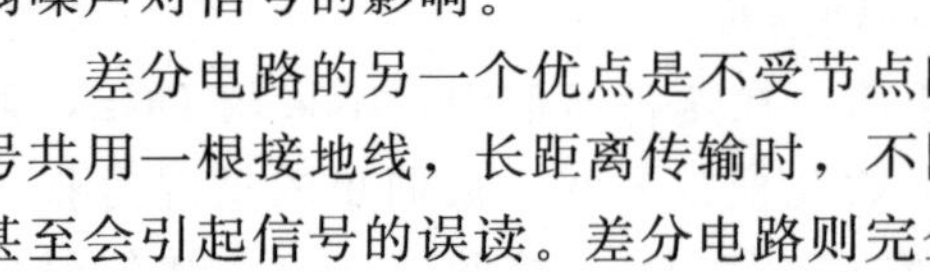

图 2-21　差分平衡电路

RS-485 实际上是 RS-422 的变型。RS-422 采用两对差分平衡线路，而 RS-485 只用一对。差分电路的最大优点是抑制噪声。由于在它的两根信号线上传递着大小相同、方向相反的电流，而噪声电压往往在两根导线上同时出现，一根导线上出现的噪声电压会被另一根导线上出现的噪声电压抵消，因而可以极大地削弱噪声对信号的影响。

差分电路的另一个优点是不受节点间地电平差异的影响。在非差分电路中，多个信号共用一根接地线，长距离传输时，不同节点接地线的电平差异可能相差几伏或更多，甚至会引起信号的误读。差分电路则完全不会受到接地电平差异的影响。

RS-485 价格比较便宜，能够方便地添加到任何一个系统中，还支持比 EIA-232-D 更长的距离、更快的速度以及更多的节点。EIA-232-D、RS-422、RS-485 之间的主要性能指标的比较如表 2-5 所示。

表 2-5　EIA-232-D、RS-422 和 RS-485 的主要性能指标

项目 \ 标准	EIA-232-D	RS-422	RS-485
最大传输距离	15m	1200m（速率 100kbps）	1200m（速率 100kbps）
最大传输速率	20kbps	10Mbps（距离 12m）	10Mbps（距离 12m）
驱动器最小输出/V	±5	±2	±1.5
驱动器最大输出/V	±15	±10	±6
接收器敏感度/V	±3	±0.2	±0.2
最大驱动器数量	1	1	32 单位负载
最大接收器数量	1	10	32 单位负载
电气特征类型	非平衡	平衡	平衡

可以看出，RS-485 更适合于多台计算机或带微处理机的设备之间的远距离数据通信。

RS-485 通信总线的传输速率随着传输距离的延长而下降。在远距离传输或工作环境有干扰时，应在 RS-485 总线的始端和末端加入终端匹配电阻和驱动保护电路，以减少终端反射和削弱干扰信号。RS-485 可以实现点对点通信，也可进行广播式通信。

这里需要进一步说明的是，RS-485 标准只对接口的电气特性做出了规定，而不涉及连接器、信号功能、引脚分配或协议，在此基础上用户可以建立自己的高层通信协议。

2. RS-485 收发器

RS-485 收发器种类较多，如 Maxim 公司的 MAX485，TI 公司的 SN75LBC184、SN65LBC184、高速型 SN65ALS1176 等，它们的引脚是完全兼容的。图 2-22 给出了一个收发器引脚实例，它是具有瞬变电压抑制能力的差分收发器 SN75LBC184 的引脚图，引脚定义如表 2-6 所示。SN65ALS1176 主要用于高速应用场合，如 Profibus-DP 现场总线等。

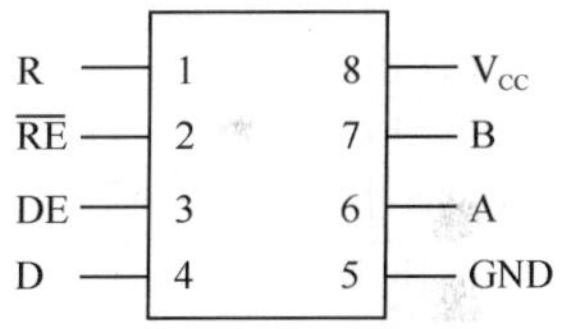

图 2-22　SN75LBC184 引脚图

表 2-6　SN65LBC184 引脚定义

引脚	名称	简称	引脚	名称	简称
1	接收端	R	5	地	GND
2	接收使能，低电平有效	$\overline{RE}$	6	差分正输入端	A
3	发送使能，高电平有效	DE	7	差分负输入端	B
4	发送端	D	8	+5V 电源	V_{CC}

3. RS-485 应用电路

RS-485 应用电路如图 2-23 所示，图中 RS-485 收发器可为 SN75LBC184、SN65LBC184、MAX485 等。当 P10 为低电平时，接收数据；当 P10 为高电平时，发送数据。

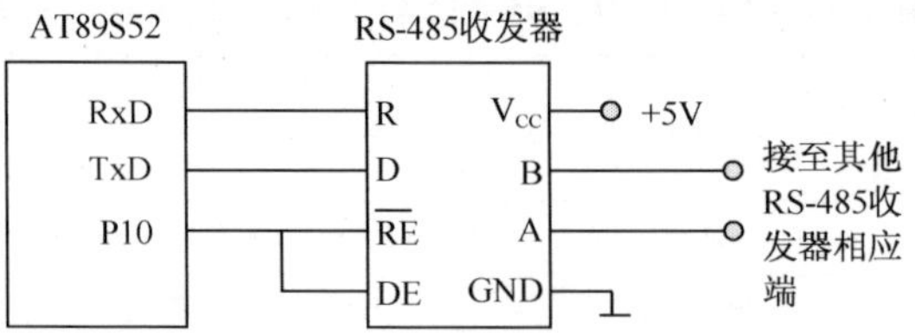

图 2-23　RS-485 应用电路

如果采用 RS-485 构成网络系统，在双绞线终端应连接 120Ω 的终端电阻。

4. RS-485 网络互联

利用 RS-485 接口可以使一个或者多个信号发生器与接收器互联，在多台计算机或带微处理器的设备之间实现远距离数据通信，形成分布式测控网络系统。

大多数 RS-485 的端口连接采用半双工通信方式。有多个驱动器和接收器共享一条信号通路。图 2-24 为 RS-485 的端口半双工连接线路图，其中 RS-485 差动总线收发器采用 SN75LBC184。两个 120Ω 电阻是作为总线的终端电阻存在的，当终端电阻等于电缆的特征阻抗时，可以削弱甚至消除信号的反射。

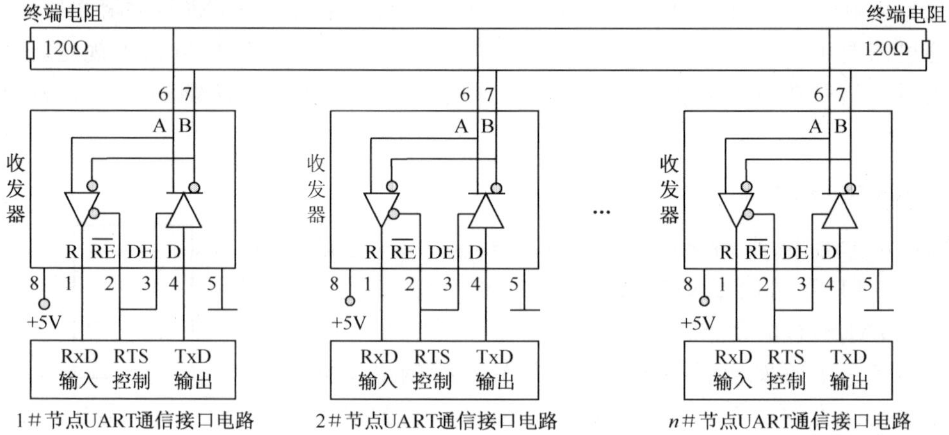

图 2-24　RS-485 端口的半双工连接

特征阻抗是导线的特征参数，它的数值随着导线的直径、在电缆中与其他导线的相对距离以及导线的绝缘类型而变化。特征阻抗值与导线的长度无关，一般双绞线的特征阻抗为 100～150Ω。

RS-485 的驱动器必须能够驱动 32 个单位负载加上一个 60Ω 的并联终端电阻，总的负载包括驱动器、接收器和终端电阻，不低于 54Ω。图 2-24 中两个 120Ω 电阻的并联值为 60Ω，32 个单位负载中接收器的输入阻抗会使得总负载略微降低；而驱动器的输出与导线的串联阻抗又会使总负载增大，最终需要满足不低于 54Ω 的要求。

值得注意的是，在一个半双工连接中，在同一时间内只能有一个驱动器工作。如果发生两个或多个驱动器同时启用，一个企图使总线上呈现逻辑“1”，另一个企图使总线上呈现逻辑“0”，则会发生总线竞争，在某些元件上就会产生大电流。因此，所有 RS-

485 的接口芯片上都必须包括限流和过热关闭功能，以便在发生总线竞争时保护芯片。

在多个节点共享信号通路时，以某种方式对网络控制权进行管理是必需的。

2.5.4 IEC61158.2 串行通信接口

1984 年，ISA（原美国仪表协会，后为国际测量与控制协会）和 IEC 合作开发了 IEC/ISA SP50 现场总线 IEC61158，它的物理层协议很快就被广泛承认，并于 1993 年被确定为现场总线物理层国际标准 IEC61158.2。IEC61158.2 是连接物理设备，为数据链路层提供透明比特流传输所必须遵循的规则，也是一个串行通信接口标准。

IEC61158.2 本身是个网络通信协议的物理层标准，而且是从过程工业和 DCS 应用的视角出发制定的。这一标准除了对物理层的功能和参数做出定义外，还对影响物理信号波形、幅度的相关因素，如媒体种类、数据编码、传输距离、接地、屏蔽等作了规定。因而本小节中除了介绍 IEC61158.2 之外，还将涉及一些与物理层直接相关的网络连接问题。

1. IEC61158.2 的功能

IEC61158.2 用于实现现场总线设备与总线之间的连接，其基本功能是为现场总线设备与传输媒体的连接提供机械和电气接口，为现场总线设备对总线的访问提供合乎规范的信号。

作为机械接口，由于现场总线的传输媒体一般为两根导线，如双绞线，因而其机械接口相对较为简单。虽然 IEC61158.2 为现场设备规定了特定的外部连接器，不过，许多场合都不采用这种规定的外部连接器，而是按标准要求，在设备的接线处，配备标有“+”、“—”号的醒目标签，以清楚地表明接口处的极性。另外，标准中也容许那些具有自动极性判别能力的现场设备不配备这种标签。

IEC61158.2 的功能分为发送和接收两种：

(1) 发送功能。接收来自数据链路层的数据信息，如图 2-25 所示，首先加上前导码、帧前定界码和帧结束码，再对其实行数据编码，然后经过发送驱动器，把所产生的物理信号发送到传输媒体上，如电缆、光缆或无线媒体。

	前导码	帧前定界码	数据链路层数据信息	帧结束码
字段长度(字节)	1*	1	8~273	1

* 采用中继器时，前导码可多于一个字节

图 2-25 IEC61158.2 总线信号的编码序列

(2) 接收功能。接收来自传输媒体的物理信号，对其去除前导码、帧前定界码和帧结束码，并进行解码后，把数据信息送往数据链路层。

考虑到现场设备的安全稳定运行，物理层作为工业现场的电气接口，还具备电气隔离、信号滤波、总线供电等功能。

2. 物理层的结构

物理层结构如图 2-26 所示，按照 IEC 物理层标准的规定，物理层分为媒体相关子层和媒体无关子层。媒体相关子层负责处理导线、光缆、无线媒体等不同传输媒体的信号转换问题，亦称为媒体访问单元。该子层支持多种媒体的访问，并为每种要与之连接的物理媒体设有对应的物理接口，冗余连接数可多至 8 个。当出现多个连接时，媒体相关子层对所有连接同时传送。在两个子层连接处，媒体相关子层从这些连接中选择其中之一，把它的信号送到媒体无关子层，形成单一的数据流。标准中没有规定如何进行这种选择。

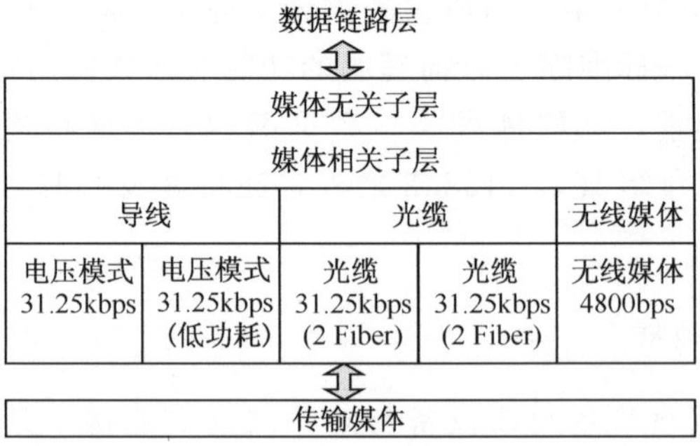

图 2-26　IEC61158.2 物理层结构主要内容

媒体无关子层是上述媒体相关子层与数据链路层之间的接口。上述有关信号的编码与解码，增加或去除前导码、帧前定界码和帧结束码的工作均在媒体无关子层完成。该子层由专用集成电路（ASIC）来实现。

3. 物理层的信号编码

IEC61158.2 中包括四种类型的信号编码，分别为：协议数据编码、前导码、帧前定界码和帧结束码，如图 2-25 所示。

（1）协议数据编码。要传输的数据报文是由上层的协议数据单元生成的。物理层对来自数据链路层的数据采用曼彻斯特双相 L 同步编码技术进行编码，如图 2-27 所示。这种编码方式是将数据和时钟信号结合在一起产生现场总线信号，其特点是每个时钟周期被分为两半，用前半周期为高电平，后半周期为低电平的脉冲负跳变表示数据“1”；反之，用前半周期为低电平，后半周期为高电平的脉冲正跳变表示数据“0”。

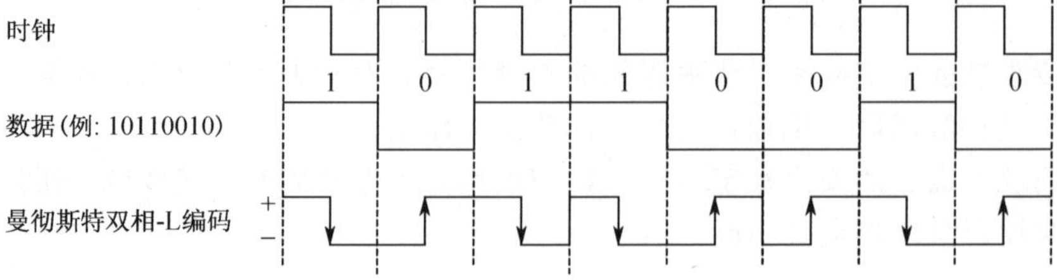

图 2-27　IEC61158.2 协议数据编码

这种编码的优点是在每个时钟周期的中间，都必然会存在一次电平的跳变，接收端利用位中间脉冲跳变很容易分离出同步时钟信号，也就是说，发送端发出的数据编码中隐含了同步时钟，因此不必另外设置同步信号。

（2）前导码。表示传输信号的开始，采用特殊的 8 位数字信号：10101010，如图 2-28 所示。前导码位于传输信号的最前端，如果采用中继器，那么前导码可以多于一个字节。接收端的接收器正是利用前导码的信号，使其内部时钟与正在接收的现场总线信号同步。

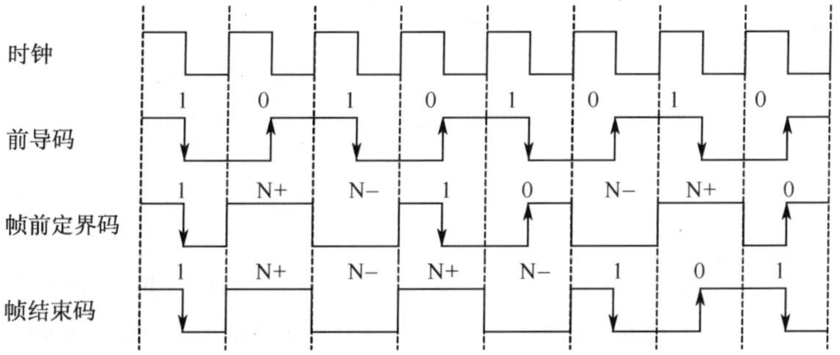

图 2-28　IEC61158.2 的几种附加编码

（3）帧前定界码。表示协议数据的起点，长度为八个时钟周期，即一个字节长。该编码由特殊的 N＋、N－码、正负跳变脉冲按规定的顺序组成，如图 2-28 所示。N＋、N－码的特点是在整个时钟周期保持高电平或低电平，即在时钟周期的中间不存在电平的跳变。接收端的接收器正是利用帧前定界码信号来找到现场总线信号的起点，接收端一旦发现帧前定界码便开始接收数据，直到收到帧结束码为止。

（4）帧结束码。表示现场总线信号的终点，长度为八个时钟周期，即一个字节长。该编码与帧前定界码一样由特殊的 N＋、N－码、正负跳变脉冲按规定的顺序组成，如图 2-28 所示，其组合顺序不同于帧前定界码。接收端的接收器正是利用帧结束码信号来结束一次帧的接收。

4. 物理层的信号波形

IEC 是将信号编码加载到直流电压上形成物理信号波形，从而在传输媒体上传输。

IEC 为现场设备提供两种供电方式：总线供电和非总线供电。总线供电是现场设备直接从总线上获得工作能源；非总线供电是总线上的现场设备，其工作电源来自外部电源，而不是取自总线。在总线供电的场合，总线既要传送数字信号，又要向现场设备供电。

按照 IEC61158.2 标准，传输速率为 31.25kbps、电压模式的现场总线信号波形及网络配置如图 2-29 所示。携带协议信息的数字信号以峰-峰电压为 0.75～1V 的幅值加载到 9～32V 的直流供电电压上，形成物理信号波形。

从图 2-29 中可以看出，现场总线两端分别连接一个终端器，终端器由 100Ω 电阻和 1μF 的电容串联组成，网络配置的等效负载为 50Ω。因此，现场设备内峰-峰 15～20mA 的电流变化就可以在等效阻抗为 50Ω 的现场总线上形成峰-峰 0.75～1V 的电压信号。

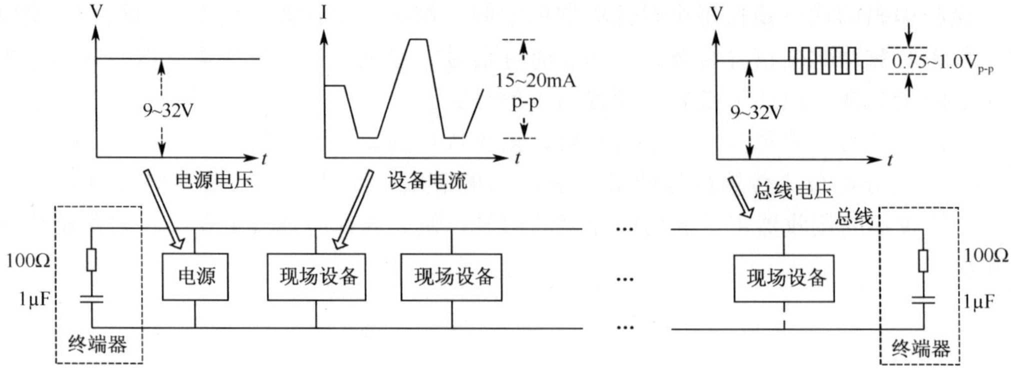

图 2-29　IEC61158.2 总线信号波形与网络配置

5. 传输媒体

IEC61158.2 支持的传输媒体包括：双绞线、多芯电缆、光缆和无线媒体。目前应用较多的是双绞线和多芯电缆两种，它们又可细分为屏蔽双绞线、屏蔽多对双绞线、无屏蔽多对双绞线及屏蔽多芯电缆几种类型。

在不同传输速率下，传输信号的幅度和波形与传输导线的类型、屏蔽、长度等密切相关。为了使挂接在传输导线上的所有设备都能满足工作电源、信号幅度、信号波形等方面的要求，必须对传输导线的横截面、允许的最大传输距离等做出规定。在传输速率为 31.25kbps 时，表 2-7 列出了传输导线的性能参数。

表 2-7　传输导线的主要性能参数

线缆类型	名称	型号	截面积	传输速率	最大传输距离
A	屏蔽双绞线	＃18AWG	0.80mm^2	31.25kbps	1900m
B	屏蔽多对双绞线	＃22AWG	0.32mm^2	31.25kbps	1200m
C	屏蔽多对双绞线	＃26AWG	0.13mm^2	31.25kbps	400m
D	屏蔽多芯电缆	＃16AWG	0.125mm^2	31.25kbps	200m

不同类型的电缆对应不同的最大长度（表 2-7 中的最大传输距离），该长度应为主线长度和所有支线长度的总和，主线是指总线上挂节设备的最长的线缆路径，其他与之相连的线缆通道都叫做支线。如果支线长度可以选择，则支线越短越好，允许最大支线长度的参考值见表 2-8。支线长度的确定考虑了一些安全因素，以保证在此长度之内不会引起通信问题。

表 2-8　允许最大分支长度参考值（m）

设备总数	1 台设备/分支	2 台设备/分支	3 台设备/分支	4 台设备/分支
25～32	1	1	1	1
19～24	30	1	1	1
15～18	60	30	1	1
13～14	90	60	30	1
1～12	120	90	60	30

IEC61158.2 允许同时应用不同类型的线缆。这里假设使用了 A、B、C、D 4 种线缆，其长度分别为 L_A、L_B、L_C、L_D，则线缆长度需要满足下列不等式：

$$L_A/L_{Amax} + L_B/L_{Bmax} + L_C/L_{Cmax} + L_D/L_{Dmax} < 1$$

式中，L_{Amax}、L_{Bmax}、L_{Cmax}、L_{Dmax}分别为 A、B、C、D 四种线缆的最大长度。

6. 设备类型

作为现场总线的物理层，IEC61158.2 支持的网络设备分为现场设备、电源、本质安全栅、终端器、中继器、现场总线接口及网桥等。

(1) 现场设备，是连接到现场总线上并与之通信的物理实体。常用的现场设备有温度变送器、压力或差压变送器、流量变送器、料位变送器、分析仪表、执行器、调节器等。

现场设备主要用于工业现场，IEC61158.2 按照是否适合于防爆环境、是否总线供电及功耗类别，对其进行了分类，表 2-9 列出了现场设备类型及编号。

表 2-9 现场设备类型及编号

设备类型 / 防爆等级	标准功率信号		低功率信号	
	总线供电	非总线供电	总线供电	非总线供电
本质安全型	111	112	121	122
非本质安全型	113	114	123	124

对于总线供电型的设备，由于受传输导线性能参数、传输电流及传输电压的等因素的影响，使得接在总线不同位置上的设备从总线上得到的供电电压有所不同，IEC61158.2 要求任何一台设备可接在总线的任何位置上并能正常工作，因而对满足设备正常工作的电压、电流、功耗等参数做出了明确的规定。表 2-10 列出了总线供电本安型现场设备的推荐参数。

表 2-10 总线供电本安型现场设备的推荐参数

参数	设备允许电压	设备允许电流	设备输入电源	设备残余容抗	设备残余感抗
推荐值	最小 24V	最大 250mA	1.2W	<5nF	<20μH

按照 IEC61158.2 标准，设备电路开路时最大输出电压的推荐值为 35V 直流电压。每个总线段上可挂接的设备数取决于设备类型，一般可接非总线供电型设备 2～32 台；总线供电但非本安型设备 2～12 台；总线供电本安型设备 2～6 台。

(2) 电源，用来为总线设备供电，IEC61158.2 的电源可分为 3 类：131 型非本安电源、132 型非本安电源、133 型本安电源。131 型电源可为本质安全栅供电，输出电压取决于安全栅额定值；132 型电源不能为本质安全栅供电，最大输出电压为 32VDC；133 型电源遵循本质安全参数要求。

(3) 本质安全栅，是安全场所与危险场所的隔离器，符合本安防爆标准。

(4) 终端器，是用在传输线缆的首端和末端的阻抗匹配器，有外置式和内置式（内置式放在设备内部）两种。每个总线段必须有两个终端器，终端器可以防止传输信号失真和总线两端产生信号波反射。

（5）中继器，是有源的总线供电设备或非总线供电设备，用于扩展总线网段。IEC61158.2 规定，总线段上的任意两台设备之间最多可以连接四台中继器。通过使用中继器，可使设备之间的最大距离延长至 9500m（A 型屏蔽双绞线）。

（6）现场总线接口，用于下接符合 IEC61158.2 标准的总线段，上接局域网或操作站。

（7）网桥，是一台有源的总线供电设备或非总线供电设备，用于连接不同传输速率的网段。它有多个接口，每个接口有一个物理层实体。

7. 网络拓扑结构

IEC61158.2 的网络拓扑结构比较灵活，支持点对点型、总线型、菊花链型和树型四种结构。有关拓扑结构的内容将在 3.4 节专门讨论。

2.6　差错检测与校正

信号在物理信道上传输的过程中，会产生信号失真。造成这种现象的原因有很多，如线路本身的热噪声，信号幅度、频率和相位的衰减或畸变，电信号在线路上产生反射造成的回音效应，相邻线路之间的串扰，以及雷电、周围电磁场的变化和电源的波动等各种外界因素的影响。在数据通信中，失真会造成接收器收到的比特位和发送器实际发送的比特位不一致，0 变成 1，或 1 变成 0，这就是差错。

为提高通信系统的传输质量而提出的有效地检测错误，并进行纠正的方法叫做差错检测和校正，简称为差错控制。差错控制的主要目的是减少通信信道的传输错误，目前还不可能做到检测和校正所有的错误。

差错控制有两种基本策略：

（1）在每个要发送的数据块上附加足够的冗余信息，使接收器能发现并自动纠正传输错误，即纠错码策略。

（2）在每个要发送的数据块上只加入足够的冗余位，使接收器能推算出是否发生了差错，但不能纠正传输差错，即检错码策略。

纠错码策略虽然有优越之处，但实现复杂，造价高，耗时长，一般的通信场合不易采用。检错码策略虽然有时需要通过重传机制达到纠错，但原理简单，实现容易，编码与解码速度快，目前得到了广泛的使用，其基本操作原理如图 2-30 所示。

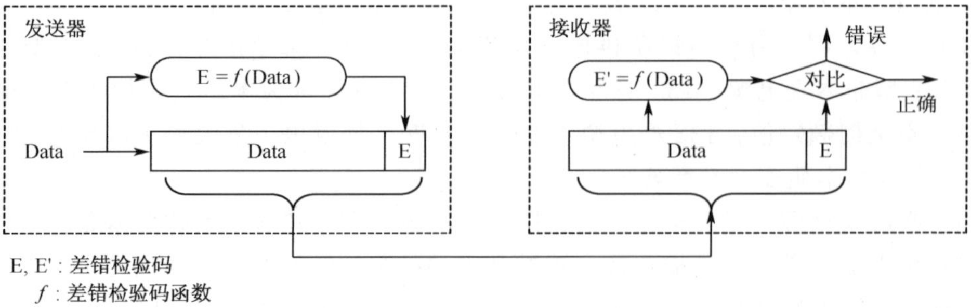

图 2-30　差错检测

对某一组特定的帧比特，发送器为其添加一些额外的、由差错检验码组成的比特位。接收器执行同样的计算过程并比较这两个结果。当两个结果不相同时，表明存在一个通信差错。

常用的差错检验码有两类：奇偶检验码和循环冗余码（CRC，Cyclic Redundancy Code）。在这一节里，我们将着重介绍这两种差错检验码，并简单描述差错控制机制。

2.6.1 奇偶检验码

奇偶检验码是一种最简单的差错检验码，其编码规则是先将所需要传送的数据比特序列分组，并且在每一组的数据后面附加一个检验位，使得该组连同检验位在内的码字中“1”的个数为偶数（偶检验）或奇数（奇检验）。在接收方，则按照同样的规则检查，如发现不符，就说明有差错，但是不能确定差错的位置。

设 b_1，b_2，…，b_{m-1} 是在同一组内的各数据比特，b_m 为检验位，则偶检验时，

$$b_1 \oplus b_2 \oplus \cdots \oplus b_{m-1} \oplus b_m = 0$$

而奇检验时，

$$b_1 \oplus b_2 \oplus \cdots \oplus b_{m-1} \oplus b_m = 1$$

式中，$\oplus$为模 2 加法，即“异或”运算符。

在实际的数据传输中所用的奇偶检验码又可分为 3 种：垂直奇偶检验、水平奇偶检验和水平垂直奇偶检验。

1. 垂直奇偶检验

垂直奇偶检验是在 $m-1$ 位表示字符的数据位上再附加第 m 位检验位。下面以 7 位码数字 0～9 为例说明。

表 2-11 中列出了偶检验的情况。由此可见，这种检验码只能检出垂直列上的奇数个差错。由于突发性差错的特点是一连串的比特均发生错误，因此差错比特的位数为奇数或偶数的概率各半。换言之，垂直奇偶检验只能查出 50％的突发性错误。因此，查错能力很差。

2. 水平奇偶检验

在传送数据时，如将若干个字符组成一个信息块，对这个信息块中所有字符对应的位数分别进行奇偶检验，就称为水平奇偶检验。表 2-12 是水平奇偶检验的一个例子，表中每一列为一个字符，每 10 个字符为一块，所有字符的相应位（共 10 位）增加一个检验位。发送时是先送第 1 个字符，然后第 2 个字符，……，待 10 个字符送完再送检验码。这种检验的好处是检错能力强。

对于每个字符长为 $m-1$ 位的情况，它可以查出水平方向上的奇数个错和所有长度$\leqslant m-1$ 的突发性差错。而缺点是接收端必须等整块信息收全后才能检验，并且产生检查检验码的逻辑也比较复杂。

表 2-11　垂直奇偶检验码

位 \ 字符	0 1 2 3 4 5 6 7 8 9
b_1	0 1 0 1 0 1 0 1 0 1
b_2	0 0 1 1 0 0 1 1 0 0
b_3	0 0 0 0 1 1 1 1 0 0
b_4	0 0 0 0 0 0 0 0 1 1
b_5	1 1 1 1 1 1 1 1 1 1
b_6	1 1 1 1 1 1 1 1 1 1
b_7	0 0 0 0 0 0 0 0 0 0
b_8（检验位）	0 1 1 0 1 0 0 1 1 0

表 2-12　水平奇偶检验码

位 \ 字符	0 1 2 3 4 5 6 7 8 9	检验位
b_1	0 1 0 1 0 1 0 1 0 1	1
b_2	0 0 1 1 0 0 1 1 0 0	0
b_3	0 0 0 0 1 1 1 1 0 0	0
b_4	0 0 0 0 0 0 0 0 1 1	0
b_5	1 1 1 1 1 1 1 1 1 1	0
b_6	1 1 1 1 1 1 1 1 1 1	0
b_7	0 0 0 0 0 0 0 0 0 0	0

表 2-13　水平垂直奇偶检验码

位 \ 字符	0 1 2 3 4 5 6 7 8 9	检验位
b_1	0 1 0 1 0 1 0 1 0 1	1
b_2	0 0 1 1 0 0 1 1 0 0	0
b_3	0 0 0 0 1 1 1 1 0 0	0
b_4	0 0 0 0 0 0 0 0 1 1	0
b_5	1 1 1 1 1 1 1 1 1 1	0
b_6	1 1 1 1 1 1 1 1 1 1	0
b_7	0 0 0 0 0 0 0 0 0 0	0
b_8（检验位）	0 1 1 0 1 0 0 1 1 0	1

3. 水平垂直奇偶检验

把水平和垂直两个方向的奇偶检验结合起来就构成了水平垂直奇偶检验。这种检验可以查出所有长度的突发性错误，所有水平或垂直方向上的奇数个错误。换言之，它可以查出除了互相补偿的偶数个错误以外的所有差错，这里所谓互相补偿的偶数个数是指有错的各行、各列中出错位数都为偶数的情况。表 2-13 是按偶检验规则求出的水平垂直奇偶检验编码。

奇偶检验方法简单，但检错能力差，一般只用于通信要求较低的环境。

2.6.2　CRC 检验码

CRC 码在其处理过程中采用了多项式表示法，该表示法是将数值表示成一个虚构变量 x 的多项式，其系数为二进制数，与二进制值中的每一位相互对应。例如，对于 $f=110011$，将其写为 $f(x)=x^5+x^4+x+1$；而当 $G=11001$ 时，有 $G(x)=x^4+x^3+1$。以此为基础，CRC 检错方法可描述如下。

1. CRC 码检错原理和运算规则

CRC 码的检错原理是，发送器将要发送的数据比特序列表示为一个多项式 $f(x)$ 的系数，并在发送之前用收发双方预先选取的生成多项式 $G(x)$ 去除，求得一个余数多项式。将余数多项式加到数据多项式 $f(x)$ 之后发送到接收器。接收器用同样的生成多项式 $G(x)$ 去除接收到的数据多项式 $f'(x)$，得到计算余数多项式。如果计算余数多项式与接收器收到的余数多项式相同，则表示传输无差错；否则，表示传输有差错，可要求发送器重发数据。

CRC 码求余数的除法运算规则是：作减法不产生借位，加法不产生进位。除此之外，与二进制除法相同。例如：

1001 1011	1001 1011	0011 0011	0011 0011
+1100 1010	−1100 1010	+1100 1101	−1100 1101
0101 0001	0101 0001	1111 1110	1111 1110

2. 生成多项式 $G(x)$

生成多项式 $G(x)$ 的选择并不是随意的，其结构及检错效果是经过严格的数学分析与实验验证后确定的。目前有 4 个版本被广泛采用：

CRC-12： $G(x)=x^{12}+x^{11}+x^3+x^2+x+1$

CRC-16： $G(x)=x^{16}+x^{15}+x^2+1$

CRC-CCITT： $G(x)=x^{16}+x^{12}+x^5+1$

CRC-32： $G(x)=x^{32}+x^{26}+x^{23}+x^{22}+x^{16}+x^{12}+x^{11}+x^{10}+x^8+x^7+x^5+x^4+x^2+x+1$

CRC-12 版本用于 6 比特字符流的传输，发送器会生成一个 12 比特的帧检验序列。CRC-16 和 CRC-CCITT 用于长度为 8 比特字符流的传输，并且都生成 16 比特的帧检验序列。虽然 CRC-32 被指定为某种点对点同步传输标准中的一个选项，但对大多数应用来说，它都是适用的。

3. CRC 码的检错方法

设 r 为生成多项式 $G(x)$ 的阶，例如 CRC-16 的阶为 16；要传送的数据多项式 $f(x)$ 的阶为 m。CRC 码的检错步骤如下：

(1) 在发送方，将 $f(x)$ 的系数序列后附加 r 个 0，得到新多项式 $x^r f(x)$，其最高阶为 $m+r$。对于二进制乘法来说，$x^r f(x)$ 的意义是将要传送的数据比特序列左移 r 位，用来存入余数。

(2) 用二进制除法，将 $x^r f(x)$ 除以生成多项式 $G(x)$，得到余数多项式 $R(x)$。

(3) 将 $x^r f(x)+R(x)$ 作为整体，从发送方通过传输信道传送到接收方。

(4) 接收方对接收数据多项式 $f'(x)$ 采用同样的运算，即 $x^r f'(x)$ 除以生成多项式 $G(x)$，求得计算余数多项式 $R'(x)$。

(5) 接收方根据计算余数多项式 $R'(x)$ 是否等于收到的余数多项式 $R(x)$ 来判断是否出现传输错误。

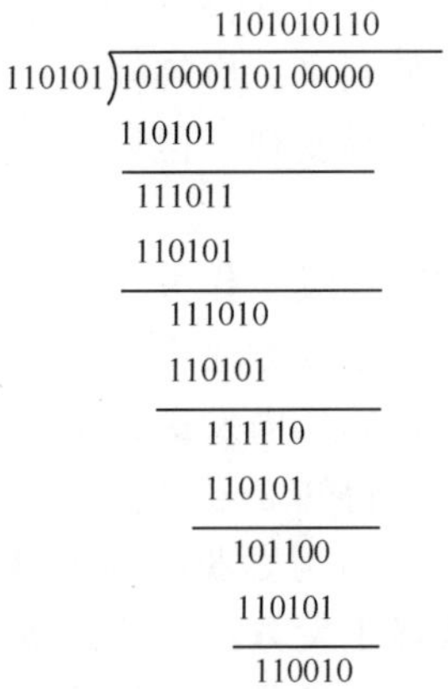

图 2-31　CRC 码检验和的计算

【例 2-2】 若选择生成多项式 $G(x)=x^5+x^4+x^2+1$，要传送的比特序列为 1010001101，即 $f(x)=x^9+x^7+x^3+x^2+1$。说明 CRC 码的检错过程。

解 (1) 生成多项式的比特序列为 110101，$r=5$；发送数据比特序列为 1010001101，将其乘以 2^5，产生的乘积为 101000110100000，即 $2^5 \cdot f(x)$。

(2) 按上述求余数的除法运算规则，将乘积除以生成多项式比特序列，求得余数多项式 $R(x)$ 的比特序列为 01110。运算方法如图 2-31 所示。

(3) 将余数比特序列加到乘积中得：1010001101 01110，发送方发送这个比特序列。

(4) 接收方收到发来的编码信息后，将信息分为两部分，后面 r 位作为 $R(x)$ 的位序列，减去 $R(x)$ 后的部分为 $x^r f'(x)$ 的位序列，用同一多项式 $G(x)$ 去除 $x^r f'(x)$，得到余数多项式 $R'(x)$。如果在数据传输过程中没有发生传输错误，那么 $R'(x)=R(x)$。否则，传输出错。

在实际网络应用中，CRC 码的生成与检验过程可以用软件或硬件方法实现。目前很多通信用超大规模集成电路芯片内部都可以非常方便地实现标准 CRC 码的生成与检验功能。CRC 码检错能力强，实现容易，在各种现场总线中，这种检错码编码方法的应用最多。

2.6.3 差错控制机制

接收方可以通过检错码检查传送一帧数据是否出错。一旦发现传输错误，则通常采用反馈重发（ARQ）的办法来纠正。数据通信系统中的反馈重发机制如图 2-32 所示。反馈重发纠错的实现方法有两种：停止等待方式、连续工作方式。

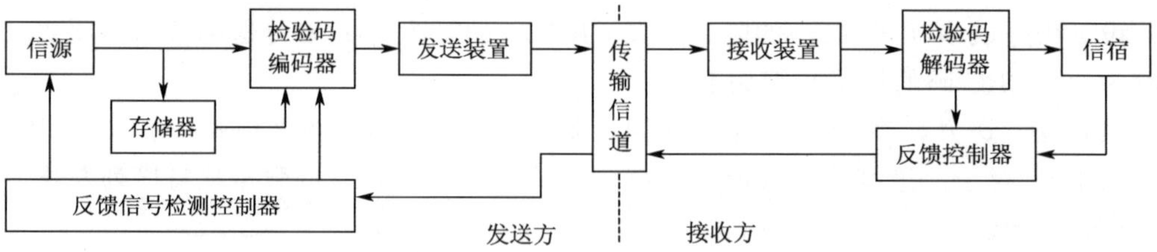

图 2-32 反馈重发纠错实现方法

(1) 停止等待方式。在这种方式中，发送方在发送完一数据帧后，要等待接收方的应答帧的到来。应答帧表示上一帧已正确接收，发送方就可以发送下一数据帧。停止等待方式容易实现，但通信效率低。为了克服这一缺点，人们提出了连续反馈重发工作方式。

(2) 连续工作方式。实现连续工作方式的方法有两种：拉回重发和选择重发。

拉回重发方法中，发送方可以连续向接收方发送数据帧，接收方对接收的数据帧进行检验，然后向发送方发回应答帧。如果发送方在连续发送了编号为 0～5 的数据帧后，从应答帧得知 2 号数据帧发生传输错误。那么发送方将停止当前数据帧的发送，重发 2、3、4、5 号数据。拉回状态结束后，再接着发送 6 号数据帧。

选择重发方法与拉回重发方法的不同之处在于：如果在发送完编号为 5 的数据帧时，接收到编号为 2 的数据帧传输出错的应答帧。那么发送方在发送完编号为 5 的数据帧后，只重发出错的 2 号数据。选择重发完成后，接着发送编号为 6 的数据帧。显然，选择重发的效率将高于拉回重发。

2.7 多路复用技术

一般说来，传输设施是十分昂贵的。在大多数情况下，两个通信站点不会占用一条数据链路的所有容量。为了提高效率，可将这一容量共享，这类共享的通用术语就是“复用”。

所谓多路复用技术，就是把多路信号在一条数据链路上进行传输的技术。其作用相当于把一条数据链路划分成多个信道，以实现通信链路的共享。图 2-33 描绘了复用功能最简单的形式。复用器有 n 个输入，该复用器通过一条数据链路连接到一个分用器上，这条链路可以运载 n 个独立的数据信道。复用器将来自 n 条输入线上的数据组合起来（复合），并通过容量更大的数据链路传输。分用器接收复合的数据流，并根据信道分配这些数据（分用），将它们交付给相应的输出线。

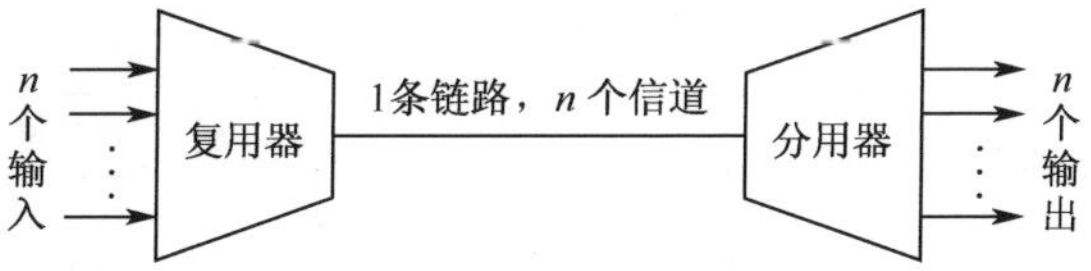

图 2-33　复用示意图

常用的多路复用技术主要有两种：频分复用（FDM，Frequency Division Multiplexing）与时分复用（TDM，Time Division Multiplexing），如图 2-34 所示。

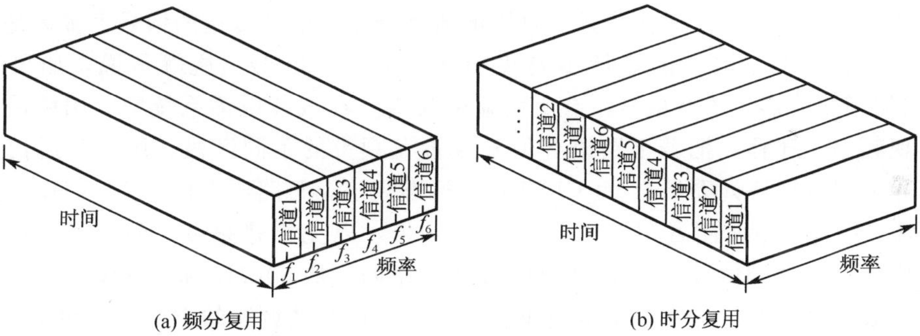

图 2-34　频分复用和时分复用

2.7.1　频分复用

当传输媒体的有效带宽超出了被传输信号所要求的带宽时，就可以使用 FDM。

频分复用技术是把一条线路的带宽分割成若干个互不重叠的小频段，每个小频段都可看作是一个信道。这样以来，通过将多个信号调制到不同的信道上，就可以实现多个信号的同时运载。为了防止信号之间的相互干扰，这些信道需要通过防护频带隔开，即各相邻小频段之间留有一空闲频段。

FDM 的常见情况如图 2-34（a）所示。有六个信号源向复用器输入数据，复用器将各路信号调制到不同的频率上（f_1，f_2，…，f_6）。每个被调制的信号都需要具有以各自载波频率为中心的一定的带宽。在线路上传输的混合信号是模拟的，不过，输入的信号可能是模拟的，也可能是数字的。在数字输入的情况下，输入信号必须通过调制解调器转换成模拟信号。然后不论是哪一种情况，每个模拟信号都必须经调制后搬移到适当的频带上。

FDM 系统的一般情况如图 2-35 所示。多路模拟或数字信号 $u_i(t)(i=1, 2, \cdots, n)$ 经复用到达同一传输媒体上。各路信号 $u_i(t)$ 先被调制到载波 f_i 上，由于使用多路载波，所以每一路载波就称为一个副载波，可以使用任意类型的调制手段。经调制得到的模拟信号叠加起来，产生复合信号 $u(t)$。复合信号中不同信号的带宽不能重叠，否则将无法恢复原始信号。然后，这个复合信号可能作为一个整体，通过另外的调制步骤，被搬移到另一个载波频率上。在接收端，FDM 信号 $s(t)$ 要经过 n 个带通滤波器，每个滤波器都以各自的频率 f_i 为中心对 $s(t)$ 进行滤波，其输出经过解调器后，就得到$u_i(t)$。

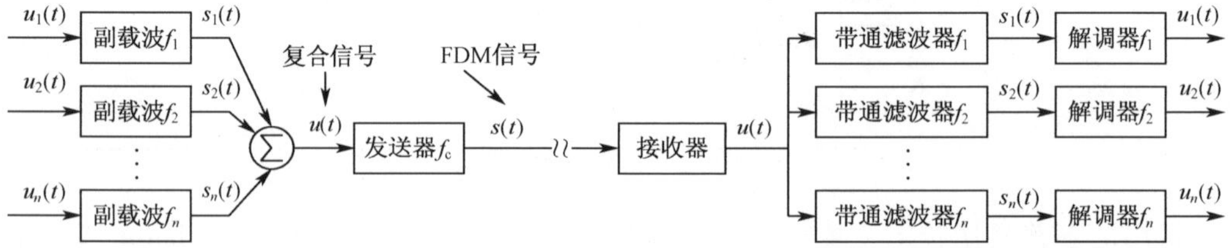

图 2-35　FDM 系统

电话系统采用的载波通信是频分复用的典型例子。电话传送的信号大多数是人的语音，频谱分析表明，语音的能量主要集中在 300～3100Hz。这就是说，如果采用了 3kHz 的带通滤波器，语音信号不会有明显的失真。在载波电话系统中，用载波调制的方法实现频率的迁移，把若干路语音信号放置在频带的不同区段，用一条通信媒体送出。国际电报电话咨询委员会（CCITT）的标准规定，每路语音信号占 4kHz 带宽，即在 3.1kHz 语音频带两侧各留 0.45kHz 的保护带，以免相邻频带之间串音。每三路语音信号构成一个基础信号，占据 48kHz 带宽（比如，从 60kHz 到 108kHz）。为了把更多的信道装入载波系统，又以基群为单位，再一次用载波调制的方法实现频率搬移，构成更大的超群和主群。对于超群和主群的规定，各国标准不同。例如，美国规定，每 5 个基群构成一个超群，每 10 个超群构成一个主群，每个主群包含有 600 路电话信道。

2.7.2　时分复用

当传输媒体能够达到的数据率超出了被传输数字信号的数据率时，就可使用 TDM。

时分复用的原理是把在通信媒体上传输信号的时域划分为许多等长的时间片，一路信号每次占用一个时间片进行传输，使若干路数字信号合用单一通信媒体，而在时间域上互不重叠。在接收方就可根据信号在通信媒体上的传输时间作为分割信号的参量，把多路信号分割、复原。

例如，图 2-34（b）中的复用器有 6 个输入，不妨假设每路输入可达 9.6kbps，那么一条容量至少在 9.6kbps×6＝57.6kbps 以上的链路就能容纳所有的 6 个数据源。

时分复用可分为同步时分复用（STDM）和异步时分复用（ATDM）两种。同步时分复用就是按照固定的顺序把时间片分配给各路信号。比如，假定有 n 路信号，我们把第 1 个时间片分配给第 1 路信号，把第 2 个时间片分配给第 2 路信号，……，把第 n 个时间片分配给第 n 路信号，然后又把第 $n+1$ 个时间片分配给第 1 路信号，第 $n+2$ 个时间片分配给第 2 路信号，……如此循环，在接收端只需采用严格同步的时间片分割方式以及相同的接收顺序，就可以将多路信号分割、复原。同步时分复用所采用的这种把时间片轮流分配给各路信道，而不论该路信道是否有数据要发送的做法，势必造成信道资源的浪费。为了克服这一缺点，可以采用异步时分复用。

异步时分复用使用的是按需分配时间片方式，即只有当某一路信号有数据要发送时才把时间片分配给它。这样做可以避免通信信道资源的浪费，但是随之而来的问题是，当这些数据到达接收端时，它们不是以固定的顺序出现，接收端就不知道应该将哪一个时间片内的数据送到哪一路信道去。为了解决这个问题，异步时分复用技术要求把发送端地址、接收端地址等作为附加信息随同数据一起发送，以便使接收站按地址分送数据，这是在局域网中经常采用的技术。

从性质上来看，频分复用适合于传输模拟信号，而时分复用适合于传输数字信号。因为在传输数字信号时，信号的复合和分离可以用选通脉冲来实现。时分复用和频分复用相比，时分复用在技术上比较复杂，但却有许多优点。比如，数字信号抗干扰能力强，而且通过逐级再生整形，可以避免干扰的积累；数字信号比较容易实现自动转换、集成化等。因此，在计算机通信中广泛使用时分多路复用技术。

习　　题

1. 假设某个信道的带宽为 300Hz，且信噪比为 3dB，这个信道的容量是多少？

2. 一个数字信号传输系统要求其工作在 9600bps：

（1）如果一个信号单元可编码成 4 比特的单字，那么所需要的最小信道带宽为多少？

（2）在 8 比特单字的情况下又是多少？

3. 信道的带宽为 10kHz，功率为 1000W，操作环境温度为 50℃，则这个信道的热噪声值为多少？

4. 假设信道所要求的容量为 20Mbps，信道带宽为 3MHz，为了达到这一信道容量，要求信噪比为多少？

5. 同轴电缆是两根导线的传输系统，如果将外层导体接地会有什么好处？

6. 某个 NRZI 数字信号编码中，前一个比特的信号电平是高，这种编码情况下，试画出比特流 01001110 的波形图。

7. 下图中的波形图是用曼彻斯特编码后的二进制数据流，求一个比特周期的起始和终止时间（即，提取时钟信息），并写出其表示的数据序列。

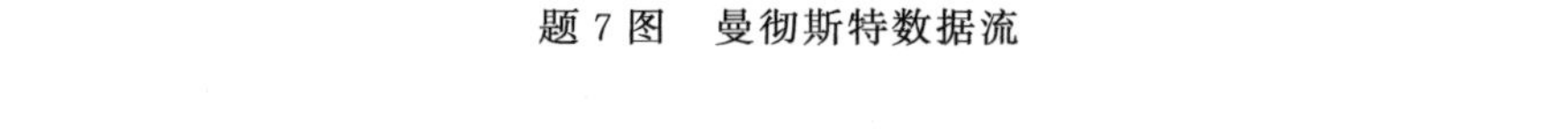

题 7 图　曼彻斯特数据流

8. 假设有一个10 000个字符的文件以2400bps的速率经过一条线路传送：

（1）如果使用异步传输，试计算其额外开销有多少比特及其传输时间。假设每个字符包含有一个起始比特、一个1比特长的停止单元以及该字节本身的8个比特。这8个比特字符完全由数据比特组成，无检验比特。

（2）如果使用同步传输，试计算其额外开销有多少比特及其传输时间。假设数据以帧传送，每个帧包含了1000个字符，也就是8000比特，以及48个控制比特的额外开销。

（3）对于100 000个字符长的文件，问题（1）和（2）的答案是什么？

（4）如果文件长度仍为10 000个字符，但数据率为9600bps，那么问题（1）和（2）的答案又是什么？

9. 某种异步传输使用8个数据比特、1个偶检验比特和2个单位长的停止比特，在接收器不发生组帧差错的条件下，能容忍的时钟精确率百分比为多少？假设比特样本在时钟周期的中间位置取样得到，同时假设在起始比特的开始位置上，时钟与接收到的比特同相。

10. 在下图中，由节点A生成帧，并通过节点B发送到节点C。在下述条件下，要使节点B的缓存不致漫溢，判断节点B和C之间的最小传输速率要求为多少？

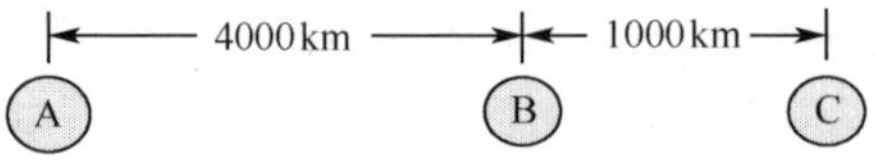

题10图

（1）节点A和B之间的数据率为100kps。

（2）两条线路的传播时延都是5μs/km。

（3）节点之间的线路为全双工线路。

（4）所有的数据帧都是1000比特长，ACK是独立的帧，长度可忽略不计。

（5）在B和C之间使用的是停止等待机制。

（6）没有差错。

提示：要使B的缓存不溢出，需要在较长的一段时间内，进入和离开B的帧的平均数目相同。

11. 采用CRC-CCITT多项式，用长除法为一个1后面跟有15个0的报文计算生成16比特的CRC码。

12. 10条9600bps的线路进行TDM复用，忽略其额外开销的比特，那么同步TDM所需的总容量为多少？假设希望将线路的平均利用率限制在0.8，再假设每条线路有50%的时间处于忙状态，那么统计TDM所需的总容量为多少？

13. IEC61158通信接口被多种现场总线（如FF-H1、Profibus-PA）作为物理层标准，它有哪两条主要功能，采用何种协议编码，这种编码方案应用在网络中有什么好处？

14. IEC61158通信接口为现场设备提供哪两种供电方式，各种供电方式的应用场合有何区别？

15. IEC61158通信接口的传输速率是多少？传输媒体有哪些？

16. 叙述IEC61158通信接口标准中传输距离与传输导线的对应关系。

17. 现场总线的物理层可选用的传输技术主要有三种，分别为IEC61158.2传输技术、RS-485传输技术和光纤传输技术，分别描述各自的主要特性。

第3章 现场总线体系结构

两个通信设备之间点对点直接连接有时是不可行的。比如遇到如下某种情况：

(1) 两个设备之间的距离很远。例如，将两台相距数千米的设备之间用一条专线连接，其花费会惊人的昂贵。

(2) 有一组设备，其中每台设备都可能需要在不同的时间与不同的设备连接。例如某个企业所拥有的所有智能终端和计算机，除非数量很少，否则要在每两台设备之间提供一条专线是不实际的。

这一问题的解决办法是将所有设备都连到一个通信网络上。图 3-1 表示上一章中图 2-1 的通信模型在这种情况下将是怎样的。同时，图 3-1 也展示出通信网络被传统地分为两大类：广域网和局域网。近年来，无论从技术角度还是从应用角度来说，这两种网络之间的区别已经变得越来越模糊，但不管怎样，这种划分对我们讨论现场总线是非常有用的。

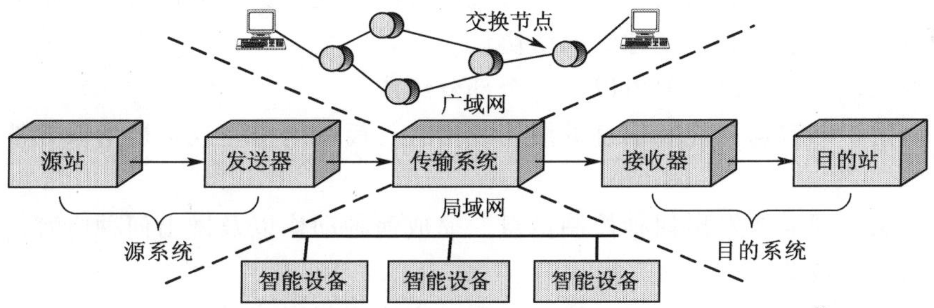

图 3-1 简化的网络模型

广域网是指覆盖的地理范围较大，需要使用公共信道，并且至少有一部分依靠电信公司建立的电路进行传输的网络。一个典型的广域网内部包含了多个相互连接的交换节点。所有的传输过程都是从一个设备出发，途经这些网络节点，最后到达某个目的设备的。这些交换节点并不关心所传输数据的具体内容是什么，它们只是提供交换功能，将数据从一个节点转交给另一个节点，直至这些数据到达目的设备。建立广域网主要使用电路交换、分组交换、帧中继和信元中继等技术。这些内容不属于现场总线研究的范畴，感兴趣的读者可以参考计算机网络方面的书籍。

与广域网一样，局域网也是一种由各种设备相互连接，并向这些设备提供交换信息手段的通信网络。局域网和广域网之间有以下区别：

(1) 局域网的范围较小，通常是一栋楼或一个车间。

(2) 通常情况下，局域网和与局域网相连接的设备属于同一组织。而对广域网来说，这种情况非常少见。

(3) 局域网内的数据率远远高于广域网。

局域网一般使用网络广播方式，而不是交换方式。对一个广播通信网络来说，网内不存在交换节点。各站点上的发送器/接收器通过共享的传输媒体与其他站点通信，任何一个站点传输的数据都以广播的形式发出，并为其他所有站点接收。数据通常以分组的形式传输，由于传输媒体是共享的，因此在同一时间只有一个站点能够发送数据分组。

现场总线是测控领域的局域网，也拥有局域网的共同特征，但因其应用环境不同，又有别于其他领域的局域网。本章将首先讨论网络体系结构的一般概念与ISO/OSI参考模型，然后，通过对影响现场总线网络的各种因素的分析，阐述现场总线体系结构的构成要素及特点。

3.1 网络体系结构概述

3.1.1 网络协议及分层的概念

1. 网络协议

在一个网络中，有许多相互连接的节点，在这些节点之间要不断地进行数据的交换。要做到有条不紊地交换数据，每个节点就必须遵守一些事先约定好的规则。这些规则明确规定了所交换的数据的格式以及有关的时序问题，这些为进行网络中的数据交换而建立的规则、标准或约定就称为网络协议。

一般说来，网络协议主要由以下3个部分组成：

(1) 语法，即数据与控制信息的结构或格式。简单地说是规定通信双方彼此“如何讲”。

(2) 语义，即需要发出何种控制信息、完成何种动作以及做出何种应答。也可以说是规定通信双方彼此“讲什么”。

(3) 时序，即事件实现顺序的详细说明。它确定了通信过程中通信状态的变化。

由此可见，网络协议是信息网络中不可缺少的组成部分。

2. 层次结构

在长期的计算机应用过程中，人们得出了一个重要经验：对于非常复杂的计算网络协议，其结构最好采用层次式的。网络中的协议采用层次结构，具有以下一些好处：

(1) 各层之间是独立的。一个层次并不需要知道它下面的一层是如何实现的，而仅仅需要知道该层通过层间的接口（即界面）所提供的服务。

(2) 灵活性好。当任何一层发生变化时，例如由于技术的变化，只要接口关系保持不变，则在这层以上或以下各层均不受影响。此外，某一层提供的服务还可以修改，当某层提供的服务不再需要时，甚至可将这层取消。

(3) 结构上可分隔开。各层都可以采用最合适的技术来实现。

(4) 容易实现和维护。这种结构使得一个庞大而又复杂系统的实现和调试变得易于处理，因为整个系统已被分解为若干个易于处理的部分了。

(5) 能促进标准化工作。这主要是由于每一层的功能和所提供的服务都有精确的说明。

3. 体系结构

我们将计算机网络的各层及其协议的集合，称为网络的体系结构。换句话说，计算机网络的体系结构就是这个计算机网络及其部件所应完成的功能的精确定义。需要强调的是，这些功能是用何种软件或硬件完成，则是一个遵循这种体系结构的实现问题。可见体系结构是抽象的，是存在于纸上的，而实现是具体的，是真正运行的硬件和软件。

世界上第一个网络体系结构是美国IBM公司于1974年提出的，它取名为系统网络体系结构SNA。凡是遵循SNA的设备就称为SNA设备，这些SNA设备可以很方便地进行互连。自此以后，许多公司也纷纷建立了自己的网络体系结构，且分别使用了特殊的名称。例如：Honeywell公司的DSA（Distributed Systems Architecture）；DEC公司的DNA（Digital Network Architecture）等。这些体系结构大同小异，都采用了分层技术，但各有其特点，以适合本公司生产的计算机组成网络。

3.1.2 开放系统互连参考模型的制定

20世纪70年代中期，具有一定体系结构的各种计算机网络，已经获得了相当规模的发展。然而要更加充分地发挥计算机网络的效益，就应当使不同厂家生产的计算机能够互相通信。十分明显，这就需要制定一个国际范围的标准。

1977年，国际标准化组织ISO的技术委员会TC97充分认识到制定这样的国际标准的重要性，于是就成立了一个分委员会专门研究“开放系统互连”，这个分会就是著名的SC16。

现在我们都使用简称OSI来表示开放系统互连。这里所谓的“开放”，就是指只要遵循OSI标准，一个系统就可以和位于世界上任何地方的、也遵循这同一标准的其他任何系统进行通信。这一点很像世界范围的电话和邮政系统，这两个系统都是开放系统。而前面所提到的IBM的SNA则不是开放系统，而是个封闭系统。

“系统”本来是指按一定关系或规则工作在一起的一组物体或一组部件。但是在OSI术语中，“系统”则有其特殊的涵义。我们用“实系统”表示在现实世界中能够进行信息处理或信息传送的自治整体，它可以是一台或多台计算机，以及和这些计算机相关的软件、外部设备、终端、操作员、信息传输手段等的集合。若这种实系统在和其他实系统通信时遵守OSI标准，则这种实系统称为开放实系统。但是，一个开放实系统的各种功能不一定都与互连有关，在以后要讨论的OSI参考模型中的系统，只是开放实系统中与OSI有关的各部分，因此将这部分称为开放系统。所以开放系统和OSI参考模型一样，都是抽象的东西。

更具体些讲，在现实世界中，应用进程（AP，Application Process）负责具体应用的信息处理，如图3-2所示。OSI是打算使世界范围内的应用进程能开放式地进行信息交换，经过多个国家几年的努力，终于在1983年形成了OSI参考模型的正式文件，即著名的ISO7498，又记为OSI/RM。我国的相应标准是GB9387。

在OSI标准的制定过程中，所采用的方法是将整个庞大而复杂的问题划分为若干个容易处理的小问题，也就是前面提到的分层的体系结构方法。在OSI中，问题的处

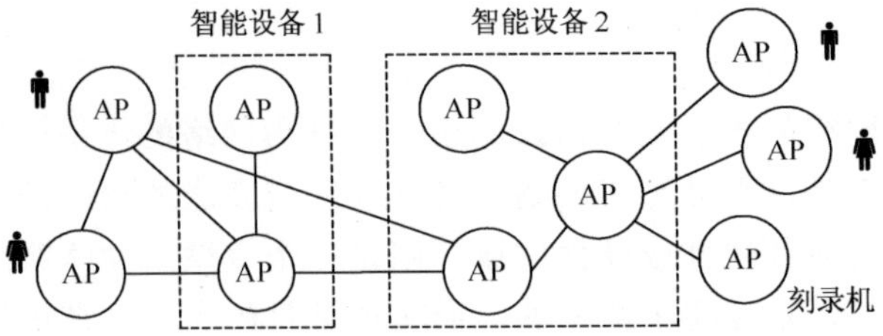

图 3-2　应用进程相互交换信息示意图

理采用自上而下逐步求精法。先从最高一级的抽象开始，这一级的约束很少，然后逐渐更加精细地进行描述，同时加上越来越多的约束。OSI 中采用的 3 级抽象方法如图 3-3 所示，由高到低依次是体系结构、服务定义和协议规范说明。

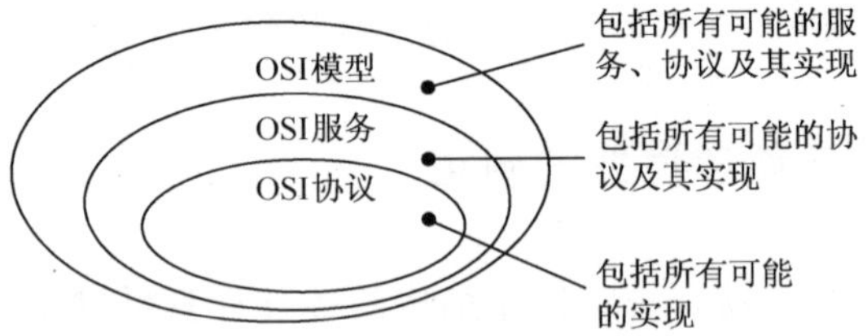

图 3-3　OSI 的三级抽象的示意图

(1) OSI 体系结构也就是 OSI 参考模型，它是 ISO 中的最高一级抽象。体系结构的英文名词 architecture 的原意是建筑学或建筑的设计和式样，它和一个具体的建筑物的概念很不相同。例如，唐朝的建筑式样有着许多的规则和约定，这就决定了一个具体的唐代建筑物的特征。我们只能走进一个唐代的建筑物中，但却不能走进一个唐代的建筑式样中。同理，我们不能把一个具体的网络结构说成是网络的体系结构。

如果用更加形式化的语言来说明，则体系结构相当于对象（Object）的类型(Type)，而具体的网络结构则相当于客体的一个实例（Instance)。OSI 参考模型正是定义了描述一个开放系统所要用到的对象的类型、这些对象类型之间的关系、以及这些对象类型与这些关系之间的一些普遍的约束。描述 OSI 体系结构的文件 ISO7498 定义了这些对象、关系和约束，同时也定义了一个由它们构成的 7 层模型，来完成进程之间的通信。这些可作为一个框架来协调各层标准的制定。

(2) OSI 的服务定义则属于低一级的抽象。它较详细地定义了各层所提供的服务。某一层的服务就是该层及其以下各层的一种能力，它通过接口提供给更高的一层。各层所提供的服务与怎样实现这些服务是无关的。此外，各种服务定义还定义了层与层之间的抽象接口、以及各层的用户所使用的一些原语，但不牵涉到这个接口是怎样实现的。

(3) OSI 标准中最低层的抽象是 OSI 协议规范说明。各协议规范说明精确地定义了应当发送什么样的控制信息以及应当用什么样的过程来解释这个控制信息。协议的规范说明具有最严格的约束。

图 3-3 的 3 个圈表示越到里圈约束就越严格，同时也越具体些。但即使是对协议的规范说明有更多的约束，也仍然允许用不同的方法去实现这些协议。

若产品满足 OSI 参考模型的一些很弱的约束，则仍有可能无法和开放系统通信，除非它们和 OSI 的服务与协议都一致。需要特别强调的是，OSI 参考模型是不能够被实现的，它也没有提供一个可以实现的方法。OSI 参考模型只是描述了一些概念，用来协调进程间通信标准的制定。在 OSI 的范围内，只有各种协议是可以被实现的，而各种产品只有和 OSI 的协议相一致时方能互连。这就说明了 OSI 参考模型并不是一个标准，而只是一个用于制定标准的概念性的框架。

3.2 开放系统互连参考模型中的若干重要概念

在这一节里，我们将讨论 OSI 参考模型中的若干基本概念。有了这些基本概念（尽管相当抽象），对于更好地理解后面各章内容，或者进一步阅读有关的文献，都会有很大好处。

3.2.1 各层的主要功能

分层虽然是一个处理复杂事物的好办法，但分层本身并不是很简单的工作。目前还不存在一个最佳的层次划分方法。下面是 Zimmerman 在 1980 年提出的几个主要分层原则：

（1）在需要抽象出不同层次的情况下，应当建立层次。

（2）每一层应完成一个明确定义的功能，功能的选择要有助于定义国际化标准协议。

（3）层与层之间的分界，应使穿过层次间接口的信息量最少。

（4）层次的数目要足够多，以便把明显不同的功能放置在不同的层次中，而层次的数目又不宜过多，以便使制定的网络体系结构不致变得过于庞杂。

经过反复研究，在 OSI 参考模型中采用了如图 3-4 所示的 7 个层次的体系结构。最下面的是第 1 层，最上面的是第 7 层。各层的名称如图所示。各层的主要功能如下：

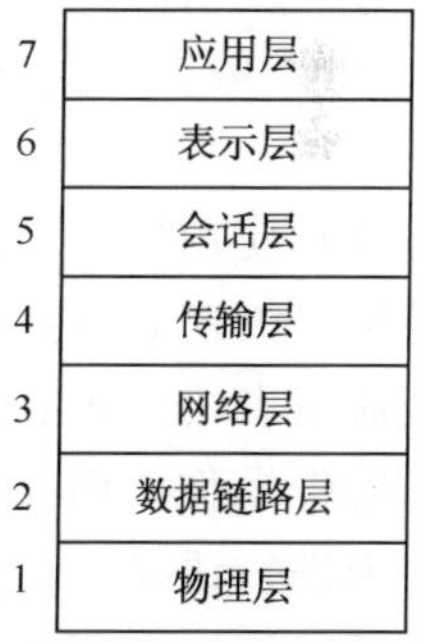

图 3-4 OSI 参考模型

（1）物理层。物理层的下面是具体的物理媒体，如双绞线、同轴电缆等。因此物理层的任务就是要为上一层（数据链路层）提供一个物理连接，以透明地传送比特流。所以，在物理层数据的传送单位是比特。至于传送的比特流代表什么意思，都不是物理层所要管的。上面提到的物理连接并非永远存在的。它要靠物理层来激活、维持和去活。

（2）数据链路层。数据链路层负责在两个相邻节点间的链路上，无差错地传送以帧为单位的数据。每一帧包括一定数量的数据和一些必要的控制信息。与物理层相似，数据链路层要负责建立、维持和释放数据链路的连接。在传送数据时，若接收点检测到数据有差错，就要通知发送方重发这一帧，直到这一帧正确到达接收点为止。在每一帧的控制信息中，包括同步信息、地址信息、差错控制，以及流量控制信息等。

（3）网络层。在网络层，数据的传送单位就是分组或包。网络层的任务就是要选择合适的路由和交换节点，透明地向目的节点交付发送节点所发送的分组。这里“透明”表示网络的存在并不会使所传送的分组丢失、重复或甚至使分组的顺序出现错误，而好像收发两端是直接连通的。

这里要强调指出，网络层中的“网络”二字，现在已是个 OSI 专用名词。它并不是通常我们谈到的网络的概念，而仅仅是第 3 层的名字而已。当可能引起含糊时，我们就把现实的网络称为“实子网”，以便和 OSI 网络层的“网络”区分开来。

(4) 传输层。在传输层，信息的传送单位是报文（Message）。当报文较长时，在交到下一层（网络层）时，一个报文就分割成好几个分组。

传输层的任务是根据通信子网的特性最佳地利用资源，并以可靠和经济的方式，在两个末端系统（也就是源节点和目的节点）之间，透明地传送报文。或者说，传输层向上一层提供一个可靠的端到端（End-to-End）的服务，因而屏蔽了上一层，使它看不见下面的数据通信的细节。正因为如此，传输层就成为计算机通信体系结构中最关键的一层。

(5) 会话层。这一层也被称为会晤层或对话层。在会话层及以上的更高层次中，数据传送的单位都没有另外再取名字，一般都可称为报文。更准确的叫法见 3.2.4 节。

会话层提供和面向通信的各层的逻辑用户接口。会话层在两个互相通信的应用进程之间，建立、组织和协调其交互（Interaction），例如，确定是全双工工作还是半双工工作、以及确定在出现意外时（例如，已建立的连接中断了），恢复对话应从何处开始。

(6) 表示层。表示层主要解决用户信息的语法表示问题。表示层将数据从适合于某一用户的语法（抽象语法）变换为适合于 OSI 系统内部使用的传送语法（Transfer Syntax）。

有了这样的表示层，用户就可以把精力集中在他们所要交谈的问题本身，而不必更多地考虑对方的某些特性，如使用什么样的语言。

对传送信息进行加密也是表示层的任务之一（解密则由通信的另一端的表示层来进行）。由于数据的安全与保密这一问题比较复杂，7 层中的其他一些层次也与这一问题有关。

(7) 应用层。这是 OSI 参考模型中的最高层。应用层确定进程之间通信的性质以满足用户的需要（这反映在用户所产生的服务请求）；负责用户信息的语义表示，并在两个通信者之间进行语义匹配。这就是说，应用层不仅要提供应用进程所需要的信息交换和远程操作，而且还要作为互相作用的应用进程的用户代理（User Agent），来完成一些为进行语义上有意义的信息交换所必须的功能。

可以把以上所述的各层主要功能用稍微有点直观的概念归纳如下：

应用层——做什么？

表示层——对方看起来像什么？

会话层——对方是谁？

传输层——对方在何处？

网络层——走哪条路可到达该处？

数据链路层——每一步应该怎样走？

物理层——对上一层的每一步我们怎样利用物理媒体？

这些概念只供初学时参考，完整的描述可参考有关专门书籍。

3.2.2 开放系统互连环境

要学习 OSI 参考模型，先要弄清它所描述的范围，这个范围就称为 OSI 环境。设有两个实系统通过一个子网络（例如，经过两个交换节点）进行互连，见图 3-5。在开放系统中，常把交换节点称为中继开放系统，将通信子网外部的开放实系统就称为末端开放实系统。从图上可以看出，末端开放实系统又可分为两部分，即与互连无直接关系的实系统（即本地系统环境）和与互连直接有关的开放系统（这部分在 OSI 环境内）。整个 OSI 环境如粗线方框所示。需要注意的是，连接节点的物理媒体不在 OSI 环境之内。

下面讨论一下开放系统与实系统之间的关系。假设应用进程 AP_A 要发信息给应用进程 AP_B。由图 3-5 可以看出，应用进程 AP_A 和 AP_B 显然是处在各自的本地系统环境中，即处在 OSI 环境之外。AP_A 首先要通过实系统中的称为“本地系统管理模块”LSM，启动一个能够调用 OSI 环境所提供的服务的模块。此模块可称为实现模块（Effectuator）。这一机制就生成了相应的协议，因而使 AP_A 和 AP_B 之间能够完成通信。在图 3-5 中还画出了信息传递的示意路线。在发送端，从第 7 层依次传到第 1 层，然后通过物理媒体到某个中继开放系统（中继开放系统一般只有 3 层，有的甚至更少）。当上升到中继开放系统的第 3 层时，完成路由选择功能，再返回到第 1 层及物理媒体。最后，到达目的站，从第 1 层依次上升到第 7 层，最后到达 AP_B。

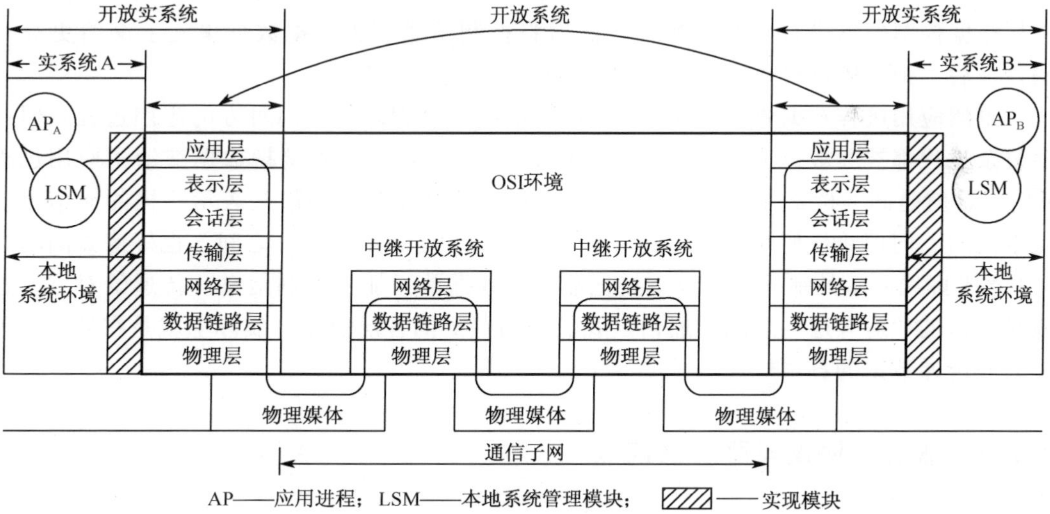

图 3-5 开放系统互连环境

需要注意的是，在互连过程中，每个用户（或它们的应用进程）能够看见它们自己、自己的本地系统管理模块和实现模块。此外，还可通过第 7 层看到对方用户的映像。有许多东西用户是看不见的，如数据格式的匹配、流量控制、差错控制、传输速率的匹配、路由选择以及传输媒体的选择等等，这些都是 OSI 提供给用户的功能。

图 3-6 表示应用进程的数据是怎样逐层传递的。为简单起见，图中省去了中继开放系统。应用进程 AP_A 将其数据交给第 7 层，第 7 层加上若干比特的控制信息就变成了下一层的数据单元。第 6 层收到这个数据单元后，加上本层的控制信息，再交给第 5 层，成为第 5 层的数据单元。依此类推。不过到了第 2 层（数据链路层）后，控制信息分成两部分加到数据单元的首部和尾部，而第 1 层（物理层）由于是比特流的传送，所以不再加控制信息。

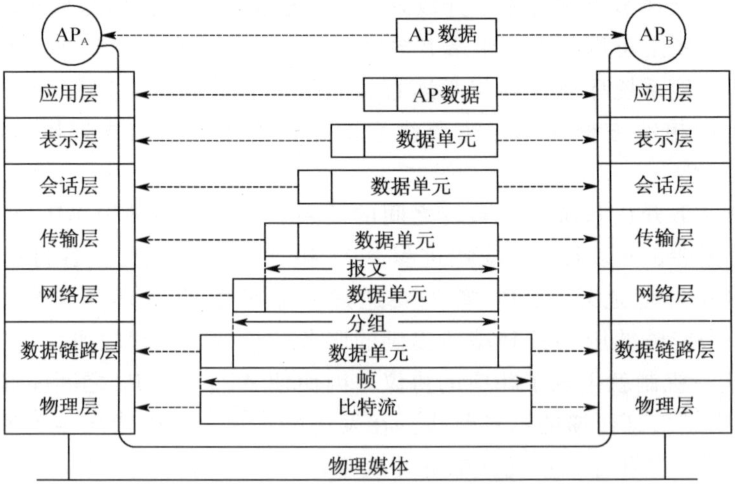

图 3-6　OSI 环境中的数据流

当一连串的比特流经物理媒体到达目的节点时，再从第 1 层依次上升到第 7 层，每一层根据控制信息进行必要的操作，然后将控制信息剥去，把数据单元上交给更高一层。最后，把应用进程数据交给目的节点的应用进程 AP_B。

虽然应用进程数据要经过如图 3-6 所示的复杂过程才能送到对方的应用进程，但这些复杂过程都被屏蔽掉了，以致应用进程 AP_A 觉得好像是直接把数据交给了应用进程 AP_B。这就是图 3-6 最高的一条水平虚线的意思。虚线两头的箭头表示这样的通信可以是双向的。同理，任何两个同样的层次（例如第 3 层和第 3 层）之间，也好像如同图 3-6 中水平虚线所示的那样，可以直接把数据（数据单元加上控制信息）传递给对方。这就是所谓的“对等层”之间的通信。我们以前提到的各层协议，实际上就是在各个对等层之间传递数据的各项规定。

3.2.3　服务、协议与服务访问点

为了进一步讨论服务和协议这两个重要概念，我们先要介绍层次的一般表示法。

当几个开放系统互连在一起时（如图 3-7 中的 A、B 和 C），除最高或最低层外的任何一层均可称为（N）层，其相邻的高层和低层，则分别称为（N＋1）层和（N－1）层，对每一个开放系统，则再做 7 个划分，其中每一个划分就叫做一个子系统。

当信息在开放系统中进行交换时，发送或接收信息的究竟是进程、是文件还是终端，是无关紧要的。因此，在 OSI 参考模型中采用实体（Entity）这一名词来表示任何

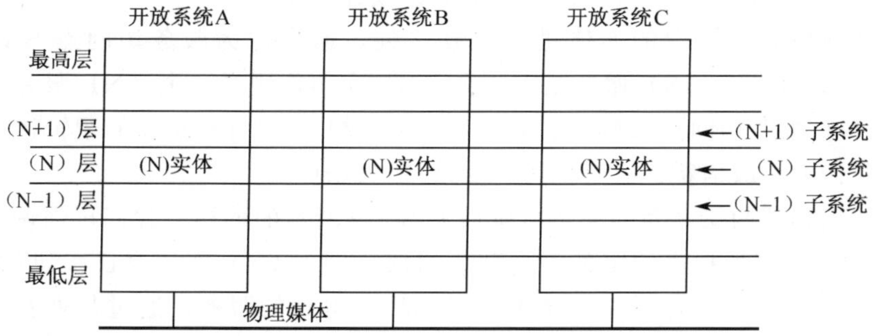

图 3-7 开放系统中的层次、子系统和实体

可以发送或接收信息的硬件或软件进程。这样，每一层都可看成是由若干个实体所组成。不过，实体和子系统并不等同，实体是子系统中的活动元素，一个子系统内可以包含一个或多个实体。位于不同子系统的同一层内相互交互的实体，就构成了对等实体。

图 3-8 表示协议与服务的概念。前面已讲过，在不同的开放系统中的对等实体之间，好像可以直接进行通信。我们将控制两个对等（N）实体进行通信的规则的集合称为（N）协议（见图 3-8 中两个（N）实体之间的虚线）。协议的语法方面的规则定义了所交换的信息的格式，而协议的语义方面的规则则定义了发送者或接收者所要完成的操作。例如，在何种条件下数据必须重发或丢弃。

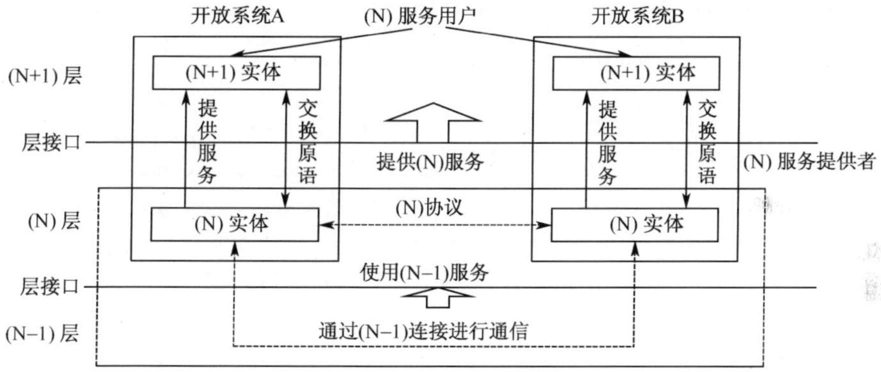

图 3-8 协议与服务的概念

两个（N）实体间的通信（在（N）协议的控制下），使（N）层能够向上一层提供服务。这种服务就称为（N）服务。接受（N）服务的是上一层的实体，即（N+1）实体，它们又称为（N）用户。需要注意的是，虽然（N）实体借助于和另一（N）实体的通信向（N+1）实体提供（N）服务，但（N）实体要实现（N）协议还要使用(N−1)实体提供的（N−1）服务。这在图 3-8 中用一条经过（N−1）层的虚线表示，而这条逻辑连接通路即称为（N−1）连接。这表明两个对等（N）实体不是直接“水平地”进行通信，而是通过（N−1）层。同理，两个（N−1）实体间的通信，又要通过（N−2）连接来进行。

我们还应强调指出，并非在（N）层内完成的全部功能都称为（N）服务。只有那些能够被高一层看得见的才能称之为“服务”。当高层服务用户向下面一层请求服务时，可通过服务原语（这在 3.2.5 中讨论）中的参数进行说明。

同一系统相邻两层中的实体进行交互之处，通常称为服务访问点 SAP（Service Access Point）。因此，（N）服务是由一个（N）实体作用在一个（N）服务访问点上来提供的。（N）服务访问点实际上就是（N）实体和（N+1）实体的逻辑接口。服务访问点很像我们的邮政信箱，有时也可称为端口（Port）。

这样任何相邻两层之间的关系可概括为图 3-9 所示的那样。我们再强调一下，一个（N）实体向上一层所提供的服务由 3 部分组成，即：（N）实体自己提供的某些功能；从（N－1）层及其以下各层以及从本地系统环境得到的服务；通过与处在另一系统中的（N）实体的通信而得到的服务。

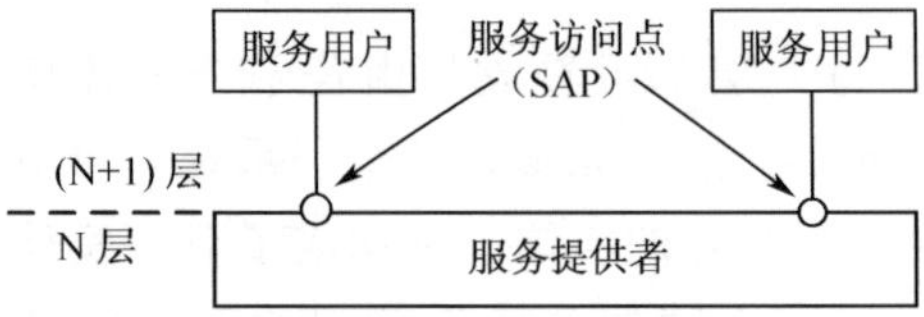

图 3-9　相邻两层之间的关系

目前，大多数的服务有一个服务提供者和两个服务用户，但超过两个服务用户的情况也是有的，尤其是在本书所讲的现场总线系统中。其实这就是多端点连接和广播通信的情况，在这些情况下，信息从一个源点发出可到达多个终点。

顺便指出，两层之间可以允许有多个服务访问点。一个（N）服务访问点只能被一个（N）实体所使用，并且也只能为一个（N+1）实体所使用。但是，一个（N）实体（如图 3-10 中的 C）可以向多个（N）服务访问点提供服务，而一个（N+1）实体（如图 3-10 中的 D）也可以使用多个（N）服务访问点。

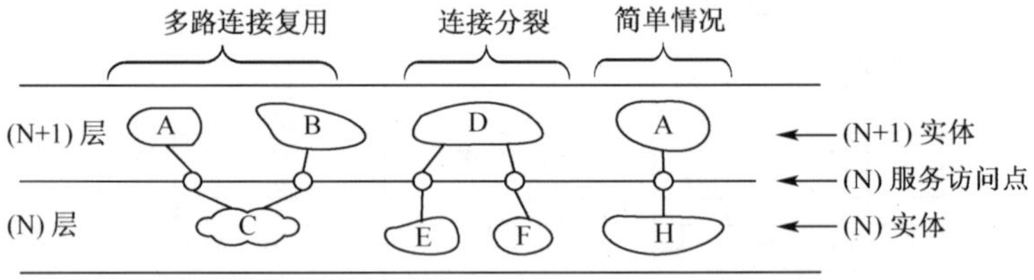

图 3-10　服务访问点与上、下两层实体的关系

3.2.4　信息传送单元

在 OSI 参考模型中，信息传递的单位（即各种数据单元）主要有以下 3 种：

1. 协议数据单元 PDU

在不同节点的对等实体之间所交换的信息，都是按照相应的协议而进行的。因此，这样的信息传递单元称为协议数据单元（PDU，Protocol Data Unit），而第 N 层的协议数据单元记为（N）PDU。

如图 3-11 所示，（N）PDU 由两部分组成，即：

（1）本层的用户数据，记为（N）用户数据。

（2）本层的协议控制信息，记为（N）PCI（Protocol Control Information）。

（N）PCI 一般作为首标（Header）加在用户数据的前面，但有时也可作为尾标

(Trailer) 加在用户数据的后面。为了将（N）PDU 传送到对等实体，必须将（N）PDU 通过（N－1）服务访问点交给（N－1）实体。这时，（N－1）实体就把整个（N）PDU 当作（N－1）用户数据，再加上（N－1）层的 PCI，就组成（N－1）层的协议数据单元，即（N－1）PDU。有时，一个 PDU 只作控制信息来用，这时，在 PDU 中就只有 PCI 而没有用户数据这一项了。

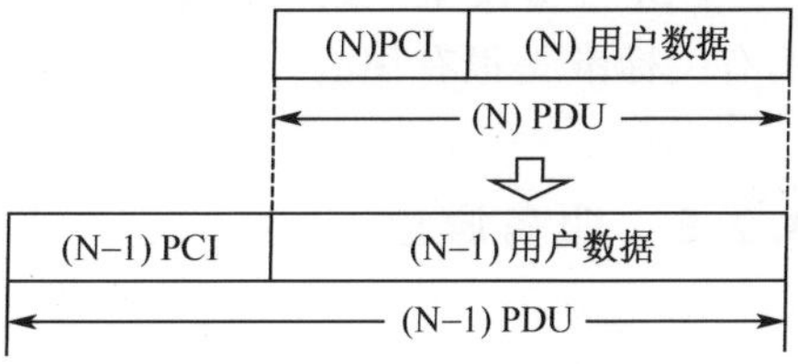

图 3-11　协议数据单元

2. 接口数据单元 IDU

在同一系统的相邻两层实体的一次交互中，经过层间接口的信息单元即称为接口数据单元（IDU，Interface Data Unit），它也包括控制信息和数据这两部分。上面已经讲过，（N）PDU 先通过（N－1）接口交给（N－1）实体，但（N）PDU 并不一定要等于（N－1）接口的接口数据单元（N－1）IDU。例如（N）PDU 为 800 个字节，而（N）层与（N－1）层之间是个字节并行接口，那么在定时信号控制下，一次交互可能只传 1 个字节。

3. 服务数据单元 SDU

为了完成（N＋1）实体所请求的功能，（N）实体所需要的数据单元，即称为（N）层的服务数据单元（SDU，Service Data Unit），或写为（N）SDU。它也是当两个（N＋1）实体建立一个（N）连接时，从这个（N）连接的一端到另一端一直都保持不变的（N）接口数据量。所以（N）SDU 就是（N）服务所要传送的逻辑数据单元。

在最简单的情况下，某一层的服务数据单元 SDU 和上一层的 PDU 是对应的，如图 3-12（a）所示。因此，（N）SDU 就相当于（N）层的用户数据。

但是，当（N）SDU 较大而（N）协议所要求的数据单元较小时，就要对（N）SDU 进行分段处理，如图 3-12（b）所示，在此图中一个 SDU 对应于 2 个 PDU 中的用户数据。若 PDU 要求的长度比 SDU 的大，也可将几个 SDU（及其相应的 PCI）合并，成为一个 PDU。这就是“组块”。这时，每一个 PDU 中的用户数据显然已不是对应于一个 SDU 了。

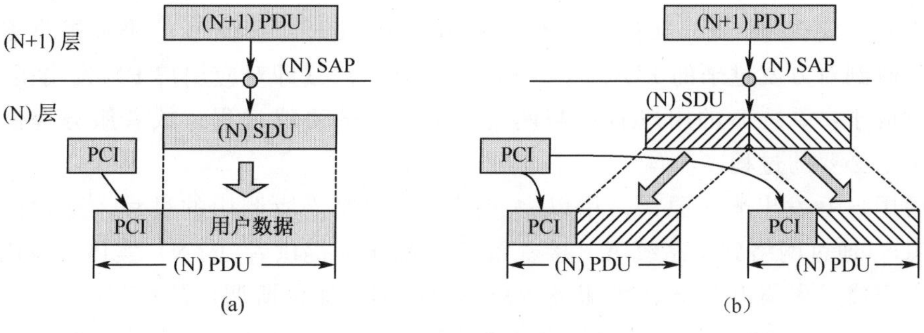

图 3-12　服务数据单元 SDU

OSI 参考模型中这些数据单元的定义是十分繁琐的。掌握了上述要点后，对今后阅读有关标准是很有用的。

3.2.5 服务原语

当（N+1）实体向（N）实体请求服务时，服务用户与服务提供者之间要进行一些交互。为此，OSI 规定了每一层均可使用的 4 个服务原语（Service Primitive）类型。这就是：

（1）请求（Request）；

（2）指示（Indication）；

（3）响应（Response）；

（4）确认（Confirm）。

图 3-13 是表示这 4 种原语的相互关系的两种方法。图 3-13（a）是空间表示法，即纵坐标代表层次，这样容易看出是哪一层发出什么原语。图中小圆圈中的数字则表示原语发送的顺序。

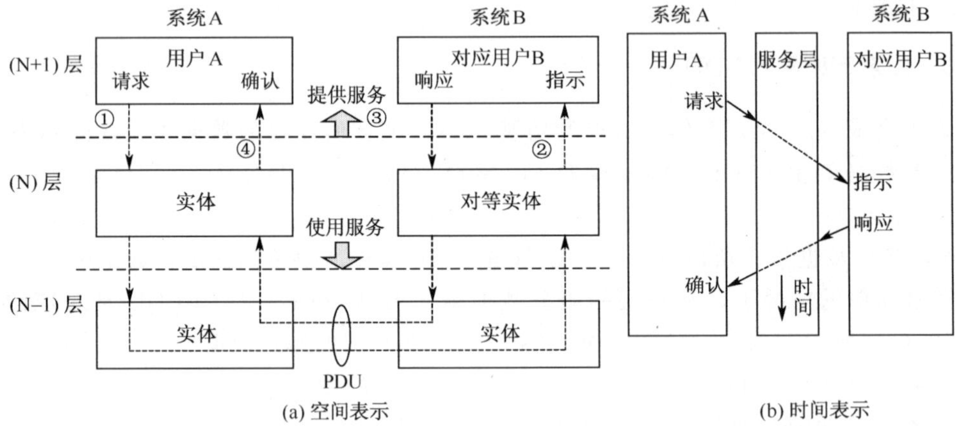

图 3-13 服务原语的相互关系

这里假定系统 A 的用户 A 要和系统 B 的对应（Correspondent）用户 B 进行通信，于是系统 A 的服务用户 A 发出请求原语，为的是调用服务提供者的某个过程。结果，服务提供者（现在是（N）实体）向对方发出一个 PDU，系统 B 的服务提供者（即对等实体）收到对方发过来的 PDU 后，就向其服务用户（即对应用户 B）发出指示原语。这通常对应于：系统 B 的用户 B 应当调用一个适当的协议过程；或者服务提供者已经调用了一个必要的过程。

然后用户 B 发出响应原语，用以完成刚才指示原语所调用的过程。这时协议产生一个 PDU，通过网络到达系统 A。接着系统 A 的服务提供者（（N）实体）发出确认原语，表示完成了先前由系统 A 的服务用户发出的请求原语所调用的过程。

图 3-13（b）的意思是一样的，它特别表示出原语发送的先后顺序。两个系统中间的服务层实际上包括了 A、B 两个系统在内。

需要注意的是，上面讲的是原语的 4 个类型。一个完整的原语应包括原语名字、原语类型和原语参数三大部分。原语名字指出是哪一层提供的何种服务。例如，当传输层的用户（会话实体）要利用传输服务建立传输连接时，它的请求建立连接的原语就是：

T-CONNECT. request（原语参数），其中 T 就是传输层的缩写名。原语参数是在标准中规定好的，例如源地址、目的地址以及服务质量（QoS）等。这些具体细节就不在此讨论了。

3.2.6 面向连接服务与无连接服务

从通信的角度来看，各层所提供的服务可分为两大类，即面向连接服务与无连接服务。目前已公布的各标准主要属前者，而后者的标准正在制定之中。现分别介绍如下。

1. 面向连接服务

所谓连接，就是两个对等实体为进行数据通信而进行的一种结合。面向连接服务是在数据交换之前，必须先建立连接。当数据交换结束后，应终止这个连接。图 3-14 表示出面向连接服务的 3 个阶段。

在连接建立阶段，在有关的服务原语以及协议数据单元中，必须给出源用户和目的用户的全地址。但在数据传送阶段，就可以使用一个连接标识符，它比一个全地址的长度要短得多。在连接建立阶段还可以协商服务质量以及其他任选项目。当被叫用户拒绝连接时，连接即告失败。

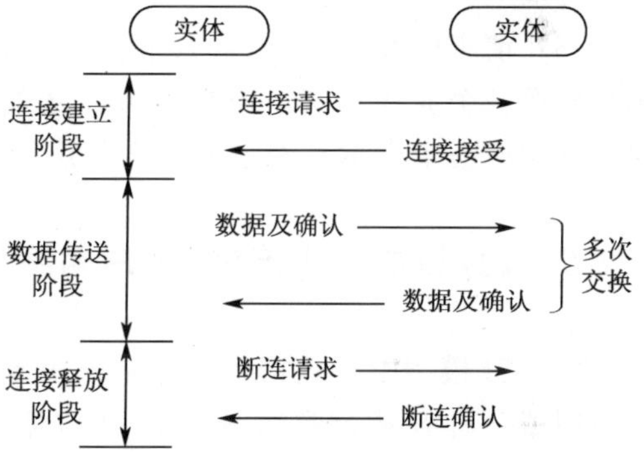

图 3-14　面向连接服务的 3 个阶段

通常的面向连接服务是可靠的报文序列服务。这就是说，在连接建立之后，每个用户都可以发送可变长度（在某一最大长度限度内）的报文，这些报文按顺序（即按一定序号）发送给远端的用户。报文的接收也是按顺序的。有时用户可以发送一个很短的（1 至 2 字节的数据）报文，这个报文可以不按序号而优先发送。这就是“加速数据”（Expedited Data），它常用来传送中断信号。

由于面向连接服务的 3 个阶段（连接建立、数据传输和连接释放）以及数据的按序传送特性，和线路交换的许多特性相似，因此面向连接服务又称为虚电路服务。

面向连接服务比较适合于在一定期间内要向同一目的地发送许多报文的情况。对于很短的零星报文，用面向连接服务就要花费较大的开销。

若两个用户长期需要通信，则可建立永久虚电路。这样可免除每次通信时连接建立和释放的过程。这点与电话网中的专用线路通信是十分相似的。

2. 无连接服务

在无连接服务的情况下，两个实体之间的通信不需要先建立好一个连接，因此其下层的有关资源不需要事先进行预定保留。这些资源将在数据传输时动态地进行分配。

无连接服务的另一特征就是它不需要通信的两个实体同时是活跃的（即处于激活态）。当发送端的实体正在发送时，它才必须是活跃的，这时接收端的实体并不一定要是活跃的，只有当接收端的实体正在接收时它才必须是活跃的，这点很像存储转发交换网络中的通信。

无连接服务的优点是灵活方便和较为迅速，但它不能防止报文的丢失、重复或失序。由于每个报文都必须提供完整的目的地址，因此开销也较大。可见无连接服务适合于传送少量零星的报文。

无连接服务有 3 种类型，即：

（1）数据报（Datagram）。它的特点是发完了就算，对方不做任何响应。数据报的服务简单，额外开销少。虽然数据报的服务不可靠，但可在此基础上由更高层构成可靠的连接服务。数据报服务特别适合于当数据具有很大的冗余度以及要求较高的实时通信场合。数据报也很适合于广播或多地址的传输。

（2）确认交付（Confirmed Delivery）。它又称为可靠的数据报。这种服务对每一个报文产生一个确认给发方用户，不过这个确认不是来自对应用户而是来自提供服务的层。这种确认只能保证报文已经发给远方的对应节点了，但并不能保证对应用户已经收到了这报文。

（3）请求回答（Request Reply）。这种类型是收端用户每收到一个报文，即向发端用户发送一个应答报文。但是双方发送的报文都有可能丢失。如果收端发现报文有错误，则响应一个表示有差错的报文。这种服务适合于短的事务处理（Transaction）。

3.2.7 源/目的与生产者/用户网络传输模式

在 OSI 模型中，数据传输通常采用源/目的模式，但在现场总线的发展过程中，人们发明了一种开放网络技术解决新方案：生产者/用户（Producer/Consumer）模式。这种新模式与源/目的模式有很大差异。源/目的模式是以通信节点地址为中心的编码方式，适合于点对点的通信。生产者/用户模式是以数据为中心的编码方式，生产者在网络上发出一个数据帧后，用户便可根据其中的标识符来判断是否消费该数据。因此，生产者/用户模式允许网络上的所有节点同时从单个数据源获取相同的数据，可以实现点对点、多点和广播通信。它的格式与常用的源/目的格式的比较如图 3-15 所示。

源地址	目的地址	数据	校验

(a) 源/目的模式

标识符	数据	校验

(b) 生产者/用户模式

图 3-15　源/目的模式与生产者/用户模式

源/目的模式采用应答式通信，数据帧中必须包含源地址和目的地址。如果网络要向多个设备传送数据，则需要对这些设备分别进行“呼”、“应”通信，即使是同一数据，也需要传送多次，从而增加了网络的通信量，造成网络带宽的浪费和网络效率的降低，但这种模式的可靠性较高。

生产者/用户模式下，当一个设备欲给其他多个设备发送同一信息时，这个设备只需发送一次数据，其他设备便都能接收到该数据，也不需要重复地发送，从而可节省大量的时间，提高网络效率。另外，在这种模式下，节点可以实现精确的同步化；系统的组织方式也可以很灵活，能够组成主/从、多主或对等的通信结构。

3.3 现场总线体系结构的建立及特点

OSI参考模型是一个用于制定标准的概念性的框架。现场总线是测量与控制领域的局域网，其标准的建立也参考了这个模型，并突出体现了现场总线应用领域的特点。为了更好地理解现场总线体系结构的构造方法，我们首先分析一下工业通信网络的特殊性。

3.3.1 工业通信网络的特殊性

现场总线是一种工作在工业现场的串行数据通信系统，是测控系统中空间上靠近或与实际操作过程直接相连的那部分通信网络。它应用于所有与操作过程直接发生作用的现场设备，如传感器、执行器、测试仪器、开关、定位器、控制器或操作面板等。就现在的现场设备发展情况看，越来越多的测控设备智能化，这也为实现测控系统网络化控制提供了极其有利的条件。

作为生产现场的网络，现场总线体系结构的建立，必须考虑下述因素的影响。

1. 效率

在许多实际应用中，由于网络带宽受到成本的限制，协议的效率（传递的信息位/网络带宽）就变得非常重要。我们所研究的工业控制系统，主要使用较短的、周期性的报文。所以，一个明显的优化处理就是要减少用于报文打包和路由的头部信息位。比如，避免将一些8位数据包装成32甚至64位那么长的信息。

当报文头部信息位已被尽可能地减少，媒体访问中所需要的额外消耗也要相应降低，这一点一般是通过减少用于网络仲裁的带宽来实现的，例如传递令牌或解决碰撞冲突。因为效率通常是由低通信量和高通信量两种情况共同决定的，最差情况的状态就显得非常重要。例如，通信量较低时，以太网中使用的媒体访问控制协议CSMA/CD效率很高；通信量较高时，它的效率却很差。然而，某些令牌总线协议的特性却与CSMA/CD恰恰相反。有关媒体访问控制协议，我们将在第4章中进行详细讨论。

2. 确定性

确定性，或者说计算最坏情况下的响应时间的可能性，对满足控制应用中的实时限制至关重要。在许多系统中，采用按优先次序分类的技术，改进时间关键性任务中报文的确定性，这类任务包括异常处理任务、高速闭环控制任务等。优先级可由节点编号或报文类型来确定，此外，协议能够支持局部的或全局的优先级机制。在局部优先机制中，每个节点按次序得到使用网络的机会，并且发送本节点中的最高优先级的信息。在全局优先机制中，整个系统中的最高优先级报文，可以最先被传送。这个机制是由媒体访问协议来实现的，非常适合于安全关键性应用。

3．鲁棒性

在一些极端环境中，需要系统拥有操作鲁棒性。协议鲁棒性是指协议能够迅速进行差错检测和恢复（例如重复或令牌丢失）、并可随意在网络中增加或取消节点。在某些系统中，复位操作或者电源小故障可能导致网络重新启动，在这种情况下，系统能够迅速恢复正常工作也很重要。

不同的运行环境可能限定媒体访问协议的使用，这就需要媒体访问协议是灵活的，可以支持多种传输媒体和混合的拓扑结构。例如，在某个系统中，处在噪声环境中的部分，可能需要昂贵的光纤作为传输媒体，而其他处在较好环境中的部分则可使用低成本的双绞线。进一步来说，总线型拓扑结构最适合于电缆媒体，而环形或星形拓扑结构是光纤媒体所需要的。

4．节点成本

节点的成本也是控制系统设计中的一个必须考虑的方面。简单协议需要的硬件和软件资源较少，因此相对较便宜。对那些费用低、规模大的应用系统，这类协议是很好的选择。然而，对于那些可能需要扩充的应用系统，较为先进的协议可提供更为强大的基础。一般说来，随着IC制造技术的发展，会出现更多被普遍接受的协议，它们的可用性也会不断提高，节点成本会越来越低。因此，在可以预见的将来，会有很多先进的、高性价比的协议应用于工业控制系统中。

5．本质安全性

对于低功率的电气设备，如自动化仪表，最理想的保护技术是本质安全（以下简称“本安”）防爆技术。它是一种以抑制电火花和热效应能量为防爆手段的“安全设计”技术。试验表明，各种爆炸性气体混合物都有其最小点燃能量和引燃温度，而且爆炸性混合物所需的最小电火花点燃能量和由热表面引起点燃的敏感性通常没有必然的联系。例如，氢气的最小点燃能量仅为19μJ，但它却需要560℃的表面温度才会被引燃。只有当电气设备可能产生的电火花和热效应分别小于这些数值时，电气设备才不会点燃相应的爆炸性混合物。因此，本安型电气设备的设计与认证，实质上就是保证电气设备在正常工作和规定故障状态下产生的电火花和热效应不足以引起潜在爆炸性混合物的爆炸。作为应用于现场设备的现场总线，这一特殊性是不能忽视的。

3.3.2 现场总线的组成要素

广域计算机网络进入体系结构的标准化阶段之后，局域计算机网络才迅速发展起来。局域网技术部分地来源于广域网，也就是说ISO/OSI七层参考模型对局域网是基本适用的。由于局域网在许多方面有别于广域网，国际上成立了专门从事局域网标准化的组织IEEE802课题组，IEEE802课题组认为局域网体系结构和ISO的OSI相同，但细节上有所差别。目前，已经制定了物理层和数据链路层协议（见附录B）。IEEE802

课题组所制定的局域网体系结构和ISO/OSI之间的对应关系如图3-16所示。局域网体系结构是把ISO/OSI的数据链路层分为两个子层次：逻辑链路控制（LLC）子层和媒体访问控制（MAC）子层，这样做的目的是可以继续完善和补充新的媒体访问方法而不影响较高层的协议。局域网的层次结构中对网络层以上各层的标准还没有定义。目前，IEEE802已广泛应用于办公自动化领域。

现场总线是应用在生产现场的局域网，连接的设备不再局限于计算机，而是零散地分布在一个较大的范围内的测控设备。在工业控制网络中，单个节点面向控制的信息量不大，信息传输的任务相对简单，但实时性、安全性要求较高。如果按照7层的ISO/OSI参考模型，规划现场总线的体系结构，层间操作与转换十分复杂，网络接口的造价与时间开销也显得过高。为满足工业控制系统的要求，与IEEE802课题组设计的局域网体系结构一样，现场总线的通信模型也采用了ISO/OSI模型，并进行了适当的简化，但与IEEE802课题组制定的局域网体系结构存在差异。现场总线一般只使用ISO/OSI参考模型中的第1、2、7层，即物理层、数据链路层和应用层。不过，随着现代通信过程复杂性的增加，可以看到有运用OSI模型更多层面的趋势，如在汽车电子学领域。

物理层用来建立现场总线网络的物理连接，是必需的。数据链路层把数据构成帧进行传输，并实现帧顺序控制、传输差错控制及流控制功能，使不可靠的链路变为可靠的链路，这也是必需的。应用层提供给自动化用户一个简单接口，定义如何读、写、解释和执行信息或命令，其大部分工作是定义信息语法（如信息的格式），包括询问信息、发生的动作及应答信息。应用层还定义传输信息的方式：周期式、立即响应式、一次性方式或请求方式等。

测量与控制应用的基本内容是如何实现现场设备内部信息的存取，以及怎样将信息传送到网内的其他设备中去。测控设备的运行规律，如执行数据采集、控制和输出，存在许多共性，为了做到互连设备的互可操作，在应用层之上增加一个新的功能层，用于完成测控系统的功能，似乎更有意义。由于通信功能不是后面两层的主要任务，现场总线标准可以不对其做出定义，或仅定义应用层的部分功能。

综上所述，现场总线通信模型中应该包括3个基本要素：底层协议、上层协议和行规。图3-16给出了OSI参考模型、IEEE802局域网模型、现场总线基本要素之间的简单对应关系。

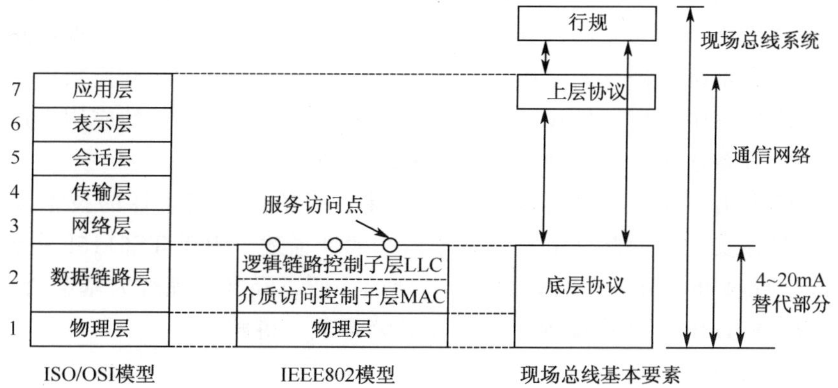

图3-16 现场总线基本要素与OSI模型、IEEE802模型的对应关系

现场总线基本要素中的底层协议是指 OSI 模型的第 1、2 层，上层协议是指 OSI 模型的第 3～7 层。这两项要素用于完成信息的传递，称为通信协议（Protocol）。行规（Profile）是在 OSI 模型之上另加的，用于完成对信息的解释和使用，是实现可互操作性的关键因素。实际上，按以上 3 个要素组成的现场总线协议，不仅包含了通信协议，也包含了用户应用规范，这也是我们有时将现场总线称为现场总线系统的一个重要原因。

从测控系统的演变过程看，现场总线层次结构中最下端的底层协议是传统 4～20mA 信号标准的替代部分，而通信网络是由底层协议和上层协议一起实现的，行规为测控系统用户提供应用环境，实现高层控制功能。

根据这些基本要素，现场总线可设计为 4 种形式。

（1）只有底层协议的总线。它适合于简单的位传输总线（Bitbus 或 Sensor-Bus）。由于它受的约束较少，因此适用面较宽，但它并不保证符合标准的产品之间一定能够通信。若要保证通信，还要补充一些附加规定。

（2）有底层和上层协议的总线。这种类型的总线在上层协议中只使用 ISO/OSI 模型的第 7 层。虽然这种总线的适用范围比第一种总线窄一些，但更容易保证产品之间的通信。

（3）具有全部 3 项要素——底层、上层协议和行规的总线。这种总线的应用对象往往很明确，具有较好的互可操作性。

（4）只有行规的总线。实际上，行规与通信协议是可以分开制定的，一种行规可以被几种不同的协议使用。典型标准是国际电工委员会颁布的 IEC61915《低压开关设备与控制设备描述》，它规定了对低压电器产品进行描述的一般要求。

3.3.3 现场总线通信模型

负责现场总线标准制定的 IEC 现场总线工作组，在认真分析用户要求的基础上，建立了全新的 TS61158（现场总线标准 IEC61158 第 1 版）现场总线通信协议模型，如图 3-17 所示。该模型使用了 ISO/OSI 7 层参考模型中的 3 层，即物理层、数据链路层、应用层。省去了 ISO/OSI 参考模型 7 层中的 3～6 层，即不具备网络层、传输层、会话层与表示层。不过它又在原有 ISO/OSI 参考模型第 7 层之上增加了新的一层——用户层。这样可将通信模型视为 4 层，其中物理层规定了信号如何发送；数据链路层规定如何在设备之间共享网络和进行调度通信；应用层则规定了在设备间交换数据、命令、事件信息以及请求应答中的信息格式；用户层则用于组成用户所需要的应用程序，如规定标准的功能块、设备描述，实现网络管理、系统管理等。

IEC 在其所提出的现场总线标准 TS61158 中，只给出了概念性的技术规范，不涉及现场总线的具体实现，因此这里只对模型做一般性描述。由于 TS61158 主要依据 FF-H1 总线和部分吸收 WorldFIP 总线技术而制定的，所以经常被理解为基金会现场总线，有关 FF-H1 和 WorldFIP 的详细内容，将在后续章节中讲解。

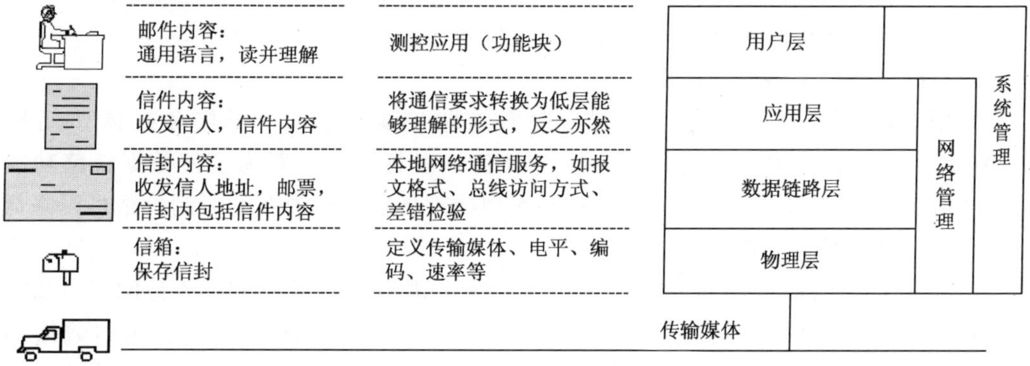

图 3-17　IEC1158 现场总线协议模型

1. *物理层*

物理层提供网络通信接口的机械、电气、功能和过程特性，以便在数据链路实体之间建立、维护和拆除物理连接。物理层通过物理连接在数据链路实体之间提供透明的位流传输。

传输速率为 31.25kbps 的串行通信接口标准 IEC61158.2，典型的响应时间约为 1ms，未知出错率低于每 20 年一次，是 IEC 最早确定的现场总线物理层国际标准。IEC61158.2 规定了数据的物理信号表达形式、传输媒体、传输速率、以及可使用的网络拓扑结构等。有关该层规范的详细内容可参考 2.5.4 小节。

为了满足工作环境较好、信息量大的工业通信要求，IEC 提出另外设计一种高速总线接口标准，使其传输速率分别为 1Mbps 和 2.5Mbps，典型的响应时间可达 32μs，总线段最大长度缩短为 750m，能够连接 127 个现场设备。但是，最近几年高速总线标准正在向高速以太网标准倾斜，传输速率为 1Mbps 和 2.5Mbps 的高速总线标准的制定工作也做出了相应调整。因此，我们也将在第 8 章以工业以太网为主阐述高速总线方面的内容。

2. *数据链路层*

现场总线的实时通信主要由数据链路层提供。所谓实时，在这里可以理解为提供一个“时间窗”，在该时间窗内，需要完成具有某个指定级别确定性的一个或多个动作。为了满足实时性要求，IEC61158.3 和 IEC61158.4 数据链路层标准中采用了不同于 IEEE802 标准的全新的数据链路层服务定义和数据链路层规范。IEC 现场总线在其媒体访问控制协议中充分利用了令牌传送的灵活性和调度访问的实时性，数据传输具有很高的确定性。另外，IEC 数据链路层还可以为实体间数据交换提供连接服务和无连接服务。

现场总线的数据链路层与 ISO/OSI 参考模型的数据链路层在功能上相类似，都涉及帧在节点之间的传输问题，但现场总线的帧传输不涉及中间交换节点，信道是共享的，故与传统的链路有如下差别：

(1) 现场总线的链路支持多重访问，支持成组地址与广播式的帧传输。

(2) 支持媒体访问控制子层的链路访问控制功能。

(3) 提供某些网络层功能。

数据链路层分成两个功能子层：逻辑链路控制（LLC）子层和媒体访问控制（MAC）子层。这种功能分解非常类似于IEEE802标准，主要为了使数据链路功能中与硬件有关的和无关的部分分开，使不同类型物理传输接口设备的研制价格可以降低。

LLC与MAC的功能分工如下：

(1) LLC子层。该层向高层提供一个或多个逻辑接口或称为服务访问点（SAP），负责控制节点间帧的发送和接收，同时检验传输差错。发送时把要发送的数据加上地址和CRC字段等构成帧。接收时，把帧拆开，执行地址识别和CRC检验功能，并具有帧顺序以及差错控制等功能。这一层还包括某种网络层功能，如虚电路、多路复用等。

(2) MAC子层。这一子层主要实现对共享总线媒体的“交通”管理，并检测传输线路的异常情况。IEC为现场总线设定了3种媒体访问控制方式：令牌传送（Token Passing）、立即响应（Immediate Response）和授权令牌（Delegated Token）。令牌传送方式中，一个节点必须持有令牌才能使用总线，完成信息传输后，立即将令牌交还给链路活动调度器（LAS，Link Active Scheduler），LAS则根据预先的组态或调度算法将令牌交给下一个令牌申请者；立即响应，即主节点给某个节点一个机会来应答一次信息；授权令牌方式是指一个节点在做出应答时，若加了一个申请令牌的代码，LAS侦听到这一申请后，如果调度时间允许，即把令牌授权给这个申请节点。

在数据链路层，LAS是一条总线段的调度中心，拥有总线段上所有设备的清单及链路活动调度表。总线段上的设备只有得到LAS许可，才能向总线上传输数据。LAS是有效利用总线，并进行报文实时传输的保证。按照现场总线协议，LAS应具有以下两种基本功能。

(1) 调度通信。由LAS按预定调度时间表依次发起的通信活动，称为调度通信或周期性通信。LAS内有一张预定调度时间表（STL，Schedule Time List），一旦到了某台设备要发送信息的时间，LAS就发送一个强制数据令牌（CD，Compel Data token）给这台设备。该设备收到了这个CD令牌后，就可以向总线上发送它的信息。如图3-18所示，LAS发出CD（a），设备a收到后，就立即将其缓冲区中的数据，以数据帧DT（a）形式向连接在总线上的所有设备进行广播，数据将被在系统组态时设定的接收设备接收。发送数据的设备称为发布者（Publisher），而接收数据的设备称为预订接收者（Subscriber）。

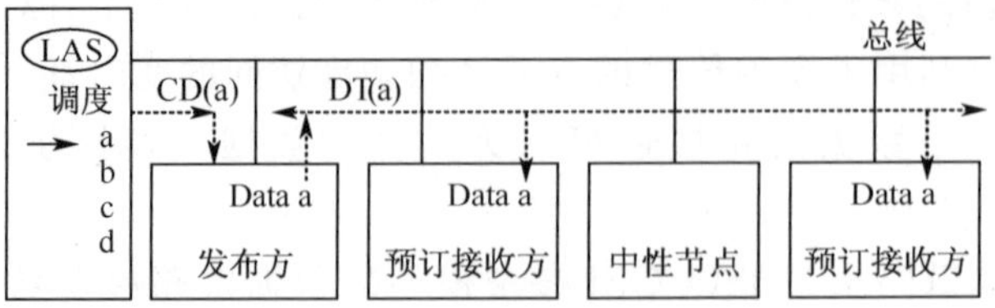

图3-18 调度通信的链路结构

调度通信主要负责实时数据的传输。假设总线段上需要发送周期性信息的设备有 4 台，分别为 a、b、c、d，如图 3-19 所示。在每个循环周期里，LAS 会对设备 a、b、c、d 各发送一次 CD 令牌，确保这些设备的信息可以周期性的出现在总线上。一般说来，发送 CD 令牌的时刻，相对于每个循环周期的起点是固定的。

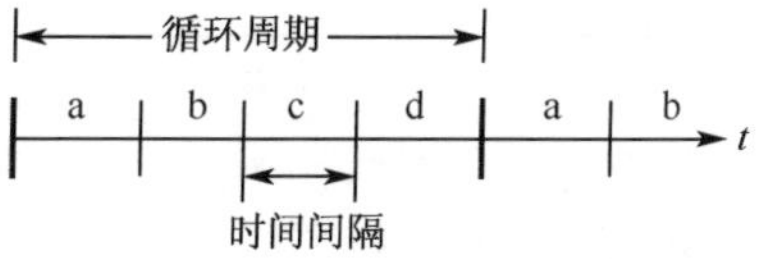

图 3-19　LAS 发送 CD 令牌顺序

（2）非调度通信。在预定调度时间表之外的时间，LAS 向总线发出一个传递令牌（PT，Pass Token），得到这个令牌的设备才能发送信息，这样的通信方式称为非调度通信或非周期性通信。如图 3-20 所示，LAS 发出 PT（x），设备 x 收到后，就可以发送自己的信息，直到其发送工作已经完成或者已经超过“令牌最大持有时间”。发送的信息可被一个或多个目的设备接收。

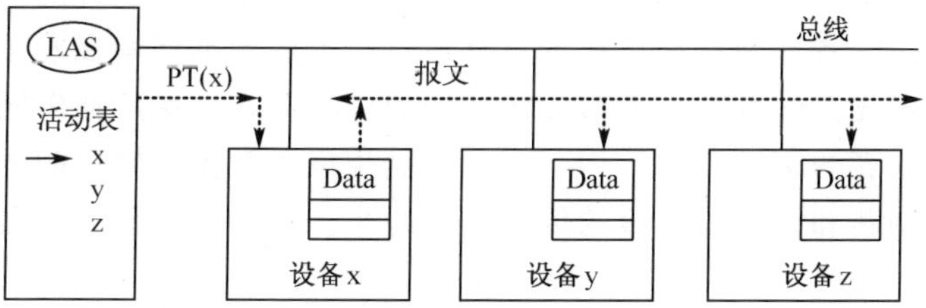

图 3-20　非调度通信的链路结构

总线上的所有设备都有机会发送非周期性信息，对 PT 做出适当响应的所有设备的列表称为活动表（The Live List）。LAS 探询活动表中的设备，可以根据设备响应情况，决定在活动表中增加或去除设备。新设备可随时添加到总线上，每个设备只要对 PT 令牌做出适当的响应，就一直保留在活动表中，否则将被从活动表中去除。

3. *应用层*

现场总线应用层为用户层提供访问现场总线通信环境的手段，定义了允许应用进程间相互通信的协议。应用层分为两个子层——总线报文规范子层（FMS）和总线访问子层（FAS）。总线报文规范子层针对分布式测控系统的构成、运行和改变，提供对象字典服务、变量访问服务和事件服务；总线访问子层则针对 FMS、功能块、应用管理和系统管理，提供发布/预订接收者、客户/服务器和报告分发 3 种服务。

IEC 提出的现场总线网络中，设备之间的信息传递是通过预先组态好的通信通道进行的。这种现场设备应用进程之间的通信通道，并不完全像电话那样有真正的物理线路上的连接，而是一种逻辑上的连接，或者可以看作一种软连接，IEC 将这种在现场总线网络的各应用进程之间的通信通道称为虚拟通信关系（VCR，Virtual Communication Relationship）。为满足不同的应用需要，现场总线设置了 3 种类型的虚拟通信关系：客户/服务器型；报告分发型和发布/预订接收型（见表 3-1）。3 种 VCR 的特点及其设置方法说明如下：

表 3-1　虚拟通信关系的类型与特点

VCR 类型	通信特点	信息类型	典型应用
发布/预订接收型	缓冲、一对多、调度或非调度	刷新功能块的输入输出数据	向 PID 控制功能块和操作台发送测量值
客户/服务器型	排队、一对一、非调度	参数或操作模式	设置给定值、改变模式、调整控制器参数、上载/下载，报警管理、远程诊断、访问显示画面
报告分发型	排队、一对多、非调度	事件通告、历史数据	向操作台通告报警信息，报告历史数据

（1）发布/预订接收型虚拟通信关系。发布/预订接收型虚拟通信关系主要用来实现缓冲型一对多通信。当数据发布设备收到 CD 令牌时，将对总线上的所有设备发布或广播它的消息。总线上的其他设备可根据地址识别是否属于自己预订的消息，接收这一消息的设备即预订接收者。缓冲型意味着只有最近产生的数据保留在发布者缓冲器内，新的数据会完全覆盖先前的数据。发布者缓冲器的内容会在一次广播中同时传送到所有的用户，即预订接收者的缓冲器内。为了减少数据生成和数据传输之间的延迟，要把数据广播者的缓冲器刷新和缓冲器内容的传送协调起来。缓冲型工作方式是这种虚拟通信关系的重要特征。

这种虚拟通信关系中使用的 CD 令牌可以由 LAS 按准确的时间周期发出，也可由数据的用户按非周期方式发出，即这种通信可由链路活动调度者发起，也可以由用户发起。VCR 的属性将指明采用的是哪种方法。

发布/预订接收型虚拟通信关系一般用于设备间周期性地传送控制数据，如在变送器和执行器之间传送用于闭环控制的测量信号或输出信号。

（2）客户/服务器型虚拟通信关系。客户/服务器型虚拟通信关系用于现场总线上两个设备间由用户发起的、一对一的、排队式、非调度通信。这里的排队是指信息的发送与接收是按优先权排队的，先前的信息不会被覆盖。当一个设备得到 PT 令牌时，可以向现场总线上的另一设备发送一个请求信息，这个请求者被称为客户，而接收这个请求的被称为服务器。当服务器收到这个请求，并得到了来自 LAS 的 PT 令牌时，就可以对客户的请求做出响应。这种通信关系的请求/响应式数据交换，是在周期性通信的间隙中进行的，设备之间采用令牌传送机制共享周期性通信以外的间隙时间，因而存在传送中断的可能。当这种情况发生时，需要使用再传送程序来恢复中断了的传送。

这种虚拟通信关系常用于设置参数或实现某些操作，如改变给定值、软件的上载与下载、对报警的确认等。

（3）报告分发型虚拟通信关系。报告分发型虚拟通信关系是一种排队式、非调度通信，也是一种由用户发起的一对多的通信关系，信息的发送与接收也是按优先权排队的。当一个带有事件报告或历史数据的设备收到来自 LAS 的 PT 令牌时，就通过这种报告分发型虚拟通信关系，把它的报文分发给由它的虚拟通信关系所规定的一组地址，即有一组设备将接收该报文。它区别于客户/服务器型虚拟通信关系的最大特点是它采用一对多通信，一个报告者对应由多个设备组成的一组收听者。这种虚拟通信关系也是在周期性通信的间隙中进行的，因而也要尽量避免由于传送受阻而发生的断裂。

报告分发型虚拟通信关系最典型的应用场合是将报警状态、历史数据等通知操作台。

(4) 虚拟通信关系的设置。两个现场设备应用进程间的通信连接类似于两个电话之间通话的拨号连接。采用电话拨号建立某两个电话间的通信连接时，普通的电话拨号要拨许多号码，如国际台、国家码、城区码、局交换台码、某个电话的单机特定号码。存储电话可以简化这一系列操作。只需把上述一连串号码输入一次，并利用电话中的存储器把它们存储起来，存储器就为该电话分配一个编号。使用时只需拨叫这个编号，就可替代拨叫那一连串号码。

虚拟通信关系也可以像存储电话那样进行设置。系统组态完成之后，一个现场设备与另一个现场设备要发起通信，只需通过虚拟通信编号即可完成。现场总线的应用层，把这种模型化了的通信通道称为应用关系。应用关系负责在所要求的时间，按规定的通信特性，在两个或多个应用进程之间传送报文。应用层的 FAS 子层定义了应用关系的端点特性，协议数据单元内带有关于 VCR 的各种信息，包括 VCR 的建立、解除、类型、地址等。

4. 用户层

应用进程（AP）是现场总线活动的基本组成部分，或者说，可以把现场总线系统看作为协同工作的应用进程的集合。IEC 把实现控制系统所需要的各种功能划分为功能模块，使其公共特征标准化，规定它们各自的输入、输出、算法、事件、参数与块控制图，并把它们组成为可在某个现场设备中执行的功能块应用进程（FBAP），便于实现不同制造商产品的混合组态与调用。FBAP 能够使用应用层接口访问应用层通信实体，IEC 规定通过这个接口既可以单独访问 FMS 子层或 FAS 子层，也可以同时访问两者。功能块的通用结构是实现开放结构框架的基础，也是实现各种网络功能与自动化功能的基础。

5. 网络管理和系统管理

现场总线网络管理和系统管理的任务是：通过连接至总线上的工作节点，采集关于现场总线应用方面的信息，以确定的工作方式，周期性地或非周期性地生成报告，保证总线的正常运行。可采集的信息有多种，譬如：监护信息、操作信息、计划信息等。对工程技术人员来讲，监护信息是寻找差错源、进行正确安装和维护的重要依据；操作信息用于性能监督、配置管理和网络访问；而计划信息是用于网络计划模型的建立和仿真。

现场总线网络管理提供通信层的管理、物理设备的管理和网络操作，系统管理负责把分布至网络上的应用进程集成起来。用来支持系统操作和网络管理的现场总线层服务被用来在系统管理者和它们的代理之间交换信息。

从以上描述可以看出，TS61158 总线标准充分考虑了测控自动化系统的特点，是一个不同于 IT 技术、具有崭新框架的通信协议，可广泛应用于过程控制、制造自动化等领域。

3.4 现场总线网络的拓扑结构

所谓通信网络的拓扑结构就是指通信网络中节点的互连方法，是影响网络性能的主要因素之一。局域网中使用的拓扑结构有 6 种，分别为总线型、星型、环型、树型、菊花链型、和网状结构，其中的前 5 种常被现场总线采用。

3.4.1 总线型结构

在总线型结构中，传输媒体是一条总线，工作节点通过称为分接头的硬件接口接至总线上。总线型拓扑结构如图 3-21 所示，终端器是连接在总线末端或末端附近的阻抗匹配元件，每个总线段上需要两个，而且只能有两个终端器。终端器采用反射波原理使信号变形最小，它所起到的作用是保护信号，减少衰减与畸变。

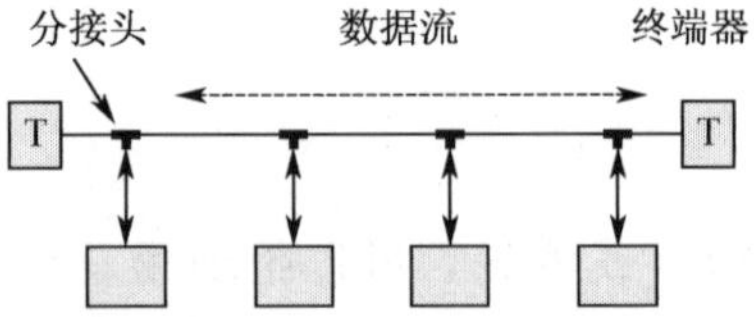

图 3-21 总线型拓扑结构

由于所有的节点都共享一条公用的传输线路，因此，每次只能由一个节点发送信息，信息由发送它的节点向两端扩散，其他节点都能接收。这就如同广播电台发射的信号向空间扩散一样。所以，这种形式的网络又称为广播式网络。某节点发送信息之前，必须保证总线上没有其他信息正在传输，即需要通过某种媒体访问控制方式，确定可以发送信息的节点。信息是按分组发送的，达到目的节点后，经过地址或标识符识别，将信息复制下来。

总线型结构的突出特点是线路简单、便于扩充。通常，使用这种结构的网络是无源的，所以当采取冗余措施时，并不增加系统的复杂性。总线型结构对总线的电气性能要求很高，对总线的长度也有一定的限制，通信距离不能太长。

3.4.2 星型结构

在星型结构中，每个节点都通过点对点方式连接到中央节点，任何两个节点之间的通信都要经过中央节点，见图 3-22。一个节点要传送数据，首先向中央节点发出请求，要求与目的节点建立连接。连接建立后，该节点才能向目的节点发送数据。这种拓扑结构采用集中式通信控制策略，所有通信均由中央节点控制，中央节点必须建立和维持许多并行数据通路，因此中央节点的结构显得非常复杂，而其他节点的通信处理负担很小，只需要满足点对点链路的简单通信要求。

星型结构采用电路交换，可实现数据通信量的综合，适用于低数据率设备。由于这种结构的网络终端只需要承担很小的通信处理任务，很适合用在要求终端密集的地方。但是，中央节点的构造比较复杂，一旦发生故障，整个通信系统就会瘫痪。因此，这种结构的可靠性较低，现场总线控制系统中较少采用。

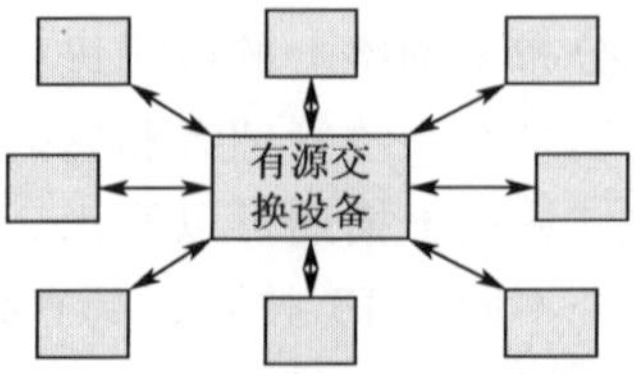

图 3-22 星型拓扑结构

3.4.3 环型结构

在环形结构中，网络由形成封闭环路的、点对点链路连接的转发器构成（见图 3-23）。转发器是一种较为简单的设备，它能接收其前端发来的数据，并以原来的速度逐位地从另一条链路发送出去，而且不带任何缓存。节点是通过转发器连到环形网上，由转发器向网上发送或接收数据。需要发送信息的节点将信息送到环上，信息在环上只能按某一确定的方向传输（顺时针或逆时针）。当信息到达接收节点时，若节点发现信息中的目的地址与自己的地址相同，就将信息取出，并加上确认标记，以便由发送节点清除。节点发送数据，是分组进行的，数据拆成分组加上控制信息插入环上，传送给目标节点。由于多个节点共享环路，需要有媒体访问控制，以确定节点何时能向环上插入分组。

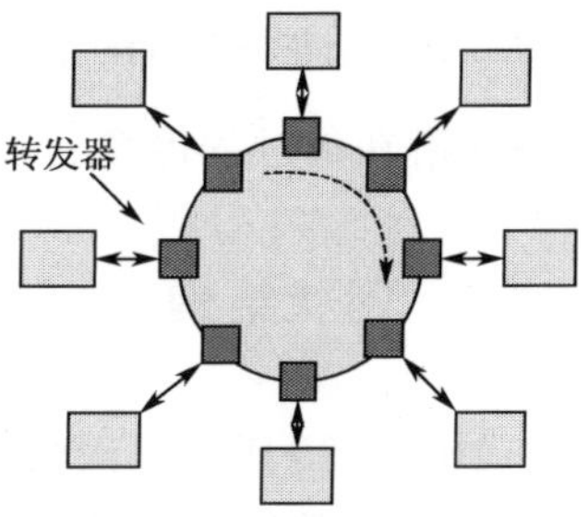

图 3-23　环型拓扑结构

由于传输是单方向的，不存在确定信息传输路径的问题，这可以简化链路的控制。当某一节点故障时，可以将该节点旁路，以保证信息畅通无阻。为了进一步提高可靠性，在某些现场总线控制系统中采用双环，或者在故障时支持双向传输。环形结构的主要问题是在节点数量太多时会影响通信速度，另外，环是封闭的，不便于扩充。

3.4.4 树型结构

树型结构是从总线结构演变而成的，形状像一棵倒置的树，从顶端的根向下分支，每个分支可以延伸出多个分支，一直到最后的终端设备，便是树叶，如图 3-24 所示。与总线型一样，来自任一节点的一次传输将传遍整个媒体，并被所有其他节点接收。

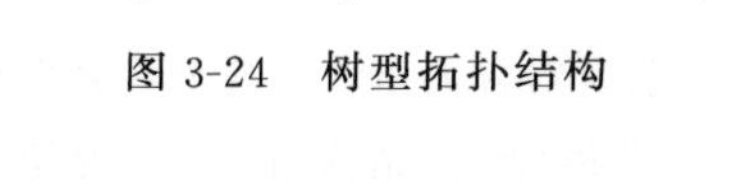
图 3-24　树型拓扑结构

树型结构的网络易于扩展、适应性强，对网络设备的数量、数据率和数据类型等没有太多限制。适用于现场设备密度较高情况下的系统升级，即在电缆、接线盒和设备安装就位的情况下，为现场总线提供了一种低成本增加新设备的方法。这种结构的网络在发生故障时，可以方便地将故障节点或分支从网上脱离，从而隔离故障。但网络的可靠性与星型结构相似，根部的可靠性对全网的工作有很大的影响。

3.4.5 菊花链型结构

菊花链型拓扑结构是用电缆把一个节点依次连接到下一个节点，一直到最后一个节点和终端器为止。如图 3-25 所示，这种拓扑结构也可以认为是支线长度为零的总线型

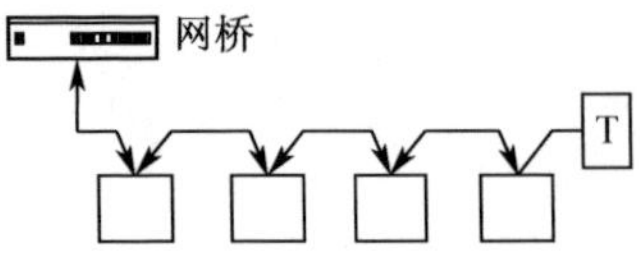

图 3-25　菊花链型拓扑结构

拓扑结构。采用这种结构时应注意，每台设备上的进线和出线应连接在一起，以免脱落时造成链路的中断。这种结构可以降低总的电缆长度和节点连接费用。若采用菊花链型拓扑结构，当一个节点从其所在区域取下来时，该节点后面区域上的所有节点都将失去连接，这将导致许多节点失效和潜在的过程停顿。

3.4.6　网状结构

如图 3-26 所示，网状结构的网络没有主控节点，控制功能分散在网络的各个节点上，网上的每个节点都可以有多条路径与网上的其他节点相连。所以即使一条线路出现故障，经路由选择，通过其他通路，网络仍能正常工作。因此，网状结构的网络具有可靠性高的特点，便于扩充和节点的接入；但是网络控制和路由选择比较复杂，网络的设计和管理都比较困难，这种结构主要应用于广域网。

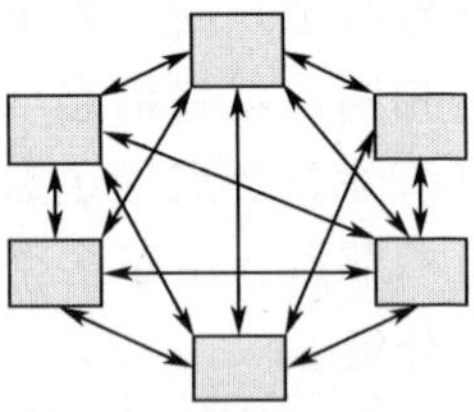

图 3-26　网状拓扑结构

组建一个网络到底采用哪种拓扑结构，要根据实际需要和应用环境而定。如总线型结构、星型结构和环形结构的构造简单、组网容易，适用于局域网，而树型结构和网状结构的构造复杂，组网较难，但却有较高的可靠性和完整性，适用于组织大型的信息处理系统。实际应用中，常常将以上几种拓扑结构结合起来，形成混合型拓扑结构。

习　　题

1. 根据图中所示的分层模块，描述一下比萨饼外卖时的预订和送货过程，并指出层与层之间的交互动作。

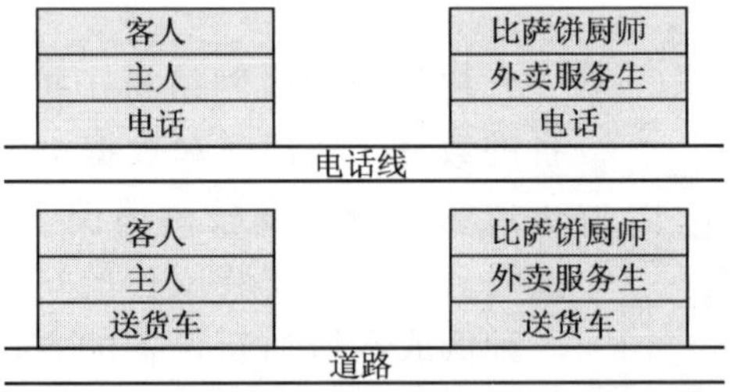

题 1 图

2. 中、法两国总理需要通过电话达成一致意见，但是双方都不会讲对方的语言。甚至双方当时都没有会讲对方语言的翻译在场。不过，两位总理的工作人员中都有英语翻译。请为当时的情况绘制出类似题 1 图的结构图，并描述各层之间的交互动作。

3. 在上一习题中，现在假设中国总理的翻译只会翻译日语，而法国总理有一个德语翻译，在德国有一位通晓德语和汉语的翻译。请再画一幅结构图来表示这时该怎么办，并描述一下假想的电话交谈过程。

4. 开放网络技术的一种新的解决方案是采用生产者/用户（Producer/Consumer）数据传输模式，请解释这种模式，并与源/目的模式做出比较。

5. 测控通信网络系统中，通过网络传输的应用信息一般归类为3种，分别是周期性数据、事件性数据和关键性数据。给出它们的定义，并举例说明。

6. 试画出IEC建议的现场总线通信模型与ISO/OSI参考模型之间的关系，并说明这样分层的目的和优点。

7. 试画出发布/预订接收型调度通信的链路结构，说明调度数据的存储方式和传递方法。

8. TS61158现场总线技术规范中，设备之间传送信息是通过预先组态好的通信通道进行的，但现场设备应用进程之间的连接只是一种逻辑上的连接，因此这种通信通道又称为VCR。试问该规范中设置了几种VCR？分别写出它们的通信特点和传送信息类型。

9. 设想一个由 N 个节点组成的网络，并以如下拓扑结构相连接：

（1）星型：一个不连接任何端点的中心节点；其他所有节点都与这个中心节点相连接。

（2）环型：每个节点都与其他两个相连接，形成一个闭合环。

（3）完全连接：每个节点都与其他所有节点直接连接。

对以上各种情况，计算站点与站点之间的平均跳数。

第 4 章　媒体访问控制技术

通过前面一章的学习，我们已经看到，媒体访问控制（MAC）协议是现场总线的重要组成部分，也是节点共享网络媒体的基础。MAC 的效率、确定性、优先级设置等直接影响现场总线的通信性能。

已有的各种现场总线标准，使用了多种类型的 MAC 协议。为了深入理解其中的差别，本章我们将围绕媒体访问控制技术展开讨论，通过分析节点对共享媒体的不同访问控制方法，了解各种 MAC 协议的基本性能和优缺点。

4.1　媒体访问控制技术概述

各种现场总线标准都要使用媒体访问控制技术，与该技术相关的层次是现场总线层次结构中的物理层和数据链路层。

1. 多用户的网络连接方法

在网络工作时，经常会遇到有许多用户要同时与网络相连（即访问网络）的问题。使用的连接方法一般分为 3 种：

（1）每个用户独立地与网络连接。这种方法有时要消耗较多的通信资源。

（2）通过集中器与网络连接（图 4-1）。这时，每个用户有一个单独的到集中器的访问线路（通过单独使用的端口）。集中器按顺序不断扫描各端口，或采用中断技术接收用户发来的信息。

（3）通过一个公用信道或媒体，使所有用户能够访问网络。图 4-2 是一个多点线路，许多用户通过同一公用信道与主机相连。在这种情况下，必须使各用户与主机的通信不要互相冲突和干扰。有时整个网络就是一条总线（图 3-21），或一个环（图 3-23），而各用户（也就是节点）平等地连接到网络上。在这种情况下，用户之间的通信显然需要有一个彼此都遵守的协议。

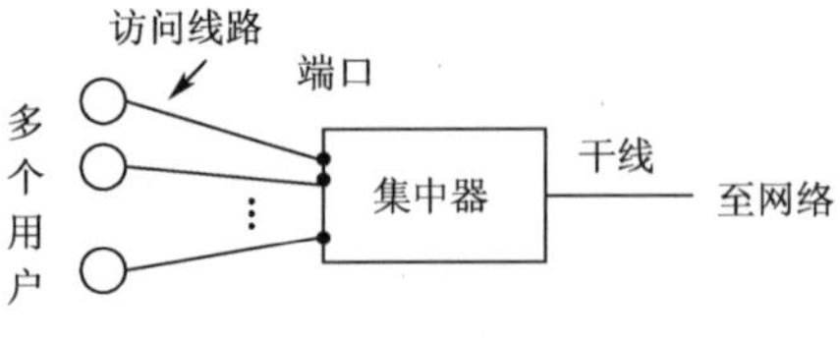

图 4-1　利用专用端口的访问方法

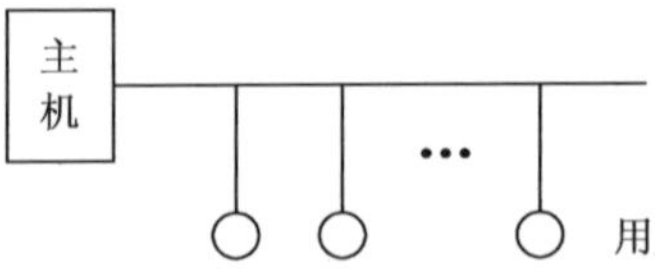

图 4-2　多点线路

上述的方法（3）常称为媒体访问控制技术，因为公用信道允许多个用户来访问，而一个用户也可以访问其他的多个用户。

2. 多路访问控制技术分类

多路访问控制技术可划分为两大类：一类是受控访问，另一类是随机访问。

（1）受控访问，就是说，用户访问网络不能是随意的，而必须服从网络的控制。受控访问又可分为集中控制方式和分散控制方式。集中控制的代表是探询（Polling），如在图 4-2 的多点线路中，主机控制整个的轮询，依照顺序逐个询问各用户有无信息发送。如有，则被询问的用户就立即发给主机；如无，则轮到下一个用户。分散控制的例子是令牌环（图 3-23）传送。环网中有一个特殊分组，叫做令牌，令牌沿环路从一个用户传到另一个用户，只有持有令牌的用户才有权发送信息，信息发完后，即将令牌传递给下一个用户。由此可见，在网络的控制下，连接到公用信道上的许多用户，可以有条不紊地工作。

探询技术是最早使用的多路访问控制技术，至今仍在普遍使用。探询也可细分为两类，一是轮叫探询（Roll-Call Polling），它是由主机按预先确定的顺序轮流询问各用户，并接收各用户发来的信息。另一类叫传递探询（Hub Polling），它将控制权按顺序从一个用户转到下一个用户。这一方法实际上就是局域网中的令牌环形网所采用的方法，不过这里不用令牌就是了。轮叫探询可以采用图 4-2 的多点线路，也可以采用有控制站的环型拓扑结构。有时还可采用树型拓扑（图 3-24）。传递探询可以采用多点线路，也可采用总线和环型拓扑。

（2）随机访问，即用户可以根据自己的意愿随机地发送信息，图 3-21 所示的总线网就属这种类型。当两个或更多的用户同时发送信息时，就产生了分组的冲突。因此必须找出解决分组冲突的办法。现在已经研究出了多种解决分组冲突的网络协议。随机访问实际上也就是竞争访问。竞争胜利者可获得总线（通信信道），因而成功地发送信息。但竞争有时也会导致两败俱伤（发生冲突时），使分组发送失败。

随机访问最初是在 20 世纪 70 年代初期由美国夏威夷大学试验成功的。这是为了使地理上分散的用户通过无线电来使用中心计算机。由于无线信道相当于一个公用媒体，一个用户发送的信息可以被许多用户同时收到，而每个用户又是随机发送的，因此这是一个随机访问系统。他们早期研制的系统称为 ALOHA，是 Additive Link On-line HAwaii system 的缩写，而 ALOHA 恰好又是夏威夷方言的“你好”。在 ALOHA 系统出现以后，很多性能更完善的协议也相继问世。例如，一种改进的随机访问协议，称为载波监听多路访问/冲突检测，简称为 CSMA/CD，现已成为总线式局域网的标准协议。

本章讨论的协议有：轮叫探询、传递探询、纯 ALOHA、时隙 ALOHA、预约 ALOHA、载波监听多路访问（CSMA）、载波监听多路访问/冲突检测（CSMA/CD）、令牌环、时间片令牌环、寄存器插入环和令牌总线。现有的各种现场总线标准中，使用的媒体访问控制协议各有不同，但一般是这些协议的某种组合。

本章将从探询技术开始分析，在得出一些基本的性能分析之后，再转来讨论随机访问、令牌环和令牌总线协议。多路访问控制技术的内容十分丰富，本章只阐述其基本原理。

4.2 集中控制型受控访问方法

4.2.1 轮叫探询的性能分析

轮叫探询表示主机轮流呼叫各节点，询问有无数据要传送。当然主机也可主动将数据发给各节点。

轮叫探询的网络拓扑如图 4-3 所示，它实际上是由 N 个节点连接而成的多点线路。主节点按顺序从节点 1 开始逐个询问。节点 1 如有数据即可发给主机，如无数据则发送控制分组给主机，表示没有数据可发。然后主机询问节点 2……当询问完节点 N 以后，又重复询问节点 1，如此循环。由于当主机向各节点发送数据时，数据分组都带有各节点的地址，所以不会出现混乱现象（每个节点不接收发往其他节点的数据）。因此在这里不必讨论主机怎样向各节点发送数据，而是集中精力研究各节点怎样按顺序将数据发往主机。

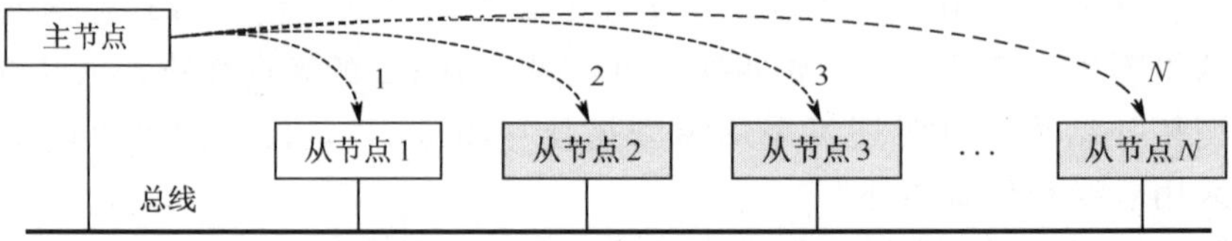

图 4-3　主节点按顺序探询从节点

图 4-4 更进一步说明轮叫探询的工作原理，图中着重画出了节点 1 和 2 的情况。设 $t=0$ 时节点 1 刚把所存的分组发完，于是主机开始询问节点 2，而节点 1 则变为等待状态。这时，到达节点 1 的分组将存放在缓冲区中。图中缓冲区所存储的分组数随时间阶梯般地增长。分组的到达是随机的。当主机再次轮询到节点 1 时，节点 1 即开始以全速发送所存放的全部分组。用排队论的术语就是服务开始（图中这一时刻用大黑点表示）。为便于画图，这里设分组长度为定长，等于 $1/\mu$(bit)（采用 $1/\mu$ 是排队论中的习惯表示

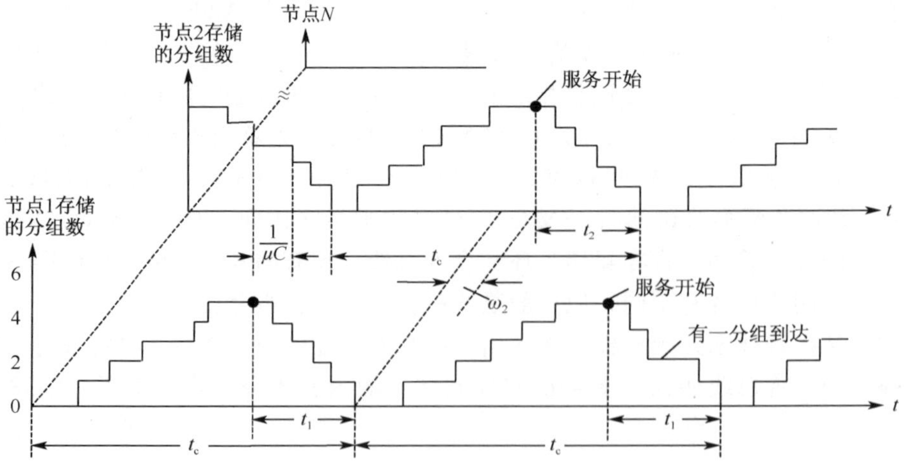

图 4-4　轮叫探询的工作原理

方法），线路容量为 C(bps)，因此每发送 1 个分组需时$1/(\mu C)$(s)。节点 1 从开始发送分组到分组全部发完，共需时 t_1(s)。显然，t_1 取决于缓冲区中存储的分组数，是随机变量。

节点 1 发完数据并且经过一定的传播时间后，主机就向节点 2 发出探询分组。再经过一定的传播时间，探询分组到达节点 2。节点 2 要识别这个探询分组（即根据探询分组的地址捕捉到这个探询分组），则又需要一些时间。上述这几种时间之总和即为 ω_2，它代表节点 1 把发送权转交给节点 2 所需的时间；ω_2 也称为行走时间（Walk Time）。这样，轮询全部节点一周所用的时间，就是各节点的发送时间 t_i 与行走时间 ω_i 的总和，我们将这个时间称为循环时间，并记为 t_c 如图 4-5 所示。即

$$t_c = \sum_{i=1}^{N}\omega_i + \sum_{i=1}^{N}t_i \tag{4-1}$$

显然，ω_i、t_i 都是随机变量，因而 t_c 也是随机变量。

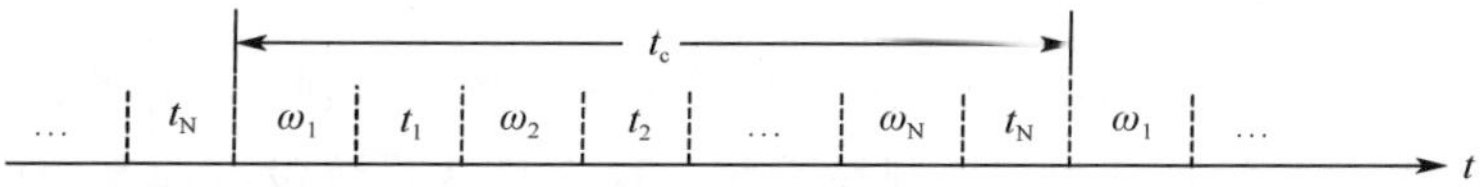

图 4-5 探询系统的循环时间 t_c

我们关心的是循环时间的平均值 $\bar{t}_c$，以及一个分组平均要等待多长时间才能被发往主机。

设整个探询系统的行走时间 L 是各节点的行走时间的平均值之和，即

$$L = \sum_{i=1}^{N}\bar{\omega}_i \tag{4-2}$$

这样，将式（4-1）两端求平均值，得

$$\bar{t}_c = L + \sum_{i=1}^{N}\bar{t}_i \tag{4-3}$$

我们设节点 i 的分组平均到达率为 λ_i(pkt/s)，分组的平均长度为 $1/\mu_i$(bit)，则在循环时间 $\bar{t}_c$ 内共有 $\lambda_i\bar{t}_c$ 个分组到达节点 i，因此节点 i 的服务时间的平均值 $\bar{t}_i$ 应为

$$\bar{t}_i = \lambda_i\bar{t}_c/(\mu_i C) = \rho_i\bar{t}_c \tag{4-4}$$

这里 $\rho_i=\lambda_i/(\mu_i C)$ 是节点 i 的通信量强度。将式（4-4）代入式（4-3），得

$$\bar{t}_c = L/(1-\rho) \tag{4-5}$$

其中

$$\rho = \sum_{i=1}^{N}\rho_i \tag{4-6}$$

ρ 是整个探询系统的通信量强度。

从式（4-5）可看出，要使整个探询系统是稳定的，必须使 $\rho<1$。当没有分组到达各节点时，$\rho=0$，这时 $\bar{t}_c=L$，即循环时间等于系统的行走时间。

分组的平均等待时间 W，是一个分组从到达节点起，到该节点开始发送这一分组时所经历的平均时间。这个等待时间 W 可以进一步分为两部分，如图 4-6 所示，一部分是 W_1，即分组到达节点到该节点开始发送分组的时间；而另一部分是 W_2，是从节点开始发送分组，到该分组移动到发送队列的最前头所需的时间。这里所提到的时间都

指的是平均时间。

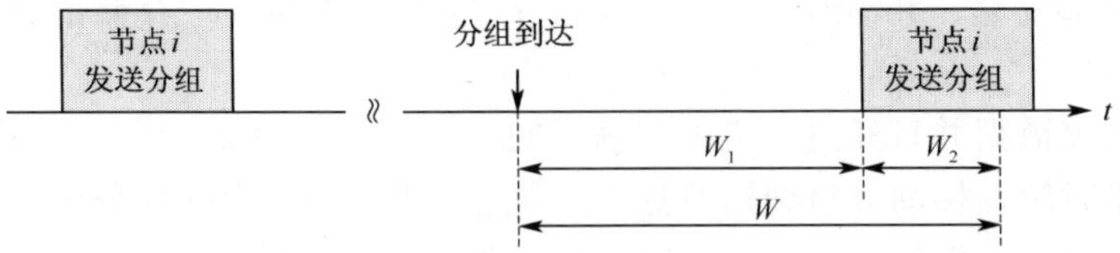

图 4-6　一个分组的等待时间

因为任何一个节点的平均发送时间是 $\rho \bar{t}_c/N$，所以任何一个节点的平均空闲时间是 $(1-\rho/N)\bar{t}_c$。显然，W_1 应为这个时间的一半，即

$$W_1 = (1-\rho/N)\bar{t}_c/2 \tag{4-7}$$

将式（4-5）代入上式，得

$$W_1 = \frac{L}{2} \cdot \frac{(1-\rho/N)}{(1-\rho)} \tag{4-8}$$

W_2 的计算稍麻烦一点，还须做些假定。设各节点的分组到达率相等，都是 λ(pkt/s)。可以假设把整个探询系统换成另一个排队系统，这个排队系统没有原系统中的行走时间，而只有一个队列，其分组到达率是原系统的总到达率 $N\lambda$。显然，W_2 就是一个分组进入这样的排队系统的平均等待时间。若分组的到达服从泊松过程，则可利用附录 A 中的 M/G/1 系统的公式（A-35），此公式的右端第 2 项即排队等待时间。不过在代公式时应注意，原公式的 λ 应换为 $N\lambda$，而服务时间的方差 σ_b^2 需要做些变换。设分组长度（变量）为 l，则服务时间（即分组的发送时间）的方差应为

$$\sigma_b^2 = \text{服务时间的 2 阶矩} - (\text{服务时间的均值})^2 = \overline{(l/C)^2} - [1/(\mu C)]^2 \tag{4-9}$$

这里 $1/\mu$ 为分组的平均长度。

将式（4-9）代入式（A-35）的右端第 2 项，并考虑到现在 $\rho = N\lambda/(\mu C)$，得

$$W_2 = \frac{N\lambda \overline{l^2}}{2C^2(1-\rho)} \tag{4-10}$$

这样最后得出分组的平均等待时间为

$$W = W_1 + W_2 = \frac{L(1-\rho/N)}{2(1-\rho)} + \frac{N\lambda \overline{l^2}}{2C^2(1-\rho)} \tag{4-11}$$

当分组为定长时，$\overline{l^2} = (1/\mu)^2$，式（4-11）变为

$$W = \frac{L(1-\rho/N)}{2(1-\rho)} + \frac{\rho}{2\mu C(1-\rho)} \tag{4-12}$$

当分组长度为指数分布时，$\overline{l^2} = 2(l)^2 = 2/\mu^2$，式（4-11）变为

$$W = \frac{L(1-\rho/N)}{2(1-\rho)} + \frac{\rho}{\mu C(1-\rho)} \tag{4-13}$$

式（4-12）和（4-13）就是我们所要推导的分组延迟公式。现在剩下的问题就是探询系统的行走时间 L 的具体计算。

设主机向各节点发出的探询帧为定长（如帧长为 48bit），则探询帧的发送时间 t_p 亦为定长，N 个节点共需时间 Nt_p。又设每个节点识别探询分组平均需时间 t_s，N 个节点共需时间 Nt_s。再设各节点沿多点线路均匀分布，而主机到最远的节点 N 的单程传播时间为 τ，则不难证明，整个探询系统的行走时间 L 为

$$L = Nt_p + Nt_s + (N+1)\tau \tag{4-14}$$

【例 4-1】 现假设 $N=10$，节点间的距离为 400km，传播延迟为 $10\mu s/km$，$t_s=10ms$，线路容量 $C=2400bps$，探询帧长为 48bit，试求整个探询系统的行走时间 L；当分组长度服从指数分布，其平均长度 $1/\mu=1200bit$ 时，算出当 $\rho=0$ 和 $\rho=0.5$ 时的 W。

解 根据已知条件，得出主机到最远的节点 N 的单程传播时间 $\tau=400\times10\times10^{-5}(s)=40ms$。这时，整个系统的传播延迟为 $(10+1)\times40=440ms$。

由线路容量 C 和探询帧长度，可得

$$t_p = 48/2400(s) = 20ms$$

代入式（4-14）算出

$$L = 740(ms) = 0.74(s)$$

若分组长度服从指数分布，由式（4-13）可得：

当 $\rho=0$ 时，

$$W = L/2 = 370ms = 0.37s$$

当 $\rho=0.5$ 时，

$$W = 0.74\times(1-0.5/10)/[2\times(1-0.5)] + 1200\times0.5/[2400\times(1-0.5)] = 1.2(s)$$

式（4-5）、（4-11）和（4-14）明确地表示了传播距离和数据率对传输性能的影响。线路数据率 C 增大时，可以降低分组等待时间 W 和循环时间的平均值 $\bar{t}_c$；节点间距离减小时，传播延迟相应减小，这就使得系统的行走时间 L 下降。

4.2.2 传递探询的性能分析

前一小节讨论的轮叫探询存在一个较大的缺点，这就是探询分组不停地循环往返在多点线路上，并且形成了相当一部分开销，增加了分组的等待延迟。为了克服这一缺点，可以采用传递探询的办法。

图 4-7 画的是传递探询的示意图，它的工作原理是这样的，主节点先向节点 N 发出探询分组，节点 N 在发送数据完毕时，或在告诉主节点暂时没有数据发送时，就将其相邻节点（即节点 $N-1$）的地址附上。我们应注意到现在节点 $1\sim N-1$ 各有两条输入线，一条是接收主机发来的数据用的，另一条则用来接收允许发送的信息。可以看出，当节点 N 向主机发送信息时，节点 $1\sim N-1$ 都可检测到线路上有数据在传送。但这些数据的地址并非指向节点 $1\sim N-1$，所以这些节点都不去接收线路上的数据。但在最后，节点 $N-1$ 检测到自己的地址，知道节点 N 把发送权转移到自己这方面来了。于是它就开始向主机发送数据。以后的情况都是类似的。当节点 1 发完数据时，就将主机的地址附上。当发送权重新回到主机手中时，一个循环就结束了。下一个循环开始

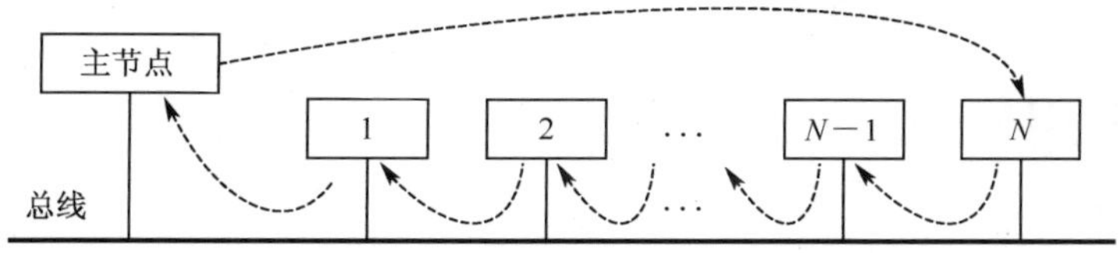

图 4-7 传递探询的工作原理

时，主机再向节点 N 发出探询。整个系统的工作原理大致就是这样。图 4-7 中的虚线表示探询信息的流动路线。

这样看来，在传递探询的情况下，除了系统的行走时间 L 外，其余的计算公式应当都是相同的。从上述的工作原理可看出，在式（4-14）中，右端第 1 项可以取消（严格说来应变为 t_p），而第 3 项应改为 2τ。于是

$$L = Nt_s + 2\tau \tag{4-15}$$

【例 4-2】 传递探询的运行条件与例 4-1 的相同，计算 L 和算出当 $\rho=0$ 时、$\rho=0.5$ 时的 W。

解 主机到最远的节点 N 的单程传播时间

$$\tau = 400 \times 10 \times 10^{-5}\text{s} = 40\text{ms}$$

由式（4-15），得

$$L = 10 \times 10 + 2 \times 40 = 180(\text{ms}) = 0.18(\text{s})$$

若分组长度服从指数分布，由式（4-13）可得：

当 $\rho=0$ 时，

$$W = L/2 = 90\text{ms} = 0.09\text{s}$$

当 $\rho=0.5$ 时，

$$\begin{aligned} W &= 0.18 \times (1-0.5/10)/[2 \times (1-0.5)] + 1200 \times 0.5/[2400 \times (1-0.5)] \\ &= 0.67(\text{s}) \end{aligned}$$

根据式（4-13）～（4-15）以及实例计算结果，很容易得出以下的结论：

（1）传递探询的分组延迟总是小于同样条件下的轮叫探询的延迟。

（2）节点间的距离越大，传递探询的效果越好。

（3）节点间距离较小且通信量强度较大时，传递探询带来的好处就不太明显。

传递探询系统虽然具有比轮叫探询更短的分组等待延迟，但由于实现技术比较复杂，代价也高些，因此在目前实用的探询系统中，主要还是使用轮叫探询。

4.3 ALOHA 随机访问方法

前一节所讲的探询技术在计算机通信中获得了广泛的应用。但这种多路访问方式有一个明显的缺点，这就是当网络的通信量较小时，探询系统的工作效率较低。因为各节点基本上没有什么数据可发送，但探询信息始终不停地在多点线路上传来传去。因此，很自然会想到：这种方法能否让节点自由地发送数据？事实上，因为网络的通信量较小，在节点之间发生冲突的概率不大，只要适当处理好冲突问题，各个节点根据自己的意愿自由地发送信息是可行的，像这样的多路访问方法称为随机访问。本节讨论最基本的随机访问控制技术——ALOHA，它是随机访问控制协议的基础。

4.3.1 纯 ALOHA

1. 工作原理

在 4.1 节已经说过，ALOHA 系统最初是在无线电公用信道上实现的。在此以后，

研究出了多种 ALOHA 类型的系统，为了区分各种 ALOHA，通常称最原始的为纯 ALOHA。

纯 ALOHA 可以工作在无线信道，也可工作在总线式网络中。为了讨论其工作原理，可以采用如图 4-8 所示的结构，这个结构既可代表总线式网络，也可以代表无线信道的情况。

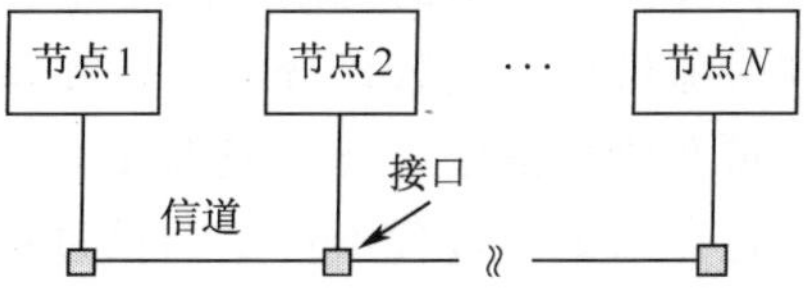

图 4-8 ALOHA 网络通用结构

图 4-9 表示 ALOHA 系统的工作原理。每一个节点均自由地发送分组，为分析简单起见，今后分组长度用分组发送所需时间表示，在图 4-9 中用 T_0 代表这段时间（T_0 也就是以前常用的 $1/(\mu C)$）。我们设所有的节点发送的分组都是定长的。当节点 1 发送第 1 个分组时，其他节点都没有发送分组，所以这个分组必定发送成功（这里不考虑由信道不良产生的误码），但随后节点 2 和节点 $N-1$ 发送的分组有一部分在时间上重叠了，这就是以前提到的“冲突”。当任何一个节点发现发出的分组与其他节点的分组相冲突时，不能马上重发，因为这样会继续冲突下去。可以使冲突的分组先退避，即各自延迟一段随机的时间，然后再重发。如再发生冲突，则继续退避，直到发送成功为止。图中的其余的一些分组的发送情况（成功或冲突再重发），读者可自行研究。

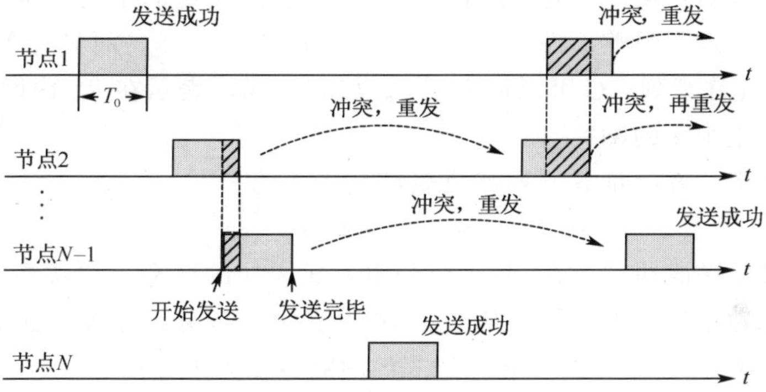

图 4-9 ALOHA 系统的工作原理

2. 性能分析

下面我们来分析纯 ALOHA 的一些主要性能，这就是吞吐量和平均延迟的计算。

为便于分析，我们把图 4-9 改画成具有同一时间轴的图 4-10，并把每个分组开始发送的时间用一垂直向上的箭头表示，请对照图 4-9 来看。从图 4-10 可看出，一个分组如欲发送成功，必须使在该分组发送时刻之前和之后各一段时间 T_0 内（一共 $2T_0$ 的时间间隔），没有其他分组的发送。否则，必产生冲突而导致发送失败。

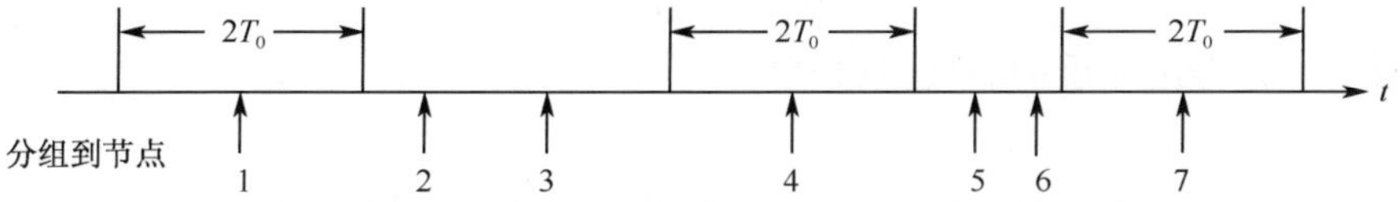

图 4-10 产生分组互相冲突的时间间隔

实际上，发送一个分组，也相当于有一个分组到达网络。因此，分组发送成功的条件，就是在该分组之前和之后的到达时间间隔必须都大于 T_0。

我们设分组的到达服从泊松分布，这显然与实际情况存在差距。虽然当大量的节点同时随机地发送数据分组时，在每个节点的通信量均很小的条件下，整个系统的分组到达可看成是泊松过程，但图 4-10 所示的到达过程，由于有一些是属于重发的分组，所以这样的到达过程不再是泊松过程，而是一个和重发策略有关的复杂过程。然而如果重发时的随机延迟足够长，则认为分组的到达（包括重发分组）是泊松过程仍是合理的。这样就使 ALOHA 系统的分析大为简化。

在有关 ALOHA 系统的文献中，一般都使用下面两个归一化的参数：

(1) 吞吐量 S（又称为吞吐率）：在分组发送时间 T_0 内成功发送的平均分组数。

显然，$0 \leqslant S \leqslant 1$，而 $S=1$ 是极限情况，这时分组一个接一个地发送出去，分组之间没有空隙。这种情况虽然使信道利用得最充分，但在众多用户随机发送分组的情况下是不可能实现的。我们可以用 S 接近于 1 的程度来衡量信道的利用率。

值得注意的是，有时吞吐量用 pkt/s 表示，这时信道利用率即为吞吐量除以信道容量（pkt/s）。在采用归一化的吞吐量时，信道利用率在数值上等于吞吐量之值。

在稳定的情况上，在 T_0 内到达系统的平均分组数（即输入负载）应等于吞吐量 S。

(2) 网络负载 G：从网络的角度看，在 T_0 内总共发送的平均分组数。这里包括发送成功的和因冲突发送失败而需要重发的分组。显然，$G \geqslant S$，而只有在不发生冲突时，G 才等于 S。还应注意到，G 可以远大于 1。如 $G=10$，表示在 T_0 内网络共发 10 个分组，这当然会发生很多的冲突。

在稳定状态下，吞吐量 S 与网络负载 G 的关系为

$$S = G \cdot P(\beta) \tag{4-16}$$

这里 β 的意义是发送成功，$P(\beta)$ 是一个分组发送成功的概率，它就是发送成功的分组在发送分组的总数中所占的比例。从图 4-10 可看出，若分组 4 要发送成功，分组 3 和分组 4 的间隔要大于 T_0，分组 4 和分组 5 的间隔也要大于 T_0。

用 ε 表示连续两个到达间隔，δ 表示到达间隔，因此

$$P(\beta) = P(\varepsilon > T_0) = [P(\delta > T_0)]^2 \tag{4-17}$$

因为已假定了是泊松到达，所以到达间隔时间的概率密度应如附录 A 的式（A-18）那样，即

$$a(t) = \lambda e^{-\lambda t} \tag{4-18}$$

其中，λ 是平均到达率。很明显，现在 $\lambda = G/T_0$。于是可以求出

$$P(\delta > T_0) = \int_{T_0}^{\infty} a(t)\mathrm{d}t = \int_{T_0}^{\infty} \frac{G}{T_0} e^{-Gt/T_0}\mathrm{d}t = e^{-G} \tag{4-19}$$

将这个结果代入式（4-17），得出一个分组发送成功的概率为

$$P(\beta) = e^{-2G} \tag{4-20}$$

代入式（4-16），得出最后的吞吐量公式

$$S = Ge^{-2G} \tag{4-21}$$

当 $G=0.5$ 时，$S=0.5e^{-1} \approx 0.184$，这是 S 可能达到的极大值。这点从图 4-11 的吞吐量曲线可以看得很清楚，用求极值的方法很容易得出这一结论。

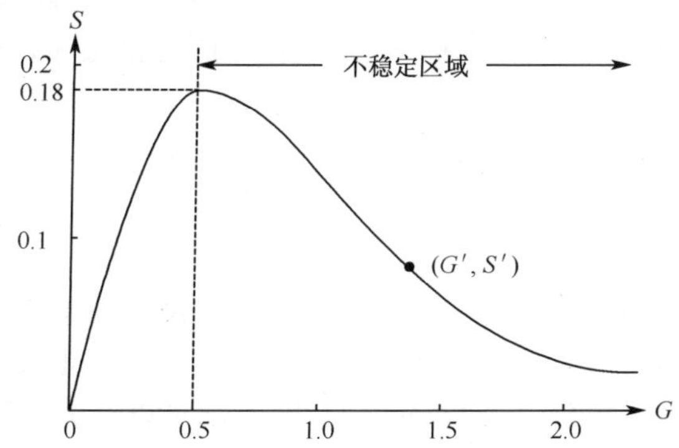

图 4-11　纯 ALOHA 的吞吐量与网络负载的关系曲线

式（4-21）是在假设系统工作在稳定状态下推导出来的，然而图 4-11 所示的曲线在斜率为负值的区域是不稳定的。例如，设系统工作在 $G>0.5$ 的一个点（G'，S'）上。假定由于某种原因使网络负载 G 增大了一点，根据图中的曲线，吞吐量 S 应下降。这表明成功发送的分组减少而冲突的分组增加。这就引起更多的重传，因而使网络负载 G 进一步增大。这样恶性循环的结果，使工作点迅速沿曲线下降，直到吞吐量下降到零为止。这时，网络负载达到很大的数值。分组不断地发送、冲突、重传……，但是没有有用的输出，整个系统完全不能工作了。可见，在纯 ALOHA 系统中，网络负载 G 一定不能超过 0.5。

当 S 接近 0.18 时，纯 ALOHA 系统的性能将明显地恶化。一个理想的随机访问系统的吞吐量 S 的极限值是 1，纯 ALOHA 的吞吐量的极大值只能达到理想值的 18%，这就是纯 ALOHA 必须加以改进的原因。

虽然如此，在许多情况下，当需要进行突发式的交互性的数据通信时，采用纯 ALOHA 这样的方式可能既简单又便宜。当年夏威夷大学进行的实验也正是为这种环境而设计的。假定许多异步终端通过多点线路连到主机，线路数据率为 4800bps；设每份报文 60 个字符，而用户键盘输入需 2 分钟（包括思考时间）；再设每个字符用 10bit，则每个终端的平均数据率仅 $60\times10/(2\times60)=5$(bps)。如采用 ALOHA 方式，取 $S=0.1$，即仅利用信道容量的 10%，则总数据率为 $4800\times0.1=480$(bps)。这样的系统一共可容纳 $480/5=96$ 个交互式的用户，这是个不小的数字。

下面讨论分组的延迟。设发完一个分组后要经过 RT_0 才能收到确认信息或由超时定时器决定重发。重发需时 T_0，但也可能延迟一段时间再重发，结果重发完毕时所需的时间在 $T_0+RT_0+T_0$ 到 $T_0+RT_0+KT_0$ 之间（图 4-12），K 为正整数。若一个分组平均重发 N_R 次才能发送成功，则发送一个分组总共所需的平均时间 D 为

$$D = T_0\{1+R+N_R[R+(K+1)/2]\} \tag{4-22}$$

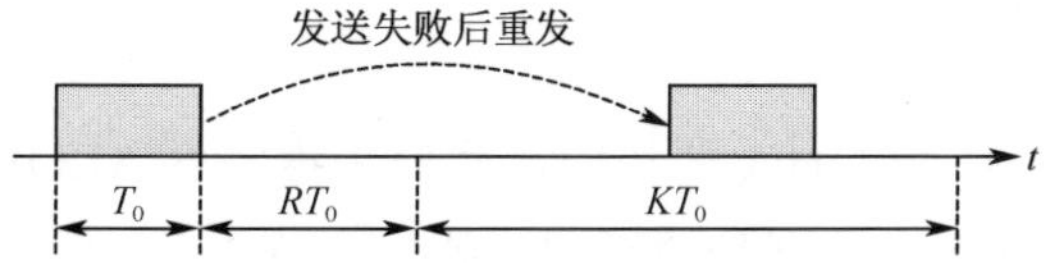

图 4-12　重发分组的延迟时间

平均重发次数显然与 K 有关。K 越小，分组冲突的机会就越多，因而重发次数也增多。增大 K 值就可减少再次冲突的机会。若 K 值变得很大，则 N_R 将不再与 K 有关。这样可得

$$G/S = 1 + N_R \tag{4-23}$$

或由式（4-21），得出

$$N_R = e^{2G} - 1 \tag{4-24}$$

对于图 4-3 所示的探询系统，若分组长度为定长，等于 1200bit，线路数据率为 4800bps，则 $T_0=1200/4800=0.25(s)$。设最远的节点距主机 4000km，每 100km 的传播延迟为 1ms，则往返传播延迟为 80ms，与 T_0 相比可以略去（因这是对最远的节点计算的）。令 $K=5$，$S=0.08$。这时，$G=0.1$ 而 $N_R=0.25$，算出 $D=T_0[1+0.25\times(5+1)/2]=1.75\ T_0\approx0.44(s)$。与探询系统相比，这样的延迟完全可以容忍。注意，这里的延迟 D 包括了分组的发送时间，具体体现在式（4-22）右端花括弧内第 1 项。而式(4-12)和（4-13）中的延迟时间是访问延迟，没有包括分组的发送时间和分组的传播延迟。

4.3.2 时隙 ALOHA

1. 工作原理

上一小节已证明了，纯 ALOHA 的吞吐量的极限值是 0.18。为了提高随机访问系统的吞吐量，可以将所有各节点都同步起来，并且将时间划分为一段段等长的时隙(Slot)T_0，同时规定，不论分组何时到达节点，它只能在每个时隙开始时才发送出去。这就是时隙 ALOHA 或 S-ALOHA。图 4-13 为 S-ALOHA 的工作原理示意图，向上的垂直箭头代表分组的到达，每个分组正好在一个时隙内发送完毕。从图 4-13 可以看出，每一个分组在到达节点后，一般都要在缓冲区中等待一段时间（这段时间小于 T_0）然后才能发送出去。当在一个时隙内有两个或两个以上的分组到达时，则在下一时隙将产生冲突。冲突后重发的策略与纯 ALOHA 的情况是相似的。

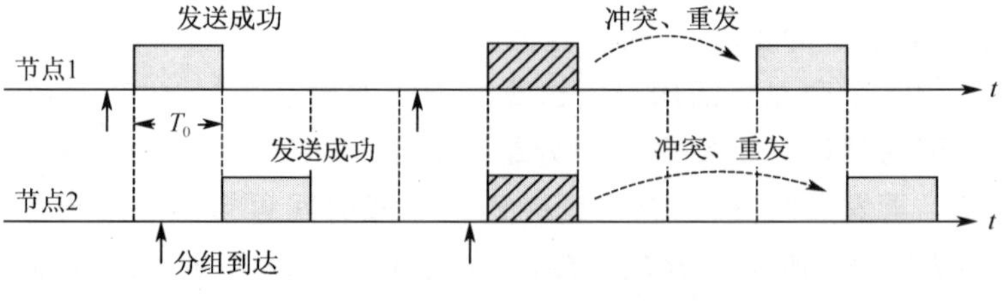

图 4-13 S-ALOHA 的工作原理

2. 性能分析

设 S 和 G 的定义与纯 ALOHA 的相同，我们来推导 S-ALOHA 的吞吐量公式。

假如有一个分组在某个时隙开始之前 T_x 秒到达（$T_x<T_0$）。显然，该分组发送成功的条件是没有其他分组在同一时隙内到达。换言之，该分组与前一个分组的到达间隔

应大于 T_0-T_x，而与后一个分组的到达间隔应大于 T_x。因此，

$$P(\beta)=P[\delta>(T_0-T_x)]\cdot P[\delta>T_x]=\int_{T_0-T_x}^{\infty}a(t)\mathrm{d}t\cdot\int_{T_x}^{\infty}a(t)\mathrm{d}t$$

代入式（4-18），并考虑到 $\lambda=G/T_0$，得

$$P(\beta)=\mathrm{e}^{-G} \tag{4-25}$$

于是，代入式（4-16）得出 S-ALOHA 的吞吐量公式

$$S=G\,\mathrm{e}^{-G} \tag{4-26}$$

当 $G=1$ 时，$S=S_{\max}=\mathrm{e}^{-1}\approx0.368$。图 4-14 画出了式（4-26）表示的曲线。为了便于对比，纯 ALOHA 的吞吐量曲线也画在同一坐标中。对于 S-ALOHA，不稳定区域位于 $G>1$ 的部分。

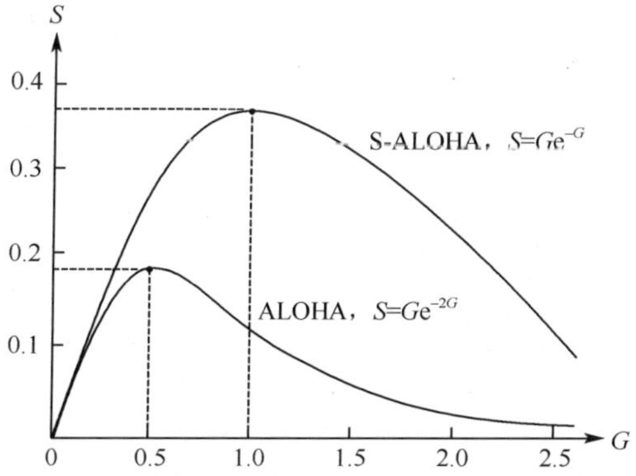

图 4-14 时隙 ALOHA 与纯 ALOHA 的吞吐量曲线

S-ALOHA 的分组平均传输时间的计算方法与纯 ALOHA 的相似。只是要注意，从每个分组到达节点到下一个时隙的到来，平均要等候 $T_0/2$，因此现在要在式（4-22）右端两个地方分别加上 0.5，即

$$D/T_0=1.5+R+N_R[R+0.5+(K+1)/2] \tag{4-27}$$

这里 N_R 是分组的平均重发次数。当 K 很大时，N_R 与 K 无关，很容易求出这时有

$$N_R=\mathrm{e}^{G}-1 \tag{4-28}$$

若 K 不是很大，N_R 将与 K 有关，计算非常复杂，这里从略。实际上，已有文献证明，只要 $K\geqslant5$，式（4-24）和式（4-28）都还是足够准确的。

K 的大小对延迟有很大的影响。K 太大会使延迟增大，但 K 太小又会使冲突机会增大，反而增加重传次数，可见存在一个最佳的 K 值。但延迟对 K 值的选择并不灵敏（只要 S 不是太接近于其极限值）。一般可以取 $K=5$。

图 4-15 画的是归一化分组传输平均延迟 D/T_0 与吞吐量 S 的关系曲线。这是在忽略传播延迟和令 $K=5$ 的条件下得出的。从曲线对比可看出，当吞吐量很小时，纯 ALOHA 的性能要稍好一些。但当吞吐量增大时，纯 ALOHA 的延迟会急剧上升（当 S 接近 0.18 时），而

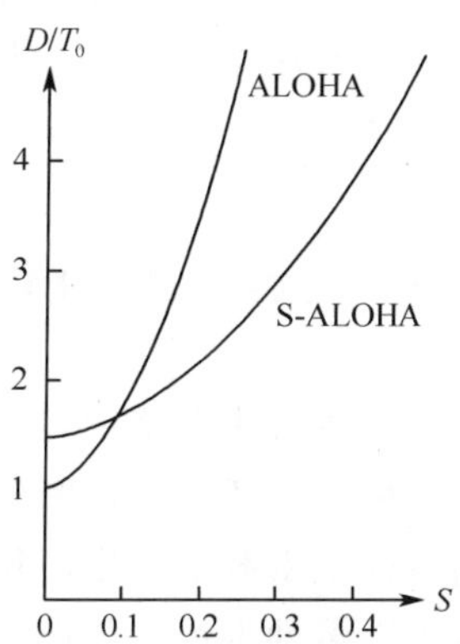

图 4-15 D/T_0 与 S 的关系（无传播迟延，$K=5$）

S-ALOHA却可以在更高的吞吐量下工作。

前面两种 ALOHA 吞吐量公式的推导，都是假定节点数目很大（理论上应为无穷大）而每一个节点发送分组的概率很小（理论上应趋向于零），因为只有在这个条件下，各节点随机地发送分组的总的效应，才相当于泊松过程。然而实际上节点的数目总是有限的。这样就产生一个问题，对于有限的节点，如使用前面推导的公式，究竟会带来多少的误差。

接下来，我们以 S-ALOHA 为例，研究有限节点的吞吐量公式。

假设共有 N 个节点，各节点独立地随机发送分组，一个时隙的长度正好可以发送一个分组。设 S_i 为节点 i 成功发送一个分组的概率（在任一时隙）。于是，$1-S_i$ 为节点 i 没有发送成功（发送失败或根本没有发送）的概率（在任一时隙）。再设 G_i 和 $1-G_i$ 分别为节点 i 发送和不发送一个分组的概率（在任一时隙）。显然，对所有 i，有$S_i \leqslant G_i$。

由于各节点发送分组是独立的，所以

$$S_j = G_j \prod_{\substack{i=1 \\ i \neq j}}^{N} (1 - G_i) \tag{4-29}$$

现在再设各节点的统计特性都相同，即 $S_i = S/N$ 和 $G_i = G/N$，而 S 和 G 分别为整个系统的吞吐量和网络负载，则式（4-29）可化为

$$S = G(1 - G/N)^{N-1} \tag{4-30}$$

这就是有限节点的 ALOHA 系统的吞吐量公式。利用公式 $\lim\limits_{n\to\infty}(1+x/n)^n = e^x$，式（4-30）在 $N\to\infty$时变为

$$S = \lim_{N\to\infty} G(1 - G/N)^{N-1} = Ge^{-G} \tag{4-31}$$

这正是前面导出的式（4-26）。

对式（4-30）的 S 求极值。当 $G=1$ 时，S 达到极大值

$$S_{\max} = (1 - 1/N)^{N-1} \tag{4-32}$$

在利用上式求取 $S_{\max}$值时，我们发现，随着节点数目 N 的增多，$S_{\max}$值逐步下降，当节点数 N 大于 20 后，$S_{\max}$值逐步稳定在 0.37 上。因此，只要有 20 个节点（或更多）就可以利用无穷多个节点的结构模型所得出的各种结论与公式。当 $N\to\infty$时，下式成立。

$$\lim_{N\to\infty} S_{\max} = \lim_{N\to\infty}(1 - 1/N)^{N-1} = e^{-1} = 0.368 \tag{4-33}$$

4.3.3* 预约 ALOHA

在一些实用网络中，通信量的变化是很大的。要使网络资源得到很好的利用，最好采用一种更灵活的控制策略。这就是当网络负载很轻时，可按 ALOHA 协议工作。但当网络处于重载下，则应按接近于时分复用的方式工作。按照这个指导思想，人们已经提出了许多种方法。但所有这些方法都有一个共同的特点，即节点都以某种方式预约了某个发送分组的时隙，从而保证了所发送的分组不会与别的节点的分组发生冲突。因此，这些协议均可称之为预约 ALOHA。典型的预约 ALOHA 有以下的一些。

1. Binder 方案

Binder 提出的方案是以 TDM 为基础的，如图 4-16（a）所示。N 个时隙（图中的例子为 8 个）组成 1 帧。给每个节点分配 1 个时隙，例如将每帧的前 7 个时隙分别分配给 A、B、…、G 等 7 个节点；剩下的时隙由各节点竞争，例如 E 节点获得此时隙。协议规定：归自己用的时隙在无数据可传时就让它空着。其他节点检测到某时隙为空闲时，就可在下一帧该时隙出现时发送自己的数据（按 ALOHA 方式）。图 4-16（a）一连画了 4 帧，无阴影的时隙表示发生了冲突。当拥有某时隙的节点有数据要发时，可随时在自己的时隙上发送。如与其他节点的分组发生冲突时，则自己有优先权，在下一帧这个时隙来到时，其他节点的数据必须停止发送。这种预约 ALOHA 的性能在轻载时不如时隙 ALOHA 的好。因为在竞争空闲时隙发生冲突时，竞争的节点（不是拥有该时隙的节点）必须在下一帧这一时隙停止发送，要观察一下是否拥有此时隙的节点有数据要发送。

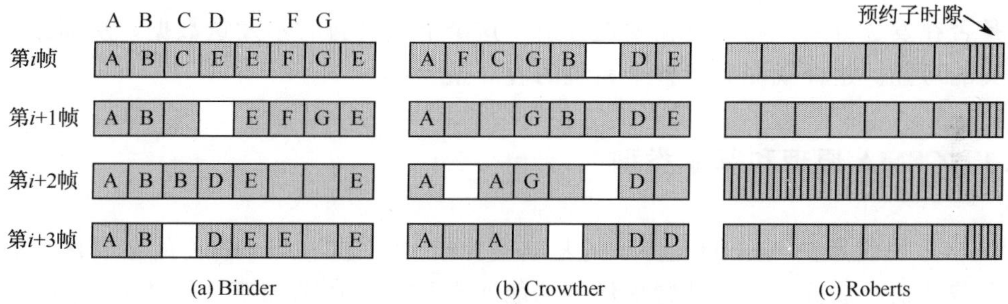

图 4-16　三种典型的预约 ALOHA

这种方法的另一缺点是时隙的拥有节点把数据发完时，下一帧的这个时隙将被浪费。此外，整个系统的用户总数要事先知道，以便分配一帧中的各时隙。这样就显得不够灵活。

2. Crowther 方案

Crowther 提出的方案可适用于节点数是未知数而且在不断变化的情况。所有节点对任何时隙都可竞争使用。一旦竞争成功，则一直可以占用。如果使用完毕，则下一帧该时隙将空着，这一信息告诉大家可以在下次该时隙出现时来竞争。图 4-16（b）是这一方案的工作原理示意图。不难看出，数据较多的节点有可能会较长时间地垄断一些时隙。

3. Roberts 方案

第 3 种方案是 Roberts 提出的，它要求每个节点在发送数据之前必须进行预约。每一帧的前面各时隙用于发数据，最后的一个时隙再分成许多小的子时隙，专门用于预约如图 4-16（c）所示。当一个节点想发送数据时，可以事先向任何一个子时隙发出请求，请求预约一个或若干个时隙。各节点发出请求是按时隙 ALOHA 方式进行的。若预约请求成功（即未发生冲突），那么下一帧的预约时隙就归这个节点用于发送数据。任何一个节点在任何时间都必须密切监测目前总的预约队列长度。通过适当的计算，每个节点就知道它应当在什么时候把自己的数据发送出去。当大家都没有数据发送时，整个的帧都可用于预约，如图 4-16（c）的第 $i+2$ 帧，以加速预约过程。由于预约时可能产生冲突的只是在较短的子时隙的范围，而较长的数据时隙中不会产生冲突，这就大大提高了信道的利用率。

以上这几种预约 ALOHA 和时隙 ALOHA 一样，都需要全网的时间同步。这就比纯 ALOHA 在技术上要复杂得多。

4.4 CSMA 随机访问方法

在上述 ALOHA 方法中，工作节点发送信息完全是盲目的，因而发生冲突碰撞的概率较大，造成信道的利用率较低，因此后来提出了“载波监听多路访问”（CSMA）方式。由于在 CSMA 协议中采用了附加的硬件装置，每个节点都能在发送前监听其他节点是否在发送分组。如果是在发送分组，这个节点就暂时不发送数据，从而减少了发生冲突的可能。这样就提高了整个系统的吞吐量。

4.4.1 CSMA 原理和基本类型

CSMA 协议是在 ALOHA 协议的基础上提出的。它与 ALOHA 的主要区别就是多了一个载波监听装置，这种装置提供的功能通常称为发送前监听。图 4-17 为 CSMA 随机访问过程的流程图，图右边画了 3 个粗线条方框，表示 3 种载波监听信息使用方法。

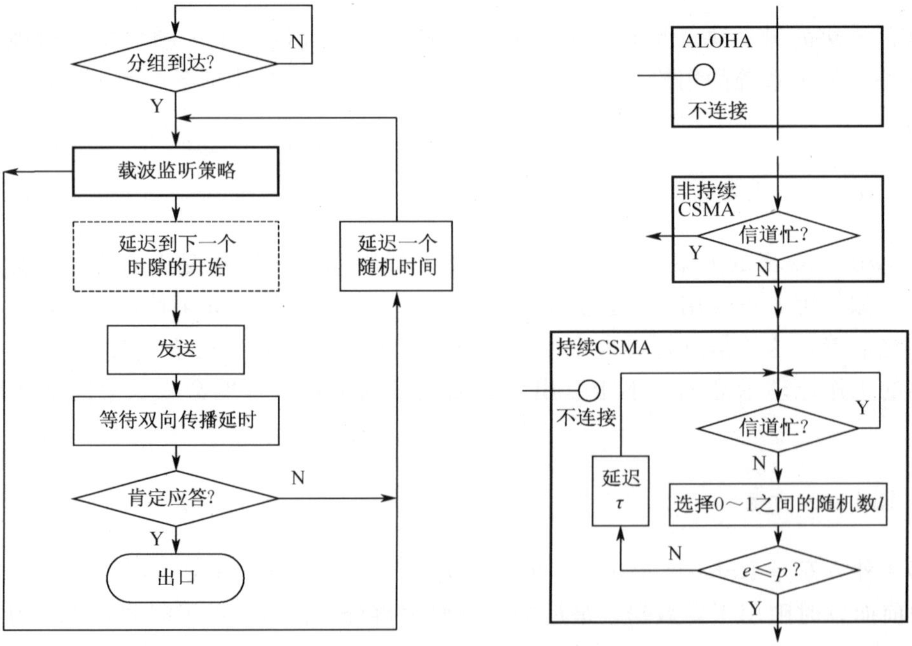

图 4-17　CSMA 随机访问过程流程图

若分别用这 3 个方框中的一个去替换左边的载波监听策略方框，则可得到几种不同的协议，即 ALOHA、非持续 CSMA 和持续 CSMA。把 ALOHA 的方框画在这里是为了便于对比。实际上 ALOHA 没有载波监听装置，所以不必做更多的解释。下面先分析非持续 CSMA 的工作原理。

1. 非持续 CSMA

当一个分组到达节点准备发送时，该节点即开始监听信道。“非持续”（Nonpersistent）的意思就是一旦监听到信道忙，即有其他节点在发送，就不再坚持监听下去，而是根据协议的算法延迟一个随机的时间重新再监听。若进行载波监听时发现信道空闲，则发送分组。在流程图中有一个虚线方框，这是为时隙（Slotted）非持续 CSMA 而添上去的，因为采用分时隙的随机访问协议，要求只能在每个时隙开始时发送分组。如用一般的非持续 CSMA，则跳过此虚线方框。

顺便指出，早期的 ALOHA 系统的无线电发射机工作在超高频（UHF）波段，因此各节点可以监测到其他节点发出的载波。但以后发展到局域网时，如用基带传输，则已没有载波了。但各节点仍可检测到其他节点所发送的二进制代码。习惯上人们仍称这种检测为“载波监听”。

信号在信道上的传输速度是有限的，所以载波监听并不能完全消除冲突。例如，图 4-18 画的是局域网上的两个节点 A 和 B。A、B 相距 1km，用同轴电缆相连。电磁波在电缆中的传播速度只有在自由空间的 65%左右，因此 1km 的电缆需要 5μs 的传播时间（这个数字应当记住）。因此，A 向 B 发出的信息，B 要在 5μs 之后方能收到此信息。换言之，B 若在 A 发的信息到达 B 之前发送自己的分组（因为这时载波监听检测不到 A 所发的信息），则必然与 A 发的分组发生冲突，冲突的结果是两个分组都变得无用。由此可见，A 发送分组后再经过两倍的传播延迟（2τ），才有可能收到 B 发过来的确认信息。以后我们假定只要一个节点收到正确的分组，就应立即发送确认分组 ACK。因此在图 4-17 的流程图中，在分组发送完毕后，要等待 2τ（τ 是信道上的单程最大端到端传播延迟）来看看是否有对方发来的确认分组 ACK。如收到 ACK，则这次发送即成功结束，如未收到 ACK，表明与其他节点所发的分组发生冲突（这里不考虑由于信道的不完善而产生的误码），这时就要延迟一个随机时间，然后重新进行载波监听。这就是非持续 CSMA 的工作原理。

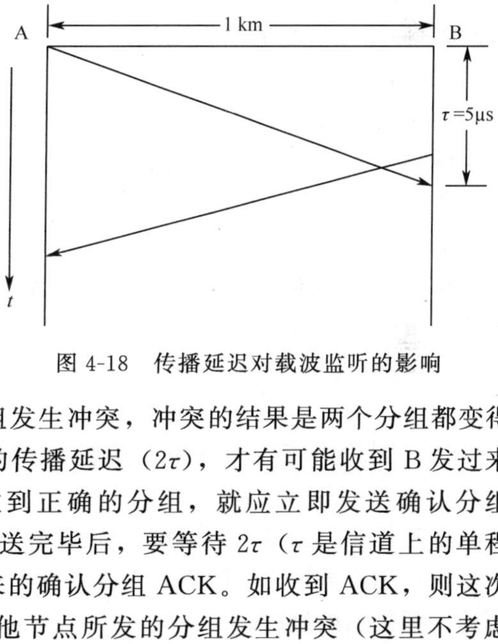

图 4-18　传播延迟对载波监听的影响

由于有了载波监听措施，在相当程度上减少了发送分组的盲目性。这样就提高了信道的利用率和整个网络的吞吐量。

从以上的讨论可以清楚地看出，非持续 CSMA 也存在一个明显的缺点，就是一监听到信道忙就马上延迟一个随机时间再监听，而很可能在再次监听之前信道已经空闲了。也就是说，非持续 CSMA 不能把信道刚一变成空闲的这一时刻找出。这样就影响了信道利用率的提高。为克服这一缺点，可采用持续 CSMA。

2. 持续 CSMA

持续 CSMA 的特点是在监听到信道忙时，仍坚持听下去，一直坚持听到信道空闲为止。这时又可以采取两种不同的策略。一种是当听到信道空闲就立即发送分组。这种策略的出发点是抓紧一切有利时机发送数据，但如果有两个或更多的节点同时在监听信道，一旦信道空闲就必然使这些同时发送的分组互相冲突，反而不利于吞吐量的提高。于是就有第二种折中的策略，就是当听到信道空闲时，就以概率 p 发送分组，而以概率（$1-p$）延迟一个时间 τ（端到端的传播延迟），重新监听信道，这样的策略称之为 p 持续 CSMA。而前一种策略称为 1 持续 CSMA，因为这种策略在监听到信道空闲时，以概率 $p=1$ 发送分组。

图 4-17 右下方的方框即为 p 持续 CSMA 的载波监听策略。具体实现以概率 p 发送分组时，可以选择一个 0～1 的随机数 l，若 $l \leqslant p$（概率 p 是事先给定的），则发送分组，否则延迟时间 τ 后再重新监听信道。p 持续 CSMA 可根据信道上通信量的繁忙情况设定不同的 p 值，因而可以使信道的利用率更高。

这里还要提出的是网络中的各节点有的距离较近，有的则较远。因此各节点之间的传播延迟的大小是不相等的。为方便起见，统一取网络中靠两端的两个端点间的延迟 τ（即通常称为端到端的单程延迟）作为传播延迟的数值，也就是说，协议考虑的是最坏的情况。

前面曾提到图 4-17 的虚线方框是为时隙 CSMA 用的。它和时隙 ALOHA 相似，需要全网同步。每个分组只能在每个时隙的开始时刻才能发送，这样可以减少分组互相冲突的概率，从而进一步提高网络的吞吐量。时隙 CSMA 可以是非持续的、1 持续的或 p 持续的。在其他方面，从图 4-17 可看出，与不分时隙的情况是一样的。

由于 CSMA 的类型很多，定量分析又比较烦琐，因此下面只对时隙非持续 CSMA 的吞吐量进行定量分析。一方面可以更进一步地掌握这种 CSMA 的工作原理，另一方面也为后面分析 CSMA/CD 协议打下基础。

4.4.2 时隙非持续 CSMA 的性能分析

在进行时隙非持续 CSMA 的定量分析时，需要做出如下的一些假定：

(1) 用户数量为无限大，无论是新产生分组的到达或是冲突后延迟一段时间的重发到达，都是泊松过程。

(2) τ 为总线上最大的端到端单程延迟，而任意两个节点之间的传播延迟和时隙长度均为 τ。

(3) 分组都是定长的，其发送时间为 T_0，T_0 是 τ 的整数倍。ACK 分组长度可以忽略。

(4) 任何时刻，每个节点至多只有一个分组处于准备发送的状态（包括重发的分组）。

(5) 只有冲突才会引起传输的差错。

(6) 载波监听是在瞬间完成的。

根据上述假定不难看出，只要有一个分组在发送，信道被占用的时间都是 $T_0+\tau$，如图 4-19 所示，图中的 A 和 B 代表总线上的任意两个节点。

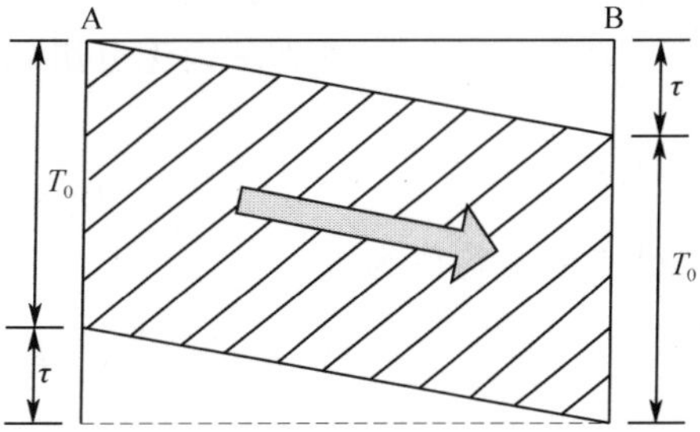

图 4-19 信道被占用的时间

图 4-20 为时隙非持续 CSMA 的工作原理，图中先画出了 8 个分组的到达（8 个垂直画的小箭头代表到达时刻），分组 1、2 和 3 分别代表到达节点 i、j 和 k 的分组，它们都在到达后立即进行载波监听。由于都发现信道空闲，所以这 3 个分组都在下一时隙开始时发送出去，这样就产生了冲突。这 3 个分组正在发送时，又陆续到达了 4 个分组（分组 4～7）。由于在进行载波监听时发现信道占用，这些分组分别按照规定的算法各自延迟一个随机时间以后再发送。我们注意到，现在是非持续 CSMA，所以在监听到信道占用时，不坚持再监听下去，而是立即进行延迟。由于分组 1～3 的发送，信道被占用的时间为 $T_0+\tau$。这个时间称为占用期。占用期一结束，就进入信道的空闲期。以后分组 8 到达节点 k，到下一个时隙开始时发送出去，空闲期结束，一个新的占用期又开始。整个信道就这样交替地分为占用期和空闲期，而一个占用期加上一个空闲期构成一个周期。

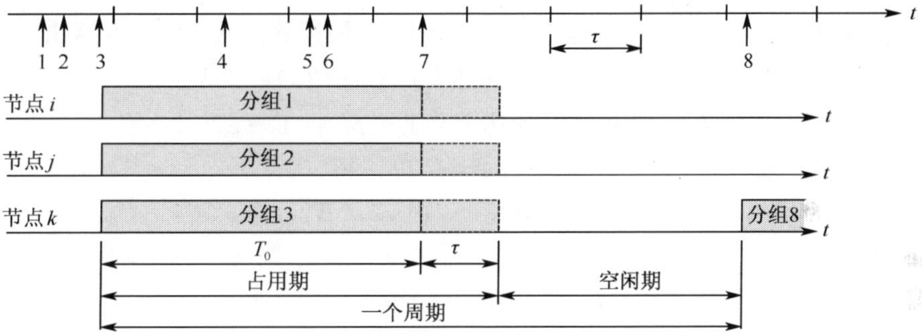

图 4-20 时隙非持续 CSMA 工作原理

在 CSMA 的分析中，那是将占用期的长度记为 B，将空闲期的长度记为 I，而将一个周期内成功发送分组的时间记为 U。这样，系统的吞吐量就是

$$S=\overline{U}/(\overline{B}+\overline{I}) \tag{4-34}$$

这里 $\overline{B}$、$\overline{I}$ 和 $\overline{U}$ 分别是 B、I 和 U 的平均值。

$\overline{B}$ 的计算最简单，因为在时隙非持续 CSMA 的情况下，占用期只是一个分组的长度加上 τ，即

$$\overline{B}=T_0+\tau \tag{4-35}$$

再计算 $\overline{I}$。这需要先计算在时间 τ 内无分组到达的概率 p_0。因为分组到达是泊松过程，而整个系统的分组到达率 $\lambda=G/T_0$（这里 G 的定义同 ALOHA），根据附录 A 的式(A-17)，可得

$$p_0=P[\text{在 }\tau\text{ 内无到达}]=e^{-G\tau/T_0} \tag{4-36}$$

空闲期由 J 个时隙（每个时隙长度为 τ）构成，则

$$P[J=0]=P[\text{在 }\tau\text{ 内有分组到达}]=1-p_0 \tag{4-37}$$

$$P[J=1]=P[\text{在 }\tau\text{ 内无分组到达}]\cdot P[\text{在 }\tau\text{ 内有分组到达}]=p_0\cdot(1-p_0) \tag{4-38}$$

$$P[J=j]=p_0^j(1-p_0) \tag{4-39}$$

求得 J 的平均值为

$$J=\sum_{j=0}^{\infty}jP[J=j]=\frac{p_0}{1-p_0}=\frac{e^{-G\tau/T_0}}{1-e^{-G\tau/T_0}} \tag{4-40}$$

在 CSMA 的分析中，比值 τ/T_0 常记为 α，列成等式为

$$\alpha=\tau/T_0 \tag{4-41}$$

这是一个非常重要的参数，因为它就是归一化的端到端的传播延迟。J 个 τ 构成空闲期

$$\bar{I}=\tau J=\tau e^{-\alpha G}/(1-e^{-\alpha G}) \tag{4-42}$$

最后要计算 $\bar{U}$。从图 4-20 可看出，在一个周期内肯定有分组发送，但不一定是成功的发送。我们先要计算在给定一个占用期的条件下（已知有分组的到达）分组发送成功的概率 P_s。显然，只有在空闲期的最后一个时隙内只有一个分组到达时才能使发送成功。这样有

$$\begin{aligned}P_s&=P[\text{在 }\tau\text{ 内有一个到达}\mid\text{在 }\tau\text{ 内有分组到达}]\\&=\frac{P[\text{在 }\tau\text{ 内有一个到达和有分组到达}]}{P[\text{在 }\tau\text{ 内有分组到达}]}\end{aligned} \tag{4-43}$$

式（4-43）的分子就等于 P [在 τ 内有一个到达]。根据式（A-17），可算出

$$P[\text{在 }\tau\text{ 内有一个到达}]=(G\tau/T_0)e^{-G\tau/T_0} \tag{4-44}$$

$$P[\text{在 }\tau\text{ 内有分组到达}]=1-p_0=1-e^{-G\tau/T_0} \tag{4-45}$$

于是由式（4-44）和（4-45），并考虑到 $\alpha=\tau/T_0$，得

$$P_s=\alpha Ge^{-\alpha G}/(1-e^{-\alpha G}) \tag{4-46}$$

这样，求出 $\bar{U}$ 为

$$\bar{U}=T_0P_s=T_0\alpha Ge^{-\alpha G}/(1-e^{-\alpha G}) \tag{4-47}$$

将式（4-35）、（4-42）和（4-47）代入式（4-34），得

$$S=\frac{\bar{U}}{\bar{B}+\bar{I}}=\frac{\alpha Ge^{-\alpha G}}{1-e^{-\alpha G}+\alpha} \tag{4-48}$$

不难算出，当 $\alpha\to 0$ 时，有

$$S=G/(1+G),\alpha\to 0 \tag{4-49}$$

图 4-21 画出了 α=1、0.1、0.01 和 0 时的吞吐量曲线，请注意，现在横坐标是对数坐标。我们不难看出，参数 α 越小，网络的性能就越好。从直观上可看出，在 τ 一定的情况下，α 越小意味着分组越长，即在更长的时间内到达的分组可以监听到信道忙，因而冲突的机会减少，因此 $\alpha\to 0$ 是极限的理想情况。

CSMA 的其他几种形式的吞吐量公式可以用类似的方法推出，相应的公式这里也不再给出，有兴趣的读者可参阅相关文献。

图 4-22 给出了在 α=0.01 时的 1 持续、非持续 CSMA（时隙和非时隙的）的 S-G 曲线。为便于对比，图中还画出了纯 ALOHA 和时隙 ALOHA 的 S-G 曲线。从这些曲

线可以看出，在轻载时，以 1 持续 CSMA 的吞吐量特性为最好。但在重载时，则非持续的吞吐量特性更好一些。还可看出，在重载时，非持续 CSMA 的吞吐量特性要比 ALOHA 好得多。当然，这里吞吐量特性的改善是以增大延迟为代价而得到的。

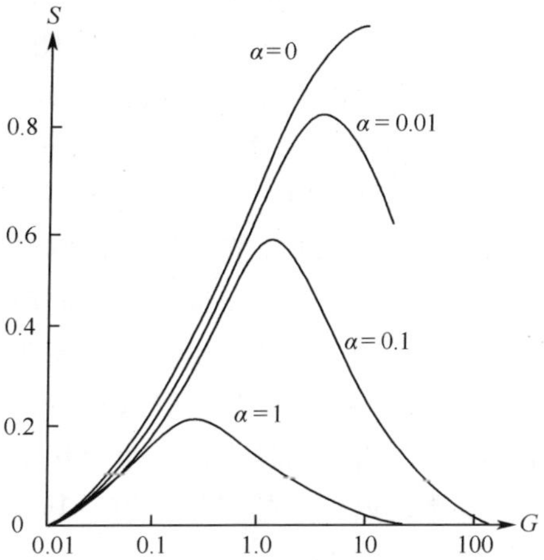

图 4-21　时隙非持续 CSMA 的吞吐量曲线

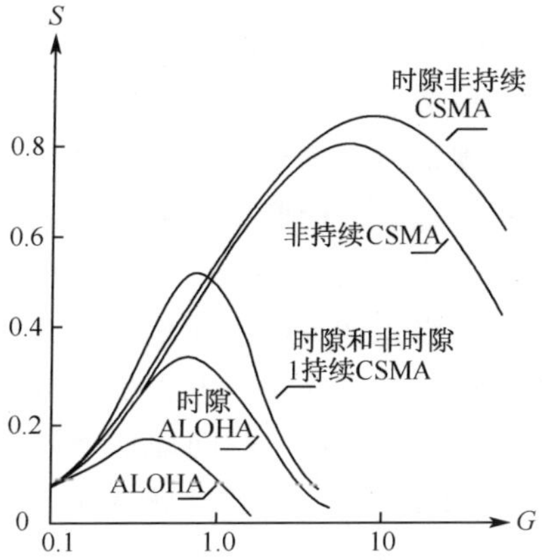

图 4-22　几种 CSMA 以及 ALOHA 的 S-G 曲线

4.4.3　CSMA/CD 工作原理

从前面两小节的分析可以看出，CSMA 由于在发送分组之前进行载波监听，所以减少了冲突的机会。但由于传播延时的存在，冲突还是不可避免的。只要发生冲突，信道就被浪费时间 $T_0+\tau$。CSMA/CD 比 CSMA 增加了一个功能，这就是边发送边监听。只要监听到发生冲突，则冲突的双方都停止发送，这样，信道很快地进入空闲期，因而提高了信道的利用率。这种边发送边监听的功能称为冲突检测。

实现冲突检测的方法有多种，最简单的方法是比较接收到的信号的电压大小。在基带系统中，当两个分组的信号叠加在信道上时，电压摆动值要比正常值大一倍。因此只要接收到的信号的电压摆动值超过某一最大门限，则可认为发生了冲突。当然，若两个节点离得很远，以致信号在传播时衰减了很多，则有可能叠加信号的电压摆动值并不超过规定的门限。由此可见，采用这种基于模拟技术的冲突检测方法对节点间的最大距离有一定的限制。

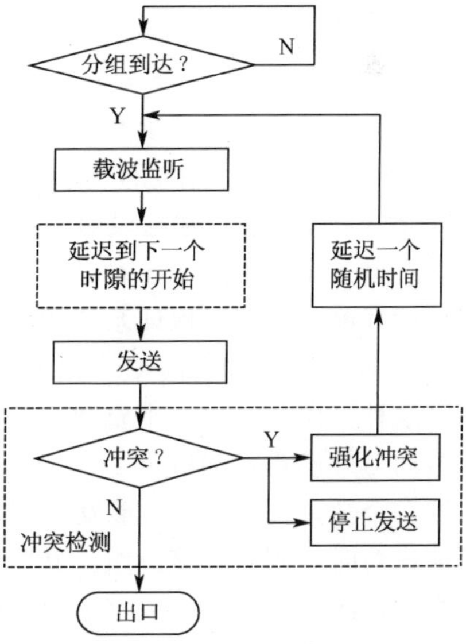

图 4-23　CSMA/CD 流程图

当采用曼彻斯特编码时（图 2-14），电压的过零点是在每一比特的正中央。当发生冲突时，叠加的电压的过零点将在其他地方出现。根据过零的位置的变化，也可以判断是否发生了冲突。还可以在发送分组时同时进行接收，将收到的信道上的信号逐比特地与发送的比特流相比较。若有不符合的，说明有冲突存在。总之，可以在增加一些硬件的情况下进行冲突检测。在实际网络中，为了使每一个节点都能清楚地断定发生了冲突，往往采取一种叫做强化冲突的措施。这就是当发送分组的节点一旦发现发生冲突时，除了立即停止发送外，还要再继续发送若干比特的干扰信号（Jamming Signal），以便向所有用户表明现在已经发生了冲突。图 4-23 为 CSMA/CD 的流程图。

下面研究一下在 CSMA/CD 的情况下，竞争期的长度是多少。设总线两端有 A、B 两节点，A 节点先发送一个分组，B 节点在 A 节点发出分组后一个时间 $Z(Z<\tau)$ 监听信道，发现信道空闲，就发送自己的分组如图 4-24 所示。图中的 C 点代表最初发生冲突的时间与地点，而两个水平方向的箭头分别指出了 A 节点和 B 节点知道冲突已经发生的时刻。当 A 节点和 B 节点得知冲突已经发生时，便立即停止发送分组，同时各自都发送一个强化冲突的干扰信号，其持续时间为 T_j。从图 4-24 可看出，只要发生一次冲突，对每个节点来说，共浪费时间 $2\tau+T_j$，可是从整个系统来看，信道被占用的时间是 $Z+2\tau+T_j$，这一时间即整个信道的竞争期。显然，竞争期越小于一个分组的发送时间，CSMA/CD 的优越性就越显著。相反，对于传播延迟较大的卫星信道，其竞争期可能比一个分组的发送时间还长，因此就不宜采用 CSMA/CD。

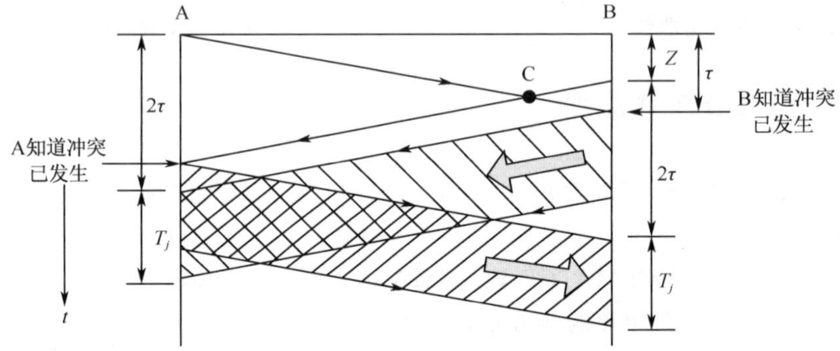

图 4-24 CSMA/CD 产生冲突的时间

同 CSMA 一样，CSMA/CD 也可划分为时隙的和非时隙的，而这两种中的每一种又可分为非持续、p-持续和 1-持续这 3 种。在实际的网络中为方便起见常采用非时隙的。3 种“持续”各有优缺点。非持续不能充分利用信道刚刚转入空闲期时这段时间；1-持续则又容易在上述这段时间产生冲突；p-持续可以在一定程度克服这些缺点，但却无法选择一个能适用于各种通信量强度的 p 值。在实用网络中常选择 1-持续，这样比 p-持续简单些。为了保证系统的稳定性，可以采用如以太网所用的“截断二进制指数类型”（Truncated Binary Exponential Type）的退避算法来决定重发分组所要延迟的时间。这种算法是找出一个整数 γ，而所需的延迟时间就是 γ 倍的基本退避时间（基本退避时间另外确定，如取为 2τ）。γ 是从离散的整数集合 $\{0, 1, 2, \cdots, 2^{k-1}\}$ 中随机地任取一个数，而 $k=\min\{$重发次数，$10\}$。当重发若干次（如以太网中规定为 16 次）仍不能成功时，则丢弃该分组，并向高一层报告。像这样的退避算法，由于延迟的时间随冲突重发次数增加而增大（这也称为动态退避），所以即使采用 1-持续的策略，整个系统也仍是稳定的。

CSMA/CD 方式的主要特点是：原理比较简单，技术上较易实现，网络中各工作节点处于同等地位，不要集中控制，但这种方式不能提供优先级控制，各节点争用总线，不能满足远程控制所需要的确定延时和绝对可靠性的要求。此方式效率高，但当负载增大时，发送信息的等待时间较长。

4.4.4 CSMA/CD 性能分析

1. 吞吐量计算

与 CSMA 的性能分析相似，都可以利用式（4-34）来计算 CSMA/CD 的吞吐量。限于篇幅，这里以非持续 CSMA/CD 为例来进行分析。

先计算信道的平均占用期 $\bar{B}$。设一个分组发送成功的概率为 P_s，则

$$\bar{B} = P_s(T_0 + \tau) + (1 - P_s)\bar{C} \tag{4-50}$$

其中，T_0 为分组发送时间，τ 为单程端到端传播延迟，$\bar{C}$ 是竞争期的平均值。由图 4-24 可知，信道的竞争期应为

$$C = Z + 2\tau + T_j \tag{4-51}$$

其中，Z 为最先发生冲突的两个分组开始发送的时间之差，很明显，我们有 $0<Z<\tau$。需要注意的是，如果在竞争期有两个以上的分组互相冲突，那么从第 3 个发送的分组起，已经不能再影响竞争期的长度了。因此在竞争期不论有几个分组互相冲突，竞争期总是由最早发生冲突的两个分组的开始发送的时间之差 Z 决定的。Z 是个随机变量，因而

$$\bar{C} = \bar{Z} + 2\tau + T_j \tag{4-52}$$

要计算 $\bar{Z}$，就需要先求出 Z 的分布函数 $F_Z(z)$。按其定义，得

$$F_Z(z) = P[Z \leqslant z] = 1 - P[Z > z] \tag{4-53}$$

$P[Z>z]$ 为给出在 $[0, \tau]$ 至少有一个到达时，在 $[0, z]$ 无到达的概率，这里$0\leqslant z\leqslant\tau$。利用条件概率公式及泊松到达特性，得

$$P[Z > z] = \frac{P\{\text{在}[0,z]\text{无到达}\} \cdot P\{\text{在}[z,\tau]\text{至少一个到达}\}}{P\{\text{在}[0,\tau]\text{至少一个到达}\}} \tag{4-54}$$

考虑到整个系统的平均到达率 $\lambda=G/T_0$，得

$$P[Z > z] = \frac{e^{-Gz/T_0}\left[1 - e^{-G(\tau-z)/T_0}\right]}{1 - e^{-G\tau/T_0}} \tag{4-55}$$

这样，代入式（4-53），求得

$$F_Z(z) = (1 - e^{-Gz/T_0})/(1 - e^{-G\tau/T_0}), 0 \leqslant z \leqslant \tau \tag{4-56}$$

利用分布函数 $F_Z(z)$ 即可求出 Z 的平均值为

$$\bar{Z} = \tau\left[\frac{1}{g} - \frac{e^{-g}}{1 - e^{-g}}\right] \tag{4-57}$$

其中

$$g = G\tau/T_0 = \alpha G \tag{4-58}$$

而 α 是归一化的传播延迟（τ/ T_0）。我们应注意到，G 是在一个分组的发送时间 T_0 内的平均分组到达数（包括重发的），而 g 是在传播延迟 τ 内的平均分组到达数（包括重发的）。将 $\bar{Z}$ 代入式（4-52），得

$$\overline{C} = \tau[2 + g^{-1} - e^{-g}/(1 - e^{-g})] + T_j \tag{4-59}$$

下面再计算 P_s。发送成功就是在占用期的第一个分组发出后，下一个分组的到达间隔大于 τ（这样就可以监听到信道忙，因而不发送这个分组）。由式（4-19）可得

$$P_s = e^{-G\tau/T_0} = e^{-g} \tag{4-60}$$

于是求出信道的平均占用期

$$\overline{B} = e^{-g}(T_0 + \tau) + (1 - e^{-g})\tau[2 + g^{-1} - e^{-g}/(1 - e^{-g}) + T_j/\tau] \tag{4-61}$$

在一个周期内成功发送分组所占用的平均时间为

$$\overline{U} = P_s T_0 = T_0 e^{-g} \tag{4-62}$$

平均空闲期 $\overline{I}$ 就是平均到达率的倒数，列为等式为

$$\overline{I} = T_0/G = \tau/g \tag{4-63}$$

再令

$$\gamma = T_j/\tau \tag{4-64}$$

便得出吞吐量

$$S = \overline{U}/(\overline{B} + \overline{I}) = \frac{g e^{-g}}{g e^{-g} + \gamma\alpha g(1 - e^{-g}) + 2\alpha g(1 - e^{-g}) + \alpha(2 - e^{-g})} \tag{4-65}$$

若不用 g 而用 G 来表示吞吐量，则

$$S = \frac{G e^{-\alpha G}}{G e^{-\alpha G} + \gamma\alpha G(1 - e^{-\alpha G}) + 2\alpha G(1 - e^{-\alpha G}) + (2 - e^{-\alpha G})} \tag{4-66}$$

其他几种类型的 CSMA/CD，其吞吐量公式的推导方法大同小异，这里不再逐一讨论。

2. CSMA/CD、CSMA 和 ALOHA 的比较

CSMA/CD 与 CSMA 以及 ALOHA 的吞吐量比较，如图 4-25 所示。所有的 S-G 曲线都是在 α=0.01 和 γ=1（仅对 CSMA/CD）的条件下得出的。从图 4-25 中可看出，CSMA/CD 可以获得最高的吞吐量（S_{max}）。另一点很重要的就是在 CSMA/CD 的情况下，当 G 在相当大的范围内变化时，S 都比较接近于其最大值。可见 CSMA/CD 比其他几种协议更加稳定。

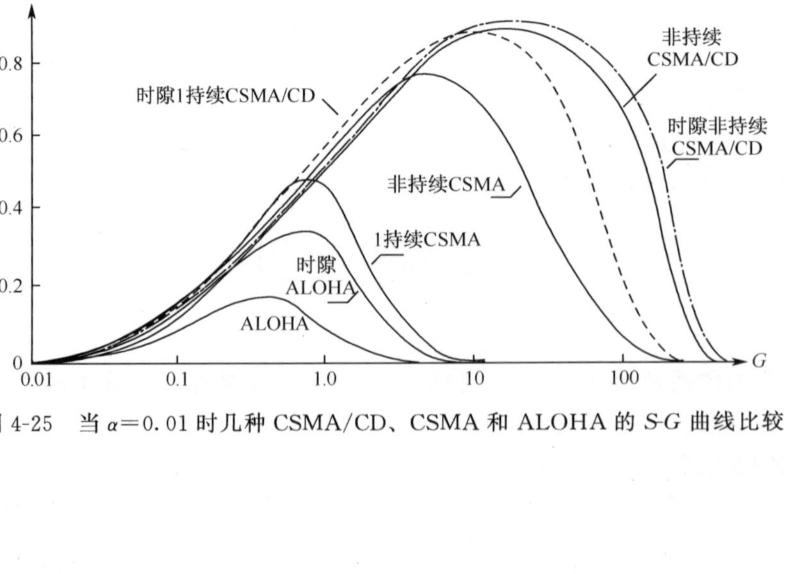

图 4-25　当 α=0.01 时几种 CSMA/CD、CSMA 和 ALOHA 的 S-G 曲线比较

CSMA/CD 的平均延迟的计算相当复杂，在此我们不进行推导。这里给出 3 条曲线如图 4-26 所示，分别为时隙 ALOHA、时隙非持续 CSMA 和时隙非持续 CSMA/CD 的归一化延迟 D/T_0 与吞吐量 S 的关系曲线，这是在 $\alpha=0.01$ 和 $\gamma=1$（CSMA/CD）的情况下得到的。CSMA 和 CSMA/CD 的节点数为 50，而时隙 ALOHA 则假定为无限多的节点。它们的共同特点都是延迟随吞吐量的增加而变大，但 CSMA/CD 却可以在同样的延迟下获得大得多的吞吐量。

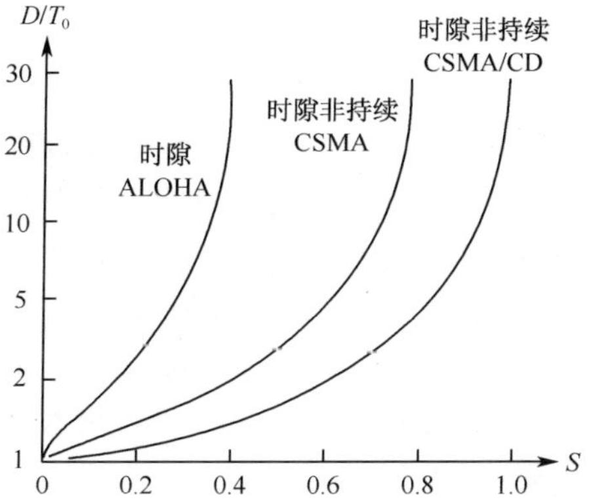

图 4-26　三种协议的归一化迟延与吞吐量的关系

3. 网络最大吞吐量

下面推导网络最大吞吐量与 α 的关系。

为了简化推导，我们设竞争期为 2τ，即式（4-51）中的 Z、T_j 均为零，这是竞争期的最小值。这样，一个分组从开始发送，经冲突重发数次，到发送成功且信道转为无信号时为止，共需如图 4-27 所示的时间 t_V。

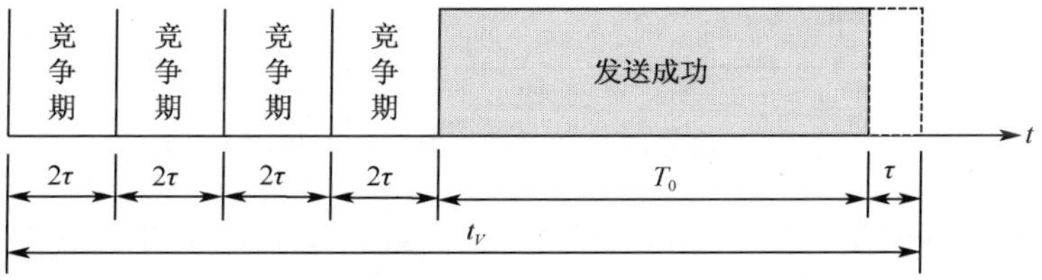

图 4-27　发送一个分组所需的时间

设总线上共有 N 个节点，每个节点发送分组的概率为 p。若 A 代表某个节点发送成功的概率，则

$$A = P[\text{某个节点发送成功}] = Np(1-p)^{N-1} \tag{4-67}$$

显然，一个竞争期出现的概率为 $1-A$。因此

$$P[\text{竞争期为 } j \text{ 个}] = (1-A)^j A \tag{4-68}$$

竞争期的平均个数即分组重发的次数为

$$N_R = \sum_{j=1}^{\infty} j(1-A)^j A = (1-A)/A \tag{4-69}$$

由此求出网络的归一化吞吐量为

$$S=\frac{T_0}{t_V}=\frac{T_0}{2\tau N_R+T_0+\tau}=\frac{1}{1+\alpha(2A^{-1}-1)} \tag{4-70}$$

这里 $\alpha=\tau/T_0$。

从式（4-70）可看出，若设法使 A 为最大，则可获得最大吞吐量。将式（4-67）对 p 求极大值，得出当 $p=1/N$ 时可使 A 等于其极大值 A_{max}，得

$$A_{max}=(1-1/N)^{N-1} \tag{4-71}$$

当 $N\rightarrow\infty$时，$A_{max}=e^{-1}\approx0.368$。实际上，只要有十几个节点，$A_{max}$就接近于 0.368 这个极限值了。

将 A_{max}代入式（4-70），即得出 S_{max}，它也就是信道的利用率或信道的效率。

图 4-28 画的是在不同的分组长度下 S_{max}与总线上的节点数的关系曲线。这里设总线长度为 1km，因而单程端到端的延迟为 5μs。设数据率为 5Mbps。分组长度分别为 1024、512、256 和 128bit，对应的 α 值注在相应的曲线上。$N=1$ 未画出，一个节点无法进行通信。从图中可以看出，只要节点数 N 不是太小，S_{max}就与 N 关系不大。但分组越短，则发送时间 T_0 也相应减小，由 $\alpha=\tau/T_0$ 可得出参数 α 会相应增大，则信道利用率或网络的吞吐量 S_{max}就越小。

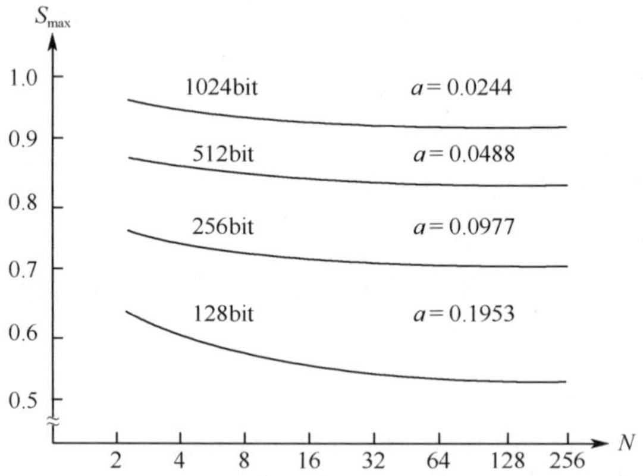

图 4-28 分组长度与节点数目对信道利用率的影响

这里要特别强调的是：图 4-28 所示的 S_{max}曲线，是假定了各节点发送分组的概率均为理想的最佳值时（因而使 $A=A_{max}$）而推导出来的。若不是这样，则 $A<A_{max}$，因而相应的 S 值也必然小于图中所示的 S_{max}。所以图 4-28 所示的 S_{max}乃是我们实际上所能达到的一个理想化的极限值。当取 $A=A_{max}=e^{-1}\approx0.368$ 时，式（4-70）可简化为

$$S_{max}=1/(1+4.44\alpha),\quad N\rightarrow\infty$$

这样就可更清楚地看出参数 α 对 S_{max}的影响。

顺便指出，在一些文献或书籍中的类似公式中，参数 α 前面的系数可能不是 4.44，读者应自己找出为什么会有这个差别。

4.5 物理环访问方法

以上我们介绍的 ALOHA 和 CSMA 两类随机访问方法，都是通过减少冲突的发生

来提高吞吐量和信道的利用率，但是系统中的冲突始终是不可避免的。这将影响系统的性能，尤其是在传播时延较大而数据帧较短的情况下。怎样才能使信道竞争无冲突呢？典型的方法有两种，它们是令牌环和令牌总线。接下来我们将学习这两种技术。

按照本章所做的多路访问技术分类方法，我们将介绍的无冲突协议属于受控访问中的分散控制访问方式。在以下介绍的协议中，都假设系统中有 N 个节点，每个节点均有唯一的编号（或地址）。

4.5.1 令牌环访问方法

1. 令牌环工作原理

令牌环控制技术最早于1969年在贝尔实验室研制的 Newhall 环上采用，令牌环技术作为最流行的环网访问技术，IEEE 将其作为局域网媒体访问方法的一个标准，即 IEEE802.5 标准。该标准是在 IBM 令牌环基础上修改形成的。

在令牌环工作方法中，节点沿着物理环分布，通过接口与环相接，使用令牌控制环路的访问，所有的信号都经由给定路径绕环从一个工作节点传送到另一个工作节点，典型令牌环结构见图 4-29。这种令牌环的工作机理与 4.2 节讨论的集中探询法密切相关。

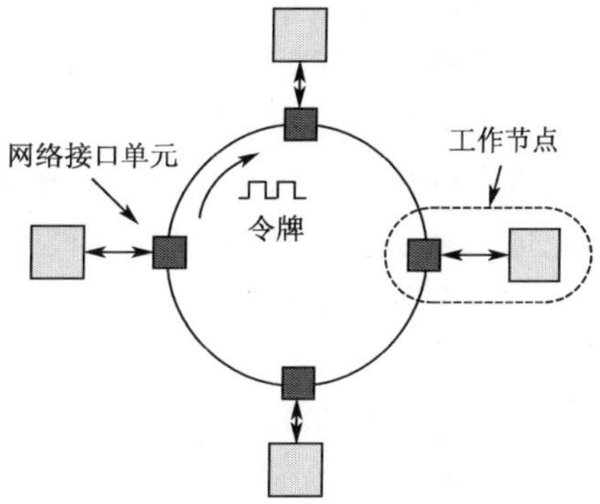

图 4-29 典型令牌环结构

在令牌环网中，令牌是一个特定的位模式（信号序列），是发送权控制标志，例如 8 位模式“11111110”，只有持有令牌的节点才能发送数据。令牌环工作时，其令牌总是沿着物理环单向地依次逐节点传递，传递顺序与节点在环上的物理分布顺序相同。

任何欲发送的节点，必须等待令牌传递至它的节点接口。然后，它将令牌位模式中最后一位反转，本例中由 0 反转为 1，即把“11111110”改为“11111111”。并随后发送数据帧，帧长无限制。为区分由此产生的前后两种位模式，把前者称为“空令牌”，后者为“忙令牌”。只有空令牌才真的是发送权标志，忙令牌则表示该发送权已被占用，它指出其后面跟有数据帧。由于现在信道上已没有空令牌，因而其他节点均不能发送，可见令牌环方法不会出现冲突。数据发送完毕以后，还要发送一个新的空令牌，这样就把发送权传递给下一节点，所发送的帧沿物理环依次逐节点传递。当帧沿环经过各节点接口时，每个节点接口必须识别帧中的目的地址，看是否指向本节点。若不是，则只需简单地把每一输入位转至输出，并沿环转发至下一节点；若是，则要在转发的同时，还必须复制该帧进入本节点的接口缓存器。环接口还必须识别令牌，若是令牌传递至节点接口，而该节点又无数据帧需要发送，则只需简单地把该令牌原封不动传至下一节点；若有帧要发送，则需要如上所述先将空令牌转为忙令牌再发送数据，最后产生新令牌传给下一节点。

由于信道的环形结构，一帧可能会在环上节点间重复循环传送，因此必须采取有效措施，把已经无用的帧从环上移走。这个工作可由发送节点或接收节点完成，一般由发送节点完成较为简单：当帧沿环一周返回原发送节点时，还可顺便带回接收节点的应答。这时原发送节点把帧从环上移走，并可进行检验和读取接收节点的应答。至于接收节点的应答方式，一般是这样实现的：在帧格式中设立一个或多个应答位或应答字段并使之初始化为零，当目的节点接到该帧时，按接收实际情况把这些位（字段）置位，借此将接收状态通知源节点。当该帧绕环一周返回源节点时，源节点检查这些位的值，就可知道目的节点是否接收了这一帧，以及其他相关接收状态的信息。

2. 令牌协议

持有空令牌的节点要发送数据，首先把空令牌转为忙令牌，接着在忙令牌后发送一帧，然后需产生一个新令牌（空令牌）传给下一节点。至于什么时候产生新令牌，则有不同做法：

（1）发送完一帧后，立即产生新令牌，这是多令牌协议。

（2）发送完一帧后，还要接收到绕环一周后返回的忙令牌，才发出新令牌，这是单令牌协议。

（3）发送完一帧，等待它环绕一周后返回，并在该帧全部回收之后，才发新令牌，这是单帧协议。

单帧协议在数据结束与下一个空令牌之间造成一段空闲时间，这段时间等于环延迟时间；在数据帧长小于环延迟情况下，多令牌协议比单令牌协议可以减少环的空闲时间。但如果环延迟小，则二者性能大致相同，除非环通信量主要由很短的数据帧组成。

单令牌协议是指在任何时候环上最多只有一个令牌，这个协议的主要优点是，在效率上可与多令牌协议相比较，而复杂性却显著减小，尤其在设计优先级和错误恢复功能方面，单令牌有明显的好处。

图 4-30 是单令牌协议的原理示意图，图 4-30（a）中节点 A 欲发送数据给节点 C，但必须等待空令牌的到来；图 4-30（b）中节点 A 改变空令牌为忙令牌，并随后附上自己的整个数据帧；图 4-30（c）中节点 C（目的节点）复制寻址到本节点的数据，该数据帧继续沿环传送；图 4-30（d）中数据帧返回到源节点 A，节点 A 把它回收，当回收了其返回的忙令牌后，如果整个帧已完成发送，就产生一个新的空令牌传给下一节点。

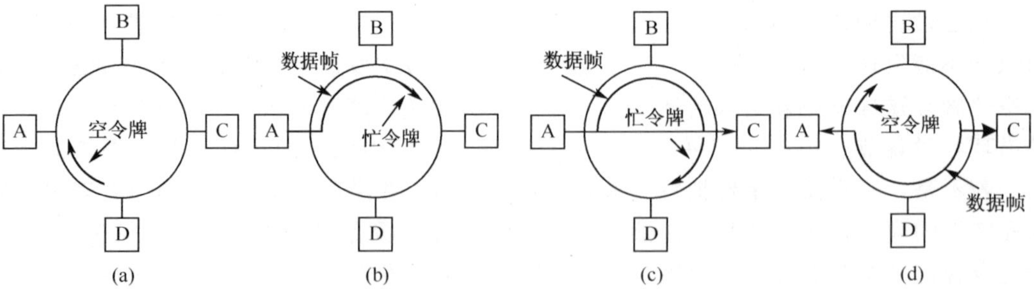

图 4-30　单令牌协议的原理示意图

令牌环网适合在重负载条件下工作。在节点多而负载轻时，例如环上每次仅有某个节点要发送，而由于该节点每次都必须等待令牌绕环走一圈来到本节点才能发送，因而效率不高。但在重负载下，每个节点轮流发送，环处于循环方式工作，效率高又公平。令牌环的另一好处是它能提供优先级服务，而在 CSMA/CD 方法中却没有，这一点将在后面讲述。

令牌环网具有确定的访问响应时间，适用于实时应用环境，易于采用光纤技术，可以覆盖较远的距离。由于令牌环本身的运行机制比 CSMA/CD 要复杂，因此令牌环网的开发设计也远比 CSMA/CD 复杂的多。另外，令牌环方法需要令牌维护和可靠性维护，如令牌丢失或多个令牌出现等都会破坏环的正常工作。

3. 令牌环接口

在令牌环中，环接口是实现令牌环访问方法的一个重要部分，根据令牌传递工作原理，要求环接口除具有一般收、发功能外，还提出了一些新的要求。

首先，环接口必须能产生令牌和识别令牌。为了识别令牌，它必须能监控经过它的每一位。对于上述 8 位模式的令牌，当监测到连续 7 位为 1 时，环接口基于第 8 位是 0 或 1，来决定它是空令牌还是忙令牌，然后采取相应的行动。因此，为了检测令牌，每个环接口必须建立一位延迟和空/忙令牌检测器，而为了产生新令牌，接口又必须有令牌产生器。

其次，令牌是一种特定的标志，如果这种位模式一旦在数据中出现，就会产生混乱。为了避免这种混乱，在数据发送时，需要采取填充（或位插入）技术。换句话说，如果一旦数据中出现与令牌相同的位模式时，则在数据发送时，在其适当位置上插入 0，使之与令牌区分；同时，当在接收数据时，则把所插入的 0 删去，使数据还原。

再者，环接口必须能识别地址，以确定本接口所收到的帧是否寻址本节点，并将地址识别结果通知接口中接收控制机构，以决定是否对输入帧进行复制。

最后，接口还需具有 CRC 生成和检验等功能。

4.5.2 令牌环访问方法性能估计

假设数据分组的产生服从泊松过程，到达各节点的分组排成平均长度为 q 的队列等待发送；又设某节点收到令牌时，就可把它排队的全部 q 个数据分组发送完。如果 N 个节点的分组总到达率为 λ(pkt/s)，即每一节点的到达率平均为 λ/N。设服务率为 μ（即每个节点每秒能发送的分组数），又令 1 比特沿空环传输一周所需时间称作行走时间，用 W 表示，则 W 为信号传播延迟（τ）与每个节点的一位延迟之和。定义扫描时间 T_s 为令牌沿环循环过程中连续两次到达某给定节点之间的平均时间间隔。

T_s 由两部分组成：行走时间 W 和发送 N 个节点的数据分组队列共 Nq 个分组所需时间。

$$T_s = W + Nq/\mu \tag{4-72}$$

由于平均队列长度恰是在 T_s 时间间隔内到达某一节点的分组数，而达到率为 λ/N，故

$$q = T_s\lambda/N \tag{4-73}$$

将式（4-73）代入式（4-72）可得

$$T_s = W + \lambda T_s / \mu$$

即

$$T_s = W/(1-\rho) \tag{4-74}$$

其中，$\rho=\lambda/\mu$ 为环信道的通信量强度。注意，ρ 代表整个环的通信量强度，而不是单个节点的通信量强度，单个节点的通信量强度应是 ρ/N。

令牌环的另一个关键性能参数是通信效率。事实上，环路的唯一开销是节点之间的行走时间 W，平均每个节点的行走时间为 W/N。我们已经知道每个节点发送数据分组的时间为 q/μ。这时，环路的通信效率分两种情况进行分析。

将时间归一化到帧的传输时间 T_0（包括 q 个分组的传输时间），$T_0=1$，此时环路传播延迟 $\alpha=W$。

当 $\alpha<1$，如果 t_0 时刻开始发送一帧，因此 $t_0+\alpha$ 时刻帧头返回发送节点，t_0+1 时刻帧发送结束，这时可以发出令牌。如果令牌环中有 N 个等距离的节点，并且假设令牌发送时间很短，可以忽略不计，则经过 α/N 的时间，令牌可以到达下一节点，又开始重复上述发送周期。这样在 $1+\alpha/N$ 的周期内用于发送一帧的时间为 1，因此可得通信效率为

$$\eta = \frac{1}{\alpha/N+1}, \quad \alpha < 1 \tag{4-75}$$

当 $\alpha>1$，如果 t_0 时刻开始发送一帧，t_0+1 时刻帧发送结束，$t_0+\alpha$ 时刻帧头返回发送节点，这时可以发出令牌。同样，如果令牌环中有 N 个等距离的节点，并且假设令牌发送时间很短，可以忽略不计，则经过 α/N 的时间令牌可以到达下一节点，又开始重复上述发送周期。这样在 $\alpha+\alpha/N$ 的周期中发送了一帧，因此可得通信效率为

$$\eta = \frac{1}{\alpha/N+\alpha}, \quad \alpha > 1 \tag{4-76}$$

以下计算令牌环网的平均延迟时间 D。一旦一个节点发送一个帧后，就要等待环上所有节点都发送一次，该节点才能继续发送。因此平均时延应为 $N-1$ 个周期 C 加上 α/N。当 $\alpha<1$ 时，$C=1+\alpha/N$；当 $\alpha>1$ 时，$C=\alpha+\alpha/N$。因此平均延迟时间为

$$D = \begin{cases} N-1+\alpha, & \alpha < 1 \\ N\alpha, & \alpha > 1 \end{cases} \tag{4-77}$$

因此，当环路上的节点很多时，即使只有两个节点进行通信，这时的平均延迟时间仍然会比帧的平均发送时间大很多，这是令牌环网的一个主要缺点。

4.5.3* 时间片环与寄存器插入环访问方法

到目前为止，人们已经设计出许多不同类型的环型结构网络，其中有 3 种具有较大的应用价值。除了上面我们所讲的令牌环外，还有时间片环和寄存器插入环两种。令牌环是使用从一个节点到另一个节点的令牌控制环路的访问。时间片环是使许多很小的固定时间片绕环传送，当这些时间片为空时，可由任何一个工作节点使用，工作过程类似于把数据分组从一个节点传送到另一个节点的循环传送带。而寄存器插入环是在每个工作节点结点处使用两个移位寄存器，这些移位寄存器起交换设备的作用，控制信息输入

与输出环网，还起着扩展环网的作用。

下面我们将简要介绍后两种访问方法的原理及特点。

1. 时间片环

时间片环网络的结构与令牌环网络的结构相同，见图 4-29。

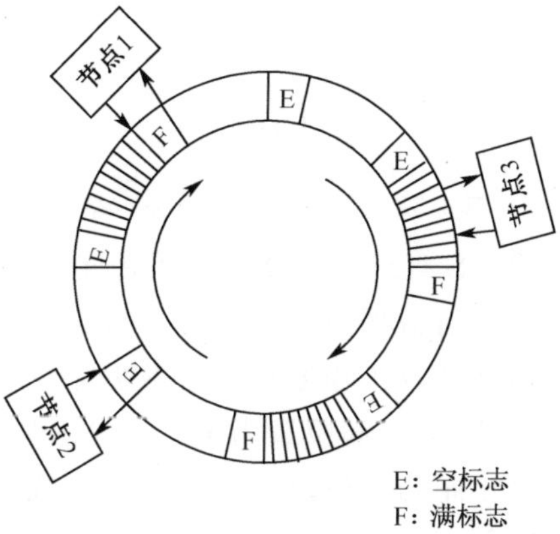

图 4-31 时间片环工作原理示意图

(1) 时间片环工作原理。图 4-31 为时间片环的工作原理示意图，时间片环访问中，把信息沿环网信道行走一周的总时间（包括信道传播延迟和节点接口延迟时间)，分为若干个大小固定的时间片，每个片前面有一位指示标志，指出该时间片是空片（E）或满片（F)。无论是空片还是满片，都沿物理环路单向移动，如图中的箭头所示。每个欲发信息的节点必须等待空/满位指示为空的时间片来到它的节点接口，然后把标志位置为满，再把数据分组放入该片里发送出去。装了信息的满片沿着图中所指方向移动。当满片经过每个节点接口时，各个节点都将检查该片数据分组的目的地址是否指向本节点，若是，则复制该数据分组，信息就被接收。

由于一个环可分为若干个时间片，因而可允许若干个包同时在环上传送，与一般令牌环每次只能同时传送单个分组相比，这是它的一个优点。另一方面，由于时间片的大小是固定的，用户在发送信息之前，应把所发信息分为若干个分组，其大小尽量与片的大小相对应。但是，由于用户要发送的信息长短往往存在较大差异，过短则会浪费片空间；过长则一个片放不下，虽然可以做分小处理，却要增加软件工作量及信息缓存空间。这是时间片环原理的一个缺点。而令牌环在这点上则具有较好的特点，因为其分组长度是可变的，不受片空间的限制。

时间片环既然要包括若干个片，它就必须有足够的物理长度，以便环有足够的延迟能同时容纳多个分组在环上。这就提出了一般环网设计所要考虑的一个问题，即环网中 1 比特的物理长度问题。我们可做如下的估算：设环的数据率为 R(Mbps)，即每 $1/R$ (μs) 传送一位，环中信号的传播速度约为 0.7 倍真空中的光速，取为 200m/μs，故每位占据 $200\times1/R$(m)。例如用 1Mbps 数据率，1000m 的环网也仅能容纳 5 位，因此，时间片环网需加入人工延迟，在每个节点与环之间的接口中，可通过加入移位寄存器实现人为的一位或多位延迟。

由于上述限制，时间片环中每个工作节点的一次发送的数据比特很少，但这种网络发送数据比特的方式却能最大限度地减少存储延迟，还有诸如应答和监测等其他优点。

在已经设计出许多时间片环网中，较著名的有 Pierce 环型网络、剑桥（Cambridge）环网和 Farber 环网。当然，这些设计都有不少细微的差别。在众多这类时间片环网中，剑桥环网是一种主要的实用网络，现介绍如下。

(2) 剑桥环。剑桥环（Cambridge）是 1974 年剑桥大学研制的实验环网，目前已成为广泛应用的局域网之一。

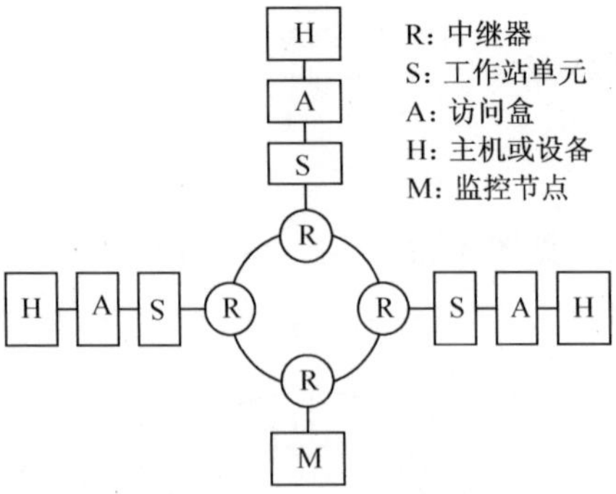

图 4-32 典型剑桥环的基本结构

① 结构。典型剑桥环网络的结构，见图 4-32。可以看出，环型网络的各个子段是由中继器（R）连接的，中继器还可以与工作站（S）相连，工作站通过访问盒（A，Access Box）与被网络服务的主机或外围设备相连。

R、S 和 A 组成环型网络的接口。R 的主要作用是再生输入信号并把它们传送至下一个节点，同时它使输入信号调整成能被站读取的信号。工作站单元 S 包括相互独立的发送和接收模块，负责把数据分组放到环上或从环上读取数据分组。S 有地址选择器，可由主机或设备通过接口来控制，可以把它设置成拒绝或接收环上所有数据分组，或设置成仅接收目的地址指向该站的那些数据分组等不同情况。依据时间片环工作原理，有数据分组要发送的站必须等待空片的到来，这时中继器 R 将把空片的空/满位置为满，而站 S 则把数据填入空片中（即发送一个环分组）。访问盒 A 是介于站与主机之间的逻辑接口线路，执行缓存、流控制等功能。不同类型的主机或设备需配用与之相适应的访问盒。

主机或设备可以是计算机、终端或现场设备等。

②分组格式。剑桥环使用的环数据分组（环分组）格式如图 4-33 所示。整个分组占 38 位，第 1 位总是 1，指出该时间片的开始。第 2 位指示该片是满或空：1 表示满，即该片已装有信息；0 表示空，指出一个空环分组可供使用。第 3 位为监控位，用来监控与维护环的操作。接着是目的地址与源地址字段各占一个字节，其中 0 地址指定为监控站地址；而目的地址全为 1 时，表示该分组为广播分组。数据字段占两个字节。其后两位设定为响应位，响应位由发送站予以初始化，其值再由接收站根据接收情况予以修改。当该环分组返回发送站时，发送站读出并检查这两位的值，就可以知道接收站的应答响应情况。最后 1 位是奇偶位，用来对环分组内容进行奇偶检验，增加可靠性。

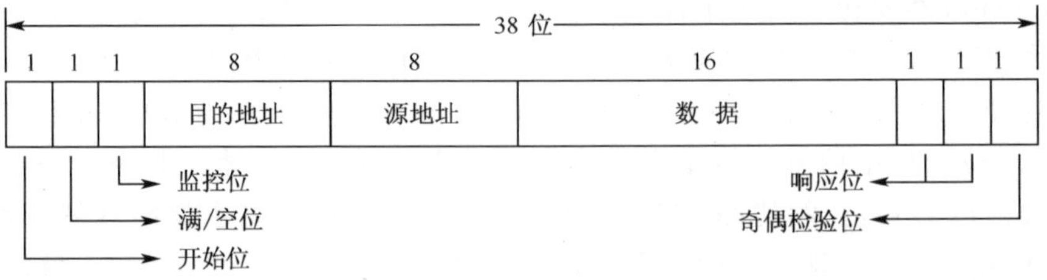

图 4-33 剑桥环网络子数据分组的格式

③ 剑桥环工作原理。剑桥环利用“空环分组”（空片）原理工作，环初始启动时，由监控站产生若干个相互串接的空环分组（其满/空位为 0）放在环上，空环分组数目由环路的总延迟而定（与环长度和各节点延迟有关）。环分组前有一空白区（2～3 位 0）与环分组的第 1 位“1”（开始位）共同组成一个标志，以便对环分组进行识别与计数。

每个站都监控着经过它的环分组。当有信息待发送时，必须等待空环分组的到来，这时，它把空分组的满/空位置为 1，并随后把自己的数据填入空分组（即发送一个分组），然后等待它的返回。当发现有满环分组，且其目的地址是指向本站时，若本站接收缓存器空，则予以接收，并将该环分组的两个响应位置成 01，以此通知发送站：该环分组已收妥；若缓存器不空，则置成 00，以此通知发送站：因接收站忙碌不能接收该分组；若发现该分组有错（如源地址错），则拒绝接收，并把响应位置成 10。发送站初始化环分组的响应位为 11，当环分组返回时，若其值不变，则说明接收站不存在或尚未启动工作。

因整个环容纳的环分组数是固定的，发送站对经过它的环分组数目计数，就可识别其返回的环分组。一旦它所发的环分组返回时，即将其满/空位复位为 0，使之又变为可用的空分组。同时检查两响应位的值，以决定是否发送新分组或重发上一分组或采取某种行动。由于上一分组的拷贝一直保留到现在，据此还可对返回的分组进行出错检查。若要重发，也不用重新装载数据。

中继器 R 不断地对经过它的环分组内容进行奇偶检验。如果它对某一环分组计算所得的奇偶性，与该分组中原有奇偶位不相符时，将利用即将到来的下一个空分组发故障报告给监控站，因故障报告包括有发送站地址，因此监控站能知道故障一定是发生在报告故障的发送站与其前一站之间，并报告给管理员处理。

剑桥环的基本数据率虽为 10Mbps，但实际上不能达到这样高的数据传输率，这是由于一个站不可能连续地使用经过它的每一个空片，因为它必须等待它的每一个分组返回、把它腾空，还得花时间检查返回分组的响应位，然后据此决定下一步行动。在最佳情况下，具有 n 个时间片的环里，每个站仅能每 $n+2$ 个时间片发送一次。一个具有 2 个时间片和 10Mbps 数据率的环，它的一个站的实际最大传输率稍大于 1Mbps（未包括开销）。

另外，由于剑桥环的每个环分组的数据字段仅有 16 位，而很多应用要求传送更大的数据单元，这就需要将多个环分组组合成基本块使用，为此已建立了许多与此相关的协议，这里不再继续探讨，读者可以参考剑桥环通信协议方面的专业书籍。

2. 寄存器插入环

1978 年美国俄亥俄州大学研制成功分布环计算机网络（DLCN，Distributed Loop Computer Network），即寄存器插入环。寄存器插入环与前文所讲的令牌环和时间片环一样，同样使用图 4-29 所示的通用结构。然而，寄存器插入环的显著特征主要体现在工作节点接口上，见图 4-34，其接口使用了三个移位寄存器。由于网络中增加了这些移位寄存器，因此有效增加了环路的容量（该容量用环路在任一时间能保持的总比特数来表示）。

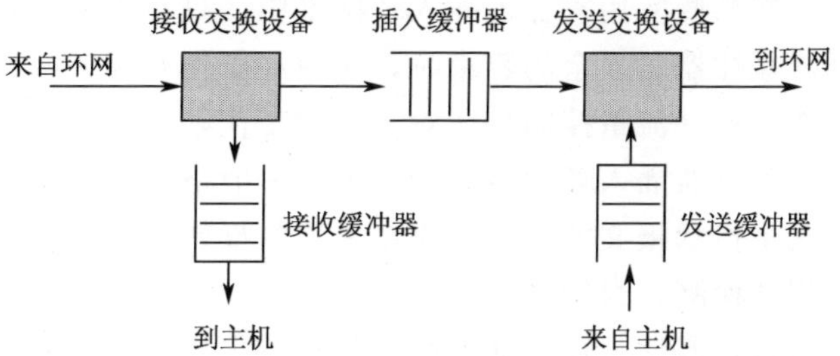

图 4-34　寄存器插入环接口

下面讨论寄存器插入环接口的工作情况。首先使用紧靠网络位置的接收及发送交换设备，数据比特流通过插入缓冲器绕环传送（绕环传送方式与时间片环网络的方式相同）。当工作站有数据分组需要发送时，将数据分组串行地装入发送缓冲器。为了在环路中插入新的数据分组，必须由发送交换设备断开环路。交换设备从环路移去插入缓冲器，然后连接发送缓冲器。当数据位流正在以串行方式由发送缓冲器传送到环路时，绕环传送的比特流除非能存储在插入缓冲器中，否则会在循环时被丢失。因此在发送缓冲器必须避免进行交换，但在插入缓冲器中，有与输入数据分组的比特数同样多的备用存储位置的情况除外。然而，若能满足这种条件，则可输入新的数据分组，而且此时传送数据位流亦继续进行，整个环路因用于插入缓冲器的存储位置增加而扩大。

接收交换设备的位置是由每个数据分组的地址决定的。到达其目的站点的数据分组用串行方式输入工作站的接收缓冲器，并从网络中删除之。

寄存器插入环可设计成用来传送随机分布长度的数据分组，数据分组的最大长度受发送缓冲器及插入缓冲器的限制。当插入缓冲器为空闲时，图 4-35 所示的输入指针指向最右边的比特位置，这就是说，所有的比特位置都为空，包括指针指向的位置及左边的位置。当发送交换设备处于位置 B，比特流从环路到达时，这些比特流被存储在缓冲器之中，此时指针向左边移动。当网络再次利用插入缓冲器时，交换设备移到 A 的位置。此时，比特流立即从缓冲器移出，输出到环路。这种操作方式允许插入缓冲器具有“呼吸”功能（类似于人说话时的情形），需要时就“扩展”网络的容量，而在重新出现空比特位置时“缩小”这一环路容量。

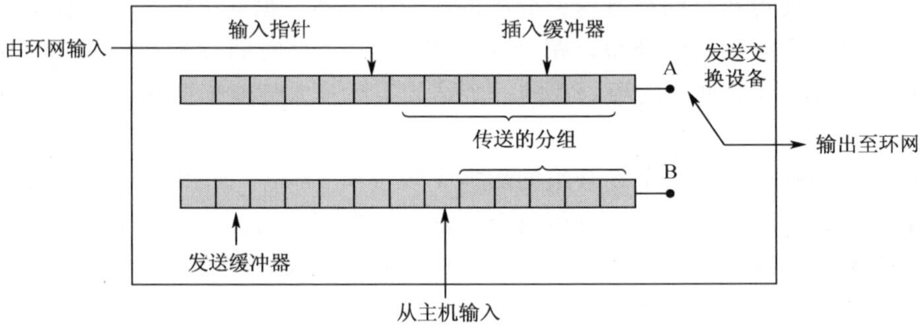

图 4-35　环路接口中数据分组的存储情况

当插入缓冲器具有多余的容量，数据分组能进行有效传送时，选择交换设备的位置取决于环路是使用“工作站优先权”，还是“网络优先权”。若采用工作站优先权方法，则允许发送缓冲器首先发送，而采用环路优先权方法时，则会使插入缓冲器首先发送数据分组。控制过程是由交换软件支持的，这是该类型网络的一个固有特点。

在某些实用寄存器插入环网络中，只有当从发送缓冲器发送的数据分组的长度小于插入缓冲器的多余的容量时，才使用工作站优先权。否则，只能使用插入缓冲器优先权方式。这种流量控制特征对于正常工作是必需的，且易于避免一个工作站阻塞环路。

寄存器插入环网络数据分组的一般格式如图 4-36 所示（DLCN 网络使用）。控制字段用来指示报文的类型，决定采用的操作方式是广播方式还是单目的站方式，也提供丢失报文检测、封锁避免以及其他的功能。

寄存器插入环的最大优点是支持主机之间同时进行信息传送，且数据分组的长度可以改变。研究表明，寄存器插入环比令牌环和时间片环有更好的性能。

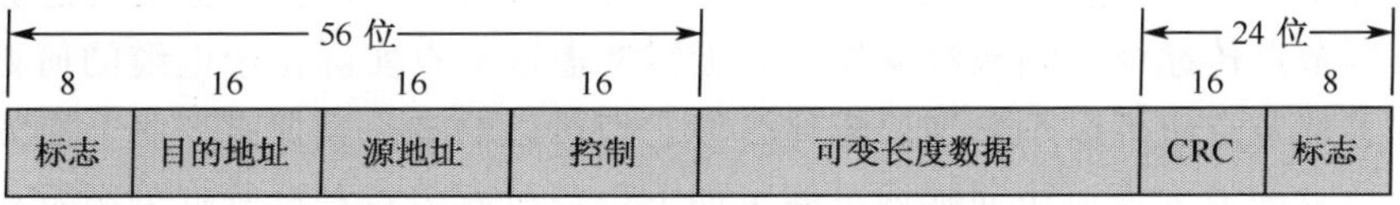

图 4-36 DLCN 网络数据分组的格式

4.6 令牌总线访问方法

在环网中，各节点依次按照在环中的排列顺序发送数据帧，其最长等待时间是可知的。但是环网一旦环断开，整个网络就会陷入瘫痪。在保留环网优点的基础上，IEEE 制订了 802.4 标准，即令牌总线网络。令牌总线网络既有随机访问网络广播通信的可靠性，又保留了环网中能够确定最长等待时间的优点。

4.6.1 令牌总线原理

令牌总线操作的基本原理与令牌环大致相同。顾名思义，尽管令牌总线为一总线（而不是环型）拓扑，但其工作节点仍是逻辑地组成一个环网。在物理上令牌总线是一根电缆，在电缆上连接各个节点；在逻辑上，工作节点构成一个逻辑环网络，而不是物理上的环型网络，并且环的次序与节点的物理位置无关。

令牌总线系统的基本思想是：令牌绕逻辑环传送，只有令牌持有者才能发送帧，任何时候只有一个节点可以发送令牌，因此不会产生冲突。例如，在图 4-37 所示的令牌总线中，工作节点的组织方式使令牌可按序传送，令牌由工作节点 A 传送到工作节点 B，然后到工作节点 C，再依次到工作节点 D 和 E，然后再返回节点 A。

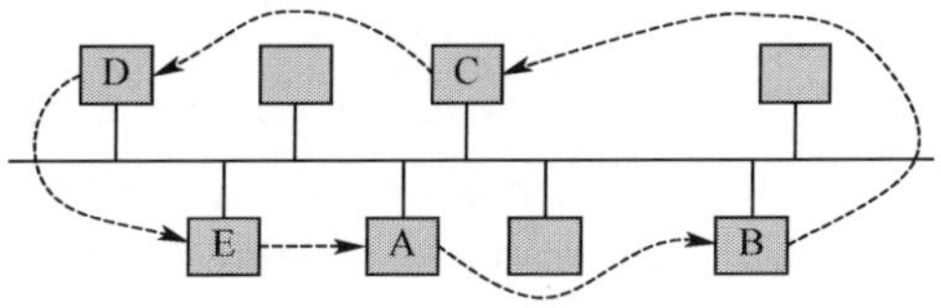

图 4-37 物理总线上的逻辑环工作过程

在稳态条件下，令牌总线的工作过程只包括数据和令牌的传输，没有节点的加入或退出，不发生令牌丢失或网络故障等例外事件。有时我们也将这种情况称作为正常状态。

当令牌工作在正常状态时，逻辑环在网络初始化时已经建立起来，它确立了令牌传递次序。令牌的传递是根据地址进行的，参与传送的节点都必须知道 3 个地址：本节点地址（TS），下一节点地址（NS）以及上一节点地址（PS），令牌的传递规定由高编号（地址）的节点按逻辑环的次序传递给低编号的节点。因此，编号最大的节点可以发送第一帧，各节点总是把令牌传递给自己的下一个节点，但最后则由最低编号的节点传递给最高编号的节点。在每个循环中，加入逻辑环中的各节点都依次获得一次发送机会，并在数据发送完后，把令牌传递给它的下一节点。由此可见，信道交替地传送数据与令牌，从而使各节点得到公平的信道访问权。

一个节点一旦获得令牌，便可向令牌总线发送数据帧。任何一个节点保持令牌的时间是有限的，由网络系统规定每个节点保留令牌的最长时间，在这段时间之后，令牌必须传给下一个节点。令牌总线上的所有节点都可以收到所有的帧，但需要滤除并非发给它的帧。当节点传递令牌帧或数据帧时，无需考虑该节点实际位于电缆的何处。也就是说，总线上的节点也可以不参加逻辑环，但它们可以响应来自拥有令牌节点的查询。

一个节点的最大信道访问延迟可假定如下：当所有节点都有数据分组发送时，逻辑环循环一周所需令牌传递时间和数据分组传输时间之和等于最大信道访问延迟。由于规定了各个节点发送数据分组的长度和最大数量（由所允许发送时间控制），因而令牌总线的最大媒体访问时间是有确定值的。这一性质为其用于实时响应环境提供了可能性。

但是，为了保证令牌总线的正常工作，必须对其逻辑环及时加以维护，而维护工作比较复杂，其中包括各种例外状态的处理，如逻辑环初始化、节点入环与退出、令牌丢失以及节点故障等，下面将以 IEEE 802.4 令牌总线为例讨论这些问题解决方法。

1. 帧格式与类型

IEEE 802.4 令牌总线的帧格式见图 4-38，其中前导码的作用是建立总线同步和对所接收帧的头一位进行定位，其长度必须为字节的整数倍，可取一个或多个字节。前导码也让一帧的结束定界符（ED）至下一帧的起始定界符（SD）之间有足够的时间间隔，以保证在下一帧到达之前，接收节点能处理好前一接收帧，规定该间隔最短为 2μs。数据字段（Data）的内容由 LLC 层提供，它含有主机或高层的数据，用户可在该字段中定义所需的结构及有关含义，例如定义主机级协议。由 SD 到 ED 的最大帧长为 8192 个字节。

(字节数) ≥1	1	1	1	6	6	≥0	4	1
前导码	SD	AC	FC	DA	SA	Data	FCS	ED

SD—起时定界符；AC—访问控制；FC—帧控制；DA—目的地址；SA—源地址；
Data—LLC 层提供的信息；FCS—帧检验序列；ED—结束定界符

图 4-38 令牌总线帧基本格式

表 4-1 帧类型

FC 中的第 1、2 位		帧类型
第 1 位	第 2 位	
0	0	控制帧
0	1	数据帧
1	0	节点管理数据帧
1	1	特殊用途数据帧

帧控制字段（FC）为一个字节，其第 1、2 位表示帧的类型，见表 4-1。若这两位都为 0，则该帧是控制帧，此时这个字节的第 3～8 位则用于指示控制帧类型与协议操作。

已定义的 7 种控制帧简要说明如下：

(1) 申请命令帧（Claim-token)：在令牌丢失时，产生一个新令牌。

(2) 征求后继帧-1（Solicit-successor-1)：寻找下一节点，有 1 个响应窗口跟随。

(3) 征求后继帧-2（Solicit-successor-2)：寻找下一节点，有 2 个响应窗口跟随。

(4) 询问谁跟随帧（Who-follows)：询问谁是某给定节点的下一节点，有 3 个响应窗口跟随。

(5) 分解竞争帧（Resolve-contention)：在响应窗口中分解冲突，有 4 个响应窗口跟随。

(6) 令牌帧 (Token)：给出访问权。

(7) 设定后继帧 (Set-successor)：建立与上一节点的逻辑链接。

上述 7 种控制帧说明参见表 4-2，有关它们的使用将在随后的内容中讲述。

表 4-2 令牌总线的 7 种控制帧

控制帧类型	FC 的第 1～8 位 1 2 3 4 5 6 7 8	字段的使用
Claim-token	0 0 0 0 0 0 0 0	Data 字段长度＝0、2、4 或 6 个时间片字节，其值可任意；DA＝××，SA＝TS
Solicit-successor-1	0 0 0 0 0 0 0 1	DA＝NS，SA＝TS，Data＝空，1 个响应窗口
Solicit-successor-2	0 0 0 0 0 0 1 0	DA＝NS 或 TS，SA＝TS，Data＝空，2 个响应窗口
Who-follows	0 0 0 0 0 0 1 1	DA＝××，SA＝TS，Data＝NS，3 个响应窗口
Resolve-contention	0 0 0 0 0 1 0 0	DA＝××，SA＝TS，Data＝空，4 个响应窗口
Token	0 0 0 0 1 0 0 0	DA＝NS，SA＝TS，Data＝空
Set-successor	0 0 0 0 1 1 0 0	DA＝PS，SA＝TS，Data＝NS 或 TS

注：DA—目的地址；SA—源地址；PS—上一节点地址；NS—下一节点地址；TS—本节点地址；Data—数据字段；××—待定

当帧控制字段的第 1、2 位不全为 0 时，指出该帧为数据帧。这时，该字段的第3～5 位用来定义媒体访问控制操作，这 3 位全部为 0 时，表示无响应请求；第 6～8 位定义优先权。

2. 逻辑环的维护与例外事件处理

为方便维护工作，需要设定响应窗口定时器和总线空闲定时器。一个节点要得到总线上另一节点的立即响应所必须等待的最长时间被设定为响应窗口，它等于或稍大于信号在媒体上往返传播的延迟时间，也包括了响应所需的处理时间与合理的时间宽裕度。一个响应窗口也定作为一个时间片。持有令牌的节点在询问其他节点后，常常期待在某个给定数目的响应窗口内得到其他节点的响应或确认。例如，如果一个节点在传递令牌给其下一节点的同时，启动其响应窗口定时器，则在该定时器超时前，应该收到令牌接收节点的响应，否则，就该怀疑该接收节点有故障。

总线空闲定时器用来检测网络是否处于永久不活动状态。网络正常工作时，总线不会无休止的空闲，因为即使各节点均无数据发送，令牌也必须不断地在总线上传递。因此，信道保持空闲状态不应超过某一极限时间长度，如果设置总线空闲定时器的值稍大于该时间极限值，就可以利用此定时器测出网络的永久不活动状态，并进行相应的处理。

(1) 网络初始化。初始化是为了建立令牌总线网络的逻辑环。任何节点检测到网络处于永久不活动状态时（如网络加电或令牌丢失时），为了恢复网络工作，可发送一个 Claim-token 帧。若多个节点都发出了 Claim-token 帧，将产生竞争，并通过比较各个 Claim-token 帧的长度分解竞争。各帧的长度取决于其 Data 字段的长度，而 Data 字段的长度取决于该节点地址的最高两位的值（00、01、10 或 11）。其关系式如下：

申请令牌帧的数据域长度＝2×节点地址的最高两位的值×时间片字节长

最初，使用本节点地址的头两位值选择相应的帧长发送第一个 Claim-token，然后侦听物理媒体。如果听到有别的节点还在发送，这表明本节点的帧长较短，于是放弃竞争；否则，继续使用本节点地址的下两位地址值选择帧长，发送第 2 个 Claim-token，作第二轮竞争。照此不断重复上述过程。每轮竞争的结果，只留下在该轮竞争中帧长最大的一些节点参加下一轮竞争。当所有地址位都用来作过比较后，在最后一轮竞争中获得成功的节点就成为令牌持有者。显然，竞争节点中具有最大地址的节点将竞争成功，并负责网络初始化或恢复。然后，该节点发 Solicit-successor 帧，利用下述新节点入环方法，着手建立逻辑环。

（2）新节点入环。使用响应窗口可控制竞争过程中加入新节点。逻辑环中的每个节点都有责任周期性地查询有无新节点要求入环。当其持有令牌时，就可发出 Solicit-successor-1 帧，询问节点号处在其 TS 与 NS 之间地址范围的新节点。在随后的第一个响应窗口内，地址处在该地址范围而要求入环的节点，都发送 Set-successor 帧作出响应。该帧的 DA＝令牌持有节点地址，SA＝TS，Data＝TS。这时，令牌持有节点将检测到如下 3 种事件之一：

① 没有响应，说明无新接点入环要求，令牌持有节点将如常地传送令牌到其下节点。

② 单个响应，这时令牌持有者收到一个有效的 Set-successor 帧，于是将其下一节点地址 NS 值修改为这个新节点的地址值，并把令牌传给新节点。新节点相应地修改其 PS 及 NS 值，原令牌持有节点的下一节点也相应地修改其 PS 值将其改为新节点的地址，从而实现了新节点入环。

③ 多个响应，这是令牌持有节点检测到多个 Set-successor 响应帧冲突，需对冲突进行分解，仍采用地址竞争法分解冲突。于是，持有令牌的节点发出一个分解竞争帧 Resolve-contention，随后等待 4 个响应窗口时间，收听响应。而冲突的节点都按本节点地址的头两位地址来确定自己应在这 4 个响应窗口中的哪一个窗口上作出响应。如果一旦在自己的响应窗口到来以前，听到了其他节点的响应，就自我抑制，放弃此次入环要求，而让有较高地址的节点先入环。如果令牌持有节点只收到一个有效的 Set-successor 帧，就表明现时只有一个节点要求入环，该竞争便结束。否则，竞争节点将按其下两位地址值再竞争下去，但现在仅允许在上一轮竞争中作了响应的节点参加继续竞争，这种竞争过程一直继续下去，直至一个有效的 Set-successor 帧由令牌持有节点接收，从而得到一个节点加入环而结束。也可能没有收到响应或者竞争次数已达到给定的最大数目，在后面两种情况下，令牌持有节点将不再试图查询新节点，并如常地把令牌传给下一节点。

（3）节点故障、令牌丢失处理。如果令牌恰好传递给出故障的节点，令牌将会丢失。这时发送令牌的节点在一个响应窗口内将收不到有效的响应帧，在这种情况下，它将重发令牌一次，若仍失败，它断定其下一节点已出了故障，于是发送询问谁跟随帧 Who-follows，查询该故障节点的下一节点标识。所有其他节点收到该帧后，都把该帧的 Data＝NS 值与本节点的 PS 值做比较，若匹配，则发 Set-successor 帧响应。令牌持有节点在发送 Who-follows 帧后，等待 3 个响应窗口。前两个响应窗口让接收节点有足够的时间做上述比较，最后一个响应窗口收听响应。如果此次能收到一个有效的 Set-successor 响应帧，它将相应地调整以后的令牌传递次序，把故障节点从逻辑环中“旁路”，并将令牌传递给新的下一节点。

如果故障节点的下一节点也出了故障，在 Who-follows 帧后 3 个响应窗口都将没有响应。令牌持有站将重发 Who-follows 帧一次，若仍失败，该节点将发送 Solicit-successor-2 帧，征求网中任一节点响应。该帧 DA＝TS，SA＝TS，Data＝空。发送后，保留 2 个响应窗口：第一个给那些地址比令牌持有节点低的节点作响应，如果在这个窗口没有响应，则第二个响应窗口保留给地址高于令牌持有节点地址的节点作响应。如果都没有响应，就可认为网络受到严重破坏，所有其他节点都出故障或本节点接收器已损坏。这时应只监听总线并向高层报告。

另一种节点故障情况是令牌持有节点在发送令牌之前发生故障，同样会丢失令牌，网络变成永久不活动。其他节点可通过总线空闲定时器超时机构检测出来，然后发送 Claim-token 帧，企图恢复网络。于是，接下去的情况与网络初始化相同，不再重复。

(4) 节点退出逻辑环。企图退出逻辑环的节点，可等待本节点收到令牌时，发送 Set-successor 帧给其上一节点。当其上一节点收到该帧后，将修改其 NS 值，并把令牌改送给新的下一节点。这样，一个节点就从环中退出。如果要退出的节点在退出环之前发生故障，其上一节点将把它“旁路”、移出逻辑环，其旁路方法已在 (3) 中讲述。

(5) 多令牌处理。令牌总线网上同时出现多个令牌将造成混乱。这种错误可由硬件故障或噪声干扰引起。例如，由于双列直插式节点地址开关故障或操作失误，导致网内两个节点有同一个节点地址而出现多令牌。对多令牌的检测和处理如下：任何持有令牌的节点，如果测到信道上有其他节点在传送，就应怀疑出现了多令牌并立即放弃本节点的令牌。这样虽然可能造成网络令牌丢失，但可借助总线空闲定时器超时机构，通过初始化把网络重新恢复。

3. 令牌总线协议的优先级

令牌总线协议设定 4 级访问优先权，分别为 0、2、4 和 6 级，以第 6 级优先权为最高，0 级为最低。正如前面讲到的，数据帧控制字节中的 6～8 位用来指定优先权，其值为 0 或 1 时，对应于 0 级，其值为 2 或 3、4 或 5、6 或 7 时，分别对应于 2、4、6 级。

任一节点可发送一种或多种优先级数据。提供优先功能的目的是将网络带宽分配给优先权较高的帧，仅当带宽充足时，才允许发送优先权较低的帧。

为了说明优先权的使用，先定义如下几个变量：

(1) 令牌保持时间 (T_{TH})，是指一个节点能持有令牌，发送第 6 级数据的最大时间。

(2) 第 4 级优先的令牌轮转时间 (T_{TR4})，即令牌循环一周并允许第 4 级发送的最大轮转时间。

(3) 与 (2) 类似，定义 2 级、0 级优先的令牌轮转时间分别为 T_{TR2}、T_{TR0}。

一个节点在接收到令牌时，可按如下规则发送各优先级数据：

(1) 可发送第 6 级数据，该发送时间最长为 T_{TH}。故包含 N 个节点的逻辑环，在令牌传递一周的过程中，可用于发送第 6 级数据的时间最长为 $N\times T_{TH}$。

（2）在发送完第 6 级数据数据后，或者，若没有第 6 级数据可发送时，只要上一次令牌循环时间量（包括刚发送的任何第 6 级数据时间量在内）小于 T_{TR4} 时，就可发送第 4 级数据。

（3）只有当上一次令牌循环时间量（包括刚发送的第 6 和第 4 级数据时间量在内）小于 T_{TR2} 时，才可发送第 2 级数据。

（4）只有当上一次令牌循环时间量（包括刚发送的第 6 级、第 4 和第 2 级数据时间量在内）小于 T_{TR0} 时，才可发送第 0 级数据。

上述方法可保证最高优先级数据有一定的带宽使用。设网上所有节点的 T_{TH}、T_{TR4}、T_{TR2}、T_{TR0} 分别相等，存在如下两种可能的情况：

如果 $N\times T_{TH}>\max(T_{TR4}, T_{TR2}, T_{TR0})$，则最大可能的令牌循环时间为 $N\times T_{TH}$，第 6 级数据可占据整个周期，不会发送其他低优先级别的数据；如果 $N\times T_{TH}<\max(T_{TR4}, T_{TR2}, T_{TR0})$，则最大令牌循环时间为 $\max(T_{TR4}, T_{TR2}, T_{TR0})$，且可保证第 6 级数据时间量 $N\times T_{TH}$。

在不考虑差错、接纳新节点、以及各节点令牌处理时间的条件下，最大令牌循环时间（T_{max}）可近似表示为

$$T_{max}\approx\max(N\times T_{TH}, T_{TR4}, T_{TR2}, T_{TR0}) \tag{4-78}$$

由此可以看出，使用优先级令牌总线协议，网络负荷越重，令牌循环时间越长，低优先级数据发送的可能性也越小。由于采用令牌循环时间来控制低优先级数据的发送，从而保证了最高优先级数据的媒体访问时间的确定性。

4.6.2 令牌总线访问方法性能分析

假设数据分组到达每个工作节点的过程为泊松过程，平均到达速率为 λ，端到端的传播延迟为 τ。再假定每个工作节点的服务均为穷举服务，也就是说，当一个工作节点得到令牌后，在其缓冲器中排队的所有报文都发送完之前，不会释放该令牌，这样，工作节点的令牌等待时间即没有上限，则吞吐量 S 为

$$S=N\lambda\overline{X}/C \tag{4-79}$$

其中，N 为总线上的工作节点数，$\overline{X}$ 为一个数据帧的平均长度，C 为信道的位速率。

在工作节点数较大时，选择约三分之一总线长度作为任意两个工作节点之间的平均间隔，或者说平均传播延迟时间约为 $\tau/3$，使用 $\tau/3$ 作为平均传播延迟值，把平均传播延迟时间、数据分组传输时间和数据分组在一个工作节点的平均等待时间相加，可得到平均传输延迟时间

$$D=\frac{\overline{X}}{C}+\frac{\tau}{3}+\frac{NX_t(1-S/N)}{2C(1-S)}+\frac{\tau(N-S)}{6(1-S)}+\frac{S\overline{X^2}}{2\overline{X}C(1-S)} \tag{4-80}$$

式中，X 为一表示数据分组比特长度的随机变量，X_t 为控制令牌的帧长度。上式可作为集中查询方式的一个特例进行推导，这里从略。

对于固定长度的数据分组，$\overline{X^2}=(\overline{X})^2$，将其代入式（4-80），简化后可得

$$D=\frac{(2-S)}{2(1-S)}\cdot\frac{\overline{X}}{C}+\frac{NX_t(1-S/N)}{2C(1-S)}+\frac{(N+2-3S)\tau}{6(1-S)} \tag{4-81}$$

若数据分组长度为任意分布，在 S 值设定为 0 的情况下，由式（4-80）可给出最小平均延迟的表达式为

$$D=\frac{\overline{X}}{C}+\frac{NX_t}{2C}+\frac{\tau(2+N)}{6} \tag{4-82}$$

由式（4-81）和式（4-82）可知，总线上节点越多，最小平均延迟越大。同样，数据帧长度以及令牌帧长度越长，最小平均延迟也越大。

基于各工作节点中的服务是穷举服务这一假设，得出了上述公式。然而，通常情况下，网络管理员可以为每个工作节点分配一个最大令牌保持时间。设每个工作节点的保持时间都为 T_{TH}，则最大吞吐量可表示为

$$S_{max}=\frac{T_{TH}}{T_{TH}+T_t+\tau/3} \tag{4-83}$$

式中，T_t 为传输令牌的平均时间（X_t/C），$\tau/3$ 为逻辑环中两个相邻工作节点之间的平均传播延迟时间。

【例 4-3】 当 $\tau=5\mu s$（总线长度为 1km），令牌帧长度为 12 个字节，位速率为 10Mbps，确定最大吞吐量与每个工作节点的保持时间之间的关系。

解 已知 $X_t=12\times8\text{bit}$，$C=10\text{Mbps}$，$\tau=5\mu s$，由式（4-83）可得最大吞吐量为

$$S_{max}=\frac{T_{TH}}{T_{TH}+12\times8/(10\times10^6)+5\times10^{-6}/3}=\frac{T_{TH}}{T_{TH}+11.27\times10^{-6}}$$

上例中，若令牌保持时间分别为 100μs、1000μs 和 10000μs 时，最大吞吐量分别为 0.899、0.989 和 0.999。在穷举服务情况下，即 $T_{TH}\to\infty$，显然 $S_{max}\approx1$。同样，最大总线利用率与数据帧的长度无关，而是在一定程度上取决于总线的长度。

4.6.3 两种总线型访问方法的比较

我们已经讨论了建立在总线型拓扑结构上的多种媒体访问方法，这里将根据最大吞吐量 S_{max}，对其中两种主要方法 CSMA/CD 法和令牌传递法进行一般性的比较，帮助读者更好地了解它们各自的特点。

信道利用率通常都是直接根据最大吞吐量测得的，它是衡量两种访问方法的一个主要方面，而最大吞吐量等于网络中最大平均稳态数据速率除以信道位速率。

对于令牌总线，假如每个工作节点都使用穷举服务，且不允许工作节点进入或退出逻辑令牌环，则得到的信道利用率实际上接近于 1。而若使用 CSMA/CD，则信道的最大利用率主要取决于数据分组长度、数据速率和总线长度之间的关系。如前所述，使用时隙 1-持续 CSMA/CD 访问协议时，可以推导出最大利用率 S_{max} 的表示式为

$$S_{max}=1/(1+7.34\alpha) \tag{4-84}$$

式中，

$$\alpha=\tau/T_0=\tau C/\overline{X} \tag{4-85}$$

因此，当信道位速率 C 或端到端传播延迟 τ 增加时，α 亦随之增加，从而使 S_{max} 减少。另一方面，随着数据分组长度的增加，α 随之减少，S_{max} 逐渐增加而趋近于 1。图 4-39 给出了使用 CSMA/CD 法和令牌传递法时 S_{max} 和 α 之间的关系。该图还给出了令牌传递法提供穷举服务，令牌的最大保持时间为 200μs 和 1000μs 时的最大吞吐量。在后两种

情况下，还需要确定其他的网络参数，即信道位速率为 10Mbps，端到端传播延迟为 15μs（总线长度为 3km），数据报文的帧长度为 50 个字节，令牌帧长度为 12 个字节。使用式（4-83）和式（4-84）绘出的曲线，给出了传播延迟对吞吐量的影响。

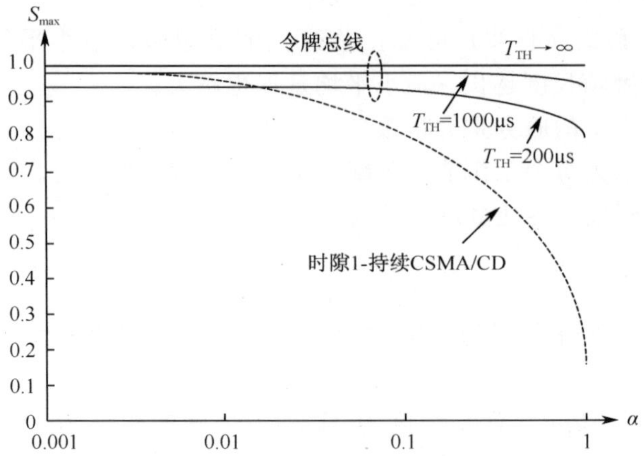

图 4-39　S_{max}与归一化传播延迟的关系

信道的最大有效数据速率 C^* 可表示为

$$C^* = C \cdot S_{max} \tag{4-86}$$

因此，对于令牌总线，C^* 随 C 的增加而线性增加，而对于 CSMA/CD，C^* 随 C 值单调增加，不同的 $\overline{X}/\tau$ 值时的 C^* 与 C 关系，如图 4-40 所示。图 4-39 和图 4-40 给出的曲线没有考虑每个数据分组的开销量。为了计算这一开销量，需要用 S_{max}（或 C^*）乘以信息字段（或 LLC 字段）与数据分组总长度的比值（对于 α 或 C 的每个值）。由此可知，令牌传递法的信道带宽利用率通常比 CSMA/CD 法大得多。在大多数工作条件下，令牌总线能提供接近于 1 的最大利用率。若数据率为 10Mbps，最大总线长度为 2.5km 时，CSMA/CD 协议提供的最大利用率为数据分组长度的函数。当数据分组长度为 64 个字节，α＝0.234 时，最大利用率仅为 0.46。而在数据分组长度为 518 个字节，α＝0.01 时，最大利用率则为 0.93。

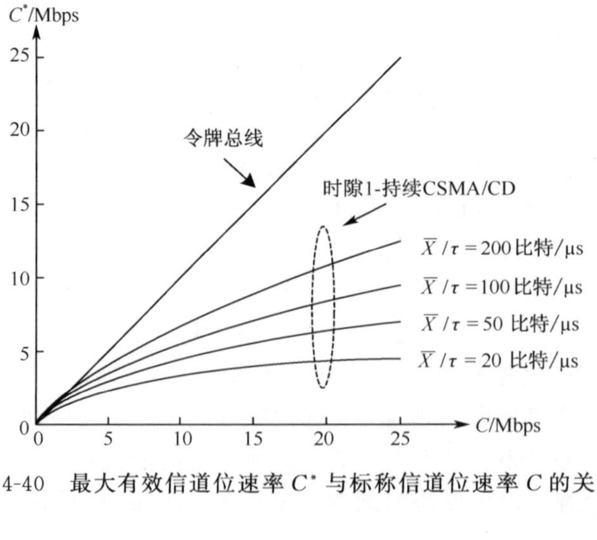

图 4-40　最大有效信道位速率 C^* 与标称信道位速率 C 的关系

任何两种访问方法之间的延迟—吞吐量特性的比较，与网络参数密切相关。比较两种总线的访问方式时，即使这两种总线的长度相同，数据率相同，信息字段的长度也相同，其他参数（如工作节点数等）的作用仍然不容忽视，有关这方面的讨论，有兴趣的读者可参考相关文献。

习　　题

1. 定义并比较 3 个变量：行走时间，循环时间及传播延迟时间。

2. 4.2 节行走时间 L 的计算。

3. 一个探询网络采用集中探询法的结构，各项技术指标如下：

(1) 传播时间，可忽略不计；

(2)“向前”信号为两个字节（每个字节为 8 比特）；

(3) 传播“向前”信号的同步时间为 10ms；

(4) 平均数据分组长度为 100 比特；

(5) 各工作节点的平均输入速率——1 个数据分组/分钟；

(6) 工作节点总数为 300 个。

问：①行走时间是多少？

②网络正常工作需要的信道速率是多少？

③当信道的位速率为 $C=1200$bps 时，平均传播延迟时间是多少？(求出近似值即可)。

4. N 个节点共享一条 56kbps 的纯 ALOHA 信道，每个节点平均每 100s 输出一个长度为 1000 比特的数据分组，如果前面的数据分组未成功发送时，新的数据分组可缓存起来，问信道最大可容纳多少个节点？

5. 从吞吐量的角度看，寄存器插入环网络的最重要优点是什么？

6. 4.6 节平均传输延迟时间 D 的推导。

7. 根据最大吞吐量 S_{max}，对 CSMA/CD 法和令牌传递法进行比较。

第 5 章　输入输出位传输现场总线

5.1　位传输总线概述

由于现场总线开发组织或行业的不同，许多总线标准在其设计之初就带有典型的行业特色，适应特定对象的应用需求是其主要目标。由此而产生的现场总线，功能相对简单，应用领域也是有限的。本章将要学习的现场总线是它们的主要代表。

为实现输入/输出信息的双向交换，人们制定了多种快速、简单的现场总线网络协议。它们的主要应用对象是具有开关量特征的传感器和执行器系统。传感器可以是各种原理的位置接近开关及温度、压力、流量、液位开关等，执行器可以是各种开关阀，声、光报警器，也可以是继电器、接触器等低压开关电器。因此又称这类总线为 I/O 现场总线。当然，I/O 现场总线也可以连接模拟量设备，只是模拟信号的传输要占据多个传输周期。

I/O 现场总线的特点是采用位（bit）传输，其种类有很多，如应用于汽车领域的 CAN 总线，食品加工领域的 P-Net，航空航天领域的 SwiftNet，以及电气现场总线 AS-I、DeviceNet、SDS、Seriplex 等。在这一章里，我们将着重学习目前较为普及的 CAN（Controller Area Network）总线，并简单阐述其他 I/O 现场总线的基本原理及特点。

5.2　汽车总线的分类

在汽车中，电子数据的总线通信可以追溯到 20 世纪 70 年代，最初是希望用单一的总线协议，满足任何车辆数据的传送需要。然而，在逐步发展过程中，却形成了汽车工程师协会（SAE）描述的三类现场总线，即汽车的数据通信需要多达三种网络来实现。

汽车工程师协会对汽车中的总线按其性能、应用范围和要求分为 A、B 和 C 三类，如图 5-1 所示。

（1）A 类总线。这类总线的性能最低，用作低端的、非放射性诊断的通用通信，位传输速率一般小于 10kbps，支持事件驱动的报文传输。主要应用于车体电子系统，在这类应用中，最注重系统的造价。

最近两年中，这个方面的进步不大，应用最广泛的协议是 LIN（Local Interconnect Network），它主要用于汽车外围设备的网络连接，常见的应用是空调、车门、天窗等的控制与数据传输。其他专用协议如美国通用汽车公司使用的 UART 等正逐步被淘汰。

（2）B 类总线。这类总线适合于高速应用，用作非诊断目的非关键性通信，传输速率在 10～125kbps，支持事件驱动和一些周期性报文传输，并具备静默/唤醒功能。适合于高速应用，如发动机管理等。然而，这类总线并不考虑与确定性和安全性相关的

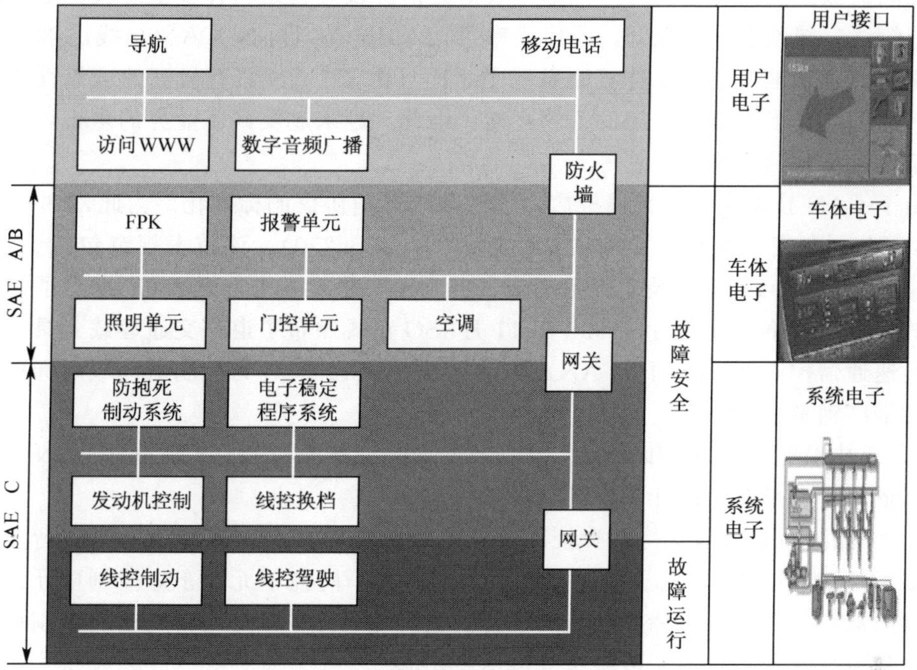

图 5-1 未来汽车中的电子系统与总线网络

要求。

在这一方面的世界标准一直是 CAN。特别要指出的是，速率在 100kbps 左右的 ISO11898 主要应用于小汽车。

（3）C 类总线。这类总线必须涉及与安全相关的性能，如状态的确定性、有界的执行时间、分布式的时钟同步、防止多路感应的复杂失真等。位传输速率在 125kbps～1Mbps 之间。协议必须支持周期性参数的实时传输（时间周期可能在几毫秒内）。传输媒体是非屏蔽双绞线，而不是屏蔽双绞线或光纤。主要用于速度较快、带宽较大的系统，如发动机定时、燃油输送等。在一般的应用中，传输速率要求高于 500kbps。

大部分客车使用 ISO11898 总线作为 C 类网络，采用的传输速率为 500kbps。速度在 125kbps 的高速 CAN 也可以应用在这类网络中。

在汽车总线中，CAN 总线的应用最为普及，给汽车制造带来众多概念上的进步，但也有其局限性，汽车工业正在努力开发新的总线以适应现代汽车中不断增加的各种电子系统的需要，如 TTP（Time-Triggered Protocol）、TTCAN（Time-Triggered CAN）和 FlexRay 等。

5.3 CAN 总线体系结构及协议标准

5.3.1 CAN 总线及其基本特点

CAN 总线是德国 Bosch 公司在 20 世纪 80 年代初为解决汽车中大量的控制与测试

仪器之间的数据交换而开发的一种串行数据通信协议。它是一种多主总线，通信媒体可以是双绞线、同轴电缆或光纤，通信速率可达1Mbps。目前，CAN总线已被许多著名汽车制造商成功地应用于车体控制系统中，而且由于CAN具有极高的可靠性和独特的设计，特别适合工业过程监控设备的互连。因此，越来越受到工业界的重视，并已被公认为是最有前途的现场总线之一。

由于CAN技术应用的普遍推广，导致要求通信协议的标准化。为此，1991年9月Bosch等公司制定并发布了CAN技术规范（Version2.0），该技术规范包括A和B两部分。2.0A给出了CAN技术规范中定义的CAN报文格式，而2.0B给出了标准的和扩展的两种报文格式。此后，1993年11月ISO正式颁布了道路交通运载工具—数字交换—高速通信控制器局域网（CAN）国际标准ISO 11898，为控制器局域网标准化、规范化的推广铺平了道路。

CAN技术规范2.0A和2.0B以及CAN国际标准ISO 11898是设计CAN应用系统的基本依据，也是应用设计工作的基本规范。

CAN能灵活有效地支持具有较高安全等级的分布式控制。在汽车电子行业里，一般将CAN安装在车体的电子控制系统里，诸如电子门控单元、车灯控制单元、电气车窗、刮雨器等等，用以代替接线配线装置。也使用CAN总线连接发动机控制单元、传感器、防滑系统等，其数据传输速度可达1Mbps。

由于CAN总线采用了许多新技术，与其他类型的总线相比，它在许多方面具有独特之处，主要表现在以下几个方面：

（1）采用面向报文的优先级控制方式，用标识符定义静态的报文优先权。

（2）采用短帧格式，总线上的报文以不同的固定报文格式发送，但长度受限。

（3）非破坏性的总线仲裁多主系统。总线空闲时，任何节点都可以开始传送报文，优先级较低的节点会主动退出发送，而具优先级高的节点可以最终获得总线访问权，不受影响地继续传输数据。

（4）通信服务简便，阻隔期短。

（5）错误检测和错误处理机制先进。为了获得最安全的数据发送，CAN的每一个节点均设有错误检测、错误标定及错误自检等措施。

（6）整个系统范围内保持数据一致性。

（7）延迟时间短，出错恢复快。

（8）总线驱动电路决定总线可接节点数，目前可达110个。

（9）通信距离与通信速率有关。最低为40m，相应的通信速率是1Mbps；最远可达10km，相应的通信速率在5kbps以下。不同的系统，CAN的速率可能不同。可是，在一个给定的系统里，速率是唯一的，并且是固定的。

5.3.2 CAN总线的体系结构

在现代汽车电子业中，用来实现开闭环控制任务（引擎管理、ABS防抱死制动控制、舒适性电子工业等）的电子控制单元（ECU，Electronic Control Unit）的数量越来越多了（如图5-1）。控制单元间的大量数据交换是在极其严重的电磁干扰环境下完成的，交换过程频繁且每个报文数据量极低（特征过程数据的循环发送，例如引擎速度）。CAN 总线技术规范在很大程度上满足了这类信息通信的需要。

CAN 的体系结构中只定义了 ISO/OSI 模型的最低两层：数据链路层和物理层。应用层是通过专门用于特定工业领域的各种协议或 CAN 用户专用方案与物理媒体相连。目前，应用层主要使用 3 个协议：自动化用户组织（CiA，CAN in Automation Users Group）的 CANopen；Allen Bradley 公司推出的 DeviceNet；Honeywell 公司开发的 SDS（Smart Distributed Systems）。这些标准化的应用层与通信过程几乎完全分离，所以这里不作深入介绍。

CAN 的体系结构和功能如图 5-2 所示。为了达到设计透明、实现灵活，在 CAN 技术规范中，数据链路层又分为逻辑链路控制（LLC）子层和媒体访问控制（MAC）子层，也被称为“对象层”和“传送层”。物理层又划分为物理信令、物理媒体附属装置以及媒体相关接口。

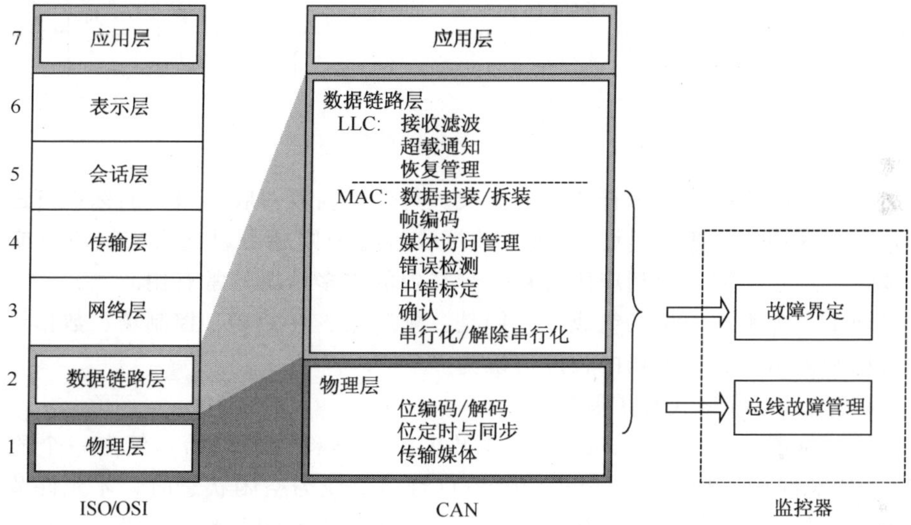

图 5-2　ISO/OSI、CAN 的体系结构

LLC 子层涉及报文过滤、超载通知、以及恢复管理。MAC 子层是 CAN 协议的核心。它把接收到的报文提供给 LLC 子层，并接收来自 LLC 子层的报文。MAC 子层负责报文分帧、仲裁、应答、错误检测和标定。MAC 子层也被称作故障界定的实体监管。故障界定为自检机制，能够把永久故障和短时间扰动区别开来。LLC 和 MAC 两个同等的协议实体通过交换帧来进行相互通信。

物理层定义信号如何进行传输，涉及位定时、位编码/解码、同步的描述。本技术规范没有定义物理层的驱动器/接收器特性，以便允许根据它们的应用，对发送媒体和信号电平进行优化。

5.3.3 CAN 报文格式

CAN 系统中，有 4 种不同类型的报文帧格式，分别为数据帧、远程帧、出错帧和超载帧。其中，数据帧将数据由发送器传至接收器；远程帧用以请求发送具有相同标识符的数据帧；出错帧用于通知总线上的节点有错误发生；而超载帧用于在前一帧和后续数据帧（或远程帧）之间提供附加延时。另外，数据帧和远程帧借助帧间空间相互隔开。

1. 数据帧

CAN 用数据帧发送数据。数据帧的结构如图 5-3 所示。其核心部分是使用标识符确定报文的优先级而不是定义接收器的地址。

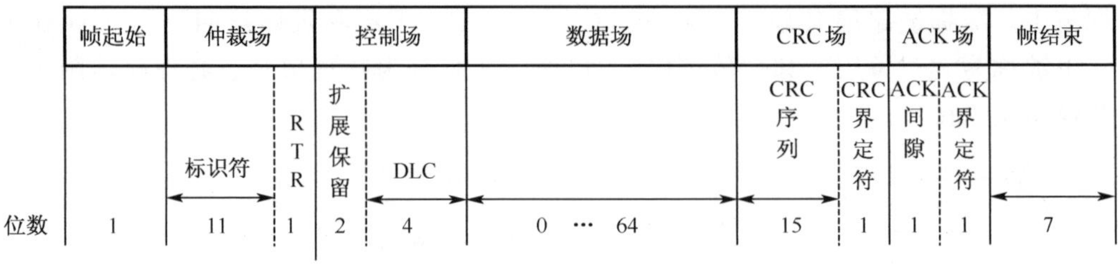

图 5-3 数据帧格式

数据帧发送特定的由标识符描述的报文。每个参与者对收到报文的标识符进行检验以辨别是否与其相关（接收过滤）。报文的接收过滤原则还可以使报文被所有或多个节点一次接收。这一功能对包括应用进程同步在内的许多情况非常有用。

数据帧由 7 个不同的位场组成，它们是：帧起始、仲裁场、控制场、数据场、CRC 场、确认场和帧结束。数据场的长度可以为 0。

1）帧起始（标准格式和扩展格式）

帧起始（SOF，Start of Frame）标志数据帧和远程帧的起始，仅由一个显性位组成，在 CAN 总线中，规定显性位为“0”。只有当总线为空闲状态时，才允许节点开始发送，所有的节点必须同步于首先开始发送的那个节点的帧起始上升沿（参见 5.3.7 节中的“硬同步”）。

2）仲裁场

仲裁场由标识符和远程发送请求（RTR，Remote Transmission Request）位组成。标识符长度为 11 位，按由高到低的顺序发送，依次为 ID_{10}，ID_9，…，ID_0，其中最高 7 位（ID_{10}～ID_4）不能全为隐性位，即不应全为“1”。RTR 位在数据帧中必须是显性位，而在远程帧中必须为隐性位。

3）控制场

控制场由 6 位组成，其中 4 位用来指出数据场字节个数，用数据长度代码 DLC（DLC，Data Length Code）表示，另 2 位是用于未来 DLC 扩展的保留位。在定义保留位功能之前，发送器必须按显性位发送，但是接收器认可显性位和隐性位的组合。

DLC 的长度可为 0，数据帧允许数据字节数目范围为 0～8，表 5-1 中规定数值以外的其他数值不能使用。

表 5-1　数据长度代码表示的数据字节数编码

DLC				数据的字节数
DLC_3	DLC_2	DLC_1	DLC_0	
0	0	0	0	0
0	0	0	1	1
0	0	1	0	2
0	0	1	1	3
0	1	0	0	4
0	1	0	1	5
0	1	1	0	6
0	1	1	1	7
1	0	0	0	8

4）数据场

数据场包含待传输的数据，它可以为 0～8 个字节，每个字节包括 8 位。首先发送的是最高位。

5）CRC 场

循环冗余码 CRC 场包括 CRC 序列，其后是 CRC 界定符。CRC 序列由循环冗余码求得的帧检查序列组成，最适用于位数小于 127 位（BCH 码）的帧。为实现 CRC 计算，被除的多项式系数由帧起始、仲裁场、控制场、数据场（如果存在）在内的无填充的位流给出，其 15 个最低位的系数是 0。此多项式除以下列生成多项式，所得到的余数就是发送到总线上的 CRC 序列，生成多项式 $G(x)$ 表示为

$$G(x) = x^{15} + x^{14} + x^{10} + x^{8} + x^{7} + x^{4} + x^{3} + 1 \tag{5-1}$$

CRC 序列之后是 CRC 界定符，仅由一个隐性位构成。

6）确认场

确认场又称为 ACK 场，长度为 2 位：ACK 间隙和 ACK 界定符。发送节点的 ACK 场中，送出两个隐性位。在 ACK 间隙内，所有接收到匹配 CRC 序列的节点，以显性位改写发送器的隐性位送出一个确认。ACK 界定符为 ACK 场的第二位，其必须是隐性位，因此，ACK 间隙被两个隐性位（CRC 界定符和 ACK 界定符）所包围。

7）帧结束

每个数据帧和远程帧均由 7 个隐性位组成的标志序列界定。

2. 远程帧

远程帧可以启动源节点发送各自的数据。需要数据的节点可以请求另一节点发送相应的数据帧。数据帧和相应的远程帧是由相同的标识符命名的。

远程帧由 6 个不同的位场组成：帧起始、仲裁场、控制场、CRC 场、确认场、帧结束。远程帧格式如图 5-4 所示。

帧起始	仲裁场	控制场	CRC 场	AC 场	帧结构

图 5-4　远程帧格式

与数据帧相反，远程帧的 RTR 位是隐性位，即数值“1”。远程帧中没有数据场。数据长度代码 DLC 的数值是不受约束的。远程帧的其他位场与数据帧的相应位场相同。

3. 出错帧

出错帧包括两个场。第一个场由来各个节点的错误标志叠加得到，第二个场是错误界定符。报文传输过程中，检测到任何一个节点出错，即于下一位开始发送出错帧，通知发送端停止发送。出错帧格式如图 5-5 所示。

错误标志叠加	错误界定符

图 5-5　出错帧格式

为了正确地终止出错帧，一种“错误认可”节点可以使总线处于空闲状态至少 3 位时间（如果“错误认可”接收器存在本地错误）。因此，总线的载荷不应为 100%。

1）错误标志叠加

错误标志具有两种形式：主动错误标志（Active Error Flag）和被动错误标志（Passive Error Flag）。前者由 6 个连续的显性位组成，后者由 6 个连续的隐性位组成。被动错误标志的各位可被来自其他节点的显性位改写。

一个检测到出错条件的“错误激活”节点，通过发送一个主动错误标志进行标注。这一出错标注形式是发送 6 个连续的显性位，违背了适用于由帧起始至 CRC 界定符所有位场的位填充规则，或者破坏了 ACK 场或帧结束场的固定形式。因而，总线上所有其他的节点将检测到出错条件并发送出错标志。这样，在总线上被监控到的显性位序列是由各个节点单独发送的出错标志叠加而成。该序列的总长度在最小值 6 与最大值 12 位之间变化。

一个检测到出错条件的处于“被动错误”节点，试图发送一个被动错误标志进行标注，该错误认可节点自被动错误标志为起点，等待 6 个相同极性的连续位，当检测到 6 个相同的连续位后，被动错误标志即告完成。

2）错误界定符

错误界定符包括 8 个隐性位。错误标志发送后，每个节点都送出隐性位，并监控总线，直到检测到隐性位。然后开始发送其余的 7 个隐性位。

4. 超载帧

超载帧包括两个位场：超载标志和超载界定符，超载标志的由 6 个显性位组成，超载界定符由 8 个隐性位组成，帧格式如图 5-6 所示。

超载标志叠加	超载界定符

图 5-6　超载帧格式

导致发送超载标志的情况有 3 种：第一是接收器内部要求对下一数据帧或远程帧进行延时；第二是在间歇场的第一和第二位检测到一个显性位；第三是 CAN 节点在错误界定符或超载界定符的最后一位采样到一个显性位。

由第一种超载情况引发的超载帧起点，只允许在期望间歇场的第一个位时间开始，而由后两种情况引发的超载帧在检测到显性位的后一位开始。

1）超载标志

超载标志的全部形式对应于主动错误标志形式。由于超载标志的形式破坏了间歇场的固定形式，因此，所有其他的节点都将检测到一个超载条件，并且由它们开始发送超载标志。如果有的节点在间歇场的第 3 位期间检测到显性位，则这个位将被视为帧的起始。

2）超载界定符

超载界定符和错误界定符具有相同的形式。发送超载标志后，节点就一直监视总线，直到检测到一个由显性位到隐性位的发送，即出现显性位到隐性位的跳变。此时，总线上的每一个节点均完成了超载标志的发送，并开始同时发送其余 7 个隐性位。

5. 帧间空间

数据帧、远程帧通过帧间空间隔开。与此相反，超载帧和出错帧前面不存在帧间空间，并且多个超载帧之间也不用帧间空间分隔。

帧间空间包括间歇场、总线空闲场，而对于先前帧已发送“错误认可”的节点，其帧间空间除了间歇场和总线空闲场外还包括暂停发送场，如图 5-7（a）、（b）所示。

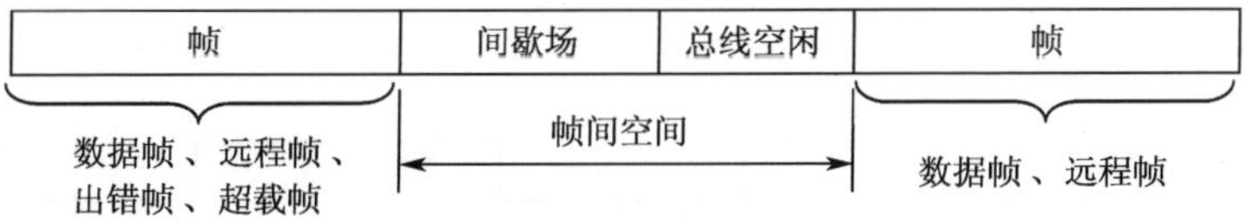

(a) 非“错误认可”帧间空间

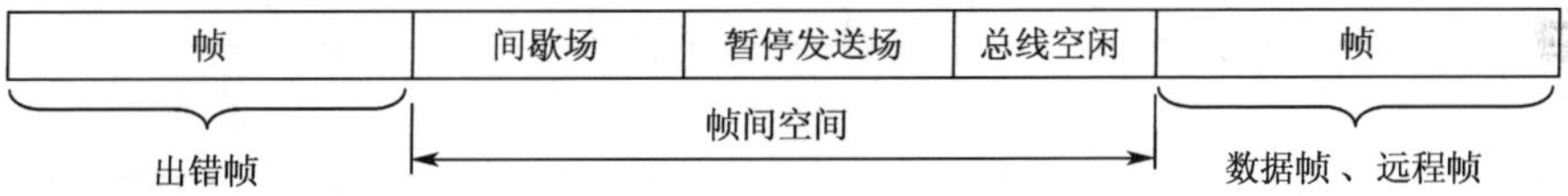

(b)“错误认可”帧间空间

图 5-7 帧间空间格式

1）间歇场

间歇场由 3 个隐性位组成。间歇期间，所有的节点不允许发送数据帧或远程帧，仅起标注超载条件的作用。

注意，如果 CAN 节点有一报文等待发送并且节点在间歇的第三位采集到一显性位，则此位被解释为帧的起始位，并从下一个位开始发送报文的标识符首位，而不用首先发送帧的起始位或成为接收器。

2）总线空闲场

总线空闲时间可以是任意长度。总线空闲时，任何节点均可访问总线以便发送。在其他帧发送期间，等待发送的帧紧随间歇场之后的第一个位启动。如果在总线空闲期间检测到总线上有显性位，可被理解为帧起始。

3）暂停发送场

“错误认可”节点完成发送后，在开始下一次帧发送或认可总线空闲之前，它紧随间歇场后发出 8 个隐性位。如果在此期间其他节点开始一次发送，则本节点将变为帧接收器。

5.3.4 帧编码及其发送/接收

CAN 帧的位流采用非归零码（NRZ）。这意味着，在整个位时间内维持有效电平，要么为显性，要么为隐性。其缺点是：在连续数值相同的位较多时，没有用于各个网络节点同步的边沿。正是由于这个原因，帧起始、仲裁场、控制场、数据场和 CRC 序列中使用了位填充，即发送器在 5 个相同极性的位后插入一个相反极性的附加位。于是，使用附加沿的后同步就可以进行了。这些填充位随后会被接收器去除。

图 5-8 给出一个位填充原理实例，该例中，发送器在每个相同极性的 5 位位序列之后插入一个补码位，即在被发送位序列①的第 7 位和第 19 位后，各插入了一个补码位。对于帧中采用位填充编码的部分，接收器总是去除连续 5 个相同位之后的一位，这样就恢复了原先的位流。

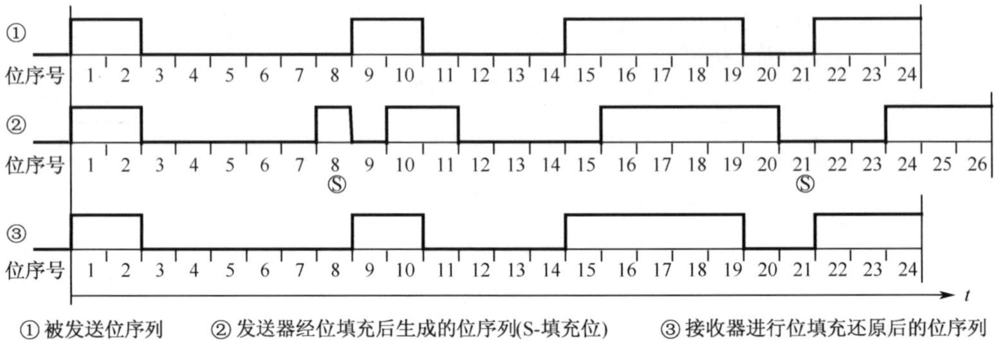

图 5-8 位填充原理

数据帧或远程帧的其余位场（CRC 界定符、确认场和帧结束）格式固定，不进行位填充。出错帧和超载帧的格式也固定，同样不使用位填充方法进行编码。

一个帧应由 SOF 场开始逐个位场进行发送，每个场内应首先发送最高位，见图 5-9。

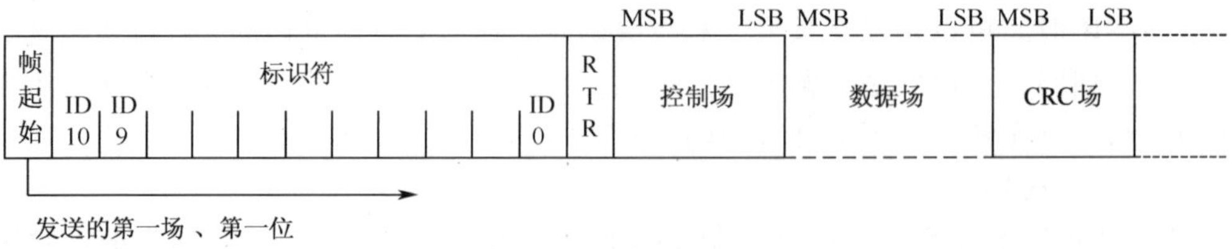

图 5-9 位发送次序

对于发送器与接收器来说，一个帧的有效时间点是不同的。对于发送器，若在帧结束完成前不存在错误，则该帧有效。若一帧被破坏，则进行恢复处理。对于接收器，若在帧结束最后一位前不存在错误，则该帧为有效。

5.3.5 总线访问

CAN 的总线访问控制采用了由 CSMA/CD 发展而来的 CSMA/CA（Carrier Sense Multiple Access with Collision Avoidance，载波监听多路访问/冲突避免）方法。根据该方法，每个总线使用者，要对总线状态进行检测（载波监听），只要一定时间内总线未被占用，就可以发送报文。当许多节点一起开始发送时，只有发送具有最高优先权帧的节点变为总线主站。这种解决总线访问冲突的机理是基于竞争的仲裁。仲裁期间，每个发送器将自身发送的位电平同总线上检测到的电平进行比较。若相等，则节点可以继续发送。当送出一个隐性电平（逻辑“1”），而检测到的为显性电平时（逻辑“0”），表明节点丢失仲裁，并且不应再送更多位。当送出显性电平，而检测到的为隐性电平时，表明节点检测出位错误。由于拥有高优先权的帧具有较低的标识符，其仲裁场是以更多的显性位开始。因此，帧会保留在总线上，且数据并不被损坏（冲突避免）。

如图 5-10 给出一个 CAN 协议仲裁过程实例，图中参入者 1、2 和 3 在①点同时开始仲裁过程，参入者 2 在②点失去总线访问权，而参入者 1 在③点，且分别转成接收模式；在仲裁阶段结束点④，只有参入者 3 拥有总线访问权，并继续向总线发送报文。

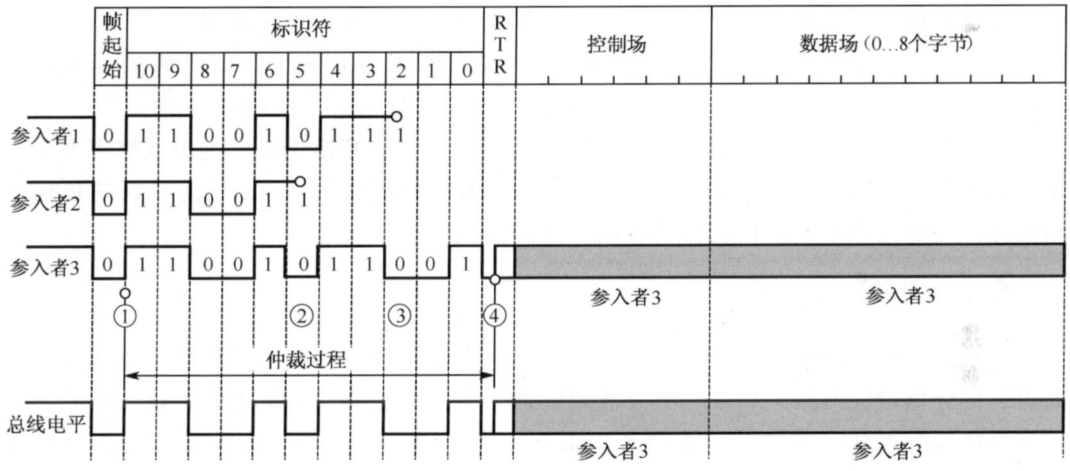

图 5-10　CAN 协议仲裁过程实例

基于竞争的仲裁依靠标识符和紧随其后 RTR 位完成。具有不同标识符的两个帧，优先权就体现在帧中，较高优先权的标识符具有较低的二进制数值。若具有相同标识符的数据帧和远程帧同时被初始化，数据帧具有更高优先权，这一点是通过 RTR 位的数值体现的。

此外，CAN 还规定了其他解决冲突的原则：

（1）在一个系统内，每条信息必须标以唯一的标识符；

（2）具有给定标识符和非零 DLC 的数据帧仅可由一个节点启动；

（3）远程帧只能以全系统内确定的 DLC 发送，该数据长度代码为对应数据帧的 DLC。若具有相同标识符和不同 DLC 的远程帧同时发送，将导致无法解决的冲突。

5.3.6 错误检测与错误处理

正是由于汽车对数据传送安全性的要求较高，因此，最初为这一领域设计的 CAN 协议非常重视错误检测功能。这些机制包括：监测、填充规则校验、帧校验、15 位 CRC 检验和应答检验。

1. 错误类型

（1）位错误。节点在向总线发送位的同时也对总线进行监视，如果所发送的位值与所监测的位值不相符合，则在此位时间里检测到一个位错误。例外的情况是，在仲裁场的填充位流期间或 ACK 间隙送出隐性位而监测到显性位时，不视为位错误；送出被动错误标志，而检测到显性位的节点，不将其理解为位错误。

（2）填充错误。在使用位填充法进行编码的帧场中，出现了第 6 个连续相同的位电平时，将检测到一个填充错误。

（3）CRC 错误。CRC 序列由发送器的 CRC 计算结果构成，接收器计算 CRC 的方法与发送器相同，当其计算结果与接收到 CRC 序列不相符，则检测到一个 CRC 错误。

（4）形式错误。当固定格式位场出现一个或多个非法位时，则检测到形式错误。例外情况是：接收器在帧结束的最后一位检测到显性位，不视为形式错误。

（5）确认错误。在 ACK 间隙期间，发送器未检测到显性位，则检测到一个应答错误。

当任何节点检测到位错误、填充错误、形式错误或应答错误时，则由该节点在下一位开始发送错误标志；当检测到 CRC 错误时，出错帧在紧随 ACK 界定符后的那位开始发送，除非其他出错条件的出错帧已经开始发送。

2. 节点错误状态

应用上述机制检测到错误后，一个出错帧就会被发出，当前发送中断，下次发送通过另一次仲裁过程开始。如果一个有故障的网络节点对报文的解码有误，使用出错帧方式进行错误处理会牵累总线，甚至产生阻塞。由于这个原因，每个节点都会执行自监督。如果一定量的报文被判出错，网络节点会切换至所谓的“错误认可”状态，这时来自总线其他部分的报文就不会再被破坏。

CAN 总线中的任何一个节点，可能处于下列三种故障状态之一：错误激活、错误认可、总线脱离。

错误激活节点可以正常参与总线通信，并在检测到错误时发出一个主动错误标志。错误认可节点不允许发送主动错误标志，可以参与总线通信，但当检测到错误时，只能发出被动错误标志，而且发送后，错误认可节点在开始进一步发送前将等待一段附加时间（参见暂停发送说明）。处于总线脱离状态的节点，既不发送也不接收任何帧，即不允许对总线有任何的影响。

3. 错误界定规则

为了进行错误界定，总线上的每个单元中都设置有两个计数器，分别用于发送错误计数和接收错误计数。计数规则如下（在给定帧发送期间，可能用到多个规则）：

（1）接收器检测到一个错误，接收错误计数器加 1。但是，若在发送主动错误标志或超载标志期间检测到位错误，接收错误计数器不加 1。

（2）接收器在发送错误标志后的第一位检出一个显性位，接收错误计数器加 8。

（3）当发送器送出一个错误标志时，发送错误计数器值加 8。但有两个例外，一个是若发送器为错误认可，由于未检测到显性位应答或检测到一个应答错误，并且在送出其被动错误标志时，未检测到显性位；另一个是若由于仲裁期间发生的填充错误，发送器送出一个隐性位错误标志，但送出隐性，而检测到显性。在此两种情况下，发送错误计数器值不变。

（4）发送器发送主动错误标志或超载标志时，若检测到位错误，则发送错误计数器加 8。

（5）接收器发送主动错误标志或超载标志时，若检测到位错误，则接收错误计数器加 8。

（6）在发送主动错误标志、被动错误标志或超载标志后，任何节点都允许最多 7 个连续的显性位。在检测的第 11 个连续的显性位后（在主动错误标志或超载标志情况下），或紧随被动错误标志检测到第 8 个连续的显性位后，以及附加的 8 个连续的显性位的每个序列后，每个发送器的发送错误计数器加 8，且每个接收器的接收错误计数器也加 8。

（7）成功发送一帧后（得到应答，并且直至帧结束未出现错误），发送错误计数器减 1，除非已经为 0。

（8）成功接收一帧后（直至 ACK 间隙均无错误地接收，并成功送出 ACK 位），若接收错误计数器的值介于 1～127 之间，则其值减 1；若接收错误计数器值是 0，则仍保持为 0；若大于 127，则将其值记为 119～127 之间的某个数值。

4. 节点状态转换

当发送错误计数器值大于 127 时，或当接收错误计数器值大于 127 时，节点进入“错误认可”状态。导致节点成为“错误认可”的错误条件使节点发出主动错误标志。当发送错误计数器值和接收错误计数器值均小于或等于 127 时，“错误认可”的节点重新变为“错误激活”节点。当发送错误计数器值大于 255 时，节点为“总线脱离”状态。在监测到 128 次出现 11 个连续隐性位之后，“总线脱离”节点将变为“错误激活”节点，该节点的两个错误计数器值也被设置为 0。图 5-11 给出了节点状态转换图。

如果系统起动期间，只有一个节点在线，该节点发送帧后，将得不到应答，检出错误并重发该帧。由此，节点会变为“错误认可”，而不会进入“总线脱离”状态。

关闭或处于“总线脱离”状态的节点，必须通过启动子程序进入运行，以便在开始发送前，同已经有效的节点同步。

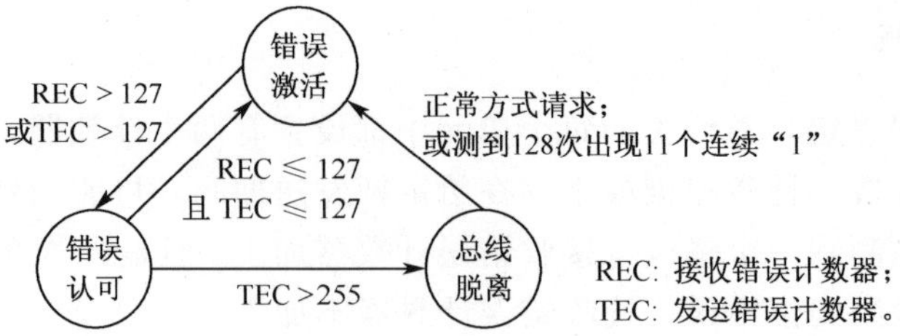

图 5-11　节点状态转换图

5.3.7　位定时与同步

1. 位时间组成

位时间是指发送一位的持续时间，用 t_B 表示。位速率为一理想的发送器在没有重新同步的情况下每秒发送的数据位数，用 t_R 表示。通常情况下，位时间是位速率的倒数，即

$$t_B = 1/t_R \tag{5-2}$$

位时间可划分为 4 个互不重叠的时间段，即同步段、传播段、相位缓存段 1 和相位缓存段 2，如图 5-12 所示。

图 5-12　位时间组成

位时间的同步段用于同步总线上各个节点，为此该段内要有一个跳变沿。传播段用于补偿网络内的物理延迟时间。该延迟时间是信号在总线上传播时间、输入比较器延迟和输出驱动器延迟之和的两倍。相位缓冲段 1 和相位缓冲段 2 用于补偿沿的相位误差，通过重同步，这两个时间段可以延长或缩短。

采样点是这样一个时点，在此点上，读总线电平，并将其解释为相应位数值。采样点位于相位缓冲段 1 的终点。信息处理时间始于采样点，保留用作计算子序列位电平。

位时间按时间份额（TQ）进行编程设置。时间份额是由节点的振荡器周期推出的固定时间单元，一般取作振荡周期的整数倍。设节点的时间份额最小值为 $t_{\min}$，用于对 TQ 的长度进行编程调整的整数分度值为 m，CAN 协议中 m 的可取值范围为 1～32，则时间份额的长度可由下式表示：

$$TQ = mt_{\min} \tag{5-3}$$

组成位时间的各时间段长度分别为：同步段长度为 1 个 TQ；传播段的长度可编程为 1～8 个 TQ；相位缓冲段 1 的长度可编程为 1～8 个 TQ；相位缓冲段 2 的长度为相位缓冲段 1 和信息处理时间的最大值；信息处理时间小于或等于 2 个 TQ。

在位时间中，时间份额总数必须被编程为至少 8～25 个，下面给出一个位时间设置

实例。

【例 5-1】 CAN 总线的速率为 500kbps，节点的时钟频率为 5MHz。假设驱动延迟为 30ns，接收延迟为 50ns，总线传播延迟为 220ns。试写出一种位时间组成。

解 根据已知条件，总的延迟为 300ns，取 $t_{min}=1/5\text{MHz}=200\text{ns}$，$m=1$，则

$$TQ = m \times t_{min} = 200\text{ns}$$

设置 CAN 总线的位时间为 $10TQ$，即 2000ns。满足条件的时间段配置如下：

同步段：$1TQ$；

传播段：$5TQ$；

相位缓冲段 1：$2TQ$；

相位缓冲段 2：$2TQ$。

2. 同步

为补偿总线上各节点时钟振荡器频率之间的相移，每一个 CAN 控制器必须能够与输入信号的相关信号沿同步。当检测到发送数据中的跳变沿，逻辑电路将跳变沿的位置与所期望的时间段（同步段）进行比较。随后电路将对相位缓冲段 1 和相位缓冲段 2 的值作必要调整。硬同步和重同步是 CAN 使用的两种同步形式。

(1) 硬同步。硬同步后，内部的位时间从同步段重新开始。因此，硬同步强迫由于硬同步引起的跳变沿处于重新开始的位时间同步段之内。

(2) 重同步跳转宽度。重同步的结果使相位缓冲段 1 延长，或使相位缓冲段 2 缩短。这两个相位缓冲段的延长时间或缩短时间上限由重同步跳转宽度（SJW）给定。SJW 可编程设置在 1～4 个 TQ。如例 5-1 中，SJW 可设置为 $2TQ$。

时钟信息可以从一位数值到另一位数值的跳转获得。根据位填充规则，总线上出现的连续相同位的最大位数是确定的。这一特性使总线单元在帧内重同步位流成为可能。可用于重同步的两个跳变之间的最大长度为 29 个位时间。

(3) 沿相位误差。边沿的相位误差 e 由相对于同步段边沿的位置给出，以时间份额度量。相位误差的符号定义如下：

$e=0$，边沿位于同步段内；

$e>0$，边沿位于采样点之前；

$e<0$，边沿位于前一位的采样点之后。

(4) 重同步。当引起重同步沿的相位误差小于或等于重同步跳转宽度的设定值时，重同步的作用与硬件同步相同。当相位误差大于重同步跳转宽度时，如果相位误差 $e>0$，则相位缓冲段 1 被延长，延长的数量等于重同步跳转宽度；如果相位误差 $e<0$，则相位缓冲段 2 被缩短，缩短的数量等于重同步跳转宽度。

(5) 同步规则。硬同步和重同步是同步的两种形式，它们遵循以下规则：

① 在一个位时间内只允许一种同步。

② 只要在采样点之前检测到的数值（先前读总线数值）不同于边沿后即现的总线数值，边沿将被用于同步。

③ 总线空闲期间，当存在一个隐性位至显性位的跳变时，即完成一次硬同步。

④ 符合规则①和规则②的其他隐性位至显性位的跳变沿都将被用于重同步。例外

情况是，对于具有正相位误差的隐性位至显性位的跳变沿，只要隐性位至显性位的跳变沿被用于重同步，发送显性位的节点将不执行重同步。

5.3.8　CAN 总线的电气连接

假设在总线上连接着多个节点（汽车中常将每个 ECU 作为一个节点），如图 5-13 所示，总线的每个末端均接有以 R_T 表示的抑制反射的终端负载电阻，而位于节点内部的 R_T 应予取消。总线驱动可采用单线上拉、单线下拉或双线驱动，接收采用差分比较器。

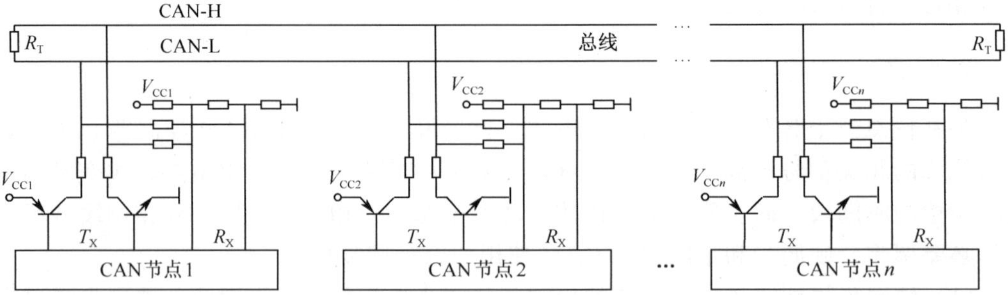

图 5-13　ISO11898 建议的电气连接

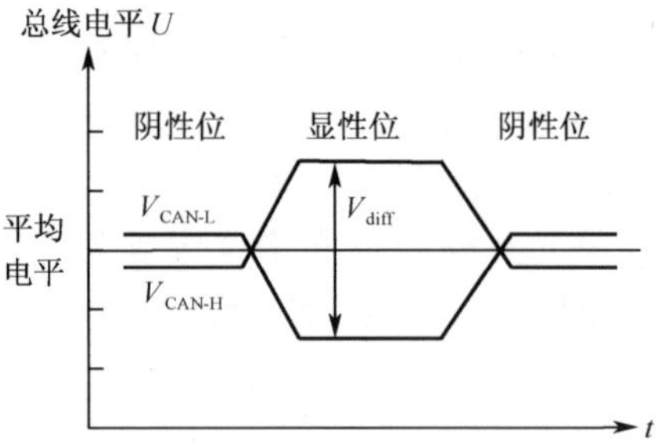

图 5-14　CAN 总线的位电平表示

CAN 总线采用 NRZ 编码方法。总线电平用显性和隐性表示。“显性（Dominant）”表示逻辑数值“0”，而“隐性（Recessive）”表示逻辑数值“1”。设 V_{CAN-H}、V_{CAN-L} 分别表示总线输出电压，V_{diff} 表示总线差分输出电压。则显性状态以大于最小阈值的差分电压 V_{diff} 表示，而隐性状态的 V_{CAN-H} 和 V_{CAN-L} 被固定于平均电平，V_{diff} 近似为 0。总线上的位电平如图 5-14 所示。

总线电平是根据各节点电平，通过“线与”机制来获得的，其工作原理如图 5-15 所示。若所有节点的晶体管均被关闭，则总线处于隐性状态。此时总线的平均电压由具有高内阻的每个节点的电压源产生。

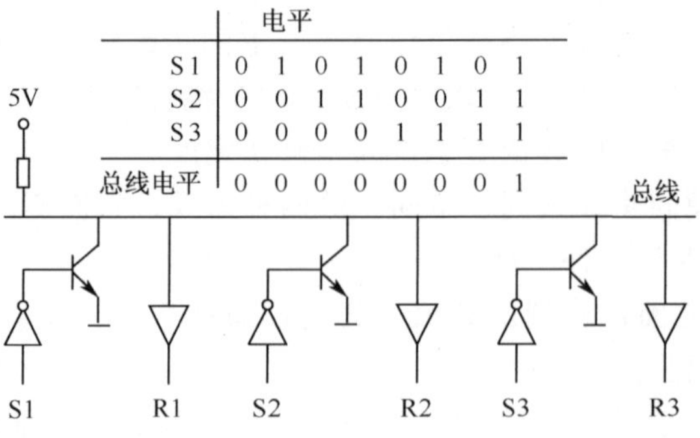

图 5-15　基于“线与”机制的总线电平实现原理

CAN 总线上连接节点的最大数量取决于总线驱动器。最大传输距离与数据传输速率有关，表 5-2 给出了最大总线长度与传输速率之间的关系。

表 5-2　CAN 总线长度与传输速率之间的关系

传输速率	推荐最大总线长度	传输速率	推荐最大总线长度
1Mbps	40m	125kbps	500m
500kbps	100m	20kbps	2500m
250kbps	250m		

5.4　CAN 控制器

在前几节里，介绍了 CAN 的基本概念及其规范。CAN 控制器用于实现上述 CAN 协议，对外提供与微处理器物理线路的接口。通过对它的编程，微处理器可以设置它的工作方式，控制它的工作状态，进行数据的发送和接收，把应用层建立在它的基础之上。而 CAN 控制器和物理总线之间的接口是由 CAN 收发器完成的。

5.4.1　CAN 控制器选型

为适应汽车工业需要，许多知名半导体厂家研制了 CAN 控制器和收发器芯片，如见表 5-3 所示。所有通信控制器都可独立进行帧编码和数据存储。

表 5-3　CAN 控制器及收发器表

制造商	产品型号	符合协议	功能	集成于微处理器	强接收过滤	备注
Philips	82C200	2.0 A	通信控制器			
Philips	SJA1000	2.0 B	通信控制器			
Philips	8XC592	2.0 A	通信控制器	√		
Siemens	81C90	2.0 A	通信控制器		√	
Microchip	MCP2515	2.0 B	通信控制器		√	
Siemens	51C806	2.0 A	通信控制器	√	√	
Motorola	68HC05X4	2.0 A	通信控制器	√	√	
Motorola	68HC16	2.0 B	通信控制器	√	√	
Philips	PCA82C250	ISO 11898	总线收发器			高速
Philips	PCA82C252	ISO 11898	总线收发器			容错
Philips	TJA1050	ISO 11898	总线收发器			高速
Philips	TJA1054	ISO 11898	总线收发器			容错
Microchip	MCP2551	ISO 11898	总线收发器			高速

根据芯片中是否有微处理器，可将 CAN 协议控制器分为独立式和嵌入式两类。

独立式：芯片仅包含 CAN 控制器。对于独立式 CAN 协议控制器，根据其与 CPU 的连接方式不同，可分为并行和串行两大类。

嵌入式：芯片包含 CAN 控制器及某些形式的集成微处理器，采用此类芯片可以减小应用系统的体积，但移植不如独立式方便。

5.4.2* CAN 控制器 SJA1000

SJA1000CAN 控制器主要用于汽车和普通工业环境中的区域网络控制，它是 Philips 半导体公司 PCA82C200 CAN 控制器（BasicCAN）的替代产品，而且它增加了一种新的操作方式——PeliCAN，这种方式支持具有很多新特性的 CAN 2.0B 协议。

1. SJA1000 的内部结构

SJA1000 的内部结构和引脚如图 5-16 所示，主要由以下几个部分组成：

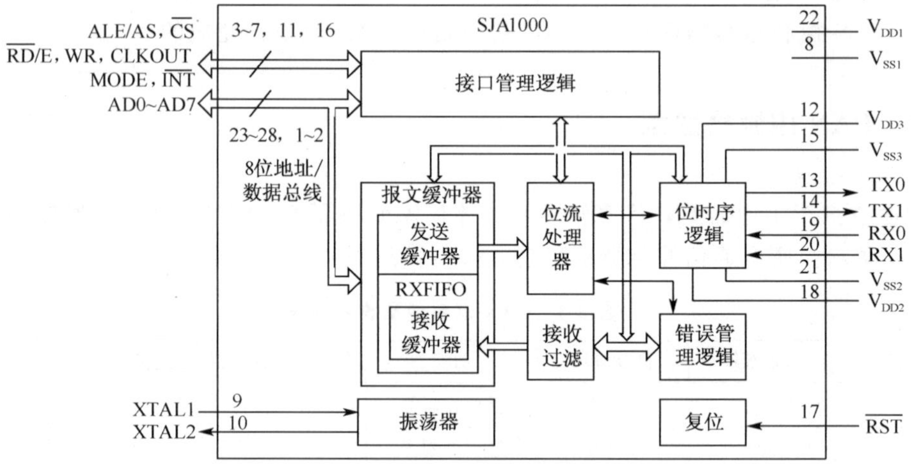

图 5-16 SJA1000 的内部结构方框图

（1）接口管理逻辑。接口管理逻辑（IML）解释来自 CPU 的命令，控制 CAN 寄存器的寻址，向主控制器提供中断信息和状态信息。

（2）发送缓冲器。发送缓冲器（TXB）是 CPU 和位流处理器（BSP）之间的接口，能够存储发送到 CAN 网络上的完整报文。缓冲器长 13 个字节，由 CPU 写入，BSP 读出。

（3）接收缓冲器。接收缓冲器（RXB）是接收过滤器和 CPU 之间的接口，用来接收 CAN 总线上的报文，并存储接收到的报文。接收缓冲器（RXB，13 个字节）作为接收 FIFO（RXFIFO，64 个字节）的一个窗口，可被 CPU 访问。CPU 在 FIFO 的支持下，可以在处理报文的时候接收其他报文。

（4）接收过滤器。接收过滤器（ACF）把其中的数据和接收的标识符相比较，以决定是否接收报文。在纯粹的接收测试中，所有的报文都保存在 RXFIFO 中。

(5) 位流处理器。位流处理器（BSP）是一个在发送缓冲器、RXFIFO 和 CAN 总线之间控制数据流的序列发生器。它还在 CAN 总线上执行错误检测、仲裁、位填充和错误处理。

(6) 位时序逻辑。位时序逻辑（BTL）监视串行 CAN 总线，并处理与总线有关的位定时。在报文开始，由隐性到显性的变换同步 CAN 总线上的位流（硬同步），接收报文时再次同步下一次传送（软同步）。BTL 还提供了可编程的时间段来补偿传播延迟时间、相位转换、定义采样点和每一位的采样次数。

(7) 错误管理逻辑。错误管理逻辑（EML）负责传送层模块的错误界定。它接收 BSP 的出错报告，并把错误统计数字通知 BSP 和 IML。

2. SJA1000 的 BasicCAN 工作方式

在 BasicCAN 方式中，SJA1000 对于微控制器而言相当于是 I/O 器件，主控制器对其像操作 RAM 一样进行操作。BasicCAN 的地址分配如表 5-4 所示。

表 5-4　SJA1000 BasicCAN 方式寄存器地址分配表

CAN 地址	段	工作模式		复位模式	
		读	写	读	写
0	控制	控制	控制	控制	控制
1		(FFH)	命令	(FFH)	命令
2		状态	—	状态	—
3		中断	—	中断	—
4		(FFH)	—	验收代码	验收代码
5		(FFH)	—	验收屏蔽	验收屏蔽
6		(FFH)	—	总线定时 0	总线定时 0
7		(FFH)	—	总线定时 1	总线定时 1
8		(FFH)	—	输出控制	输出控制
9		测试	测试	测试	测试
10	发送缓冲器	标识符（10～3）	标识符（10～3）	(FFH)	—
11		标识符（2～0） RTR 和 DLC	标识符（2～0） RTR 和 DLC	(FFH)	—
12		数据字节 1	数据字节 1	(FFH)	—
13		数据字节 2	数据字节 2	(FFH)	—
14		数据字节 3	数据字节 3	(FFH)	—
15		数据字节 4	数据字节 4	(FFH)	—
16		数据字节 5	数据字节 5	(FFH)	
17		数据字节 6	数据字节 6	(FFH)	
18		数据字节 7	数据字节 7	(FFH)	
19		数据字节 8	数据字节 8	(FFH)	

续表

CAN 地址	段	工作模式		复位模式	
		读	写	读	写
20	接收缓冲器	标识符（10～3）	标识符（10～3）	标识符（10～3）	标识符（10～3）
21		标识符（2～0） RTR 和 DLC	标识符（2～0） RTR 和 DLC	标识符（2～0） RTR 和 DLC	标识符（2～0） RTR 和 DLC
22		数据字节 1	数据字节 1	数据字节 1	数据字节 1
23		数据字节 2	数据字节 2	数据字节 2	数据字节 2
24		数据字节 3	数据字节 3	数据字节 3	数据字节 3
25		数据字节 4	数据字节 4	数据字节 4	数据字节 4
26		数据字节 5	数据字节 5	数据字节 5	数据字节 5
27		数据字节 6	数据字节 6	数据字节 6	数据字节 6
28		数据字节 7	数据字节 7	数据字节 7	数据字节 7
29		数据字节 8	数据字节 8	数据字节 8	数据字节 8
30		（FFH）	—	（FFH）	—
31		时钟分频器	时钟分频器	时钟分频器	时钟分频器

在这种方式中，SJA1000 的地址区可分为控制段和报文缓冲区。控制段在 SJA1000 初始化加载时，是可被编程配置通信参数的（如位定时等）。微控制器也是通过这个段来控制 CAN 总线上的通信的。在初始化时，CLKOUT 信号可以通过对微控制器编程指定一个值。

待发送的报文会被写入发送缓冲器。成功接收报文后，微控制器从接收缓冲器中读取接收到的报文，然后释放空间以便下一步应用。

微控制器和 SJA1000 之间状态、控制和命令信号的交换都是在控制段中完成的。初始加载后，寄存器的接收代码、接收屏蔽、总线时序寄存器 0 和 1 以及输出控制就不能改变了。只有控制寄存器的复位位被置高时，才可以访问这些寄存器。

根据对控制寄存器的配置，可使 SJA1000 处于复位模式或工作模式，这两种模式所访问寄存器是不同的，详细见表 5-4。

复位模式：检测到有复位请求后，将中止当前接收/发送的报文而进入复位模式。当硬件复位或控制器掉线时会自动进入复位模式。

工作模式：工作模式是通过控制寄存器（CR）的复位位激活的，一旦向复位位传送了“1→0”的下降沿，CAN 控制器将返回到工作模式。

3. SJA1000 的 PeliCAN 工作方式

在 PeliCAN 工作方式下，CAN 控制器的内部寄存器对 CPU 来说，是以外部寄存器形式存在的。因为 CAN 控制器可在不同模式（工作/复位）下运行，所以必须要区分两种不同内部地址的定义。从 CAN 地址 32 起，所有的内部 RAM（80 字节）被映像为 CPU 的接口。PeliCAN 方式的地址分配见表 5-5。

表 5-5 PeliCAN 地址分配[1]

CAN地址	工作模式下的寄存器 读		工作模式下的寄存器 写		复位模式下的寄存器 读	复位模式下的寄存器 写
0	模式		模式		模式	模式
1	(00H)		命令		(00H)	命令
2	状态		—		状态	—
3	中断		—		中断	—
4	中断使能		中断使能		中断使能	中断使能
5	保留(00H)		—		保留(00H)	—
6	总线定时 0		—		总线定时 0	总线定时 0
7	总线定时 1		—		总线定时 1	总线定时 1
8	输出控制		—		输出控制	输出控制
9	检测		检测[2]		检测	检测[2]
10	保留(00H)		—		保留(00H)	—
11	仲裁丢失捕捉		—		仲裁丢失捕捉	—
12	错误代码捕捉		—		错误代码捕捉	—
13	错误报警限制		—		错误报警限制	错误报警限制
14	RX 错误计数器		—		RX 错误计数器	RX 错误计数器
15	TX 错误计数器		—		TX 错误计数器	TX 错误计数器
16	RX 帧报文 SFF[3]	RX 帧报文 EFF[3]	TX 帧报文 SFF	TX 帧报文 EFF	验收代码 0	验收代码 0
17	RX 识别码 1	RX 识别码 1	TX 识别码 1	TX 识别码 1	验收代码 1	验收代码 1
18	RX 识别码 2	RX 识别码 2	TX 识别码 2	TX 识别码 2	验收代码 2	验收代码 2
19	RX 数据 1	RX 识别码 3	TX 数据 1	TX 识别码 3	验收代码 3	验收代码 3
20	RX 数据 2	RX 识别码 4	TX 数据 2	TX 识别码 4	验收屏蔽 0	验收屏蔽 0
21	RX 数据 3	RX 数据 1	TX 数据 3	TX 数据 1	验收屏蔽 1	验收屏蔽 1
22	RX 数据 4	RX 数据 2	TX 数据 4	TX 数据 2	验收屏蔽 2	验收屏蔽 2
23	RX 数据 5	RX 数据 3	TX 数据 5	TX 数据 3	验收屏蔽 3	验收屏蔽 3
24	RX 数据 6	RX 数据 4	TX 数据 6	TX 数据 4	保留(00H)	—
25	RX 数据 7	RX 数据 5	TX 数据 7	TX 数据 5	保留(00H)	—
26	RX 数据 8	RX 数据 6	TX 数据 8	TX 数据 6	保留(00H)	—
27	FIFO RAM[4]	RX 数据 7	—	TX 数据 7	保留(00H)	—
28	FIFO RAM[4]	RX 数据 8	—	TX 数据 8	保留(00H)	—
29	RX 报文计数器		—		RX 报文计数器	—
30	RX 缓冲器起始地址(RBSA)		—		RX 缓冲器起始地址	RX 缓冲器起始地址
31	时钟分频器		时钟分频器[5]		时钟分频器	时钟分频器
32	内部 RAM 地址 0(FIFO)		—		内部 RAM 地址 0	内部 RAM 地址 0

续表

CAN 地址	工作模式下的寄存器		复位模式下的寄存器	
	读	写	读	写
33	内部 RAM 地址 1(FIFO)	—	内部 RAM 地址 1	内部 RAM 地址 1
…	…	…	…	…
95	内部 RAM 地址 63(FIFO)	—	内部 RAM 地址 63	内部 RAM 地址 63
96	内部 RAM 地址 64(TX 缓冲器)	—	内部 RAM 地址 64	内部 RAM 地址 64
…	…	…	…	…
108	内部 RAM 地址 76(TX 缓冲器)	—	内部 RAM 地址 76	内部 RAM 地址 76
109	内部 RAM 地址 77(空闲)	—	内部 RAM 地址 77	内部 RAM 地址 77
110	内部 RAM 地址 78(空闲)	—	内部 RAM 地址 78	内部 RAM 地址 78
111	内部 RAM 地址 79(空闲)	—	内部 RAM 地址 79	内部 RAM 地址 79
112	(00H)	—	(00H)	—
…	…	…	…	…
127	(00H)	—	(00H)	—

注：① 须特别指出的是，在 CAN 的高端地址区的寄存器是重复的（CPU8 位地址的最高位不参与解码，即 CAN 地址 128 和地址 0 是连续的）。

② 测试寄存器只用于产品测试，正常工作时使用这个寄存器会使设备产生不可预料的行为。

③ SFF 是指标准帧格式，EFF 是指扩展帧格式。

④ 这些地址分配反映当前报文之后的 FIFO RAM 空间。上电后的内容是随机的且包含了当前接收报文的下一条报文的开头。如果没有报文要接收，这里会出现部分旧的报文。

⑤ 一些位在复位模式中是只写的（CAN 模式、CBP、RXINTEN 和时钟关闭）。

4. SJA1000 的位定时

关于 SJA1000 的详细介绍请参看其芯片手册，这里我们仅就难度较大的位定时设置方面的内容进行介绍。SJA1000 的位定时主要由总线定时寄存器 0 和总线定时寄存器 1 完成。

(1) 总线定时寄存器 0（BTR0）。BTR0 定义了波特率预设值（BRP，Baud Rate Prescaler）和同步跳转宽度（SJW）的值，复位模式有效时，这个寄存器是可以被读/写的。如果选择的是 PeliCAN 方式此寄存器在工作模式中是只读的，在 BasicCAN 方式中总是 FFH。BTR0 的位功能说明如表 5-6 所示。

表 5-6　总线定时寄存器 0 的位功能说明

BIT 7	BIT 6	BIT 5	BIT 4	BIT 3	BIT 2	BIT 1	BIT 0
SJW. 1	SJW. 0	BRP. 5	BRP. 4	BRP. 3	BRP. 2	BRP. 1	BRP. 0

①BIT5～BIT0：波特率预设值位域。

CAN 系统时钟 t_{SCL} 的计算公式如下：

$$t_{SCL} = 2t_{CLK} \times (32 \times BRP.5 + 16 \times BRP.4 + 8 \times BRP.3 + 4$$

$$\times BRP.2 + 2 \times BRP.1 + BRP.0 + 1) \tag{5-4}$$

这里 t_{CLK} = XTAL 的振荡周期 = $1/f_{XTAL}$。

②BIT7～BIT6：同步跳转宽度位域。

为了补偿在不同总线控制器的时钟振荡器之间的相位偏移，任何总线控制器必须在当前传送的相关信号边沿重新同步。同步跳转宽度 t_{SJW} 定义了每一位周期可以被重新同步缩短或延长的时钟周期的最大数目，它与 SJW 位域的关系为

$$t_{SJW} = t_{SCL} \times (2 \times SJW.1 + SJW.0 + 1) \tag{5-5}$$

（2）总线定时寄存器 1（BTR1）。如表 5-7 所示，BTR1 定义了每个位周期的长度、采样点的位置和在每个采样点的采样数目。在复位模式中，这个寄存器可以被读/写访问。在 PeliCAN 方式的工作模式中，这个寄存器是只读的，在 BasicCAN 方式中总是“FFH”。

表 5-7　总线定时寄存器 1 的各位功能说明

BIT 7	BIT 6	BIT 5	BIT 4	BIT 3	BIT 2	BIT 1	BIT 0
SAM	TSEG2. 2	TSEG2. 1	TSEG2. 0	TSEG1. 3	TSEG1. 2	TSEG1. 1	TSEG1. 0

①BIT7：采样位（SAM）。

SAM=1：三次。总线采样三次，建议在低/中速总线（SAE A 和 B 类）上使用，这对过滤总线上的毛刺是有益的。

SAM=0：单次。总线采样一次，建议应用在高速总线上（SAE C 类）。

②BIT6～BIT4；BIT3～BIT0：时间段 1（TSEG1）位域和时间段 2（TSEG2）位域。

这两个时间段决定了每一位的时钟周期数目和采样点的位置。这里

$$t_{SYNSEG} = 1 \times t_{SCL} \tag{5-6}$$

$$t_{TSEG1} = t_{SCL} \times (8 \times TSEG1.3 + 4 \times TSEG1.2 + 2 \times TSEG1.1 + TSEG1.0 + 1) \tag{5-7}$$

$$t_{TSEG2} = t_{SCL} \times (4 \times TSEG2.2 + 2 \times TSEG2.1 + TSEG2.0 + 1) \tag{5-8}$$

【例 5-2】　假设 CAN 所接外部时钟的振荡频率为 f_{XTAL} = 16MHz，BTR0 = 43H = 0100 0011B，BTR1 = 2FH = 0010 1111B。试计算 CAN 的系统时钟、同步跳转宽度、位周期、通信波特率等。

解　已知 f_{XTAL} = 16MHz，则时钟振荡周期为 $t_{CLK} = 1/f_{XTAL} = 1/(16\times10^6)\text{s}$。

1）系统时钟

根据式（5-4），系统时钟 t_{SCL} 为

$$t_{SCL} = 2 \times \frac{1}{16 \times 10^6} \times (32 \times 0 + 16 \times 0 + 8 \times 0 + 4 \times 0 + 2 \times 1 + 1 + 1) = 0.5(\mu s)$$

2）同步跳转宽度

为补偿不同总线控制器时钟振荡器之间的相移，任何总线控制器必须同步于当前进行发送的相关信号沿。由式（5-5）可得同步跳转宽度 t_{SJW} 为

$$t_{SJW} = t_{SCL} \times (2 \times 0 + 1 + 1) = 2t_{SCL} = 1\mu s$$

3）同步段、时间段 1 和时间段 2

由式（5-6）～（5-8）得 $t_{SYNCSEG}$、t_{TSEG1} 和 t_{TSEG2}：

$$t_{SYNSEG} = t_{SCL} = 0.5\mu s$$

$$t_{TSEG1} = t_{SCL} \times (8 \times 1 + 4 \times 1 + 2 \times 1 + 1 + 1) = 16\, t_{SCL} = 8\mu s$$

$$t_{TSEG2} = t_{SCL} \times (4 \times 0 + 2 \times 1 + 0 + 1) = 3t_{SCL} = 1.5\mu s$$

4）位周期和通信波特率

位周期

$$T = t_{SYNCSEG} + t_{TSEG1} + t_{TSEG2} = t_{SCL} + 16t_{SCL} + 3t_{SCL} = 10\mu s$$

通信波特率

$$f = 1/T = 1/(10 \times 10^{-6}) = 10^5(\text{bit/s}) = 100\text{kbps}$$

5.4.3 CAN 控制器 MCP2515

MCP2515CAN 控制器可用于汽车和普通工业环境中的区域网络控制，完全支持具有很多新特性的 CAN 2.0B 协议。该器件能发送和接收标准帧、扩展帧以及远程帧。MCP2515 自带的两个验收屏蔽寄存器和六个验收过滤寄存器可以过滤掉不想要的报文，因此减少了主控制器的开销。MCP2515 与主控制器的连接是通过业界标准串行外设接口（SPI，Serial Peripheral Interface）来实现的。MCP2515 的内部结构及引脚如图 5-17 所示。

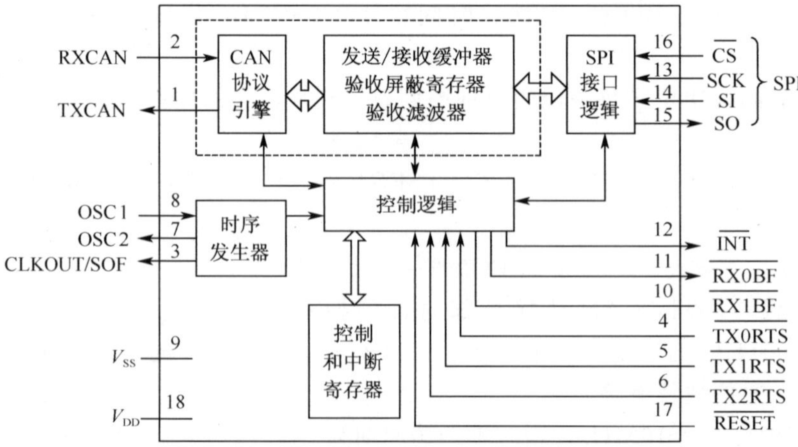

图 5-17　MCP2515 的内部结构方程图

1. MCP2515 的 CAN 报文收发控制

（1）报文发送。MCP2515 采用三个发送缓冲器。每个发送缓冲器占用 14 字节的 SRAM，并映射到器件存储器中。其中第一个字节 TXBnCTRL 是发送缓冲器 n 的控制寄存器，该寄存器中的信息决定了报文在何种条件下发送，并在报文发送时指示其状态。用 5 个字节来装载标准和扩展标识符以及其他报文仲裁信息，这 5 个字节依次为发送缓冲器 n 的标准标识符高位（TXBnSIDH）、标准标识符低位（TXBnSIDL）、扩展标识符高位（TXBnEID8）、扩展标识符低位（TXBnEID0）、数据长度码（TXBnDLC）。最后8个字节用于装载等待发送报文的8个可能的数据字节m（TXBnDm）。在发送时，至少须将TXBnSIDH、TXBnSIDL和TXBnDLC寄存器装载上数据。如果报文包含数据字节，还需要对TXBnDm寄存器进行装载。若报文采用扩展标识符，应对TXBnEIDm寄存器进行装载，并将“扩展标识符使能位”（TXBnSIDL. EXIDE）置1。在报文发送之前，MCU应对CANINTE. TXInE位进行初始化，以便在报文发送时使能或禁止中断的产生。

MCP2515提供了内部优先级，它表示在MCP2515内部等待发送报文的优先级。它与CAN协议中固有的报文仲裁优先级无关。发送优先级分为4个等级。如果某个发送缓冲器的TXBnCTRL. TXP〈1∶0〉设定为11，该发送缓冲器具有最高的发送优先级，设定为00，则发送优先级最低。在发送帧起始SOF之前，器件将所有等待发送报文的发送缓冲器的优先级进行比较，具有较高优先级的发送缓冲器将首先发送。例如，发送缓冲器0的优先级比发送缓冲器1高，发送缓冲器0将首先发送。如果两个发送缓冲器的优先级相同，编号较高的发送缓冲器将优先发送。例如，发送缓冲器1与发送缓冲器0的优先级相同，缓冲器1将优先发送。

通过将报文发送请求位（TXBnCTRL. TXREQ）置1，可以启动MCP2515发送相应发送寄存器内的报文。启动发送方式有三种，分别为：利用SPI写命令写寄存器；通过SPI发送RTS命令；将要发送报文的发送缓冲器的引脚状态位（TXnRTS）置为低电平。

通过SPI接口启动报文发送后，可以同时将TXREQ位和TXP优先级控制位置1。当TXBnCTRL. TXREQ位置1后，报文发送中止标志位（TXBnCTRL. ABTF）、报文仲裁失败位（TXBnCTRL. MLOA）和检测到发送错误位（TXBnCTRL. TXERR）都将被自动清零。报文发送成功后，TXBnCTRL. TXREQ位将被清零，CANINTF. TXnIF位置1，若CANINTE. TXnIE位被置1，即允许产生发送结束中断，将产生中断。若报文发送失败，TXBnCTRL. TXREQ将保持为1，表明该报文仍在等待发送。此时：

①如果报文已开始发送但发生错误，TXBnCTRL. TXERR和CANINTF. MERRF位将被置1，此时在CANINTE. MERRE位置1后，器件将在$\overline{\text{INT}}$引脚产生中断。

②若发送报文总线仲裁失败，TXBnCTRL. MLOA位将被置1。

MCP2515控制器还提供一种单触发模式，该模式确保了报文只会被发送一次。正常情况下，如果CAN报文仲裁失败或被出错帧损坏，报文会尝试再次发送。一旦单触发模式使能，报文只会发送一次，而不管仲裁失败或产生出错帧与否。单触发模式应用在确定性系统（如TTCAN）中以保持时间间隙。

MCU可通过将特定报文缓冲器中对应的TXBnCTRL. TXREQ位清零，请求中止该缓冲器中的报文发送。也可通过将中止所有当前报文发送位（CANCTRL. ABAT）置1来请求中止所有等待发送的报文。用户必须复位该位才可继续发送报文。只有在设定CANCTRL. ABAT位中止报文发送时，TXBnCTRL. ABTF标志才会被置1。通过复位TXREQ位中止报文发送，不会使ABTF位置1。图5-18给出了MCP2515的数据发送流程。

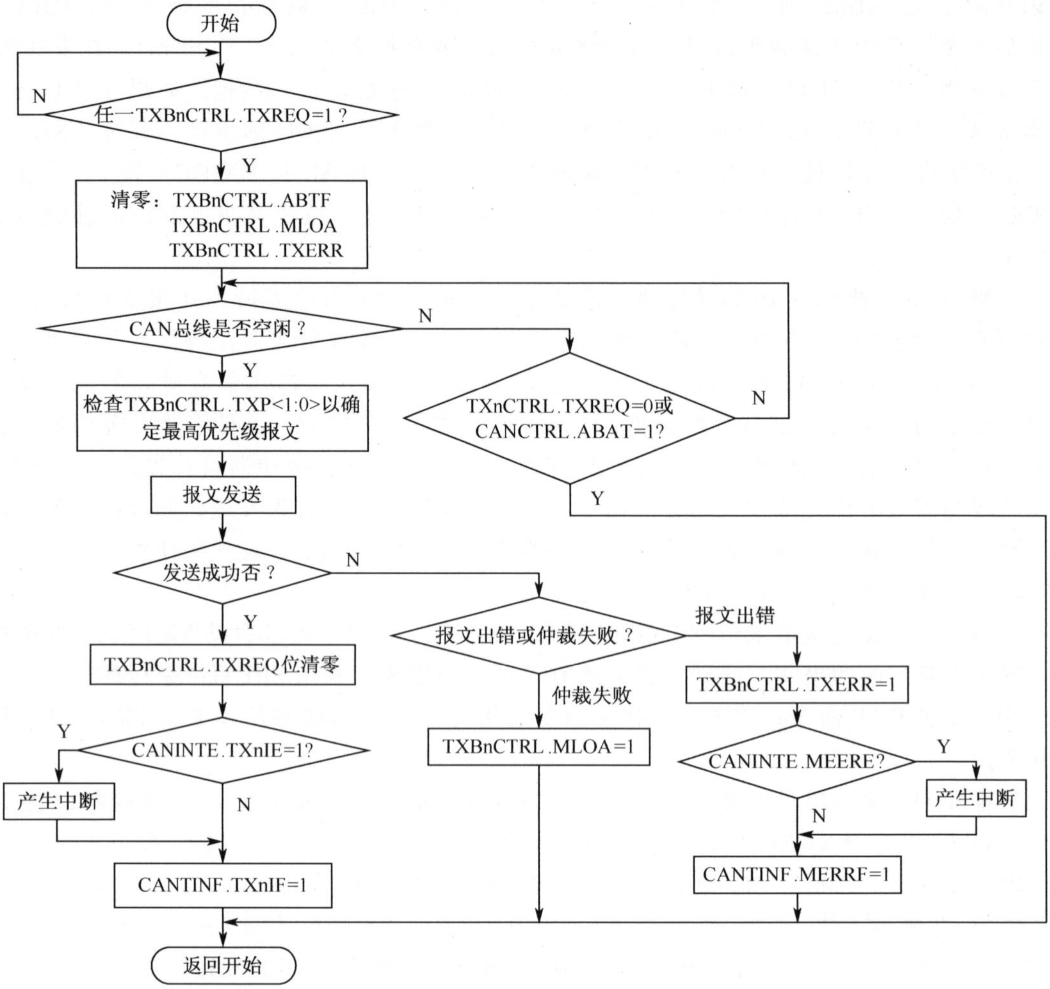

图 5-18　MCP2515 数据发送流程图

（2）报文接收。MCP2515 具有两个全接收缓冲器（RXB0、RXB1），每个接收缓冲器配备有多个验收过滤器。除上述专用接收缓冲器外，MCP2515 还具有一个单独的报文集成缓冲器（MAB，Message Assembly Buffer），可作为第三个接收缓冲器。

在 3 个接收缓冲器中，MAB 总能够接收来自总线的下一条报文。MAB 对接收到的报文进行组合，并将满足验收过滤器条件的报文传送至 RXBn 缓冲器。其余的两个接收缓冲器 RXB0 和 RXB1 可以通过 MAB 接收来自协议引擎的完整报文。当其中一个缓冲器处于接收等待或其内部保存着上一条接收到的报文时，MCU 可访问另一个缓冲器。

当报文传送至某一接收缓冲器时，与该接收缓冲器对应的 CANINTF. RXnIF 位将置 1。一旦缓冲器中的报文处理完毕，MCU 就必须将该位清零以接收下一条报文。该控制位提供的锁定功能确保 MCU 在尚未处理完上一条报文前，MCP2515 不会将新的报文载入接收缓冲器。如果 CANINTE. RXnIE 位被置 1，器件会在$\overline{\text{INT}}$引脚产生一个中断，显示收到报文有效。另外，如果被配置为接收缓冲器满中断引脚，与之相应的

RXnBF 引脚会被拉低。

RXB0 是具有较高优先级的接收缓冲器，配置有一个屏蔽过滤寄存器和两个验收过滤寄存器，接收到的报文首先在 RXB0 中进行屏蔽过滤。RXB1 是优先级较低的缓冲器，配置有一个屏蔽过滤寄存器和 4 个验收过滤寄存器。报文除了首先在 RB0 中进行屏蔽过滤外，由于 RB0 的验收过滤寄存器数量较少，因此 RB0 接受匹配条件更为严格，表明 RB0 具有较高的优先级。当报文被接收时，RXBnCTRL〈3：0〉位将显示使能该接收操作的验收过滤器的编号，以及接收到的报文是否为远程传输请求帧。

另外，可对 RXB0CTRL 寄存器进行配置以实现滚存功能。如果 RXB0 已包含一条有效报文并且接收到另一条有效报文，则报文不会发生溢出错误，新的报文会滚存到 RXB1 而不管 RXB1 是何种验收标准。

MCP2515 的 RXBnCTRL. RXM 位可以设定特殊的接收工作模式。这些位通常置为 00，以接收所有被验收过滤器认可的有效报文。在这种情况下，标准报文或扩展报文的接收与否取决于验收过滤寄存器中的 RFXnSIDL. EXIDE 控制位。如果 RXBnCTRL. RXM 位置为 01 或 10，接收缓冲器将分别只接收标准帧或扩展帧。如果验收过滤寄存器的 RFXnSIDL. EXIDE 位的设置不对应 RXBnCTRL. RXM 工作模式，验收过滤器将不起作用。上述两种由 RXBnCTRL. RXM 控制位决定的接收模式可用于总线上仅传输标准帧或扩展帧的系统。如果 RXBnCTRL. RXM 位置为 11，无论验收过滤器的值是什么，缓冲器都将接收所有的报文。同样，如果报文在帧结束前出错，在 MAB 中组合的出错前的那部分报文将被移入到缓冲器。该工作模式可在 CAN 系统调试时使用，一般不在实际系统环境中使用。

在 MCP2515 被使能接收之后，一旦 RXCAN 引脚检测到任一 CAN 报文开始，帧起始信号便会在 SOF 引脚上产生。RXCAN 引脚监控空闲总线上出现的从隐性位到显性位的变化边沿。如果显性条件始终保持直至采样点发生，MCP2515 视之为 SOF 信号并产生一个 SOF 脉冲。如果显性条件没有保持到采样点便发生，MCP2515 视之为总线干扰，不产生 SOF 信号。对于单触发工作模式，SOF 信号的一个用途是用于 TTCAN 总线。另外，通过监控 RXCAN 引脚和 SOF 引脚，MCU 能够检测到总线上出现的小干扰，从而在它们影响 CAN 通信之前，预测早期的总线物理故障。

$\overline{\text{INT}}$引脚可在多种情况下向 MCU 提供中断信号。除此之外，接收缓冲器满中断引脚（$\overline{\text{RX0BF}}$和$\overline{\text{RX1BF}}$）也可用来分别指示有效报文是否已经载入 RXB0 或 RXB1。这两个引脚有三种配置：

①禁止：BFPCTRL. BnBFE 位清零后，$\overline{\text{RXnBF}}$引脚被禁止，呈现高阻态。

②缓冲器满中断引脚：$\overline{\text{RXnBF}}$可配置为缓冲器满中断引脚或标准数字输出引脚。通过 BFPCTRL 寄存器可对这些引脚进行配置和状态查询。当设定为中断工作模式（BFPCTRL. BxBFE 和 BFPCTRL. BxBFM 位置 1），这些引脚为低电平有效，并且被映射到相应接收缓冲器的 CANINTF. RXnIF 位。当其中一个接收缓冲器 CANINTF. RXnIF 位变为高电平，表明有效报文已被载入接收缓冲器，相应的$\overline{\text{RXnBF}}$引脚将变为低电平。如果 CANINTF. RXnIF 位被 MCU 清零，相应的中断引脚进入逻辑高电平状态，直到下一条报文载入接收缓冲器。

③数字输出引脚：当引脚配置为数字输出引脚时，相应的接收缓冲器中的 BFPC-

TRL. BxBFM 位应被清零，而 BFPCTRL. BnBFE 位应被置 1。在这种工作模式下，引脚的状态由 BFPCTRL. BnBFS 位控制。BnBFS 位写入 1 时，将使相应的缓冲器满中断引脚输出高电平，写入 0 将使该引脚输出低电平。当引脚处于这种模式时，该引脚的状态只能通过位修改 SPI 命令来修改，以避免任何缓冲器满后中断引脚出现干扰。MCP2515 的接收程序流程图如图 5-19 所示。

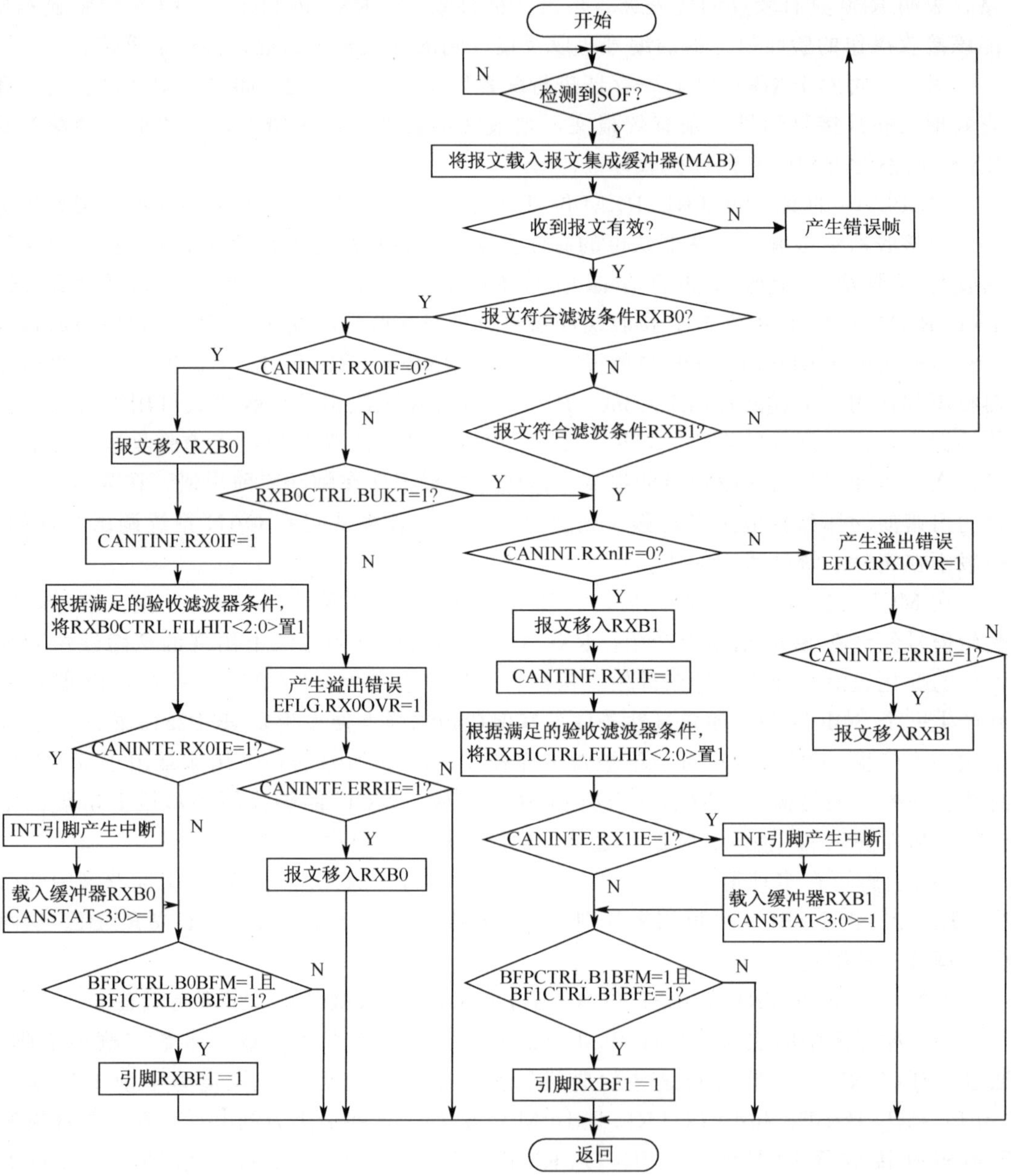

图 5-19　接收程序流程图

2. 报文验收过滤器及屏蔽寄存器

报文验收过滤器及屏蔽寄存器用来确定报文集成缓冲器中的报文是否应被载入接收缓冲器。只有在 MCP2515 处于配置模式时，才能对屏蔽和过滤寄存器中的内容进行修改。一旦接收到有效报文，报文中的标识符字段将与过滤寄存器中的值进行比较。如果两者匹配，该报文将被载入相应的接收缓冲器。

RXB0 接收缓冲器配备有验收过滤寄存器 RXF0 和 RXF1（以及过滤屏蔽寄存器 RXM0）。RXB1 配备有验收过滤寄存器 RXF2、RXF3、RXF4、RXF5 和过滤屏蔽寄存器 RXM1。接收到的报文与过滤器匹配与否取决于 RXBnCTRL 寄存器中的 FILHIT 位。

如果接收报文符合一个以上过滤寄存器的接受条件，FILHIT 位中的二进制代码将反映其中编号最小的过滤寄存器。例如，如果过滤器 RXF2 和 RXF4 同时与接收报文匹配，FILHIT 中将装载 RXF2 编码值。这实际上为编号较小的验收过滤寄存器赋予了较高的优先级。接收报文将按照编号升序依次与过滤寄存器进行匹配比较。这意味着 RXB0 的优先级比 RXB1 高。

3. MCP2515 错误检测

MCP2515 包含两个错误计数器：接收错误计数器（REC）和发送错误计数器（TEC）。MCU 可以读取这两个计数器的值，计数器根据 CAN 总线规范进行增减计数。如果这两个错误计数器的值同时低于被动错误限定值 128，MCP2515 将处于主动错误状态。当至少有一个错误计数器的值大于等于 128 时，器件将处于被动错误状态。如果 TEC 的值超过总线关闭限定值 255，器件将转为总线关闭状态，直至接收到总线关闭恢复序列。总线关闭恢复系列由重复 128 次的 11 个连续隐性位组成。

MCU 可通过 EFLG 寄存器读取 MCP2515 器件的当前错误状态。此外，在至少有一个错误计数器的值大于等于错误警告限定值 96 时，错误状态警告标志位（EFLG：EWARN）将被置 1。当两个错误计数器都小于错误警告限定值时，EWARN 将复位。

4. MCP2515 工作模式

MCP2515 有五种工作模式，分别为：配置模式、休眠模式、仅监听模式、环回模式和正常模式。利用 CANCTRL. REQOP 位可进行工作模式的选择。改变工作模式时，新的工作模式须等到所有当前报文发送完毕之后才生效。必须通过读取 CANSTAT. OPMODE 位来验证新的工作模式。

（1）配置模式。MCP2515 在正常运行之前必须进行初始化。只有在配置模式下，才能对器件进行初始化。在上电或复位时，器件会自动进入配置模式，或通过 CANCTRL. REQOP 位设置成“100”也可使器件从任何模式进入配置模式。当进入配置模式时，所有错误计数器都被清零。某些寄存器只有在配置模式下才能进行修改，这些寄存器包括：配置寄存器 CNF1、CNF2 和 CNF3；TXRTSCTRL；验收过滤寄存器；验收屏蔽寄存器。

（2）休眠模式。MCP2515 具有内部休眠模式，使器件功耗最少。即使 MCP2515 处于休眠模式，SPI 接口仍然保持正常的读操作，以允许访问器件内的所有寄存器。只需设置 CANCTRL 寄存器的模式请求位（REQOP〈2：0〉）即可进入休眠模式。当处于内部休眠模式时，唤醒中断仍然工作（如果被使能），MCP2515 内部振荡器停止工作，TXCAN 引脚保持隐性状态。处于休眠模式下的器件将监视 RXCAN 引脚的总线活动情况。如果 CANINTE. WAKIE 位置 1，将唤醒器件并产生中断。由于在休眠模式下，内部振荡器关闭，因此唤醒后需要一段时间让振荡器起振，并使器件能够接收报文。振荡器起振定时器（OST）设定为 $128T_{OSC}$时钟周期。器件将忽略导致器件从休眠模式中唤醒的报文，以及器件唤醒过程中的任何报文。器件在仅监听模式下唤醒。因此 MCU 应先将器件设为正常工作模式，然后 MCP2515 才能进行总线通信。当器件处于内部休眠模式时，对器件进行编程可以在 RXCAN 输入引脚中加入低通过滤功能。该功能可以避免因 CAN 总线上的短时脉冲干扰而导致器件被误唤醒 CNF3. WAKFIL 位可以使能或禁止该过滤器。

（3）仅监听模式。通过配置 RXBnCTRL. RXM〈1：0〉位，仅监听模式使 MCP2515 可以接收包括错误报文在内的所有报文。这种模式可用于总线监视应用或热插拔状况下的波特率检测。进行自动波特率检测时，网络中应至少有两个其他正在互相通信的节点。通过对不同的取值进行测试直至接收到有效报文，以经验法来检测波特率。仅监听模式是一种安静模式，即器件在此模式下不会发送任何报文。可通过过滤器和屏蔽器仅将特定的报文载入接收寄存器。如果屏蔽器全部设为零，则可接收任何报文。在此模式下，错误计数器将被复位并设置为无效。通过设定 CANCTRL 寄存器中的模式请求位，可以激活仅监听模式。

（4）环回模式。环回模式允许器件内部的发送缓冲器和接收缓冲器之间进行报文的自发自收，而无需通过 CAN 总线。此模式可用于系统开发和测试。环回模式下，确认位 ACK 无效，器件接收自己发送的报文就像在接收来自其他节点的报文。环回模式是一种安静模式，即器件在此模式下不会发送任何报文。该模式下 TXCAN 引脚处于隐性状态。可通过过滤器和屏蔽器仅将特定的报文载入接收寄存器。如果屏蔽器全部设为零，则可接收任何报文。通过设定 CANCTRL 寄存器中的模式请求位，可以激活环回模式。

（5）正常模式。该模式为 MCP2515 的标准工作模式。器件处于此模式下，会主动监视总线上的所有报文，并产生确认位和出错帧等。只有在正常模式下，MCP2515 才能在 CAN 总线上进行报文的传输。

5. SPI 接口及指令集

MCP2515 可与单片机的串行外设接口（SPI）直接相连。外部数据和命令在 SCK 的上升沿来临的时候，从 SI 引脚将数据传送到 MCP2515 中。MCP2515 中的数据和状态则在 SCK 的下降沿时通过 SO 引脚传送出去。在进行任何操作时，CS 引脚都必须保持有效状态，即为低电平，否则无法对 MCP2515 进行操作。表 5-8 列出了所有操作的指令字节。

表 5-8　SPI 指令集

指令名称	指令格式	说明
复位	1100 0000	将内部寄存器复位为缺省状态，并将器件设定为配置模式。
读	0000 0011	从指定地址起始的寄存器读取数据。
读 RX 缓冲器	1001 0nm0	读取接收缓冲器时，在“n，m”所指示的四个地址中的一个放置地址指针可以减轻一般读命令的开销。在拉升 CS 引脚为高电平后，相关的 RX 标志位（CANINTF. RXnIF）将被清零。
写	0000 0010	将数据写入指定地址起始的寄存器。
装载 TX 缓冲器	0100 0abc	装载发送缓冲器时，在“a，b，c”所指示的六个地址中的一个放置地址指针可以减轻一般写命令的开销。
RTS(请求发送报文)	1000 0nnn	指示控制器开始发送任一发送缓冲器中的报文发送序列。 1000 0 n n n TXB2请求发送　TXB1请求发送　TXB0请求发送
读状态	1010 0000	快速查询命令，可读取有关发送和接收功能的一些状态位。
RX 状态	1011 0000	快速查询命令，确定匹配的过滤器和接收报文的类型。
位修改	0000 0101	允许将特殊寄存器中的单独位置 1 或清零。该命令并非适用于所有的寄存器，对不允许位修改操作的寄存器执行该命令会将屏蔽字节强行设为 FFH。

复位指令可以重新初始化 MCP2515 内部寄存器，并设置配置模式。复位指令为单字节指令。应先将 CS 引脚置为低电平来选中器件，随后发送命令字节，发送完毕之后再将 CS 引脚拉升为高电平。建议将发送复位指令（或将 RESET 引脚置为低电平）作为器件上电初始化过程的一部分。

要对 MCP2515 进行读指令操作时，首先将 CS 引脚置为低电平。随后向 MCP2515 依次发送读指令和 8 位地址码（A7 至 A0）。在接收到读指令和地址码之后，MCP2515 会将指定地址寄存器中的数据通过 SO 引脚移出。每一数据字节移出后，器件内部的地址指针将自动加一以指向下一个地址。因此，通过持续提供时钟脉冲，可以对下一个连续地址寄存器进行读操作。通过该方法可以顺序读取任意个连续地址寄存器中的数据。通过拉高 CS 引脚电平可以结束读操作。

读 RX 缓冲器指令可以快速寻址要读取的接收缓冲器。该指令使 SPI 开销减少了一个字节（地址字节）。读 RX 缓冲器指令有 4 个可能值用于确定地址指针的位置。一旦发送完命令字节后，控制器把与读指令相同的地址中的数据移出（即可能进行连续读操作）。在命令结束时如果拉高了 CS 引脚，会自动将相关接收标志位（CANINTF. RXnIF）清零，读 RX 缓冲器指令进一步减少了 SPI 开销。

要对 MCP2515 进行写指令操作时，首先将 CS 引脚置为低电平。随后向 MCP2515 依次发送写指令、地址码和至少一个字节的数据。只要 CS 保持低电平，通过持续移入数据字节就可以对连续地址寄存器进行顺序写操作。在 SCK 引脚的上升沿，数据字节从 D0 位开始依次写入寄存器。如果 CS 引脚在字节的 8 位数据尚未装载完毕之前就拉升到高电平，该字节的写操作将被中止，而命令中之前的字节已经写入。

装载 TX 缓冲器指令取消了一般写命令所需要的 8 位地址。该 8 位指令将地址指针设置为 6 个地址之一，以便快速地将数据写入发送缓冲器，该地址指向 3 个发送缓冲器之一的“ID”或“数据”地址。

使用 RTS 命令可以启动一个或多个发送缓冲器的报文发送。将 CS 引脚置为低电平来选中 MCP2515。之后向其发送 RTS 命令字节。该命令的后 3 位显示了哪些发送缓冲器被使能发送，它将缓冲器对应的 TxBnCTRL. TXREQ 位置 1。用一条 RTS 命令即可对这三位中的一位或全部三位置 1。如果发送的 RTS 命令中 nnn＝000，将忽略该命令。

读状态指令允许单条指令访问常用的报文接收和发送状态位。将 CS 引脚置为低电平来选中 MCP2515，然后向 MCP2515 发送读状态指令字节。命令字节发送后，MCP2515 将返回一个包含状态信息的 8 位数据。在发送完最初 8 位数据之后，如果还有时钟信号发出，只要 CS 引脚保持低电平并且时钟信号是通过 SCK 引脚提供的，MCP2515 将继续输出状态位。该命令中返回的每个状态位也可通过带相应寄存器地址的标准读命令读取。

RX 状态指令用于快速确定与报文和报文类型（标准帧、扩展帧或远程帧）相匹配的过滤器。命令字节发送后，控制器会返回包含状态信息的 8 位数据。在发送完最初 8 位数据之后，如果还有时钟信号发出，只要 CS 引脚保持低电平并且提供时钟信号，MCP2515 将继续输出相同的状态位。

位修改指令可对特定状态和控制寄存器中单独的位进行置 1 或清零。该命令并非对所有寄存器有效。将 CS 引脚置为低电平来选择器件，之后向 MCP2515 发送位修改命令字节。命令字节发送后，依次发送寄存器地址、屏蔽字节以及数据字节。屏蔽字节确定允许修改寄存器中的哪一位。屏蔽字节中的“1”表示允许对寄存器中的相应位进行修改；而“0”则禁止修改。数据字节确定寄存器位修改的最终结果。如果屏蔽字节相应位置为“1”，数据字节中的“1”表示将寄存器对应位设置为 1，而“0”将对该位清零。

关于 MCP2515 的详细信息，请参见该芯片的芯片手册。

5.5 CAN 总线收发器

CAN 收发器（也叫总线驱动器）是 CAN 协议控制器和 CAN 物理总线之间的接口。常用的 CAN 收发器有 PCA82C250、TJA1050、MCP2551 等。选择器件时，需要结合总线节点数量、总线速度、故障保护等因素，进行全面考虑。

本节主要对 TJA1050 和 MCP2551 两款 CAN 收发器进行简单介绍。

5.5.1* CAN 总线收发器 TJA1050

TJA1050 是 Philips 公司推出的总线收发器，它是 PCA82C250 高速 CAN 收发器的后继产品，应用在通信速率为 60kbps～1Mbps 的高速自动化系统中。TJA1050 可以为 CAN 控制器提供不同的发送/接收功能，而且与 ISO11898 标准完全兼容。高速 CAN

收发器 TJA1050 的主要特点有：

①电磁辐射（EME）极低、抗电磁抗干扰（EMI）性极高；

②未上电节点不会干扰总线；

③对于 TXD 引脚的显性位，具有超时检测功能；

④静音模式中提供了只听形式和串音（Babbling Idiot）保护；

⑤总线引脚保护，防止汽车环境中的瞬态干扰；

⑥输入电平与 3.3V 以及 5V 的器件兼容；

⑦总线与电源及地之间的短路保护；

⑧总线至少可连接 110 个节点。

TJA1050 的功能框图如图 5-20 所示。S 引脚用于选定 TJA1050 的工作模式。有两种工作模式可供选择：高速模式和静音模式。如果 S 脚接地，则 TJA1050 进入高速模式。高速模式是 TJA1050 的正常工作模式。在高速模式下，总线输出信号有固定的斜率，并且以尽量快的速度切换。高速模式适合用于最大的位速率和最大的总线长度，而且此时它的收发器循环延迟最小。如果 S 脚接高电平，则 TJA1050 进入待机模式。在这种模式下，发送器被关闭，器件的所有其他部分仍继续工作。该模式可防止由于 CAN 控制器失控而造成网络阻塞。

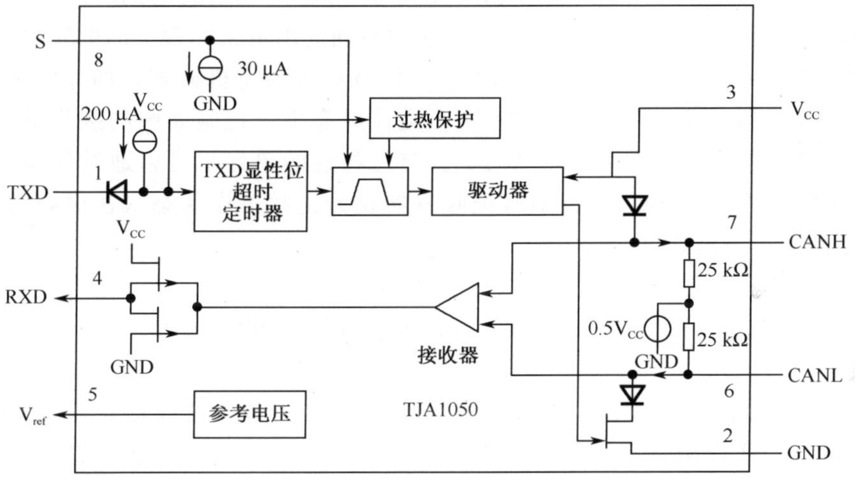

图 5-20　TJA1050 功能框图

在 TJA1050 中设计了一个超时定时器，用以对 TXD 端的低电位（此时 CAN 总线上为显性位）进行监视。该功能可以避免由于系统硬件或软件故障而造成 TXD 端长时间为低电位时，总线上所有其他节点也将有无法进行通信的情况出现。这也是 TJA1050 与 PCA82C250 比较改进较大的地方之一。TXD 端信号的下降沿可启动该定时器。当 TXD 端低电位持续的时间超过了定时器的内部定时时间时，将关闭发送器，使 CAN 总线回到隐性电位状态。而在 TXD 端信号的上升沿定时器将被复位，使 TJA1050 恢复正常工作。定时器的典型定时时间为 450μs。

5.5.2 CAN 总线收发器 MCP2551

MCP2551 是 Microchip 推出的一款高速 CAN 总线收发器。MCP2551 可为 CAN 协议控制器提供差分收发能力，它完全符合 ISO11898 标准，包括能满足 24V 电压要求。它的工作速率高达 1Mbps。它也为 CAN 控制器和 CAN 总线上的高压尖峰信号之间加入了缓冲器，这些高压尖峰信号可能是由外部器件产生（EMI、ESD 和电气瞬态等）。MCP2551 的 CAN 输出可以驱动最小为 45Ω 的负载，最多允许连接 112 个节点（假设最小差分输入阻抗为 20kΩ 和标称终端电阻为 120Ω）。

MCP2551 的引脚与 TJA1050 基本相同，但 MCP2551 没有 S 引脚，取而代之的是 Rs 引脚。

Rs 引脚可选择三种操作模式：

（1）高速。高速模式可以通过把 Rs 引脚与 Vss 相连来实现。在这个模式下，发送器的输出驱动具有快速的输出上升和下降时间，可以满足高速 CAN 总线的速率要求。

（2）斜率控制。斜率控制模式可以通过限制 CANH 和 CANL 的上升下降时间来进一步减少 EMI。斜率，也称为转换率（SR，Rlew Rate），受 Rs 和 VOL（通常接地）之间的外接电阻（REXT）控制。斜率与 Rs 引脚的输出电流成正比。由于电流主要取决于斜率控制电阻 REXT 阻值，所以可以选用不同的阻值来实现不同的转换率。

（3）待机。如果把 Rs 与高电平相连，器件就被置为待机模式，即休眠模式。在休眠模式下，发送器关断，接收器工作在更低电流状态下。控制器侧的接收引脚（RXD）仍然可以工作，但是工作在低速率状态下。与之相连的单片机可以通过监测 RXD 来了解 CAN 总线情况，并且通过 Rs 引脚把收发器设为正常工作状态（在更高的总线速率下，CAN 的第一条消息可能会丢失）。

5.6 CAN 节点的实现

基于 CAN 的智能设备，其设计步骤与一般仪表类似，也包括总体规划、硬件设计、软件设计、联合调试等，但现在的智能设备同时又是一个通信节点，需要增加 CAN 通信功能，以便利用 CAN 总线交换数据。因此这里将以实例说明 CAN 节点通信功能的实现方法。

5.6.1 CAN 节点硬件构成

利用微处理器 LPC936、独立 CAN 通信控制器 MCP2515、高速 CAN 总线收发器 MCP2551 和高速光电耦合器 6N137 等组成的 CAN 节点硬件电路如图 5-21 所示。微处理器 LPC936 主要负责对 MCP2515 进行初始化和控制，通过控制 MCP2515 实现 CAN 数据的接收和发送。

MCP2515 通过 SPI 口与 LPC936 的 SPI 口连接，片选信号 $\overline{\text{CS}}$ 连接到 LPC936 的 P2.4 脚。接收中断引脚 $\overline{\text{INT}}$ 接 LPC936 的 $\overline{\text{INT1}}$(P1.4)。当数据接收好之后，可以通过

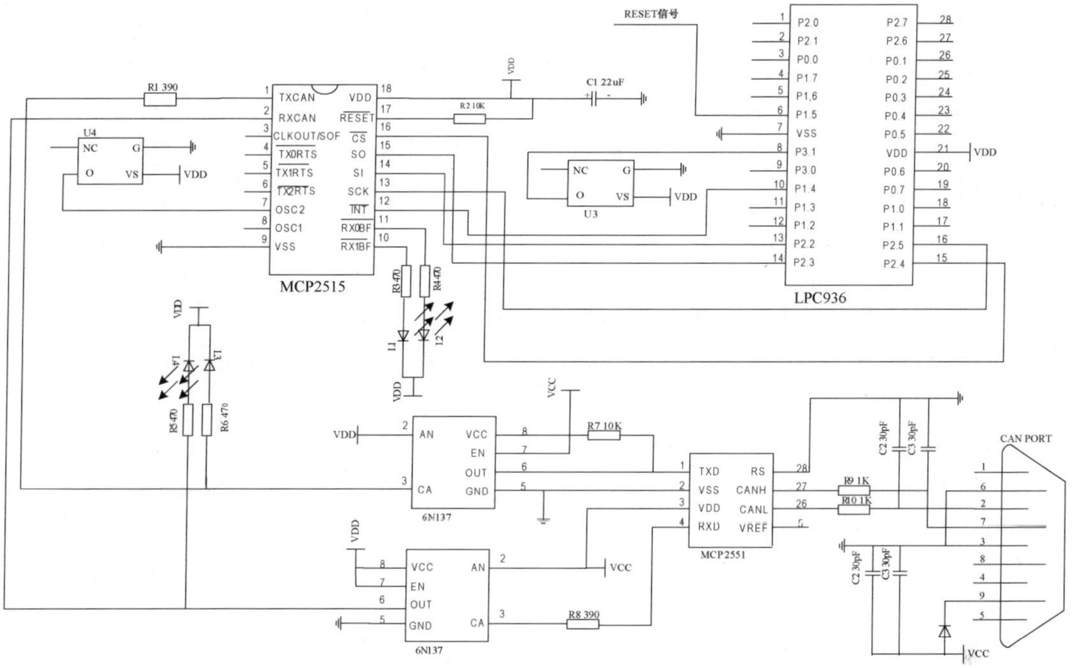

图 5-21　CAN 节点硬件原理图

该中断口通知微处理器 LPC936 读取数据。

为了增强 CAN 总线节点的抗干扰能力，MCP2515 的 TXCAN 和 RXCAN 并不是直接与 MCP2551 的 TXD 和 RXD 相连，而是通过高速光耦 6N137 与 MCP2551 相连，这样就很好的实现了总线上各 CAN 节点间的电气隔离。在 TXCAN 线上加有限流电阻，以降低经过光耦内二极管的电流。

这里我们采用的 VCC 和 VDD 是大小不同的电压。VDD 是 3.3V，为 LPC936 和 MCP2515 供电，而 VCC 为 5V，MCP2551 采用此电压供电，两电源之间加入了稳压芯片和滤波电容，做到了电源的完全隔离。MCP2551 与 CAN 总线的接口部分也采用了抗干扰措施。MCP2551 的 CANH 和 CANL 引脚各自通过一个 1kΩ 的电阻与 CAN 总线相连，电阻可起到限流作用，保护 MCP2551 免受过流的冲击。

为了在调试时观察 MCP2515 的工作状态，我们在 MCP2515 与连接收发器的光耦之间加上了 LED 灯，这样，当 MCP2515 收发数据时，相应的 LED 都会有闪烁，提示时候操作成功，这种方法大大方便了调试工作。

5.6.2　CAN 节点通信程序设计

CAN 总线节点要有效、实时地完成通信任务，软件的设计是关键，也是难点。CAN 通信程序模块包括初始化子程序、发送子程序和接收中断子程序等。其中，初始化子程序用来对 CAN 控制器的相关参数进行配置，启动 CAN 控制器的工作；发送子程序将接收到的控制命令发送给指定的 CAN 网络节点；接收子程序采用中断方式，保证了接收的实时性，同时也保证了接收缓冲器不会出现数据溢出现象，该子程序先判断哪个接收缓冲器接收到该报文，接着，到该接收缓冲器中读取数据，根据接收到的数据及命令要求，执行相应的节点处理子程序。下面将结合 MCP2515，讲述 CAN 控制器的程序设计方法。

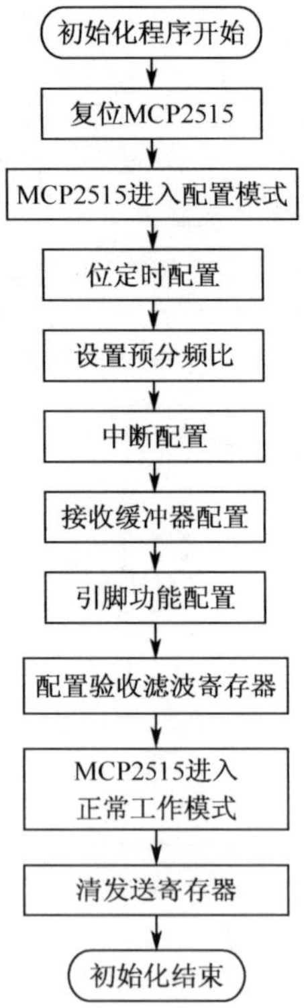

图 5-22　初始化程序流程图

1. CAN 初始化子程序

CAN 初始化子程序是实现 CAN 通信过程中的第一步，也是非常重要的一步。因为 CAN 控制器芯片 MCP2515 必须经过适当的配置，才能够开始执行 CAN 报文的收发工作。在初始化过程中，首先 MCP2515 必须进入配置模式，因为只有在此模式下微控制器才可对位定时，验收屏蔽寄存器等寄存器进行设置，从而使 CAN 控制器进入正常工作状态。

初始化程序流程图见图 5-22，由 C51 编写的程序清单如下：

```
#define CFG_CNF1              0x00
#define CFG_CNF2              0xA7
#define CFG_CNF3              0x81
#define CFG_STATE             0x8F
#define NO_IE                 0x00
#define CFG_RXB0CTRL          0x64
#define CFG_RXB1CTRL          0x60
#define CFG_CANCTRL_NORMAL    0x0F
#define CFG_BFP               0x3C
#define CFG_TXRT              0x01
#define CFG_CANINTE           0x03
void mcp_init(void)
{
    unsigned char i,j,a;
    uchar cdata;
    mcp_reset();                       //复位 MCP2515
    cdata = CFG_STATE;
    mcp_write(CANCTRL,&cdata);         //进入配置模式
    cdata = CFG_CNF1;
    mcp_write(CNF1,&cdata);            //设置预分频比
    cdata = CFG_CNF2;
    mcp_write(CNF2,&cdata);            //设置位定时时间
    cdata = CFG_CNF3;
    mcp_write(CNF3,&cdata);            //帧起始标志使能
```

```
    cdata = NO_IE;
    mcp_write(CANINTE,&cdata);          //禁止一切中断
    cdata = CFG_RXB0CTRL;
    mcp_write(RXB0CTRL,&cdata);
    /* 接收缓冲器 0 允许滚存,接收一切信息 */
    cdata = CFG_RXB1CTRL;
    mcp_write(RXB1CTRL,&cdata);         //接收缓冲器 1 同上配置
    cdata = CFG_BFP;
    mcp_write(BFPCTRL,&cdata);          //RX0BF,RX1BF 引脚用作 IO 控制
    cdata = CFG_CANINTE;
    mcp_write(CANINTE,&cdata);          //使能接收中断
    cdata = CFG_TXRT;
    mcp_write(TXRTSCTRL,&cdata);        // 配置 MCP2515 引脚状态
    mcp_write_can_id(RXM0SIDH,1,0);
    mcp_write_can_id(RXM1SIDH,1,0);
    mcp_write_can_id(RXF0SIDH,0,0);
    mcp_write_can_id(RXF1SIDH,0,0);
    mcp_write_can_id(RXF2SIDH,0,0);
    mcp_write_can_id(RXF3SIDH,0,0);
    mcp_write_can_id(RXF4SIDH,0,0);
    mcp_write_can_id(RXF5SIDH,0,0);  //配置验收过滤寄存器,全部设为不过滤
    cdata = CFG_CANCTRL_NORMAL;
    mcp_write(CANCTRL,&cdata);          //进入正常工作模式,设置成单次发送模式
    a = TXB0CTRL;
    cdata = 0;
    for(i = 0; i < 3; i++){
        for(j = 0; j < 14; j++){
            mcp_write(a,&cdata);        //清发送缓冲器
            a++;
        }
        a+ = 2;
    }
}
```

在本程序的初始化配置中，使能了帧起始符号和单次发送模式，这两种配置在正常的 CAN 工作模式下可不进行配置。因为 MCP2515 这款芯片支持 TTCAN 模式，所以本书对这部分初始化也做了介绍，故本配置方法适合 TTCAN 模式使用。

在初始化过程中调用到的 MCP2515 的复位程序如下：

```
void mcp_reset(void)
{
    MCP2515_CS = ON;
    SPI_putch(CAN_RESET);          //发送复位指令
    MCP2515_CS = OFF;
```

```
}
```

2. CAN 数据结构

为了程序实现方便，我们定义了 CAN 的数据结构体，其具体定义如下：

```
struct CAN_Frame
{
    unsigned long can_id;       //CAN 标识符
    uchar ext;                  //CAN 扩展帧标识符
    uchar rtr;                  //CAN 远程帧标识符
    uchar dlc;                  //CAN 数据长度
    uchar candata[8];           //CAN 数据
    uchar flag;                 //接收标志
};
```

3. CAN 接收子程序

MCP2515 的接收子程序是在中断程序内完成的，其流程图如图 5-23 所示。程序清单如下：

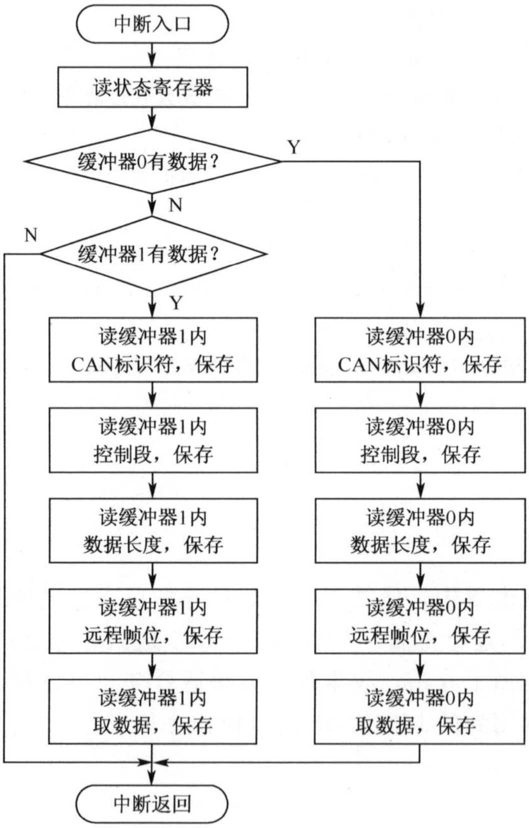

图 5-23　CAN 接收子程序流程图

```
void Receive_Message(void)     //interrupt,参照硬件,中断引脚与外部中断 1 连接
{
    Regist = SPI_mcp_RD_status();
    /* 读取状态寄存器,判断哪个寄存器收到数据 */
    if(Regist&0x01)
    {
    mcp_read_can(CFG_RXB0,&(can_frame_r.ext),&(can_frame_r.can_id),&(can_frame_
    r.rtr),&(can_frame_r.dlc),can_frame_r.candata);     //读取 CAN 信息
        ……
        自己的应用程序;
    }
    else if(Regist&0x02)
    {
    mcp_read_can(CFG_RXB1,&(can_frame_r.ext),&(can_frame_r.can_id),&(can_frame_
    r.rtr),&(can_frame_r.dlc),can_frame_r.candata);
        ……
        自己的应用程序;
    }
}
```

具体读取 CAN 数据的子程序如下。在程序中用到的相关子程序是 SPI 读写程序，可参阅本书 5.4 节“SPI 接口及指令集”部分，不再赘述。

```
void mcp_read_can( uchar buffer,uchar * ext,ulong * can_id,uchar * dlc,uchar * rtr,
uchar * cdata )
{
    unsigned char mcp_addr = buffer,ctrl;
    mcp_read_can_id( mcp_addr,ext,can_id );      //读取 CAN 报文的标识符
    mcp_read( mcp_addr - 1,&ctrl );              //读取 CAN 报文的控制字段
    mcp_read( mcp_addr + 4,dlc );                //读取 CAN 报文的数据个数
    if(ctrl & 0x08){                             //读取远程帧位
        *rtr = 1;
    } else {
        *rtr = 0;
    }
    *dlc &= DLC_MASK;
    mcp_Sread( mcp_addr + 5,cdata, *dlc );       //读取数据
}
```

4. CAN 发送子程序

发送子程序流程图见图 5-24，程序清单如下：

```
#define NO_MESSAGE          0x00
#define CLEAR_INT           0x00
#define SEND                0x0B
```

```
void Send_Inform(void)
{
    temp = NO_MESSAGE;
    mcp_write(TXB0CTRL, &temp );      //清报文发送缓冲器控制寄存器标志
    temp = CLEAR_INT;
    mcp_write(CANINTF, &temp);        //清中断标志
    mcp_Swrite(TXB0SIDH,can_frame_t,5 + can_frame_t[4]);  //向发送缓冲器写待发送数据
    temp = SEND;
    mcp_write(TXB0CTRL, &temp );      //送发送命令
}
```

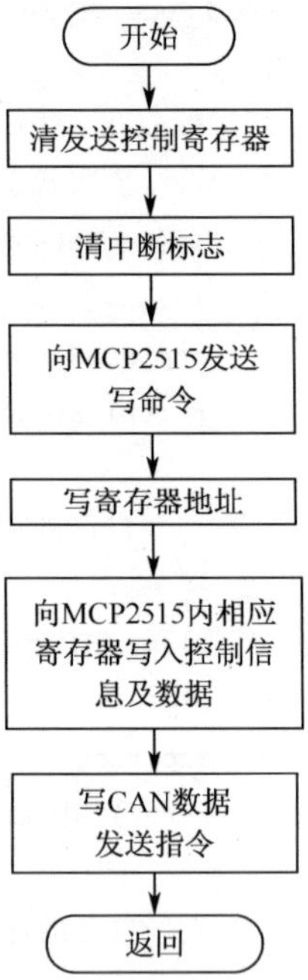

图 5-24　CAN 发送子程序流程图

关于向发送缓冲器写数据的子程序如下：

```
void mcp_Swrite( uchar MCPaddr, const uchar * writedata, uchar length )
{
    unsigned char loopCnt;
    unsigned char addr = MCPaddr;
    if(length>0)
    {
        MCP2515_CS = ON;
        SPI_putch(CAN_WRITE);           //发送写指令
        SPI_putch( MCPaddr );           //发送寄存器地址
        for(loopCnt = 0; loopCnt<length; loopCnt + + )
        {
            SPI_putch( * writedata);    //写一个字节
            writedata + + ;
        }
        MCP2515_CS = OFF;
    }
}
```

5.7　CAN 总线应用系统设计

前面我们主要学习了 CAN 总线的原理及特点。由于 CAN 总线在效率、可靠性、协议开放性、成本及网络连接等方面有诸多优点，其应用范围已由最初的汽车行业，迅速扩展至自动化仪表、机器人、智能楼宇、机械制造、医疗器械、交通管理等领域。本节将应用前面所学的理论知识，通过实例探索 CAN 总线网络的设计与应用方法。

5.7.1 CAN 总线应用系统的一般组成

CAN 总线应用系统的一般组成方式如图 5-25 所示。CAN 总线网络由许多 CAN 节点组成。若干个 CAN 节点通过 CAN 总线收发器连接在一个网络中。通过相互的通信和协作，完成控制任务。

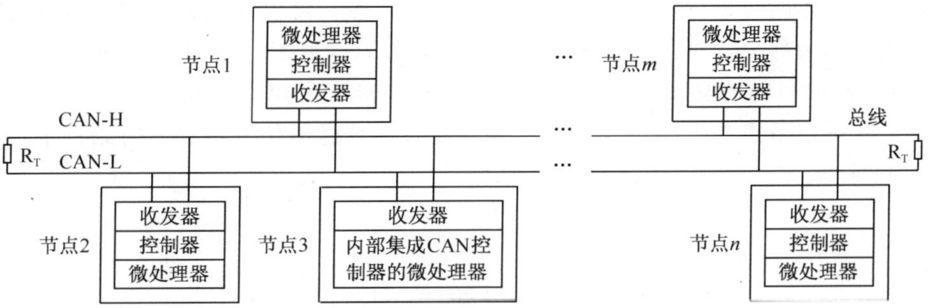

图 5-25　CAN 总线网络的一般组成方式

5.7.2 CAN 总线网络设计步骤

在分布式自动化系统的开发过程中，一项基本的内容就是怎样安排和利用现场总线。既然位流传输和数据帧的构成通常由集成 CAN 器件完成，因此安排 CAN 网络的主要工作就是确定所谓的通信帧，通信帧规定了发送的 CAN 报文，以及发送或接收的网络节点。

首先要确定所有特定的应用信号。在分析的基础上，用敏感的优先级标识符对已确定的信号进行分组，由此来定义系统的 CAN 报文，即确定通信帧，如图 5-26 所示。为了最小化总线负载和管理开支，相关的信号应该被组合在一起，同时传送。

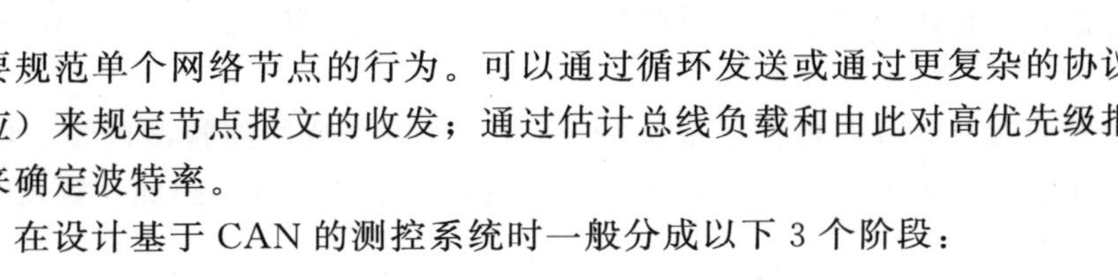

图 5-26　合并有数个应用信号的 CAN 报文

然后要规范单个网络节点的行为。可以通过循环发送或通过更复杂的协议（对接收报文的反应）来规定节点报文的收发；通过估计总线负载和由此对高优先级报文造成的等待时间来确定波特率。

因此，在设计基于 CAN 的测控系统时一般分成以下 3 个阶段：

1. 需求分析和网络系统设计

首先，负责设计的团队要确定采用何种网络拓扑结构，不断改善建立在网络节点层面上的设计工作。这包括确定报文和选择总线波特率。为了进行更加精确的研究，需要创建整个系统的功能模型。这涉及规定带有输入输出变量的网络节点行为，以及报文的接收和发送。

2. 总线仿真测试

第一阶段工作完成之后，各个网络节点的设计和开发通常是独立进行的，可由项目的所有参加团体同时进行。对于开发出来的网络节点，可以通过其他网络节点的模型来模拟总线的其余部分，对其进行测试。某些 CAN 总线开发、测试和分析工具（如 CANoe）有用作此目的的实际总线接口，采用这种智能工具可以分析实际网络节点之间的报文通信，确定节点是否满足规定的要求，而且，这样的仿真可在实时条件下进行，如图 5-27 所示。

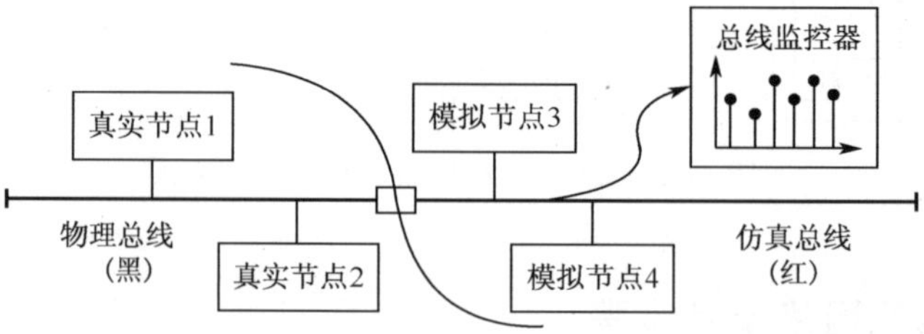

图 5-27　两个真实的和两个模拟的 CAN 节点组成的总线测试系统

3. 系统集成

在这一阶段，所有仿真的网络节点模型被真实的网络节点所取代。当仿真节点完全被取代时，一个实用的 CAN 总线网络就建成了。

5.7.3　CAN 报文格式分析工具-CANscope

CANscope 是记录和评估 CAN 总线上的信号电平的一种测量工具，提供的信息包括 CAN 物理电平和逻辑电平。在逻辑电平方面，加在 CAN 网线的电压被描述为“信号响应”，逻辑电平以单个比特位的形式提供信息，使我们可以分析 CAN 总线的物理特性，识别发生的错误。CANscope 由一个记录模块和一个在 Windows 下运行的评估软件组成。

CANscope 的检测功能是通过多种测量和操作模式来实现的，并可通过大量参数和触发源进行控制，它还提供了一些对测量记录进行评估的窗口。CANscope 操作界面见图 5-28。

用于触发的触发源有多种，如报文触发、CAN 电平或线路检测触发、电压电平触发以及外部触发等。对于报文来说，其触发发生在帧结束位场。因此，触发时间点位于报文尾部，见图 5-30。

1. CANscope 工作原理

用 CANscope 记录和评估 CAN 总线上的信号电平的过程如下：

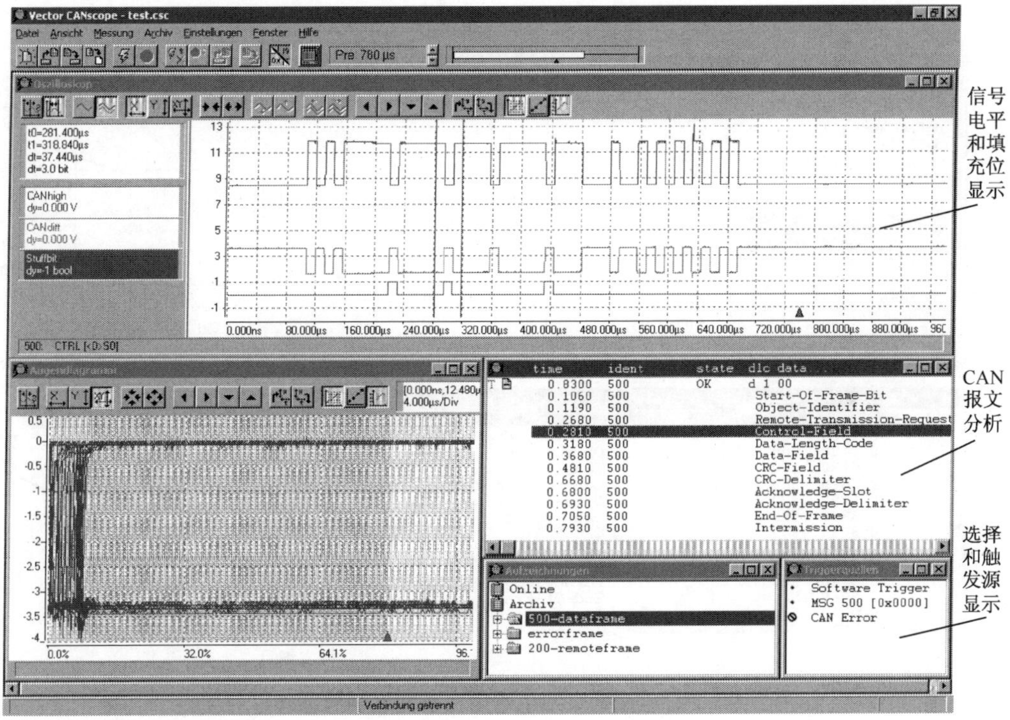

图 5-28　CANscope 操作界面

(1) 测量的配置与实施。首先必须对 CANscope 测量进行配置，另外还需确定所有的连接参数，这些参数选择包括用来连接记录模块与 PC 机的串行接口，以及用于通信的数据速率。接下来是定义测量参数，它们分为 3 个部分：定义模拟参数；配置触发输入；设置测量模式。还必须定义缓冲器深度（如测量值的个数）和模拟参数对话的预触发，预触发是指在触发时间之前进行记录的区域。然后，在通道配置中对 CAN 控制器参数进行设置，在这一对话中，为 CAN 控制器的记录模块设置波特率是至关重要的。最后，对示波器窗口中的信号配置和附属窗口中的触发源定义进行设置。如果一个数据库被分配给 CANscope 配置，对于应该触发的报文，使用它们的数字标识符（ID）或符号名来定义也是可行的。

在 CANscope 测量开始后，记录结果被自动传送给评估软件进行显示、分析和评估。

(2) 记录数据的显示和评估。记录的显示和评估发生在示波器窗口和跟踪窗口。示波器窗口显示已挑选过的信号电平和填充位，跟踪窗口包含当前显示记录的有关报文的逻辑信息。为获得这一信息，要根据获得的 CAN 报文及其包含的出错帧对记录进行分析。报文和出错帧以及所有可用的信息都被一起列出，参见图 5-29。

(3) 数据存储。记录可单独保存，然后一起汇总到档案文件里。此外，可以使用记录窗口，它含有当前所有可用记录。

2. CANscope 测量实例

图 5-30 给出了一个 CANscope 记录实例。

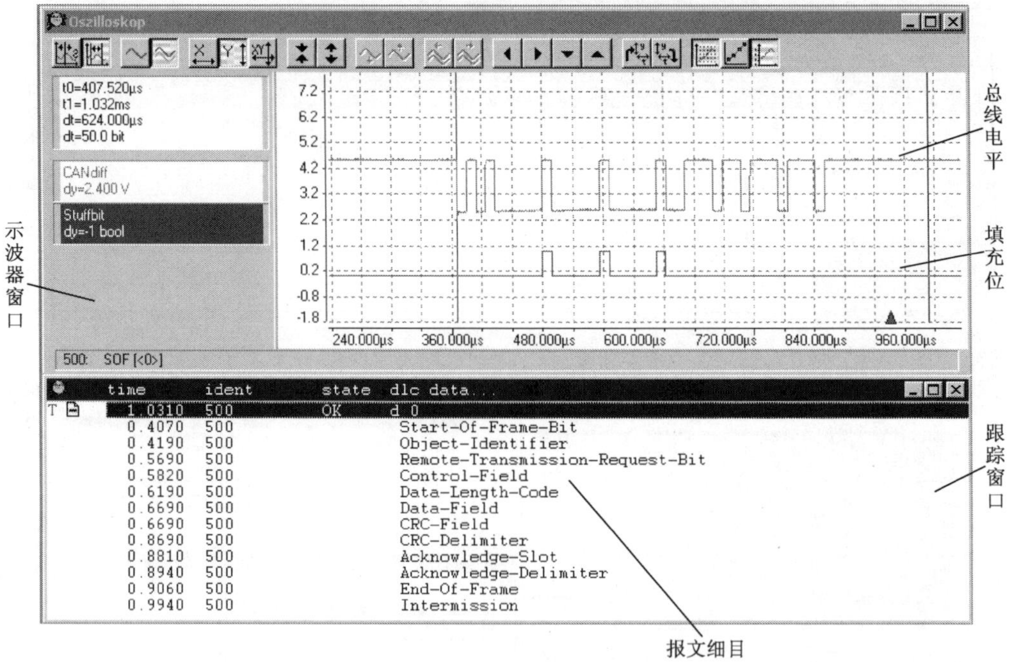

图 5-29　CANscope 中的示波器窗口和跟踪窗口

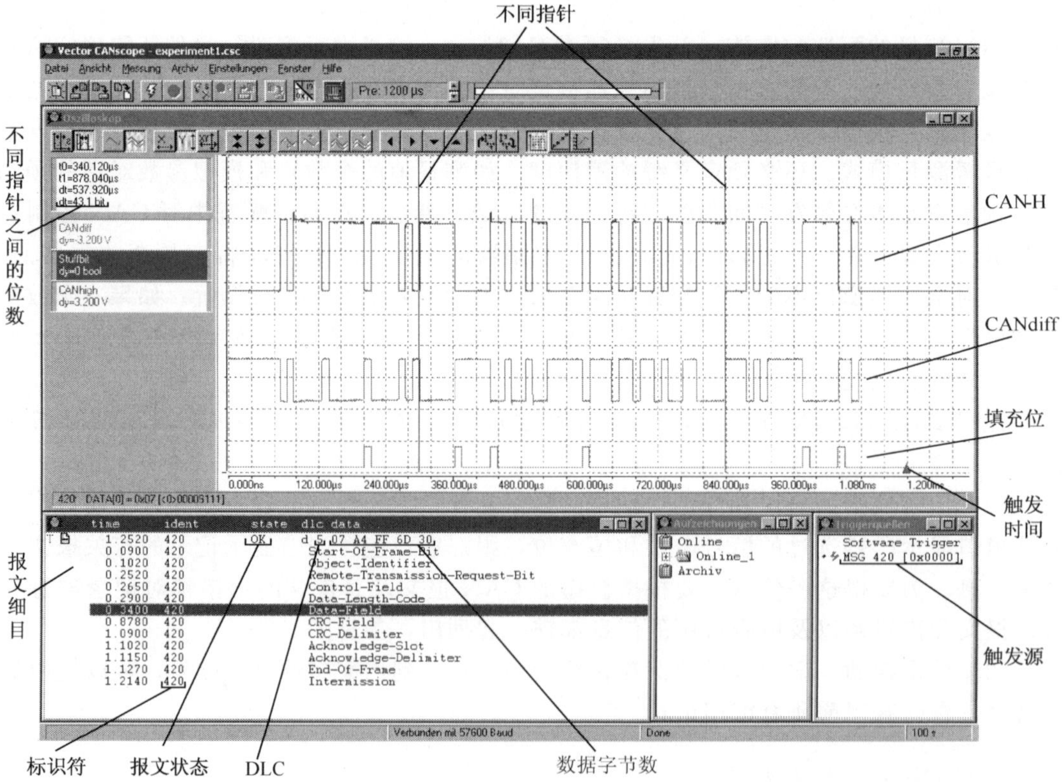

图 5-30　报文的 CANscope 记录

在 CANoe（后面将介绍）软件中，使用交互式发生器模块发送标识符为 420 的报文，并用 CANscope 记录下来，图 5-31 列出了该报文的参数和数据场。

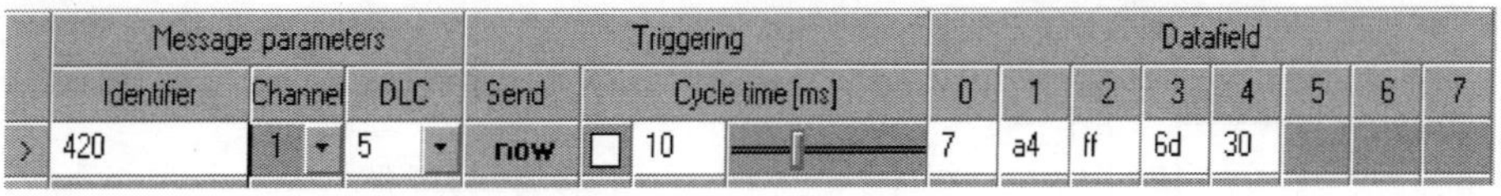

图 5-31　报文的参数和数据场

记录模块记录下数据以后，由评估软件对数据进行分析并显示出来，如图 5-30 所示。现在可以在触发窗口看到原始触发。对所有检测到的报文，跟踪窗口会显示它们的详细资料，例如标识符（十六进制）、状态、数据长度代码、数据字节数以及从帧起始位开始的报文的所有部分。属于选定报文或报文细目的区域会在示波器窗口上以不同的测量指针高亮显示，不同指针之间的位数和触发时间点也会显示出来。

5.7.4　工具软件 CANoe

CANoe 是为 CAN 总线系统的开发、测试和分析提供的通用环境，可以在总线上观察、分析和仿真数据传输。图 5-32 显示了 CANoe 的主程序，其高性能的函数和自由的可编程能力能够满足所有 CAN 总线系统仿真和实现的需要，所有和总线相连的网络节点都可被仿真。可以生成一些窗口对网络节点进行操作，这些节点的操作元素可用环境变量来触发。另外，这里也有报文数据到物理特性的转化。

就如图 5-27 所表示的那样，CANoe 里的仿真能包括真实的和仿真的网络节点，通过 PC 接口卡可以实现与真实总线的耦合。另外，仿真模型上可以添加发生器模块，当某一触发条件产生时，例如敲击一个键，此模块就传送报文。这些模块可以在仿真模型里构建。

CAPL 语言可用于对一个仿真节点的动态行为进行建模。CAPL 是一种类似于 C 语言的建模语言。它被用来规范与 CAN 报文有关的节点的行为，以及该节点与环境的交互作用，例如外部输入输出信号。外部输入输出信号用所谓的环境变量进行建模，为了修改或察看环境变量，使用如图 5-32 所示的面板。

CANoe 由 4 个独立的程序组成，其相互关系如图 5-33 所示。可以运用 CAPL 浏览器创建行为模型，用面板编辑器创建面板，用 CANoe 的主要程序构造仿真模型，含有所有现存的 CAN 报文、环境变量、网络节点的中央数据库，会使这些操作变得更为方便。

1. CANoe 编程语言 CAPL

由于 CANoe 可用类似 C 语言的编程语言 CAPL 进行编程，因而得到普遍的应用。CAPL 程序由以下两部分组成：

(1) 全局变量的声明。

变量的数据类型包括：整数（dword、long、word、int、byte 和 char）、浮点数（float 和 double）、CAN 报文（message）和定时器（timer）。除了定时器以外，其他的

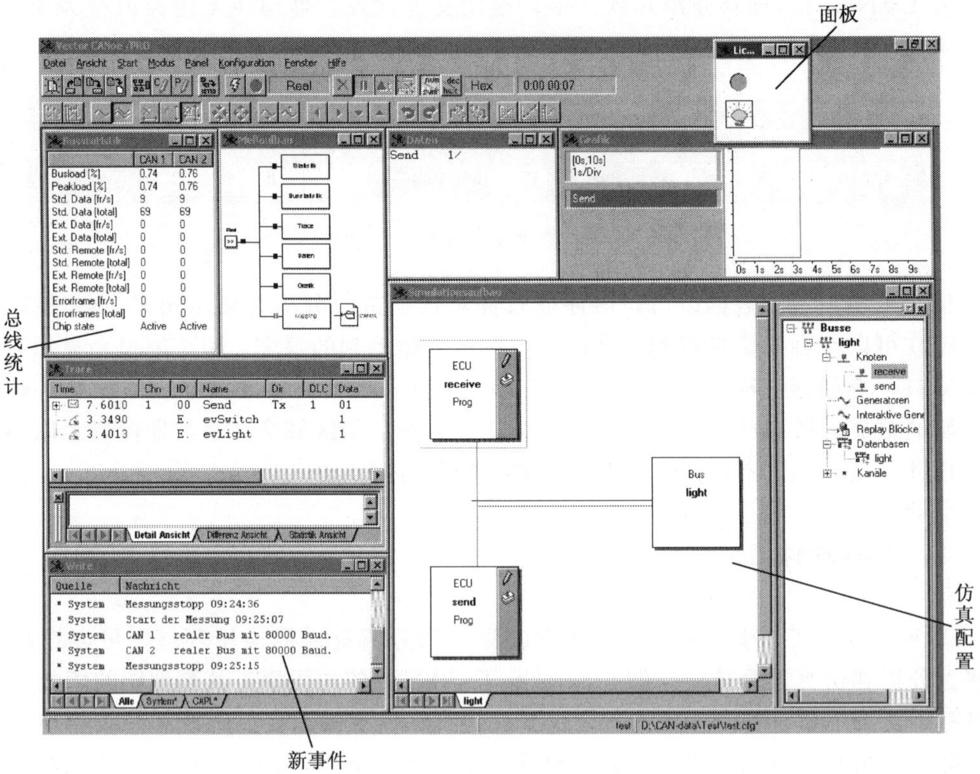

图 5-32　工具软件 CANoe

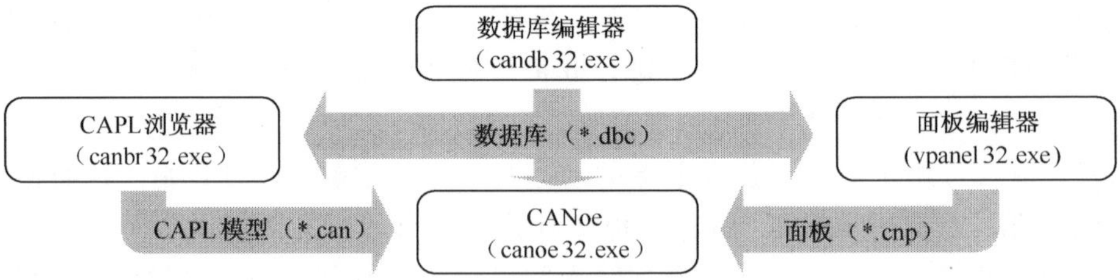

图 5-33　CANoe 程序

变量都可在声明中初始化。"timer" 型变量用来产生时间事件，而 "message" 型变量用来声明从 CAPL 程序输出的 CAN 对象（报文）。

例如：

```
variables {
  long upperlimit = 123456; //变量 upperlimit 为长整型,其初始值为 123456
  message 123 temp = {dlc = 2,word(0) = 100}; /* temp 为 CAN 报文,其标识符是 123,DLC 的
  初始值为 2,数据场中第一个数据字节的初始值为 100 */
  timer time;           //time 为定时器,单位是秒
}
```

（2）事件驱动过程的声明。

当事件发生时，在过程中就会出现一个反应。可能的过程是：

①收到一个 CAN 报文（“on message”）；

②敲击一个键（“on key”）；

③程序开始（“on start”）；

④定时器时间到（“on timer”）；

⑤出现一个出错帧（“on errorFrame”）；

⑥改变一个环境变量（“on envVar”）。

如果指定的事件发生，就执行相应的事件过程，其中包括局部变量的声明，类似于 C 的运算和控制流指令（如 if-then、case 判断，while 循环等），标准过程的初始化。“this”变量在访问触发事件时起作用，“on message”过程用于访问报文，“on envVar”过程可以访问环境变量，“on key”过程可以访问真实的键码。但要注意，一个事件过程中不能包含另一个事件过程。

此外，可以用类似于 C 语言的语法编写更多的过程和函数来补充事件过程。

本书附录 C 中列出了所有重要的 CAPL 函数，更多关于 CAPL 建模语言的信息可参考相关文献。

2. CANoe 仿真模型实例

图 5-34 阐明了一个 CANoe 仿真模型的原理结构。该模型由“节点 A”和“节点 B”两个仿真节点组成。如果与“节点 A”相连的开关是闭合的，与“节点 B”相连的灯就打开。相反，如果与“节点 A”相连的开关是断开的，与“节点 B”相连的灯就熄灭。

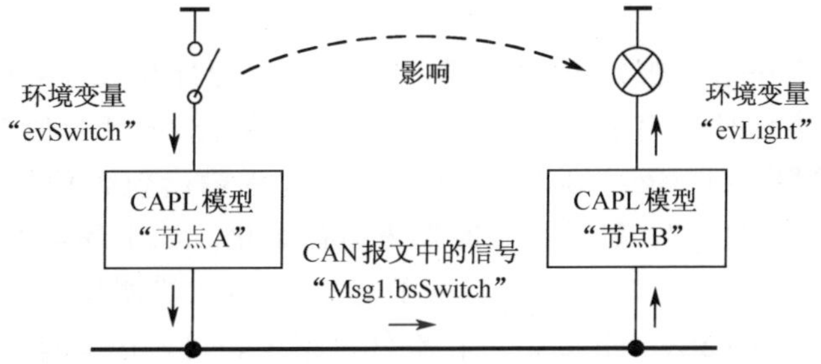

图 5-34　CANoe 仿真模型实例

在这一示例中，开关代表外部输入信号，用环境变量“evSwitch”表示；灯代表外部输出信号，用环境变量“evLight”来表示。

节点间用 CAN 报文“Msg1”进行通信。在这个 CAN 报文中，信号“bsSwitch”是通信中传送的实际信息，bsSwitch＝1 代表“开关闭合”，bsSwitch＝0 代表“开关断开”。

CAN 报文所需要的独特的标识符，是按照报文优先级进行挑选的。因为信息不是很重要，所以可以使用标识符 125。

最后要考虑的是，什么时间发送 CAN 报文。这里采用循环发送报文的形式，例如，每 2 秒发送一次。CAN 报文的发送时间与开关的状态无关，每 2 秒发送一次，从信号“bsSwitch”的当前值可以推断出开关的情况。

综上所述，所需数据如下：

（1）CAN 报文：

Msg1：Identifier = 125; DLC = 1

信号：

bsSwitch：number of bit(数据位数) = 1; start bit(起始位) = 0

（2）环境变量：

evSwitch：Type = Integer; Values = 0 或 1

evLight：Type = Integer; Values = 0 或 1

“节点 A”的 CAPL 模型规定如下：

```
variables {
    timer delayTimer;
    message Msg1 sendMsg;
}
on start {
    setTimer(delayTimer,2);
}
on timer delayTimer {
    output(sendMsg);
    setTimer(delayTimer,2);
}
on envVar evSwitch {
    sendMsg. bsSwitch = getValue(this);
}
```

定时器“delayTimer”被定义为变量，并规定在程序中 CAN 报文“Msgl”叫做“sendMsg”。开始仿真时，用事件过程“on start”给 timer 赋初值 2s。定时器一到时间，就调用事件过程“on timer delayTimer”，该过程输出包含信号“bsSwitch”当前值的 CAN 报文“sendMsg”，然后将定时器重新初始化。如果环境变量“evSwitch”被仿真环境修改，例如由于用户与控制面板的相互作用，就调用事件过程“on envVar evSwitch”来改变信号 bsSwitch 的值。在事件过程中，可以用关键字“this”对刚接收到的对象数据（报文或环境变量）进行访问。

最后，给出“节点 B”的 CAPL 模型如下：

```
variables {
    message Msg1 sendMsg;
}
on message Msg1 {
    putValue(evLight,this. bsSwitch);
}
```

3. CANoe 使用方法

在 CANoe 启动后，必须给它指定一个数据库，接下来就可在 CANoe 仿真配置窗口里定义总线的参与者了。插入与相应的面板具有相同名字的网络节点，而且加进相应的 CAPL 程序。除了插入复杂的网络节点外，定义简单的发生器模块也是可能的，这种模块的能在按下一个按钮时传送报文，或周期性地传送报文。

CANoe 的统计窗口显示总线负载、收发组件模式和各个报文的频率。在跟踪窗口里，可按时间先后顺序给报文排序。数据窗口提供附加的信息，这有助于设置应该显示的环境变量，也允许检查操作控制情况。在仿真配置全部完成后，须对所有的 CAPL 程序进行编译。如果编译期间没有错误产生，仿真就能开始了。

（1）创建一个数据库。一个系统中的所有报文都由数据库来管理，此数据库是用程序 CANdb32 生成的，利用这个程序，可为所有的报文和信号指定名称，如图 5-35 所示，这些名称将被用在 CAPL 程序和 CANoe 里。而且，环境变量也是在这里定义的，在面板编辑器中，它们被用来实现控制元件的访问。

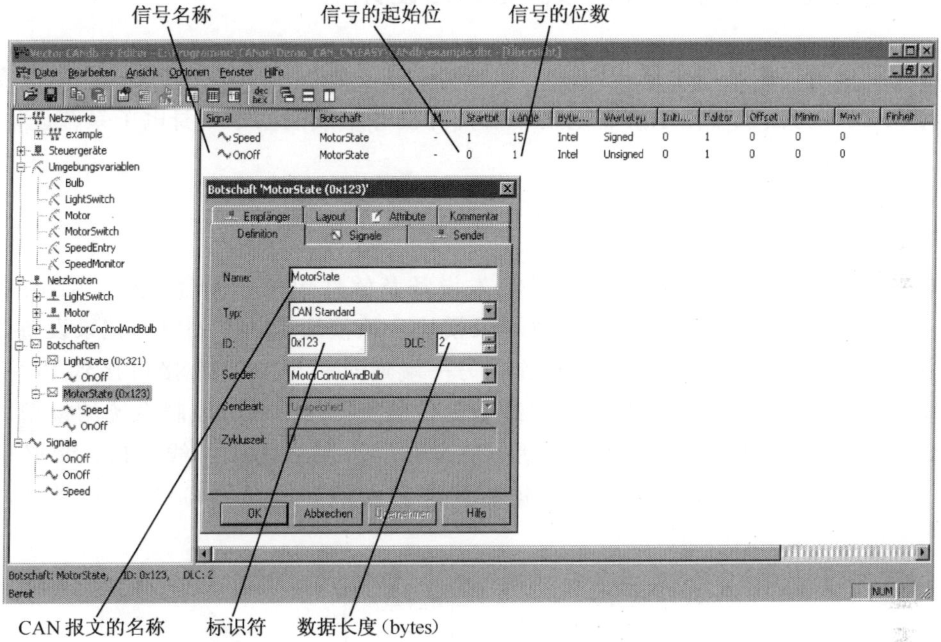

图 5-35　数据库编辑器中的 CAN 报文的定义

（2）创建面板。集成在 CANoe 中的控制面板可显示离散的和连续的环境变量。面板编辑器可用来创建这些面板，同时也可用作一个独立的程序。打开面板编辑器后，首先必须给新的控制面板指定一个数据库，控制面板只能访问在这个数据库中定义过的环境变量。各个控制元件可用图表的形式放置在面板上，双击控制元件打开一个菜单，在其中能够选择对该元件有效的环境变量。

在仿真期间，面板编辑器提供的操作面板用于环境变量间的相互作用。服务和（或）可视元件以图表的形式显示在操作面板上，并被指定了环境变量（背景菜单）。各类按钮、开关、自动控制器、离散或连续环境变量的指示域等可以用作控制元件。开关和按钮可以用位图描述，如图 5-32 中的面板。

（3）节点建模。从图 5-32 可以看出，CANoe 里，一个仿真结构由代表真实的或仿真的节点的各个模块组成。对于每个被仿真的节点，必须借助于 CAPL 浏览器程序化为一个适当的行为模型。每个新的 CAPL 模型都被指定一个含有 CAN 报文和环境变量的数据库。

(4) 仿真的配置和执行。仿真的配置和执行要在 CANoe 主要程序中实现。这里的第一步也是指定一个数据库。接着，在仿真配置窗口中定义总线的参与者，如图 5-32 所示。此后，可以插入节点，并给它们指定适当的 CAPL 模型。最后必须将操作面板合并进来。

在开始一次仿真前，必须对所有的 CAPL 程序进行编译。总线负载、收发组件情况和各个报文的频率是可测量的，其结果显示在统计窗口中。在跟踪窗口里，可对报文按时间顺序进行记录。利用数据窗口可了解更多有用的信息。

5.7.5 车身电子系统 CAN 总线通信网络设计

这项工作的目的是用记录和评估工具 CANscope 分析 CAN 报文格式，用仿真和开发工具 CANoe 为由汽车指示灯、电动车窗升降机等组成的基本车身电子系统设计 CAN 网络。

1. 开发与测试系统的组成

如图 5-36，设计过程中使用的系统开发设备及软件包括：一台装有 CANoe V4.0、CANscope V2.1 的 PC 机和 CANscope 记录模块。该模块是一个外置的记录设备，它的一端通过 CAN 连接器与 CAN 总线相连，另一端通过一个 RS232 接口接到 PC 机，记录模块可把记录下来的不同波特率的总线数据传给 PC 机。车门控制系统的模型过程与一块 CAN I/O 计算机接口卡相连，这块 CAN I/O 卡带有两个总线接口，都必须连到 CAN 总线上。车窗的升降和车门后视镜的调节都由模型过程的 CAN 接口控制，但车门里的座椅调节按钮不受其控制。

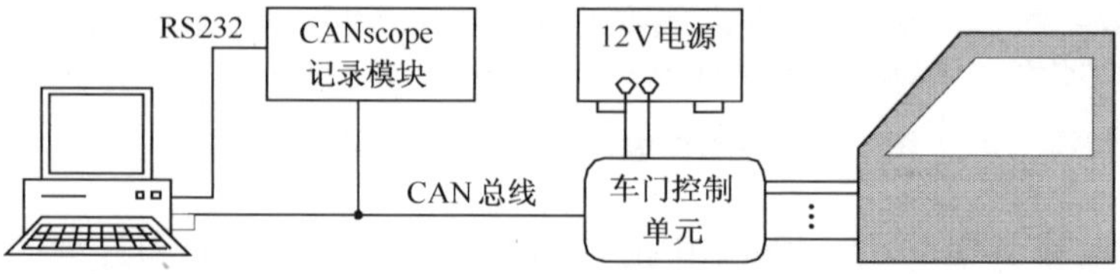

图 5-36　总线测试系统组成

CANoe、CANscope 这两个程序都由 Windows 开始菜单启动。数据库编辑器、CAPL 浏览器和面板编辑器都能从 CANoe 的主要程序里直接启动。数据保存在相应的子目录下，如 D：\ CAN-data \ GroupX。可以在自己的子目录下用位图去点亮面板按钮，如 D：\ CAN-data \ GroupX \ lab _ bitmaps。执行开发测试所需的所有可用的 CANoe 和 CANscope 配置放在 D：\ CAN-data \ GroupX \ lab _ template 下。

2. 需求分析和网络系统设计

图 5-36 中的实际车门控制系统，包括车窗升降机构、车门反射镜调节机构等电子

控制单元（ECU），各个 ECU 之间通过 CAN 总线进行数据通信，这里只就两个控制单元的部分功能进行测试。在车门控制过程中，使用的总线的传输速率为 80kbps，实际节点的 CAN 报文和它的信号是由车门接口固定下来的，CAN 报文的定义如表 5-9 所示，车窗升降机构的报文包括了“车窗上升”、“车窗下降”、“保留位置”、“移到保留位置”等信号，数据长度为 1 个字节，后视镜调节机构也是由一个报文的不同信号来控制的，其中包括“后视镜左转”、“后视镜右转”、“后视镜上转”、“后视镜下转”等，数据长度为 2 个字节。

表 5-9　车门的 CAN 接口使用的 CAN 报文

报文	标识符	循环周期	DLC	信号	
车窗升降机构“MsgLifter”	300H	＜20ms	1	Bit 0：左门 Bit 1：右门 Bit 2： Bit 3：关闭挤压保护 Bit 4：移到保留位置 Bit 5：保留位置 Bit 6：车窗上升 Bit 7：车窗下降	
车门后视镜调节“MsgMirror”	308H	＜200ms	2	Bytes 1	Bit 0：后视镜左转 Bit 1：后视镜右转 Bit 2：后视镜上转 Bit 3：后视镜下转 Bit 4：收缩后视镜 Bit 5：展开后视镜 Bit 6： Bit 7：
				Bytes 2	Bit 0： Bit 1： Bit 2： Bit 3： Bit 4：“位置 1”按钮 Bit 5：“位置 2”按钮 Bit 6：“位置 3”按钮 Bit 7：保留/恢复切换

3. 总线仿真测试

为使车门上的车窗升降机和后视镜正常工作，需要其他设备输入操作信号，如车门升降按钮，这项工作我们就用仿真网络节点来完成，用 CANoe 开发出来的仿真模型，能够实现与实际网络节点之间的报文通信，确定实际节点是否满足规定的要求。

现在假定车窗升降机的上升、下降控制按钮分别由仿真节点“NodeUD”，后视镜的左右转动控制按钮使用一个仿真节点“NodeLR”来实现其信号通信，系统的指示灯将显示是否有按钮合上，当有按钮合上时按1Hz的频率闪烁，指示灯通过节点“NodeI”与总线相连。这些节点被集成在图5-37描述的系统中，其中车门中要测试的节点有两个，分别是，车窗升降机节点“NodeLifter”和后视镜调节机构节点“NodeMirror”，它们是作为真实节点集成在仿真配置上。

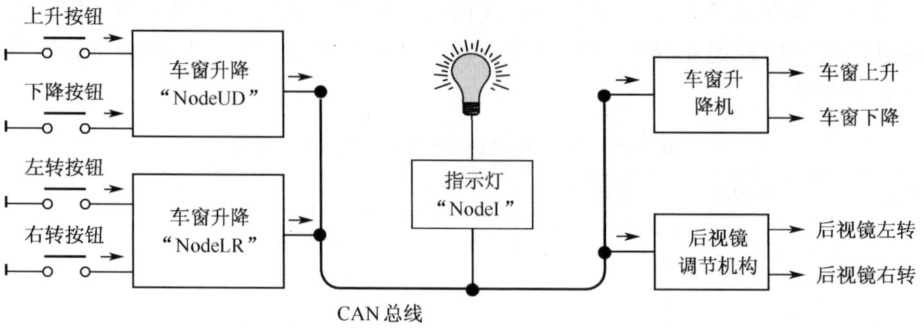

图5-37　模拟与真实节点组成总线测试原理系统

车窗升降按钮和后视镜左右转动按钮都是外部输入信号，车门上升和车门下降的按钮信号用环境变量“evButtonUp”、“evButtonDown”表示，后视镜左转和右转的按钮信号用“evButtonLeft”、“evButtonRight”表示。指示灯信号是外部输出信号，用环境变量“evIndicator”表示。

节点之间的通信是通过CAN报文完成的，系统中使用的报文有两种，分别为MsgLifter和MsgMirror，如表5-9所示。对于按钮来说，报文中的信号为1时表示按钮合上，信号为0时表示按钮打开，CAN报文的发送时间与按钮的状态无关，每两秒发送一次。CAN报文和环境变量确定如下：

报文：

（1）MsgLifter：ID＝300；DLC＝1

信号：

bsLifterUp：　　位数＝1；起始位＝6

bsLifterDown：　　位数＝1；起始位＝7

（2）MsgMirror：ID＝308；DLC＝2

信号：

bsMirrorLeft：　　位数＝1；起始位＝8

bsMirrorRight：　　位数＝1；起始位＝9

环境变量：

（1）evButtonUp：　　Type＝Integer；Values＝0或1

（2）evButtonDown：　　Type＝Integer；Values＝0或1

（3）evButtonLeft：　　Type＝Integer；Values＝0或1

（4）evButtonRight：　　Type＝Integer；Values＝0或1

（5）evIndicator：　　Type＝Integer；Values＝0或1

依据上面确定的报文和环境变量，用数据库生成程序CANdb32创建数据库，创建面板使指示灯可视化，同时描绘四个按钮，并为系统中的每个仿真节点设计一个CAPL

模型。

仿真节点 NodeUD：

```
variables {   timer udTimer;
message MsgLifter sendMsgUD;   }
on start {   setTimer(udTimer,2);   }
on timer upTimer {   output(sendMsgUD);
                     setTimer(udTimer,2);   }
on envVar evButtonUp {   sendMsgUD. bsLifterUp = getValue(this);   }
on envVar evButtonDown {   sendMsgUD. bsLifterDown = getValue(this);   }
```

仿真节点 NodeLR：

```
variables {   timer lrTimer;
message MsgMirror sendMsgLR;   }
on start {   setTimer(lrTimer,2);   }
on timer lrTimer {   output(sendMsgLR);
                     setTimer(lrTimer,2);   }
on envVar evButtonLeft {   sendMsgLR. bsMirrorLeft = getValue(this);   }
on envVar evButtonRight {   sendMsgLR. bsMirrorRight = getValue(this);   }
```

仿真节点 NodeI：

```
variables {   int i = 0;
              msTimer inTimer;
              message MsgLifter sendMsgUD;
              message MsgMirror sendMsgLR;   }
on start {   setTimer(inTimer,1000); /* 设置定时器为 1000ms * /   }
on timer inTimer {   putValue(evIndicator,i);
                     setTimer(inTimer,1000);   }
on message MsgLifter {i = this. bsLifterUp|| this. bsLifterDown;
                      putValue(evIndicator,i);}
on message MsgMirror {i = this. bsMirrorLeft || this. bsMirrorRight};
                      putValue(evIndicator,i);}
```

按图 5-37 配置仿真系统，编译无差错后，即可进行车门电子控制单元的仿真测试了。

在操作后视镜期间，用 CANscope 记录报文，观察系统是否像预期的那样动作，你也可以同时看到记录下的总线电平和填充位（下面一行）。

该系统所能完成的测试工作有多种，包括信号是否正确、出错帧发送、位填充、控制对象响应情况等。测试记录及结果很多，图 5-38 给出的总线信号，是在操作后视镜期间，用 CANscope 记录下的驱动后视镜右转的报文。图中显示的报文是 MsgMirror，长度为 66 位，去除 3 个填充位和长度为 3 位的间歇场，报文的位序列如下：

0 011000010000 00 0010 00000010 00000000 1000111100110001 01 1111111

当一个新的节点加入网络后，或在初始设计阶段，都可以用仿真系统进行测试，在一切正常时，逐步关闭仿真模块。这种方法会给 CAN 网络设计带来极大的方便，也避免了设计的盲目性。

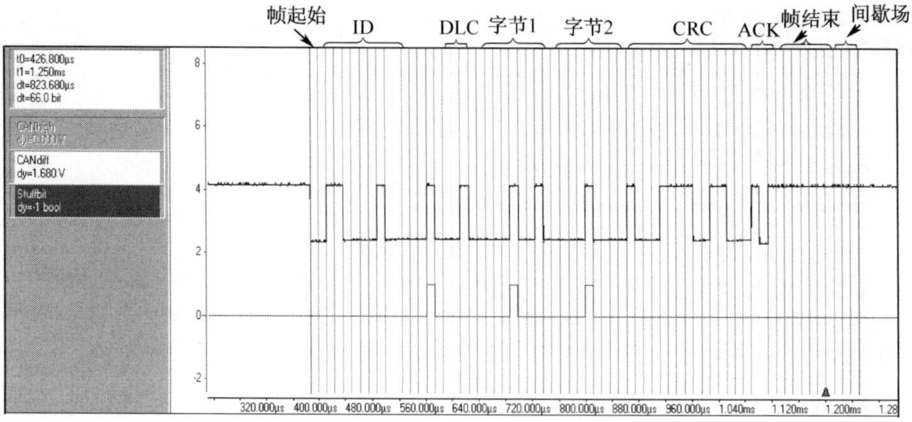

图 5-38　驱动后视镜右转的总线电平

5.8　CAN 与其他位传输总线的比较

I/O 位传输现场总线的种类很多。在这一节里，我们将简单介绍其他几种正在使用的这类总线的基本原理及特点，并给出简单的对比。

5.8.1　P-NET

P-NET（Process automation NET）现场总线由丹麦斯尔科堡的 Process-Data 公司于 1983 年提出，1987 年开始在现场应用，得到 P-NET 用户组织的支持，现已成为欧洲标准 EN50170（第 1 卷）以及国际标准 IEC61158 Type 4，主要应用于啤酒、食品、农业和饲养等行业。目前，在世界范围内已有 5000 种以上的实际应用，应用范围从只有几个 I/O 节点的简单安装到几千个 I/O 节点的庞大复杂的系统。

1. P-NET 的主要特点

P-NET 是一种多主控器的主/从式总线。物理拓扑为总线型，电气规范基于 RS-485 标准，使用屏蔽双绞线电缆，每个总线段最多可容纳 32 个主控器，最多可连接 125 个节点，每段总线最长 1200m，而且能够通过中继器扩展。总线段之间可通过多端口主站连接，从而形成多网络结构，如图 5-39 所示，P-NET 总线只使用一种传输速率，这样构成的多网络结构中，各个网络之间的通信不需要特殊的耦合器。数据以 NRZ 编码形式异步传输，传输速率为 76.8kbps。

P-NET 总线通信协议采用了 ISO/OSI 的第 1、2、3、4 和 7 层。使用“虚拟令牌（Virtual Token）传递”方式控制总线的访问，不在总线上发送实令牌报文。总线访问权通过虚拟令牌在主控器之间循环传递，持有令牌的主控节点向从节点发送一个请求，被寻址的从节点就立即返回一个响应，只有存放到从节点内存中的数据才可以被访问。当一个主节点完成对总线的访问时，通过一种基于时间的循环机制，令牌自动传递到下

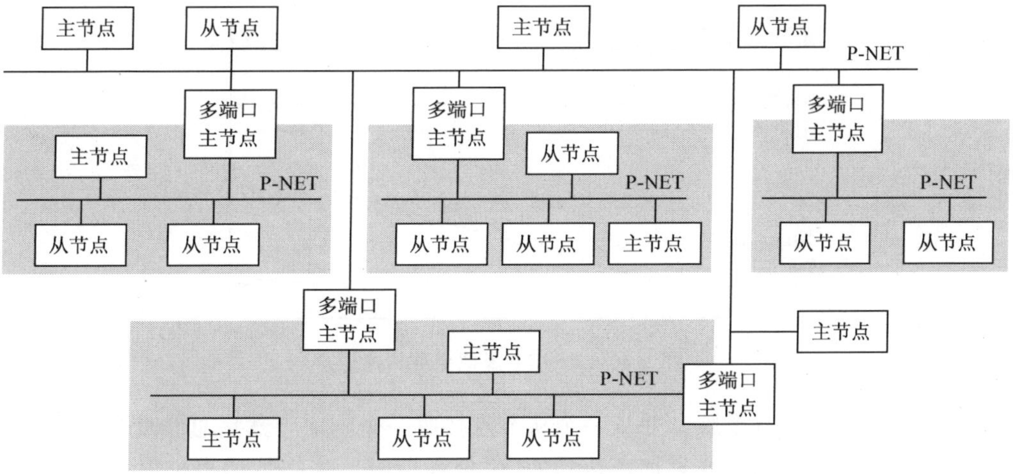

图 5-39　P-NET 现场总线的多网络结构

一个主控节点。每个节点含有一个通用的单片微处理器，配套 2k 字节的 EPROM，不仅可用作通信，而且可用于测量、标定、转换和应用功能。P-NET 接口芯片执行数据链路层的所有功能，第 3、4 层的功能由宿主处理器中的软件解决。

P-NET 协议的最大优点是几个总线段之间允许直接寻址，即对总线段没有结构分层方面的要求。这为扩展已有的 P-NET 设备以及与其他网络的耦合提供了极大的便利。

2. P-NET 虚拟令牌传递原理

P-NET 总线技术最突出的部分是虚拟令牌传递技术，要真正掌握 P-NET 总线，必须对其虚拟令牌传递原理有深入的了解。

P-NET 网络上的所有主控节点都包括两个计数器，一个是访问计数器，另一个是空闲总线位周期计数器。访问计数器存储当前持有令牌的主节点的节点号，当持有令牌的主节点访问结束后，总线空闲 40 个位周期（520μs，传输速率为 76.8kbps），访问计数器加 1，即令牌传递给下一个主节点。当主节点的访问计数器与其节点号相同时，该主节点获得令牌，并可访问总线。当访问计数器的值大于网络中最大主节点的节点号时，访问计数器回置为 1，即令牌回递给主节点 1。空闲总线位周期计数器负责在总线空闲时计时，当总线上有信息发送时，空闲总线位周期计数器自动归 0，空闲总线位周期计数器的值高于 360 时，持有令牌的主节点发送同步帧，使总线上所有主节点的空闲总线位周期计数器归 0。

P-NET 协议还规定，主节点每次持有令牌只允许发送一个报文。主节点持有令牌后，需要在 2～7 个位周期内发送请求，若 10 个位周期（130μs）内，持有令牌的主节点不发送请求，则认为该主节点无信息发送，访问计数器加 1，令牌传递给下一个主节点。从节点只有在获得主节点的请求时，才可访问总线，从节点的响应延迟为 11～30 个位周期，即最大响应延迟为 390μs。现以有 4 个主节点的系统为例加以说明，如图5-40 所示。

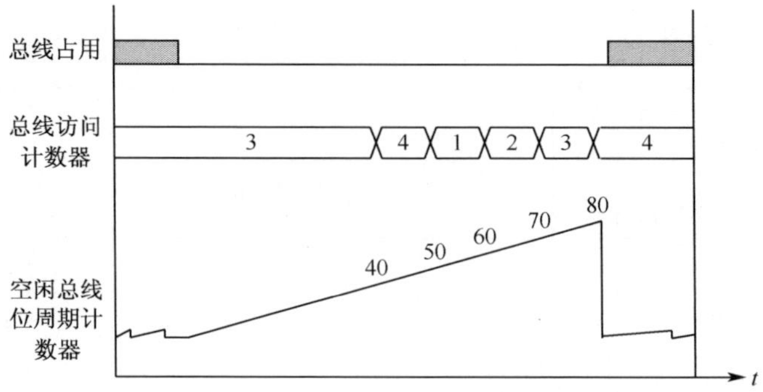

图 5-40　P-NET 虚拟令牌传递原理

首先主节点 3 持有令牌，并从一个从节点接收一个响应，然后总线变为空闲。空闲总线位周期计数器开始从 0 累加，达到 40 个位周期时，令牌传递事件发生，所有访问计数器加 1，主节点 4 被允许访问总线。因为主节点 4 无访问请求，又经过 10 个位周期，在 50 个位周期后主节点 1 被允许访问总线。主节点 1 也无访问请求，所以 60 个位周期后，虚拟令牌传送到主节点 2。既然主节点 2、3 不需要访问总线，令牌在空闲位达到 80 个位周期后又转回主节点 4。这一次，主节点 4 需要访问总线，在 2～7 个位周期内数据出现在总线上，此时，所有主节点的空闲总线位周期计数器重置为 0。

P-NET 不需要任何总线仲裁功能，而且没有分级管理的需要。因此，虚拟令牌传递方式与报文传递令牌方式相比，节省了主控器的处理时间，提高了总线的传输效率。这是 P-NET 总线的独到之处，是其他总线没有的。

5.8.2* SwiftNet

SwiftNet 总线由美国 SHIP STAR 协会主持制定，得到美国波音公司的支持，主要用于航空、航天等领域，现已成为国际标准 IEC61158 Type 6。该总线是一种结构简单、实时性高的总线，协议仅包括物理层和数据链路层，在标准中没有定义应用层。

物理层使用 RS-485 标准，支持总线型、星型和树型拓扑结构，以及这些拓扑结构的组合。每个总线段上的节点数最多为 32 个。如果使用中继器，对于线性总线型拓扑，可使最大节点数增大到 122 个；对于星形拓扑，最大节点数可达 922 个。数据传送速率为 78.125kbps～5Mbps，在最高速率 5Mbps 时，每秒可传送 10^5 个不同的报文，使得一条总线上可以连接大量的离散 I/O 点和其他信息点。总线段的最大长度随数据传输速率的递增而减小，78.125kbps～5Mbps 的传输速率对应的最大总线段长度为 1200～100m。传输信息使用曼彻斯特编码，以此来减少错误，并为总线同步提供特殊的结构定义符。

SwiftNet 总线的数据链路层使用严格同步的时分多路访问（TDMA，Time Division Multiple Access）调度算法，取消了信息的地址域和控制域，使实时数据的扫描速率最大化，超过 99%的 SwiftNet 带宽用于数据传输。数据链路层同时提供专用、高速、低抖动的同步通道和指定通道。同步通道适用于自动状态数据的分配或交换；指定通道则适用于非调度报文。数据传输使用生产者/用户模式，使得多个节点可以在同一时间接收同一数据项。

TDMA 方式是将每个总线周期分割为等长度的时间片，又称作槽路。只有当总线上的节点分配到槽路时，它才能监听和发送。每个节点还能根据所占时间的比例，协调总线的访问、数据的发送和接收。

5.8.3 AS-I

AS-I（执行器-传感器接口，Actuator-Sensor Interface）是由德国 11 家传感器、执行器制造商针对机床控制中的二进制开/关设备联合开发的，它是一种用来在控制器（主站）和传感器/执行器（从站）之间双向交换信息的总线网络，属于底层的监控网络系统。AS-I 总线通过其主站中的网关可以与其他多种类型的现场总线（如 FF、CAN 等）相连接，主站既可作为上层现场总线的一个节点服务器，又可挂接一批 AS-I 从站。AS-I 总线主要用于具有开关量特征的传感器和执行器系统，传感器可以是各种原理的位置接近开关以及温度、压力、流量、液位开关，执行器可以是各种开关阀门、声光报警器、继电器、接触器等低压开关电器。当然，AS-I 总线也可连接模拟量设备，只是模拟信号的传输需要占据多个传输周期。AS-I 总线的开发得到德国科技部的支持，研制成功后，在欧洲得到广泛应用，并成为欧洲标准 EN50295。1991 年还成立了 AS-I 国际协会（AS-I International Association），负责规划 AS-I 部件的开发和系统的定义，进行有关标准化工作，组织产品的标准测试和软件认证，以保证 AS-I 产品的开放性和互操作性。2000 年 6 月，IEC 已正式通过 AS-I 为国际标准，编号为 IEC62026-2。

AS-I 系纯粹的主从式的总线网络，支持点对点型、总线型、树型拓扑结构。从图 5-41 可以看到，系统的主站是 AS-I 主机与带有 CPU 和存储器的控制器（如工业 PC 机、PLC、数字调节器等）总称，从站的结构可以作成一个单独的 AS-I 接口模块，如图 5-41 中（a）所示。这个模块可以和普通的传感器（S）和执行器（A）连接，属于传感器/执行器独立于 AS-I 从站之外的分离型结构。从站也可以是带有 AS-I 接口的智能传感器/执行器，如图 5-41 中（b）所示。每个 AS-I 系统只有一个主机，它是整个网

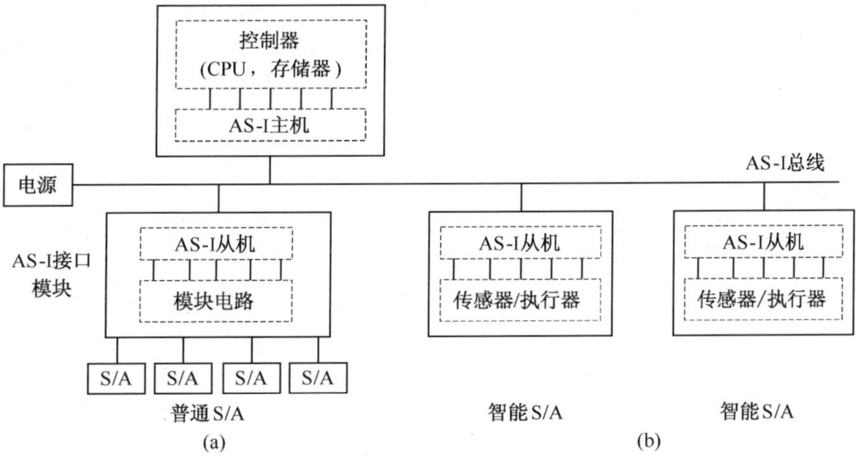

图 5-41　AS-I 总线系统结构原理图

络系统的中心，最多可带 31 个从机，每个从机最多可有 4 个 I/O 口（4 位数据），因此，一个 AS-I 总线最多可连接 124 个输入/输出。AS-I 采用总线供电，使用非屏蔽、非绞接双芯电缆传输数据和电源，传输速率为 167kbps。电缆长度最大为 100m，可采用中继器增加长度。总线采用交替脉冲调制（APM，Alternate Pulse Modulation）信号实现信息传输，这种信号具有很强的电磁兼容性。

AS-I 总线采用请求—应答访问方式，主机发出一个包含从机地址的请求信号，接到请求的从机会在规定的时间内给予应答，在任何时间只有一个主机和最多 31 个从机进行通信。

AS-I 可通过具有网关功能的主设备（PC、PLC）连接至高一级总线系统，特别适合作为 microPLC 总线。错误信息能被可靠地识别，出现错误会重发信息。

5.8.4 DeviceNet

DeviceNet 是由美国罗可韦尔（Rockwell）公司开发的一种基于 CAN 的低成本现场总线标准。这是一个低端网络系统，其作用是在简单的工业设备（如限位开关、光电传感器、阀组、电动机启动器、变频驱动器、激励器、按钮组、电子秤和条形码读入器等）与高端设备（控制器）之间实现网络连接。DeviceNet 现已成为低压开关设备和控制设备与控制器设备接口的国际标准 IEC62026-3，也被列为欧洲标准 EN50325。2002 年 10 月 8 日 DeviceNet 被批准为中国国家标准 GB/T18858. 3-2002，并于 2003 年 4 月 1 日开始实施。

1. DeviceNet 的主要特点

DeviceNet 采用 CAN 物理层和数据链路层规范。DeviceNet 网络使用主干线-分支线结构，使用 5 芯电缆，网络拓扑结构如图 5-42 所示；最多可支持 64 个节点；不需要中断网络就可以解除节点；节点设备可通过网络统一配电（信号线和电源线一起包含在干线中），也可自行供电；最大电流容量可以达到 16A；使用密封或开放形式的连接器；具有接线错误保护功能；可选的传输速率为 125kbps、250kbps 和 500kbps；总线长度可达 500m；可以在带电状况下操作；电源插头可以连接符合 DeviceNet 标准的不同制造商的供电装置；内置式过载保护；数据传输使用生产者/用户模式，支持对等、多主或主/从通信结构。

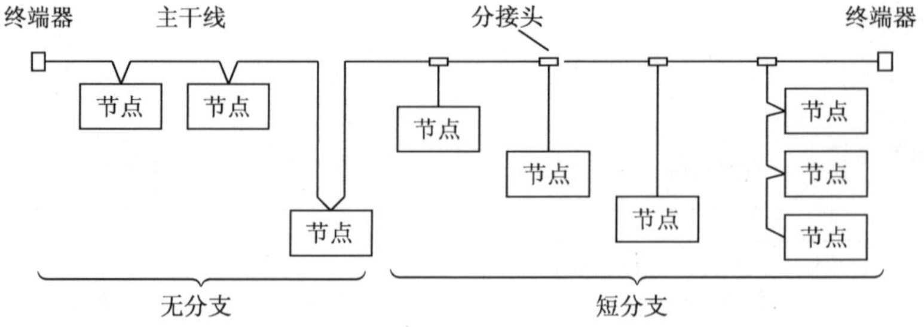

图 5-42 DeviceNet 网络拓扑

DeviceNet 的通信和应用都是基于对象模型的，采用对象、类、实例、属性、行为、服务、通信对象、应用对象等相关术语来描述 DeviceNet 的服务及协议。

2. DeviceNet 与 CAN 的主要区别

在物理层和数据链路层中，CAN 的最高通信速率可达 1Mbps，DeviceNet 只用了 125kbps、250kbps 和 500kbps 三种速率；DeviceNet 只使用 CAN2. 0A 中的有关定义，并不支持 CAN2. 0B 中的扩展报文格式；DeviceNet 不使用其中的远程帧。

DeviceNet 在 CAN 的基础上又增加了面向对象、基于连接的现代通信技术理念，并开发了应用层，将工业现场的分散设备连接成一个开放、廉价、可靠的工业控制网络。

5. 8. 5* SDS

SDS（Smart Distributed System，智能分布系统）是由美国霍尼韦尔（Honeywell）公司开发的、基于 CAN 通信协议的现场总线。它是专为 I/O 级控制应用而设计的，可以扩展到更高一级总线。SDS 总线的研究工作得到了美国 Smart Society 的支持，现已被 IEC 已正式通过为国际标准，编号为 IEC62026-5。

SDS 标准定义了应用层、物理层和设备规约，用来连接简单 I/O 设备至 PLC 或 PC，以查询方式工作时特别有效，同时也可以运行在对等模式下，以提供分布控制。规定的 4 种传输速率为 125kbps、250kbps、500kbps 和 1Mbps，网络中可容纳至多 64 个节点。

应用层定义了两个对象及 10 个相关的服务类，两个对象是变量和事件，10 个相关的服务类为读、写、动作、事件、连接等。

SDS 的优点：提供 SDS 智能设备、便于实现与高级总线的集成和系统状态的诊断。

5. 8. 6* Seriplex

Seriplex（Serial Multiplexed Control Bus，串连多路控制总线）是由美国自动化控制（Automation Control）公司开发并由 Seriplex Technology Organization（STO）推荐的总线标准，是面向位的价格低廉的总线，主要用于位级工业控制和数据采集，特别适合于以开关量为主的智能配线系统。现已被 IEC 正式通过为国际标准，编号为 IEC62026-6。

数据传输和电力发送使用电源＋、数据、时钟、公共线（地）4 芯加屏蔽的专用电缆，可连接至多 255 个节点和 7000 个 I/O 点。对网络拓扑结构没有严格限制，支路长度和每个支路上可挂的设备数无限制。总线长度与传输速率成反比，长度可达 1500m。通信协议形成 ASIC（专用集成电路）。Seriplex 总线提供一种非微处理器的嵌入式芯片，通过该芯片可将 I/O 设备智能化，并保持较小的体积和较低的成本。允许用单个 Seriplex 总线电缆替代任何点对点的电缆排线，并减少系统的建立时间和安装成本。

Seriplex 的传输方式几乎不同于其他所有总线，系统数据线上循环传递一个位字符串作为旅行移位寄存器，表示相关 I/O 点的状态。节点的 ASIC 不停地对时钟线上的脉冲记数，当记数等于自己的地址时，ASIC 与数据线交换 1 位数据，即读/写分配给它的特定位槽。模拟信号也可通过多路方式传递，如每个扫描周期传送1位精度。

Seriplex 网络可运行在主从模式和对等模式下，也可连接至字节级网络。

5.8.7 位传输总线主要特性比较表

为了便于读者学习，我们将主要位传输现场总线的特性进行了汇总，见表5-10。

表5-10 位传输现场总线主要特性的比较

总线类型 主要特性	CAN	P-Net	SwiftNet	AS-I	DeviceNet	SDS	Seriplex
典型应用	汽车自动化、测试系统、过程控制	食品加工、环境控制、过程控制	航空、航天自动化	机床低压开关设备控制	工厂流水线、汽车自动化	过程控制、汽车自动化	智能配线系统、数据采集
传输速率	最大1Mbps	76.8kbps	78.125kbps ～5Mbps	167kbps	125kbps，250kbps，500kbps	125kbps，250kbps，500kbps，1Mbps	约250 kbps（时钟相关）
通信方式	产生者/用户，对等	主/从，对等	主/从、产生者/用户	主/从	主/从，多主、对等	主/从，对等	主/从，对等
媒体访问控制	CSMA/CA	基于时间的虚拟令牌传递	TDMA	轮叫探询	CSMA/CA	CSMA/CA	传递探询
传输媒体	双绞线、光纤	屏蔽双绞线	双绞线、光纤	非屏蔽、非绞接2芯电缆	电力/信号双绞线（5芯）	双绞线	4芯加屏蔽专用电缆
最大节点数	110	125	32	32	64	64	255
确定性	否	是	是	是	否	否	是
本安特性	否	否	否	否	否	否	否
总线供电	否	否	否	是	否	否	否
DLL实现	ASIC	芯片	ASIC	ASIC	ASIC	ASIC	ASIC
拓扑结构	总线型	总线型	总线型、树型、星型	总线、树型	总线	总线	无限制
段最大长度	10km（5kbps）	1200m	1200m（78.125kbps）	100m	500m（125kbps）	500m（125kbps）	1500m
物理层标准	差动电压	经改进的RS-485	RS-485	交变脉冲调制	差动电压	差动电压	差动电压
可应用的标准	ISO11898-1，CAN2.0A，CAN2.0B	IEC61158 Type 4，EN50170 Vol.1	IEC61158 Type 6	IEC62026-2，EN 50295	IEC62026-3，EN50325	IEC62026-5	IEC62026-6

习　　题

1. 同一个 CAN 网络里允许有多少不同的报文和不同的节点？

2. 同时发送两个报文，第一个的标识符为 300，第二个的标识符为 301。哪一个报文将留在总线上？为什么？

3. 什么时候应答间隙位为显性电平？

4. 为什么说最大传输速率取决于 CAN 总线的长度？

5. CAN 帧的位流采用非归零码(NRZ)方法编码。这意味着，在整个位时间内维持有效电平，要么为显性，要么为隐性。其缺点是：在连续出现数值相同的位较多时，没有用于各个网络节点同步的边沿。CAN 总线采用什么方法克服这一缺点，请简述其原理。

6. 怎样理解 CAN 总线的非破坏性总线仲裁技术？

7. CAN 协议采用 CSMA/CA 方法进行媒体访问控制。假设当前总线上有三个节点需要使用总线，它们的标识符分别是：① 11011011101；② 11011011001；③ 11011111010。试在下图中画出三个参与者的仲裁过程和仲裁过程中的总线电平。

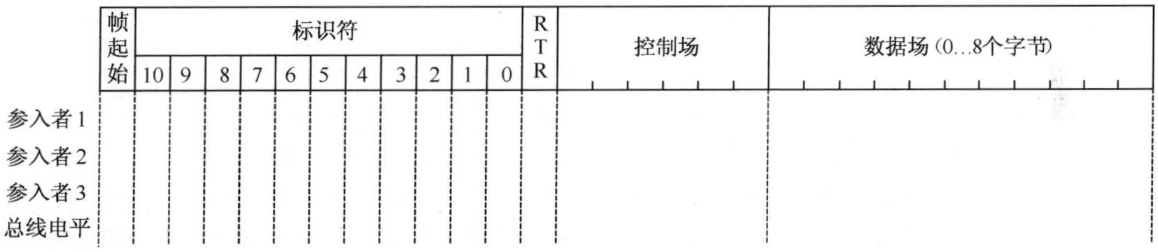

题 7 图　仲裁过程和总线电平

8. CAN 报文的优先权是如何确定的？

9. CAN 节点有哪些手段保证数据传送的安全性？

10. CAN 如何用报文唤醒一个处于睡眠状态的节点？

11. 分别说明 CAN 总线 LLC 子层、MAC 子层的功能。

12. CAN 总线包括哪几种错误类型？

13. CAN 节点包括哪几种故障状态？哪一种是严重故障状态？

14. 系统启动期间仅仅有一个节点在线时，如果发出报文后将处于什么状态？

15. CAN2.0A 与 CAN2.0B 的最大区别是什么？

16. ISO 11898 建议的电气连接中，总线终端的电阻是起什么作用的？

17. 下图是一个报文的 CAN 总线信号(DLC＝2，最后 3 位是间歇场)，试写出去除填充位后的报文位序列，并标明各个位场。

18. 为了在车辆上显示已测量的数据，所有由传感器的测量值都以 CAN 报文的形式传送给不同的指示元件。通常，传感器测量的数据都有不同的应用。因此，数据必须以适当的格式发送给每一个接收者。随后，接收者评估和显示该数据。带有几个信号的 CAN 报文也可用来在汽车仪表板上显示数据。用 CANscope 进行一个速率为 80kbps 的单射测量。被记录的报文有如下图所示的数据场：

该报文和它的信号定义如下：

```
dashboard:     Identifier = 100; DLC = 6
Signals:
```

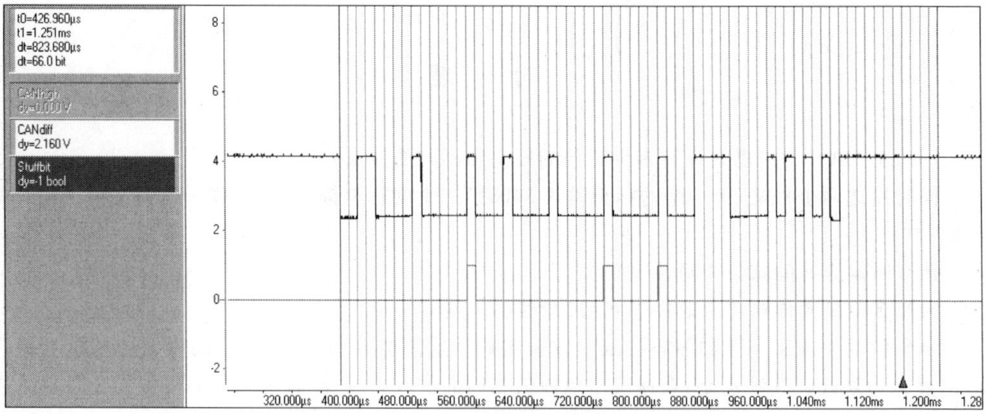

题 17 图　一个报文的 CAN 总线信号

1 1 0 0 1	0 1 1 1 0 0 0 1 0 0 0 0 0 1 0 1 0 1 0 1 1 1 0 0 0 0 1 0 0 1 0 1 1 1 0 0 0 0 1 1 0 0 0 0 0 1 0 1 0 0	0 1 1 0 0 1
	←数据场→	

题 18 图

- carspeed [km/h]:　number of bit = 16;　start bit = 0
- enginespeed [1/min]:　number of bit = 13;　start bit = 16
- tank [l]:　number of bit = 10;　start bit = 29
- temperature [℃]:　number of bit = 4;　start bit = 39

以 0.2km/h 的步幅测量车速，也就是 1000d 的信号值相当于 200 km/h 的车速。发动机的速度和油箱液位被直接发送，而温度则以 10 Kelvin 的步幅进行测量。试确定车速值，发动机速度，油箱的满液位值和此报文的温度值。

19. 试述 P-NET 总线多网络结构的优点。
20. 结合图形，简述 P-NET 的虚拟令牌传递原理。
21. SwiftNet 总线的媒体访问方式是什么？
22. AS-I 总线采用什么样的系统结构？它的从机有哪两种形式，各有什么特点？
23. AS-I 主机由几部分组成？它们的作用是什么？
24. DeviceNet 与 CAN 的主要区别是什么？
25. Seriplex 主线路最多可连接多少 I/O 点？线路的最大长度是多少？

第6章　设备现场总线

6.1　设备现场总线概述

前面一章讲述的位传输现场总线，是以 I/O 开关量信号的传输为主要特征的，忽略了单体设备的控制能力问题。事实上，在工业控制系统的长期发展过程中，控制领域的工程技术人员研制了众多的单体自动化设备，不仅具有较强的控制功能，而且使用方便，性能可靠。最典型的例子就是可编程控制器（PLC）。PLC 是为克服继电器控制系统难以灵活改动、可靠性差、成本高等缺点而发展起来的一种控制装置，其起源也是针对开关量的，但新型 PLC 的功能已远远超出了其设计的初衷，在模拟量检测、控制输出等方面的作用越来越大。自 1969 年第一台 PLC 诞生以来，历经多年的发展，它正以其独具的特点成为当今测控系统的主要支柱之一。

目前工业上普遍使用的 PLC 是以微处理器为核心的数字式电子装置，能够存储各种指令，实现顺序控制、定时、计数、算术运算、数据处理和通信等功能，对工业设备或过程进行控制。PLC 的中心控制单元和与现场设备相连的接口电路是为在工业环境下应用而特殊设计的，因此它具有很强的抗干扰能力、广泛的适应能力和应用范围。毋庸置疑，PLC 在未来的工业生产中仍将扮演重要角色。因此，人们研究开发了多种建立在 PLC 基础上的现场总线，如 Profibus、ControlNet、WorldFIP、Interbus 和 CC-Link 等，通常称它们为设备现场总线。从本质上讲，这类总线的传输信号单位是字节数，通信活动发生在远程 I/O 设备之间，不具备总线供电和本安性能。

在这一章里，我们将以德国西门子公司推出的 Profibus（Process Fleld Bus）现场总线为主，详细讲述由 PLC 发展而来的设备现场总线。然后分析比较其他几种同类现场总线的原理、特点及应用情况。

6.2　Profibus 总线的产生及特点

Profibus 是用于工厂自动化车间级监控和现场设备层数据通信与控制的现场总线标准，主要由三个兼容的协议类型组成，分别是 Profibus-FMS、Profibus-DP 和 Profibus-PA，其中 FMS（Field Message Specification）为现场总线报文规范的缩写；DP（Decentralized Periphery）是分散化外围设备的缩写；PA（Process Automation）则代表过程自动化。

6.2.1　Profibus 发展历程

Profibus 的发展经历了 5 个主要的发展阶段。1987 年，德国联邦科技部通过总结 20 世纪 80 年代工业界自动控制技术的发展经验，认识到要想适应 20 世纪 90 年代后的分布式计算机自动控制系统发展的需要，有必要对现有的各公司自己定义的网络协议加以规范化、公开化，使得不同厂家生产的自动控制设备在网络通信级能够兼容，以利于整体提高自动化系统的标准化水平。因此于当年组织德国 13 家公司和 5 个研究所共同攻关制定德国现场总线国家标准，其目标是以 ISO/OSI 通信参考模型为基础，建立适用于工业现场数据通信的国家规范。经过几年的努力，1989 年德国正式将 Profibus-FMS 和 Profibus-DP 现场总线确立为现场总线德国标准 DIN19245。1996 年经过欧洲电工标准化委员会投票，Profibus-FMS 和 Profibus-DP 被确立为现场总线欧洲标准 EN50170 Vol. 2。1998 年具有本安功能的 Profibus-PA 现场总线标准又被加入到现场总线欧洲标准 EN50170 Vol. 2 中。2000 年，Profibus 成为现场总线国际标准 IEC61158 Type 3。

6.2.2 Profibus 的特点

1. 通信网络的构成

Profibus 现场总线控制系统结构如图 6-1 所示。从图中可以看出，整个通信网络系统共分为 4 级，最低一级是执行器/传感器级，采用 AS-I 位总线标准，现场一级采用 Profibus-DP 或 Profibus-PA 现场总线，车间单元一级采用 Profibus-FMS 现场总线，工厂管理一级使用工业以太网。

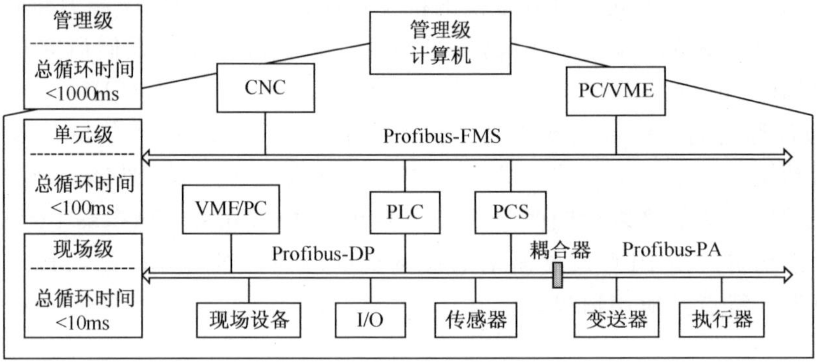

图 6-1　Profibus 现场总线网络结构

2. Profibus 的分类及区别

Profibus 现场总线标准划分为 Profibus-FMS，Profibus-DP 和 Profibus-PA 3 种不同协议类型。尽管这 3 个部分相互兼容，但它们应用的角度和针对的问题是不同的。

(1) Profibus-FMS。Profibus-FMS 协议旨在解决车间级通用性通信任务，为用户提供强有力的通信服务功能选择，实现中等传输速度的周期性和非周期性数据传输。建立在该协议基础上的网络通信系统，每次数据传输量可达上千个字节，响应时间为毫秒级，用于电气、楼宇、纺织等领域的一般自动化系统。

(2) Profibus-DP。Profibus-DP 协议是专为现场级控制系统与分散 I/O 的高速通信而设计的，数据传输速率范围在 9.6kbps～12Mbps 之间，每次可传输的数据量多达

244 个字节，采用周期性通信方式，响应时间为毫秒级，可用于大多数工业领域。

（3）Profibus-PA。Profibus-PA 协议是需要本质安全或总线供电的设备之间进行数据通信的解决方案，数据传输速率是固定的，其大小为 31.25kbps，每次可传输数据的最大长度为 235 个字节，采用周期性和非周期性通信方式，响应时间为毫秒级，用于化工、石油、冶金、发电等领域的过程工业自动化系统。

Profibus 总线同时考虑了数据量、传输时间和传输速率等测控网络中的重要因素，在现场级还兼顾了确定性和本安要求。因此，Profibus 产品得到广泛的认可，至今已有十几万个中小系统在工业现场运行，其应用遍及制造、钢铁、石化、水泥、造纸、电力、楼宇、水处理等工业自动化领域。Profibus 已经成为现场总线技术的重要分支，其开放性、互操作性、可靠性也得到了学术界和工业界的一致认可，是目前应用最多的总线之一。

6.3 Profibus 总线体系结构

Profibus-FMS、DP 和 PA 都是以 ISO/OSI 参考模型为基础制定的，3 种现场总线协议的体系结构如图 6-2 所示。整个 Profibus 现场总线体系结构中只包含了 ISO/OSI 参考模型的第 1、2 和 7 层，即物理层、数据链路层和应用层，另外添加了一个用户层。

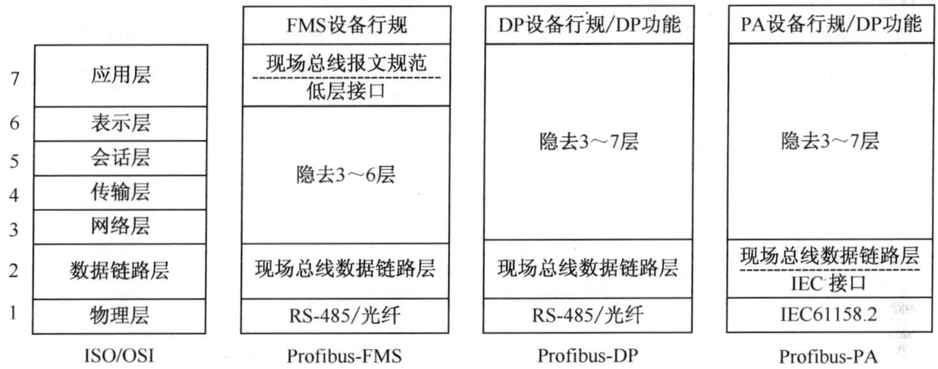

图 6-2　OSI 与 Profibus 体系结构的对应关系

对 Profibus-FMS、DP 而言，第 1、2 层，即物理层和数据链路层，是相同的，物理层采用符合 RS-485 标准的导线、光纤、连接器和中继器，数据链路层的报文格式也一样。Profibus-PA 物理层符合 IEC61158.2 物理层规范，而数据链路层与 Profibus-FMS、DP 一样，只是增加了与 IEC61158.2 标准的接口。OSI 参考模型的第 3～6 层，Profibus 中是不用的。为提高效率，Profibus-DP、PA 也不使用第 7 层，只有 Profibus-FMS 在第 7 层设计了现场总线报文规范和低层接口（LLI，Lower Layer Interface），其目的是为用户提供多种通信服务。三种协议都有用户层，Profibus-FMS 用户层定义了 FMS 设备行规，该行规定义了与设备制造商无关的设备行为特性；Profibus-DP 在用户层中定义了设备可使用的应用功能，以及各种类型的系统和设备的特性；Profibus-PA 的用户层使用 Profibus-DP 用户层定义的应用功能，以及描述现场设备行为的 PA 行规。

6.3.1 物理层及物理连接

Profibus 物理层定义了数据传输方法。为了满足有关网络结构、线路长度、站点数、传输速率和安全等级等不同要求，Profibus 标准允许在标准的总线协议中包含传输技术的不同特性。Profibus 标准的基本方案是定义 RS-485 接口为标准传输接口，用于 Profibus-DP/FMS 协议。另外为满足本质安全和总线供电方面的需要，Profibus 将 IEC 制定的现场物理层标准 IEC61158.2 用于 Profibus-PA 的数据传输。为增加高速传输的距离，提高抗干扰能力，还可采用光纤传输方法。

在第 2 章中，我们已经学习了 IEC61158.2 和 RS-485 传输技术，这里只就 RS-485 作为 Profibus-FMS、DP 物理层时的导线连接、信号传输和光纤连接做进一步说明。

1. Prifibus-DP、FMS 的 RS-485 传输

(1) Profibus-DP、FMS 总线拓扑结构。Profibus 标准的基本方案中，网络拓扑结构为总线型，每段最多连接 32 个站，可以通过另外增加总线段来增加连接的站数，总线段之间由中继器相连接，中继器只起着放大传输信号电平的作用，每增加一个中继器，可将总线传输距离增加 1200m。Profibus 规定，中继器不提供信号再生，在远距离传输时，会存在位信号的失真和延迟，因此，限定串联的中继器数不超过 3 个，总线上的最多站点数可扩展到 126 个，如图 6-3 所示。使用中继器不仅可以增加站数，扩大传输距离，也可以通过段与段之间的组合，实现树型和星型网络结构，以适应不同的自动化系统需要。

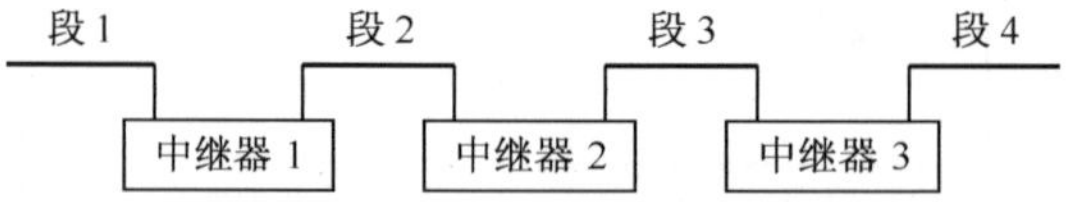

图 6-3　Profibus 总线扩展

总线上两个站点之间允许的最大距离与总线的传输速率密切相关，其关系见表 6-1。

表 6-1　传输距离与传输速率及中继器个数的关系

传输速率/kbps	最大距离/m			
	无中继器	1 个中继器	2 个中继器	3 个中继器
9.6	1200	2400	3600	4800
19.2	1200	2400	3600	4800
93.75	1200	2400	3600	4800
187.5	1000	2000	3000	4000
500	400	800	1200	1600

(2) 导线连接。对于 Profibus，若使用 RS-485 传输技术，则采用屏蔽双绞线作为物理层传输媒体，其特性如下：

① 最小横截面积：0.20mm²；

② 单位长度电容：60pF/m；

③ 浪涌阻抗：130Ω。

与屏蔽双绞线相连的机械连接器使用9针D型连接器，3针有效。带内孔的连接器接在总线接口一侧，带凸针的连接器与总线电缆相接。针脚定义如图6-4所示，插头与插座的定义相同。T型连接器包含3个9针D型连接器（一个带凸针，两个带内孔），可以用来连接总线电缆段与总线接口。

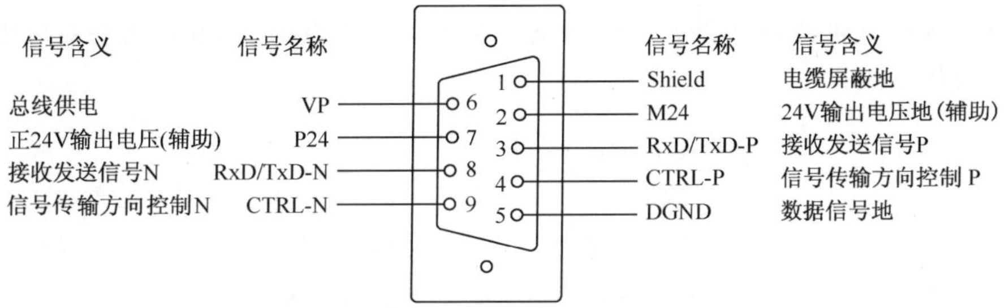

图6-4　9针D型连接器针脚定义

每个总线段的两端需要配置低阻值的终端电阻，如图6-5所示，且终端电阻上必须施加正的电源电压，这个电压一般由处于总线终端的站通过D型连接器的第6脚（VP）提供，其值一般为＋5（1±1%）V。当总线上没有站发送数据时，也就是说总线处于空闲状态时，终端电阻确保在总线上有一个确定的空闲电位。另外，几乎所有标准的Profibus总线连接器上都组合了Profibus所需要的总线终端器，而且可以由跳接器或开关来启动。

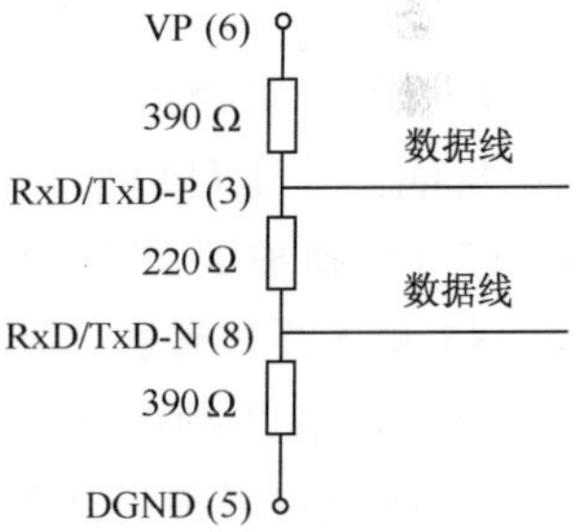

图6-5　Profibus总线终端器

总线电缆的连接方法如图6-6所示，所有信号接口的参考电位与DGND之间电位之差，其绝对值必须小于7V。两根信号线不能互换。如果电位差为7V，则连接器的第5脚之间需要连一根补偿地线。

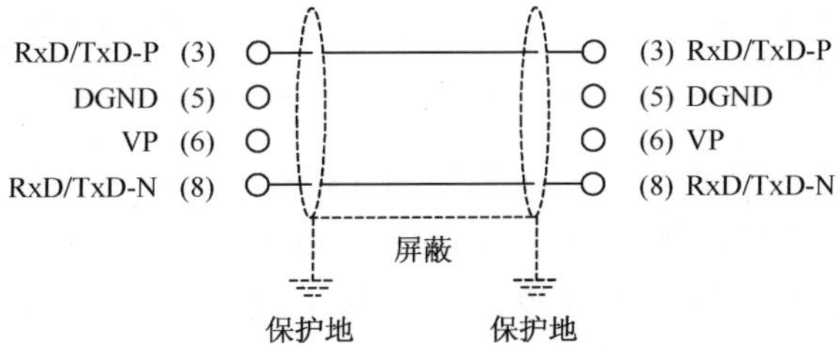

图6-6　Profibus电缆连接

（3）数据编码。Profibus-DP、FMS采用半双工、异步传输，数据的发送用NRZ编码，每个字符帧为11位，包括1个起始位、8个数据位、1个奇偶检验位和1个终止位，字符帧的基本格式如下图6-7所示。

图中，起始位ST=0，终止位SP=1，数据位或奇偶检验位可为0或1。接收方收

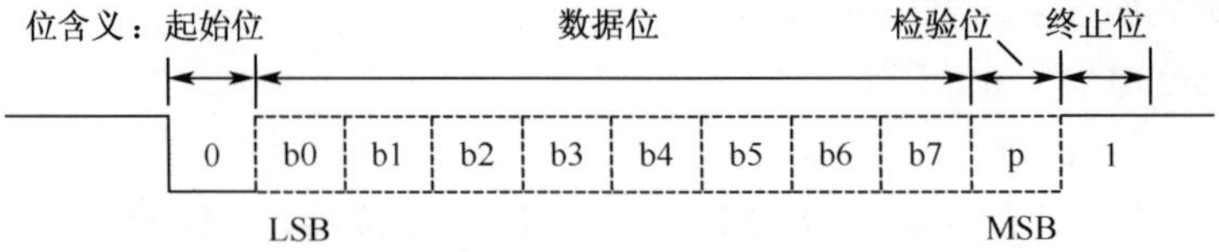

图 6-7　Profibus UART 字符帧

到起始位下降沿后启动位同步，接收数据并进行正确性检查。

在传输期间，二进制 1 对应于 RxD/TxD-P 线（也称为 B 线）上的正电位，而在 RxD/TxD-N 线（也称为 A 线）上则相反。各报文间的空闲（idle）状态对应于二进制 1 信号，见图 6-8。

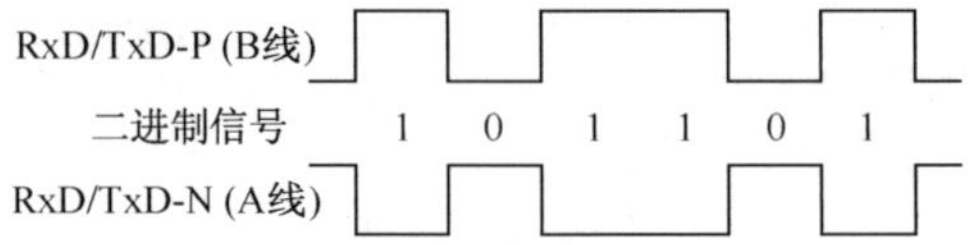

图 6-8　采用 NRZ 传输时的信号形状

2. Prifibus-DP、FMS 的光纤传输

Profibus 系统可以使用光纤技术。光纤电缆不仅能够抗电磁干扰、实现总线站之间的电气隔离，也可以增加高速传输的距离。许多厂商提供专用的总线插头，可将 RS-485 信号转换成光纤信号，或将光纤信号转换成 RS-485 信号，为在同一系统上使用 RS-485 和光纤传输技术提供了一套开关控制十分方便的方法。

目前，有几种类型的光缆可供使用，如表 6-2 所示。玻璃光缆传输的距离达到 15km，而塑料光缆可达到 80m。

表 6-2　光缆的特性

光缆类型	特性
单模玻璃光缆	长距离范围（<15km）
多模玻璃光缆	中距离范围（2～3km）
PCS/HCS 光缆	短距离范围（<500m）
塑料光缆	短距离范围（<80m ）

为了把总线站连接到光纤电缆，可选用的连接技术有如下三种：

（1）OLM 技术。光链路模块（OLM，Optical Link Module）类似于 RS-485 的中继器，它有两个功能隔离的电气通道，并根据不同的模态占有一个或两个光通道。OLM 通过一根 RS-485 导线与各个总线站或总线段相连接，如图 6-9 所示。

（2）OLP 技术。光链路插头（OLP，Optical Link Plug）可将很简单的总线从站用一个单光纤电缆环连接，OLP 直接插入总线站的 9 针 D 型连接器，OLP 由总线站供电而不需要它们自备电源，但总线站的 RS-485 接口的＋5V 电源必须保证能提供至少 80mA 的电流，如图 6-10 所示。

（3）集成的光纤电缆连接。使用集成在设备中的光纤接口将 Profibus 节点与光纤

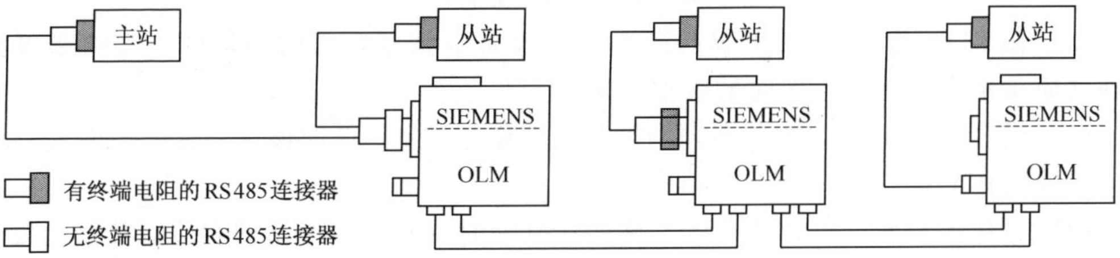

图 6-9　使用 OLM 技术的总线连接实例

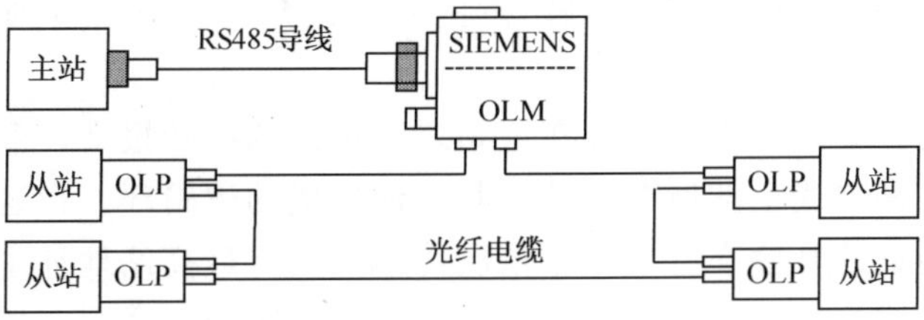

图 6-10　使用 OLP 技术的单光纤环路

电缆直接连接。

3. Profibus-PA 的 IEC61158.2 传输

为了满足化工行业的本安要求，Profibus-PA 采用了 IEC61158.2 同步传输技术，拓扑结构为总线型、树型和星型，传输速率固定在 31.25kbps，实现了总线供电。在使用 Profibus 总线的控制系统中，一般采用 RS-485 总线段与总控制站相连接。因此，在工业现场，通常使用段耦合器或链接器实现从 RS-485 段到 IEC61158.2 段的转换。同时，段耦合器或链接器又是需总线供电的现场设备的供电装置。段耦合器是信号转换器，它将 RS-485 信号转变为 IEC61158.2 电平信号，反之亦然。从总线协议的角度看，它们是透明的。如果使用段耦合器，则在 RS-485 中的最大传输速率应限制在 93.75kbps。若使用链接器，由于链接器具有内在的智能，它们在 RS-485 段中可作为一个从站，代表所有连接在 IEC61158.2 段中的现场设备，因此，在 RS-485 段中对最大传输速率没有限制。这就意味着，对包含有 IEC61158.2 连接的现场设备，其控制功能也可以实现高速网络传输，最大传输速率为 12Mbps。

6.3.2　现场总线数据链路层

现场总线数据链路层（FDL）负责媒体访问控制（MAC）、数据安全性、传输协议和各种报文的处理。

1. Profibus 媒体访问控制

Profibus 总线的两个主要应用领域是制造工业自动化和过程工业自动化。协议中 MAC 的设计旨在满足下述四个基本要求：

（1）在同一级的 PLC 或 PC 等复杂主站之间通信时，必须保证在精确定义的时间间隔内，每个主站都有足够的时间来完成它的通信任务。

（2）在 PLC 或 PC 与它所属的简单 I/O 设备（从站）之间通信时，必须尽可能快速而又简单地完成循环和实时的数据传输。

（3）尽管 Profibus 有 3 种不同的类型，但使用的 MAC 应该是一致的，而且与所使用的传输媒体无关。

（4）具体规定数据传输的步骤，确保在某一时刻只有一个站拥有传输数据的权限。

为此，Profibus 使用了两种总线访问方式，主站之间采用令牌传递方式，主站与从站之间采用主从方式，如图 6-11 所示。令牌传递方式保证每个主站在一个精确定义的时间间隔内都能获得总线访问权（令牌）。主从方式允许当前获得到令牌的主站访问它所属的从站。

（1）令牌传递方式。令牌是一种在主站之间传递的特殊报文，令牌提供访问传输媒体的权力。令牌环是总线上的所有主站按其地址构成的逻辑环。在这个环中，令牌在规定的时间内按照地址的升序在各主站中依次传递，具有最高站地址主站例外，它只传递令牌给具有最低总线地址的主站，以此使逻辑令牌环闭合。令牌在所有主站中循环一周所需的时间叫做令牌循环时间，它是事先规定的，每个主站的实际令牌持有时间取决于预组态的令牌循环时间，令牌传递方式仅用于主站之间的通信。

当一个主站获得了令牌，就能在一定的时间内执行主站的任务，在此期间，可与总线上的其他主站和从站进行通信。

在总线初始化阶段，主站 MAC 的任务是确定总线上主站的逻辑分配并建立令牌环。为了管理控制令牌，MAC 首先自动地判定总线上所有主站的地址，并将这些节点及它们的节点地址都记录在主站表中。在总线运行期间，故障或拆除的主站必须从令牌环中去除，新接入的主站必须添加到令牌环。

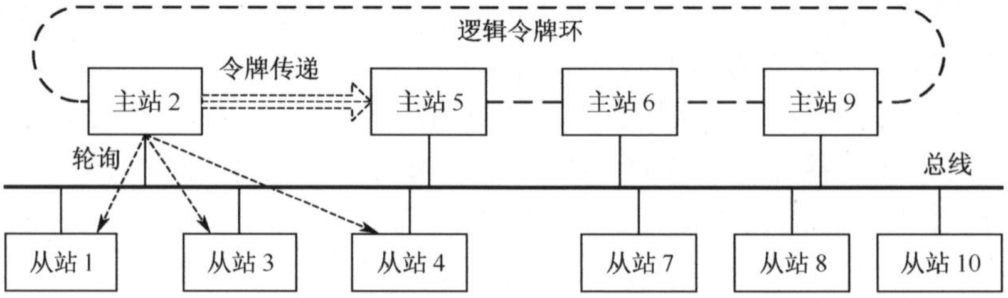

图 6-11　Profibus 总线访问方式

（2）主从方式。当 Profibus 网络中的主站拥有从站时，该主站一旦获得总线访问权，就可向从站发送或索取信息。主站下传命令，从站给出响应，配合主站完成对数据链路的控制，一个主站应与相关的多个从站建立一条数据链路，从站可以发送多个信息帧直到从站没有信息帧可发送、本次发送帧的数目已达到最大值、或从站被主站停止，在下一个扫描周期内重复执行上述操作。

Profibus 网络可由多个主站和多个从站组成，也可由单一主站和若干个从站组成。若逻辑令牌环只含一个主站，这样的网络称为纯主一从系统。若逻辑令牌环中包括多个主站，但网络中无从站，则这样的网络称为纯主一主系统；若网络中同时包括多个主站和多个从站，则称为复杂系统。

Profibus 媒体访问控制的还能够检测传输媒体和收发器故障、站编址错误（如地址重复等）以及令牌传递中的错误（如有多个令牌或令牌丢失等）。

2. Profibus 报文格式

总线上的数据传输是可借助于总线监视器进行观测的，这里我们首先来了解 Profibus 报文格式。Profibus 通过现场总线数据链路（FDL）发送的帧有 5 类，分别为无数据字段的固定长度帧、数据长度可变的帧、数据长度固定的帧、令牌帧和短应答帧。

（1）无数据字段的固定长度帧。图 6-12 中给出了这种帧及其应答帧的格式和各组成字段的表示符。图中，L 表示信息字段长度，其值固定为 3 个字节，各字段含义如下：

SYN：同步位，在 Profibus 中，每个握手报文前必须保持 33 位长的空闲状态（二进制“1”信号）。

SD1：起始定界符，用于区分不同的报文的类型。Profibus 的 FDL 层所使用的 5 类帧用 SD1～5 表示，长度都为一个字节，SD1（10H）为无数据字段的固定长度帧，SD2（68H）为数据长度可变的帧，SD3（0xA2H）为数据长度固定的帧，SD4（0xDCH）为令牌帧，SD5（0xE5H）为短应答帧。

DA：目的地址字段，指出接收此信息的站。

SA：源地址字段，指出发送此信息的站。

FC：帧控制字段，包含用于此信息的服务以及有关此信息优先权的说明。

FCS：帧检验字段，包含帧检验和。在 Profibus 中，除令牌帧和短应答帧外，所有帧都使用帧检验字段。

ED：结束定界符，此字段标志着报文的结束，ED（ED=16H）长度为一个字节。

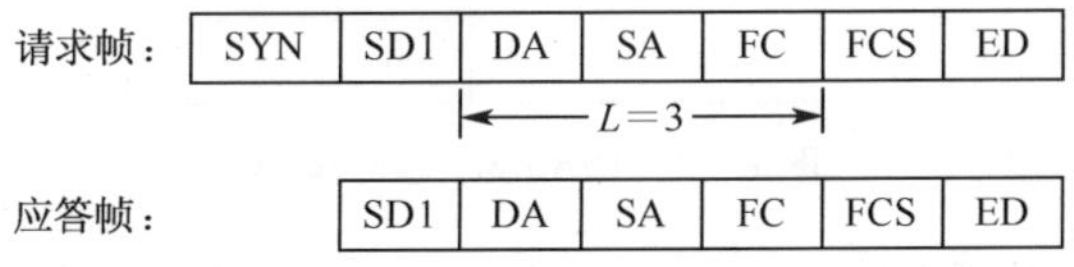

图 6-12　无数据字段的固定长度帧及其应答帧格式

（2）数据长度可变的帧。图 6-13 中给出了这种帧及其应答帧的格式和表示符。数据字节可变的帧格式及其含义如下：

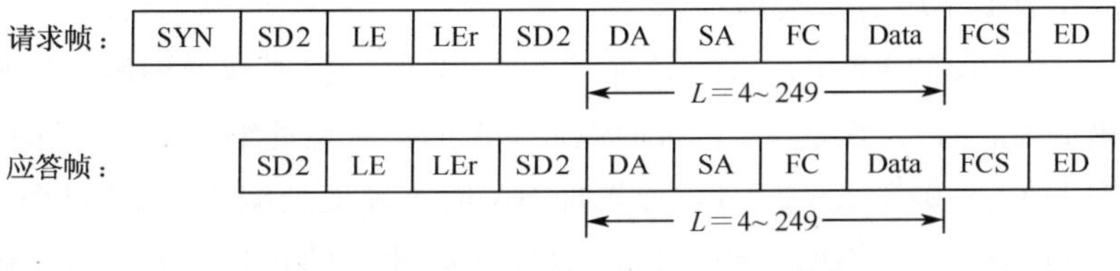

图 6-13　数据长度可变的帧及其应答帧格式

LE/LEr：长度字段，在数据字段长度可变的情况中，用于指出可变长度帧中信息字段 L 的长度，取值范围为 4～249。

Data：数据字段，此字段包含帧的有用信息，数据字段的长度可变，取值范围为

1～246 个字节。必要时，数据字段还包括扩展地址。

（3）数据长度固定的帧。图 6-14 中给出了数据长度固定的帧及其应答帧的格式和表示符。与数据长度可变的帧相比，其主要区别就是帧中的数据字段（Data）长度是固定的，取为 8 个字节。

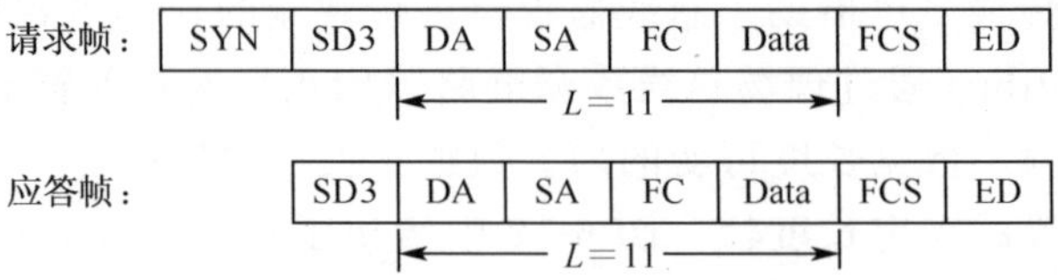

图 6-14　数据长度固定的帧及其应答帧格式

（4）令牌帧。令牌帧格式比较简单，如图 6-15 所示，主要目的是指明令牌的未来归属和现在何方。

SYN	SD4	DA	SA

图 6-15　令牌帧

SC

图 6-16　短应答帧

（5）短应答帧。短应答帧为单个字符，帧格式如图 6-16 所示。SC 称为短应答帧字段，SC 长度为一个字节，SC＝SD5＝0xE5H，用于对请求作出简单响应。

3. Profibus 地址编码方式

Profibus 报文中，主/从站点中的目的地址和源地址都只使用一个字节，编码方法如图 6-17 所示。

位	2^0	2^1	2^2	2^3	2^4	2^5	2^6	EXT
符号	b0	b1	b2	b3	b4	b5	b6	b7

图 6-17　Profibus 地址编码

目的地址 DA 的取值范围是 0～127，源地址 SA 取值范围是 1～126，DA 中的地址 127 用做发送无确认数据到总线上的所有站点或一组站点，即广播或群播。DA 和 SA 可在 1～126 中任意取值。在地址编码时需要考虑总线上主站数量限制和从站数量限制。EXT（b7）位决定地址是否可以扩展。EXT＝0 表示在数据字段没有扩展地址，EXT＝1 表示在数据字段有扩展地址。

设 DA_{ext}表示 DA 的 b7 位，SA_{ext}表示 SA 的 b7 位，扩展地址编码方法如下：

（1）如果 $DA_{ext}=1$ & $SA_{ext}=0$，目的地址 DA 的扩展地址编码 DAE 见图 6-18（a）。

（2）如果 $DA_{ext}=0$ & $SA_{ext}=1$，源地址 SA 的扩展地址编码 SAE 见图 6-18（b）。

（3）如果 $DA_{ext}=1$ & $SA_{ext}=1$，目的地址和源地址的扩展地址 DAE 和 SAE 见图 6-18（c）。

下面举一个简单的例子说明数据链路层的协议数据长度可变的数据传输过程，如果修改了例子中的目的地址或源地址的扩展位、数据字段中的 SAE 或 DAE，就可以很容易变成地址扩展数据传输。

扩展地址条件		$DA_{ext}=1$	$SA_{ext}=0$		数据字段				
帧格式变化	…	DA	SA	FC	DAE	…	Data *n*	FCS	ED

(a) $DA_{ext}=1$ & $SA_{ext}=0$ 时的扩展地址编码

扩展地址条件		$DA_{ext}=0$	$SA_{ext}=1$		数据字段				
帧格式变化	…	DA	SA	FC	…	SAE	Data *n*	FCS	ED

(b) $DA_{ext}=0$ & $SA_{ext}=1$ 时的扩展地址编码

扩展地址条件		$DA_{ext}=1$	$SA_{ext}=1$		数据字段				
帧格式变化	…	DA	SA	FC	DAE	SAE	Data *n*	FCS	ED

(c) $DA_{ext}=1$ & $SA_{ext}=1$ 时的扩展地址编码

图 6-18 Profibus 扩展地址编码

第 1 步：令牌传递，令牌格式为图 6-15，拥有令牌的站点才能发送请求信息。

第 2 步：拥有令牌的站点，采用图 6-13 请求帧格式，发送数据。

第 3 步：数据接收站点若未收到信息，发送图 6-16 所示短应答帧；若一切正常，则利用图 6-13 应答帧格式返回响应信息。

4. Profibus 数据完整性

Profibus 的 FDL 层依据国际标准 IEC870-5-1 的规定，通过使用特殊的帧起始和结束定界符、无间距的字节同步传输、以及字节的奇偶检验位来确保数据的完整性，可以查出的错误类型包括：

① 字符格式出错（奇偶检验、溢出、帧出错）；

② 协议出错；

③ 起始和结束定界符出错；

④ 帧检验字节出错；

⑤ 帧长度出错。

出错的帧至少要被自动地重发一次。在 FDL 中，帧的重发次数是一个总线参数，最多可设定为 8。

5. FDL 提供的服务

Profibus 的 FDL 提供 4 种服务，这些服务对用户来说是看不到的，且不能通过 Profibus 软件施加影响，故只做简单描述。

(1) 需应答的数据发送（SDA）。此服务允许主站向目的站发送数据，发送站接收已收到信息的确认（确认信息）。

(2) 无需应答的数据发送（SDN）。此服务允许主站同时向一个、多个（群播）或所有站（广播）传送数据。无论数据是否被正确接收，不需要任何确认。

(3) 需应答的数据发送和请求（SRD）。此服务用于主站单独向一个站发送数据并接收目的站的数据，而且不向目的站发送数据时，目的站可以请求数据，此时，请求的数据或标志符都指出没有接收到有效数据。两者都表示对询问报文的无差错接收的确认。

（4）需应答的数据循环发送和请求（CSRD）。此服务允许主站循环向目的站传送数据。同样，目的站可以循环请求数据。主站收到的数据或代表无数据的标志符都表示主站传送的询问报文已被目的站接收。

Profibus 的 3 个通信协议 DP、FMS 和 PA 分别使用 FDL 服务的不同子集，如表 6-3 所示。这些服务由 FDL 的上一层通过服务访问点（SAP）来调用。在 Profibus-FMS 中，这些服务访问点用来建立逻辑通信地址的关系表；在 Profibus-DP 和 PA 中，每个服务访问点都赋有一个明确定义的功能。在各个主站和从站中，可同时使用多个服务访问点。服务访问点分为源服务访问点（SSAP）和目标服务访问点（DSAP）两类。

表 6-3　Profibus FAL 层服务

服务	功能	FMS	DP	PA
SDA	需应答的数据发送	√		
SDN	无需应答的数据发送	√	√	√
SRD	需应答的数据发送和请求	√	√	√
CSRD	需应答的数据循环发送和请求	√		

6．数据链路层的总线管理功能

现场总线数据链路层还提供总线管理功能，主要任务是完成 MAC 的特定总线参数的设定以及物理层的设定。FDL 层与高层之间的服务访问点（SAP），可以通过数据链路层的总线管理激活或撤销。此外，物理层和数据链路层可能出现的事件或故障会被传递到更高层进行管理。

6.3.3　应用层

ISO/OSI 参考模型对第 7 层的要求是提供用户应用进程和系统应用管理进程。Profibus 的三个通信协议中，只有 Profibus-FMS 使用了应用层，这是因为 Profibus-FMS 的主要作用是车间级通信，而车间级通信的特点是比现场级的数据传送量大，但通信的实时性要求低于现场级。

Profibus-FMS 应用层提供了供用户访问变量、程序传递、事件控制等方面的服务。主要包括下列两个部分：描述通信对象和应用服务的现场总线报文规范（FMS）；FMS 服务到 FDL 层的低层接口（LLI）。

1．虚拟现场设备

Profibus-FMS 的通信体系结构中，允许分散的应用过程经由通信关系统一到一个共同的过程中去。在 Profibus-FMS 现场设备中，可实现通信的那部分应用过程称为虚拟现场设备（VFD，Virtual Field Device），简单地说，VFD 是实际现场设备的可通信部分。在实际现场设备与 VFD 之间建立一个通信关系表，由它来完成对实际现场设备的通信。

2. 通信对象与对象字典

Profibus-FMS 设备的所有通信对象都登入该设备的对象字典（OD）中。FMS 在其面向对象的通信中定义了两种类型的通信对象，分别是静态通信对象和动态通信对象。

静态通信对象登入静态对象字典，静态通信对象可由行规定义或在组态期间定义，但在运行期间不能被修改。FMS 能识别 5 种静态通信对象：简单变量；数组（一系列相同类型的简单变量）；记录（一系列不同类型的简单变量）；域；事件。

动态通信对象登入动态对象字典，动态通信对象可以通过 FMS 服务预定义、删除或修改。也就是说，在运行期间动态通信对象是可以改变的。FMS 能识别两种类型的动态通信对象：变量列表（一系列简单变量、数组或记录）；程序调用。

对象字典包括描述、结构和数据类型以及通信对象的内部设备地址和它们在总线上的标志（索引/名称）之间的关系。对象字典包括如下列元素：

① 头：包含对象字典的结构信息；

② 静态数据类型表：包括所支持的静态数据类型的表（如布尔量、整数、浮点数等）；

③ 静态通信对象表：包括所支持的静态通信对象的表；

④ 动态变量表：包括所有已知动态变量列表；

⑤ 动态程序表：所有已知程序的表。

表 6-4 和表 6-5 给出了对象字典的示例。表 6-4 是静态数据类型表，表中给出了设备所支持的数据类型及其索引；表 6-5 是静态通信对象表，它定义了可通过网络通信的简单变量。

表 6-4　静态数据类型表实例

索引	对象代码	含义
1	Data type	8 位整数
2	Data type	16 位整数
…	…	
6	Data type	浮点数
…	…	

表 6-5　静态通信对象表实例

索引	对象代码	数据类型	内部地址	符号
20	VAR	1	47H	部件数量
21	VAR	6	5000H	故障率
22	VAR	2	100H	停机时间
…	…	…	…	

FMS 通信对象使用了逻辑寻址方法，用一个 16 位无符号数短地址（索引号）进行存取。每个对象有一个单独的索引，当然，Profibus-FMS 也允许用名称或物理地址寻址。

为避免非授权存取，每个通信对象都可选用访问保护。使用访问保护的对象，只有通过口令才能进行存取。此外，也可对访问对象的服务进行限制，如只读。

3. 通信对象服务信息编码

现场总线报文规范（FMS）描述了通信对象的服务信息编码。

（1）识别信息编码。FMS PDU（FMS 协议数据单元）加入了一个明确的识别信息码，该信息能够识别PDU的结构和用户数据。识别信息由P/C标志、TAG、长度3个部分组成，占用一个字节，其中各位的含义如图6-19所示。

位	b7	b6	b5	b4	b3	b2	b1	b0
含义	P/C	TAG			长度位			

图 6-19　识别信息码

←识别信息码→			←数据信息→
0	TAG	长度位	用户数据编码

图 6-20　简单元素的 FMS 协议数据单元

图中，P/C是元素标志位。b7=0表示识别的是简单元素；b7=1表示识别的是结构化元素。结构化元素由几个简单元素构成。

TAG表示元素的位号。

长度位的意义是依据P/C标志而变化的，如果b7=0，长度位表示简单元素的字节数；如果b7=1，长度位表示的结构化元素个数。

(2) 用户数据编码。用户数据编码方式有多种，这里只介绍比较常用的数据类型编码方式。这些编码与识别信息编码一起形成的FMS PDU如图6-20所示。

位	b7	b6	b5	b4	b3	b2	b1	b0
值	1	1	1	1	1	1	1	1

(a) TRUE 编码

位	b7	b6	b5	b4	b3	b2	b1	b0
值	0	0	0	0	0	0	0	0

(b) FALSE 编码

图 6-21　布尔量编码

① 布尔量。只能取TRUE或FALSE。对布尔量编码时，整个字节的所有位为1(0xFFH)表示TRUE；整个字节的所有位为0(00H)表示FALSE，如图6-21所示。

② 整数。整数的表示形式与计算机整数一致，Profibus应用层的整数按照表示的范围也分为8位整型数、16位整型数、32位整型数，图6-22以16位整型数为例说明整数编码方式。其中，SN表示整数的符号位。SN=1，表示负整数；SN=0表示正整数。

位	b7	b6	b5	b4	b3	b2	b1	b0
字节1	SN	2^{14}	2^{13}	2^{12}	2^{11}	2^{10}	2^{9}	2^{8}
字节2	2^{7}	2^{6}	2^{5}	2^{4}	2^{3}	2^{2}	2^{1}	2^{0}

图 6-22　16 位整型数编码

位	b7	b6	b5	b4	b3	b2	b1	b0
字节1	2^{15}	2^{14}	2^{13}	2^{12}	2^{11}	2^{10}	2^{9}	2^{8}
字节2	2^{7}	2^{6}	2^{5}	2^{4}	2^{3}	2^{2}	2^{1}	2^{0}

图 6-23　无符号整数编码

③ 无符号整数。无符号整数编码没有符号位，它的编码方式如图6-23所示。

④ 浮点数编码。浮点数以四个字节表示，它的第一个字节表示指数，SN表示指数的符号位，SN=1表示负整数，SN=0表示正整数。浮点数编码如图6-24所示。

位	b7	b6	b5	b4	b3	b2	b1	b0
字节1	SN	2^{7}	2^{6}	2^{5}	2^{4}	2^{3}	2^{2}	2^{1}
字节2	2^{0}	2^{-1}	2^{-2}	2^{-3}	2^{-4}	2^{-5}	2^{-6}	2^{-7}
字节3	2^{-8}	2^{-9}	2^{-10}	2^{-11}	2^{-12}	2^{-13}	2^{-14}	2^{-15}
字节4	2^{-16}	2^{-17}	2^{-18}	2^{-19}	2^{-20}	2^{-21}	2^{-22}	2^{-23}

图 6-24　浮点数编码

位	b7	b6	b5	b4	b3	b2	b1	b0
字节1	字符1							
字节2	字符2							
…	…							
字节 N	字符 N							

图 6-25　字符串编码

⑤ 字符串编码。每个字节用做一个字符的编码，如图6-25所示。

⑥ 日期和时间编码。共使用 7 个字节，它的编码方式如图 6-26 所示。

位	b7	b6	b5	b4	b3	b2	b1	b0	字节含义
字节 1	2^{15}	2^{14}	2^{13}	2^{12}	2^{11}	2^{10}	2^{9}	2^{8}	表示 0～59999 ms
字节 2	2^{7}	2^{6}	2^{5}	2^{4}	2^{3}	2^{2}	2^{1}	2^{0}	
字节 3			2^{5}	2^{4}	2^{3}	2^{2}	2^{1}	2^{0}	b5～b0 表示 0～59 minutes
字节 4				2^{4}	2^{3}	2^{2}	2^{1}	2^{0}	b4～b0 表示 0～23 hours
字节 5	2^{2}	2^{1}	2^{0}	2^{4}	2^{3}	2^{2}	2^{1}	2^{0}	b7～b5 表示周一～周日，b4～b0 每月 1～31 日
字节 6					2^{3}	2^{2}	2^{1}	2^{0}	b3～b0 表示 1～12 月
字节 7		2^{6}	2^{5}	2^{4}	2^{3}	2^{2}	2^{1}	2^{0}	b6～b0 表示 0～99 年

图 6-26　日期和时间编码

4. FMS 服务

Profibus-FMS 的设计旨在解决车间监控级通信。在这一层，主要是可编程的控制器（如 PLC、PC、MMI 等）之间的通信，需要传送的数据量远比现场层大。在这类应用中，完善的服务功能比快速的系统反应更重要。表 6-6 中 M（Mandatory）表示 FMS 必须遵照提供的服务。

表 6-6　FMS 义务服务

服务	从站客户	从站服务器	主站客户	主站服务器
启动（Initiate）	—	M	—	M
断开（Abort）	M	M	M	M
拒收（Reject）	M	M	M	M
状态（Status）	—	M	—	M
识别（Identify）	—	M	—	M
Get OD（Short form）	—	M	—	M

除了这些必须的服务以外，FMS 还有一系列可选服务，其中包括 VFD 支持的服务、OD 管理、域管理、程序调用、变量存取、事件管理、按名称寻址等。

所有这些服务分为确定的和非确定的两种。对于确定性服务，一个请求报文总是跟着一个确认或响应报文，图 6-27（a）给出了这一原理。与此相对，非确定性服务只包含单向报文，如图 6-27（b）所示。所有前面提到的服务，用户在应用层接口上均可使用。

(a)确定性服务原理

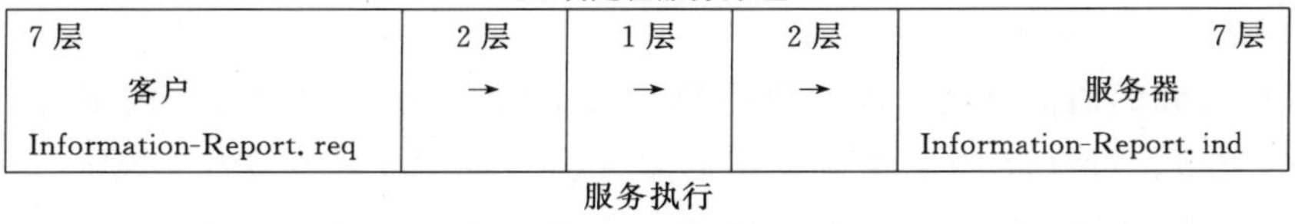

(b)非确定性服务原理

图 6-27　FMS 服务原理

对于面向连接的通信关系，首先必须建立连接，参与通信的站之间参数设置要匹配才能避免出错。

5. 低层接口

LLI 将 FMS 服务映射到 FDL 层，其主要任务包括数据流控制和连接监控。另外，还在建立连接期间检查用于描述一个逻辑连接通道的所有重要参数。用户是通过逻辑信道与其他应用过程进行通信的，站点间的通信可以是面向对象连接或无连接的。面向对象连接就是在相互通信的站点间建立逻辑联系即一对一通信。可以在 LLI 中选择不同的连接类型，主/主连接或主/从连接。数据交换方式既可是循环的、又可是非循环的。在通信中，主站可以发出建立连接请求，从站只能被动接受来自主站请求。

6. 应用层的总线管理功能

应用层还提供现场总线管理功能。其主要任务是保证 FMS 和 LLI 子层的参数化，以及将总线参数向数据链路层的总线管理传递。在某些应用过程中，还可以通过应用层现场总线管理功能把各个子层的事件和故障显示给用户。

6.3.4 用户层与设备行规

到现在为止，我们已经全面讲述了 Profibus 用于实现信息传递的通信协议，为了保证不同现场总线设备制造商生产的设备具有相同的通信功能，以及实现设备的可互换性，Profibus 在总线通信层之上增加了用户层。在这一层里，Profibus 针对三种不同的协议类型，给出了三种应用行规，分别是 FMS 设备行规、DP 设备行规和 PA 设备行规，这些应用行规定义了各个设备在相关应用领域中所需要的通信协议和传输技术，并规定了与设备制造商无关的现场设备行为特性。

1. Profibus-FMS 应用层接口和 FMS 设备行规

(1) 应用层接口 (ALI)。位于应用层之上的 ALI 是用来将过程对象转换为通信对象。转换的原因是由于每个过程对象都是由它所在的对象字典中的特性（数据类型、存取保护、物理地址）所描述的。

(2) FMS 行规。Profibus-FMS 的设计提供了广泛的功能以满足普遍的应用。为了使 FMS 通信服务适合实际需要的功能范围，需要对应用设备的功能做出定义，确保由不同制造商生产的同类设备具有同样的通信功能。Profibus-FMS 目前已经制定了如下的 FMS 行规：

① PLC 之间的通信行规。此通信行规定义了用于 PLC 之间通信的 FMS 服务。依据控制器的类型，对每台 PLC 必须支持的服务、参数和数据类型做了规定。

② 楼宇服务自动化的行规。此行规是一个面向应用分支的行规，可作为楼宇服务自动化方面许多公共需求的基础。它描述怎样通过 FMS 进行监视、开闭环控制、操作

控制、报警处理和楼宇服务自动化系统的归档等。

③ 低压开关设备行规。此行规是一个面向应用分支的行规，具体规定了通过 FMS 通信的低压开关设备的行为特性。

2. Profibus-DP 功能和 DP 设备行规

Profibus-DP 只使用了 ISO/OSI 参考模型的第 1 层和第 2 层。而用户层接口定义了 Profibus-DP 设备可使用的应用功能以及各种类型的系统和设备的行为特性。

Profibus-DP 协议的任务只是定义用户数据怎样通过总线从一个站传送到另一个站。在这里，传输协议并没有对所传送的用户数据进行评价，这是 DP 行规的任务。Profibus-DP 精确定义了相关应用的参数和行规的使用，从而使由不同制造商生产的 DP 部件能容易地交换使用。目前已制定了如下的 DP 行规：

(1) NC/RC 行规。此行规描述怎样通过 Profibus-DP 来控制用于加工和装配的自动化设备，采用详细的顺序流程图描述了这些自动化设备的动作和程序控制。

(2) 编码器行规。此行规描述了具有单圈或多圈分辨率的旋转编码器、角度编码器和线性编码器怎样与 Profibus-DP 相连接。这些设备被分成两类，行规定义了它们的基本功能和附加功能，如标定、报警处理和扩展的诊断。

(3) 变速驱动行规。主要的驱动技术制造商共同参加开发了 ProfiDrive 行规。该行规规定了怎样定义驱动参数、怎样传送设定值和实际值，这样不同制造商生产的驱动设备就可实现互换。

此行规包含运行状态“速度控制”和“定位”所需要的规范。它规定了基本的驱动功能，并为有关应用的扩展和进一步开发留有足够的余地。另外，它还包括 DP 应用功能或 FMS 应用功能的映象。

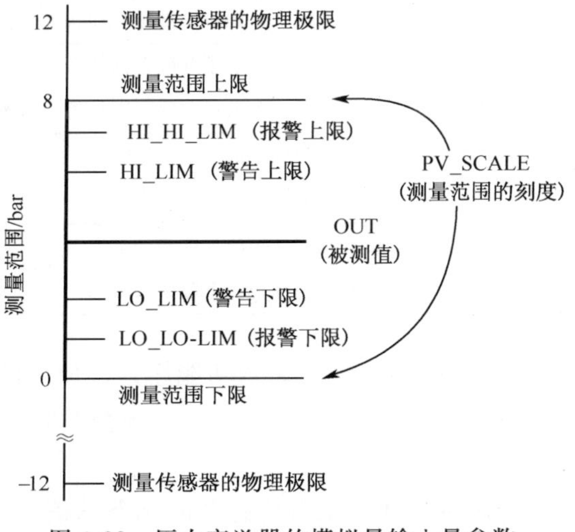

图 6-28 压力变送器的模拟量输入量参数

(4) 操作控制和过程监视行规。此行规具体说明了简单 HMI（人机接口）设备怎样通过 Profibus-DP 与高一级自动化部件相连接。本行规使用 Profibus-DP 的扩展功能进行数据通信。

（5）防止出错数据传输行规。此行规定义了用于故障安全设备通信的附加数据安全机制，如紧急 OFF。

3. Profibus-PA 设备行规

Profibus-PA 协议是 Profibus 组织为满足石油、化工、发电、输配电的工作环境和条件，在 Profibus-DP 基础上制定的流程工业自动化的 Profibus 标准，是 Profibus-DP 通信技术与现场设备传输技术优化结合的产物。主要的特点是通过串行总线实现现场设备间通信并为现场设备供电，可以安全地应用在流程工业的危险环境中。

PA 设备行规的任务是为现场设备类型选择实际需要的通信功能，并为这些设备功能和设备行为提供所需要的规范。现有的 PA 行规对所有通用的测量变送器和其他被选类型的设备作了具体规定，这些设备包括：① 温度、压力、液位和流量的测量变送器；② 模拟量 I/O；③ 数字量 I/O；④ 阀门；⑤ 定位器；⑥ PID 控制器。

设备行为特性由特定的标准化变量来描述，而变量取决于物理量的测量变送器。下面我们以实例说明变量的描述方法。图 6-28 给出了压力变送器的模拟输入量参数图。各个参数的功能如表 6-7 所示。

表 6-7　模拟输入量的描述参数表

参数	读	写	功能
OUT	√		过程变量的当前测量值和状态
PV_SCALE	√	√	过程变量测量范围的上、下限的标定，单位及小数点后的位数
PV_FTIME	√	√	变量输出启动时间（单位为秒）
ALARM_HYS	√	√	报警功能的滞后是测量范围的百分之几
HI_HI_LIM	√	√	报警上限：若超过，则报警和状态位置 1
HI_LIM	√	√	警告上限：若超过，则警告和状态位置 1
LO_LIM	√	√	警告下限：若低于此限，则警告和状态位置 1
LO_LO_LIM	√	√	报警下限：若低于此限，则报警和状态位置 1
HI_HI_ALM	√	√	带有时间标记的上限报警状态
HI_ALM	√		带有时间标记的上限警告状态
LO_ALM	√		带有时间标记的下限警告状态
LO_LO_ALM	√		带有时间标记的下限报警状态

PA 设备的技术规范使用功能块模型来表示功能序列，使用的块主要有 3 种类型：

（1）物理块。每个设备中只能有一个包含设备特征数据的物理块，例如：设备名称、制造商、版本和系列号等。

（2）变送块。变送块的作用是处理来自传感器的无条件信号，处理后传递到相应的功能块中，如果系统中不需要处理传感器信号则可以取消变送块。多功能设备可能带有两个以上的传感器，因此，变送块数目与传感器数目相同。

（3）功能块。来自变送块的信号传递到相应的功能块中，在功能块进行处理之前，所需要的所有数据都已包含在功能块中，最终处理结果传送到被控系统。

6.3.5 Profibus-FMS/DP/PA 协议的异同点

Profibus-FMS/DP/PA 协议的主要异同点如表 6-8 所示。

表 6-8 Profibus-FMS/DP/PA 协议的异同点

主要特性	Profibus-FMS	Profibus-DP	Profibus-PA
最大数据传输速率	12Mbps	12Mbps	31.25kbps
与 Profibus 连接方式	直接连接到 DP 网段	直接连接到 DP 网段	DP/PA 耦合器连接到 DP 网段
最大工作电流	最大工作电流＜ 320mA	最大工作电流＜ 320mA	最大工作电流＜ 120mA
每段连接设备数量	32	32	9（防爆型）或 32（非防爆型）
应用场合	非防爆区/监控层	非防爆区/现场层	防爆区//现场层
编码方式	异步 NRZ 编码	异步 NRZ 编码	同步 Manchester 编码
编码字节	每个字节 11bit 8 个数据位＋1 开始位＋1 停止位＋1 奇偶检验位	每个字节 11bit 8 个数据位＋1 开始位＋1 停止位＋1 奇偶检验位	每个字节 8bit
供电方式	外供电	外供电	总线供电

6.4 Profibus 产品开发

随着 Profibus 现场总线产品的广泛应用，Profibus 在某些行业已经成为自动化系统和仪表的行业标准。由于 Profibus 控制系统常常是工厂的中心控制系统，其他产品只有具备了 Profibus 接口并符合 Profibus 的协议规范，才能最有效地实现与其他设备的彼此互连互通。最近几年来，许多传统设备制造商纷纷制定了 Profibus 产品的开发计划，以提高产品的可靠性和数字化通信能力。本节将对 Profibus 产品开发的一些有关概念做简单介绍。

6.4.1 开发方案与流程

Profibus 产品包括 Profibus 控制系统（电源、控制器、输入输出模块、通信模块及外围设备）和现场仪表（变送器、执行器）。相对而言，控制器的开发需要考虑的因素很多，如电磁兼容性、温湿度、实时性、可靠通信等，开发难度较大，而 Profibus 现场仪表的开发相对容易一些。开发现场总线产品的依据是 Profibus 协议和行规，只有符合 Profibus 标准并经过 Profibus 认证的产品才是真正意义上 Profibus 产品。

1. 方案选择

Profibus 产品的开发会受到多种因素的制约，如产品的开发周期、开发费用、技术难度等。开发人员必须综合考虑各种因素，在此基础上选择符合自身情况的开发方法。下面列出了 3 种比较常用的设备开发方案：

方案一：采用实时操作系统（如 VxWorks，OSM，μCLinux）及其开发包作为自己的核心软件开发平台，硬件可选用高性能 Intel 系列处理器或 RISC 处理器（如 ARM7、ARM9），根据 Profibus 标准定制符合自身需求的最小系统。用户只要参考相关的 Profibus 协议和相关的软/硬件开发手册，就能够实现。这种方案的特点是比较灵活，成本较低，用户拥有核心技术，扩展性较好，但要求用户的开发能力较高。

方案二：采用西门子公司提供的 Profibus 开发软件包和通信专用 ASIC 模块，例如：LSPM2、SPC3、ASPC2。这种方案的特点是采用了现成的通信芯片，芯片中包括了协议的全部功能，可以简化通信部分的开发流程，但需要西门子公司的软件包和通信芯片支持。目前大部分控制系统制造商采用了集成西门子公司通信芯片的方案。

方案三：直接采用嵌入式接口模板。这种方案的特点是简单易行，用户只要按照接插件和管脚定义修改电路板，将随接口模板提供的例子源程序修改后加到自己的产品软件中，就可实现设备的 Profibus 网络通信功能。但可扩展性差，后续开发难度大。目前部分仪器或设备制造商喜欢采用这种方案。

由于大部分设备制造商采用方案二实现自己的 Profibus 产品，因此本节重点介绍西门子公司生产的几种主站或从站通信芯片和 Profibus-DP 主、从站通信接口板。

2. 开发流程

Profibus 产品的开发与其他具有通信功能的设备开发一样，一般分为以下几个步骤：

（1）根据设备的基本功能需要，确定待开发设备的主、从站类型，明确开发产品的输入输出条件、支持的传输速率等。由于 Profibus 具有详细的协议和行规，应尽量避免在开发过程中补充新功能。简单的从站不需要微处理器，主站和智能从站设计需要外接微处理器。

（2）根据开发主、从站的类型，选择适当的 Profibus 协议芯片、处理器和开发工具。

（3）申请 Profibus 设备标识符。

（4）Profibus 设备软、硬件设计。

（5）创建描述 Profibus 产品基本功能的电子设备数据单（GSD）文件。

（6）组网通信，测试 Profibus 设备互操作性，并申请产品认证。

6.4.2 Profibus 芯片说明

1. 从站协议芯片 SPC3

SPC3（Siemens Profibus Controller 3）是一种常用的 Profibus 外设协议芯片，需

外接处理器（如 80c32、80x86、80c166、80c165、80c167 和 HC11、HC16、HC916 系列微处理器芯片）。SPC3 使用 44 管脚的 PQFP 封装，内部有 1.5k 字节的双口 RAM 作为 DP 通信缓冲区，主要用于智能现场设备，如变频器、智能仪表等。图 6-29 给出了 SPC3 芯片的结构框图。

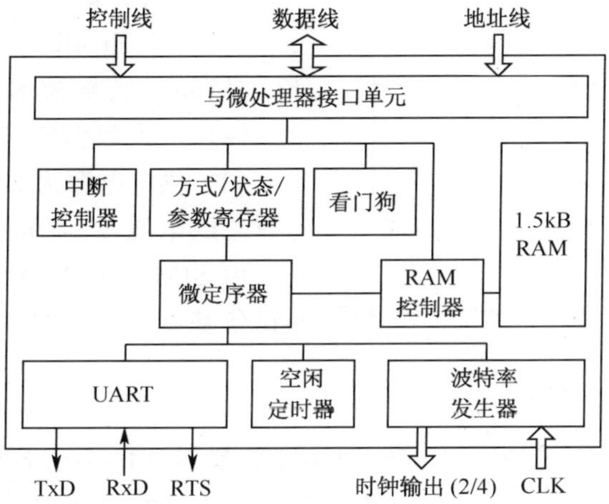

图 6-29　SPC3 芯片结构框图

SPC3 的主要技术指标：

（1）支持 Profibus-DP 协议。

（2）最大数据传输速率 12Mbps，可自动检测和调整数据传输速率。

（3）外部时钟接口 24MHz 或 48MHz。

（4）5VDC 供电。

（5）微定序器控制整个处理过程。

（6）以源码方式提供运行于现场设备微处理器的固态程序，长度大约为 6k 字节，可实现 SPC3 内部寄存器与应用接口之间的连接。

（7）空闲定时器（Idle Timer）直接控制串行总线的时序。

Profibus 接口数据通过 RS-485 传输，SPC3 通过 RTS、TxD、RxD 引脚与总线接口驱动器相连，通过微处理器接口单元与可支持的微处理器连接。

2. 从站协议芯片 SPC4

SPC4 也是用于从站的外设智能通信芯片，它的封装方法、通信缓冲区大小、以及与微处理器芯片的兼容性与 SPC3 相同。该芯片具有低功耗管理系统，特别适合于本安应用场合。

SPC4 的主要技术指标：

（1）支持 Profibus-DP 和 Profibus-FMS 协议。

（2）最大数据传输速率 12Mbps，与 SIM1 芯片结合实现 IEC61158.2 技术时，数据传输速率为 31.25kbps，可自动检测和调整数据传输速率。

（3）拥有 Profibus-DP 异步传输接口和 Profibus-PA/IEC61158.2 同步传输接口。

（4）5V 或 3.3VDC 供电，低功耗。

3. Siemens IEC H1 媒体连接芯片 SIM1

SIM1 是 SPC4 的扩展芯片，用于连接 Profibus-PA 总线，使用 44 管脚的 PQFP 封装，采用 IEC61158.2 的曼彻斯特编码技术，支持所有发送与接收功能，具有高阻特性。

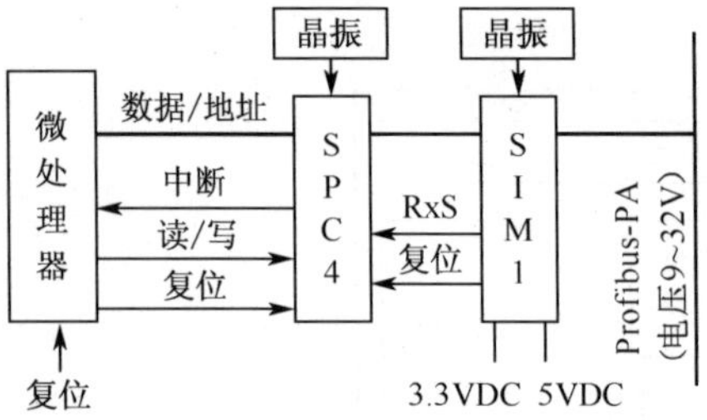

图 6-30 SIM1 和 SPC4 实现 Profibus-PA 从站

SIM1 的主要技术指标：

（1）与 Profibus-PA 信号兼容，支持 IEC 61158.2 传输技术，用于本质安全场合。

（2）最大数据传输速率 31.25kbps。

（3）供电电源为 3.3/5VDC 或 5/6.6VDC，吸收总线电流 4～40mA，功率损耗 250mW。

由 SIM1 和 SPC4 实现的 Profibus-PA 从站设备基本组成如图 6-30 所示。

4. 主站协议芯片 ASPC2

ASPC2 是主站智能通信芯片，使用 100 管脚的 MQFP 封装，支持 Profibus-DP/FMS 协议，也可通过 DP/PA 段耦合器连接 Profibus-PA，如果用于本安场合的现场设备，则需要外接一个信号转换器。ASPC2 能够实现与所有已普及的微处理器的优化连接，它与微处理器可共享存储器或使用双口存储器。ASPC2 主要用途是作为主站接口，如用于 PLC、计算机、电机控制器等，适合在制造业和过程工程领域使用。

ASPC2 的主要技术指标：

（1）支持 Profibus-DP/FMS/PA 协议。

（2）最大数据传输速率 12Mbps。

（3）拥有 16 位数据线，2 条中断线。

（4）可寻址 1M 字节的外部信息存储器。

（5）5VDC 供电，最大功率损耗 0.8W。

使用 ASPC2 的 Profibus-DP 主站接口框图如图 6-31 所示。

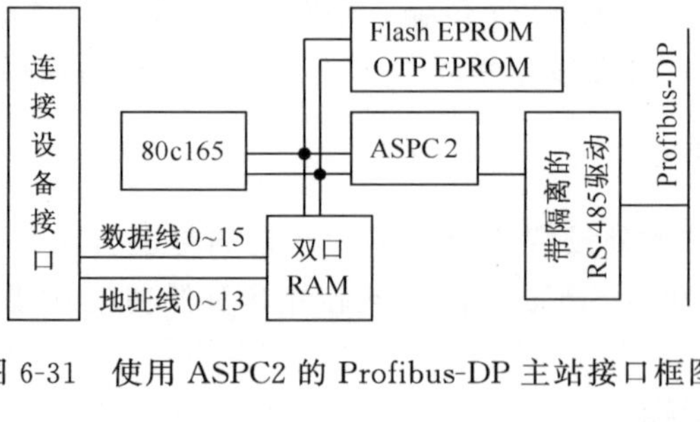

图 6-31 使用 ASPC2 的 Profibus-DP 主站接口框图

5. 带微处理器的从站协议芯片 LSPM2

LSPM2 是西门子公司生产的一种低端的 Profibus 从站协议芯片，使用 80 管脚的 PQFP 封装。主要用于传感器、执行机构、开关设备、显示设备、热电偶和热电阻测量。由于 LSPM2 采用小尺寸封装，适合于体积小的应用场合。该 ASIC 芯片的内部结构如图 6-32 所示，图中 A 端和 B 端是 I/O 输入输出口，C 端、D 端 I 是/O 诊断口，E 端是外部诊断口。

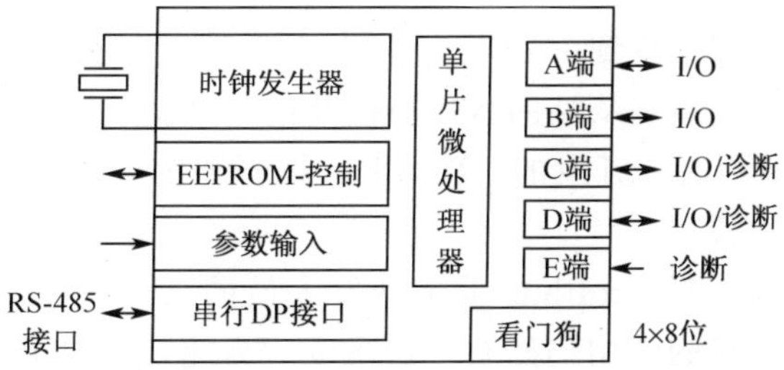

图 6-32　LSPM2 结构图

LSPM2 自带微处理器，可完全独立处理通信协议，只需要将其管脚连接到 I/O 信号线上和总线电缆上即可。LSPM2 的操作如同 Profibus-DP 上的一个从站。当它从主站接收到一个无差错报文后，可独立向主站发出应答报文。

LSPM2 的主要技术指标如下：

(1) 支持 Profibus-DP 协议。

(2) 最大数据传输速率 12Mbps，可自动检测和调整数据传输速率。

(3) LSPM2 具有集成的 32 个 I/O 位（其中 16 个可诊断输入），8 个诊断位。

(4) 部分 I/O 可设置为输入或输出。

(5) 外部时钟接口 24MHz 或 48MHz。

(6) 5VDC 供电。

6. 其他常用 Profibus 芯片

上述几种芯片以外的其他常用 Profibus 芯片见表 6-9。表中，“从”是指用作从站，“主/从”是指既可作主站又可作从站。外加微处理器是指芯片是否需要外接微处理器，如 Motorola 公司生产的 68302 和 68360 芯片就不需要外接微处理器。

表 6-9　其余常用的 Profibus 通信芯片

制造商	芯片	类型	特点	支持 Profibus 协议			外加微处理器	外加协议软件	最大传输速率/bps
				FMS	DP	PA			
Siemens	DPC31	从	SPC3+52 内核	√	√	√		√	12M
Siemens	SPM2	从	单片，有 64 个 I/O 位		√				12M
Profichip	VPC3+	从	外设协议芯片		√		√	√	12M
Profichip	VPC3+B	从	外设协议芯片	√	√	√	√	√	12M
Profichip	VPC16	从	VPC3+52 内核	√	√	√			12M
Profichip	VPCLS	从	单片，有 64 个 I/O 位		√				12M
Motorola	68302	主/从	带 Profibus 核心功能的 16 微处理器	√	√			√	500k
Motorola	68360	主/从	带 Profibus 核心功能的 32 微处理器	√	√			√	1.5M

6.4.3 Profibus-DP 主/从站通信接口板

为了便于更多的厂家支持到 Profibus-DP 协议，西门子公司除了提供通信专用芯片外，还研制了一些用作主站和从站的接口板供其他厂家做 OEM 使用，这些接口板是基于上述 Profibus-DP 专用芯片开发的，Profibus 设备开发人员不必再设计附加的外围电路就可以增加 Profibus 接口。

有了接口板，可以减轻 Profibus 设备开发人员的工作量，但由于 Profibus 是一个较为复杂的标准，接口板的使用仍然有一定难度。为此，西门子公司提供了利用接口板进行开发的套件，套件名称为 PACKAGE4。利用这一套件，很容易将一个设备快速的转变为 Profibus-DP 主站或从站。套件由硬件、软件和应用程序组成，硬件包括接口板、总线连接器及电缆等；软件包括：COM Profibus 参数化软件、接口板固化程序、接口板组态软件以及软件包的演示软件。

下面我们将介绍 PACKAGE4 中的几种常用的 Profibus-DP 接口板。

1. IM183-1 从站接口板

IM183-1 从站接口板由 ASIC 芯片 SPC3、80C32 微处理器和 EPROM、RAM 和一个用于 Profibus-DP 的 RS-485 接口组成，主要用于智能从站设计，可将开发的设备作为从站很容易地连接到 Profibus-DP 上。另外，IM183-1 还提供一个 RS-232 接口，可将具有 RS-232 接口的设备连接到 Profibus-DP 总线上。SPC3 芯片可独立处理总线协议，与主系统的通信通过数据和地址线完成。最大数据传输速率为 12Mbps。

IM183-1 接口板的主要技术指标：

（1）Profibus 协议由专用集成电路 SPC3 处理，SPC3 芯片使用 48MHz 晶振。

（2）模块核心组件：80C32 CPU、20MHz 晶振、32KB SRAM、32KB/64KB EPROM。

（3）连接器：50 针连接器用于连接主设备，14 针连接器用于连接 RS-232，10 针连接器用于连接 RS-485。

（4）电流隔离的 RS-485 用于连接 Profibus-DP。

（5）5VDC 供电，典型功耗 250mA，具有反向保护。

（6）工作温度：0～70℃。

（7）外型尺寸：W×H=86mm×76mm。

为实现 SPC3 内部寄存器与应用接口之间连接，西门子公司提供了固化程序，由微处理器 80C32 负责其运行，使集成工作的更加容易。SPC3 中的寄存器是完全格式化的，使用固化程序可节省用户的开发时间，但选用 IM183-1 接口板并不是一定要使用固化程序。

2. IM182 ISA 从站接口板

IM182 ISA 从站接口板主要由 ASIC 芯片 SPC3 和一个用于 Profibus-DP 的 RS-485 接口组成，SPC3 芯片可独立处理总线协议，SPC3 原有的功能通过集成到 SPC3 中的微程序控制软件来实现，接口板设计成 ISA 总线 PC 卡形式，用于 Profibus-DP 从站设计，最大数据传输速率为 12Mbps。

IM182 接口板的主要技术指标：

(1) Profibus 协议由专用集成电路 SPC3 处理，SPC3 芯片使用 48MHz 晶振。

(2) 电流隔离的 RS-485 用于连接 Profibus-DP，RS-485 接口使用隔离电源。

(3) DIP 开关用于设定 I/O 地址和中断优先级。

(4) 5VDC 供电，典型功耗 250mA。

(5) 工作温度：0～60℃。

(6) 外型尺寸：W×H＝168×105mm。

固化程序在主系统的微处理器中运行，可实现 SPC3 内部寄存器与应用接口之间连接，SPC3 中的寄存器是预先格式化的，使用固化程序可让用户节省自主开发的时间，但并不是必须使用。

3. IM180 主站接口板

IM180 主站接口板由 ASIC 芯片 ASPC2、80C165 微处理器和 Flash-EPROM、RAM 组成，ASPC2 芯片可独立处理总线协议，与主系统的通信通过双口 RAM 完成。在开发时，IM180 还需要一块母板，母板的名称是 IM181 ISA，这是一块 ISA 短卡，可通过 PC 机或其他可编程设备对其编程。IM180 可接替 PLC、PC、驱动器、人机接口的通信处理任务，最大数据传输速率为 12Mbps。

IM180 接口板的主要技术指标：

(1) Profibus-DP 协议由专用集成电路 ASPC2 处理，ASPC2 芯片使用 48MHz 晶振。

(2) 模块核心组件：80C156 CPU、40MHz 晶振、2×128kB RAM、256kB EPROM。

(3) 主系统接口：16/8 位数据线连接双口 RAM（8K×16bit），4 排 64 针连接器，可选的 16/8 位数据线连接表。

(4) 通过双口 RAM 实现高效数据交换。

(5) 5VDC 供电。

(6) 工作温度：0～70℃。

(7) 外型尺寸：$W\times H$＝100mm×100mm。

协议处理和主站功能由固化程序实现，IM180 可使用 COM Profibus 软件包完成配置，用户不必开发自己的配置工具。

4. IM184 接口板

IM184 是一种由专用集成电路 LSPM2、EEPROM 扩展槽和一个用于 Profibus-DP 的 RS-485 接口组成的从站接口板，用于将简单从站连接到 Profibus-DP 上，这些简单从站包括传感器和执行机构等。专用集成电路 LSPM2 可独立处理总线协议，接口板与主设备之间的数据交换接口有多种，如双口 RAM、地址/数据线、串口等。IM184 接口板在 Profibus 网络上可实现的最大传输速率为 12Mbps。

IM184 接口板的主要技术指标：

（1） Profibus 协议由 ASIC 芯片 LSPM2 处理，LSPM2 芯片使用 48MHz 晶振。

（2） 32 个可配置输入/输出（其中最多可有 16 个诊断输入），8 个独立的诊断输入。

（3） 连接器：2×34 针连接器用于连接主设备，10 针连接器用于连接 RS-485。

（4） 电流隔离的 RS-485 用于连接 Profibus-DP。

（5） E^2PROM 插槽，64×16 bit。

（6） 5VDC 供电，典型功耗 100mA，具有反向保护。

（7） 工作温度：0～70℃。

（8） 外型尺寸：W×H＝85mm×64mm。

IM184 不需要任何固化程序，接口板上的 ASIC 可处理全部协议，利用 PACKAGE 4 很容易将一个产品快速连接到 Profibus-DP 上。

6.4.4 GSD 文件

各种 Profibus 设备一般具有不同的性能特征，这些特征可按设备提供的功能（如 I/O 信号的数量、诊断信息等）或按总线参数（如传输速率、时间监控等）来区分，它们通常以文件的形式编制在技术手册中。为了保证世界各地的生产厂商制造的设备能够集成在同一个控制系统中，设备是否具有互操作性以及设备间能否正确通信是控制系统项目成败的关键。Profibus 组织充分考虑到这一问题，定义了电子设备数据单（GSD）文件，利用这个文件对设备的通信属性进行比较明确的描述，要求设备生产商为每台 Profibus 设备提供一个 GSD 文件。GSD 是 ASCII 码格式的文本文件，明确定义了设备的制造商、设备支持的传输速率、诊断信息、通用通信规范和设备专用通信规范等。在进行 Profibus 网络系统组态时，通过装入每个设备的 GSD 文件，并自动地使用文件中的信息，可以很容易地把不同制造商生产的设备组态在 Profibus 网络中。

1. GSD 文件规范

GSD 文件包括通用规范、主站规范、从站规范 3 个部分。

（1） 通用规范。适用于所有的 Profibus 设备，内容包括设备的制造商标识符、设备标识符、硬件和软件的版本、支持的传输速率、可能的监控时间间隔以及总线链接器上的信号分配。

（2） 主站规范。只能用来定义主站的参数，如：最多可以连接的从站数量、诊断信息、加载或卸载信息。

（3） 从站规范。只能用来定义从站的参数，如：I/O 通道个数和类型、诊断测试的详细说明等。

2. GSD 文件的几个重要参数

（1） 制造商标识符。为了保证产品的兼容性，Profibus 设备的制造商必须向 Profibus 组织申请一个制造商标识符，即制造商 ID。

（2） 设备标识符。设备制造商必须为每种类型的 Profibus 主站设备和从站设备向

Profibus 组织申请标识符（设备 ID）。设备 ID 是主/从站之间相互识别与通信的基础，主站使用这个标识符能够识别那些被连接设备的类型，避免增加更多的协议开销。主站将所连接设备的 ID 与组态数据时由组态工具指定的 ID 相比较，直到连接在总线上的站具有正确的设备类型和正确的站地址后，才进行用户数据传输。这样可以减少组态出错，提高可靠性。

Profibus 组织已经为控制器卡件和现场设备分配了专用的标识符（ID），控制器卡件的 ID 范围是 9700H～97FFH，现场设备的 ID 范围是 3A00H～3AFFH。

（3）设备支持的传输速率。它是设备能否与其他设备正确通信的重要参数。

（4）设备的诊断信息。它是排除故障的重要依据，因此要合理确定 GSD 文件中定义的诊断信息。

从上面描述可以看出，GSD 文件中除了包括生产商名称，也有许多关于总线参数的定义等，涉及的内容较多。然而，使用 Profibus 组织提供的 GSDEdit 文件编辑器和检验工具，设备开发者可以很方便的编制出自己所需要的 GSD 文件。

6.4.5 Profibus 设备设计实例

下面以使用芯片 SPC3 设计 Profibus-DP 从站为例，简单介绍 Profibus 设备开发过程。

1. DP 从站接口的硬件设计

本例采用带有扩展 EPROM 和 RAM 的 80C32 单片机作为主控制器，采用 SPC3 作为 Profibus-DP 接口，通过 RS-485 驱动器连接到 DP 网。对 80C32 而言，CPU 与 SPC3 通过 SPC3 的 RAM 交换数据，SPC3 的双口 RAM 应在 CPU 地址空间中统一分配地址，SPC3 可以看作是其扩展的外部 RAM。另外，由于 SPC3 内部具有锁存器，在外部连线时低 8 位地址/数据复用线不需要另加锁存器。80C32 与 SPC3 连接方法如图 6-33 所示。

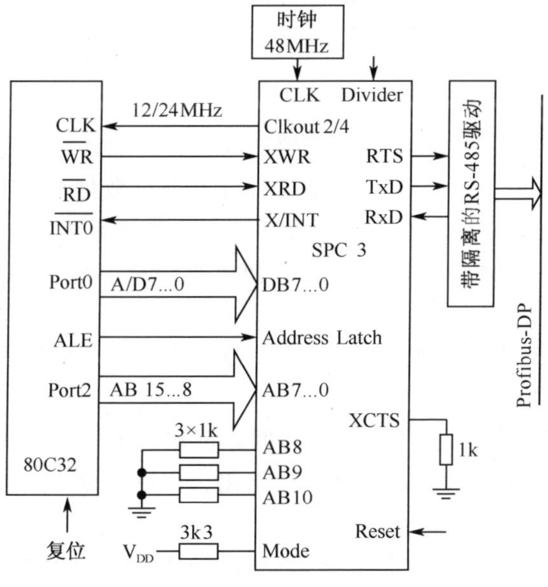

图 6-33　SPC3 与 80C32 的连接

(1) SPC3芯片寄存器分配。Profibus-DP智能从站的通信专用协议芯片封装了完整的Profibus-DP从站协议，可以实现DP从站的通信功能。SPC3协议芯片内部集成了1.5k双口RAM，其地址空间为00H～5FFH，以8字节为一个单元，分成192段(0～191)。SPC3自己用到了64个字节，如中断屏蔽字、硬件模式寄存器、各种缓冲器(BUF)长度和指针、标识符等；还有一部分是SPC3的各种状态指示用寄存器，如中断字、输入BUF状态、输出BUF状态、诊断BUF状态等。部分寄存器在执行写操作时作为工作模式设定寄存器，而执行读操作时，作为状态指示用寄存器，如中断请求寄存器。RAM的其他1472个字节是提供给各种BUF的空间。

寄存器分配情况如下：

00H～15H是与微处理器有关的内部参数寄存器区，包括中断控制寄存器、方式寄存器和状态指示寄存器等。

16H～3FH为配置参数寄存器区，在此区域内设置各种缓冲器的指针与缓冲器长度(包括本站地址、地址允许变量、用户看门狗值和设备标识符)，且这些配置必须在SPC3离线状态下设置。由于SPC3内部只有8位地址寄存器，所以各种缓冲器的起始地址即指针用段序号。

40H～5FFH为DP缓冲器区，包括三个输入BUF、三个输出BUF、两个诊断BUF、两个辅助BUF、一个配置BUF、一个参数BUF和一个从站地址BUF。

(2) 中断控制器。中断请求寄存器IRR(00H和01H)可读写，写时主要用于调试；中断屏蔽寄存器IMR(04H和05H)只可写(复位时全1)；中断响应寄存器IAR(02H和03H)只可写(复位时全0)；中断寄存器IR(02H和03H)只可读(复位时全0)。中断事件存储在IRR中，个别事件通过IMR屏蔽，IRR中的中断输入与中断屏蔽无关。在IMR中没有被屏蔽的中断信号可以产生X/INT中断。

(3) 看门狗定时器。看门狗定时器可实现传输速率监测、传输速率控制和DP控制的功能。可自动识别9.6kbps～12Mbps的传输速率。若处理器有故障则禁止Profibus-DP通信，因而不至于危及外围设备。

2. DP从站的软件设计

从站上电后通常可以从主站接收信息帧来改变它的地址，然后等待设置参数。从站还可以接收配置帧或诊断帧，系统配置完成后可以进行数据通信。DP从站的软件设计由Profibus-DP接口初始化程序、中断服务程序、主程序组成。

(1) 初始化程序：由硬件初始化和软件初始化组成。硬件初始化包括DPRAM检查等硬件检查。

软件初始化用于设置基本操作参数，如DPRAM input/output长度、操作模式、DPRAM模式(4kB/2kB)等。

(2) 中断服务程序：用于接收中断信号时，读取握手寄存器的内容，判断产生的中断变量(如事件通知、发送消息、模块被初始化、启动中断、区域分配响应等)，并根据中断变量，跳转到相应的中断处理程序。

(3) 主程序模块：主程序负责主站读/写从站数据，以及必要的控制寄存器区域访问。

Profibus-DP 接口程序流程图见图 6-34。

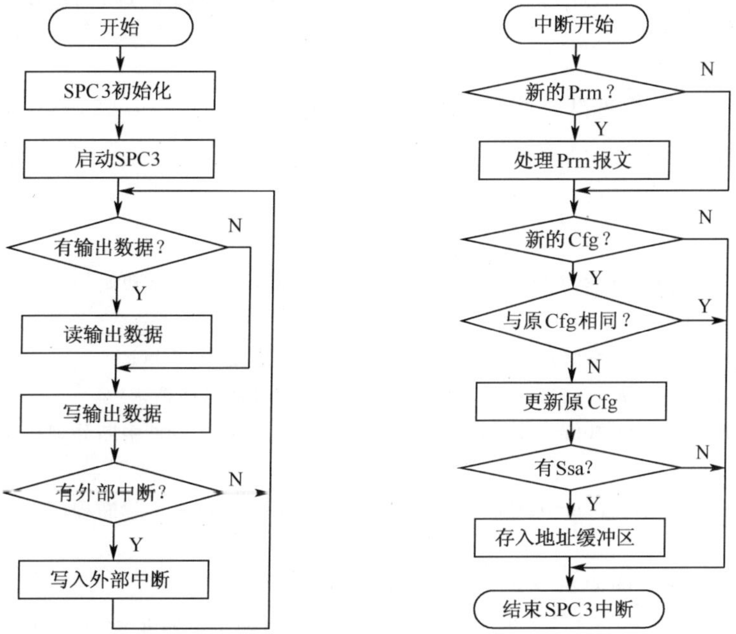

图 6-34　Profibus-DP 接口程序流程图

Profibus-DP 接口程序包括 SPC3 初始化程序和具体的 I/O 应用程序两部分。其中 SPC3 初始化程序包括设置 SPC3 允许的中断，写入从站识别号和地址，设置 SPC3 方式寄存器，设置诊断缓冲区、参数缓冲区、配置缓冲区、地址缓冲区初始长度，并根据以上初始值求出各个缓冲区的指针及辅助缓冲区的指针。根据传输的数据长度，确定输出缓冲区、输入缓冲区及指针。中断程序主要用来处理 Pfm、Cfg 和 Ssa 等报文。

SPC3 在接收到 Profibus 主站传送的数据或响应外部操作事件（看门狗定时器时间到、检测传输速率、数据交换等）时，在中断控制器 IRR 的相应中断标志位产生中断请求。

Profibus 主站传送的数据主要包括下列 6 种：New _ GC _ Command（公用控制命令）、New _ Ssa _ Data（设置从站地址报文）、New _ Cfg _ Data（配置数据）、New _ Prm _ Data（参数设置数据）、Diag _ buffer _ Changed（诊断缓冲器）、DX _ OUT（读写数据报文）。

SPC3 的中断控制器不提供中断优先级和中断矢量，单片机应该在应用程序循环中轮询中断标志位来接收相应的主站数据。对于实时性要求严格的系统，应采用中断方式进行输出数据和诊断数据处理。在 SPC3 初始化阶段，用户可以对 IMR 进行设置，以允许或禁止各种中断。

用户处理完一种中断时，必须对 IAR 的相应位置位，表示中断处理完，从而取消这种中断（New _ Prm _ Data、New _ Cfg _ Data 除外）。中断寄存器 IR 是 IMR 的输出。当有中断源（未被 IMR 禁止的中断）向微处理器发出中断请求（通过公共的中断输出）时，处理器必须读取 IR 的值，以确定是哪个中断请求。当 SPC3 中断结束后，用户必须对方式寄存器 1 中的 EOI 置位（即 EOI=1），中断信号线失效。

当 SPC3 工作前，过程特定的参数（如站地址、标识符、各种控制位等）要输入到特定的寄存器单元。

3. Profibus-DP 设备开发示例程序

(1) 主程序：

```
main()
{
    Init_ProfibusDP_Config();                //Profibus-DP 初始化
        ⋮
    Profibus_start();                        //启动 Profibus
    Wait(Bus_Active);                        //等待总线请求
    ProfibusDP_Interrrpt();                  //Profibus-DP 中断处理程序
        ⋮
    ProfibusDP_Diagnostic();                 //Profibus-DP 诊断程序
        ⋮
    /* 创建 DP 对象 */
    InitDPV1Object(1 , 0 , 0 , 80 , DPV1Buffer[0] , DPV1Updated[0]);
    InitDPV1Object(2 , 0 , 1 , 80 , DPV1Buffer[80] , DPV1Updated[1]);
    InitDPV1Object(3 , 1 , 0 , 80 , DPV1Buffer[160] , DPV1Updated[2]);
    InitDPV1Object(4 , 1 , 1 , 80 , DPV1Buffer[240] , DPV1Updated[3]);
    InitDPV1Object(5 , 2 , 2 , 80 , DPV1Buffer[320] , DPV1Updated[4]);
    DP_IO_ReadWrite();                       // ProfibusDP 读写操作
        ⋮
}
```

(2) 子程序：

```
Init_ProfibusDP_Config()                     //初始化 ProfibusDP 配置字节
{
    moveconst(Source[0], #0x01#0xB0);  //Module 为 1 字节 I/O = "1 Byte I/O
    moveconst(Source[16], #0x01#0xB1); //Module 为 2 字节 I/O = "2 Byte I/O
    moveconst(Source[32], #0x01#0xB3); //Module 为 4 字节 I/O = "4 Byte I/O
    moveconst(Source[48], #0x01#0xB7); //Module 为 8 字节 I/O = "8 Byte I/O
    moveconst(Source[64], #0x01#0xBF); //Module 为 16 字节 I/O = "16 Byte I/O
    moveconst(Source[80], #0x04#0xB0#0xB1#0xB3#0xB7);// Module 为 15 字节 I/O
    moveconst(Source[96], #0x00);
    ProfibusConfig(Source[0]);
        ⋮
    Set(WarningTime , 10000) ;
    Set(ShiftRegisterInputType, RiseClock_LowLoad) ;  //设置输入偏移寄存器类型
    Set(ShiftRegisterOutputType, RiseClock_RiseLoad); //设置输出偏移寄存器类型
    Set(ShiftRegisterInputBitLength, 16) ;            //设置输入偏移寄存器长度
    Set(ShiftRegisterOutputBitLength, 16) ;           //设置输出偏移寄存器长度
```

```
    Set(ProfibusID, 4) ;                              //设备 ID
        ⋮
    moveconst(w_NumberChar, 3);
    ProfibusParameterInBuf(DP_Source[0], w_NumberChar) ;
}

ProfibusDP_Interrrpt()                                // ProfibusDP 中断处理程序
{
        ⋮
}

ProfibusDP_Diagnostic()                               //ProfibusDP 诊断程序
{
        ⋮
    moveconst(DP_source[0], #0x00#0x01#0x02#0x03#0x04#0x05#0x06#0x07#
0x08#0x09);
        ⋮
    Set(ProfibusExtDiagOFF, 0);
    delay(5000);
    SetErrorCode(6);
    delay(6000);
    SetSystemErrorCode(8);
        ⋮
/* 设置用户诊断 */
Case(Diag_Flag)
    0: moveconst(w_NumberChar, 0);
    1: moveconst(w_NumberChar, 1);
    2: moveconst(w_NumberChar, 2);
    3: moveconst(w_NumberChar, 3);
    4: moveconst(w_NumberChar, 4);
    5: moveconst(w_NumberChar, 5);
        ⋮
    SetProfibusDiagnose(DP_Source[0] , w_NumberChar);
}

DP_IO_ReadWrite()                                     //ProfibusDP 读写操作
{
        ⋮
    ReadShiftRegister(RxSync[0]);                     //读总线开关
        ⋮
    case(aa)
    1: New_GC Command();
    2: New_SSA_Data();
```

```
    3: New_Cfg_Data();
    4: New_Prm_Data();
    5: Diag_buffer_Changed();
    6: DX_OUT();
        ⋮
ReadBus(CyclBusData[0], CyclBusLen);   //ProfibusDP 读操作
        ⋮
WriteBus(CyclBusData[0] , CyclBusLen);   //ProfibusDP 写操作
}
```

4. 创建 GSD 文件

GSD 文件中，每行以一个关键字开头，包括关键字及参数（无符号数或字符串）两部分。GSD 的关键字包括 Profibus 标准关键字或用户自定义关键字。

GSD 文件实例(以 DP 从站说明)。

```
; ==============================================================================
; Profibus Device Database of XXX DP 从站
; 型号: PRO_XXX
; 设备描述: Profibus DP 从站设备
; 语言: 中文
; 文件日期: 2006-9-18
; 作者: XXX 公司
; 版本号: 1.5
; ==============================================================================
#Profibus_DP
GSD_Revision          = 1.5              ;文件版本号
; 设备 ID
Vendor_Name           = "XXX 公司"        ;制造商名称
Model_Name            = " PRO_XXX "      ;产品名称
Revision              = "Version 1.5"    ;产品版本
Ident_Number          = 0x1009           ;产品识别符
Protocol_Ident        = 0                ;DP 协议
Station_Type          = 0                ;站类型,从站
FMS_supp              = 0                ;不支持 FMS
Hardware_Release      = "Version 1.4"    ;硬件版本
Software_Release      = "Version 1.5"    ;软件版本
; 该设备支持的传输速率类型
9.6_supp              = 1                ;支持传输率 9.6kbps
500_supp              = 1                ;支持传输率 500kbps
1.5M_supp             = 1                ;支持传输率 1.5Mbps
12M_supp              = 1                ;支持传输率 12Mbps
; 每种传输速率对应的最大时延
```

```
MaxTsdr_9.6               = 60
MaxTsdr_500               = 100
MaxTsdr_1.5M              = 150
MaxTsdr_12M               = 800
; Profibus-DP 设备硬件特征
Redundancy                = 0                 ;不支持硬件冗余
Repeater_Ctrl_Sig         = 2                 ;中继电平信号 TTL
24V_Pins                  = 0                 ;24V 管脚未连接
Implementation_Type = "SPC3"                  ;采用 SPC3
; Profibus-DP 设备特性
Freeze_Mode_supp          = 1                 ;支持冻结模式
Sync_Mode_supp            = 1                 ;支持同步模式
Auto_Baud_supp            = 1                 ;支持自动传输速率检测
Set_Slave_Add_supp        = 0                 ;不支持改变从站地址
Min_Slave_Interval        = 1                 ;刷新时间 100 μs
Modular_Station           = 1                 ;是否模块站
Max_Module                = 24                ;最大模块数 24
Max_Input_Len             = 244               ;最大输入长度 244
Max_Output_Len            = 244               ;最大输出长度 244
Max_Data_Len              = 416               ;最大数据长度 416
Modul_Offset              = 1                 ;偏移量 1
Fail_Safe                 = 0                 ;故障安全模式 0
Slave_Family              = 0                 ;从站类型 0
Max_Diag_Data_Len         = 6                 ;最大诊断数据长度(6～244)
; 输入输出块定义
Module = "IN/OUT:   1 Byte" 0x30              ;1 字节 I/O
EndModule
Module = "IN/OUT:   2 Byte(1 word)" 0x70      ;2 字节 I/O
EndModule
Module = "IN/OUT:   4 Byte(2 word)" 0x71      ;4 字节 I/O
EndModule
Module = "IN/OUT:   8 Byte(4 word)" 0x73      ;8 字节 I/O
EndModule
Module = "IN/OUT:   16 Byte(8 word)" 0x77     ;16 字节 I/O
EndModule
```

5. 设备测试程序

如果已经设计好完成某种功能的从站，下一步要做的工作就是测试从站的性能。从站的测试可以通过西门子公司提供的工具软件（COM Profibus）、微型计算机网络接口卡（CP5611）等实现；用户也可以自己设计测试系统。

下面将给出一个使用 AT89C52 单片机，采用 Keil 公司的 C51，用户自己编写的 Profibus 设备测试程序实例，帮助读者理解测试程序的编写方法。

Profibus 设备测试程序清单：

```
#include "spc3.h"
#include <stdio.h>
#include <string.h>
#include <stdlib.h>
#include <ctype.h>
#include "AT89C52.h"
#include "main.h"
#include "util.h"
/* 定义变量 */
UCHAR spc3_rec_buf[SPC3BUFSIZE], spc3_send_buf[SPC3BUFSIZE];
char rs232_rec_buf[RS232BUFSIZE], rs232_send_buf[RS232BUFSIZE];
UCHAR event, rs232_rec_idx, rs232_send_idx;
TIMER timer;
    ⋮
void main(void)
{
    UCHAR i, temp;
    UINT idx;
    /* 变量初始化 */
    memset(spc3_rec_buf, 0, SPC3BUFSIZE);
    memset(spc3_send_buf, 0, SPC3BUFSIZE);
    memset(rs232_rec_buf, 0, RS232BUFSIZE);
    memset(rs232_send_buf, 0, RS232BUFSIZE);
    memset(&timer, 0, sizeof(TIMER));
    event = 0;
    rs232_rec_idx = 0;
    rs232_send_idx = 0;
        ⋮
    /* 初始化 Atmel CPU 串口通信参数 19.2K,N,8,1 */
    PCON = 0x80;
    SCON = 0x70;
    TMOD = 0x20;
    TH1 = 0xFD;
    TR1 = 1;
    /* 设置定时器参数 */
    TH0 = 0x4C;
    TL0 = 0;
    TMOD |= 0x01;
    TR0 = 1;
    /* 设定 82C55A I/O 芯片 */
    NETBRD_CONTROL = 0x92;
    NETBRD_PORTC = 0x03;
```

```
/* 初始化 SPC3 */
spc3_init();
timer.send_banner = 10;
timer.half_second = 10;
ES = 1;                //启动 8052
ET0 = 1;               //启动定时器
EX0 = 1;               //启动 SPC3 中断
EA = 1;                //Global interurupt enable
/* Profibus SPC3 连接 */
NET.PROFWR.MODE1_S = 0x01;
/* 向 SPC3 写数据 */
spc3_write_data(spc3_send_buf);
    ⋮
/* 执行数据交换并处理中断程序 */
while(1)
{
        ⋮
    /* 设置 SPC3 看门狗 */
    NET.PROFWR.MODE1_S = 0x20;
    EA = 0;
    if(event & EVENT_PROF_DATA_MSG)
    {
        event &= (~EVENT_PROF_DATA_MSG);
        EA = 1;
        spc3_read_data(spc3_rec_buf);
    }
    EA = 0;
    if(event & EVENT_PROF_RST_REQUEST)
    {
        event &= (~EVENT_PROF_RST_REQUEST);
        spc3_init();
        wait_millisecond(1);
        EA = 1;
        NET.PROFWR.MODE1_S = 0x01;
    }
    EA = 0;
    if(event & EVENT_RS232_MSG)
    {
        event &= (~EVENT_RS232_MSG);        //清除事件位
        EA = 1;
        temp = (UCHAR)strtol(rs232_rec_buf, NULL, 16);
        for(i=0; i< SPC3BUFSIZE; i++) spc3_send_buf[i] = temp;
        memset(rs232_rec_buf, 0, RS232BUFSIZE);
```

```
            rs232_rec_idx = 0;
            /* Profibus 写入 RS232 缓冲区 */
            idx = 0;
            for(i = 0; i < SPC3BUFSIZE; i++)
            {idx += sprintf(rs232_send_buf + idx, "%02X",(UINT)spc3_rec_buf[i]); }
            strcat(rs232_send_buf, "\r");
            rs232_send_idx = 0;
            SBUF = rs232_send_buf[0];          //开始发送
        }
        EA = 0;
        if(event & EVENT_HALF_SECOND)
        {
            event &= (~EVENT_HALF_SECOND);
            timer.half_second = 10;
            EA = 1;
            /* 定时写 SPC3 防止看门狗超时 */
            spc3_write_data(spc3_send_buf);
        }
        EA = 0;
        if(event & EVENT_SEND_BANNER)
        {
            event &= (~EVENT_SEND_BANNER);
            EA = 1;
            display_banner();
        }
       ⋮
    }
}
```

6.5 Profibus 现场总线控制系统应用

6.5.1 Profibus 控制系统项目设计

Profibus 现场总线控制系统的常用系统架构如图 6-1 所示，在应用项目设计中的注意的事项主要包括以下几个方面。

1. 与其他控制系统的接口

Profibus 现场总线控制系统项目设计首先需要考虑的是与其他控制系统的接口。作为工厂的核心控制单元，Profibus 控制系统必须采用高效的通信手段与其他子控制系统（其他公司生产的 PLC 系统，如 GE、Modicon、ABB）进行通信，比较常用方式是采用 OPC 接口或设置远程子站。

2．Profibus 控制系统配置

系统配置的主要功能是确定满足客户要求的最小控制系统，同时需要考虑系统的可扩展性，为整个工厂的扩展提供控制系统的备用方案。其中还包括确定网络的通信速率，根据工艺的优先级划分控制系统的优先级，考虑是否需要设置冗余解决方案等。

3．确定主/从站功能和数量

确定主/从站功能、数量、设备分组以及设备之间的接口，并对从站功能的进行划分。

4．确定系统的传输协议和现场设备

根据主/从站功能和设备的应用场合，确定现场控制站的传输协议，选择合适的现场设备。以工艺过程的现场工作环境和条件确定系统是否具有防爆要求，是离散量控制还是流程控制，据此选择采用 Profibus-DP 还是 Profibus-PA 协议。

5．选择 Profibus 控制器

计算现场设备的控制点数和控制功能，选择合理的 Profibus 控制器。主要从下列几个方面考虑：控制器的时钟频率、控制器内存大小、电源供应、是否具有冗余功能、是否可以在线修改程序等。

6．综合评估

对 Profibus 控制系统的软件功能、组态复杂程度、数据库支持、网络支持等进行综合评估。既要保证系统的控制水平，又要充分考虑系统的经济性和操作灵活性。

Profibus-DP 数据进入操作员站显示前是映射到主站的数据库内，Profibus 控制系统有两类数据：表示设备状态、过程参数、诊断和报警信息的在线数据；表示过去参数和状态的历史数据，这些数据实际上是对在线数据统计分类后的数据，这部分历史数据通常需要进入车间级管理数据库。

6.5.2 Profibus 应用实例

某热电厂工程项目的主机设备是哈尔滨锅炉有限责任公司生产的两台 220T/h 高温、高压循环硫化床锅炉，上海汽轮机有限公司生产的两台 50MW 双抽冷凝式机组，山东电机有限公司生产的发电机。配套的辅机包括：每台锅炉配置一台一次风机、一台二次风机、两台 U 阀风机、两台冷渣器硫化风机、两台引风机、四台给煤机；每台汽轮机配置两台高压加热器、三台低压加热器、三台凝结水泵；公用系统包括四台给水泵、三台高压除氧器。配套的热网系统包括：两台减温减压装置、一台低压除氧器，三台中继水泵、两台疏水泵、三台热网加热器、三台热网循环水泵和两台热网疏水泵。

1. 机组运行方式

根据锅炉和汽轮机的工艺特点采用机、炉集中控制方式。整个机组（两炉两机）在集中控制室内设置一套 Profibus 现场总线控制系统，完成对整个机组系统的统一控制、监视、报警和联锁保护，并队机组的效率、性能等进行计算，保证机组安全、可靠、经济地运行。

2. 现场总线控制系统的主要功能

数据采集系统（DAS）、模拟量控制系统（MCS）、锅炉和汽机的辅机顺序控制系统（SCS）、锅炉燃烧器管理系统（BMS）、人机接口（HMI）。

3. 系统组成

项目的实际需求是决定项目配置的重要因素。考虑电厂内统一管理和设备分散布置在厂区的实际情况，本项目采用西门子 SIMATIC PCS-7 的 3 级网络结构，厂区级信息系统位于现场总线系统的顶层，控制设备运行的 Profibus 现场总线位于控制系统的中间层，分布在工厂各个角落的现场设备位于控制系统的底层。

考虑到该电厂的运行方式和在线修改参数的要求，本项目为每台主要设备配置了一个操作员站，公用 PCS 系统也配置了一个操作员站，设置了一台修改程序的工程师站，任一台工程师站和操作员站均可以监视所有锅炉汽机和辅助系统的所有参数，工程师站可以兼做操作员站。工程师站和操作员站之间通过以太网连接。

操作员站和工程师站的硬件均采用西门子公司的架装式 PCS-7 IPC。硬件基本配置为 19" 机架、PIV、1.5GHz 主频、512MB SDRAM 内存、30GB 硬盘（带有通信卡）。控制系统软件包括三部分，即操作系统软件、系统开发软件包、系统运行软件包。本项目采用 Windows 2000 操作系统，使用 WinCC 5 作为 PCS 的开发平台和人机接口。WINCC 5 开发软件包可用于程序开发、系统诊断、控制系统组态、数据库和画面的修改。

在工程师站上，工程技术人员可以根据生产工艺的运行要求和设备的运行情况，对系统的软件进行在线组态、调整，满足锅炉和汽机的运行要求。同时，也能方便地监视和管理热电厂锅炉和汽机及其他设备的运行情况，科学地安排生产和系统的经济运行。将各种运行数据和运行指示形成标准的统计曲线和报表，随时存盘并打印。对操作员站进行权限的限制与控制。工程师站也兼作操作员站，负责与化水、输煤等各个子系统和全厂 MIS 系统的连接。

操作员站用于启停和调节各运行设备，监视和控制各个设备的运行，以自动和手动两种方式确保设备的安全经济运行；通过过程控制站采集并输出各种信息，并对各种信息形成各种运行参数报表、运行曲线、追忆曲线、操作记录、故障诊断、报警信息管理、人机操作指示和操作记录等显示画面，供运行人员监视；以定时和随机两种方式形成运行报表、故障记录、操作记录、追忆曲线等，利用计算机打印和用硬盘存档。

SICLOCK 同步时钟用来保证工程师站、操作员站及控制站的时间同步。同步时钟采用定时广播方式和点对点方式将系统的同步时钟信号发送给各用户终端，使之同步工作。

4. 控制系统的网络

在 SIMATIC PCS-7 范围内的通信是以 SIMATIC NET 网络为基础的，提供的通信方案保证工厂所有层次和部件间的可靠数据传输。同时，所有的 SIMATIC NET 网络部件都是为工业级应用而专门开发的，即网络部件能满足极其严格的要求，尤其是在易受外部干扰的应用场合，如：电磁干扰、腐蚀性液体和气体、有爆炸危险等。

SIMATIC NET 网络总线允许所有系统部件之间统一和无故障的通信，这些部件包括：工程师站、操作员站、自动化系统、I/O 和现场设备。SIMATIC NET 网络按照层次分为两层：上层为最新的工业以太网，下层为 Profibus 现场总线，网络系统构成见图 6-35。

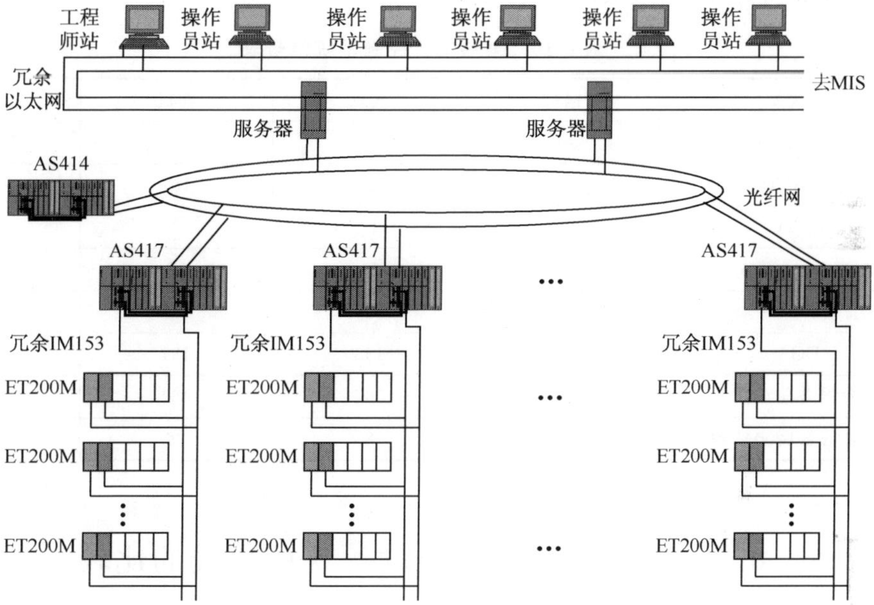

图 6-35 电厂控制网络示意图

(1) 工业以太网。SIMATIC PCS-7 采用快速工业以太网以满足电厂高速通信和高可靠性的要求。由于采用全双工的交换传输机制，其通信速率可达 100Mbps，并采用光纤交换模块 OSM 来实现高速通信，它有 2 个 100Mbps 的光纤端口和 6 个 10/100Mbps 的 ITP 接口，光纤端口用于连接 100Mbps 的通信主干线，ITP 接口则用于连接数据终端或网络部件。

由于采用了光纤交换模块 OSM，故将该工业以太网组成一个环网，这样在光纤环上就附加提供了能灵活快速配置的冗余，有了冗余配置，可在 300ms 内再次恢复全部数据通信传输能力。

(2) Profibus 现场总线。在控制器和 I/O 模板之间，采用 Profibus 用作控制器与现场设备间的快速和循环的数据交换，其速率可达 12Mbps，Profibus 完全满足 IEC61158 标准的要求，即它是完全开发的，Profibus 现场总线采用令牌环原理进行通信，适合用于自动化系统与现场信号单元的通信，以及对现场信号进行采集和监控。

整个系统采用了 20 个过程控制机柜：其中＃1～＃5 柜为＃1 炉 PCS 柜；＃6～＃10柜为＃2 炉 PCS 柜；＃11～＃12 柜为＃1 机 PCS 柜；＃13～＃14 柜为＃2 机 PCS 柜；＃15～＃17 柜为辅机 PCS 柜；＃18～＃20 为服务器柜和 PCS 电源柜。

考虑到每台锅炉的测点较多和并且控制比较复杂，故采用一对 AS417H 冗余控制器和一对 AS414H 冗余控制器。AS417H 控制器的主存储器为 4000k 字节，用来存储代码（Code Memory）和数据（Data Memory）；根据电厂系统的特点，应将 AS417H 控制器的 I/O 点数控制在 1500 点以内，常用于模拟量调节控制回路；AS414H 控制器的主存储器为 768k 字节，约为 AS417 容量的四分之一，运行速度比 AS417H 略快，I/O点数控制在 500 点以内，常用于顺序控制或保护。汽机和辅机各用一对冗余控制器 AS417H。整个系统使用 6 个 AS417 控制器、3 个 AS414 控制器、79 个分散式 I/O 从站 ET200M，所处理的信号如表 6-10 所示。

表 6-10　某热电厂控制系统信号表

信号类型	锅炉	汽机	辅机	合计
AI：4～20mA	300	80	75	735
AI：RTD	61	126	107	481
AI：TC	145	17	2	326
AO：4～20mA	63	11	18	166
DI	426	180	128	1440
DO	346	153	131	1129
每台设备总点数	1341	567	461	4277
每台设备 ET200M 数	18	8	9	79

6.6　Profibus 与其他设备现场总线的比较

前面我们重点讲述了 Profibus 总线。目前在各个工业领域得到成功应用的设备现场总线还有很多种，下面将简单介绍其中几种，它们是 ControlNet、WorldFIP、Interbus 和 CC-Link。

6.6.1　ControlNet

1. ControlNet 概况

ControlNet 是由美国罗克韦尔自动化公司于 1997 年推出的一种面向控制层的实时性现场总线，得到控制网国际组织（CI，ControlNet International）的支持，现已成为国际标准 IEC61158 的 Type 2。该总线主要用于对信息传送有时间苛刻要求的高速确定性网络，也能够传送无时间苛求的数据报文，可实现总线冗余。建立在 ControlNet 总线基础上的现场总线控制系统结构如图 6-36 所示，从图中可以看出，整个系统从工厂到设备被简化为一个三层结构，它们是信息层（Ethernet）、控制层（ControlNet）和现场层（DeviceNet）。ControlNet 广泛应用于交通运输、汽车制造、冶金、娱乐及其他各个领域的工厂自动化和过程自动化。

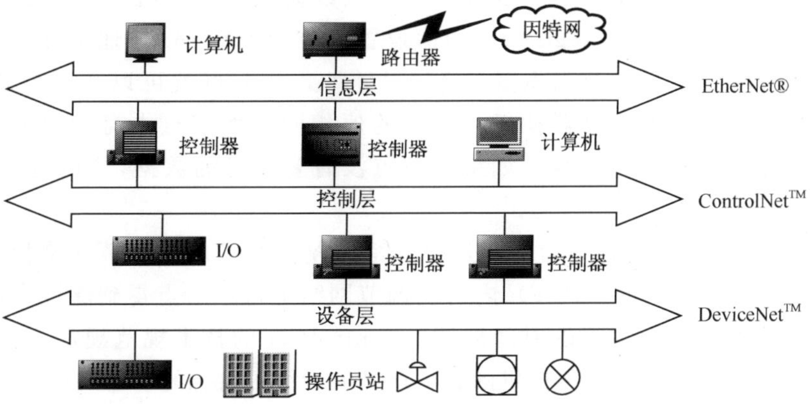

图 6-36　ControlNet 总线控制系统结构

ControlNet 协议的体系结构中包括物理层、数据链路层、报文路由传输连接管理层、数据管理层和对象模型层。与 ISO/OSI 模型相比较，物理层、数据链路层两者一致，报文路由传输连接管理层相当于 OSI 模型的网络层和传输层，数据管理层相当于表示层，对象模型层相当于应用层，在标准中没有定义会话层。

物理层传输媒体为同轴电缆或光纤，支持总线型、星型、树型拓扑结构以及这些拓扑结构的组合。使用同轴电缆时，单段长度最大可达 1km，使用光纤时，中等距离系统为 7km，可编址的节点数最多为 99 个，单段可编址节点数为 48 个。如果使用中继器，串行使用时，最多可支持 5 个中继器，连接 6 个网段；并行使用时，最多可支持 48 个中继器，连接 48 个网段。使用中继器时，同轴电缆的最大拓扑长度为 5km，光纤的最大拓扑长度为 30km。ControlNet 支持的最大传送速率为 5Mbps。ControlNet 数据链路层采用并行时域多路访问（CTDMA，Concurrent Time Domain Multiple Access）方式提供数据接收和发送服务。报文路由传输连接管理层用于建立不同节点的两个或多个应用对象之间的连接，并对其进行维护。数据管理层定义了对象的数据结构与编址类型。对象模型层使用抽象对象模型来描述通信功能，通过类、实例、属性、服务、行为等术语来描述对象的结构、功能和动作，使用对象库对所定义的诸多对象进行管理。在这一层里有众多的类、实例、属性、服务等，它们都被赋予了相应的标识符，如类标识符（范围：1～65535）、属性标识符（范围：0～65535）、实例标识符（范围：0～65535）、服务标识符（范围：0～255）等。

ControlNet 现场总线采用生产者/用户（Producer/Consumer）通信方式，这种方式允许网络上的不同节点同时从单个数据源存取相同的数据。其主要特点是增强了系统的功能，提高了效率，并能实现了精确的同步。

2. 隐性令牌传递

ControlNet 总线标准的最大特点体现在数据链路层的 MAC 协议上，该协议采用一种特殊的令牌传递机制，叫做隐性令牌传递（Implicit Token Passing）。网络上的每个节点被分配一个唯一的 MAC 地址，像普通令牌传递网络一样，持有令牌的节点可以发送数据。但是，ControlNet 网络上没有真正的令牌传递，而是每个节点监视收到的每个数据帧的源节点地址，并在该数据帧结束之后，将已设置的隐性令牌寄存器（Implicit Token Register）的值设置为收到的源 MAC 地址加 1。如果隐性令牌寄存器的值等于某个节点本身的 MAC 地址，该节点就可以立刻发送数据。由于所有节点的隐性令牌寄存器在任一时刻的值相同，而节点本身的 MAC 地址各不相同，因此避免了冲突的发生。如果某节点没有要发送的数据，则只需发送一个空帧（Null Frame）。

ControlNet 传递隐性令牌的逻辑是通过特别设计的 CTDMA 算法来控制的，该算法在每一个网络刷新时间（NUT）内自动调节网络上每个节点得到隐性令牌传送信息的机会。NUT 是固定而重复的时间周期，ControlNet 的技术规范规定可组态的 NUT 为 0.5～100ms，目前市场上可提供的有关产品的最小可组态的 NUT 为 2ms。

6.6.2* WorldFIP

成立于 1987 年的 WorldFIP 协会是制定并推广 WorldFIP 现场总线的主要组织。该总线是欧洲标准 EN50170（第 3 卷），现已成为国际标准 IEC61158 Type 7。WorldFIP 广泛应用于发电与输配电、加工自动化、铁路运输、地铁和过程自动化等领域。

WorldFIP 现场总线构成的控制系统分为 3 级，即过程级、控制级和监控级，能够满足用户各种需要，适合于各种类型的应用结构，诸如集中型、分散型和主从站型。用单一的 WorldFIP 总线可以满足过程控制、工厂制造加工和各种驱动系统的要求。

WorldFIP 协议由物理层、数据链路层和应用层组成。物理层采用 IEC61158.2 标准，支持总线型拓扑结构。数据链路层采用总线仲裁方式，它是集中探询技术的变体，由总线仲裁器管理对传输媒体的访问，在任何一个给定瞬间，仅有一个站可以执行总线仲裁器功能。所有通过总线传送的变量均由一个 16 位的逻辑地址来标识（称为 ID），每个变量的值只能由一个“生产者（Producer）”产生，可以被一个或多个“用户（Consumer）”使用。根据由标识符组成的表，总线仲裁器按顺序传递标识符，“生产者”识别出自己的标识符后，即向总线以广播的形式发布相关变量的值，需要此变量的“用户”则将该值接收到自己的缓冲区。“用户”一般还要对数据是否符合时间约定进行检测。总线仲裁器周期性的处理标识符列表，从而构成对分布式数据库的实时刷新机制。此外，WorldFIP 还定义了非周期通信（如：事件）和消息传递，但两者均在完成周期通信后的剩余时间内进行。WorldFIP 总线每个循环处理周期的组成如图 6-37 所示，每个周期分为 4 个时间段，前 3 个用来完成上述信息的传递，最后一个是同步时间段，被仲裁器用来等待下一个周期的开始。应用层提供工厂周期/非周期服务（MPS）和工厂报文子集服务（SubMMS）。

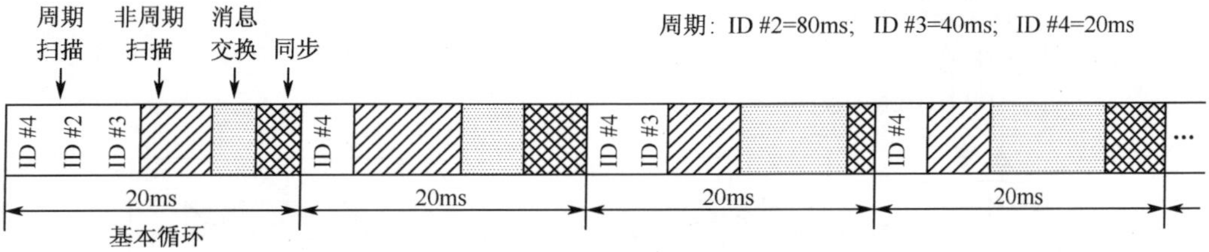

图 6-37 WorldFIP 循环处理周期的组成实例

6.6.3* Interbus

早在 1983 年，德国 Phoenix Contact 公司就在着手研究一种用于控制系统的工业通信技术，也就是今天所说的现场总线。其目的是使所有与 PLC 控制器、工控机相连的现场数字/模拟信号通过一种串联的现场总线来实现数据传输，以代替复杂的并联信号连接方法。在 1987 年汉诺威工业博览会上，首次推出了一种完整的现场总线系统 Interbus-S。这种总线以最佳的传输效率及实时性、恒定性的特点，满足了工业控制领域中现场变送器/执行器传输数据的要求。以后的十多年来，Phoenix Contact 公司与世界各国变送器/执行器的制造商不断合作，生产和研究出多达 2500 种能与 Interbus-S 总线连接的总线模块和现场设备。通过对传输协议的不断改进，使得 Interbus 总线系统不仅能在不使用询问应答方式的情况下传输小数量的实时性过程数据，同时也能以询问应答式传输大数据的信息。

在 Interbus 技术的不断发展的同时，Interbus 的用户和厂商也建立了用户协会和行业标准化协会，1992 年成立了 Interbus 俱乐部，并从 1996 年开始每年举办 Interbus 研讨会。Interbus 现场总线于 1998 年成为德国标准 DIN19258，2000 年成为国际标准 IEC61158 Type 8。目前已广泛应用于汽车工业、物流及仓储、造纸工业、印刷工业、食品工业、机械制造业等。

1. Interbus 总线的基本特点

Interbus 是一种串行总线系统，适合用于分散的输入/输出，以及不同类型控制系统之间的数据传输。协议包括物理层、数据链路层和应用层。

Interbus 总线支持环型拓扑网络，数据传输遵循 RS-485 标准，传输媒体主要是铜导线电缆和光纤。铜电缆由对称的两对双绞线和一个屏蔽线组成，传输速率为 500kbps。数据链路层采用整体帧协议（Total Frame Protocol）传输循环过程数据和非循环数据，共有 16 个二进制过程数据同时被集成在循环协议中。应用层服务只对主站有效，用于实现实时数据交换、VFD 支持、变量访问、程序调用和 12 个相关的服务。Interbus 协议对单主机的远程 I/O 具有良好的诊断能力。

Interbus 总线控制系统是一个带有固定集总帧的环形系统，它像一个主干线，延伸到工业现场中，一个总线控制板将 PLC 控制器或 PC 控制器与 Interbus 相连接，而 Intebus 又将所有工业装置的外部 I/O 模块串联起来，组成一个封闭的传输回路，如图 6-

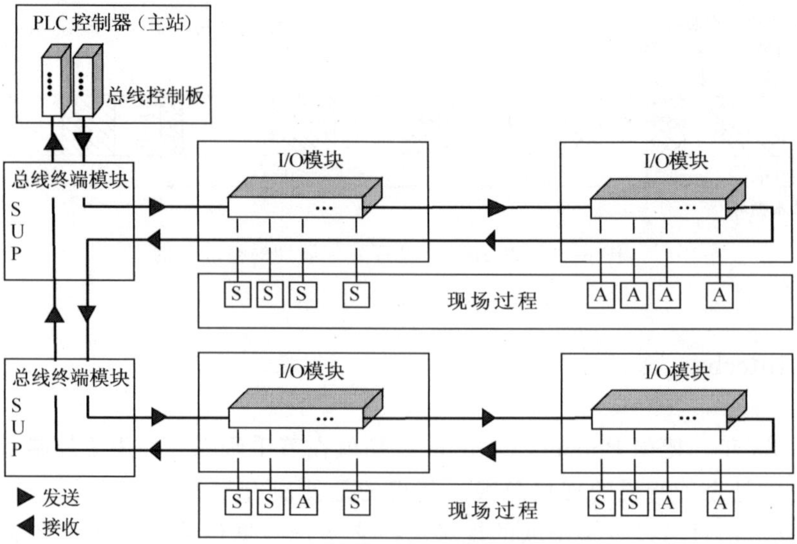

图 6-38　Interbus 总线的拓扑结构

38 所示。现场的变送器、执行器的信号通过数字或模拟 I/O 模块接入总线，这些模块都带有与总线连接的普通连接端口。当然，总线也可以直接与带有 Interbus 接口的智能式变送器、执行器连接。总线终端模块起中继站的作用，由它可以引出一个本地总线模块组成的本地总线段，连接本地的输入/输出模块。

Interbus 的系统连接方法可以看作许多个点对点连接的串联。每个总线模块都有一个接收器，接收上一个模块的信号；一个发送器，将本身的信号送入下一个总线模块上。这一特点对于传输的安全性来讲具有重要的作用，因为与一般的线性网络系统相反，当传输处于不定状态时，Interbus 不会传输无定义的信息，模块中的传输关系是确定的。采用点对点的连接可省去终端电阻，这样系统的扩展性更高，灵活性更强，更适应于工程实际的需要。采用带有分支的总线终端模块既完成分层任务，同时也提供了 Interbus 网络中的总线段任意关断、连接的可能性，对总线故障的处理可以更加灵活，从而减少系统的停机时间。通过采用物理环形网络和移位寄存器的方法，总线系统不必进行地址设置和按址传输。这个优点特别体现在当总线模块损坏被换掉时不用重新设址，当然也不会发生地址重叠现象。

2. 集总帧协议

Interbus 针对工业应用的需要，利用集总帧协议实现信息的高效传输，其原理如图 6-39 所示。该协议采用复合式数据结构，即同时采用过程数据通道和参数数据通道，完成面向过程数据和参数数据的可靠传输。这是 Interbus 与其他总线的重要区别之一，也是其优越性能的保证。

（1）过程数据的传输方法。在实践中，现场层即变送器/执行器层的一个重要的任务是通过简单、便宜的总线接口将各设备连接起来，进行近似实时双工（同时读入/写出）的数据传输。为了实现这种要求，Interbus 没有采用面向信息的传输方法，而是选择了面向过程数据的传输方法。

在面向过程数据的传输方法中，所有变送器和执行器的信号都被放在一个通信帧内，这个帧就称为集总帧。在集总帧协议中，整个系统只有一个循环运行的通信帧，因此也只需要一个帧控制数据。帧控制数据包括启动信息（Loopback）、数据检验信息和结束信息。实际应用中，真正对现场设备进行控制的仅仅是一些有效数据，即过程数据。帧控制信息是为了保证有效数据正确传输的附加通信信息，它本身对设备运行不起控制作用。在集总帧中，系统带的设备越多，有效数据与控制数据的比值就越大，传输效率也就随之提高了。

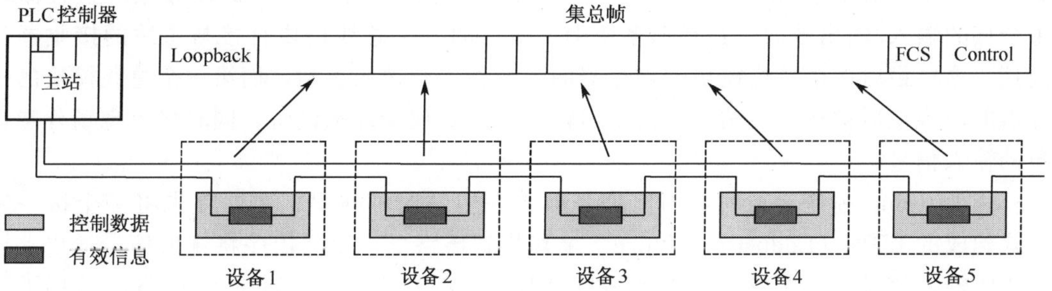

图 6-39 集总帧协议原理图

对于系统的主站来讲，带有 I/O 信息的所有设备被看作一个“逻辑”设备，现场设备的地址正好对应于通信帧中的数据在协议中的物理位置。这样我们就不需要给现场设备进行地址设置了，总线的管理得到了简化，同时由于各个设备占用的数据位大多数是固定的，且在运行中不会改变，因此只要确定了总线所带设备的个数，就知道帧的长度，从而可以确定传输的时间，使每个设备能保证得到一个恒定的采样时间。所以可以认为集总帧具有实时性。

Interbus 通过采用上述集总帧协议，在低传输速率的情况下提供一个高效、快速、近似恒定周期的全双工信息传输。这样，尽管 Interbus 的传输速率只有 500kbps，同样能使数据快速传输，且具有较高的抗干扰能力。

(2) 参数数据的传输方法。在现场设备的数据传输中，不仅需要传输过程数据，即位数较少（1～16 位）的、具有实时性要求的循环传输数据，而且在一定的情况下需要传输参数数据，即位数较长的、无实时性要求的非循环传输数据。依照这样的要求，Interbus 总线使用参数数据通道作为过程数据通道的补充，保证总线协议的完整性和优越性。

参数数据通道的作用是在两个总线模块之间进行非周期性的、复杂的数据传输。传输的信息往往无实时性要求，而且只有当系统有请求时才进行运作。参数数据通道主要用于总线设备的初始化和参数化。

在集总帧上需要传输的参数数据分块按序列进入参数通道，这意味着一个完整的参数数据块首先被分隔为一个个小的数据块，然后这些小的数据块按顺序先后进入循环执行的帧里面进行传输。每个传输周期仅传输整个参数数据的一部分。传输后，重新组成一个参数数据块的任务由附加在数据链路层的软件来实现。分块传输参数的方法解决了由于帧长度的增加而使得信号周期加大，实时性差的矛盾，同时通过在帧中设置一个固定的参数通道长度，仍然保证了传输帧长度的不变性，从而使系统的循环时间不管是进行参数传输或不进行参数传输都是一样恒定的。采取这种混合协议帧的方法，Interbus系统可以在快速传输过程数据的同时也可以毫无问题的同时传输多达100kB以上的参数数据。这种特殊的协议帧的结构将两种不同的传输数据有机地统一成一体，既不影响Interbus系统的传输效率，同时又能满足传输信息数据的需要。

（3）传输方法的实现。为了实现集总帧协议的传输方法，Interbus的工作方法就像一个空间分布的、闭环的移位寄存器。各个不同的现场设备串联在一起，并与一个主站相连接（图6-38），总线设备是带有Interbus接口的从站（总线模块）。主站的总线控制板的作用是对整个Interbus进行控制、组态和诊断，并有一个I/O数据堆栈，保存了全部的输入/输出数据。在环形系统中，最后的一个总线模块直接与主站的接收器相连接，这样最后一个总线模块的寄存器的内容首先被送入主站，而第一个总线模块的寄存器的内容最后被送入主站。主站发出输出信号到现场外围设备，同时接收现场外围设备的输入信号。

当Interbus系统运行时，输出信号被放在主站的堆栈里，主站首先将一个按一定格式构成的LBW（Loop Back Word）字移位到环路里，然后依序将输出信号送出，同时接收输入信号，当主站重新得到这个LBW字时，表示Interbus的环路已循环了一次，即一个数据的循环周期结束。主站根据得到每个LBW字的时间可以检测出整个环路是否正常。如果时间太长，表示移位寄存器的长度发生变化，系统不正常；如果时间太短，表示系统的移位寄存器的长度短了，系统也不正常；如果主站一直得不到LBW字，则说明系统已不成环路了。通过这种时间检测方法，不仅保证传输运行的正确与否，而且也保证了每个现场总线模块上信号传递的周期性。

6.6.4* CC-Link

CC-Link是Control & Communication Link（控制与通信链路系统）的简称，是一种可以将控制和信息数据同时以10Mbps高速传输的现场网络，已经成功应用于工业控制系统中。作为开放式现场总线，CC-Link是唯一起源于亚洲的总线系统，其技术特点在许多方面尤其适合亚洲人思维习惯。

1996年11月，以三菱电机为主导的多家公司以“多厂家设备环境、高性能、省配线”理念开发和公布开了现场总线CC-Link。1998年，CC-Link进入中国市场。2000年11月，CC-Link协会（CLPA）在日本成立，到2002年3月底，CPLA在全球拥有252家会员公司。2007年7月，CC-Link总线进入IEC61158标准第四版，作为IEC61158 Ed. 4 type 18。

CC-Link是一个以设备层为主的网络，同时也可以覆盖较高层次的监控层和较低层次的传感器层。

1. 网络结构

CC-Link采用总线方式通过屏蔽双绞线进行连接，每个网络层可由1个主站和多达64个子站组成。主站由PLC或计算机担当，子站可以是远程I/O模块、特殊功能模块、带CPU的PLC本地站、人机界面、变频器、伺服系统、机器人、测量仪表、阀门、数控系统等现场设备。可靠性要求高的系统中，可以采用主站冗余的方式构成系统。

2. 传输速度和距离

CC-Link 的传输速率较高，可达 10Mbps，但传输距离随速度的增加而缩短。CC-Link 可采用三种类型的中继器：一种为 T 型分支中继器，每增加一个这种中继器，可使传输距离增加一倍，每层网络最多可以使用 10 个；第二种为光中继器，用于延长光缆，一般在容易受到干扰的环境中采用，光中继器要成对使用，一般情况下，每对光中继器之间的距离为 1km，最多可以使用 4 对；第三种为空间光中继器，采用红外线无线传输方式，在布线不方便或者连接设备位置会移动的场合使用，这种中继器也必须成对使用，每对之间的距离不能超过 200m。

3. 功能特色

(1) 自动刷新和预约站功能。从网络模块到 PLC 的 CPU，CC-Link 网络数据是自动刷新完成的，不必有专用的刷新命令；安排预留以后需要挂接的站，可以事先在系统组态时加以设定，当此设备挂接在网络上时，CC-Link 可以自动识别并纳入系统，不必重新进行组态，保持系统工作的连续性，方便设计人员设计和调试系统。

(2) 完善的 RAS 功能。RAS 是 Reliability（可靠性）、Availability（可用性）、Serviceability（可维护性）的缩写。例如故障子站自动下线功能、修复后的自动返回功能、站号重叠检查功能、故障无效站功能、网络连接状态检查功能、自诊断功能等，提供了一个可以信赖的网络系统，帮助用户在最短时间内恢复网络系统。

(3) 互操作性强。CC-Link 提供给合作厂商描述每种类型产品的数据配置文档。这种文档称为内存映射表，用来定义控制信号和数据的存储单元（地址）。然后，合作厂商按照这种映射表的规定，进行 CC-Link 兼容性产品的开发工作。由 A、B 两个不同的公司生产的同样类型的产品，在数据的配置上是完全一样的，用户根本不需要考虑在编程和使用上 A、B 两个公司的不同。另外，如果用户换用同类型的不同公司的产品，程序基本不用修改。

(4) 循环传送和瞬时传送功能。CC-Link 使用两种通信方式：循环通信和瞬时通信。循环通信是数据一直不停地在网络中传送，由 CC-Link 核心芯片 MFP 自动完成，数据是按站的不同类型，可以共享的；瞬时通信是在循环通信的数据量不够用，或需要传送比较大的数据（最大 960 个字节）时，可以用专用指令实现一对一的通信。

CC-Link 通信方式如图 6-40 所示，RX、RY 分别表示远程输入和远程输出，RWr、RWw 分别表示读取远程寄存器和写入远程寄存器。每个内存站循环传送的数据为 24 个字节，其中 8 个字节用于位数据传送，16 个字节（4 点用于 RWr，4 点用于 RWw）用于字数据传送。一个物理站最多占用 4 个内存站，故一个物理站的循环传送数据为 24byte×4＝96byte。

对于 CC-Link 整个网络而言，其循环传送每次链接扫描的最大容量是 2048bit 和 512byte。在循环传送数据量不足的情况下，CC-Link 提供的瞬时传送功能，可将数据用指令传送给目标站。CC-Link 在链接 64 个远程 I/O 站、通信速率为 10Mbps 的情况

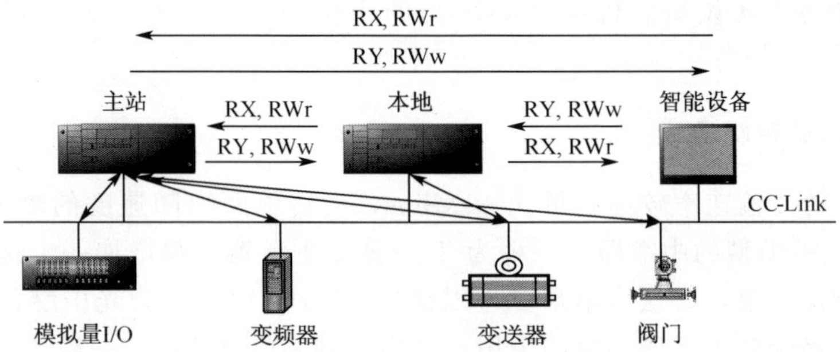

图 6-40　CC-Link 通信方式

下，循环通信的链接扫描时间为 3.7ms。稳定快速的通信速度是 CC-Link 的最大优势。

6.6.5* 设备现场总线的主要特性比较表

到目前为止，我们已经学习了目前在市场上占主导地位的设备现场总线，撇开它们符合互用性和互可操作性要求不论，各种总线的特点存在很大的不同。为便于查询，我们将有关的主要信息收集在表 6-11 中。

表 6-11　设备现场总线主要特性的比较

总线类型 / 主要特性	Profibus-FMS/DP/PA	ControlNet	WorldFIP
典型应用	制造业自动化、过程控制	工厂自动化、过程控制	发电与输配电、铁路运输
传输速率/bps	FMS/DP:12M;PA:31.25k	5M	31.25k、1M、2.5M
通信方式	主/从，对等	产生者/用户	产生者/用户
媒体访问控制	令牌传递、主从	CTDMA	总线仲裁控制器
传输媒体	双绞线、光纤	同轴电缆、光纤	双绞线、无线、光纤
最大节点数	32	48	32
确定性	否	是	是
本安特性	FMS/DP:否;PA:是	否	是
总线供电	FMS/DP:否;PA:是	否	是
DLL 实现	ASIC	ASIC	ASIC
拓扑结构	FMS/DP:总线、树型；PA:总线、树型、星型	总线、星型、树型	总线
导线段最大长度	FMS/DP:1200m PA:1900m	1000m	1900m
物理层标准	FMS/DP:RS-485；PA:IEC61158.2	差分曼彻斯特编码	IEC 61158.2
可应用的标准	IEC61158 type 3	IEC61158 type 2	IEC61158 type 7

续表

主要特性 \ 总线类型	Interbus	CC-Link
典型应用	汽车行业、物流行业、过程控制	机械制造、过程控制、楼宇自动化
传输速率/bps	500K	10M
通信方式	主/从	循环和瞬时
媒体访问控制	集总帧协议	——
传输媒体	铜导电缆、光纤	双绞线
最大节点数	255	64
确定性	是	否
本安特性	否	否
总线供电	否	否
DLL 实现	ASIC	芯片
拓扑结构	环形	总线
导线段最大长度	12800m	1800m
物理层标准	RS-485	NRZI
可应用的标准	IEC61158 type 8	IEC61158 Type18

习　　题

1. Profibus 的三个不同协议（Profibus-DP、Profibus-PA、Profibus-FMS）都使用相同的媒体访问控制（MAC）方法，试绘图说明其工作原理。

2. Profibus-DP 网段如何实现与 Profibus-PA、Profibus-FMS 网段的连接？

3. 应用 Profibus 技术构成自动化控制系统应考虑哪些问题？

4. 如何使用 SPC4 和 SIM1 芯片构成一个 Profibus-PA 从站系统？

5. 与其他现场总线相比，ControlNet 的主要优点是什么？

6. 简述 ControlNet 的隐性令牌传递机制及其特点。

7. 简述 ControlNet 的媒体访问控制方式。

8. WorldFIP 为什么是实时工业现场总线？

9. WorldFIP 与 Internet 无缝连接的关键之处是什么？

10. Interbus 的特点是什么？

11. 为什么 Interbus 的传输效率与其他的总线有所不同？

12. 集总帧协议最大优点是什么？

13. CC-Link 总线的特点是什么？

第7章　狭义现场总线

7.1　狭义现场总线概述

现场总线可以简单地描述为“从控制室连接到现场设备的双向全数字通信总线”，顾名思义，现场总线就是一直延伸到现场设备的通信总线。但“现场”是一种很容易被混淆的概念，在DCS和PLC系统中，一些控制器或远程I/O被安装在离装置或设备较近的分控制室中也被称为“现场”。必须指出，这和现场总线的“现场”是有区别的，现场总线的“现场”不仅指距离，更主要的是指有现场总线通信能力的智能现场设备。不同工业领域的现场设备是不一样的。

过程工业：温度、压力、流量、物位、密度、PH变送器，调节阀门等。

制造工业：位置编码器、行程开关、接近开关、限位开关、速度仪表、力值仪表、操作盘、执行机构、数控中心等。

楼宇：水电气表、空调、电梯、照明、消防、通信、保安等。

使用有现场总线通信能力的智能现场设备是现场总线系统的本质特征。仅将总线送到所谓分控制器和远程I/O，则是DCS和PLC系统已经解决的问题，不能称之为“现场总线”。现场总线和远程I/O技术在节省电缆方面可以达到同样的效果，但在智能化程度和信息含量方面存在较大差别。尽管如此，对于简单或次要的测点或仪表而言，远程I/O技术仍然是一种经济合理的选择。现场总线控制系统不仅不排斥远程I/O，而且在适当的情况下还广泛地集成远程I/O设备，以取得更好的性能价格比。

前面一章讲述的设备现场总线，如Profibus、WorldFIP、ControlNet等，是从PLC为基础的控制系统发展而来的。从本质上讲，它们是以远程I/O技术为基础的，通常不具备总线供电能力和本质安全特性，但这又是过程工业极其重视的性能，而且是传统的DCS已经解决的难题。在过去的二十多年里，DCS以其可靠性高、分散控制、集中监控等特点赢得了工业界广大用户的青睐，广泛应用于石化、电力、冶金、造纸等过程工业领域。随着现场设备智能化程度的提高，设备之间可以直接进行全数字、串行、双向通信，这使得DCS能够彻底摆脱对4～20mA单向模拟传输方式的依赖，也迫使人们思考在新情况下的信号传输方式问题。正是在这种背景下，产生了过程控制领域的现场总线。

现场总线基金会（FF，Fieldbus Foundation）在充分考虑了过程工业特点的基础上，推出了两种现场总线标准FF-H1和FF-HSE。FF-H1总线是从过程工业和DCS应用的视角制定的，也称为狭义现场总线。这种总线不仅能够满足过程工业的实时性和本质安全性要求，而且能够做到现场设备总线供电，但功能较为复杂。本章将以FF-H1总线为例来讲述狭义现场总线的原理及特点。

7.2 基金会现场总线种类及体系结构

现场总线基金会成立于 1994 年 9 月，它是由 ISP（Interconnect System Project）组织和 WorldFIP 北美分部合并后形成的一个非盈利性组织。ISP 是艾默生、Foxboro、横河、ABB 等公司组成的现场总线联合开发体，WorldFIP 是 Honeywell、Allen-Bradley 等公司组成的联合开发体，合并成立 FF 的主要目的是开发国际上统一的现场总线标准。所有参与 FF 的公司都是世界上的主要自控设备供应商，对工业底层网络的功能需求了解透彻，也具备左右过程自动化领域自控设备发展方向的能力，因而由 FF 颁布的总线规范具有一定的权威性。

FF 原计划开发 31.25kbps、1Mbps 和 2.5Mbps 三种传输速率的总线，历经几年的发展和完善，于 1996 年一季度颁布了传输速率为 31.25kbps 的低速现场总线规范 FF-H1，在 1998 年 3 月决定放弃原定的 1Mbps 和 2.5Mbps 高速现场总线开发计划，转而开发以 100Mbps 的以太网为基础的高速现场总线，称为 FF-HSE（High Speed Ethernet)，并于 1999 年公布了 FF-HSE 规范草案。2000 年 1 月 FF-H1、FF-HSE 被 IEC 列为国际标准 IEC61158 Type 1 和 IEC61158 Type 5。这两种现场总线标准分别对应于工厂控制系统的两个不同层次，FF 推荐的现场总线控制系统结构如图 7-1 所示。

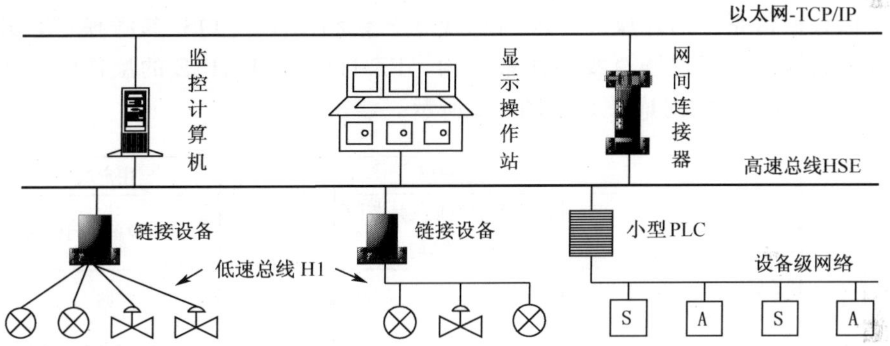

图 7-1　FF 推荐的现场总线控制系统结构

7.2.1　H1 与 HSE 之间的区别

基金会现场总线 H1（FF-H1）是一个纯粹的现场级网络，主要用来连接现场设备和终端控制设备。该总线符合本质安全标准，并可运行在工厂中现有的导线之上，能够在同一总线上实现供电和信号传递。然而，H1 总线的传输速率为 31.25kbps，在进行大系统的信息汇集时，该速率难以满足需要。另外，低速率也限制了其在制造工业快速过程中的应用。因此 FF 设计的 100Mbps 高速以太网现场总线 HSE 补偿了 H1 总线的不足。

现场总线基金会设计 HSE（FF-HSE）的目的是让 I/O 子系统、控制器以及需要大量数据的复杂设备运行在一个更高速率的总线上。100Mbps 的 HSE 在性能和成本方面具有以太网的优点，也使控制网络的结构变得非常简单，可与工厂级网络相比拟。如图7-1所示，HSE与H1总线段之间通过链接设备相连接，主设备级的HSE和现场级的H1代替了控制器级网络。

表7-1　H1和HSE的特点

网络特点	H1	HSE
传输速率	31.25kbps	100Mbps或更高
最大传输距离	1900m	100m
两线连接	是	否
多点传送	是	否
总线供电	是	否
本质安全	是	否
媒体冗余	否	是
确定性	是	否

H1和HSE的特点如表7-1所示。由表可知，HSE的传输速率高，并能提供冗余的传输路径，但有严格的传输距离限制（最长100m），并且需要多芯电缆，成本较高。HSE不提供总线供电，也不能应用在危险场合。

H1总线可以进行远距离传输，且可利用工厂中普遍使用的铜电缆作为传输媒体，移植方便，但存在带宽方面的限制，难以用作整个工厂的主干网络，而且不能实现媒体冗余。在工业实际应用中，HSE和H1较好的做到了互为补充。

7.2.2　基金会现场总线的体系结构

为了保证通信系统的开放性，现场总线基金会利用ISO/OSI参考模型，并根据自动化系统的特点设计了现场总线的体系结构。FF-H1和FF-HSE的层次结构模型及其与ISO/OSI参考模型的对应关系如图7-2所示。

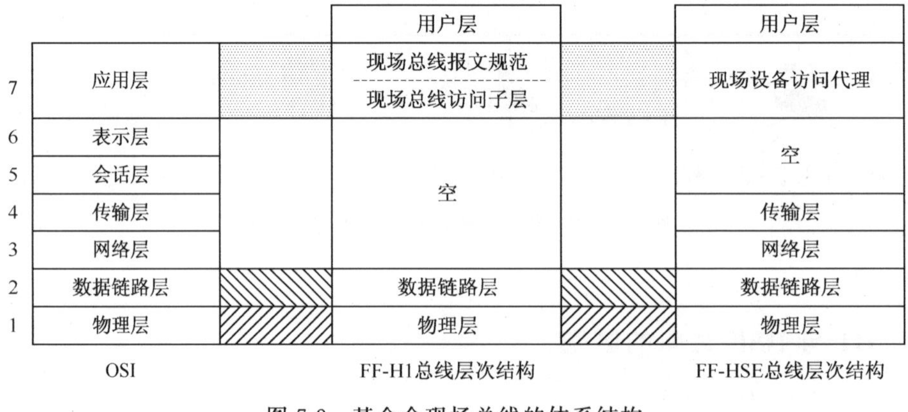

图7-2　基金会现场总线的体系结构

基金会现场总线作为工业控制网络，对通信的实时性、效率、可靠性和安全性有很高的要求，因此，它省略了OSI模型中必要性不大的层次，但增加了用户层。用户层的加入，使用户可直接使用功能块构筑自己的控制系统，而不仅仅是进行通信。因此，FF认为，基金会现场总线不仅是通信标准，而且是系统标准。

1. *FF-H1的层次结构*

FF-H1由物理层、数据链路层、应用层和用户层组成。物理层、数据链路层分别是 OSI 的第 1 层、第 2 层；现场总线报文规范（FMS）和现场总线访问子层（FAS）组成 OSI 的第 7 层（应用层）；用户层不由 OSI 模型定义，现场总线基金会自行设计了用户应用模型，它将控制系统中常用的 PID 控制和其他现场控制项目以功能模块的形式体现在总线中。FF-H1 总线不使用 OSI 的第 3、4、5、6 层，而是通过 FAS 将 FMS 映射到 DLL 上。为了便于软硬件开发，通常把除去物理层和用户层之后的中间部分作为一个整体，统称为通信栈。

2. FF-H1 协议数据单元与层次的关系

通信系统的每一层负责现场总线上报文传递的一个部分，图 7-3 给出了 H1 总线各层间传递用户数据时协议数据单元（PDU）的内容、每层应该附加的信息以及使用的字节数，也从一个角度反映了现场总线报文信息的形成过程。如某个用户要将数据通过现场总线发往其他设备，首先在用户层形成用户数据，并把它们送往总线报文规范层处理，每次最多可发送 251 个字节的用户数据信息；用户数据信息在 FAS、FMS、DLL 各层分别加上各层的协议控制信息，在数据链路层还加上 CRC 帧校验信息，然后送往物理层；在物理层加上起始定界符、结束定界符，并在起始定界符之前再加上用于时钟同步的前导码（或称之为同步码），从而形成信息帧。产生的信息帧还要通过物理层转换为附合规范的物理信号，在网络系统的管理控制下，发送到现场总线网段上。

3. FF-H1 使用的主要标准

体系结构：

FF-800：系统体系结构。

物理层：

FF-816：31.25kbps 物理层行规（IEC61158.2 物理层标准）。

通信栈：

FF-821：数据链路层服务子集；

FF-822：数据链路层协议规范；

FF-875：现场总线访问子层（服务和协议）；

FF-870：现场总线报文规范。

用户层：

FF-890：功能块应用进程——第一部分；

FF-891：功能块应用进程——第二部分；

FF-892：功能块应用进程——第三部分。

网络管理：

FF-801：网络管理。

系统管理：

FF-880：系统管理。

FF-HSE 属于工业以太网现场总线，有关它的详细内容将在第 8 章详细描述。本章的后面部分，我们将按图 7-3 给出的层次结构，从物理层、通信栈、到用户层，深入讲述 FF-H1 总线。

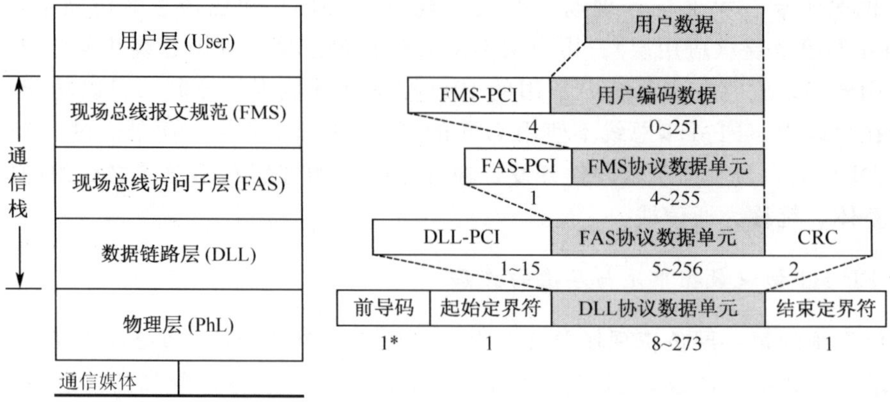

PCI：协议控制信息；*：当使用中继器时前导码多于1个字节

图 7-3　FF-H1 的层次与协议数据构成

7.3　FF-H1 物理层

FF-H1 总线的物理层是根据国际电工委员会（IEC）和国际测量与控制学会（ISA）批准的 IEC61158.2 标准定义的，在本书的第 2 章我们已经学习其主要内容，这里只强调 H1 总线的特别之处。

物理层负责从通信栈接收报文，并将其转换成在现场通信媒体上传输的物理信号，反之亦然。

FF-H1 总线可应用于温度、物位、压力和流量等物理量的测量与控制系统，能在传统控制系统所用的线路上运行。该总线可以提供总线供电，支持本质安全（I. S.）要求，为此，需要在安全区域的电源和危险区域的本质安全设备之间加上本质安全栅，电源电压的大小取决于安全栅的额定值。供电的 FF-H1 现场总线有正负极之分，任何一根都不能接地（但允许终端器的中心抽头接地）。每一总线段的屏蔽需要连通，但只允许一点接地。终端器要接在总线的两个远端，而且必须连接可靠。

FF 规定，FF-H1 总线除了支持电缆传输外，也支持光纤传输。使用光纤的优点是抗电磁干扰、抗雷击性能好，无防爆问题，但要求现场设备电池供电。有关光纤传输的详细内容，请参考有关产品的使用手册。

7.4　FF-H1 通信栈

从图 7-3 可以看出，通信栈由数据链路层、现场总线访问子层和现场总线报文规范构成。

7.4.1　数据链路层

数据链路层（DLL）负责管理连接到同一总线上的所有应用进程的报文通信。DLL

以帧的形式传送报文，也进行报文传输中的差错检测。DLL 给物理层提供数据帧，为上一层提供透明的数据传送。它由两个子层组成，由低到高为媒体访问子层、数据传递子层，分别负责数据链路用户之间的总线访问和控制数据传递。

1. *媒体访问子层*

1）设备类型

FF-H1 DLL 的最大特点是每个总线段上有一个媒体访问控制中心，称为链路活动调度器（LAS，Link Active Scheduler）。DLL 通过 LAS 上的集中式总线调度程序，管理现场设备对总线的访问。

按照设备的通信能力，FF-H1 总线把通信设备分为 3 类（见图 7-4）：链路主设备、基本设备和网桥。链路主设备是指那些有能力成为 LAS 的设备；而不具备这一能力的设备则被称为基本设备。基本设备只能接收令牌并作出响应，这是最基本的通信功能，因而，可以说网络上的所有设备，包括链路主设备，都具有基本设备的能力。当网络中几个总线段进行扩展连接时，用于两个总线段之间的连接设备称为网桥，属于链路主设备。由于网桥担负着在它下游的各总线段的系统管理时间的发布任务，因而它必须成为 LAS，否则就不能对下游各段的数据链路时间和应用时钟进行再分配。

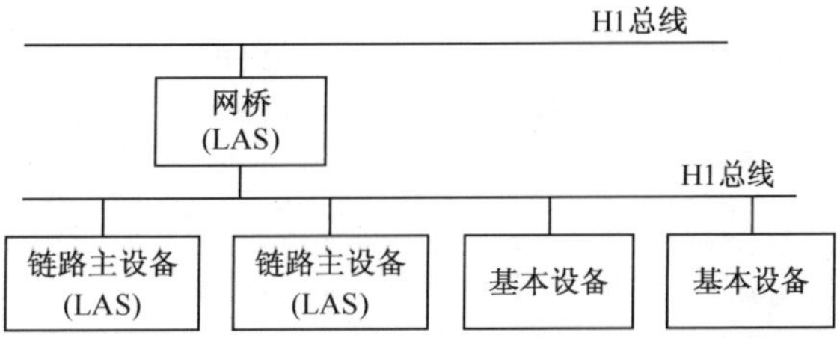

图 7-4　三类 FF-H1 总线通信设备

一个总线段上可以连接多种通信设备，也可以挂接多个链路主设备，但每个总线段上，某个时刻只能有一个链路主设备成为 LAS，没有成为 LAS 的链路主设备起后备 LAS 的作用。

2）数据链路协议数据单元

数据链路协议数据单元（DLPDU，Data Link Protocol Data Unit）提供数据链路的协议控制信息。协议控制信息由 3 部分组成（见表 7-2）。第 1 部分是帧控制信息，它只有一个 8 位字节，指明了该 DLPDU 的种类、地址长度、优先权等。第 2 部分是数据链路地址，包括目的地址与源地址，当然，并非所有种类的 DLPDU 都具有目的地址与源地址。有些类别的 DLPDU 只有源地址，没有目的地址，有的甚至既无源地址，也无目的地址，例如探测响应类的 DLPDU。如果帧控制字节中的第 5 位为 1，则说明数据链路地址为 4 个 8 位字节的长地址；若第五位为 0，说明数据链路地址为短地址，只有低位的两个 8 位字节为真正的链路地址，高位的两个地址字节写为 00。第 3 部分用于指明该类 DLPDU 的参数。

表 7-2　DLPDU 的结构

协议信息	帧控制信息	数据链路地址			参数	用户数据	CRC
		目的地址	源地址	第二源地址			
字节数	1	4	4	4	2	n	2

协议控制信息加上用户数据和 CRC 检验码，就形成了 DLPDU，DLPDU 种类如表

7-3 所示（表中没有列出 CRC 检验码字段）。

表 7-3　DLPDU 的种类和帧控制信息格式

DLPDU 类别	符号	帧控制字节	DL-地址			参数	用户数据
			目的地址	源地址	第二源地址		
建立连接 1	EC1	1111 LF00	[HL.]N. S	[HL.]N. S	[HL.]N. S	EC-p	o-DLSDU
建立连接 2	EC2	1110 LF00		[HL.]N. S	[HL.]N. S	EC-p	o-DLSDU
断开连接 1	DC1	0111 LF00	[HL.]N. S	[HL.]N. S		DC-p	o-DLSDU
断开连接 2	DC2	0110 LF00		[HL.]N. S		DC-p	o-DLSDU
强制数据 1	CD1	1111 LFPP	[HL.]N. S	[HL.]N. S		——	——
强制数据 2	CD2	1011 LFPP	[HL.]N. S	——		——	——
数据帧 1	DT1	1101 LFPP	[HL.]N. S	[HL.]N. S		SD-p	o-DLSDU
数据帧 2	DT2	1001 LFPP	[HL.]N. S	——		SD-p	o-DLSDU
数据帧 3	DT3	0101 LFPP		[HL.]N. S		SD-p	o-DLSDU
数据帧 5	DT5	0101 0F00		[PDA]		SD-p	o-DLSDU
状态响应	SR	0001 0F11	[PSA]	N		o-SR-p	——
强制时间	CT	0001 0F00	——	——		——	——
时间分配	TD	0001 0F01	——	N		TD-p	——
环程迟延询问	RQ	1100 0F00	N. 0	N. 0		RQ-p	——
环程迟延恢复	RR	1101 0F00	N. 0	N. 0		RR-p	——
探测节点	PN	0010 0110	N	——		PN-p	
探测响应	PR	0010 0111	——	——		——	SPDU
传递令牌	PT	0011 0FPP	N	——		DD-p	——
返回令牌	RT	0011 0100	——	[DTH]		——	——
请求区间	RI	0010 0000	——	[DTH]		DD-p	——
申请成为 LAS	CL	0000 0001	——	N		——	——
转交 LAS	TL	0000 0110	N	——		——	SPDU
空闲帧	Idle	0001 0F10	——	——		——	o-DLSDU

注：

L 指明数据链路地址长度，0 表示短地址，1 表示长地址。

F 指明是否为令牌的最终用户，或者指明是应该结束这个执行序列还是要重新开始。

PP 用于标明 DLPDU 和传递令牌的优先等级。

阴影表示逻辑上不存在的字段。

——表示该字段在逻辑上是存在的，但其内容为空。

[HL.] N. S 表示当 L=1 时，该地址为 4 个字节的长数据链路地址（HLNS）；

当 L=0 时，该地址为 2 个字节的短数据链路地址（NS），此时 HL=00。

N 表示 1 个字节的节点数据链路地址。

N. 0 指明节点数据链路地址为 1 个字节，但表示为 2 个字节的短数据链路地址形式。

[PDA] 表示阴式地址，实际为本链路上前一个 CD DLPDU 的显式目的地址。

[PSA] 表示阴式地址，实际为本链路上前一个 DLPDU 的显式源地址。

o-表示任选字段内容。

xx-p 表示 xx 类 DLPDU 参数。

DLSDU 表示数据链路服务数据单元。

SPDU 表示支持协议数据单元。

3）链路活动调度器

成为 LAS 的链路主设备具有链路活动调度能力，其数据链路层的重要任务是形成各类链路协议数据，并进行链路活动调度。对没有链路活动调度能力的设备来说，其数据链路层要对来自总线的链路数据作出响应，控制本设备对总线的活动。

LAS 拥有总线上所有设备的清单，由它来掌管总线段上各设备对总线的操作。任何时刻每个总线段上都只有一个 LAS 处于工作状态，总线段上的设备只有得到 LAS 的许可，才能在总线上传输数据。因此，LAS 是总线的通信活动中心。

LAS 发起的通信活动分为两类：调度通信与非调度通信。调度通信是由 LAS 按照预定义的调度时间表（STL）周期性地依次发起的通信活动。非调度通信是在预定调度时间表之外的时间里进行的通信活动。两种通信的功能与第 3 章 TS61158 技术规范中的描述相同。

调度通信中发送方只能在本网段内发送数据。当发送方与接收方处于不同网段时，要在发送方与网桥、网桥与接收方之间分别建立相关的连接。网桥内包含有一个数据再发布（Republishing）实体，相继重发它所收到的数据。如果网桥作为远程连接的 LAS，则要包含一个相应的调度实体，周期性地向数据链路连接端点发送 CD。

如果属于非调度通信，网桥则在发送方和接收方之间转送（Forward）EC、CD、DT，而不是再发布。

在媒体访问子层，LAS 利用令牌控制报文传送，提供设备访问总线的机会。在任意时刻，一个总线段上只能有一个设备拥有令牌，得到令牌的设备才有权对总线传输数据。LAS 发送的令牌有两种，强制数据令牌（CD，Compel Data token）和传递令牌（PT，Pass Token）。CD 服务于受调度通信和非调度通信，PT 服务于非调度通信。由此可以看到，FF 的媒体访问控制采用的是轮叫探询方式。

调度通信与非调度通信都是由 LAS 掌管的。按照基金会现场总线的规范，LAS 应具有以下 5 种基本功能：

① 向设备发送强制数据令牌 CD。按照链路活动调度器内拥有的调度表，向网络上的设备发送 CD。调度表内只保存发送 CD DLPDU 的请求，其余功能分散在各调度实体之间。

② 向设备发送传递令牌 PT，为它们提供发送非周期数据的机会。

③ 为新入网的设备探测未被采用过的地址。当为新设备找好地址后，把它们加入到设备活动表（LL，the Live List）中。

④ 监视设备对 PT 令牌的响应，当设备既不能随着 PT 顺序进入使用，也不能将令牌返还时，就从活动表中去掉这些设备。

⑤ 定期对总线段发布数据链路时间和调度时间。

4）链路活动调度权的竞争

当一个总线段上存在多个链路主设备时，一般要经过一个链路活动调度权的竞争过程，赢得竞争的链路主设备成为 LAS。在系统启动或正在运行的 LAS 出错而失去 LAS 作用时，总线段上的链路主设备就会通过竞争争夺 LAS 权。竞争过程中将选择具有最低节点地址的链路主设备作为 LAS。因此，在设计应用系统时，可以给希望成为 LAS 的链路主设备分配一个低的节点地址。然而，希望成为 LAS 的链路主设备并不一定能赢得竞争而真正成为 LAS。例如，在系统启动时的竞争中，某个设备的初始化可能比另一个链路主设备慢，因而，尽管它具有更低的节点地址，也不能赢得竞争而成为 LAS。

具有低节点地址的链路主设备加入到已经处于运行状态的网络时，由于网段上已经有了一个在岗 LAS，在没有出现新的竞争之前，它也不可能成为 LAS。

如果确实想让某个链路主设备成为 LAS，数据链路层提供了申请成为 LAS 的帧 CL，可以通过发送 CL 帧，要求将 LAS 转交给它。不过要在该设备网络管理信息库（NMIB）的组态中置入这一信息，以便能让设备了解到希望把 LAS 转交给它的这种要求。

从上面描述中可以看到，一个总线段上存在多个链路主设备时，可以构成 LAS 的冗余，当在岗的 LAS 设备发生故障时，某个链路主设备会接替它成为 LAS，保证总线持续运行。

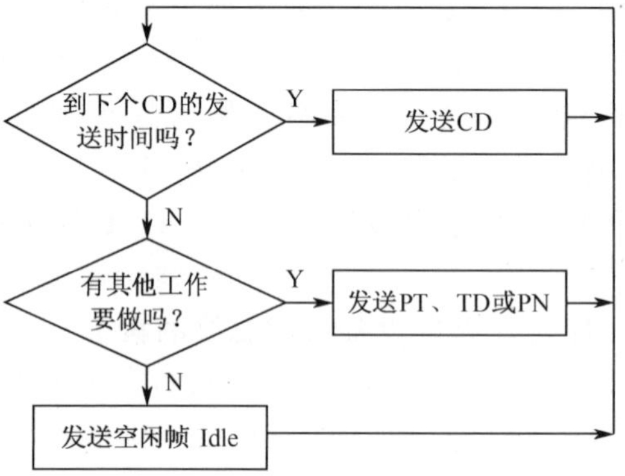

图 7-5　链路活动调度器运行方法

5）链路活动调度器的运行方法

LAS 的工作是按照 STL 来进行的，在 STL 内包含了所有调度通信的活动时间，按照 STL 周期性地向现场设备发送 CD 令牌，是 LAS 执行的最高优先级的行为。

如果在发送下一个 CD 令牌之前还有时间，则可用于发送 PT 令牌，或发送时间信息（TD，Time Distribution）、以及节点探测信息（PN，Probe Node）。

图 7-5 表示 LAS 的运行方法。

6）活动表维护

LAS 使用 PT 令牌探询活动表中的设备，根据响应情况决定增加或去除设备。

LAS 能对那些不在活动表内的地址循环性地发出节点探测信息 PN，如果这个地址有设备存在，这个设备就会马上返回一个探测响应信息。LAS 就把这个设备列入活动表，并且发给这个设备一个节点活动信息，以确认把它添加到活动表中。一个设备只要能响应 LAS 发出的 PT 令牌，它就会一直保持在活动表内。如果一个设备既不使用令牌，也不把令牌返还给 LAS，连续发生三次后，LAS 就把它从活动表中去除。

每当一个设备被增加到活动表、或从活动表中去除的时候，LAS 就对活动表中的所有设备广播这一变化。这样每个设备都能够保持一个正确的活动表的拷贝。

7）数据链路时间同步

总线上预定的调度通信和用户应用中的功能块执行都依据所得到的时间发布信息进行工作，因此链路时间的同步是非常重要的。LAS 周期性地广播时间发布信息 TD，以便所有的设备都准确地具有相同的数据链路时间。数据链路层提供精确的控制时序，发布链路调度的绝对开始时间。所有调度通信、非调度通信和其他应用进程的执行时间，都以其对链路调度绝对开始时间的偏移量来计算。

2. 数据传递子层

FF-H1 总线的数据传递子层提供了三种数据传送机制，其中一种是无连接的，其他两种是面向连接的。无连接数据传递支持 RD VCR（报告分发型 VCR），面向连接的数据传送支持 P/S VCR（发布/预订接收型 VCR）和 C/S VCR（客户/服务器型 VCR）。

1）支持 P/S VCR 的数据传递

发布方的 DLPDU 缓冲式传递是以发布数据为特征的，发布的数据帧仅包括其本身的标识，因为预订接收方的地址没有意义，预订接收方是根据发布方的标识符从发布方接收数据。预订接收方的发布方是在组态时预先设置的。如果传送是从发布方开始，发布方在本地网段上向所有预订接收方广播一个建立连接报文 EC DLPDU，且不要求对此协议报文作出响应。预订接收方只要简单地从发布方接收数据。如果传送是从预订接收方开始，发布方从预订接收方收到一个 EC DLPDU 后，重新向本地网段发送一个 EC DLPDU。预订接收方采用它所接收到的第一个 EC DLPDU 确认其连接关系。这个 EC DLPDU 可能来自于要求的发布方或其他的发布方。连接建立后，发布方就开始数据传送，即发送 DT DLPDU，就像发布方收到带有其标识符的强制数据令牌 CD DLPDU 一样。

2）支持 C/S VCR 的数据传递

客户/服务器之间的 DLPDU 排队传递是以请求/响应式数据传送为特征的，客户的 VCR 端点发送 EC DLPDU 给服务器请求连接，服务器会指出服务器访问点是否将接收这个连接请求。一旦数据传送在一个连接上开始，所有 DT DLPDU 以相同的优先级传送。

3）支持 RD VCR 的无连接数据传递

数据链路服务访问点（DLSAPs，Data Link Services Access Points）之间的 DLPDU 排队传输是以无连接的数据传递为特征的。这类传输主要用于在总线上广播数据。通过组态可以把多个地址编为一组，并使其成为数据传输的目的地址。同时也允许多个数据发布源把数据发送到一组相同的地址上，数据接收者不一定对数据来源进行辨认与定位。

无连接数据传输的特点是数据传输之前不需要单独为数据传输而发送创建连接的报文，也不需要数据接收者的应答响应信息。即在数据链路层不必为控制其传输而另外设置任何报文信息，因而不需要数据缓冲器。每个信息传输的优先权也是分别规定的。

3. 令牌与虚拟通信关系

不同类型的令牌支持不同的 VCR。CD 仅用于 P/S VCR，但 PT 可用作其他两种 VCRs。正常情况下，LAS 根据 STL 发送 CD 到发布方数据缓冲器地址。但在预订接收方从应用层接到强制服务要求并持有 PT 令牌的情况下，预订接收方也能够发送 CD。在这种情况下，CD 的发送是非周期性的。PT 令牌允许设备在特定的时间周期内访问现场总线，时间的长短是由 PT DLPDU 规定的。设备通过扫描从 DLSAP 或 DLCEP（Data Link Connect End Points）发出请求的类型，并选择相应的数据 DLPDU 类型。DLSAP 不仅可用于所有的无连接报文服务，也可用于创建 P/S VCR 和 C/S VCR 的连接报文服务。DLCEP 用于 P/S VCR 和 C/S VCR 中所有其他的连接报文服务。选定的请求必须是现有请求中时间最久且优先级最高的，服务时间不能超过 PT 中设置的“令牌最大持有时间”。当设备没有数据需要传送时，就直接将 PT 返还 LAS，否则设备将需要更多令牌持有时间。

4. 数据链路层规范和协议的实现方法

图 7-6 给出的数据流动图描述了 FF-H1 总线数据链路层规范和协议的实现方法。由应用过程向下流动的数据，首先通过发送过程 A 生成 DLPDU，然后放入非调度队列（USQ，UnScheduled Queue），接收过程 B 收到 DLPDU 后，就会产生进入应用过程的确认或指示。通过统一管理的定时器，每个 DLPDU 被标上一个时间值，当 PT 到达时，DLL 发送 USQ 中最早和最高优先级的 DLPDU，否则 DLL 做一些类似于断开连接一类的动作。如果 DLL 收到 CD，它就从发送缓冲器中读取用户数据，并生成 DT DLPDU，传给物理层，而不是传给 USQ。

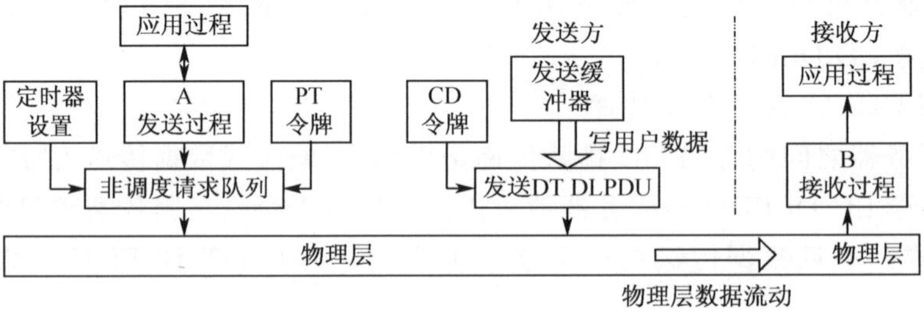

图 7-6　数据流动总图

依据请求或响应的内容，过程 A 中有不同的动作。具体的讲，当 DLL 收到 EC 请求，就生成 EC DLPDU，放入 USQ；收到强制服务，就生成 CD DLPDU，放入 USQ；收到单元数据请求，则从发送队列中提取用户数据并生成 DT DLPDU 放入 USQ；收到响应（对 EC 而言），则生成 EC DLPDU 放入 USQ；收到数据请求，生成 DT DLPDU 放入 USQ。此外，当 DLSAP 或 DLCEP 的数据请求与 USQ 有关时，DLL 从 USQ 读取用户数据并生成新的 DLPDU，当 DLCEP 的数据请求与发送缓冲器有关时，DLL 从发送缓冲器读取用户数据并生成新的 DLPDU。过程 B 根据接收到的 DLPDU 内容的不同，发生不同的动作。具体地讲，接收到 EC DLPDU 之后，如果连接已经建立，DLL 发送确认信号给应用层并且将不包括用户数据的 DT DLPDU 放入 USQ，否则，DLL 发送连接指示给应用层；在收到 DC DLPDU 之后，DLL 向应用层发送解除连接指示；收到 CD DLPDU，则重新发送发送缓冲区的内容并生成 DT DLPDU，送入物理层；在收到 DT DLPDU 时，向应用层发送数据指示并将用户数据放入相关的 USQ 或接收缓冲器。

7.4.2　现场总线访问子层

现场总线访问子层（FAS，Fieldbus Access Sublayer）与总线报文规范层（FMS，Fieldbus Message Specification）一起构成 FF-H1 总线的应用层。FAS 和 FMS 的分工

不同，FMS的主要作用是允许用户程序使用标准的报文规范通过总线传递信息，而FAS位于FMS与数据链路层之间，它利用数据链路层的调度通信与非调度通信作用，为FMS和功能块应用进程提供服务。

第3章我们已经学习了TS61158中用到的3种虚拟通信关系，FF-H1的FAS子层也将这3种通信通道用于各应用进程之间的信息传递，FAS的作用就是提供访问DLL的VCR端点。由于每个VCR端点都是由一个封装有数据链路性能的特殊子集来定义的，这一特点使得访问模式单一化。VCR端点的数据链路性能之所以定义在FAS中，而不是在DLL中，是因为这些数据链路性能只有在访问时，而不是在端点定义时提供给DLL。在应用层，将这种模型化了的通信通道称为应用关系（AR）。FAS的主要功能，就是如何处理这种应用关系。

1. 应用关系端点角色

在一个应用进程中，我们用“应用关系端点（AREP，Application Relation End Point）角色”来描述一个端点如何与同一应用关系中其他端点相互作用。FF规定了以下7种应用关系端点角色：客户方/服务器方、平等伙伴、发布方/预订接收方、源方/收存方。各个角色的特征描述如下：

1）客户方/服务器方、平等伙伴

客户/服务器型应用关系是由平等的数据链路连接来建立的。客户方AREP能够发送确认的数据传输服务请求，并且接收对它们的响应。但客户方AREP不能接收或响应确认的数据传输请求，也不能发送非确认的数据传输服务请求。服务器方AREP能够接收确认的数据传输服务请求，并且返回其响应。但服务器方AREP不能发送确认的数据传输服务请求或接收对这种服务请求的响应，也不能接收非确认的数据传输服务请求。在客户与服务器方建立连接和传送报文时，由客户方发出请求，服务器方接收并作出响应。因而客户与服务器方的AREP具有完全不同的角色作用。在客户方/服务器方型应用关系中，客户方/服务器方之间的数据传输服务需经过确认。此外，客户/服务器双方都可以要求终止应用关系。

平等伙伴类型AREP是指那些既能作为客户方或服务器方AREP，还能同时既为客户方又为服务器方的端点。平等伙伴型端点在作为客户方时，具有上述客户方端点的特征；作为服务器方时，具有上述服务器方端点所具有的特征。

2）发布方/预订接收方

发布/预订接收型应用关系建立在多个平等伙伴式数据链路连接之上。在传送报文时，发布方能够接收非确认的数据传输服务请求。预订接收方发送非确认的数据传输服务请求。

3）源方/收存方

源方/收存方应用关系是在两个或多个数据链路层服务访问点之间建立的，不采用数据链路连接。源方与收存方传送报文时，源方能够接收非确认的数据传输服务请求。收存方能发送非确认的数据传输服务请求。

以上各种AREP端点角色的数据传输服务能力的汇总如表7-4所示。

表 7-4　AREP 端点角色的数据传输服务能力

AREP 角色	确认的服务请求	确认的服务响应	非确认服务请求
客户方	发送	接收	无
服务器方	接收	发送	无
发布方	无	无	接收
预订接收方	无	无	发送
源方	无	无	接收
收存方	无	无	发送

通过连接两个或两个以上的同类型的 AREP，就可以建立一个应用关系。FF 规定可通过事先设置、预定义、动态定义三种方法之一连接两个或多个同类 AREP。在单一的应用关系中，客户/服务器型所允许的通信类型为一对一，即一个客户方对应一个服务器方。发布/预订接收型所允许的通信类型为一对多，即一个发布方对零个或多个预订接收方。源方/收存方型所允许的通信关系为一对多，即一个源方对零个或多个收存方。

2. 触发与传输

1）触发策略

当总线访问子层的协议数据单元（FAS-PDU）由本地数据链路层发送时，有两种触发策略，分别为为网络调度触发和用户触发。

网络调度触发使用了数据链路层的调度作用。通过组态把 DLL 设置为按规定的频率发送 FAS-PDU，而不考虑其用户何时接收到它们，当本地或远程的 FAS 用户请求本地数据链路层时，就可以把 FAS-PDU 发送到网络上。

用户触发的应用关系端点不采用数据链路层调度，当数据链路层收到 FAS-PDU 时，就尽快将它发送出去。这种触发策略不支持实时性。

2）传输路径

传输路径是应用关系中抽象概念上的通信通道。经过这个通道把 FAS-PDU 从一个端点传送到应用关系的另一个端点。它是指在任意两个应用关系端点之间发送或接收 FAS-PDU 单程通信路径。

根据端点发送和接收 FAS-PDU 的能力，应用关系又分为单向应用关系和双向应用关系：

如果只是发送或只是接收 FAS-PDU，称为具有一个传输路径。具有单个传输路径的应用关系称为单向应用关系。

如果发送和接收两者兼有，则称为具有两个传输路径。具有两个传输路径的应用关系称为双向应用关系。

3）传输策略

传输策略是指从发送方到接收方传送 FAS-PDU 的方法。它指明发送 FAS-PDU 的数据链路是按缓冲模式还是排队模式。

如果应用关系端点采用缓冲模式的传输策略，它就用一个新的 FAS-PDU 去更新其缓冲器，替换掉原有内容。这样，如果缓冲器中被替换掉的 FAS-PDU 尚未发送出去，它就被丢失了。如果 FAS 没有修改缓冲器，一个同样的 FAS-PDU 可以被多次读取，也可以被多次发送，而不会毁坏 FAS-PDU 的内容。

如果一个相同的 FAS-PDU 被多次发送，接收方的数据链路层实体就向 FAS 指明，缓冲器被刷新过，但本次刷新是先前数据的拷贝本，与先前的内容相同。FAS 将使它的用户得到这个信息，用户便可判断出所收到的数据的陈旧性。

3. 应用关系端点分类

每个应用关系上要传输多少信息，取决于包含在应用关系中的端点类型。综合上面的描述，可将 AREP 划分为如下三类：

（1）排队式、用户触发、单向类 AREP，简称为 QUU 类端点。

（2）排队式、用户触发、双向类 AREP，简称为 QUB 类端点。

（3）缓冲式、网络调度、单向类 AREP，简称为 BNU 类端点。

QUU（Queued User-triggered Unidirectional）类端点：这种类型端点所提供的应用关系支持从一个 AP 到零个或多个 AP，按要求排队的非确认服务，源方/收存方的相互关系就属于这种。

源方端点接收非确认服务请求，将它具体体现在相应的 FAS-PDU 中，并把这个 FAS-PDU 提交给数据链路层。数据链路层按 AREP 的属性定义提供排队的无连接的数据传输服务。采用数据链路层提供的同级服务来发送源方端点的所有 FAS-PDU。收存方端点接收从数据链路层来的 FAS-PDU，并按次序递送非确认服务指示（Indication），指示是按照接收的顺次排序的。

QUB（Queued User-triggered Bidirectional）类端点：这种类型端点所提供的应用关系支持两个应用进程之间的确认服务。客户方/服务器方的相互关系就属于这一类。

服务器方端点接收确认服务请求，将它具体体现在相应的 FAS-PDU 中，并把这个 FAS-PDU 交给数据链路层。数据链路层按照 AREP 的属性定义，提供排队的、面向连接的数据传输服务。为 AREP 所规定的通信特性决定了如何配置数据链路层。发送所有服务器方端点的 FAS-PDU 都采用数据链路层提供的相同等级的服务。客户方端点接收从数据链路层来的 FAS-PDU，并按顺序递送确认的服务指示。

客户方端点接收来自用户的确认服务响应，将它具体体现在相应的 FAS-PDU 中，并把 FAS-PDU 交给数据链路层。数据链路层按照端点的属性定义提供排队的、面向连接的数据传输服务。发送所有客户方端点的 FAS-PDU 都采用数据链路层提供的相同等级的服务。服务器方端点接收这个包含来自 DLL 的确认服务响应的 FAS-PDU，把确认服务信息传送到与这个应用关系端点相关的应用进程，并完成这个确认服务。

BNU（Buffered Network-scheduled Unidirectional）类端点：这种类型端点所提供的应用关系支持对零个或多个应用进程的周期性、缓冲型、非确认的服务，发布方/预订接收方之间的相互作用就属于这一类。

发布方端点接收非确认的服务请求，把它具体体现在相应的 FAS-PDU 中，并将 FAS-PDU 交给数据链路层。数据链路层按照 AREP 的属性定义，提供缓冲型面向连接的数据传输服务。发送所有来自发布方端点的 FAS-PDU，都采用由数据链路层提供的相同等级的服务。预订接收方端点从数据链路层接收 FAS-PDU，并且按次序递送非确认服务指示（Indication），该次序是指与这个端点相关的 AP 的接收次序。

如果含有先前服务请求的 FAS-PDU 被发送之前，发布方端点收到另一个非确认服务请求，先前的 FAS-PDU 将被替代，其结果是先前的 FAS-PDU 将会丢失。与此类似，如果预订接收方的先前一个 FAS-PDU 在它的用户读取之前，收到了另一个 FAS-PDU，新来的 FAS-PDU 将替代先前那个，其结果是先前的 FAS-PDU 丢失了。

如果发布方在数据链路层发送缓冲区的内容被触发之前，没有收到新的非确认服务，同一个 FAS-PDU 将被再发送。如果预订接收端成功地收到了相同的 FAS-PDU，它会向用户提示，已经收到了重复的 FAS-PDU。

4. FAS 的协议机制

总线访问子层的行为可用三个协议机制来描述，它们是：FAS 服务协议机制、应用关系协议机制、以及数据链路层映射协议机制。图 7-7 给出了三者之间的关系。

1）总线访问子层的服务协议机制（FSPM，FAS Service Protocol Machine）

FSPM 是 FAS 用户和应用关系端点之间的接口。FAS 用户是 FMS 或功能块应用进程（FBAP）。对所有类型的应用关系端点，其服务协议机制都是公共的，没有任何状态变化。FSPM 主要起到以下作用：把用户 FMS 或 FBAP 发来的信息转换为 FAS 的内部协议格式，并根据应用关系端点参数，为该服务选择一个合适的应用关系协议机制；或者反过来，根据应用关系端点的特征参数，把 FAS 的内部协议格式转换成用户可接收的格式，并传送给 FAS 用户。

2）数据链路层映射协议机制（DMPM，DLL Mapping Protocol Machine）

DMPM 类似于 FSPM，但它是对下层 DLL 的接口。其作用是将来自应用关系协议机制的 FAS 内部协议格式转换成数据链路层 DLL 可接受的格式，并传送给 DLL；或者反过来，将接收到的来自 DLL 的内容，以 FAS 内部协议格式发送给应用关系协议机制。对所有类型的应用关系端点，DMPM 映射协议机制都是公共的，只是可应用的服务原语不同。

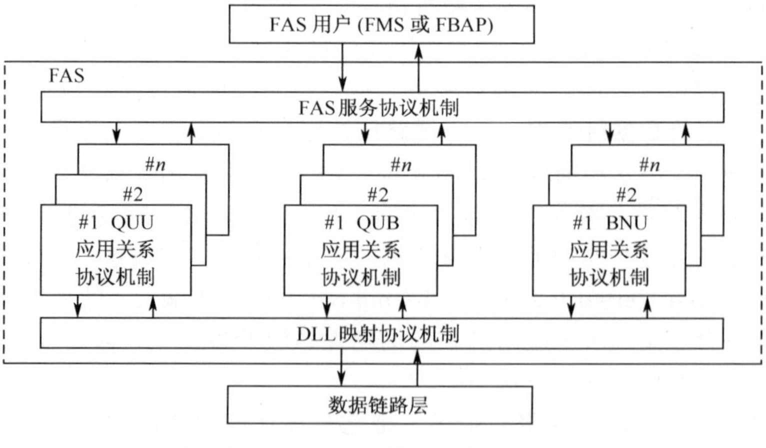

图 7-7　FAS 的协议机制分层

3）应用关系协议机制（ARPM，Application Relationship Protocol Machine）

ARPM 描述了应用关系的建立和解除，以及与远程 ARPM 之间进行的 FAS-PDU 交换。主要负责接收来自 FSPM 或 DMPM 的内部信息，根据应用关系端点类型和参数生成另外的 FAS 协议信息，并把它发送给 DMPM 或 FSPM。如果是要求建立和解除应用关系，就试图建立和解除这个特指的应用关系。

5. FAS 的服务

FAS 利用协议数据单元为其更高层协议提供服务，可提供的服务包括以下几种：

（1）“连接”服务，用来建立应用关系，用 ASC 表示。

（2）“放弃”服务，用来解除应用关系，用 ABT 表示。

（3）“确认的数据传输”服务，传递需用户确认的数据，用 DTC 表示。

（4）“非确认的数据传输”服务，传递非确认的数据，用 DTU 表示。

（5）“FAS-强迫”服务，向 DLL 请求从调度通信的数据链路缓冲区中产生非调度通信的发送，用 FCMP 表示。

（6）“获得缓冲器报文”服务，FAS 用户从 DLL 取回（释放）缓冲区的内容，用 GBM 表示。

（7）“FAS-状态”服务，向 FAS 用户报告来自 DLL 的事件，用 FSTS 表示。

上述每种服务的用户与服务提供者之间的相互作用，都采用 ISO/OSI 参考模型中定义的 4 种服务原语来表达（见 3.2 节）。如 ASC. req（请求建立应用关系）、ASC. ind（对请求建立应用关系的指示）、ASC. rsp（对建立应用关系的响应）、ASC. cnf（对建立应用关系的确认）。每种服务原语具有自己的参数，如变量与服务结果等。如服务原语 ASC. req（AREP-Id，Remote-DLCEP-addr，Data），括号中的内容即为该服务原语所具有的 3 个参数的名称：AREP-Id 是应用关系端点标识符，它包含有充足的信息用于局部识别该应用关系；Remote-DLCEP-addr 表示远程数据链路连接端点地址；Data 表示用户数据，是个可选参数。

6. FAS 协议数据单元

所有与通信有关的 FAS 服务，都是通过封装成 FAS 协议数据单元（FAS-PDU）来实现的，FAS-PDU 的类型有 7 种：

（1）连接-请求 PDU，用 ASC-req PDU 表示。

（2）连接-响应 PDU，用 ASC-rsp PDU 表示。

（3）连接-错误 PDU，用 ASC-err PDU 表示。

（4）解除连接 PDU，用 ABT-PDU 表示。

（5）确认的数据传输-请求 PDU，用 DTC-req PDU 表示。

（6）确认的数据传输-响应 PDU，用 DTC-rsp PDU 表示。

（7）非确认的数据传输 PDU，用 DTU-PDU 表示。

FAS-PDU 包括多个字节，第一个字节为 FAS 的协议控制信息（FAS-PCI），主要用来标明 FAS-PDU 的类型，后面跟随的是 FAS-PDU 的具体信息内容，即高层 FAS 用户传来的用户数据，如图 7-3 所示。发送方 FAS 将封装好的 PDU，发送给 DLL；而接收方 FAS 从它的 DLL 读上来，解除 FAS 的协议控制信息，再送给 FAS 的用户。这样就完成了双方的通信。

7.4.3 现场总线报文规范层

现场总线报文规范层（FMS）是应用层的另一个子层。该层描述了用户应用所需要的通信服务、信息格式、行为状态等，它在整个 H1 总线通信模型中的位置如图 7-3 所示。利用 FMS 提供的服务和标准的报文格式，用户应用可以在总线上以标准格式相互传递信息，并可通过 FMS 服务，访问应用进程对象及其对象描述。

1. FMS 服务

FMS 服务在 VCR 端点提供给应用进程。FMS 服务分为确认的和非确认的两种，确认的服务用于操作和控制应用进程对象，如读写变量值、访问对象字典等，它使用客户/服务器型 VCR；非确认服务用于发布数据、通报事件等，发布数据使用发布/预订接收型 VCR，而通报事件使用报告分发型 VCR。

2. FMS 的组成模块

FMS 由 7 个模块组成，它们是对象字典管理、虚拟现场设备、联络关系管理、变量访问管理、事件管理、域管理和程序调用管理。

1）对象字典管理

基金会现场总线采用对象描述来说明总线上传输的数据内容及格式。将这些对象描述收集在一起，就形成了对象字典（OD，Object Dictionary）。OD 由一系列的条目组成，每个条目分别描述一个应用进程对象和它的数据。为了便于网络访问这些条目，FMS 还为每个 OD 条目分配了一个索引号，运用这个索引号就可辨认出与之对应的 AP 对象。

对象字典由 4 个部分构成，分别是 OD 描述、数据类型、静态条目和动态条目。OD 的结构如表 7-5 所示。

表 7-5 对象字典的结构

索引号	内容	所包含的对象
0	OD 描述	OD 的结构信息
$1\sim i$	数据类型表	标准数据类型与数据结构
$k\sim n$	静态对象列表	简单变量、数组、记录、域、事件的对象描述
$p\sim t$	动态变量表列表	变量表的对象描述
$u\sim x$	动态程序调用表	程序调用的对象描述

（1）OD 描述。OD 描述是对象字典的头一个条目，也称为字典头，索引号为 0。它是对对象字典本身概貌的描述，如各组条目的起始索引号，每组内的条目数量等等。

（2）数据类型。对象字典中的下一个条目是 AP 所采用的数据类型。在条目 0 的 OD 描述中包含有数据类型的条目数量。索引号 1～63 用于定义标准数据类型，数据结构定义从对象字典的索引号 64 开始。索引号 255 以及比 255 小的索引号都留作数据类型定义。表 7-6 为基金会现场总线所规定的部分标准数据类型。

表 7-6 FF 规定的部分标准数据类型

数据类型	索引号	字节数
布尔数	1	1
8 位整数	2	1
16 位整数	3	2
32 位整数	4	4
8 位无符号数	5	1
16 位无符号数	6	2
32 位无符号数	7	4
浮点数	8	4
可视串	9	1，2，3，…
字节串	10	1，2，3，…
日期	11	7
时间值	21	8

数据结构用来说明记录的结构和大小，用于满足如块、量程、模式、访问许可、功能块连接、VCR 静态或动态条目、VCR 统计条目等由数据表达的应用。它们也具有各自的索引号，如块、量程、模式、访问许可、功能块连接的索引号分别为 64、68、69、70、81。

FF 定义的数据结构有：块、值和状态（3 种：浮点、数字、位串）、比例尺、模式、访问许可、报警（浮点、数字、总貌）、事件、警示（3 种：模拟、数字、更新）、趋势（3 种：浮点、数字、位串）、功能块连接、仿真（3 种：浮点、数字、位串）、测试、作用等。

（3）静态条目。对象字典中接下来的一组条目是为静态定义的 AP 对象设置的对象描述。它们可以从 255 以上的任何条目开始。静态定义的 AP 对象是指那些在 AP 工作期间不可能被动态建立的对象。静态对象列表中包含了简单变量、数组、记录、域、事件等对象的对象描述。对象字典给每个对象描述分配一个索引号。除此之外，还可以为这些对象赋予一个可视字符串名称，名称长度可以为 0～32 个字节。OD 描述条目中含有第一个静态条目的索引号和静态条目的数量。

（4）动态条目。对象字典中的最后一组条目为动态条目，动态条目包括动态变量表列表和动态程序调用表两部分。动态条目是为那些在 AP 运行过程中可动态产生的 AP 对象而设置的对象描述。变量表和程序调用就是两种动态生成的 AP 对象。变量表是可在网络操作中访问的一组数据对象，而程序调用则表达了一组可实现启动、暂停、恢复运行、停止等动作的程序。OD 描述条目中也包含每组动态条目的起始索引号和条目数量。

OD 支持的服务包括：读取对象描述、启动对象描述装载、把对象描述装入设备、终止对象描述装载。FMS的对象描述服务允许用户访问或者改变虚拟现场设备中的对象描述。

2）虚拟现场设备

应用进程中的网络可视对象和相应的OD在FMS中称为虚拟现场设备（VFD，Virtual Fieldbus Device）。这里所说的网络可视是指通过某种方式在网络的总线段上可以进行访问或者操作的部分。

每个VFD有一个对象描述，而对象描述存放在对象字典中。在FMS中，VFD是一个很重要的概念，在现场总线上的通信伙伴看来，它是一个自动化系统的数据和行为的抽象模型，可用于远程查看对象字典中定义的本地设备数据。

一台典型的现场总线设备至少有两个VFD，一个用于网络与系统管理，另一个用于功能块应用。VFD对象有几个属性，如厂商名、模型名、版本、行规号等。设备中的VFD对象保存在VFD对象列表中。VFD对象的寻址由虚拟通信关系（VCR）隐含定义，VCR是在网络管理信息库（NMIB）中描述的。

VFD有助于用户程序了解现场设备的情况，支持的服务有3种：

（1）读取设备/用户状态服务（Status）。用于了解设备/用户的通信能力状态和物理状态。

（2）设备/用户状态的自发传送服务（Unsolicited Status）。说明自发传送设备/用户的通信能力状态、物理状态和本地应用状态详情。

（3）读取VFD识别信息服务（Identify）。表明设备制造厂商名、功能模型名和设备的版本水平。

3）联络关系管理

对VCR的管理称为联络关系管理，提供的服务有以下3种：

（1）开始连接（Initiate）。这是一个初始化VCR连接的服务。用户在使用某个VCR进行通信前，必须首先初始化相应的VCR，这是一个确认性服务。因为一条VCR需要通信的两端作出相应的设置，因此请求建立VCR的端点需要得到被请求端点的响应才可以成功地初始化连接，建立VCR。

（2）解除VCR（Abort）。当一个VCR不再使用时，可以用此服务断开连接，这是一个非确认性服务。

（3）拒绝连接（Reject）。当某个端点无法响应建立连接的请求时，用此服务拒绝连接，这是一个确认性服务。

4）变量访问管理

变量访问对象在静态对象字典中定义，是不可删除的。这类对象有物理访问对象、简单变量、数组、记录、变量表、数据类型对象、数据结构对象等。

物理访问对象描述一个实际字节串的访问入口，它没有明确的OD对象说明，属性为本地地址和长度；简单变量是由其数据类型定义的单个变量；数组是一个结构性的变量，它的所有元素都有相同的数据结构；记录是由不同数据类型的简单变量组成的集合，对应于一个数据结构定义；变量表是前面所述变量对象的一个集合。

变量和变量表对象都支持读、写、信息报告、带类型读、带类型写、带类型信息报告等服务。变量访问服务采用发布/预订接收型或报告分发型VCR。

5）事件管理

事件（Event）是为了从某一设备向另外的设备发送重要的报文而定义的。由 FMS 使用者监测导致事件发生的条件，当条件发生时，该应用程序激活事件通知服务，并由使用者确认。

相应的事件服务有：事件通知、确认事件通知、事件条件监测、带有事件类型的事件通知。事件服务采用报告分发型 VCR，用于报告事件和管理事件。

6）域管理

“域（Domain）”是指一部分存储区，可包含程序和数据，它是“字节串”类型。域的最大字节数在 OD 中定义，属性有：名称、数据标识、口令、访问组、访问权限、本地地址、域状态等。

相应的服务主要是上载、下载。FMS 服务允许用户在一个远程设备中上载或下载“域”。上载是指从现场设备中读取数据，下载是指向现场设备发送或装入数据。对一些较复杂的设备，如可编程控制器等，往往需要跨越总线远程上载或下载一些数据和程序。

7）程序调用管理

FMS 规范规定，一个远程设备能够控制现场总线上的另一个设备中的程序状态。程序状态有非活动态、空闲、运行、停止、非运行态等。

设备可以采用下载服务把一个程序下载到另一个设备的某个域，然后通过发布程序调用（PI）服务请求来远程操纵该程序。一个程序调用由动态程序调用表中的一个条目定义。PI 对象可以预定义或在线定义，对象字典刷新装载时，所有 PI 被删除。

PI 服务有 PI 的创建、删除、启动、停止、恢复、复位和废止。

3. FMS 的信息表示方式

1）FMS 协议数据单元

设备之间的应用进程在进行通信时，必须建立通信双方的数据联系，以此来辨识通信的目的。在 FMS 中，通过在用户数据的前面增加一些标识信息来达到上述目的。简单地说，就是为了使通信双方明白通信的内容而进行编码，它不同于物理层的编码，物理层编码的目的是使信号便于通信双方的理解及传输。

基金会现场总线 FMS 最基本的编码原则是在用户数据前附加的信息尽可能短。如图 7-8 所示，FMS 协议数据单元（FMS PDU）的结构有两种：一种是用户数据前带有明确的标识信息［图 7-8（a）］，这种结构除了拥有标识信息外，还要外加一个长度为 1 个字节的激活标识字段（因为该字段通常放在标识信息和其扩展信息之间，因此图 7-8（a）中没有标出）；另一种因为用户数据符合某种隐含的约定（如固定的用户数据长度），而不加入标识信息［图 7-8（b）］。

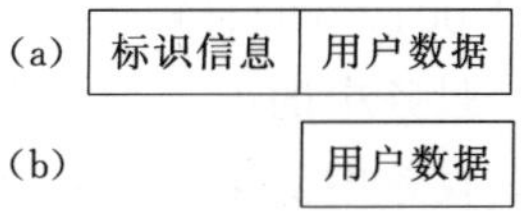

图 7-8　FAS PDU 结构

FMS PDU 的标识信息（ID Info）由 P/C 标志（Primitive/Constructed）、标签（Tag）和长度（Length）三部分组成，如图 7-9（a）所示。

（1）P/C 标志。P/C 标志指明数据是简单元素还是结构元素，长度为 1 位，即标识信息的最高位 b7，该位为 0 表示为简单元素，该位为 1 表示为结构元素。

(2) 标签。标签说明服务的类型，长度为 3 位，占该字节的 b4～b6 位。取值范围为 1～6 时，分别表示确认请求 PDU、确认响应 PDU、出错确认 PDU、非确认 PDU、拒绝 PDU、初始化 PDU。当它取值为 7 时，表示标签扩展为一个字节，即可取值 0～255，紧随其后的一个字节即为标签扩展字节，如图 7-9 (b) 所示。

(3) 长度。长度部分指明简单元素的字节数或结构元素所含的元素（可以是简单元素或结构元素）的个数，占该字节的 b0～b3 位，取值从 0～14。取值为 15 时，表示该部分可扩展为一个字节，即最大取值可达 255。扩展的字节紧随于后，如图 7-9 (c) 所示。

如果标签值为 7～255，长度值为 15～255，标识信息可如图 7-9 (d) 那样扩展为 3 个字节。

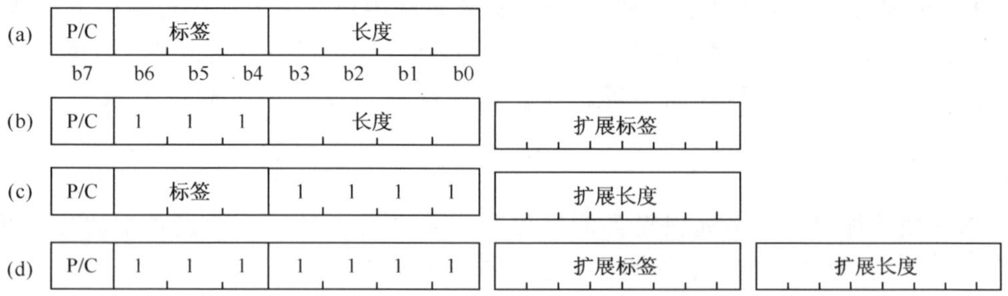

图 7-9　FMS PDU 中的标识信息编码

简单元素（布尔数、整数、时间值等）的编码较简单。例如：布尔数占一个字节，全 0 表示假，全 1 (0xFFH) 表示真。结构元素有三种，分别为 SEQUENCE、SEQUENCE OF 和 CHOICE 结构。SEQUENCE 结构可看作一个记录，SEQUENCE OF 结构可看作一个数组，CHOICE 结构是一组可选项的一个选项。

【例 7-1】 说明读变量请求服务 Read. req (Invoke ID 8，Indxe 3) 的 FMS 协议数据单元编码方法。

解 首先，标识出该数据是结构元素，即 P/C=1；读请求是一个确认请求服务，其服务类型标签为 1，即 tag=001；该服务中包含有两个元素：Invoke ID 和 Confirmed Service Request，所以长度 length=0010；这样，就得到第一个标识信息的编码为 1001 0010 (92H)。

服务中的第一个元素是激活标识 Invoke ID，是由一个取值为 08 的整数表示的。

服务中的第二个元素 Confirmed Service Request 表明这是一个确认服务请求读，读 (Read) 在其中的标签为 2，而 read 也是一个结构，包含一个元素，所以其 P/C=1，tag=2，length=1，即第二个标识信息为 1010 0001 (A1H)。

read 中的元素 Index 为目录号，它是简单元素，其 P/C=0，tag=0，length=2 (2 个字节)，即该字节为 0000 0010 (02H)。

目录号的数值为 3，占 2 个字节，即 0000 0000 0000 0011 (00 03H)。

所以，最后的编码为：92 08 A1 02 00 03H。

2) FMS 协议数据单元的抽象语法表示

抽象语法描述语言 ASN. 1 (Abstact Syntax Notation 1) 是国际电报电话咨询委

员会（CCITT）针对邮件标准化工作而编制的一种描述语言。现场总线基金会采用ASN. 1描述FMS协议数据单元的语意，也就是说用ASN. 1表示FMS服务原语。

FMS服务的抽象语法描述可为协议的实现提供方便，详细内容请参考现场总线基金会提供的有关规范。

7.5 FF-H1用户层

用户层是在应用层之上增加的一层，用于完成现场总线系统中的自动化功能。在这一层中，FF采用功能模块方式表达不同类型的应用功能。

功能模块不是FF独创的，它是在工业控制领域编程的发展过程中产生的。在DCS占主导地位的时期，就可以通过在控制文件柜中设置功能模块来实现基本控制功能。现在，FF现场总线可将功能模块下载到现场设备中，根据被控对象特性的不同，灵活组合现场设备中的功能模块，实现被控对象的控制策略，使其成为真正灵巧的智能设备。

7.5.1 功能模块的概念与分类

1. 功能模块的概念

功能模块把为实现某种应用功能或算法按某种方式反复执行的函数模块化，提供一个通用结构来规定输入、输出、算法和控制参数，把输入参数通过这种模块化的函数，转化为输出参数。如PID功能块完成现场总线系统中的控制计算，AI功能块完成参数输入。

图7-10给出了一个功能模块的基本结构。可以看到，无论一个功能模块执行哪一种算法，实现哪一种功能，它们与功能模块外部的连接结构是通用的。分布在图中左、右两边的输入与输出参数是本功能模块与其他功能模块之间要交换的数据和信息，其中输出参数是由输入参数、本功能模块的内含参数、处理算法共同作用而产生的。图中上部的执行控制用于在某个外部输入事件的驱动下，触发本功能模块的运行，并向外部传送本功能模块执行的状态。

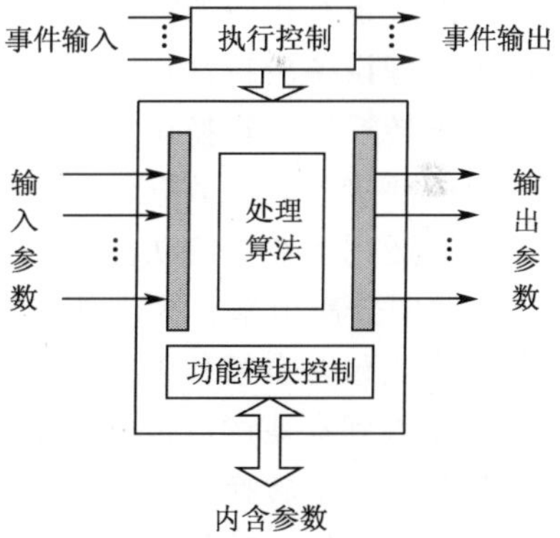

图7-10 功能模块的基本结构

例如，生产过程中常用的PID算法就是一个标准的功能模块。将被控参数测量AI模块的输出连接到PID模块上，就成为PID功能模块的输入参数。当采用串级控制时，其他PID模块的输出也可以作为输入参数，连接到PID模块作为设定值。PID功能模块的内含参数是指比例、积分、微分等所有不参与连接的参数。处理算法就是开发者编写的PID算式的运行程序。由LAS根据时钟时间，触发PID功能块的运行，由运行结果产生输出参数，送往与它相连接的AO模块，又成为AO模块的输入参数，经AO模块作用后送往指定的阀门或变频器等执行器。

采用这种功能模块的通用结构，内部的处理算法与功能模块的框架结构相对独立。使用者可以不必顾及功能与算法的具体实现过程。这样，有助于实现不同功能块之间的连接，便于实现同种功能模块算法版本的升级，也便于实现不同制造商产品的混合组态与调用。功能模块的通用结构是实现开放系统构架的基础，也是实现网络功能与自动化功能的基础。

功能模块的设计和定义是单个进行的，一旦定义好某个功能模块之后，可以把它用于其他功能模块的应用之中。功能模块由其输入参数、输出参数、内含参数及操作算法所定义，并使用一个位号和一个 OD 索引来识别。

2. 标准功能模块的分类

不同的功能模块代表着不同的应用功能，测控系统中的应用多种多样，可以构造的功能模块很多。FF 将典型的功能模块分为 3 类：资源块、转换块和功能块（见图 7-11）。目前已经定义了 1 种资源块、7 种转换块、10 种基本功能块和 19 种先进功能块。

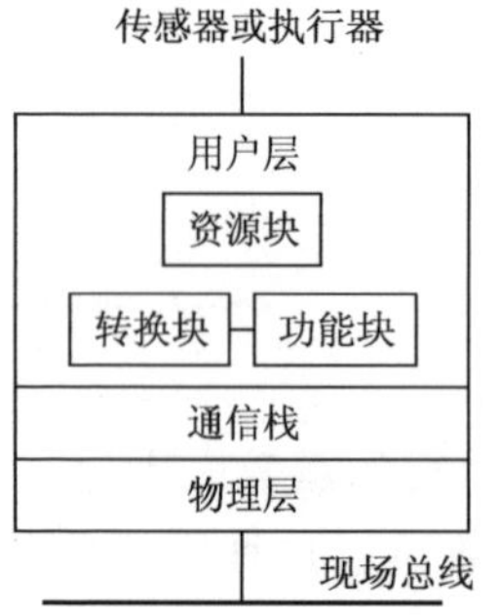

图 7-11　FF 定义的功能块分类

（1）资源块。资源块（Resource Block）描述现场设备的特征，如制造商、设备名称、系列号等。每台设备中仅有一个资源块。为了使资源块能够表达这些特征，规定了一组参数，但没有输入或输出参数。资源块将功能块与设备硬件特性相隔离，可以通过资源块在网络上访问与资源块相关的设备的硬件特性。

资源块也有相应的算法，用来监视和控制物理设备硬件的一般操作。其算法的执行取决于物理设备的特性，由制造商规定，该算法可能引起事件的发生。

（2）转换块。转换块（Transducer Block）用于读取传感器中的硬件数据，并写入到相应的要接收这一数据的硬件中。转换块从传感器中读取数据的频率是可以设定的。它不含有运用该数据的功能块，这样便于把读取、写入数据的过程从制造商的专有物理 I/O 特性中分离出来，提供功能块的设备入口，并执行一些功能。

转换块包含有量程数据、传感器类型、标定日期、线性化、I/O 数据表示等信息。它可以加入到本地读取传感器功能块或硬件输出功能块中，通常每个输入或输出功能块内部都会有一个转换块。

（3）功能块。功能块（Function Block）包括了图 7-10 所示功能模块的参数、算法和事件等各个组成部分，由外部事件驱动功能块的执行，通过算法把输入参数转化为输出参数，实现应用系统的控制功能。

与资源块和转换块不同，功能块提供控制系统的功能，其输入、输出参数可以跨越现场总线链接。各个功能块的执行均被系统管理精确地调度。在一个用户应用中可有多个功能块。

FF 定义的用于基本控制的 10 个标准功能块见表 7-7。

现场设备内的功能块一般是按照设备的需要设置的。例如，简单的温度变送器可能包含一个模拟量输入（AI）功能块；而调节阀则可能包含一个PID功能块和模拟量输出（AO）功能块。这样一个完整的控制回路就可以由一个变送器和一个调节阀组成。有时，也把PID功能块装入温度、压力、液位等变送器内。

表 7-7　FF 定义的基本控制功能块

功能块名称	符号	功能块名称	符号
模拟量输入	AI	模拟输出	AO
偏差	B	控制选择器	CS
离散输入	DI	离散输出	DO
手动载入器	ML	比例/微分	PD
比例/积分/微分	PID	比率系数	RA

为了满足先进控制的需要，FF还定义了19个先进控制功能块，如表7-8所示。

表 7-8　用于先进控制的功能块

功能块名称	功能块名称	功能块名称	功能块名称
脉冲输入	死区	运算	信号特征
复杂输出	算术运算	积算	定时
复杂开关输出	步进输出	模拟报警	模拟接口
分离器	设备控制	开关量报警	开关量接口
超前滞后补偿	设定值程序发生	输入选择	

FF允许各个设备制造商设计自己的功能块，但要按一种被称为设备描述语言（DDL，Device Discription Language）的标准编程语言来编写相应的设备描述，以保证不同制造商的产品在同一总线上具有互操作性。

功能块可以理解为软件集成电路，使用者不必十分清楚其内部构造的细节，只要理解其外部特性就可以了。用简单的功能块可以构成复杂的功能块。

7.5.2　模块参数

模块参数的标准化分为4个层次。

（1）现场总线基金会定义的6个通用参数。它们位于模块参数表的开头部分，依次为

① 静态版本（ST_REV）；

② 位号说明（TAG_DESC）；

③ 策略（Strategy）；

④ 警键（ALERT_KEY）；

⑤ 模式（MODE_BLK）——它含有4个子项，分别是目标模式、实际模式、允许模式和正常模式；

⑥ 块出错（BLOCK_ERR）——如“1”表示块组错误，“2”表示链接组态错误，“8”表示输出错误，“9”表示存储器错误，“13”表示设备需要维修等。

（2）各类模块的功能参数。

（3）FF行规组（Profile Groups）定义的设备参数。

（4）制造商定义的特殊参数。

其中FF行规组定义的设备参数写在设备描述（DD）库中，制造商定义的特殊参数是采用设备描述语言（DDL）描述的。DD为主机、人机接口和控制系统理解VFD内的数据意义提供所需要的信息，还为VFD中的每个对象提供扩展描述。DD内一般包括参数关系、量程与诊断菜单等，FF为所有标准的功能块和转换块提供DD。设备生产商一般也要参照标准DD，准备另一个DD，以便通过有特色的附加设备描述，为自己的产品增加特殊作用与特性。如他们自己产品的量程、特殊处理计算、诊断程序等。

功能块应用对象、对象字典、设备描述3个部分结合在一起形成了功能块应用进程。现场总线设备的功能块应用进程可分作两个部分：控制应用进程和设备应用进程。一个控制应用进程通过I/O、计算、控制块的连接、组态而定义，它可在一个设备中或几个设备间存在。一个设备应用进程总是存在于一个静态的设备中，它由资源块和转换块定义，没有通信链接。资源块包含VFD资源的通信对象，而转换块包含VFD中部分或全部描述I/O特性的通信对象。设备应用进程运用通道与控制应用进程进行通信，通道可是双向的，也可是一对多的。

下面我们将分别说明资源块、转换块和功能块的标准化参数。

1. 资源块参数

资源块参数是内含的，所以它们没有链接。资源块除了拥有上述6个通用参数外，还包括其他34个参数，如资源状态、读/写测试参数等，如表7-9所示。

表7-9 资源块参数表

序号	参数	说明	序号	参数	说明
7	RS_STATE	资源状态	24	FREE_SPACE	剩余空间
8	TEST_RW	读/写测试参数	25	FREE_TIME	剩余时间
9	DD_RESOURCE	包含在DD的资源位号	26	SHED_RCAS	远程串级屏蔽
10	MANUFAC_ID	制造商识别符	27	SHED_ROUT	远程输出屏蔽
11	DEV_TYPE	设备类型	28	FAIL_SAFE	失效保护
12	DEV_REV	设备版本	29	SET_FSAFEM	设置失效保护
13	DD_REV, DD	版本	30	CLR_FSAFE	清除失效保护
14	GRANT_DENY	访问允许或禁止	31	MAX_NOTIFY	报警最大通知数
15	HARD_TYPES	硬件类型	32	LIM_NOTIFY	通知数极限
16	RESTART	允许重启状态	33	CONFRIM_TIME	确认时间
17	FEATURES	特性	34	WRITE_LOCK	写保护
18	FEATURE_SEL	特性选择	35	UPDATE_EVT	更新事件
19	CYCLE_TYPE	循环类型	36	BLOCK_ALM	块报警
20	CYCLE_SEL	循环选择	37	ALARM_SUM	报警总貌
21	MIN_CYCLE_T	最小循环时间	38	ACK_OPTION	确认选项
22	MEMORY_SIZE	存储器大小	39	WRITE_PRI	清除写保护时所生成报警的优先级
23	NV_CYCLE_T	参数写入NV的时间	40	WRITE_ALM	清除写保护时所生成报警

RS _ STATE 描述了资源状态总貌："1" 为启动，"2" 为初始化，"3" 为在线连接，"4" 为在线，"5" 为备用，"6" 为失败。

MANUFAC _ ID、DEV _ TYPE、DEV _ REV、DD _ RESOURCE、DD _ REV 用以识别和寻找 DD，以便 DD 服务可正确地选择资源所用的设备描述。

RESTART 描述资源的启动状态："1" 运行，"2" 重启资源，"3" 缺省重启，"4" 处理器重启。

HARD _ TYPES 说明硬件 I/O 类型："0" AI，"1" AO，"2" DI，"3" DO。

CYCLE _ TYPE 和 CYCLE _ SEL 说明资源支持的性能："0" 代码类型，"1" 报告，"2" 失效保护，"3" 软写保护，"4" 硬写保护，"5" 输出回馈，"6" 直接接入输出硬件。

2. 转换块参数

转换块分为 3 个了类：输入转换块、输出转换块和显示转换块。所有转换块的参数表中除了 6 个通用参数外，还有另外 6 个转换块参数，依次是：

(1) 更新发生的事件参数 UPDATE _ EVT；

(2) 块报警参数 BLOCK _ ALM；

(3) 转换块说明参数 TRANSDUCER _ DIRECTORY；

(4) 转换块类型参数 TRANSDUCER _ TYPE；

(5) 转换块错误代码参数 XD _ ERROR；

(6) 转换块的说明集参数 COLLECTION _ DIRECTORY。

转换块参数都是内含的。FF 已定义了 7 种标准的转换块，它们是：带标定的标准压力转换块、带标定的标准温度转换块；带标定的标准液位转换块；带标定的标准流量转换块、标准的基本阀门定位块和标准的离散阀门定位块。

3. 功能块参数

表 7-7 已给出了 FF 定义的 10 种基本功能块。其中，输入块：AI、DI；控制块：ML、BG、CS、PD、PID、RA；输出块：AO、DO。它们可以满足 H1 总线一般应用的 80%。

功能快的种类较多，这里将重点介绍过程控制系统中的 3 个典型的功能块 AI、PID 和 AO 的参数组成。

1) AI 功能块

AI 是标准的模拟量输入功能块，它通过通道号的选择，从转换块接收输入数据，并使其输出成为其他功能块的可用数据，AI 的结构见图 7-12，其功能块参数包括 6 个基本参数和表 7-10 所示参数。

AI 块支持的模式有：未服务（O/S）、自动（Auto）和手动（Man）。

AI 功能块通过 CHANNEL 参数连接到转换块。对于多通道输入设备，此参数须与转换块中的通道参数相匹配。对于单通道输入设备，CHANNEL 参数必须设为 1，即与 AI 功能块相连接的转换块相应参数可不需要组态。

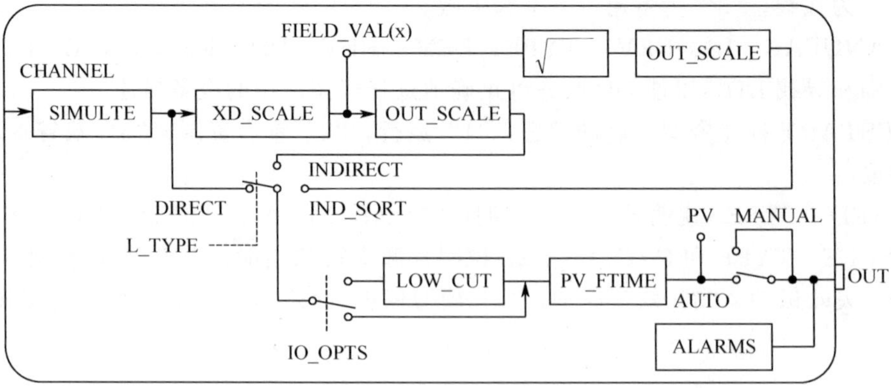

图 7-12　AI 功能块结构

表 7-10　AI 功能块参数表

序号	参数	说明	序号	参数	说明
7	PV	处理后的过程变量	22	ALAT _ SUM	报警总貌
8	OUT	功能执行结果值	23	ACK _ OPTION	自动确认选项
9	SIMULATE	仿真参数	24	ALARM _ HYS	报警期间的 PV 值
10	XD _ SCALE	转换器量程	25	HI _ HI _ PRI	高-高报警优先级
11	OUT _ SCALE	输出量程	26	HI _ HI _ LIM	高-高报警限
12	GRANT _ DENY	允许/禁止	27	HI _ PRI	高报警优先级
13	IO _ OPTS	输入/输出选项	28	HI _ LIM	高报警限
14	STATUS _ OPTS	块状态选项	29	LO _ PRI	低报警优先级
15	CHANNEL	转换块通道值	30	LO _ LIM	低报警限
16	L _ TYPE	线性化类型	31	LO _ LO _ PRI	低-低报警优先级
17	LOW _ CUT	小信号切除	32	LO _ LO _ LIM	低-低报警限
18	PV _ FTIME	PV 信号滤波时间常数	33	HI _ HI _ ALM	高-高报警
19	FIELD _ VAL	现场值（未线性化和滤波）	34	HI _ ALM	高报警
20	UPDATE _ EVT	更新发生的实践	35	LO _ ALM	低报警
21	BLOCK _ ALM	块报警	36	LO _ LO _ ALM	低-低报警

转换器的标定参数 XD _ SCALE 将通道信号值对应为以百分数表示的 FIELD _ VAL 参数。XD _ SCALE 参数的工程单位及量程必须与连接到 AI 功能块的转换器的传感器相匹配。

设量程范围最低工程单位值为 EU _ 0%，量程范围最高工程单位值为 EU _ 100%，则，

$$\text{FIELD\_VAL} = 100 \times (\text{Channel\_Val} - \text{EU\_0\%}) \div (\text{EU\_100\%} - \text{EU\_0\%}) \times \text{XD\_SCALE} \qquad (7\text{-}1)$$

L _ TYPE 参数决定转换块传递的数值在功能块中如何被使用，它有 Direct、Indirect 和 Indirect with Square Root 三个选项。Direct 表示传感器值直接传递到 PV，这时 OUT _ SCALE 参数无效；Indirect 表示 PV 值是经 OUT _ SCALE 转换过的 FIELD _ VAL 值；Indirect with Square Root 表示 PV 值是经 OUT _ SCALE 转换过的 FIELD _ VAL 值的平方根。

PV 和 OUT 总是有着相同的基于 OUT _ SCALE 的缩放比例。LOW _ CUT 参数是可选的，用来切除传感器的小信号值，该参数在 IO _ OPTS 参数中有相应的“Low cutoff”选项位，如果选项位为真，则所有计算出的低于 LOW _ CUT 的输出将被改为零。PV _ FTIME 用于信号滤波。另外，AI 功能块中还包括了许多报警参数。

2）PID 功能块

控制系统中最为常用的控制规律是 PID 控制，PID 功能块提供了比例、积分、微分形式的控制算法，具备调节器所具有的所有功能。如手动（Man）、自动（Auto）、本地跨越（LO）、串级（Cas）等运行模式选择，设定值（SP）、输出（OUT）限制，过程变量（PV）及偏差报警，以及比例调整、前馈控制、选择性控制等，其结构如图 7-13 所示，PID 功能块除了拥有 6 个基本参数外，其他参数见表 7-11。

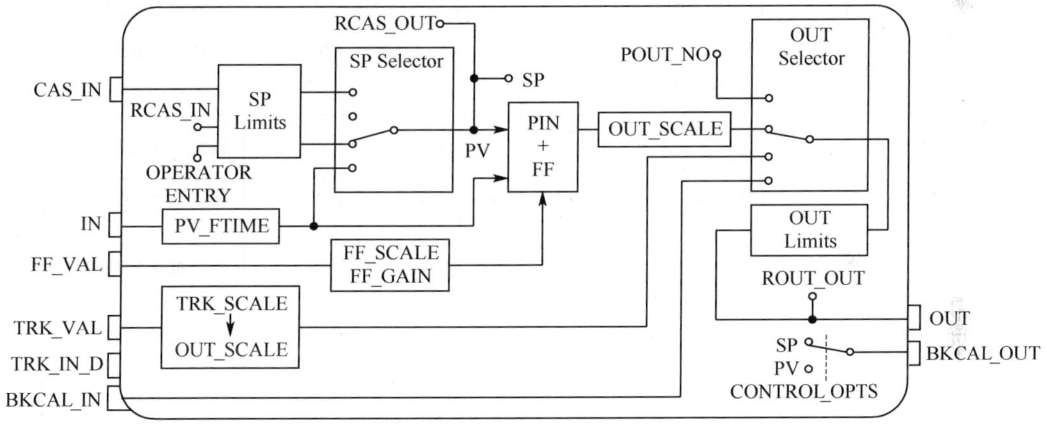

图 7-13　PID 算法功能块结构

PID 运算采用的是非迭代的算法。在这种运算体系中，比例系数（GAIN）被作用在 PID 的各项上，比例和积分仅作用在偏差（E）上，微分运算作用在 PV 值上。功能块在自动模式时，由于微分运算的介入，用户改变 SP 值不会引起输出量的扰动。控制算法如下：

$$\text{OUT} = \text{GAIN} \times [\text{E} + \text{E/RESET} \times \text{S} + \text{RATE} \times \text{S} \times \text{PV}/(1 + \alpha \times \text{RATE} \times \text{S})] + \text{BIAS\_A/M} + \text{FEEDFORWORD} \tag{7-2}$$

式中，E=SP-PV；BIAS _ A/M 为内部 BIAS，按照自动模式计算；$\alpha=0.13$。

只要偏差存在，PID 功能将对偏差进行积分运算，即将输出向纠正偏差的方向进行。如果需要，PID 控制可以构成串级调节。

表 7-11　PID 功能块参数表

序号	参数	说明	序号	参数	说明
7	PV	IN 滤波处理后的过程变量	38	TRK _ IN _ D	启动输出到 TRK _ VAL
8	SP	模拟设定值	39	TRK _ VAL	跟踪输入值
9	OUT	PID 计算结果输出值	40	FF _ VAL	前馈数值和状态
10	PV _ SCALE	PV 和 SP 的高低标定值	41	FF _ SCALE	前馈输入高低标定值
11	OUT _ SCALE	输出的高低标定值	42	FF _ GAIN	前馈输入比例增益
12	GRANT _ DENY	允许/禁止选项	43	UPDATE _ EVT	因静态参数改变而报警
13	CONTROL _ OPTS	控制功能选择	44	BLOCK _ ALM	块报警
14	STATUS _ OPTS	块状态选项	45	ALARM _ SUM	报警摘要
15	IN	初级输入值	46	ACK _ OPTION	是否自动确认块报警
16	PV _ FTIME	PV 滤波时间常数	47	ALARM _ HYS	报警回差
17	BYPASS	设定值是否直接输出	48	HI _ HI _ PRI	高高报警优先级
18	CAS _ IN	远程来的设定值	49	HI _ HI _ LIM	工程单位高高报警限
19	SP _ RATE _ DN	设定值下降变化率限制	50	HI _ PRI	高报警优先级
20	SP _ RATE _ UP	设定值上升变化率限制	51	HI _ LIM	工程单位高报警限
21	SP _ HI _ LIM	设定值高限	52	LO _ PRI	低报警优先级
22	SP _ LO _ LIM	设定值低限	53	LO _ LIM	工程单位低报警限
23	GAIN	PID 的比例系数 K_p 值	54	LO _ LO _ PRI	低低报警优先级
24	RESET	PID 的积分系数 T_i 值	55	LO _ LO _ LIM	工程单位低低报警限
25	BAL _ TIME	积分作用移去获得平衡的时间常数	56	DV _ HI _ PRI	偏差高报警优先级
26	RATE	PID 的积分系数 T_d 值	57	DV _ HI _ LIM	偏差高报警限
27	BKCAL _ IN	来自下游块的 BKCAL _ OUT，用于抗积分饱和与控制回路初始化	58	DV _ LO _ PRI	偏差低报警优先级
28	OUT _ HI _ LIM	输出高限	59	DV _ LO _ LIM	偏差低报警限
29	OUT _ LO _ LIM	输出低限	60	HI _ HI _ ALM	带时间标签高高报警
30	BKCAL _ HYS	BKCAL _ OUT 回差	61	HI _ ALM	带时间标签高报警
31	BKCAL _ OUT	提供给上游块的 BKCAL _ IN，用于抗积分饱和与控制回路无扰切换	62	LO _ ALM	带时间标签低报警
32	RCAS _ IN	远程目标设定值	63	LO _ LO _ ALM	带时间标签低低报警
33	ROUT _ IN	远程目标输出	64	DV _ HI _ ALM	带时间标签偏差高报警
34	SHED _ OPT	远程控制设备的时间溢出的反应	65	DV _ LO _ ALM	带时间标签偏差低报警
35	RCAS _ OUT	远程功能块设定值	66	BUMPLESS _ TYPE	手动转自动时开始输出的算法作用方式
36	ROUT _ OUT	远程功能块输出	67	BIAS	BUMPLESS 类型是 Bias 或 Bias + Proportional 时，用于 PID 算法中的偏置
37	TRK _ SCALE	TRK _ VAL 跟踪的标定值	68	PID _ OPTS	处理输出跟踪附加特征

3）AO 功能块

AO 是模拟输出标准功能块，它用于控制回路中的输出设备，如阀、执行器、定位器等。AO 从另一个功能块接收信号，然后通过内部通道的定义，将计算结果传递到一个输出转换块。AO 功能块结构见图 7-14，除基本参数之外的其他参数说明见表 7-12。

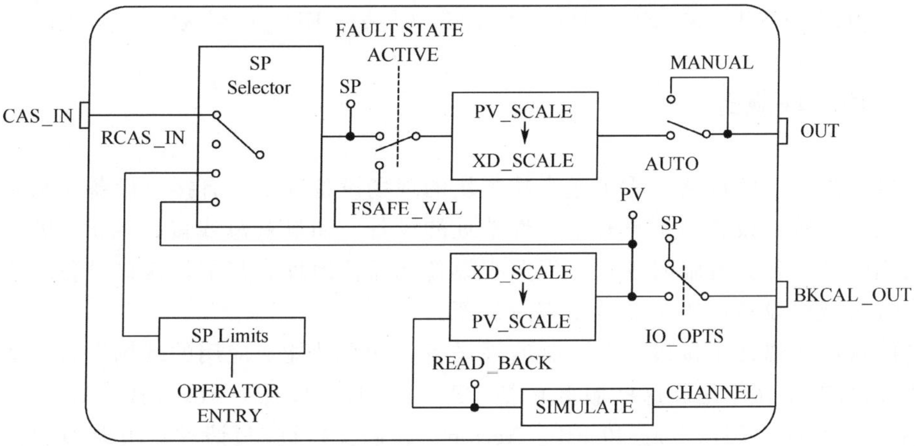

图 7-14　AO 功能块结构

AO 功能块通过参数 CHANNEL 与转换块连接。对于多通道设备，CHANNEL 参数必须与转换块中的相应通道参数匹配。对于单通道设备，参数 CHANNEL 必须为 1，此时与 AO 连接的转换块不需要通道组态。

表 7-12　AO 功能块参数表

序号	参数	说明	序号	参数	说明
7	PV	处理后的过程变量	19	SP _ RATE _ UP	设定值上升变化率限制
8	SP	模拟设置变量	20	SP _ HI _ LIM	设定值高限
9	OUT	块计算的初级模拟输出	21	SP _ LO _ LIM	设定值低限
10	SIMULATE	仿真参数	22	CHANNEL	通道组态
11	PV _ SCALE	PV 参数高低标定值	23	FSTATE _ TIME	输出块输出错误持续秒数
12	XD _ SCALE	对应转换器值的工程单位高低标定值	24	FSTATE _ VAL	错误状态下 SP 选择的值
13	GRANT _ DENY	控制计算机访问和本地操作盘操作及块报警参数的选项	25	BKCAL _ OUT	上游块 BKCAL _ IN 需要防止积分饱和及无扰切换
14	IO _ OPTS	输入输出选项	26	RCAS _ IN	上位机来的目标设定输入
15	STATUS _ OPTS	块状态选项	27	SHED _ OPT	定义远程控制设备的时间溢出的反应
16	READ _ BACK	转换器实际的回读值	28	RCAS _ OUT	返回主机的设定值输出
17	CAS _ IN	自远程块来的设定值	29	UPDATE _ EVT	任何静态参数改变而报警
18	SP _ RATE _ DN	设定值下降变化率限制	30	BLOCK _ ALM	块报警

SP 值可通过串级或远程串级自动控制或由操作者手动控制，PV _ SCALE 和 XD _ SCALE 用于 SP 的比例转换。

转换量程标定值（XD _ SCALE）用来转换量程的百分比到转换块所用的工程单位值，这就能使 SP 的部分跨度引起输出的满跨度动作。

$$OUT = SP\% \times (EU\_100\% - EU\_0\%) + EU\_0\%[XD\_SCALE] \tag{7-3}$$

7.5.3 功能块服务

连接在总线上的设备，除了包含功能块的现场设备外，还有接口设备、临时性设备和监视设备。接口设备是指具有永久性地址的设备，如具有总线接口的 PC 机；手操器那样的临时性设备只有临时地址；而监视设备无通信地址。其中，接口设备和临时性设备都支持对现场设备应用参数的组态及诊断。

功能块服务描述了接口设备、临时性设备、含有功能块应用的现场设备之间，运用 FMS 所进行的相互作用。这些服务包括 FB _ Read，FB _ Write，FB _ Alert _ Notify，FB _ Alert _ Ack，FB _ Tag 和 FB _ Action，它们支持读/写请求、报警通知、确认检验服务，详情见表 7-13。

表 7-13 功能块服务

功能块服务	服务说明	支持对象
FB _ Read	接口设备及临时性设备读取现场设备 OD 中的块参数及其他	块、参数、链接、趋势、观测
FB _ Write	接口设备及临时性设备向现场设备 OD 中块参数及其对象写入值	块、参数、链接、趋势、观测
FB _ Alert _ Notify	现场设备向接口设备发出报警或事件	报警
FB _ Alert _ Ack	接口设备在处理报警后清除报警/事件的未确认属性	报警
FB _ Tag	接口设备及临时性设备更改块（FB、TB、RB）的位号（Tag）	块
FB _ Action	使一个块或对象的一个实例被创建或删除	块、链接、趋势

表中列出的服务都是确认性的，有请求与确认两种原语。确认结果可能为成功和失败两种情况之一。每种服务都有两个状态：正常和等待。

7.5.4 功能块链接

功能块链接是把一个功能块的输出连接到另一个功能块的输入，以实现功能块之间的参数传递与功能集成。功能块之间的链接存在于功能块应用进程（FBAP）的内部，也存在于 FBAP 之间。同一设备内部留驻的功能块之间的界面被规定为本地（局部）的。不同设备内功能块之间的界面利用功能块壳体服务，功能块壳体提供对 FMS 应用层服务的访问。功能块应用进程中的功能块与对象的链接如图 7-15 所示。

在用户应用中采用了以下对象：

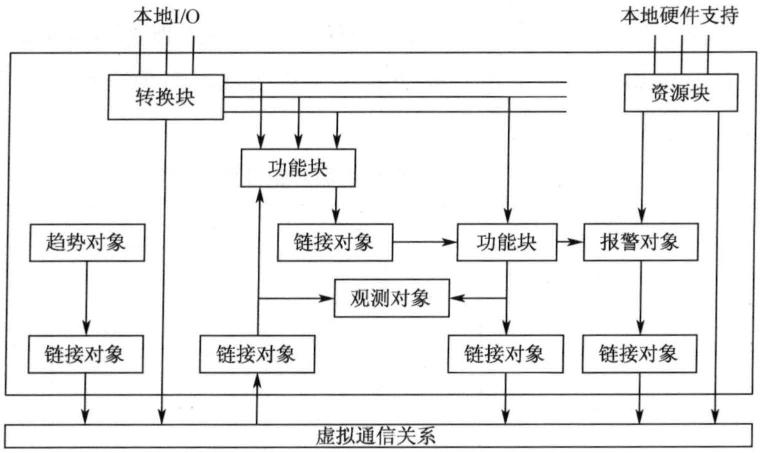

图 7-15 功能块与对象的链接

1. 链接对象

链接对象定义了功能块之间的链接关系，它包括一个设备内部之间的链接关系，也包括跨越现场总线网络的不同设备间的输入与输出之间的链接关系。

为了组成系统，在 AP 之间和 AP 内部，采用链接对象把不同功能块链接在一起，用来记录这类信息的对象称为链接对象。运用链接对象来定义输入输出参数之间的链接关系，也运用它来规定从外部对观测、趋势和报警对象的访问。链接对象要识别被链接的参数或对象，识别用于传输数据的 FMS 服务，识别用于传输的虚拟通信关系（VCR）。对跨越现场总线的不同设备间的输入输出参数的链接，还要识别远程参数。

2. 趋势对象

趋势对象允许将功能块参数局部化，它可以被主机或其他设备所访问。趋势对象收集短期历史数据并存储在一个设备中，提供了回顾其特征的历史信息。

3. 报警对象

报警对象允许对报警状态和现场总线上的事件进行报告，当判断出有报警或事件时，报警对象生成通知信息，可通过接口设备访问这些信息。

报警对象对块状态偏离进行监测。当报警或事件发生时，报警对象发出事件通知，并等待特定的接收响应时间。如果在预定的时间内没有收到响应，它将再次重发事件通知。这一方法确保报警信息不会丢失。

基金会现场总线为功能块、事件报告定义了两类报警：警报和事件表。当功能块偏离了一个特定的状态时，例如当一个参数超限，事件表被用来报告状态变化，而警报不仅报告功能块偏离特定状态，而且在功能块返回到原来的状态时也发出报告。

4. 观测对象

观测对象支持功能块的管理和控制，提供状态与操作的可视性。它将操作数据转换成组并进行处理，使其可被一个通信请求成组地访问。

观测对象是预定义的参数群，由人机界面使用。功能块规范为每种功能块定义了4个观测对象。表7-14给出了如何把一般功能块参数按观测对象分组的实例，其中只给出了功能块的部分参数。

表7-14　功能块参数按观测对象分组的情况

功能块参数	观测对象#1	观测对象#2	观测对象#3	观测对象#4
设定值（SP）	√		√	
过程变量（PV）	√		√	
SP高限		√		
串级输入（CAS_IN）			√	
增益（GAIN）				√

注：观测对象#1（view 1）为动态操作信息，即操作人员在过程运行中所需要的信息。
观测对象#2（view 2）为静态操作信息，即只一次性读取，与动态数据一起显示的信息。
观测对象#3（view 3）为所有动态变化的且在细目显示中可能需要参考的信息。
观测对象#4（view 4）为其他静态信息，如组态与维护信息。

7.5.5　功能块应用进程

现场总线系统中，功能块应用进程（FBAP）是指设备内部实现一组相关应用功能的功能块的整体，主要用于实现制造以及流程控制系统中用户所需要的各种功能，是现场总线活动的基本组成部分。FBAP支持一系列的功能块，分别满足一种不同的需要。转换块作为功能块的补充，用于将功能块和实际的传感器、执行器解耦。完整的FBAP包括功能块应用对象、对象字典、设备描述等。

现场总线设备的功能由它所具有的块以及块与块之间的相互连接关系所决定。图7-16给出了一个功能块对象应用的例子，其中包括了功能块、资源块、转换块以及附加对象。现场总线系统中，运用虚拟现场设备，实现网络上的设备功能可视。虚拟现场设备的对象描述及其相关数据可以通过虚拟通信关系跨越现场总线远程访问。

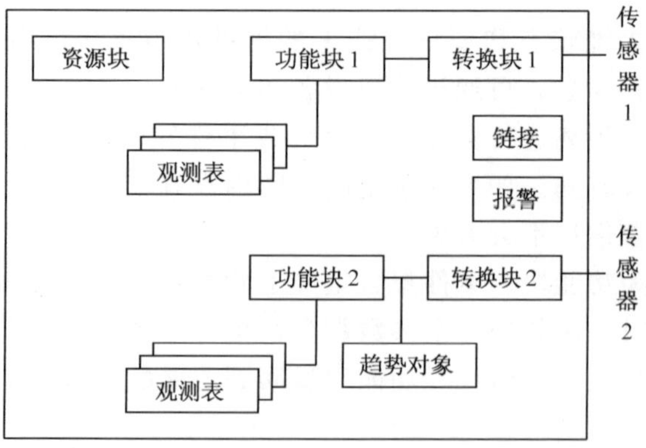

图7-16　功能块应用对象组成

对象字典由一系列描述对象及其数据类型的条目组成。把功能块应用中所采用对象的对象描述在对象字典中的起始条目号、该对象描述的连贯条目数都收集在一起，形成应用进程索引。对象字典开头的第一个静态条目（条目0）指向这个索引。索引中对象描述的起始条目号成为在对象字典中寻找相应对象描述的指针，根据它找到相应的对象描述。图7-17给出了一个它们之间的指向关系的实例。

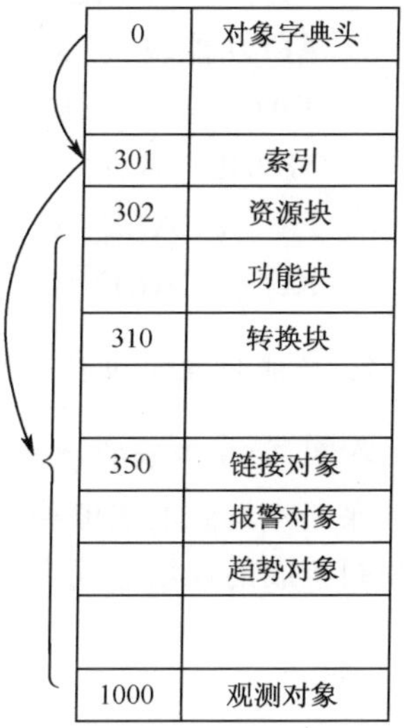

图 7-17 对象字典查阅示意图

7.5.6 功能块的应用

尽管功能块参数包含了非常丰富完善的内容，为用户提供了广阔的应用空间，但作为一般的应用还是容易掌握的。下面将根据前面已学习的内容，列举几个功能块应用实例。

1. 功能块在基本单回路控制中的应用

为了保持容器内水容量不变（图7-18），亦即液位不变，常采用闭环控制提高控制质量。图7-19给出了功能块在单回路控制中的连接方法。其中，IN、CAS _ IN、BKCL _ IN为输入参数，OUT、BKCAL _ OUT为输出参数。这些输入、输出参数是参与块之间连接的参数，它们的数据结构是值与状态。

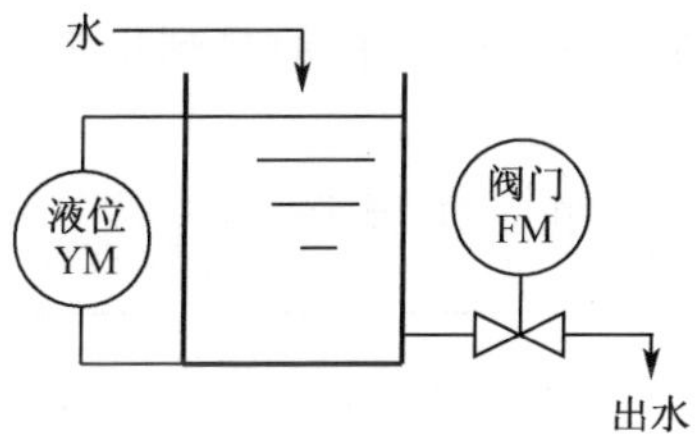

图 7-18 容器液位控制示意图

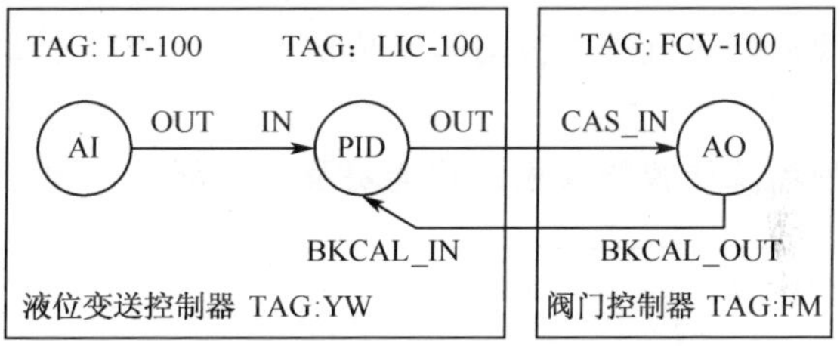

图 7-19 容器液位单回路控制功能块连接

参数设置：

1）AI功能块（YW）

TAG＝LT－100

MODE _ BLK　TARGET＝AUTO（目标模式＝自动）

XD _ SCALE＝0～200mmH_2O

OUT _ SCAL＝0～100m^3

2）PID功能块（YW）

TAG＝LIC－100

MODE _ BLK　TARGET＝AUTO

PV _ SCALE＝0～100m^3

OUT _ SACLE＝0～100％

3）AO 功能块（FM）

TAG＝FCV－100

MODE _ BLK　TARGET＝CAS（目标模式＝串级，即通过链接来自其他块）

PV _ SCALE＝0～100％

XD _ SCALE＝0.02～01Mpa

2. 功能块在串级控制系统中的应用

在图 7-20 所示的物料加温系统中，流经加热釜的高温蒸汽被用来实现物料的加热。为了保证物料温度能够稳定在期望值上，系统采用了由温度变送器、流量变送器、流量控制阀组成的现场总线串级控制系统。

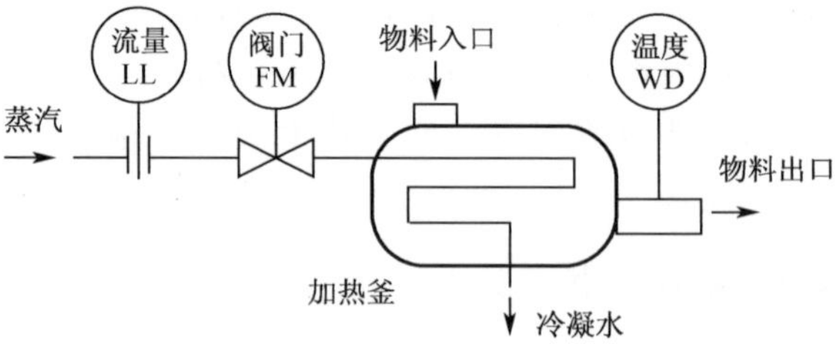

图 7-20　物料温度串级控制系统示意图

在这一串级控制系统中，主回路的控制器是温度变送器中的 PID 功能块，该 PID 功能块的设定值是物料温度的期望值。副回路的控制器是流量变送器中的 PID 功能块，其 PID 的设定值是来自主控制器的输出，副回路按此设定值闭环调节加热蒸汽流量，并自我消除蒸汽压力波动等造成的影响，使加热蒸汽流量满足物料被加热到指定温度的要求。

现场总线智能仪表、功能块及其内部链接和外部链接如 7-21 所示。

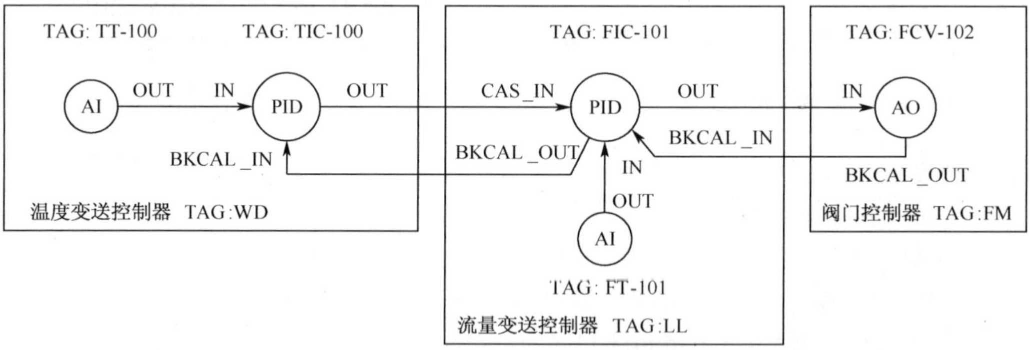

图 7-21　串级控制功能块连接

参数设置：

1）温度 AI 功能块（WD）

TAG＝TT－100

MODE _ BLK　TARGET＝AUTO（目标模式＝自动）

2）温度 PID 功能块（WD）

TAG＝TIC－100

MODE _ BLK　TARGET＝AUTO

PV _ SCALE＝0～600℃

OUT _ SCALE＝0～200kg/h

3）流量 AI 功能块（LL）

TAG＝FT－101

MODE _ BLK　TARGET＝AUTO

L _ TYPE＝ Indirect with Square　（开平方）

XD _ SCALE＝0～200inH_2O

OUT _ SCALE＝0～200kg/h

4）流量 PID 功能块（LL）

TAG＝FIC－101

MODE _ BLK　TARGET＝CAS（目标模式＝串级）

PV _ SCALE＝0～200kg/h

OUT _ SCALE＝0～100％

5）阀门 AO 功能块（FM）

TAG＝FCV－102

MODE _ BLK　TARGET＝CAS

PV _ SCALE＝0～100％

XD _ SCALE＝0. 02～01Mpa

3. 功能块应用的复杂性

功能块的应用是通过功能块的配置及其组合并将其植于现场总线智能仪表中来实现的，而功能块的配置和组合取决于对受控对象采取的控制策略。因而，功能块的应用是随着控制系统的控制方案的变化而变化的。也就是说，现场总线智能仪表预先是不知道装配什么样的功能块，只有当确切地知道所需求的控制功能时，才能确定该仪表应装配何种功能块。因此，同样用于测量物理量参数的变送器，其控制功能可能相同，也可能完全不同，这就是现场总线智能仪表与模拟仪表的重大差别。

由于原 DCS 工作站的 60％～80％功能将下载到现场总线智能仪表中，而现场总线智能仪表的控制功能又是通过功能块灵活多变的配置和组合来实现，因此功能块的应用是一个十分重要和复杂的问题。它实质上是在现场条件下，如何实现控制方案的问题，即过程控制系统的设计和实施问题。为了实现最佳优化控制方案，对于功能块的应用及其组合，还要有一个长时期的工程实践的经验积累过程。

FF 功能块不但根据现场数据执行控制功能，而且具有自诊断、自适应的能力。在模式转换（Mode Transfer）规则作用下，根据模式和参数状态，功能块可以针对具体的现场环境自动实现控制方式切换。例如，在出现故障时（如传感器故障或通信故障等），现场总线仪表根据参数状态和模式转换规则，自动进入相应的安全模式下工作。

7.6 网络管理

为了把设备中的各种通信协议集成起来，并监督其运行，现场总线基金会采用了网络管理者/网络管理代理工作模式。这一模式可以使网络管理者在网络管理代理的协同下，完成网络的通信管理。

网络管理负责以下工作：

（1）下载由虚拟通信关系组成的 VCR 表或表中某个单一条目；

（2）对通信栈组态；

（3）下载链路活动调度表（LAS）；

（4）网络运行性能监督；

（5）差错判断监视。

7.6.1 网络管理者与网络管理代理

每个现场总线网络至少有一个网络管理者（NMgr，Network Manager），NMgr 负责维护网络运行，监视每个设备中通信栈的状态，并在系统运行需要或系统管理者指示时，执行某个动作。每个设备都有一个网络管理代理（NMA，Network Management Agent），负责管理其通信栈，其中包括组态管理、运行管理、监视判断通信差错。

NMgr 实体指导网络管理代理的运行，即由 NMgr 向 NMA 发出指示，而 NMA 对它作出响应，NMA 也可在一些重要的事件或状态发生时通知 NMgr。NMgr 通过处理由网络管理代理生成的报告，来完成其任务。NMA 可以观察、分析设备的通信状况，如果发现问题，需要改进或者改变设备间的通信，就可以在设备工作的同时实现重新组态。

NMA 是一个设备应用进程，它由一个 FMS VFD 模型表示。在 NMA VFD 中的对象是关于通信栈整体或各层管理实体（LME）的信息。这些网络管理对象集合在网络管理信息库（NMIB，Network Management Information Base）中，可由 NMgr 使用一些 FMS 服务，通过与 NMA 建立虚拟通信关系进行访问。NMgr、NMA 及被管理对象间的相互作用如图 7-22 所示。

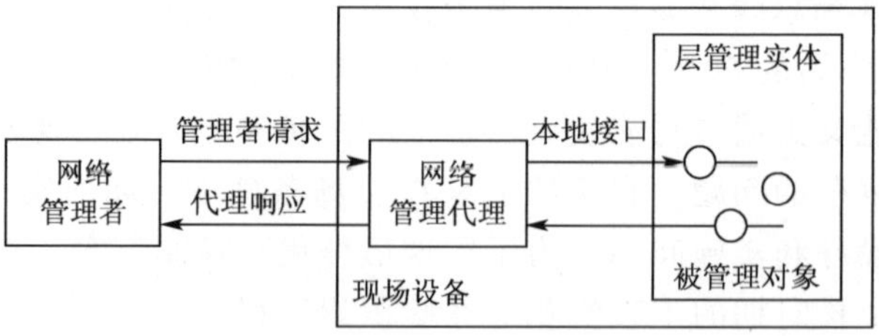

图 7-22 网络管理者、网络管理代理、被管理对象之间的关系

人们为 NMgr 与 NMA 之间的通信规定了标准的虚拟通信关系。它们之间的虚拟通信关系总是 VCR 表中的第一个 VCR，可进行排队式、用户触发、双向的网络访问。网

络管理代理 VCR，以含有 NMA 的所有设备都熟知的数据链路连接端点地址的形式，存在于含有 NMA 的所有设备中，要求所有的 NMA 都支持这个 VCR。通过其他 VCR，也可以访问 NMA，但只允许通过那些 VCR 进行监视。

NMIB 是被管理变量的集合，其中包括设备通信系统中与组态、运行、差错管理相关的信息，是网络管理的重要组成部分。NMIB 与系统管理信息库（SMIB）结合在一起，成为设备内部访问管理信息的中心。NMIB 的内容是借助虚拟现场设备和对象字典来描述的。

7.6.2 网络管理代理的虚拟现场设备

网络管理代理的虚拟现场设备（NMA VFD）是网络上可以看到的 NMA。NMA VFD 运用 FMS 服务，使得 NMA 可以穿越网络进行访问。

NMA VFD 的属性有：厂商名称、模块名称、版本号、行规号、逻辑状态、物理状态及 VFD 专有对象表。前三个属性由制造商规定并输入。NMA VFD 的行规号为 0x4D47，即英文字母“MG”十六进制值。逻辑状态、物理状态属于网络运行的动态数据。VFD 专有对象是指 NMA 索引对象。NMA 索引对象是 NMIB 中对象的逻辑映射，它作为一个 FMS 数组对象定义。

NMA VFD 象其他虚拟现场设备那样，具有它所包含的所有对象的对象描述，并形成对象字典。也象其他对象字典那样，它把对象字典本身作为一个对象进行描述。NMA VFD 对象字典的对象描述是 NMA VFD 对象字典中条目 0。其内容有：标识号、存储属性、名称长度、所支持的访问保护、OD 版本、本地地址、OD 静态条目长度、第一个索引对象目录号等。

NMA 索引对象是包含在 NMIB 中的一组逻辑对象。每个索引对象包含了由 NMA 管理的可访问对象所必需的信息。通信行规、设备行规、制造商都可规定 NMA VFD 中所含有的网络可访问对象。这些附加对象收集在 OD 里，并为它们增加索引，通过索引指向这些对象。

NMA 索引对象被规定为 FMS 数组对象。NMA 标准索引总是由第二个静态对象字典（S-OD）条目描述。当存在 N 个索引对象时，它们分别由对象字典中前 N 个连贯的 S-OD 条目引导。数字 N 被收作索引对象数组中的一个值。数组内包括的内容有：数字标识号、数据类型目录号、元素长度、元素数量、访问组、访问权、访问口令、本地地址等。

索引对象数组在逻辑上被分为标题（头）和一组指针，指针指向 3 类对象：FMS 单对象、复合对象、复合列表对象。复合对象是两个或多个具有连贯对象指针的 FMS 单对象。复合列表对象是一组相关的、连贯的索引条目。

7.6.3 NMA 对象与相应的对象服务

NMA 可以表示为多个复合对象。复合对象是用类模型定义的，它所采用的模型类型见表 7-15。

表 7-15　NMA 复合对象模型类型

类	说 明	属性举例
StackManagement	栈管理代理实体的共同特性	FAS 类型及角色，Dlsap/Dlcep 最大地址
VcrList	VCR 表类	VCRL 控制变量（控制其下载）
VcrListCharacteristics	VCR 表作为一个整体的属性	版本，最大条目数，动态标识
VcrStaticEntry	VCR 的静态部分的管理对象	FAS 角色、AR 类型、FMS VFD 标识
VcrDynamicEntry	VCR 的动态部分的管理对象	FMS 状态，FAS 状态
VcrStatisticsEntry	VCR 的统计管理对象	DLL 发送 PDUs 数，FAS 放弃的最近理由
DlmeBasic	基本的数据链路层管理实体	
DlmeBasicCharacteristics	Dlme 基本的特性	版本，DL 运行功能类（Basic/LM/Bridge）
DlmeBasicInfo	Dlme 基本信息	节点地址，链路地址
DlmeBasicStatistics	Dlme 基本的统计信息	发送 DLPDU 数，完好接收 DLPDU 数
DlmeLinkMaster	Dlme 链路主设备	LM 功能变量活动表数组，最大令牌时间
DlmeLinkMasterInfo	LM 信息	定义的令牌持有时间，时间分配区间
DlmeLinkMasterStatistics	LM 统计信息	LAS 角色代表
LastValue	最后值	帧控制字节，地址子域，OD 目录最后值
DlmeLinkScheduleList	链路调度表特性	调度表域列表，调度表活动变量
LinkScheduleListCharacteristics	调度表列表特性	调度表数，活动调度表版本
DlmeScheduleDesciptor	调度表描述	版本、循环期、时间分辨率
PlmeBasic	物理层和媒体的管理	通道状态变量（是否使用，媒体状态等）
PlmeBasicCharacteristics	Plme 的基本特性	媒体及传输率，支持的通道，供电方式
PlmeBasicInfo	Plme 的基本信息	接口方式，优先接收通道，发送通道许可
MmeWireStatistics	媒体管理实体统计记录	通道数，发/收报文数，差错总数

不同的网络管理对象使用各自相应的 FMS 服务：NMA VFD 的属性由 FMS Identify 服务读取，NMA VFD 对象字典由 GetOD、PutOD 访问；而 NMA 索引对象及其他具体管理对象支持 FMS Read 和 FMS Write 两种服务访问。

7.6.4　通信实体

图 7-23 为现场总线通信实体示意图，通信实体是指图中粗线所包括的内容。从图中可以看到，通信实体包含了物理层、数据链路层、现场总线访问子层和现场总线信息规范层直至用户层，占据了通信模型的大部分区域，是通信模型的重要组成部分。设备的通信实体由各层的协议和网络管理代理共同组成，通信栈是其中的核心。通信实体所包含的内容，可以看作是对前述各部分内容的总结。

图中的层管理实体（LME）提供对一层协议的管理能力。物理层、数据链路层、应用层的层管理实体分别为 PLME、DLME 和 ALME。层管理实体为 NMA 提供对协议被管理对象的本地接口。网络对层管理实体及其对象的全部访问，都是通过 NMA 进行的。

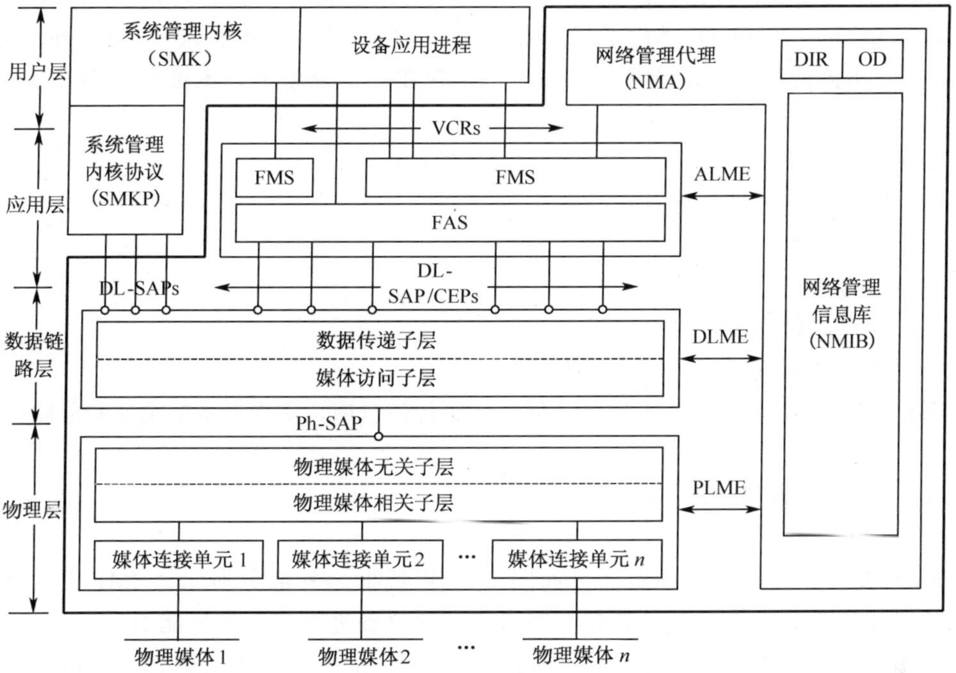

图 7-23 H1 现场总线通信实体示意图

图中的 Ph-SAP 为物理层服务访问点；DL-SAP 为数据链路服务访问点；DL-CEP 为数据链路连接端点。它们是构成层间虚拟通信关系的接口端点。

层协议的基本目标是提供 VCR。FMS 提供 VCR 应用报文服务，如变量读、写。不过，如图中不在粗线框内的系统管理部分所示，有些设备可以不使用 FMS，而直接访问 FAS。系统管理内核（SMK）除采用 FMS 服务外，还可经过系统管理内核协议（SMKP）直接访问数据链路层。

FAS 对 FMS 和应用进程提供 VCR 报文传送服务，把这些服务映射到数据链路层。FAS 提供 VCR 端点对数据链路层的访问，为运用数据链路层提供了一种辅助方式。在 FAS 中还规定了 VCR 端点的数据联络能力。

数据链路层为系统管理内核协议和总线访问子层访问总线媒体提供服务。访问通过 LAS 进行，访问可以是周期性的或非周期性的。数据链路层的操作被分成两层，一层提供对总线的访问，另一层用于控制数据链路用户之间的数据传输。

物理层是传输数据信号的物理媒体与现场设备之间的接口。它为数据链路层提供了独立于物理媒体种类的发送与接收能力。它由媒体连接单元、媒体相关子层、媒体无关子层组成。

由各层协议、各层管理实体和 NMA 组成的通信实体协同工作，共同承担网络通信任务。

7.7 系统管理

系统管理用以协调分布式现场总线系统中各设备的运行。基金会现场总线采用的是系统管理者/代理者工作方式。在这一方式中，每个设备的系统管理内核（SMK，System Management Kernel）承担了代理者任务，并响应来自系统管理者（SMgr，System Manager）实体的指示。系统管理可以全部包含在一个设备中，也可以分布在多个设备之间。

系统管理的作用：

（1）现场设备地址分配；

（2）设备识别；

（3）位号查询；

（4）应用时钟同步；

（5）功能块调度。

系统管理还可以通过FMS服务访问系统管理信息库，实现设备的组态与故障诊断。

7.7.1 系统管理内核

SMK是一个设备的管理实体，如图7-23粗线框之外部分所示。SMK可看作一种特殊的应用进程，它使该设备具有与网络上其他设备进行互操作的能力。

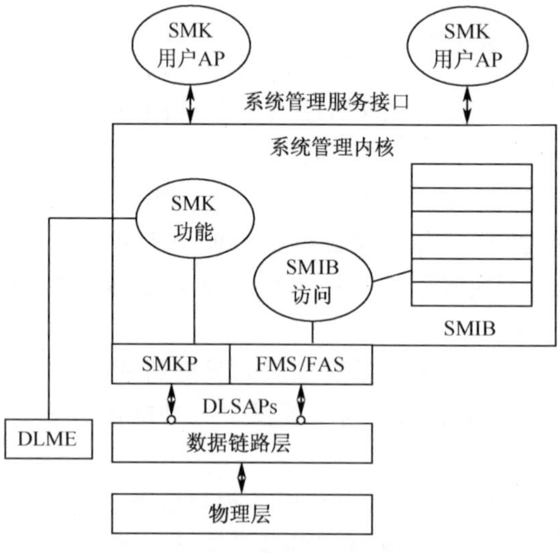

图7-24 SMK与其他部分的关系

在一个设备的内部，SMK与NMA和设备应用进程之间的相互作用属于本地作用。图7-24为SMK与其他各部分的关系图，它负责网络协调和执行功能的同步。SMK使用FMS和系统管理内核协议（SMKP，SMK Protocol）两种协议进行通信。FMS用于访问系统管理信息库（SMIB，System Management Information Base）。SMKP用以实现系统管理者和代理者之间的通信。

系统管理操作的信息被组织为对象，存放在SMIB中，从网络的角度来看，SMIB属于管理虚拟现场设备（MVFD，Management VFD），这使得SMIB对象可以通过FMS服务进行访问（如读、写），以进行诊断和组态。

SMK的作用之一是要把基本系统的组态信息置入到SMIB中。采用专门的系统组态设备，如手持终端，通过标准的现场总线接口，把系统信息置入到SMIB。组态可以离线进行，也可以在线进行。

SMK除了使用某些数据链路层服务之外，还运用FMS的功能来提供对SMIB的访问。

在地址分配过程中，系统管理必须与数据链路层管理实体（DLME）相联系。系统管理和DLME的界面是本地生成的。

SMK与数据链路层有着密切联系，它直接访问数据链路层，以执行其功能。这些功能由专门的数据链路访问点（DLSAP）来提供。DLSAP地址保留在数据链路层。

SMK 采用 SMKP 与远程 SMK 通信。这种通信应用有两种标准数据链路地址。一个是单地址，该地址唯一地对应了一个特殊设备的 SMK；另一个是链路的本地组地址，它表明了在一次链接中要通信的所有设备的 SMK。SMKP 采用无连接方式的数据链接服务和数据链路单元数据（DL-Unit Data）。而 SMK 则采用数据链路时间（DL-Time）服务来支持应用时钟同步和功能块调度。

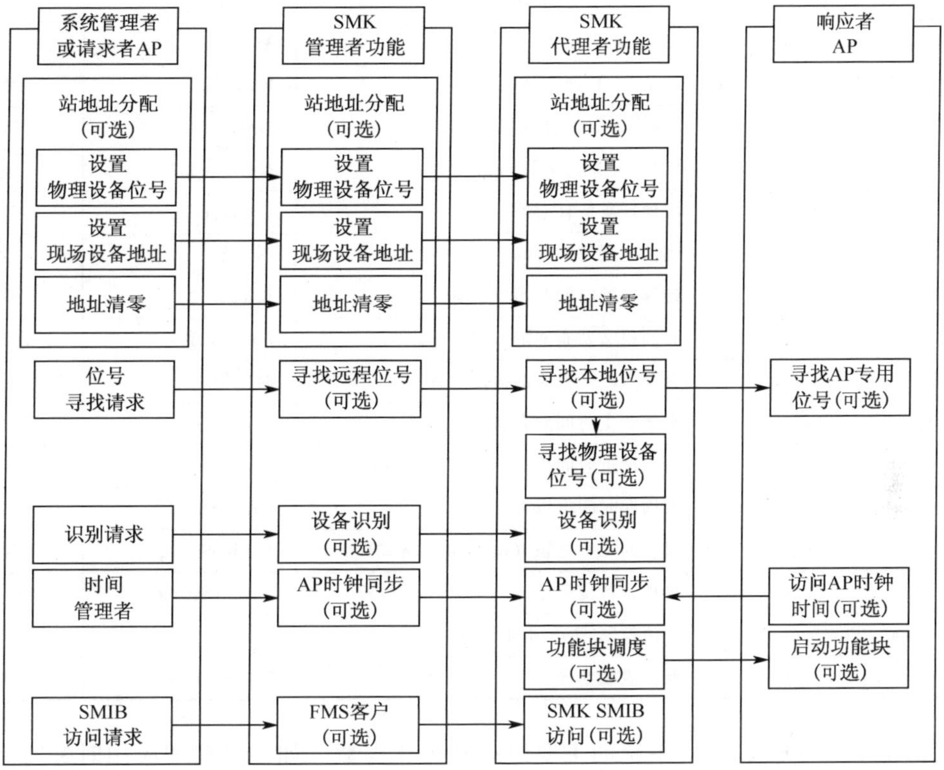

图 7-25　系统管理功能及其组织

从 SMK 与用户应用的联系来看，系统管理支持节点地址分配、应用服务调度、应用时钟同步和应用进程位号的地址解析。SMK 通过上述服务使用户应用得到这些功能。图 7-25 给出了 SMK 所具备的用以支持这些联系的组成模块。SMK 既可作为服务器或响应者工作，也可作为客户端工作，为设备应用提供服务界面。本地 SMK 和远程 SMK 相互作用时，本地 SMK 可以起到服务器的作用，满足各种服务请求。

从图中可以看出，SMK 为设备的网络操作提供多种服务：访问 SMIB；分配设备位号与地址；进行设备辨认；定位远程设备与对象；进行时钟同步、功能块调度等。

7.7.2　系统管理信息库及其访问

1. 系统管理信息库

把控制系统管理操作的信息组织成对象存储起来，形成了系统管理信息库(SMIB)。每个系统管理内核中只有一个 SMIB，所包含的对象如表 7-16 所示。

表 7-16 系统管理信息库包含的对象

SMIB 对象	说明	数据类型/结构	FMS 服务
Management VFD	管理 VFD	VFD	——
SMIB OD Description	SMIB 对象字典描述	OD 对象说明	——
VFD _ REF _ ENTRY	VFD 指针表条目	数据结构	——
VFD _ START _ ENTRY	VFD 功能块启动调度条目	数据结构	——
SMIB Directory Object	SMIB 索引对象	数组	读
SM _ SUPPORT	设备 SMK 所支持的特性	BitString	读
T1	SM 单步计时器（以 1/32ms）	Unsigned32	读
T2	SM 设地址序列计时器	Unsigned32	读
T3	设地址等待计时器	Unsigned32	读
CURRENT _ TIME	当前应用时钟时间	时间值	读
LOCAL _ ATIME _ DIFF	计算本地时间与当前时钟	Integer32	读
AP _ Clk _ Syn _ Interval	时间报文发布间隔（以 s 计）	Unsigned8	读/写
TIME _ LAST _ RCVD	含最近时钟报文的应用时钟	时间值	读/写
Pri _ Ap _ Time _ PUB	本链路主时间发布者节点地址	Unsigned8	读/写
Time _ Publisher _ Addr	发出最近时间报文的设备节点地址	Unsigned32	读/写
Macro Cycle _ Addr	宏周期时间（以 1/32ms 计）	Unsigned32	读
DEV _ ID	设备的唯一标识（按 Profile 格式）	VisibleString	读
PD _ TAG	物理设备位号	VisibleString	读/写
Operational _ Powerup	该值控制 SMK 上电状态	布尔值	读
Version _ Of _ Schedule	调度表版本号	Unsigned16	读

SMIB 包含了现场总线系统的主要组态和操作参数。如：当前的应用时钟时间和它的分配参数；设备中各功能块间协调合作的调度信息。

2. SMIB 的访问

SMIB 包含系统管理对象，可运用 FMS 服务如读、写等进行访问。SMIB 中含有网络可视的 SMK 信息，也提供对 NMA 对象的访问。

无论在网络操作之前还是在操作过程中，都允许设备的系统管理访问 SMIB，也允许远程应用从设备中得到管理信息。在虚拟现场设备的对象字典 OD 中定义了 SMIB。系统管理规范中指明了哪个信息是可写的，哪个信息是只读的。可利用系统管理内核协议（SMKP）访问这类信息。SMK 还可使本地应用进程通过本地接口得到 SMIB 的信息。

7.7.3 SMK 状态

现场设备中的 SMK 在网络上可充分运行之前要经过三个主要状态。

1. 未初始化状态

在这种状态下，设备既没有物理设备位号也没有组态主管分配的节点地址，只能通过系统管理来访问设备。在这种状态下，只允许系统管理功能来识别设备以及为设备分配物理设备位号。

2. 初始化状态

处于该状态的设备，已有正确的物理设备位号，但未被分配节点地址。准备采用缺省的系统管理节点地址使设备挂接到网络上。在这种状态下，除了系统管理服务之外，不提供任何别的服务。而所提供的系统管理服务也只有分配节点地址、消除物理设备位号和识别设备。

3. 系统管理工作状态

该状态下，设备既有物理设备位号又有了已分配给它的节点地址。一旦进入这一状态，设备的网络管理代理便启动应用层协议，允许跨越网络进行通信。为了使设备完全可操作，可能需要进一步的网络管理组态和应用组态。

如果 SMIB 中 Operational _ Powerup 变量的布尔值为真，则 SMK 上电/复位时处于系统管理工作状态，若假，则处于未初始化状态。

SMK 只在系统管理工作状态下才能执行应用时钟同步功能。也只有在这个状态下才允许 FMS 访问 SMIB。

7.7.4 系统管理服务及作用过程

图 7-26 表示了系统管理内核及其所提供服务的作用过程。从图中可以看到，它所提供的主要服务有：地址分配、设备识别、定位服务、应用时钟同步、功能块调度。下面简要介绍这几种服务。

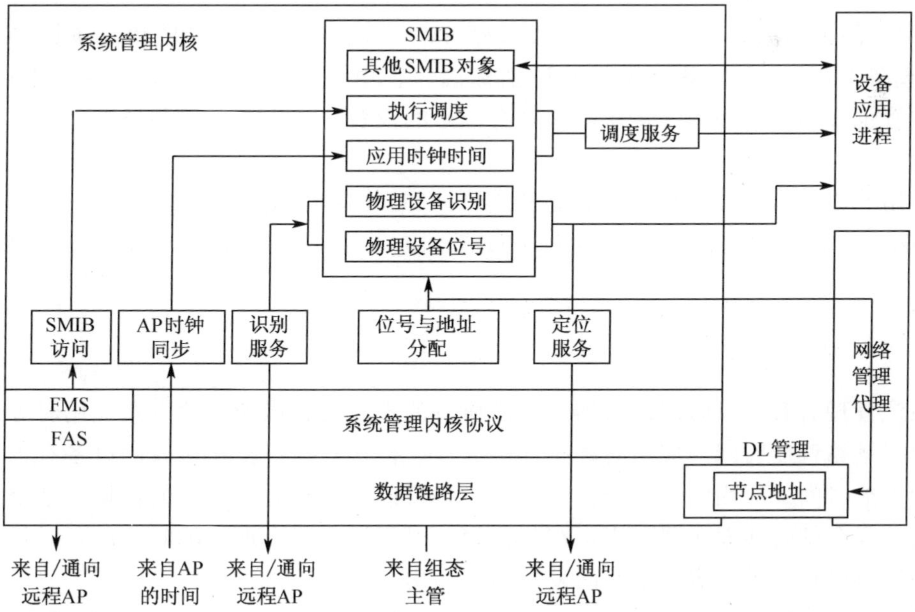

图 7-26 系统管理内核及其服务

1. 设备地址分配

每个现场总线设备都必须有一个唯一的网络地址和物理设备位号，以便现场总线有可能对它进行操作。

为了避免在仪表中设置地址开关，这里通过系统管理自动实现网络地址分配。为一个新设备分配网络地址的步骤如下：

（1）通过组态设备分配给这个新设备一个物理设备位号。这个工作可以“离线”实现，也可以通过特殊的缺省网络地址“在线”实现。

（2）系统管理采用缺省网络地址询问该设备的物理设备位号，并采用该物理设备位号在组态表内寻找新的网络地址。然后，系统管理给该设备发送一个特殊的地址设置信息，迫使这个设备移至这个新的网络地址。

（3）网络的所有的设备都按缺省地址重复上述步骤。

物理位号的设定和清除是由组态设备使用 SET _ PD _ TAG 服务实现的，现场设备接收到 Set _ PD _ Tag. req(PD _ Tag，Addr，Dev _ ID，Clear) 请求时，若布尔值 Clear 为真，则清除位号；为假，则设置位号，用 Set_PD_Tag. cnf(＋)()或 Set_PD_Tag. cnf(－)(Reason Code)确认，Reason Code（理由代码）是服务失败原因的编码。

节点地址的设定采用 SET _ ADDRESS 服务：主站组态设备发出 Set_Address. req (PD_Tag，Addr，AP_Clk_Syn_Interval，Pri_AP_Time_PUB)请求；Set_Address. cnf (＋)()及 Set_Address. cnf(－)(Reason Code)对请求作出响应。

节点地址清除采用 CLEAR _ ADDRESS 服务：Clear_Address. req(PD_Tag，Addr，Dev_ID)。

2. 设备识别

SMK 的识别服务容许应用进程从远程 SMK 得到物理设备位号和设备标识（设备 ID)。设备 ID 是一个与系统无关的识别标志，它由设备生产者提供。在地址分配中，组态主管也采用这个服务去辨认已经具有位号的设备，并为这个设备分配一个更改后的地址。

使用 SM _ IDENTIFY 服务，是由 SM _ Identify. req(NodeAddress) 发出请求，SM_Identify. cnf(＋)(PD_Tag，Dev_ID)或 SM_Identify. cnf(－)(Reason Code)作出响应。

3. 应用时钟同步

系统管理者有一个时间发布器，它向所有的现场设备周期性地发布应用时钟同步信号。数据链路调度时间与应用时钟一起被采样、传送，使得正在接收的设备有可能调整它们的本地时间。应用时钟同步使得现场设备可以校准带时间标志的数据。基金会现场总线支持冗余的时间发布器，当正在起作用的时间发布器出现故障时，后备时间发布器就会利用协议规则来决定哪个时间发布器起作用。

设备应用时钟的同步是通过在总线段上定期广播应用时钟和本地链路调度时间 (LS-Time) 实现的。由时间发布者广播时钟报文：Clock _ Message（AP-Time，LS-

Time)，预订接收者收到后，读出 LS-Time 并计算出应用时钟时间。时钟发布的时间间隔、主时间发布器、当前时间等保留在 SMIB 中。

4. 位号查询

物理设备、虚拟现场设备、功能块和功能块参数都是以位号标识的对象。系统管理通过寻找位号服务搜索设备或变量，为主机系统和便携式维护设备提供方便。系统管理对所有的现场总线设备广播这一位号查询信息，一旦收到这个信息，每个设备都将搜索它的 VFD，看是否有与该位号一致的对象。如果发现这个位号，就返回完整的路径信息，包括网络地址、虚拟现场设备 VFD 编号、虚拟通信关系 VCR 目录、对象字典目录。主机或维护设备一旦知道了这个路径，就能访问该位号的数据。

寻找位号服务查找的对象包括物理设备位号、功能块（参数）及 VFD。寻找位号服务使用 FIND _ TAG _ QUERY 发出查找请求，使用 FIND _ TAG _ REPLY 作出响应。

5. 功能块调度

在现场总线网络中，指示用户应用执行某个功能块或其他任务的操作称为功能块调度。SMK 运用存储于 SMIB 中的调度对象和由数据链路层保存的链路调度时间来决定何时向它的用户应用发布命令，启动用户应用开始运行某功能块的服务是 FB _ START. ind（VFD _ ref，FB _ Index)。

功能块执行是可重复的，其重复的时间间隔称为宏周期（Macrocycle)。为实现链路时间同步，宏周期使用值为 0 的绝对链路调度时间作为起始时间基准，绝对链路调度时间是总线上所有设备都知道的。每个任务被调度执行的时间被描述为从宏周期开始的偏移量，偏移量最大值小于宏周期。也就是说，如果一个宏周期的长度是 500ms，那么宏周期将以链路调度绝对时间 0ms、500ms、1000ms 等时间点作为起始点，而调度任务执行时间是相对于各个宏周期起点的偏移量，如 100ms、300ms、400ms 等。

根据为每个设备组态的功能块调度，各个功能块的执行被精确地设定在固定的时间间隔上。合适的功能块调度和它的宏周期必须下载到执行功能块的设备的 SMIB 中。设备利用这些对象和当前链路调度时间决定何时执行它的功能块。当控制一个工业过程时，固定时间间隔的改变是一件十分严重的事情，固定时间间隔的偏差称为抖动，其值必须很小。

下面我们以图 7-27（a）描述的基本控制回路为例，简单说明功能块调度方法。

应用系统中的整体功能块调度表和 LAS 是利用调度组建工具生成的。表 7-17 给出了控制回路调度表，表中设定了功能块执行时间与宏周期开始时间之间的偏移量。

表 7-17　控制回路调度表

受调度的功能块	与宏周期开始时间的偏移量
受调度的 AI 功能块执行	0 ms
受调度的 AI 通信	20 ms
受调度的 PID 功能块执行	30 ms
受调度的 AO 功能块执行	50 ms

图 7-27（b）描述了绝对链路调度开始时间、链路活动循环周期、功能块调度与绝对链路调度起始时间偏移量之间的关系。

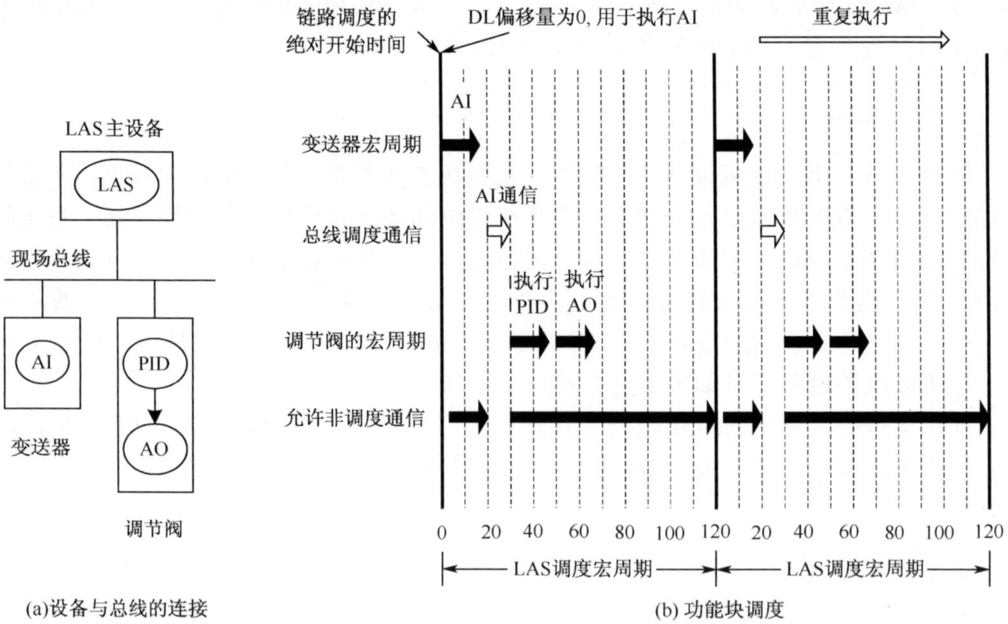

图 7-27　功能块调度与宏周期

在偏移量为 0ms 时，变送器中的 SMK 将引发 AI 功能块的执行。在偏移量为 20ms 时，LAS 将向变送器内的 AI 功能块缓冲寄存器发出一个 CD 令牌，缓冲器中的数据将发布到总线上。在偏移量为 30ms 时，调节阀中的 SMK 将引发 PID 功能块的执行，随之在偏移量为 50ms 时，执行 AO 功能块。

这种运行模式将不间断地重复进行。要注意的是，在功能块执行的间隙，LAS 还向所有现场设备发送 PT 令牌，以便它们发送各自的非调度报文，如报警通知、改变设定值等。在这个例子中，唯一不能被现场总线用来传输非调度报文的时间是从偏移量 20ms 到 30ms 之间的时间段，即当 AI 功能块数据正在总线上发布的时间段不能传送非调度报文。

至此，我们已经讲述了 FF-H1 总线通信模型的各层，其中数据链路层的以上部分，是通过软件编程来实现的，而数据链路层及物理层所需要的总线驱动、数据编码、时钟同步和帧检验等许多任务，则需要软件和硬件结合起来完成。目前，已有多家公司生产了符合 FF-H1 总线标准的通信控制器芯片。如美国的 ShipStar 公司，巴西的 SMAR 公司，日本的横河公司等。这些公司不仅提供产品，也为现场设备开发人员提供研制方面的服务。

7.8　FF-H1 现场总线的组态与启动运行

从我们前面的学习中，可以清楚的看到，基金会现场总线不仅是一个完整的网络系统也是一个能够协调有序工作的自动化系统。在系统启动运行之前，需要规定组成系统的各个设备的作用与角色，设置某些特定参数，然后按一定的顺序，使各个设备进入各自的工作状态，形成一个有序工作的系统。这就是基金会现场总线的组态要完成的工作。

7.8.1 组态的层次与组态信息

系统组态是从系统的整体需要出发，为其组成成员分配角色和所需承担的工作，并为它们设置好静态参数、动态参数以及不易丢失的参数。基金会现场总线依据设备参数组态的不同阶段，定义了4个组态层次：制造商层组态、网络构造层组态、分布式应用层组态和设备层组态。每个组态层次的组态信息是不同的。

1. 制造商层组态

在设备出厂前，开发设备的制造商要规定设备所提供的应用进程的种类和数量，并要标志出每个设备的网络可视对象。因此，本层组态信息由制造商定义，组态参数为：

（1）OD的定义和结构，每个AP的索引。设备所用的数据类型和数据结构一般从总线规范中选用。制造商也可以按照规范中制定的准则，定义新的数据类型、数据结构和网络可视对象。

对新的数据结构和网络可视对象，要有一个完全按FF规定的设备描述语言（DDL）写好的规范，再加上OD和AP索引的定义。规范中必须指明数值是静态的、动态的或不易丢失的。设备用户可以从这些写好的规范中了解相关的语义和有效值。首先必须要创造一个定义，然后要在对象字典中规定它的应用例程，以便可以通过索引查阅。所有的索引结构也要全部写成规范。为AP所写的规范还必须指出它要使用的是哪一个索引结构。

（2）由于FMS识别服务的需要，必须提供制造商名、设备模型（如温度变送器），以及管理VFD（包括SMK和NMA）、功能块应用进程VFD和其他类型VFD的版本号。

（3）对设备和虚拟现场设备的识别信息赋值。VFD识别信息包含在SMIB、NMIB和功能块应用进程之中。通信规范提供了一个设备识别SMIB变量的结构和内容。用这个变量去识别设备的制造者、模型和版本号。

资源名称和VFD尽管按规定也属于可写的组态参数，但还是希望设备制造商在出厂前设置好这些参数值。这里的资源名称是指功能块应用进程的名称，在FBAP的规范中规定了资源名称。VFD指针是FBAP的数字识别器，它存在于SMIB中，在系统管理规范中对它进行了描述。VFD指针也出现在VCR的定义中，以指明哪个应用进程与该VCR连接。

2. 网络构造层组态

网络是由多个设备组成的，其构造层的组态要规定网络拓扑，涉及下述内容：

（1）决定通信控制策略。控制策略的设计主要是明确系统所需要的块，以及块与块之间的连接关系，并不考虑物理设备数量和位置。

（2）选择协议版本。每个协议的版本水平由现场总线基金会负责维护，用户可以选择。

(3) 识别每个网段和设备。

(4) 分配设备位号和数据链路地址。设备位号是一个设备在某个特定系统中的专用名称，如“TIC-102”。设备位号保存在 SMIB 中。一台设备一旦被赋予了一个位号，它就能够得到一个数据链路层地址，在数据链路层中被称为节点地址。分配给设备的节点地址必须与在 VCR 端点定义中包含在远程地址中的节点地址相一致。

每个 LAS 的调度表中也包含节点地址，调度表的每个条目被用来发送 CD DLPDU，例如把它们送到位于发布方的 VCR 端点的数据链路缓冲器中。

(5) 为每个总线段指定希望成为首选的链路主设备。这样做是为了使它拥有链路活动调度权。在桥接网络中，网桥必须被组态为首选链路主设备。

(6) 规定每个 LAS 使用的链路参数。

(7) 指定一个主要的应用时钟发布者，作为时间发布源，同时可指定多个后备发布者。

3. 分布式应用层组态

现场总线的应用是由分布在网段各处的资源构成的。在这个组态层次，规定了分布在资源间的相互作用，其内容包括：

(1) 规定 FBAP 的链接对象，并组成 VCR。链接对象用来定义输入输出参数之间、以及这些参数与报警对象和趋势对象的联系。每个链接对象定义了局部参数或对象，也规定了所采用的 FMS 服务、所使用的 VCR 以及远程参数的 OD 索引。在 FBAP 的规范中描述了有关链接对象的细节。

(2) 规定 VCR 列表，形成数据链路地址。VCR 描述应用进程之间的通信信道，VCR 端点是 AP 到 VCR 的连接点。每个端点都已规定了相应 VCR 要选择的 FMS、FAS 和 DLL 选项。每个 VCR 除了标识与之相连的 AP 外，也包括 VCR 使用的本地及远程 DLL 地址。在 NMA 规范中描述了有关 VCR 端点的内容。

设备制造商可以预先规定 VCR 列表的部分内容。但是，远程数据链路节点的地址，选定的数据链路服务访问点和数据链路连接端点，都是制造商不可能知道的，因而必须在这个组态层次进行设置。

(3) 规定功能块、LAS 调度表和宏周期。功能块执行需要特定的时间长度，这一时间长度是由制造商规定的，可以从 FBAP 中读取。功能块调度表规定了存在相互关系的功能块各在什么时刻执行。根据总线整体调度表的有关部分去组态每台设备的 SMIB。设备层调度表则指明本设备每个功能块在什么时候执行，执行时刻按偏离该设备宏周期起点的时间长度来描述。

设备内部的功能块调度按宏周期重复执行。功能块在每个宏周期中一般只执行一次，在多于一次时，调度表需要提供相应数量的条目。

LAS 调度表定义了功能块发布参数的传送时刻。当功能块执行时，会产生输出参数。当功能块执行完成后，需要按照链接对象和关于 VCR 的规定，通过网络把这些参数值送往其目的地址。

构成一个系统的链接对象的组合、整体功能块调度表，都是 LAS 的组成部分。LAS 还规定了调度传输的简单重复过程。在调度的每个执行终点，LAS 又返回到起点。

(4) 规定节点树构成，包括转发和重发布表。节点树构成规定了上面第 2 部分定义的网络拓扑结构。组成网络的每个桥都包含有一个接口表，它指明了哪一个接口是根部接口。每个网桥都必须选定根部接口。

位于网桥内的转发表规定了该网桥要转发哪些节点地址，哪个接口用于转发，还可以指明哪些节点地址要被过滤而不转发。规定每个条目支持一个或多个客户/服务器型或报告分发型 VCR，这些 VCRs 的端点位于不同的总线段上。由于报告分发型 VCR 的源方端点不可能接收数据，因而转发表不支持这类端点。

位于网桥内的重发布表为该网桥缓存和重发布数据规定了数据链路连接端点（DL-CEP）的地址。表中规定每个条目支持一个发布者 VCR 端点，该 VCR 端点有一个位于不同网段的预订接收方端点。

要实现数据正确地重发布，必须使重发布表与离开总线段的 LAS 调度表、进入总线段的 LAS 调度表协调一致。重发布表还必须与数据链路连接的发布方 VCR 端点的特性相一致。

4. 设备层组态

在这一层组态中，要对设备内每个应用进程赋值。本层组态包括下列内容：

(1) 对用户 AP 赋予指定值。用户 AP 指定值包含位号和附加的用户 AP 对象。在用户 AP 中包含作为系统专有名称的位号。一旦组态完成后，SMK 服务就可以利用 SMK 位号查询服务来找到其位置。可以通过对附加的用户对象的组态，规定应用进程的某些操作内容。例如，功能块与功能块应用进程的操作内容，设置事件发生的界限值等。组态这些参数的目的是设置和调整应用进程的动作。

(2) 对 NMIB 赋予指定值。对于在前述几个组态层次中还没有设置好的 NMIB 参数，可在本层组态中完成。这些组态参数规定了通信站如何起作用。例如，通过在本层设置的 NMIB 参数，可以使通信栈有能力收集特定 VCR 或物理层信号的统计信息，或者指示 LAS 如何操作本地通信。

(3) 对 SMIB 赋予指定值。与应用时钟有关的 SMIB 参数可在这层进行设置。这些组态参数指明设备是主要的时间发布者还是后备的时间发布者，它们还提供与时间发布相配合的计时器值。另外，还可以通过本层组态，把操作状态参数写到不易丢失的存储器内。当然，进行这项工作的前提条件是设备具有这种写入能力。

7.8.2 系统的启动运行

当系统启动时，组成系统的各个总线段分别启动。总线段接通电源时，位于总线段上的链路主设备如果判断出没有 LAS 在工作，就马上进入竞争 LAS 的过程。一般说来，第一个接通电源的链路主设备将赢得竞争而成为 LAS，因为此时还没有其他设备进入到竞争之中，也就是说还不存在竞争对手。如果某个链路主设备被设计为首选链路主设备，当它进入在线状态时，将向现有的 LAS 发出请求，让它退出 LAS 而把 LAS 角色转交给这个首选链路主设备。

链路主设备成为 LAS 后，就运用 TD DLPDU 为本地总线段发布数据链路时间。

当含有系统时间的主设备的 LAS 加入到网络时，它也开始发布时间。在根部接口上收到 TD DLPDU 的网桥，对自己的本地时钟进行必要的调整后，再对它的下游端口重新发布时间。当所有在网络中的网桥都处于工作状态，并有了重发布后的时间时，所有总线段上的数据链路时间就不再同步了。

应用时钟主设备负责发布应用时钟时间和相应的数据链路时间，如果它所采用的不是经过同步的数据链路时间，或者若应用时钟时间的某些接收者没有得到同步过的数据链路时间，则应用时钟时间将不是完全同步的。

7.8.3 装载 LAS 调度表与组态更新

1. 装载 LAS 调度表

在 NMIB 中，LAS 调度表被定义为一个域。NMIB 中包含有一个以上的 LAS 调度表，运用 FMS 的下载服务，可把 LAS 装入 NMIB 中。

由于 LAS 调度表被表达为一个域，网络管理代理不知道它的内容与结构。但 NMIB 还含有只读的描述参数，这些参数描述了所装载的 LAS 调度表的内容。因此，网络管理代理与 LAS 的工作必须协调一致，以便当下载 LAS 调度表时，NMIB 能更新它的相应参数。

2. 组态更新

当设备已经进入正常操作的网络上时，仍然可以修改它的组态。但要注意的是，若设备正在工作，改变其组态可能引起与它通信的设备处于自相矛盾的状态。因此，应该在终止正在工作的相关 VCR 后，再修改组态，以避免上述情况的发生。一般说来，改变应用进程对象字典中的静态条目，要终止所有与该应用进程相关的 VCR。然而，应用进程有权决定，是接受还是拒绝这个请求，如果接受了更新组态的请求，就要采取相应的措施。

7.9 基金会现场总线控制系统的设计

在生产过程中应用基金会现场总线构成的 FCS，首先要能改善生产过程的常规控制品质，实现安全平稳生产；进而将最新控制策略与生产过程相结合，实现生产过程的局部或整体的优化；最终将实时生产信息汇入全厂的信息管理系统，实现全方位的优化控制与管理。然而，FCS 的设计并不是一项简单的工作，不能充分发挥现场总线作用的例子也确实存在。因此，在这一节里，我们将围绕 FCS 的设计问题进行讨论。

7.9.1 FF 控制系统的结构

建立在基金会现场总线基础上的控制系统结构形式有两种：一种是基于传统的 DCS 和现场总线接口卡件的复合型结构；另一种是纯现场总线结构。

1. 复合型结构

复合型结构的典型代表是艾默生公司生产的 Delta V 控制系统，如图 7-28 所示。

其特点是：如果不看现场总线接口，我们可以把它看成是由中小控制器网络化构成的DCS控制系统，因此也称其为易变规模控制系统（SCS，Scalable Control System）。

Delta V控制系统中，电源模块（VE500X）和控制模块（M5）可以冗余，有模块安装背板和出线端子。常规I/O卡本身虽然不提供冗余配置，但它们都享受了电源和控制模块冗余的好处。Delta V除了拥有FF现场总线接口VE4007外，还有HART、Modbus、Profibus等其他总线通信接口。这种结构的优点是充分利用了PLC的技术成就和习惯，在传统控制系统向FCS发展的过渡阶段，适合推广使用。

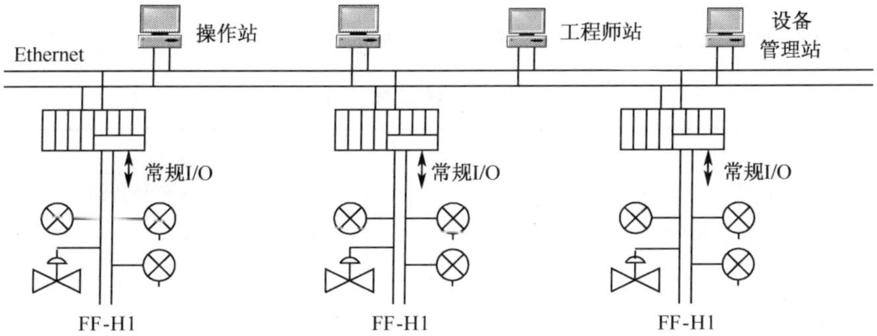

图7-28　采用复合型结构的Delta V控制系统框图

2. 纯现场总线结构

所谓纯现场总线结构，典型的有Smar公司生产的System302控制系统，如图7-29所示。其特点是：它是按照FF体系结构设计的控制系统，但充分考虑了紧急停车（ESD，Emeregent ShutDown）、先进控制和企业资源管理（ERP，Enterprise Resource Plan）等几个专门系统的集成问题，所以也称为企业自动化控制系统。它将现场设备、网关设备和与高速以太网的链接设备的功能合并于万能网关桥路器（DFI302）。它也有安装背板、电源模块和常规I/O模块。网桥控制模块（DF51）包括4条H1现场总线，可以冗余连接。从System302的角度看，所有重要的控制都应该采用现场总线设备，以便依靠现场总线风险分散隔离来保证系统的可靠性。只有那些不重要的或暂时只有4～20mA信号的设备才使用常规I/O模块。

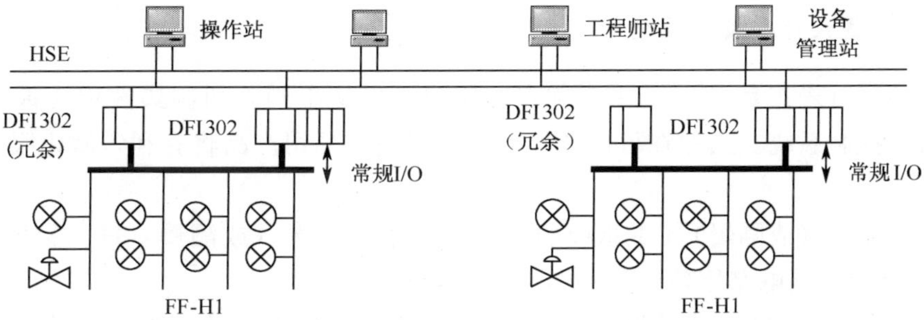

图7-29　采用纯现场总线结构的System302控制系统框图

这两种结构各有自己的特点。但无论哪一种结构，FF-H1现场总线的设计都必须符合标准规定，所以接下来仅介绍FF-H1现场总线控制系统的设计，但同时要强调说明，FCS 设计除了要符合标准外，也要符合具体产品规范的要求。

7.9.2 FF 控制系统的设计步骤

一个基金会现场总线控制系统的设计可分为系统规划、H1 总线设计和设备选型、安装施工设计、组态编程等几步，这里将着重介绍前两个与本书有关的部分。

1. 系统规划

FCS 设计的第一步是统计系统规模，统计方法可参照表 7-18。

表 7-18 系统规模统计表

序号	项目	数量	序号	项目	数量
1	A：闭环控制回路	个	11	其他 4～20mA 信号检测	
2	现场总线变送器控制回路		12	开关量输出 DO	
3	温度控制回路		13	开关量输入 DI	
4	手动遥控回路		14	C：人机界面操作站	台
5	其他 4～20mA 信号控制回路		15	操作站	
6	气动控制回路输出		16	工程师站主机	
7	4～20mA 控制回路输出		17	D：系统特性	
8	B：监测点统计	个	18	本安系统/隔爆系统/普通系统	
9	温度监测信号		19	冗余要求	
10	变送器监测信号		20	控制室与现场平均距离	m

FCS 报价中包括现场总线智能变送器、阀门定位器、安全栅等，而 DCS 报价中一般不包括这些。FCS 系统规划和 DCS 的不同之处在于现场设备介入了控制回路，所以各种类型的回路的统计要区分开。

系统控制策略是这样分配的，基本实时控制尽可能在现场总线设备中实现，实时性较差的特殊算法和高级控制要到网关桥路器或操作站等上位控制器中实现。

2. H1 总线设计和设备选型

开放和互可操作是 FCS 的主要优点，用户可以从不同公司购买性价比最好的产品构筑自己的控制系统。当然在可比条件下，购买同一公司产品将有利于简化服务和技术支持。

(1) 非防爆（或隔爆）H1 总线的设计。一条非防爆（或隔爆）H1 总线的线路图如图 7-30 所示，其电路原理可参考本书第 2 章图 2-29。

(2) 本质安全 H1 总线的设计。本质安全防爆型 H1 总线的线路图如图 7-31 所示。

现场总线安全栅有传统的“实体（Entity）”和基于新提出的现场总线本质安全概念的“FISCO（Fielbus Intrinsically Safe Conception）”两种类型。关于现场总线连接的规定请参考 2.5.4 节 IEC61158.2 串行通信接口中的有关描述，这里不再重复。

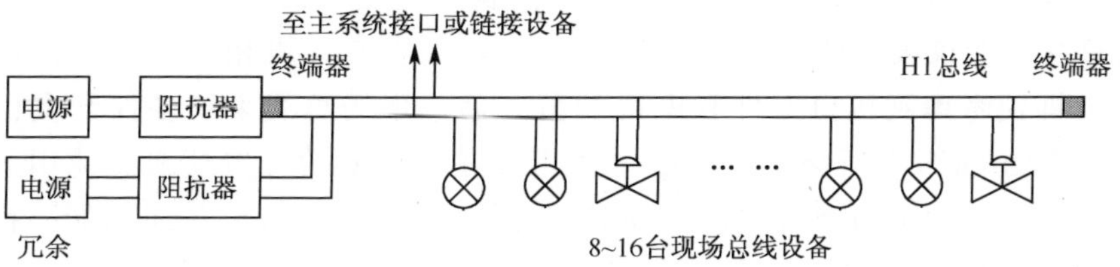

图 7-30　一条非防爆 H1 总线的线路图

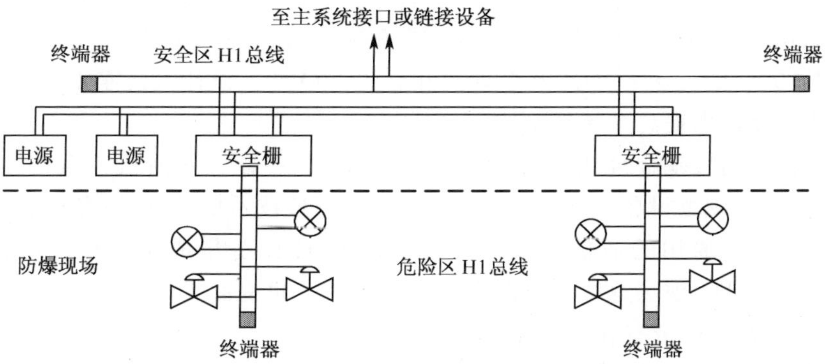

图 7-31　本安防爆型 H1 总线的线路图

(3) 确定现场总线上设备总数。总线控制输出设备是现场总线到 0.02～0.1Mpa 气动信号的转换控制器、现场总线气动阀门定位器或现场总线电动执行器，也可能是现场总线到 4～20mA 电流输出接口。它可以和传统的电气转换器、电气阀门定位器、伺服放大器相连。根据闭环回路及手动操作回路可以计算所需控制输出设备，再根据系统控制检测回路来确定控制检测设备。对于回路中还没有现场总线标准的仪表设备，可通过 4～20mA 到现场总线接口设备引入系统。输出设备与现场检测设备之和就是现场总线上设备的总数。

(4) 确定现场总线条数。根据确定的现场总线设备总数和每条总线上所能挂的设备数，算出共要几条总线。每条总线上所能挂的设备数除受标准限制外，还受通信负载(宏周期长短)、电缆压降和本安参数的限制。单纯从通信角度一般可挂 8～16 台，但一定要参考所选产品样本，考虑控制对象的速度快慢。对非危险应用或隔爆系统，一般可节省 90%以上电缆。本安系统中，安全栅后只能连 4～8 台的设备（和所挂设备电流、电容电感参数和安全栅类型有关)。一条总线上不同安全栅后的所有设备，虽然从供电角度来看是在不同总线段上，但从通信角度来观察仍然属同一条总线（如图 7-31)。有信号链接关系的设备最好挂在同一条总线上，可以避免信号“过桥”，以节省占用总线时间。

(5) 确定现场总线接口或网桥数。根据需要的总线条数和系统使用的 H1 总线接口或网桥（链接器）的规格，就可以算出所需要的接口或网桥的数量。

(6) 常规 4～20mA 信号设备的使用。可以用现场总线变送器来对压力、流量、液位、温度等量进行监测，这种全现场总线方案带有现场总线的全部优点。现阶段有三种情况可能还需要常规 4～20mA 信号设备。第一是现场总线仪表品种还不能覆盖所有仪表品种，一些暂时还选不到现场总线规格的仪表只能使用常规 4～20mA 信号设备。第二是现场总线智能仪表目前较常规智能仪表贵 15%左右，再相对于可以使用非智能仪表的 DCS，即使考虑到接口卡件和电缆的节省后，现场总线系统硬件开支仍可能比使用非智能仪表的 DCS 有所增加，所以一些用户在不重要的位置还愿意使用非智能仪表来节省投资。第三对于旧项目改造，许多常规 4～20mA 信号设备还不能一概废弃，也不得不利用部分原有常规 4～20mA 信号设备，于是一种“混合型”方案在现阶段是可能的、合理的。但可以预测，现场总线设备的价格将会快速趋于下降，品种不断增加，到那时这些理由将不再存在。但目前阶段现场总线控制系统都充分考虑这一因素，而备有常规 4～20mA 信号接口。这些接口有现场型（如 Smar FI/IF302）、控制柜模块型（如 Smar DF57、Emerson VE400 系列）和远程 I/O 站。设计人员需要考虑使用与否和如何使用这些接口来提高系统性价比。

（7）逻辑控制。基金会现场总线控制系统把逻辑控制器也看成一台快速智能设备，例如，作为 HSE 现场设备，实际上也就是采用 HSE 技术的 PLC 设备。目前甚至可以使用 Modbus 这样通用的通信协议，将第三方 PLC 设备集成于系统之中，而微小型 PLC 也可以挂在 H1 现场总线上，既可以分散安装，也提高了模拟量和开关量间联锁控制的速度。其余 PLC 带有和 H1 通信的卡件。

（8）确定总线扫描周期。一条总线的扫描周期分为宏周期和监控周期。一个宏周期由所谓调度通信和背景通信构成［见图 7-27（b）］。调度通信将所有功能块间的链接通信完成一次，背景通信则将部分设备与操作站进行信息交换。这样保证时间重要的控制信息绝不会因总线忙而丢失。若干个宏周期后，所有设备与操作站信息全部交换一次，称为监控周期。宏周期时间由链接通信和功能块执行时间及背景通信构成，一般在几百毫秒，监控周期则需 1～2 秒。所以说 H1 总线适合于热工慢过程的控制。

宏周期时间的估算公式如下：

$$T = 1.2 \times (30 \times N_C + N_D \times R_T) \tag{7-4}$$

式中 T 为宏周期，单位为 ms；N_C 表示总线上链接次数；N_D 表示设备个数；接口不冗余时 $R_T = 30$，接口冗余时 $R_T = 60$。

背景通信时间可以调整。背景通信时间长将使宏周期加长，但可能使监控周期缩短。因为较少的宏周期就可以将总线上传到操作站的数据刷新一次。

（9）对 FF 现场总线控制系统和仪表的评价。用户可以直接选用品牌现场总线控制系统，如 Delta V，System 302 等，也可自己进行系统集成。

对现场总线控制系统评价的原则主要包括下列几项：

① 控制功能分配是否合理，是否达到了风险分散和节省硬件设备的目的；

② 适当的冗余（如总线接口等）措施，使可靠性达到和高于 DCS 系统；

③ 对传统信号的设备和系统的兼容性；

④ 是否通过互可操作的测试，是否具有设备管理能力；

⑤ 现场总线仪表是系统不可分割的部分，所以也必须考察它们的性能。

对已通过 FF 互可操作测试的现场总线仪表的评价原则有下列几项，仅供参考：

①控制能力强弱，可下载功能块的数量及运算速度，强者可以较少依赖上位控制器；

②耗电是否小，这样一条总线可以连接更多仪表，因此更节省电缆和安全栅；
③是否可以用软件设置 LAS 功能，是否可由总线部分下载，固件是否易升级；
④是否有就地显示和就地调整能力，并继承维护操作人员对常规仪表的习惯。

3. FCS 的组态编程

由于基金会现场总线已经标准化，不同公司生产的控制系统结构虽然存在差别，但对于现场总线部分的组态却基本一致。各个现场总线控制系统制造商为其系统配备的组态软件，通常能够满足系统用户的需要，一般不需要为用户编写专门的应用程序。

7.9.3 FF 应用实例

迄今为止，艾默生公司生产的生产的 FF 现场总线控制系统已成功地应用于化工、石油、冶金、矿山等多个行业，其经济效益明显。

例如：美国阿拉斯加 West Sak ARCO 油田的 FCS 项目。West Sak ARCO 油田位于石油资源丰富的美国北部地区，自然条件十分恶劣，极端温度为−45～21℃。在油田建设资金受限的情况下，决定采用现场总线技术，选择了一体化的现场总线方案。

该项目包括 29 台油井。DelatV 控制系统使用了 6 块 H1 现场总线接口卡，配备了 69 台 FF3051 压力变送器，38 台 FF FLQ800 执行器以及内置的设备管理系统。1997 年 11 月开始安装，同年 12 月 26 日投产运行，取得了很好的经济效益。

据统计，与传统的 DCS 相比，FF 现场总线的初步节省情况为：接线端子减少 84%；I/O 卡件数量减少 93%；控制仪表面板空间减少 70%；室内接线减少 98%；由于采用远程诊断，维护量减少 50～80%；扩展油田所需组态时间减少 90%；节省电缆费用 69%。

除了效益明显外，由于技术人员在控制室内就能对现场设备的工作状态及故障进行诊断，大大减少了不必要的现场巡检，这在冬季严寒的气候中，意义尤其重大。

习　题

1. FF-H1 通信模型是怎样构成的？
2. 简述 FF-H1 报文信息的形成过程，最终在 DLL 形成的 DLL 协议数据有多少个字节？
3. FF-H1 支持哪几种网络拓扑结构？
4. 按照 FF-H1 设备的数据链路层通信能力，可以将设备分为哪几类？各有哪些功能？
5. FF-H1 的链路活动调度器具有哪两种基本功能？写出 FF-H1 总线的链路活动调度算法。
6. FF-H1 提供了哪 3 种数据传输方式？
7. 叙述 FF-H1 报文规范子层（FMS）中虚拟现场设备（VFD）和对象字典（OD）的含义。
8. FF-H1 现场总线访问子层的应用关系端点分为哪 3 类？应用关系的确立有哪 3 种方法？
9. H1 标准中，总线访问子层的协议数据单元（FAS-PDU）从本地数据链路层发送时，触发策略有几种？分别进行简要说明。
10. FF-H1 的现场总线报文规范层的主要组成模块有哪些，分别写出它们的主要作用。
11. FF-H1 网络管理主要有哪 3 部分组成，各有哪些功能？

12. FF-H1 系统管理主要有哪 5 种功能？

13. FF-H1 系统管理中与设备有关的位号有哪 3 种？与地址分配有关的设备有哪 3 种？

14. 举例说明 FF-H1 功能块的构成要素。

15. 试说明资源块、转换块和功能块的异同点。

16. FF 现场总线使用了 ISO/OSI 参考模型的物理层、数据链路层和应用层，除此之外，FF 根据测控应用的需要新增了用户层，试简要说明用户层的意义。

17. 某 FF-H1 总线段上连接了 3 台现场设备（如题 17 图所示），分别为差压变送器、调节阀和无纸记录仪，它们都带有 PID 功能块。其中差压变送器和调节阀用来构成一个控制回路，控制算法由差压变送器中的 PID 块实现，试设计一个控制回路调度表，并写出调度过程。

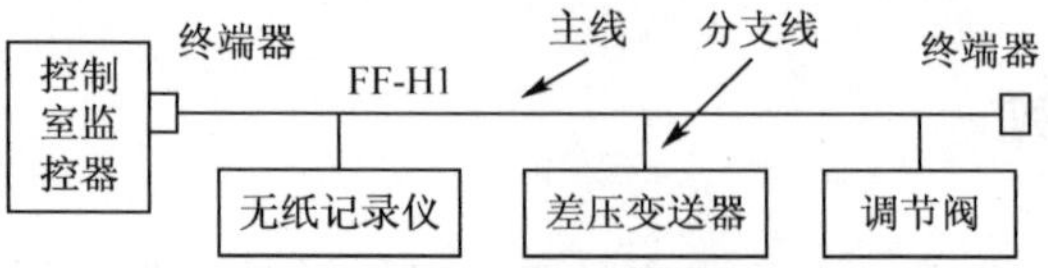

题 17 图　现场总线网段构成

18. 在三冲量汽包液位控制中（如题 18 图所示），液位和水流量构成串级调节，蒸汽流量和水流量构成前馈调节。蒸汽流量变化时，水流量及时跟随变化，而不是靠液位变化来改变。液位 PID 调节有一个较长的时间常数，可避免蒸汽流量激烈变化时因气泡而形成的瞬时虚假液位，但从长时间周期看，液位 PID 调节可以修正前馈调节系统形成的液位累积误差。液位调节主环的输出作为水流量的设定值，水流量按此设定值闭环调节，并在调节信号中加入来自蒸汽流量变送器的前馈信号，使加水流量满足汽包被维持在指定液位的要求。假设所有控制器都采用 PID 算法，试画出该前馈-串级控制的功能块连接。

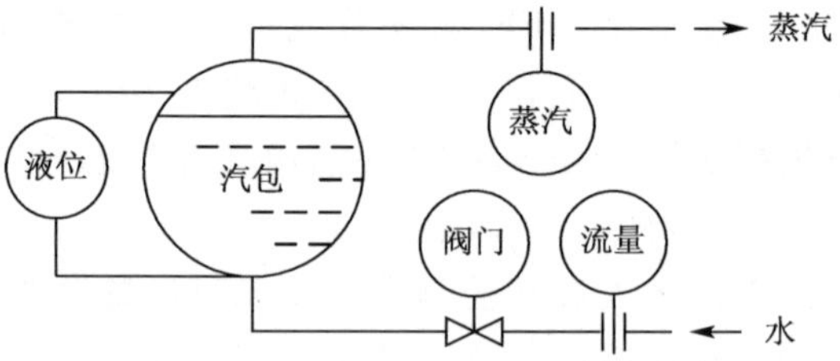

题 18 图　三冲量汽包液位控制流程图

第 8 章　工业以太网

8.1　工业以太网概述

Ethernet 最初是由美国 Xerox 公司于 1975 年推出的一个 2.94Mbps 的持续 CSMA/CD 局域网，它以无源电缆作为总线来传送数据，并以曾经在历史上表示传播电磁波的“以太”来命名。1980 年 9 月，DEC、Intel、Xerox 合作公布了 Ethernet 物理层和数据链路层的规范，称为 DIX 规范。美国电气与电子工程师协会（IEEE）对 DIX 规范进行了适当修改，并据此制定了 IEEE802.3 标准，后来被 ISO 接受而成为 ISO8802.3 标准。严格来讲，IEEE802.3 标准（见附录 B）与以太网并不完全相同，但人们通常都将它认为是以太网标准，而且已经成为国际上最为流行的局域网标准之一。

所谓工业以太网，是指技术上与以太网（即 IEEE802.3 标准）兼容，但在产品设计、材质选用、产品强度和适用性方面能够满足工业现场需要的以太网技术。

众所周知，以太网是为办公自动化设计的，没有考虑工业自动化应用的特殊要求，具有通信延时不确定的缺点，难以满足工业控制中的通信实时性要求。因此，在 20 世纪 90 年代中期以前，很少有人将以太网应用于工业自动化领域。

近年来，随着互联网技术的普及与推广，以太网技术随之得到了迅速发展，尤其是以太网传输速率的提高、以太网交换技术的发展，为解决以太网的非确定性问题带来了新的契机。首先，以太网的传输速率不断提高，正在从 10Mbps 向 10Gbps 发展。在相同通信量的条件下，传输速率的提高意味着网络负荷的减轻和碰撞的减少，也意味着确定性的提高；第二，以太网交换机为连接在其端口上的每个网络节点提供了独立的带宽，连接在同一个交换机上面的不同设备不存在资源争夺，这就相当于每个设备独占一个网段；第三，全双工通信技术又为每个设备与交换机端口之间提供了发送与接收的专用通道，使得不同以太网设备之间的冲突大大降低或完全避免。因此，以太网的“确定性”问题可以得到一定程度的改进，从而使它应用于工业自动化领域成为可能。

以太网是目前应用最为广泛的计算机网络技术，有着广泛的技术支持。相对于其他类型的现场总线，以太网拥有下列优点：

（1）软件资源丰富。几乎所有的编程语言都支持以太网应用开发，如 Visual C＋＋、Visual Basic、Java 等。由于这些编程语言被广泛使用，并受到软件开发商的高度重视，具有很好的发展前景。因此，若采用以太网作为现场总线，可供选择的开发工具、开发环境种类很多。

由于以太网已应用多年，人们对以太网的设计、应用等方面有很多的经验，对其技术也十分熟悉。大量的软件资源和设计经验可以显著降低系统的开发和培训费用，从而可以显著降低系统的整体成本，并大大加快系统的开发和推广速度。

（2）硬件成本低廉。由于以太网应用最为广泛，因而受到硬件制造商的高度重视与广泛支持，供用户选择的硬件产品种类很多，价格也相对低廉。目前以太网网卡的价格只有 FF、Profibus 等现场总线接口卡的 1/10，随着集成电路技术的发展，其价格还会进一步下降。

(3) 传输速率高。目前传输速率为 10Mbps、100Mbps 的快速以太网已广泛应用，1Gbps 以太网技术也逐渐成熟，10Gbps 以太网也正在研究中。以太网的速率比目前的现场总线快得多，可以满足对带宽有更高要求的需要。

(4) 可持续发展潜力大。由于以太网的广泛应用，其发展一直受到极大重视，有着大量的技术投入。另外，在这信息瞬息万变的时代，企业的生存与发展在很大程度上依赖于一个快速而有效的通信管理网络，信息技术与通信技术的发展将更加迅速，也更加成熟。所有这些，保证了以太网技术不断地向前发展。

(5) 易与 Internet 连接。以太网能够实现办公自动化网与工业控制网的信息无缝集成。

从上面的分析可以看出，工业自动化网络采用以太网，就可以避免其发展游离于计算机网络技术的发展主流之外，从而使工业控制网络与信息网络技术互相促进，共同发展，并保证技术上的可持续发展，在技术升级方面无须单独的研究投入。

正因为如此，进入 21 世纪以后，以太网在工业自动化领域开始逐渐得到应用。工程应用实践表明，通过采用适当的系统设计和流量控制技术，以太网可在较大程度上满足工业自动化领域的通信要求。目前，PLC、DCS 等控制设备或系统已经开始提供以太网接口，基于工业以太网的数据采集、记录仪、变送器、传感器等产品也纷纷面世。如今，以太网已成为企业信息管理层、监控层网络的首选，并有逐渐向下延伸直接应用于工业现场设备间通信的趋势。这也是控制网络设备的开发者与制造商将目光转向以太网技术的重要原因。

尽管如此，要把工业以太网放心地应用于工业环境中，仍然面临着一系列技术问题：

(1) 通信的确定性。以太网采用的 CSMA/CD 媒体访问控制方式，其本质上是非确定性的。平等竞争的媒体访问控制方式不能满足工业自动化领域对通信的实时性要求。正因为这样，以太网一直被认为不适合在底层工业网络中使用。需要有针对这一问题的解决方案。

(2) 工业以太网的环境适应性和可靠性。以太网是按办公环境设计的，将其应用于工业控制环境，它的环境适应性受到工业自动化方面专业人士的特别关注。环境适应性包括耐振动、耐冲击等方面的机械环境适应性；工作温度、湿度、耐腐蚀、防尘、防水等方面的气候环境适应性；以及电磁环境适应性。另外，在易燃易爆的危险工业场合，工业以太网产品还必须考虑本安要求。

工业控制现场环境恶劣，而且控制网络需要长时间稳定运行，不仅要求以太网产品有更高的可靠性，其安装也有不同的标准。例如，像 RJ45 一类的以太网连接器，在工业现场容易损坏，应采用带锁紧机构的连接件，使设备具有更好的抗振动、抗疲劳能力；控制网络设备安装需要采用 DIN 导轨等。

(3) 总线供电。在控制网络中，现场设备的位置分散性使得它们有通过总线提供工作电源的要求。现有的工业以太网还没有对网络节点的供电做出专门规定。一种可能的方案是利用现有的 5 类双绞线中另一对空闲线供电。在工业应用中，一般采用 10～36V

低压直流供电。

为了促进以太网在工业上的应用，国际上成立了一些工业以太网组织，如工业以太网协会（IEA，Industrial Ethernet Association）、工业自动化开放网络联合会（IAONA，Industrial Automation Open Networking Alliance）等，在世界范围内推进工业以太网技术的发展和应用。在标准化方面，IEC目前正计划与IAONA合作，制定“工业网络化系统安装导则（Installation Guideline for Industrial Cabling System）”，其中就包含了工业以太网媒体行规。

在工业控制网络中，直接采用以太网作为控制网络的通信技术只是工业以太网发展的一个方面，一些现场总线组织，如现场总线基金会、Profibus国际组织（PNO）、P-Net用户组织（International P-Net User Organization）、Interbus俱乐部（Interbus Club）等，提出了用现有的现场总线控制网络与以太网结合，将以太网作为现场总线网络的高速网段，使控制网络与Internet融为一体的解决方案。纷纷在其低速现场总线的基础上推出了基于以太网的高速现场总线。例如FF-H1的高速网段FF-HSE、Proibus的高速网段ProfiNet等。

在控制网络中采用以太网技术无疑有助于控制网络与互联网的融合，如果实现了Ethernet的“E”网到底，则控制网络无须经过网关转换即可直接连接到互联网，测控节点也有条件成为互联网上的一员。现阶段，人们提出的且正在实现的一个解决方案是：在控制器、PLC、变送器、执行器、I/O卡等设备中嵌入以太网通信接口、TCP/IP协议、Web Server，形成支持以太网、TCP/IP协议和Web服务器的Internet现场节点。在现场总线应用层协议尚未统一的情况下，借助IE等通用的网络浏览器实现对生产现场的监视与控制，进而实现远程监控。因此，人们密切关注工业以太网技术的发展动向。

为了更好掌握工业以太网技术，我们首先讲述它的一般概念，然后介绍一种典型的工业以太网现场总线标准FF-HSE，并给出其他工业以太网标准的主要特点。

8.2 工业以太网体系结构

8.2.1 工业以太网通信模型

工业以太网协议的种类有很多，如HSE、ProfiNet、EtherNet/IP、Modbus-RTPS等，它们在本质上仍基于以太网技术，即IEEE802.3标准。对应于ISO/OSI通信参考模型，工业以太网协议在物理层和数据链路层均采用了IEEE802.3标准，在网络层和传输层则采用被称为以太网上的“事实上”的标准TCP/IP（Transmission Control Protocol/Internet Protocol）协议族，网际协议（IP）用来确定信息传递路线，而传输控制协议（TCP）则是用来保证传输的可靠性，它们构成了工业以太网的低四层。虽然TCP/IP并不是专为以太网而设计的，但实际上它们现在已经是不可分离了。在高层协议上，工业以太网协议通常都省略了会话层、表示层，而定义了应用层，有的工业以太网协议还定义了用户层（如FF-HSE）。工业以太网与OSI参考模型的分层对比见图8-1。

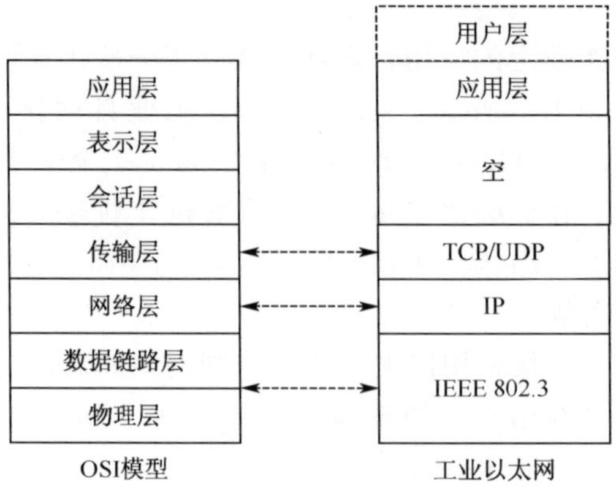

图 8-1　工业以太网通信模型与 OSI 模型的比较

8.2.2　Ethernet 体系结构简介

按 IEEE802.3 标准规定，IEEE802.3 以太网具有如图 8-2 所示的体系结构。

1. 物理层

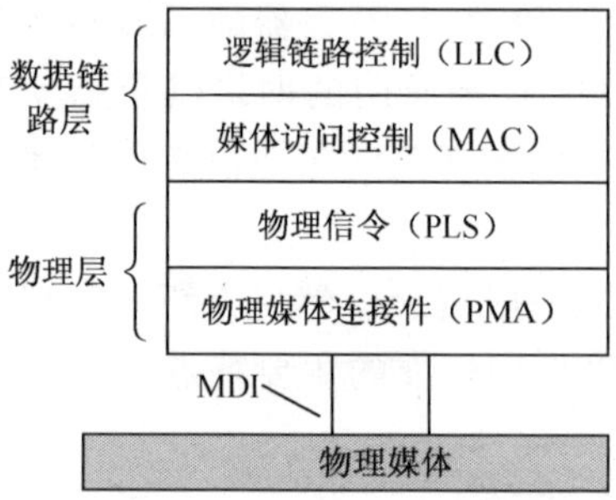

图 8-2　IEEE 802.3 以太网的体系结构

在 IEEE802.3 标准中，将物理层分为两个子层，分别是物理信令（PLS）子层和物理媒体连接件（PMA）子层。PLS 子层向 MAC 子层提供服务，并负责比特流的曼彻斯特编码与译码和载波监听功能。PMA 子层向 PLS 子层提供服务，它完成冲突检测、超长控制以及发送和接收串行比特流的功能。媒体相关接口（MDI）与传输媒体的特定形式有关，它定义了连接器以及电缆两端的终端负载的特性，是设备与总线的接口部件。

2. 媒体访问控制子层

数据链路层又细分为媒体访问控制（MAC）和逻辑链路控制（LLC）两个子层。这种分解主要是为了使数据链路功能中与硬件有关的部分和与硬件无关的部分分开，降低不同类型数据通信设备的研制成本。MAC 子层是与硬件相关部分，与 LLC 子层之间通过 MAC 服务访问点相连接。IEEE 802.3 以太网帧的格式如图 8-3 所示，图中字段下方括弧中的数据是指相应字段的长度，即字节个数。从中可以看到，MAC 的帧格式包括 5 个字段，前两个字段分别为目的地址字段和源地址字段，第 3 个字段为数据长度字段，它指出后面数据字段的字节长度，接着的数据字段就是 LLC 层交下来的 LLC 帧和必要的填充字节（当数据字段长度小于最小长度限制时，需填充字节使达到最小长度），最后一个字段为帧检验序列，它对前 4 个字段进行 CRC 检验。MAC 帧传到物理层时，必须加上一个前同步码，它是 7 个字节的 1、0 交叉序列，即 101010……，供接收方进行比特位同步之用。紧跟前同步码的是 MAC 帧的起始定界符，它占一个字节，为 10101011，接收方一旦接收到两个连续的 1 后，后面的数据即是 MAC 帧。

数据字段

前同步码 (7)	起始定界符 (1)	目的地址 (6)	源地址 (6)	数据长度 (2)	LLC帧 (0~1500)	[填充字节] (46~0)	帧校验序列 (4)

MAC帧

图 8-3　IEEE 802.3 以太网帧的格式

MAC 子层的工作原理是影响以太网应用于工业控制的重要原因之一。因此，以下我们将说明其工作方式，可以从中了解产生争议的问题所在。

1） 媒体访问控制协议 CSMA/CD

在 IEEE 802.3 以太网 MAC 层中，媒体的访问控制采用了载波监听多路访问/冲突检测（CSMA/CD）协议。CSMA/CD 的主要思想可用“先听后说，边说边听”来形象的表示，这里只做简单说明，详细描述可参考本书 4.4 节 CSMA/CD 工作原理部分。

“先听后说”是指在发送数据之前先监听总线的状态。在以太网上，每个设备可以在任何时候发送数据。发送站在发送数据之前先要检测通信信道中的载波信号，如果没有检测到载波信号，说明没有其他站在发送数据，或者说信道上没有数据，该站可以发送。否则，说明信道上有数据，等待一个随机的时间后再重复检测，直到能够发送数据为止。当信号在传送时，每个站均检查数据帧中的目的地址字段，并依此判定是接收该帧还是忽略该帧。

由于数据在网上的传播有一定的时延，总线上可能会出现两个或两个以上的站点监听到总线上没有数据而发送数据帧，因此就会发生冲突。“边说边听”就是指在发送数据的过程的同时检测总线上的冲突。冲突检测最基本的思想是一边将信息输送到传输媒体上，一边从传输媒体上接收信息，然后将发送出去的信息和接收的信息进行按位比较。如果两者一致，说明没有冲突；如果两者不一致，则说明总线上发生了冲突。一旦检出冲突以后，不必把数据帧全部发完，立即停止数据帧的发送，并向总线发送一串阻塞信号，让总线上其他各站均能感知冲突已经发生。总线上各站点“听”到阻塞信号以后，均等待一段随机时间，然后再重发受冲突影响的数据帧。这一段随机时间的长度通常由网卡中的某个算法来决定。

CSMA/CD 的优势就在于站点无须依靠集中控制就能进行数据发送。当网络通信量较小的时候，冲突很少发生，这种媒体访问控制方式是快速而有效的。当网络负载较重的时候，就容易出现冲突，网络性能也相应降低。

2） 冲突退避算法

在 IEEE 802.3 以太网中，当检测出冲突后，就要重发原来的数据帧。冲突过的数据帧的重发又可能再次引起冲突。为避免这种情况的发生，经常采用错开各站重发时间的办法来解决，重发时间的控制问题就是冲突退避算法问题。

最常用的计算重发时间间隔的算法就是二进制指数退避算法，它本质上是根据冲突的历史估计网上信息量而决定本次应等待时间。按此算法，当发生冲突时，控制器延迟一个随机长度的间隔时间，如下式所示：

$$T_k = R \times S(2^k - 1)$$

式中，T_k 为退避时间；R 为 0～1 的随机数；S 是时间片（可选总线上最大的端到端单程传播延迟时间的 2 倍）；k 是连续冲突的次数。整个算法过程可以理解为

（1）每个帧在首次发生冲突时的退避时间为 T_1。

（2）当重复发生一次冲突，则最大退避时间加倍，然后组织重传数据帧。

（3）在发生 10 次碰撞后，退避时间的最大时间片数将被固定在 1023 上。

（4）发生 16 次碰撞后，控制器将停止发送并向节点微处理器回报失败信息。

这个算法中等待时间的长短与冲突的历史有关，一个数据帧遭遇的冲突次数越多，则等待时间越长，说明网上传输的数据量越大。

3. 逻辑链路控制子层

LLC子层向高层提供一个或多个逻辑接口或称为服务访问点。LLC支持无应答的无连接服务和面向连接的服务，负责帧的接收和发送，并具有帧顺序控制、错误控制和流控制等功能。在 LLC 帧格式中，指定了源访问点（SSAP）、目的访问点（DSAP）、一个控制字段和 n 个字节的数据字段（见图 8-4）。LLC 层服务访问点（SSAP/DSAP）是由 LLC 层定义的逻辑端口，它与主处理器地址拼接而构成 LLC 地址。LLC 子层之间数据单元的交换就是根据 LLC 地址来识别的。

DSAP（1）	SSAP（1）	控制（1）	数据（n）

图 8-4　IEEE 802.3 以太网 LLC 帧的格式

8.2.3　TCP/IP 协议族

将以太网引入控制网络意味着它已经进入工业控制过程。IEEE802.3 的数据链路层在保证网络之间数据的可靠传输方面存在问题，协议 TCP/IP 提供了该功能，没有它们，使用 Ethernet 是困难的。鉴于 Internet 的巨大影响力以及它在控制网络中应用的潜力，大部分工业以太网也选用了 TCP/IP 协议族，因为它们能支持 Internet 功能。下面将着重描述 TCP/IP 应用于工业以太网时所扮演的角色。

1. TCP/IP 协议概述

实际上，TCP/IP 是多年来根据一系列描述要求（RFCs，Request for Comments）所制定的一套协议。TCP/IP 协议中，IP 用来确定信息传递路线，相当于 OSI 参考模型中的网络层；TCP 被置于 IP 的上面，用来保证传输的可靠性，对应于 OSI 参考模型中的传输层。TCP 的上一层是应用层，应用层中可以具备部分会话层和表示层的功能。因此，使用 TCP/IP 协议的网络参考模型一般只有 5 层，Ethernet 位于最低层的数据链路层和物理层（见图 8-1）。模型的扩展描述如图 8-5 所示。

通常情况下，没有必要使用网络参考模型中的每一层，可以开发一些应用，使之能够直接调用任意一层的服务。大多数应用要求有可靠的端对端的协议，此时就要使用

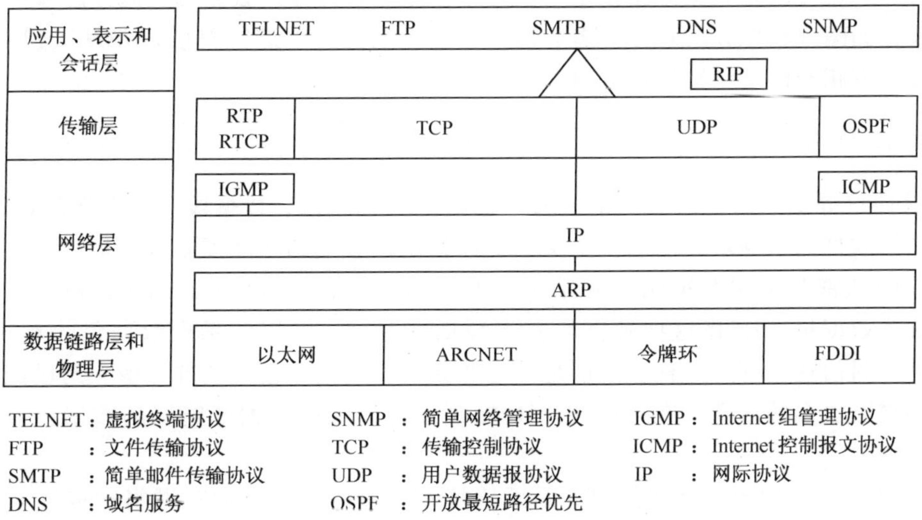

图 8-5　TCP/IP 协议参考模型

TCP。不过有一些特殊用途的应用不需要这些服务，例如简单的网络管理协议(SNMP)，它使用了另一种端对端的协议，称为用户数据报协议（UDP，User Datagram Protocol)，而其他一些应用则可能会直接利用 IP。已经开发出的那些不用调用 IP 的应用以及不需要 TCP 的应用会直接调用网络接入层。

2. 数据包

处于数据链路层上面的 IP 数据被称为数据报，它被插入以太网帧的数据区，数据报有自己的数据头和数据区但没有结束区。TCP 位于传输层，该层的数据同样也被用于 IP 的数据报中。TCP 使用数据段，其中中包括 TCP 数据头和应用数据。传输层的上面是应用层，应用层的数据及数据头必须插入传输层的数据部分。

应用层发送应用数据，TCP 发送数据段，IP 以数据包的形式在数据链路层发送数

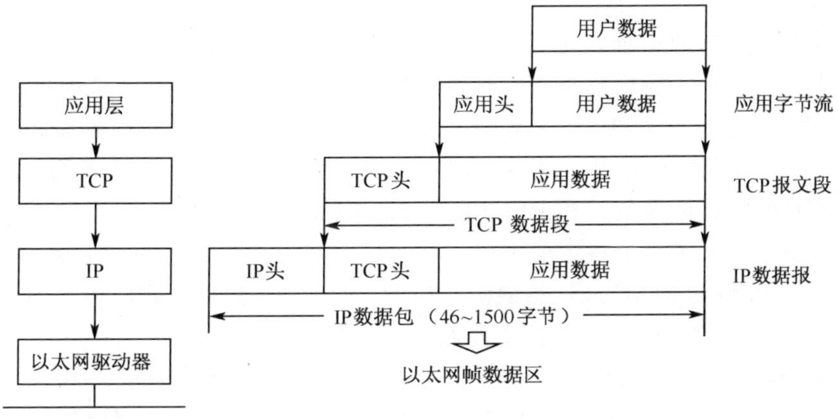

图 8-6　TCP/IP 协议中每一层的数据都在下一层的数据区中打包

据报。一个包可以是一个数据报也可以是数据报的一部分。数据在发送方的每一层被分别封装，如图 8-6 所示，最后，这个数据根据以太网协议进行封装，并发送到网络上。而在接收方相同的层，数据被解封。

3. IP 协议

IP 协议提供数据传送的基本单元，包括地址、路径、数据段。在发送端，IP 发送来自高层软件的数据块，附加一个头部，以指定接收端的全球互联网地址以及其他一些东西。IP 头部与上层数据结合起来称为网际协议数据单元（Internet Protocol Unit），或简称为数据报。IP 将这些数据块塞入数据链路层，并以一系列数据包的形式发送，就像把一封信送到邮局一样。一般地，它将到达目的地，但是它并不像一封已经注册的邮件一样有更多的信息。在接收端，IP 接收来自以太网数据链路层的数据包，恢复为原始数据。

IP 在源和目的地址之间使用的是无连接传输服务，数据包在网络中或网络之间传输时，可能发生丢失，由此可能导致数据报文被破坏。IP 为每个数据包提供独立寻址能力，但不能保证每个数据包都能正确的到达目的地，网络阻塞和传输错误都可能使数据包丢失，因此被称为是一种不可靠的传输服务。保证可靠的端对端的信息传输是传输层 TCP 的任务，而不是网络层 IP 的任务。IP 只是简单地负责确定数据报文的地址及路径。

1）路由器和主机

中继器、集线器等用在物理层，网桥用在数据链路层，而路由器则用在网络层。路由器主要用于 Internet 中的网络互联。Internet 是用来表示一群网络的一个惯用的术语，需要严格的编址标准以确保在不同的系统中实现通信的互联网不会混淆。我们可以使一个控制网络是独立的，即不与 Internet 相连。若要使它们互联就必须使用路由器。事实上，IP 是一个路由器协议，路由器是执行该协议的元件。

Internet 中的端点设备称为主机，当两台主机处在同一个局域网中，信息可以不经过路由器直接传输，如果它们处在不同的网络中，则必须经过路由器传递信息。

2）IP 地址

IP 完成源和目的的编址，最常用的编址规范是 IPv4，它使用 32 位编址，新规范 IPv6 使用 128 位编址。新规范是考虑到迅猛发展的 Internet 会把 32 位地址用尽而发展出来的。尽管 IPv6 是建立在 IPv4 基础上的，由于 IPv6 会对我们理解简单的 32 位 IP 地址编址方法造成较大混乱，不在这里讨论。对此有兴趣的读者可以查阅文档 RFC2460（IPv6 的整体规范）和 RFC2373（IPv6 的寻址结构）。

IP 地址不只定义了一个特定的主机，而且定义了一个特定的网络。不要把 IP 地址和 Ethernet 中 48 位的 MAC 地址相混淆。MAC 地址是在数据链路层中为通信提供便利的，而 IP 地址是为网际间的通信提供便利的，而且必须被确认。

IP 地址编址格式为〈netid，hostid〉，用 4 个 8 位二进制数表示，每一个是十进制数 0～255。因此 IP 地址通常用 XXX. XXX. XXX. XXX 来表示。也可以用二进制或十六进制来表示，但十进制的形式更为普遍。IP 地址的编址范围为 0.0.0.0～255.255.255.255。例如 234.9.240.15。对照编址格式，可以看到，从一个地址上很难区分出哪一个是网络地址（NetiD），哪一个是主机地址（HostiD）。事实上，根据 IP 地址分类可以很容易把它们区分开来。

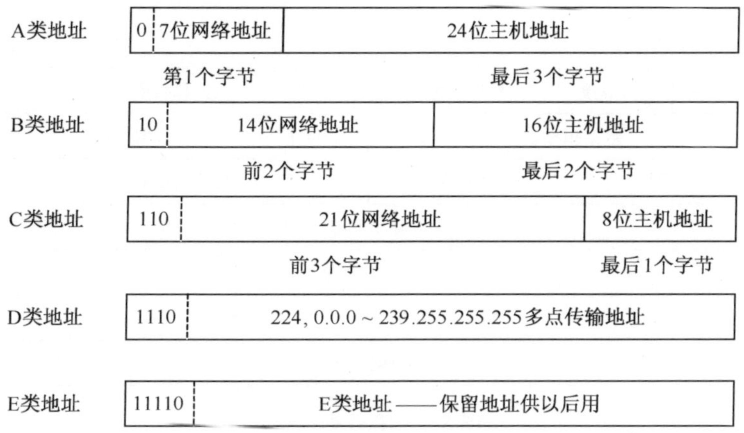

图 8-7　IP 地址分类

IP 地址分为 5 类：A、B、C、D 和 E，如图 8-7 所示。IP 地址的第一个字节决定地址的类型。

A 类：第一个字节的第 1 位为 0。第一个字节定义网络，而后三个字节定义主机。因此 A 类的每个网络可以有 16277214 台主机。

B 类：第一个字节的前 2 位为“10”。前两个字节定义网络，而后两个字节定义主机，即每个网络可以有 65534 台主机。

C 类：第一个字节的前 3 位为“110”。前 3 个字节定义网络，而后一个字节定义主机，即每个网络可提供 254 台主机。

D 类：第一个字节的前 4 位为“1110”。主要定义多点广播地址，即信息可以从一台主机发给多台主机。

E 类：第一个字节的前 5 位为“11110”。保留。

此外，还有其他的保留地址，主机地址全“1”保留用做给网络中所有的主机广播信息，而全“0”主机地址则用做表示“该网络”。127 的网络地址用做反馈检测，这样就保留了 16000000 主机地址，网络地址 0 也被保留。

如果一个控制网络要连入 Internet 中成为里面的一员，则应遵守编址规则。通常这些地址是由网络管理员或 Internet 服务供应商（ISP）统一分配的。如果一个控制网络是一个私有的网络，那么它可以采用任何一种编址方式，但必须给出一个请求注解（RFC）向导。私有网络只能使用 non-routableIP 地址，这些地址无法通过路由器。这些地址包括：

10.0.0.0～10.255.255.255；

172.16.0.0～172.31.255.255；

192.168.0.0～192.168.255.255。

3）IP 数据报格式

描述 IP 实体之间的协议，最好的办法是参照 IP 数据的格式，如图 8-8 所示。IP 传送和接收的数据包由 IP 头及数据组成。IP 头最小为 20 个字节，前 12 个字节提供控制信息，而后 8 个提供 IP 地址信息，地址信息之后是一个选择区。IP 数据格式中的字段如下：

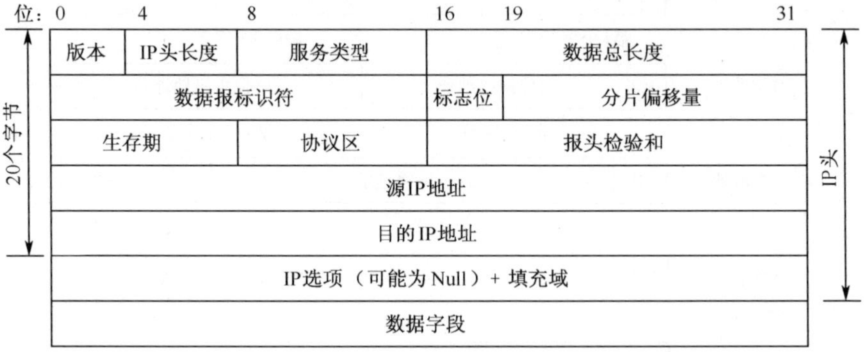

图 8-8　IP 数据报格式

（1）版本（4 位）：指示 IP 版本。如 4 表示 IPv4，6 表示 IPv6。

（2）IP 头长度（4 位）：指明以 32-bit 为单位的 IP 头长度，最小的值为 5，最大值为 15。也就是说 IP 头的长度最小为 20 个字节，最大不能超过 60 个字节。

（3）服务类型（8 位）：定义可靠性、优先级、时延以及吞吐量等参数，8 位中只有 6 位可用。这些位是交给路由器的一些信息，在协议的高层被设置。对于一个控制网络来说，这些参数有利于提高网络服务水平，比如控制网络需要低延迟、高可靠性等。但是，这些服务在路由器中很少被真正地执行。这点在 IPv6 中做了进一步的改进。

（4）数据总长度（16 位）：以字节为单位，表示数据报中数据字段的总长度。需要注意的是，数据总长度不是数据包的长度。如果数据报长度比可发送的最大数据包的长度大时，必须分成一系列的包来发送。在这种情况下，数据总长度表示的是分片传送数据的长度，而不是原始数据报的数据字段长度。

（5）数据报标识符（16 位）：一个序列号，它与源 IP 地址、目的 IP 地址以及用户协议结合起来使用，以便唯一地标识出一个数据报。因此，当这个数据报还存在于互联网络中的时候，这个标识符在具有相同源 IP 地址、目的 IP 地址以及用户协议的数据报中是唯一的。

（6）标志位（3 位）：3 个标志位中，目前只定义了两位。后续（More）位用于数据的分片和重装，1 表示它是一个大的数据报的一片，0 表示无分片（第一或唯一的一片数据报）或它是最后的一片；不分片（Don't-Fragment）位置位时禁止分片，如果已知目的地没有重装数据片的能力，那么这个位所起的作用就非常重要了。但是，如果不分片位被置位，那么假如某个数据报超出了途经的某个网络的最大的传输单元，这个数据就会被丢弃。接收主机在重组数据时需要用到这些位。

（7）分片偏移量（13 位）：分片即将大的数据报分成易于管理的小数据包，而分片偏移量指的是在原始数据报的数据字段中，该数据字段的起始位置，以 64 位（8 个字节）为计算单位，其言外之意就是除了最后一个数据包之外，所有数据包含有的数据字段长度都是 64 位的倍数。

Ethernet 的最大数据包的长度为 1500 个字节，称为最大传输单元（MTU），在局域网中 MTU 是可知并可赋值的。当然，我们希望数据最好不要分片。网络间会出现的问题是，中间网络所允许的 MTU 较小，这就要求路由器将即使是原来没分片的原始数据也分片传送。路由器将数据分片（只要数据没有明确标明“禁止分片”），分片数据由目的主机重组，路由器不能重组分片数据。

缺省的 MTU 为 576 个字节，所有路由器都必须能够处理这个长度的传送，将数据报限制在 576 个字节就无需分片。由于 Ethernet 的最大数据包为 1500 个字节，因此这将给它们带来限制。所以，局域网将它的最大数据包长度作为局域网的 MTU。对于一个控制网络来说，由于其中的数据包长度一般不会超过 256 个字节或 512 个字节，在 MTU 为 576 个字节的网络间传输时，不会存在任何分片问题。

当有分片时，每个 IP 头只做微小的变动，其中包括分片偏移量、后续标志位等。图 8-9 给出了一个分片实例，其中第一片数据的长度为 208 个字节，分片偏移量为 0，后续标志位置 1；下一片数据的第一个字节是原始数据的第 209 个字节，分片偏移量为 26（208/8），后续标志位为 0。

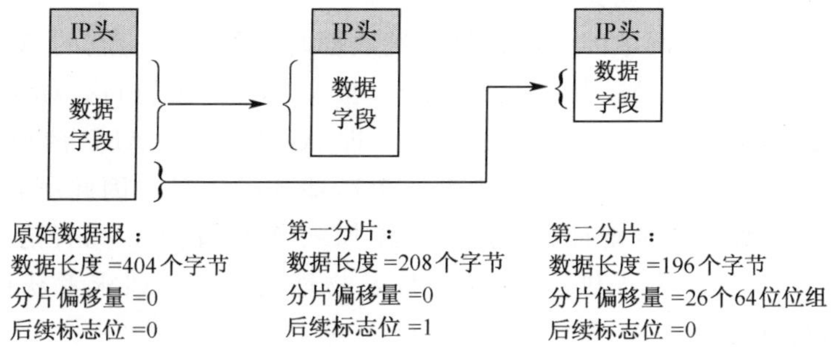

图 8-9　分片举例

如上所述，很容易就归纳出 n 次分割的过程。根据数据报标识符、分片偏移量、源 IP 地址和分片数据，即使杂乱无章的报文也可以被接收端重新组合。这就是 IP 的功能，数据包可以选择不同的路由器到达目的端，然后重新被组合。

（8）生存期（8 位）：规定一个数据报可以在网络中的存留时间，以秒为单位。生存期被路由器用来防止一个错误的数据流在网络中无休止地循环传输。源主机将数值放入该字段，每个处理数据报的路由器将其以 1 为单位递减，当它减到 0 时，通知源主机报文传输失败。

（9）协议区（8 位）：用来告知上层协议接收到的数据字段由它使用。通常 IP 的上层协议为 TCP，但还有其他发送、接收数据的协议，协议区会提供它们的区别。

（10）报头检验和（16 位）：仅仅对 IP 头起作用的差错检验码。由于某些 IP 头中的字段在传输中会改变（例如，生存期以及与分片相关的字段），所以要在每个路由器上进行检验以及重新计算。

（11）源 IP 地址（32 位）：这个编码允许各种各样的配置，以便定义与指定网络相连接的网络或端系统。

（12）目的 IP 地址（32 位）：与源地址特性相同。

(13) IP 选项（长度可变）：IP 选项也可以为空，它主要是给路由器使用的。

(14) 填充域（长度可变）：用于确保数据报的 IP 头是 32 位的倍数。

(15) 数据字段（长度可变）：数据字段必须是 8 位的整数倍。数据报的最大长度（IP 头与数据总长度之和）为 65536 个字节，即 65536 个 8 位组。

4) 地址分配协议

如前所述，IP 指明了数据链路层中数据包所传送的源到目的地址的路径。数据链路层无须了解数据的含义及 IP 地址，但是，它知道自己的 MAC 地址以及如何与其他的 MAC 地址通信。无论如何，它必须告知每个主机，它的 MAC 地址或物理地址分配了哪个 IP 地址，也必须告诉每个主机局域网中所有其他主机的物理地址以便通信。

通常主机的 IP 地址——物理地址的分配放在一个固定不变的存储区或文件中。使用一个 32 位的 DIP 开关来分配是不切实际的，有时可以利用设备上的一个串行口来编程设置 IP 地址，但是一旦设置了 IP 地址，就必须让所有网络上的其他主机知道。

地址分配协议（ARP，Address Resolution Protocol）用来获知物理地址的分配，ARP 并不使用 IP 的结构，它有自己的结构。ARP 直接与数据链路层进行通信，因此必须注意网络中适配器的不同类型。

当一个主机要向局域网中的另一主机发送数据时必须先校验它的 ARP 表，并获得物理地址作为 IP 的目的地址。如果找到地址，报文发送继续进行。如果没有找到，则向局域网的其他所有主机发送一个广播信息，即 ARP 请求。ARP 请求中包含了源 IP 及物理地址，还有请求的 IP 地址。由于是一个广播式的信息，因此所有主机都能从请求中获得一对 IP 地址和物理地址，并把它们添加入 ARP 表中。只有请求的 IP 地址所在的主机对此作出响应，并提供它的 IP 地址及物理地址对，请求者获得该物理地址，则数据报文开始发送。

4. 传输层协议

TCP/IP 协议族中含有两个常用的传输层协议：面向连接的传输控制协议（TCP）和无连接的用户数据报协议（UDP）。在过去很长的一段时间里，工业控制网络一般不使用传输层，而是利用应用层来保证通信的可靠性。现在已有一些网络标准（如 HSE、ProfiNet、Modbus 等）将 TCP 或 UDP 用于传输层，以获得可靠的传输。或许在不远的将来，TCP 和 UDP 会得到更广泛的应用。下面我们将讨论这两种传输层协议。

1) UDP

UDP 为应用层的过程提供无连接服务。因此从本质上说，UDP 是不可靠的服务，它无法保证不会出现传递和重复的差错。但是这种协议的开销很小，其低成本和执行的快速性对工业控制网络充满了吸引力。另外，UDP 中使用的端口号，对应用层来说是极其有用的。

UDP 之所以得到工业以太网设计者的重视，主要原因在于，某些场合下无连接服务也有立足之地。例如：

(1) 内部的数据采集：主要是指对数据源定期性的采样，如传感器数据、来自安全设备或网络部件的自检报告。在实时监控状态下，一个数据单元的偶然丢失并不会导致灾难，因为在很短的时间内就会有下一个报告到达。

(2) 向外的数据分发：包括向网络广播消息；宣布一个新节点的加入或一个服务地址的改变；以及实时时钟值的发布等。

(3) 请求与响应：由公共服务器向多个用户提供事物服务的应用程序，这种情况通常只有一个请求-响应序列。该服务的使用由应用层来协调，而低层的连接通常是不需要的，甚至是个累赘。

(4) 实时应用：涉及某种程度的冗余和（或）实时传输要求的应用，如话音和遥感器。它们不一定需要面向连接的功能，如重传等。

UDP 位于 IP 之上。由于它是无连接的，所以 UDP 基本上不需要做什么事情，它只是为 IP 增加了一个端口寻址能力，这一点最好参照图 8-10 所示的 UDP 报文格式来说明。UDP 报文由 UDP 报文头和数据组成。报文头共有四个字段，分别为源端口、目的端口、长度和检验和，每个字段的长度都为 16 位。长度字段的值是指整个 UDP 报文的长度，包括报文头和数据。检验和的字段用来检验报文头及数据的有效性，使用的算法与 IP 中的一样。对于 UDP，检验和字段应用于整个报文段，而 IP 中的检验和仅仅用于 IP 头，并不负责数据字段。

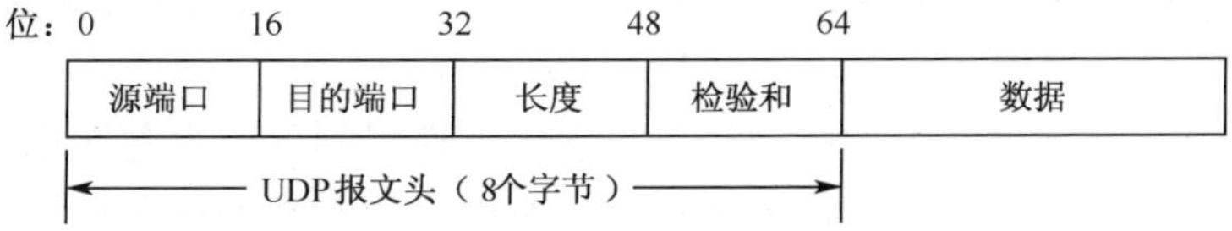

图 8-10　UDP 报文格式

UDP 报文头和来自应用层的数据被打包于 IP 的数据字段。提供站地址的 IP 头放在 UDP 报文的前面，整个 IP 数据报都被打包于数据链路层中，送到目的站并反向解包。UDP 提供的只是应用层使用的端口号的分配。使用 UDP，发送者无法得知数据是否被接收，数据的完整性是否受到丢失包、错误顺序包以及重复接收包的影响，因为 UDP 不提供这种服务。

UDP 引入了端口号的概念。当一个端接收到 UDP 数据，它就将端口号提供给应用层，应用层会为收到的数据分配一个缓冲区。端口号的重要性在于它可以标识一个特殊的应用。如果有多个端口号，那么同一个站就能同时支持几种不同的应用。

端口号分为 3 种类型：分配的、注册的、动态的。0～1023 是已分配的端口号，它的一些应用由 IANA（the Internet Assignable Numbers Authority）定义，已被认为是 TCP/IP 协议族的一部分，包括 TELNET、FTP 以及其他一些应用。这些端口号不能在其他应用中使用。除此之外，剩余的端口号被定义为注册的或动态的。注册的意思是当一个组织想要定义一些功能模块时，必须向 IANA 注册一个端口号，其他组织将不再使用已注册过的端口号。动态端口是指可以由一个站随机地定义，用来表示应用需求的源端口。

例如，如果站 A 要求站 B 转送一个小的文件传输协议服务（FTTP），它将在目的端口中插入 69（FTTP 已被分配的端口号），一个动态端口号（随机但不冲突）将被置入源端口中，并被传送到站 B。站 B 接收到请求，并能理解它是一个 FTTP 请求，然后开始执行。它将 69 放入源端口，将 A 产生的动态端口号放入目的端口，然后将其作为响应发送给站 A。站 B 知道如何处理这个特殊的应用，因为它明白源及目的端口号的意思。端口号及 IP 地址通常被称为蜂窝（Socket），用〈网络号，主机号，端口号〉表示。只要有端口的分配，则蜂窝的分配就变成整个 IP 网络上应用层的特定的表示方法。

2）TCP

第二种传输层的协议为 TCP，它提供一种基于可靠连接的信息传递。TCP 减轻了应用层保证信息可靠传递的负担。除了保证可靠连接外，TCP 还可以防止站中数据流的泛滥。

站间数据的传输是以一系列包的形式进行的，这些包在站中以一定的顺序被重新组合并产生新的数据流被传输。数据包在传送过程中可能出错、丢失、重复或接收顺序混乱，为了解决这些问题，每个包都有一个顺序号。分配给第一个包的顺序号，顺序号的值没有太大的关系，因为下一个包的顺序号是把前一个加 1，即一个数据流的一系列数据包的顺序号是以 1 为单位递增的一系列数。当所有的包被接收后，站将根据顺序号重组数据。丢失的顺序号说明该数据包丢失。重复的顺序号说明有重复的数据包被接收，可以丢弃多余的。如果所有的数据包都被正确地接收，则接收方将向发送方响应一个接收确认，否则，将发送被丢失数据包的重新传送请求，发送方仅重发要求的数据包，而无需重新发送整个数据流。

TCP 提供了一个面向字节的排列协议，它比上面提到的数据包顺序方案更加灵活。TCP 给数据包中的每个字节编号而不是给每个包编号。它给顺序包的第一个字节编号，第二个包的顺序号是第一个包的顺序号加上第一个包的字节数。接收方收到正确的包后发送一个包含下一个期望顺序号的确认包，该顺序号为最后一个接收到的数据包的最后一个字节号加上 1。发送方可以根据确认包中的顺序号判断它发送的数据是否已经被正确地接收。只有当发送方接收到确认包后，才能丢弃这些数据包，因为有可能要求它重新发送数据包。确认包并不需要单独发送，并不是每个数据包都需要确认。为了提高效率，TCP 允许确认包与数据一起发送。例如，站 B 要响应站 A 所要求的数据时，数据与确认包就可以一起发送。这样就可以提高速度。

（1）TCP 报文段的格式。

TCP 使用的协议数据单元称为报文段，它有 TCP 报文头和数据字段组成，其格式如图 8-11 所示。TCP 的报文头比 UDP 的大，而且是可变的，长度范围为 20～40 个字节，但它与 UDP 有相同的源和目的端口字段。TCP 报文头的组成如下：

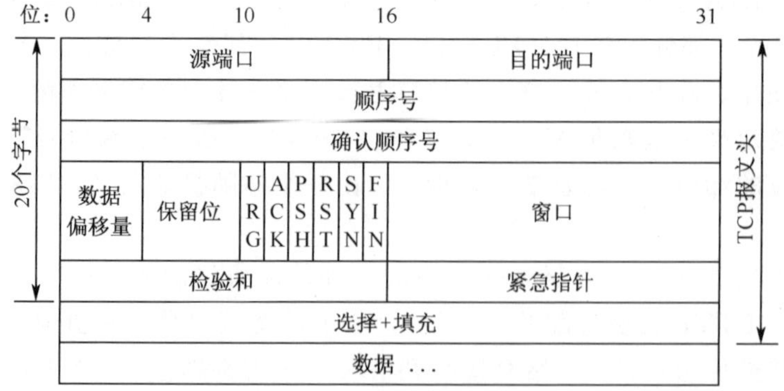

图 8-11　TCP 报文段的格式

源端口（16 位）：源 TCP 用户。

目的端口（16 位）：目的 TCP 用户。

顺序号（32 位）：如果 SYN 标志位未被置位，它表示的是这个报文段中第一个数据字节的顺序号。如果 SYN 被置位，那么它就是初始顺序号（ISN），而第一个数据字节的顺序号为 ISN+1。

确认顺序号（32 位）：一种捎带的确认。包含 TCP 实体希望接收的下一个数据字节的顺序号。

数据偏移量（4 位）：TCP 报文头中包含 32 位位组的数量。它可用来确定数据区的开始。

保留位（6 位）：为将来使用而保留的空位。

标志位（6 位）：共有 6 个标志位，所起作用各不相同。URG：紧急指针的含义；ACK：确认字段的含义；PSH：急迫功能；RST：复位连接；SYN：顺序号同步；FIN：发送者没有其他的数据了。

窗口（16 位）：流控制的信用量分配，以字节为单位。其内容为从确认顺序号字段中指出的那个字节开始，接收方愿意接受的字节数量。该字段的目的是为了防止接收方数据缓冲区的溢出。

检验和（16 位）：用来保证报文头及相关数据的完整性和正确性。该检验和字段应用于整个 TCP 报文段，还要再加上计算时（不论是传输还是接收）在报文头前面附加的伪报文头。伪报文头包括 IP 头中的源 IP 地址、目的 IP 地址和协议区三个字段，再加上报文段长度字段。通过包含这个伪报文头，TCP 可以防止它被 IP 误传递。也就是说，如果 IP 将报文段交付到了错误的主机上，即使报文段本身没有包含错误的比特位，接收 TCP 实体也能检测出这个交付错误。

紧急指针（16 位）：指向紧急数据序列的最后一个字节，它使接收方能够知道共有多少个紧急数据到来。

选项和填充字段的长度是可变的。当选项的长度不是 32 位的整数倍时，需要用填充来补足。目前只定义了一个选项，用来指出能够接受的最大报文段长度。

（2）TCP 的连接。

当使用 TCP 连接时，必须经过建立连接、数据传送和终止连接三个阶段。

当站 A 要与站 B 通信时，必须先建立连接。TCP 的建立连接过程总是使用三次握手，如图 8-12 所示。当报文段的 SYN 标志置位时，这个报文段本身就是一个连接请求。为了初始化一条连接，站 A 发送一个包含 SYN 位和初始顺序号 X（该例子中为 10）的报文段给站 B，站 B 响应一个 SYN 和 ACK 标志都置位、初始顺序号为 Y（该例子中为 30）、确认顺序号为 $X+1$（该例子中为 11）的确认。请注意，这个确认指出站 B（接收方）现在希望接收以顺序号为 $X+1$ 的数据字节开始的数据，同时 B 也把自己的顺序号 Y 发给站 A。最后，站 A 响应一个确认顺序号为 $Y+1$（该例子中为 31）的确认。

一条连接是由源和目的端口唯一确定的。因此，在任何时候，一对端口之间仅仅存在一条 TCP 连接。然而，一个给定的端口可以支持多个连接，只不过每个连接的对方端口都不相同。

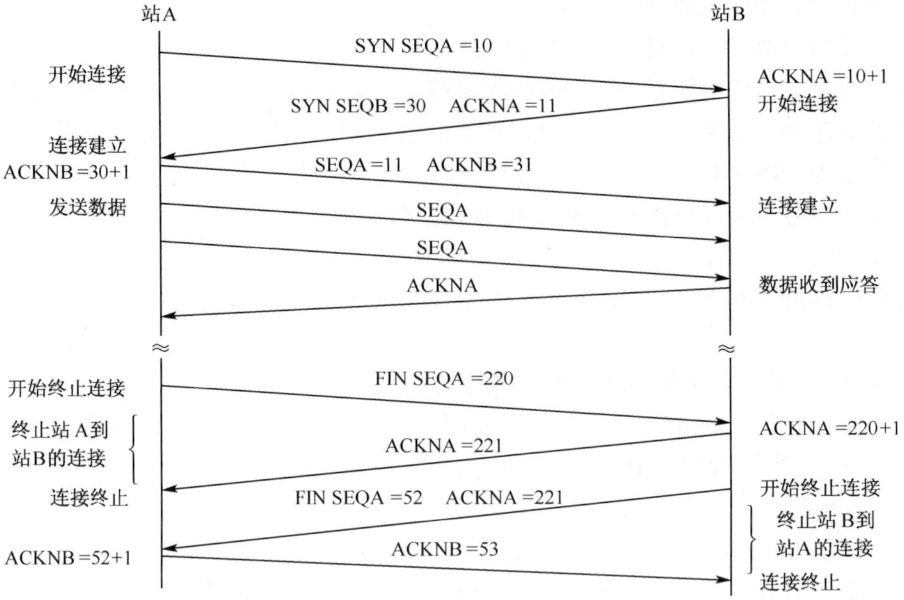

图 8-12 TCP 连接示意图

一旦建立连接后，站 A 就可以根据可变的顺序号向站 B 发送数据，然后站 B 确认。这种连接关系一直保持到终止连接。

传输实体在传输和接收时都要将数据缓存起来。正常情况下，TCP 运用自己的判断力来决定何时应当构造一个传输的报文段，以及何时将接收到的数据交给用户。PSH 标志则用于强迫传输方将目前已积累的所有数据都发送出去，并让接收方马上交付给高层。这起到了文件结束符的作用。

用户可以将一个数据块定义为紧急数据。TCP 可以用紧急指针来指出数据块的末端，并以正常的数据流将它发送出去。接收用户会被警告说正在接收的是紧急数据。

在数据传送期间，如果一个到达的报文段很明显的不属于当前连接，那么在输出的报文段中将 RST 复位。导致这种情况的原因可能是有尚未发送的数据确认等。

当请求的数据传输结束后，双向连接将被终止，以释放两站的缓冲区。用来终止连接的标志位为 FIN。站 A 在它发出的最后一个报文段上将 FIN 标志置位，这个报文段中包含了在该连接上发送的最后一些数据。站 B 响应确认请求。一旦确认被站 A 接收到，则站 A 到站 B 的连接就终止了。但这并不意味着站 B 到站 A 的连接终止，要使它也终止，则 B 站也必须请求终止连接。

(3) TCP 的数据流控制。

数据流的控制是指两站间数据传送的管理。根据站的功能，无论是客户机还是服务器，无论站处理信息的能力有多强，它都不可能跟得上网络通信。为了降低事件的速度，TCP 报文头中提供了一个称为窗口的字段，接收站在窗口字段设定一个值以告知发送方它将接收多少字节数据。窗口的值是动态的，它将根据接收方可能获得的缓冲区的大小而定。可以将窗口域的值设为 0 来终止传送。在这种情况下，如果发送方需要发送重要信息时，就必须将 URG 标志位置 1，并用紧急指针字段给定一个顺序号，指明数据中紧急数据的第一个字节，接收方必须留出空间来接收紧急数据。

8.2.4 互可操作性与应用层协议

工业以太网互可操作性是指连接到同一以太网网络上不同厂家的设备之间通过统一的应用层协议进行通信与互用，性能类似的设备可以实现互换。这一方面有利于提高系统的质量，另一方面为用户提供了更大的市场选择机会。互可操作性是由应用层协议及相关的认证来保证的。

应用层最早使用的是虚拟终端协议（TELNET）、文件传输协议（FTP）和简单邮件传输协议（SMTP）。TELNET 允许一台设备上的用户登陆到远程设备上进行工作；FTP 提供了有效地将一台设备上的数据移到另一台设备的方法；SMTP 最初只是一种文件传输方法，后来为它设计了专门的协议。这些年来又增加了许多应用层协议，例如用于把主机名映射到网络地址的域名服务（DNS）协议；用于在万维网上获取主页的 HTTP 协议等。

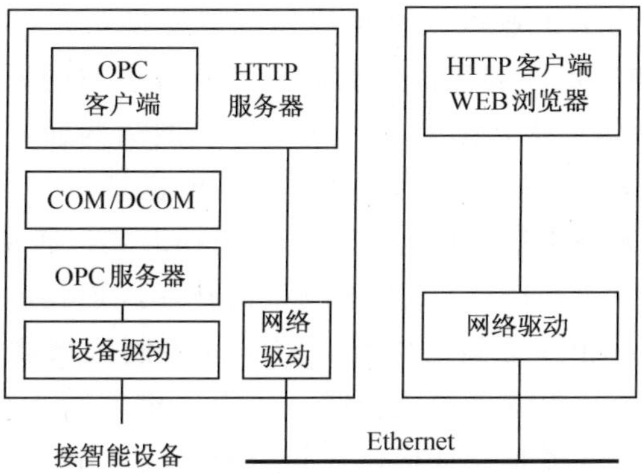

图 8-13 基于以太网的客户端-服务器模式连接

随着微处理器和工业以太网的发展，在不远的将来，我们也许可以通过在现场设备中嵌入称之为 Chip Server 的 Internet 芯片，使工业测控设备成为一台网络服务器。这样以来，上位机和底层设备之间的就能采用客户端/服务器模式（见图 8-13），使用浏览器网页实现设备的加载、组态和监控。例如注册时，系统可以通过 IP 自动搜索网络上的硬件，这时组态软件就可以显示这些硬件，并提供组态界面。

现有的工业以太网协议都定义了适合自动化应用的应用层，以保证自身系统的互可操作性。本章的 8.4 节将以 FF-HSE 为例讲述相关的规范。

8.3 工业以太网基本特性

8.3.1 工业以太网拓扑结构

在传统的以太网网络系统中，最常用的网络拓扑结构是星型结构。但在工业以太网网络中，通常将控制区域分为若干个控制子域，根据系统规模和具体情况，灵活采用星型、环型（包括冗余双环）、线型（或类总线型）结构等网络拓扑形式，如图 8-14 所示。

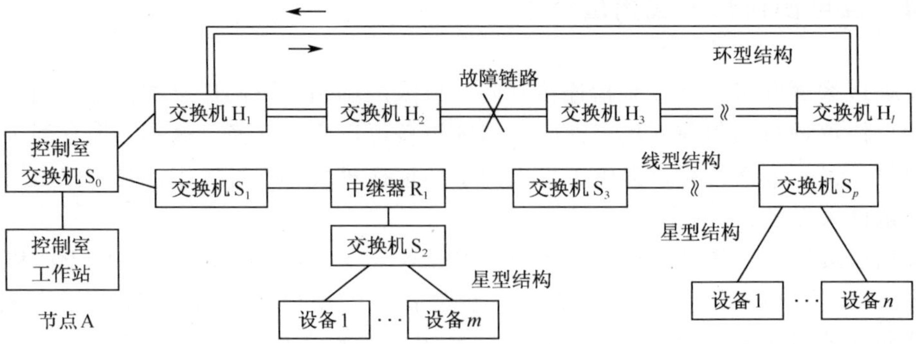

图 8-14　工业以太网的几种网络拓扑结构

在星型结构中，每个站利用点对点方式连接到工业以太网集线器（或交换机），任何节点之间的通信都通过工业以太网集线器（或交换机）进行。这种拓扑采用集中式通信控制策略，所有通信均由工业以太网集线器（或交换机）控制，工业以太网集线器（或交换机）必须建立和维护许多并行数据通路，而每个站的通信处理负担很小，只需满足点-点链路的简单通信要求，结构十分简单。星型结构通常用于在某一控制区域内部连接现场设备，如变送器、执行机构、变频器、电机等。

线型结构是工业以太网中较常用的一种网络拓扑形式，通常用于级联不同控制区域中的工业以太网集线器（或交换机）。采用线型拓扑形式连接的集线器（或交换机）通常有一对级连接口，通过相互之间的级联，将不同控制区域联系在一起，形成线型结构。线型结构中，也可通过中继器形成级联，每个中继器至少有三个以太网通信接口，它们或者是双绞线接口，或者是光纤接口，其中两个接口用于级联，另一个接口用于连接每个控制区域内的交换机。在每个控制区域内，通过交换机其他接口以星型方式连接现场设备。例如，在图 8-14 中，如果节点 A 需要将数据传送给设备 n，则需要经过工业以太网交换机或中继器 S_0、S_1、R_1、S_3、…、S_p，再到设备 n。

线型结构与前面几章中学习过的现场总线（如 CAN、Profibus 等）网络所采用的总线型结构有所不同。在总线型结构中，网络节点可同时并接在一条传输线缆上。所以，这种线型结构又称为类总线型结构，通常用于控制不同区域交换机之间的相互连接。

环型结构也是工业以太网中较常用的一种网络拓扑形式，它将线型结构中的首尾两个交换机（如图 8-14 中的 H_1、H_l）的输入/输出接口再用线缆连接在一起，因此它是线型结构的一种特殊形式。

与线型结构相比，环型结构的优点是提高了网络的可靠性和生存性，即具有进行故障的探测与定位，发现故障后能自动容错的能力。如果网络系统中，有一条链路发生故障，通过具有故障探测与恢复能力的交换机或中继器，可以为网络设备找到另外一条可用链路，使通信重新恢复。

实际工业以太网系统中，冗余环网是采用得比较多的另外一种环型结构，即每个交换机或中继器有两对端口用于级联，形成冗余双环。在正常工作时，发送的信息沿一个方向的链路传输，接收的信息沿相反方向的链路传输。当发生故障时，交换机或中继器能自动将信息传输的方向进行调整，为节点重新找到可用链路，从而可以自动恢复系统正常通信。

8.3.2 工业以太网传输媒体

以太网用通信线缆包括同轴电缆、双绞线和光缆，关于这些传输媒体，IEEE 已经制定了相关标准，有关内容见表 8-1。对于商用网络，这些标准已在以太网系统设计和电缆铺设上都取得了很大成功。工业以太网同样可以使用这些线缆，在用于工业环境时，与通信相关的参数可以保持不变，但在网络结构设计和连接部件的额外保护等方面存在较大差异。

表 8-1 以太网通信线缆

链 路	标 准	媒 体		距 离	连接方式
功能单元设备接入链路	Ethernet IEEE 802.3	10BASE-2	同轴电缆	185m	BNC
		10BASE-5	同轴电缆	500m	N
		10BASE-T	5 类双绞线	100m	RJ45
		10BASE-FL	62.5 μm、50 μm、多模光纤 850nm	>2000m	BFOC/ST
①功能单元上游链路 ②核心层链路 ③服务器和监控计算机链路	Fast Ethernet IEEE 802.3 μ	100BASE-TX	5 类双绞线	100m	RJ45
		100BASE-FX	62.5 μm、50 μm、多模光纤 1300nm、HDX	412m	双 SC
			62.5 μm、单模光纤 1300nm、FDX	>2000m	双 SC
			10 μm、50 μm、多模光纤 1300nm、FDX	>2000m	双 SC
①大型工业以太网网络核心层链路 ②需集成监控视频和语音数据	Gigabit Ethernet IEEE 802.3ab IEEE 802.3z	1000BASE-TX	5 类双绞线(100Ω)	100m	RJ45
		1000BASE-CX	5 类双绞线(150Ω)	25m	RJ45
		1000BASE-SX	62.5 μm、多模光纤 850nm、FDX	260m	SC
			50 μm、多模光纤 850nm、FDX	550m	SC
		1000BASE-LX	62.5 μm、多模光纤 1300nm、FDX	440m	SC
			50 μm、多模光纤 1300nm、FDX	550m	SC
			9 μm、多模光纤 1300nm、FDX	>5000m	SC

根据工业环境的状况，需要工业以太网对环境的适应性要比传统的商业以太网更强，这也意味着网络设备、通信线缆、连接件等要有更好的防爆性、抗腐蚀性、机械强度、电磁兼容性等，但目前尚无关于以太网在工业环境下的相关标准。

8.3.3 工业与商用以太网设备之间的区别

现在市场上的大多数以太网网络设备所用的接插件、集线器、交换机和电缆等是为办公室应用而设计的，不符合工业现场恶劣环境的要求。在不间断的工业应用领域，为了解决在极端条件下网络的稳定工作问题，美国 Synergetic 微系统公司、德国 Hirschmann 公司、美国科动控制（Contemporary Control）公司、台湾摩莎（Moxa）公司等，专门开发和生产了导轨式收发器、集线器和交换机系列产品，安装在标准 DIN 导轨上，并有冗余电源供电，接插件采用牢固的 DB9 结构。美国 Woodhead Connectivity 公司还专门开发和生产了用于工业控制现场的加固型连接件，如加固的 RJ45 接头、具有加固 RJ45 接头的工业以太网交换机、加固型光纤转换器/中继器、可以用于工业以太网的变送器、执行机构等。目前，所有工业以太网产品可分为两类，一类是工业以太网网络产品，如工业以太网集线器、交换机、中继器、路由器、网关和网卡等；一类是工业以太网测量与控制设备，如工业以太网 I/O、工业以太网现场设备等。工业以太网设备与商用以太网设备之间的区别如表 8-2 所示。

表 8-2 工业与商用以太网设备之间的区别

	工业以太网设备	商用以太网设备
元器件	工业级	商用级
接插件	耐腐蚀、防尘、防水，如加固型 RJ45、DB9、航空接头	一般 RJ45
工作电压	24VDC	220VAC
电源冗余	双电源	一般没有
安装方式	可采用 DIN 导轨或其他方式固定安装	桌面、机架等
工作温度	－40～85℃，至少为－20～70℃	5～40℃
电磁兼容性标准	EN50081-2（工业级 EMC） EN50082-2（工业级 EMC）	EN50081-2（办公室用 EMC） EN50082-2（办公室用 EMC）
平均无故障时间	至少 10 年	3～5 年

8.3.4 工业以太网通信实时性的实现方法探讨

前面我们已经谈到，以太网采用 CSMA/CD 方法解决通信媒体的竞争，其通信“不确定性”长期以来一直困扰着它在工业现场设备中的应用，是它的致命弱点和主要障碍之一。

但研究表明，在网络负荷较小的情况下，冲突几率很小；加之随着以太网带宽的迅速增加，数据传输的实时性不断提高，也使以太网逐渐趋于具有确定性；如果经过精心设计，工业以太网的响应时间能够小于 4ms，几乎可以满足所有工业过程控制的时间要求。下面我们将介绍几种实现工业以太网实时性的主要方法。

1. 应用工业以太网集线器和交换机

（1）集线器。这里说的集线器一般是指中继型集线器，为多端口设备，有 4、8、12 口等，可级联成分散的星型拓扑。

集线器符合网络中继单元的要求，即生成前导码、对信号进行对称和幅度补偿。另外，它们还拥有信号再定时功能，这样收发器和电缆引起的信号抖动不会在多个网段传播时产生积累。这种设备能够侦测出不完整的数据包和碰撞冲突，并产生相应的阻塞信号。它们还会自动隔离存在问题的端口以维持以太网正常工作。

（2）交换机。交换机又称为交换式集线器，可以取代中继型集线器并改善网络的性能。交换机与中继型集线器的不同之处在于，交换机实际上是连接两个数据链路的网桥，也就是说碰撞冲突域在每个交换机端口进行了终结。所以，通过增加交换机可以实现网络的大扩展。

交换机比集线器复杂，交换机的双绞线端口能自动完成速率协商（10Mbps 或 100Mbps）和流量控制功能协商。交换机在读取一个完整的帧后，就能根据帧中的源地址查出所连以太网设备的端口位置，随即产生一张端口地址表并维护表的内容。这样，网络通信可仅限于与与本次传送有关的端口。表的内容会根据连接信息的变化自动刷新。

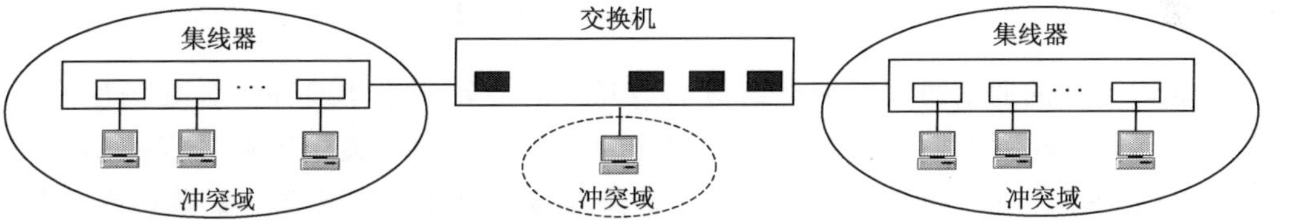

图 8-15　共享式以太网与交换式以太网

在如图 8-15 所示的以太网网络中，使用中继型集线器的各个站点共享同一个带宽，因此需要通过 CSMA/CD 机制解决网络碰撞问题。而在以太网交换机组成的网络中，每个端口就是一个冲突域，各个冲突域通过交换机进行隔离，实现了系统中冲突域的连接和数据帧的交换。这样，交换机各端口之间同时可以形成多个数据通道，正在工作的端口上的信息流不会在其他端口上广播，端口之间报文帧的输入和输出已不再受到 CSMA/CD 媒体访问控制协议的约束。

值得注意的是，交换机作为网桥，在存储、转发整个数据帧的过程中，会产生时间延迟，而中继型集线器在处理网络信号时不会导致延迟。因此，交换机和中继型集线器在工业以太网中都有应用。

2. 利用全双工通信

全双工支持端对端之间的同时发送和接收，但只能点对点通信，也不再使用 CSMA/CD 的媒体访问方式，故不存在冲突问题。由于设备可在发送的同时接收数据帧，不需要等待，从而极大地提高了传输的实时性；而且，此时数据传输延迟主要取决于交换机的软硬件性能，基本上是个常数。另外，全双工通信技术在理论上可以使网络带宽增加一倍，如 10M 的以太网带宽可从 10Mbps 增加到 20Mbps。

3. 使用虚拟局域网—IEEE 802.1q

虚拟局域网（VLAN，Virtual Local Area Network）就是一个多播域，它不受地理位置的限制，可以跨多个局域网交换机。一个 VLAN 可以根据部门职能、对象组及应用等因素将不同地理位置的网络用户划分为一个逻辑网段。

对于局域网交换机，其每一个端口只能标记一个 VLAN，同一个 VLAN 中的所有端口拥有一个广播域，而不同 VLAN 之间广播信息是相互隔离的，这样就避免了广播风暴的产生。所以说，VLAN 提供了网段和结构的弹性组合机制。如图 8-16 所示。

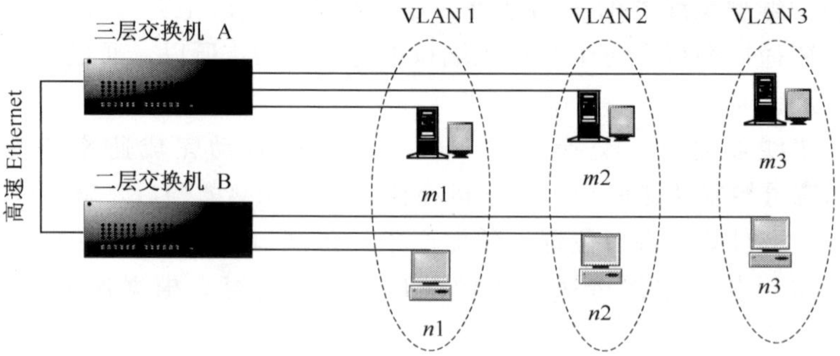

图 8-16 VLAN 结构示意图

工业以太网的通信协议和网络结构都是开放的。就网络本身而言，现场控制单元、监控单元、管理单元都是对等的，享受相同的服务。然而，鉴于工业过程控制的需要，控制单元在数据传输实时性和安全性方面都要与普通单元区别开来，要做到这一点，采用虚拟局域网在工业以太网的开放平台上做逻辑分割，就是一个很好的解决办法。VLAN 在工业以太网中的作用在于：

（1）分割功能层。VLAN 可以有效的将管理层与控制层、不同功能单元在逻辑上分割开，使底层控制域的过程控制免受管理层的广播数据包的影响，保证了带宽。同时为了上下层可直接进行必要的通信，可以在网络层（IP）设备上使用“过滤器”，实现上下层之间的“无缝”连接，而传统方式是通过主控计算机实现“代理”功能，因为上下层网络属异种网，无法直接通信。

（2）分割部门。当不同部门和车间处于同一广播域（子网）时，通过 VLAN 划分功能单元，各自的单元子网不受其他网段的影响，每个单元都成为一个实时通信域，保证了本部门（车间）网络的实时性。

（3）提高网络的整体安全性。当工业以太网根据需要划分了 VLAN，不同 VLAN 之间通信必须经过第三层路由。此时，可以在核心层交换机配置路由访问表，控制用户访问权限和数据流向，达到安全的目的。

（4）简化网络管理。对于交换式以太网，如果对某些终端重新进行网段分配，需要网络管理员对网络系统的物理结构重新进行调整，甚至需要追加网络设备，增大网络管理的工作量。而对于采用 VLAN 技术的网络来说，只需网络管理人员在网络中心进行 VLAN 网段的重新分配即可。节省了投资，降低了运营成本。

4. 设置报文优先级

在工业以太网交换机中，对多种信息按优先级进行分组传输，有利于满足工业控制应用中某些场合需要严格实时通信的要求。通过在报文中设置优先级标记（如集成在IEEE802.1d桥接标准之内的IEEE802.1p标准，可为每个分组分配一个从0～7之间的优先级），交换机就可以根据报文优先级由高到低的顺序，进行报文转发，使具有高优先级的报文不加延迟的及时转发出去。

8.4 高速以太网现场总线FF-HSE

通过前面的学习，我们对工业以太网的概念已经有了初步的认识，也了解了其局限性。事实上，要将工业以太网真正应用于工业环境，需要解决的问题还很多。尽管如此，在以太网进军测控领域的过程中，各大现场总线组织仍然予以高度重视，纷纷出台了自己的工业以太网标准。所有这些标准，都是从工业应用的视角设计开发的，与IT网络有所不同。在这一节里，我们将以现场总线基金会推出的基于以太网的现场总线标准FF-HSE为例，介绍这种工业以太网的构成及特点。

8.4.1 FF-HSE概况

现场总线基金会开发的H1总线是针对任务关键性（Mission-Critical）和时间关键性（Time-Critical）的过程工业而设计的。因此，安全、可靠、实时、开放是它首要考虑的因素，主要用于热工慢过程控制。对于快速逻辑控制应用（如PLC应用）、低成本数据采集应用以及大系统的信息汇集，H1总线因其传输速率低而难以满足需要。现场总线基金会决定采用高速以太网技术开发一种高速现场总线，作为监控调度层的通信主干网，现场控制层仍使用解决了两线制供电的H1总线。

1. FF-HSE的发展过程

自从以太网技术在1998年3月被FF认可，一个由来自15家公司的35名成员组成的开发小组便开始了高速以太网（HSE）现场总线的研发工作。为了把这项先进的技术尽快提供给用户，开发小组制定了快节奏的研发时间表。1998年6月完成了HSE系统结构设定，并于1998年10月将草案发给专家评审，之后又开始实验室产品开发工作。1999年9月在通过实验室测试后，HSE技术说明书被分发给现场总线基金会成员。2000年1月被IEC确定为现场总线国际标准IEC61158 Type5：FF-HSE。在2003年3月，FF颁布了HSE最终技术说明书。现在，一些主要的设备制造商已经开始研发基于HSE的现场总线产品。

目前，HSE还是一个很新的技术，国内外厂商正在积极地开发和完善其产品和系统，但正式注册的产品还很少，只有4个公司的5件产品在现场总线基金会通过注册：艾默生过程管理（Emerson Process Management）公司的Linking Device HSE，Softing公司的FieldGet FF，Smar公司的DF51HSE和ABB公司的FIO-100以及

FD800 HSE。

由于 HSE 是一项新技术，尚无典型应用实例。

2. FF-HSE 的主要特点

（1）使用具有网桥和网关功能链接设备（LD，Linking Device）。

链接设备的网桥功能用于连接多个 H1 总线网段，并提供对 HSE 主干网的接口，使不同 H1 网段上的 H1 设备之间可以进行对等通信而无需主机系统的干预。HSE 主干网上的主机可以与所有链接设备和现场设备通信。

链接设备的网关功能可以使 HSE 网络连接到其他类型的控制网络或信息网络。HSE 链接设备不需要对 H1 子系统进行信息解释，而是将来自 H1 总线段的报文数据集合起来，并将 H1 地址转化成为 IP 地址。对其他类型的网络，监控和控制参数可以简单设定到标准 FF 功能块或新的“柔性功能块”。

（2）采用以太网协议 IEEE802.3 μ 和 TCP/IP 协议族。

（3）充分考虑了与传统系统的继承、兼容和过渡关系。HSE 不仅从多个方面支持 H1 总线标准，比如功能块和设备描述等。甚至 DCS 系统的一些特色也得以延续，如操作站、现场仪表两线制供电、本质安全防爆、设备冗余等。

（4）柔性功能块（FFB）。这是 HSE 的一个独特功能。FFB 用于先进过程离散控制，并集成远程 I/O 设备和子网。这类功能块包括多输入多输出模拟器、离散 FFB 和为特殊控制算法设计的专用 FFB。

（5）HSE 传输速率为 100Mbps，最高可达 1Gbps。

（6）部分 HSE 网络和设备可以通过冗余来达到容错的目的。

（7）HSE 支持本质安全。在危险的作业区域，通过光纤将以太网与其中的链接设备相连，利用链接设备的控制功能，可以减少现场 I/O 设备和控制器的数量。

（8）HSE 是一种具有控制功能的 Internet。这一特点是现场总线基金会明确表示的特点之一。HSE 链接设备将远端 H1 网段的信息传递到以太网主干线上。这些信息通过 Internet 传到主控室，在那里操作员可以通过网络浏览器监控生产过程。控制系统信息也同样可被管理系统获取。这种基于 Internet 的控制方案最适合于那些想把全球各处工厂连接起来的公司。通过适当的网络安全保障，工程师和操作员可以通过网络解决地球另一端的故障和紧急情况。

综上所述，基金会现场总线（H1 和 HSE）是信息技术延伸到测控系统最底层的产物，可以说是企业把控制与管理联系起来的理想网络。它能在减少或至少不增加投资的情况下使用户享受更多的利益，也就是说得到更多的“实际拥有价值”。

8.4.2 FF-HSE 体系结构

1. FF-HSE 基本术语

FF-HSE 在其规范中使用的术语与 H1 总线基本相同，这里只给出部分新术语的定义。

（1）应用关系（AR）。即应用层实体之间的通信通道。

（2）HSE Presence。由标准的 IT 协议组成的，在 HSE 上通信的通信栈。

（3）HSE 子网。是指 IP 子网。子网中可以包含网桥，但不能包括路由器。

（4）现场设备访问（FDA）代理。HSE 设备中的一个实体，它使用 HSE Presence 的接口向远端应用提供对设备中的 VFD 和 SMK 的访问。

（5）通告 UDP 端口号。这是一个 UDP 端口，被保留用于 HSE 网络上设备的通告。

（6）FDA 会话。FDA 代理端点之间交换“请求/应答”、“发布者/预订接收者”和“报告分发”的一个应用关系（AR）。

（7）FMS 端口号。它是一个 TCP/UDP 端口号，保留用于接受 FDA“打开会话”请求报文。

（8）一般服务 VCR 端点。用于接受 FMS“初始化”请求报文。这个端点可以被同一设备中的其他所有服务会话端点访问。它接受所有对 VFD 的 FMS“初始化”请求报文，并创建一个新的 Server HSE VCR。

（9）I/O 网关设备。通过功能块向其他非 FF 设备提供访问的 HSE 设备。

（10）IPv6 地址。第 6 版 IP 地址。FDA 报文的地址使用的是 16 字节的 IPv6 地址，其中最后 4 个字节传输的是 IPv4 地址，前面的 12 个字节全部被赋值为 0。

（11）NMA 组态会话。该会话被用于两种更新：① HSE 设备中的 NMA VFD；② 链接设备或者通过链接设备连接到 HSE 的 H1 设备中的 NMA VFD。

（12）作业 IP 地址。在系统管理“工位号查询”应答报文中提供的 IP 地址。

（13）系统管理多发（Multicast）IP 地址。这是一个多发 IP 地址，被保留用于访问 HSE 子网上的 HSE SMK，并且被 HSE SMK 用于在 HSE 子网上通告其存在。

（14）系统管理端口号。它是一个 UDP 端口号，用于接收系统管理报文。

2. FF-HSE 现场总线体系结构

FF-HSE 的体系结构中使用了 ISO/OSI 参考模型的物理层、数据链路层、网络层、传输层和应用层，另外还添加了适合测量与控制应用的用户层，图 8-17 给出了一个较为完整的 FF-HSE 体系结构描述。

FF-HSE 现场总线系统体系结构与 FF H1 总线一样，也是用一般系统构件描述的。这些构件包括应用进程（AP）、虚拟现场设备（VFD）、设备描述（DD）、系统管理内核（SMK）、网络管理代理（NMA）等，其中的大部分内容我们在第 7 章已经作了详细描述。这里我们将结合图 8-17，讨论这些系统构件在 FF-HSE 体系结构中所做的改进。

1）对象字典（OD）、设备描述（DD）和功能块应用进程（FBAP）

OD 和 DD 与下层的环境相互独立，因此没有任何调整。FBAP 在其所支持的功能块中新增了一种柔性功能块（FFB），柔性功能块定义了基金会现场总线与控制程序之间的一种接口框架，该框架与设备的结构和使用的编程语言没有关系。

柔性功能块是功能块模型的一个变种，它是一种可以被动态定义和应用的特殊功能块，适合用于远程 I/O 和可编程设备。厂家或用户可以在给定的标准参数集合之上增加他们自己的输入、输出和内含参数以及算法。FFB 允许用户组态其算法并控制其运行，有些 FFB 甚至可由用户从一组固定的、类似标准功能块的算法中选取适合自己需要的算法。

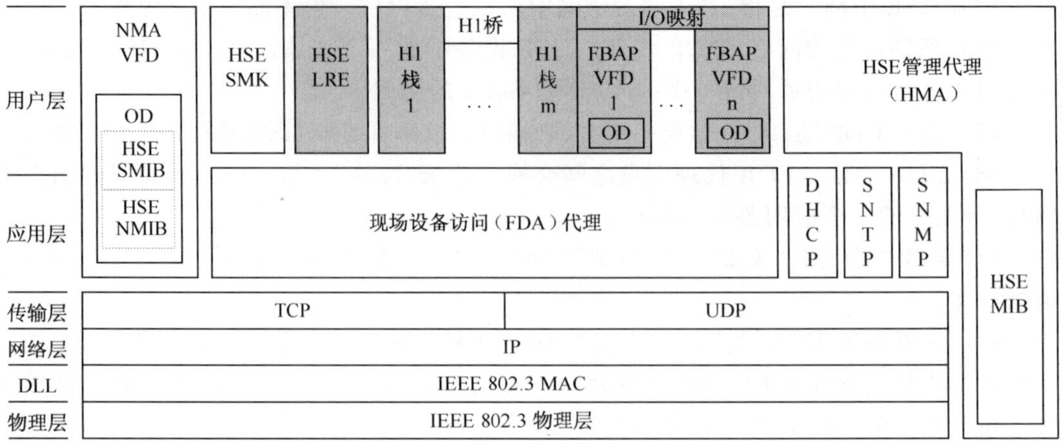

图 8-17　FF-HSE 体系结构

2）HSE 特定的应用进程

HSE 定义了 HSE 管理代理和局域网冗余实体两个应用进程：

(1) HSE 管理代理（HMA）。HSE 管理代理负责管理 HSE 通信栈中的 Internet 标准部分。它包括 3 个组件：DHCP 客户、SNTP 客户和 SNMP 代理。其中 DHCP 客户负责为该设备的每个 HSE 接口获取一个 IP 地址。它使用客户 ID 选项向 DHCP 服务器提供它的系统管理（SM）设备 ID。SM 设备 ID 是一个设备中的一个非易失的值，该值是一个全球唯一的设备标识，是由设备生产商写入的。在冗余的局域网设备中，需要两个 IP 地址，每个接口一个。SNTP 客户负责维持与网络上的时钟服务器保持时间同步。HMA 承担了一个 SNTP 客户的角色。它与时间服务器交互，获取本地时钟时间。SMK 维护另外一个时间，用于功能块调度以及 H1 应用时钟同步，这个时钟的值被称为当前时间。SNMP 负责管理 HSE Presence 的层次协议，提供对标准管理信息库（MIB）的网络访问。允许 MIB 对象监视和管理由第 1～4 层构成的 HSE 通信栈。为此，现场总线基金会已经从 IANA 获取了一个分配的私有企业端口号：3398。

(2) 局域网冗余实体（LRE）。局域网冗余实体是一个管理冗余 HSE 接口的 AP。网络冗余的目的是为了改进设备间的通信连接。局域网冗余实体周期性地广播网络冗余诊断报文，同时接收并检查诊断报文，使用收集到的信息来决定使用哪个接口来发送和接收作业报文。

3）HSE 的 SMK

HSE 的 SMK 被调整为使用 UDP 无连接服务传输 SMK 协议报文，SMK 利用了 HSE 管理代理的 IP 地址分配和时间发布的能力。当一个设备第一次上电，它的 DHCP 客户为每个 HSE 接口获得一个 IP 地址，并且选择一个 IP 地址作为作业 IP 地址。所谓作业 IP 地址就是用于发送和接收作业报文的 IP 地址。用于诊断和发现问题的报文可能使用任意一个 IP 地址或者两个 IP 地址都用。SM 设备声明报文用于在系统中声明该设备的存在，它们以 15s 的周期被发送，其中包含了设备缺省的组态信息和它的作业 IP 地址。它们的目的地址是一个群播地址，这个地址是从 IANA 专门申请保留的。当收到它的设备位号（PD Tag）和其他基本组态信息，设备的 SMK 就进入到作业状态，同时改变它发送 SM 设备声明报文的速率。新的速率是包含在它刚刚收到的基本组态信息当中的。所有这些工作都不会影响到 HSE 网段上其他设备的运行。

在链接设备（LD）中，HSE 的 SMK 执行一些额外的操作，用于在 HSE 和 H1 之间转发请求和响应。它还维护一个连接到该链接设备的 H1 设备标识的缓存，以便 HSE 的 SMK 可以直接响应辨识 H1 设备的请求，而不需要在 H1 网段上传送额外的报文。当一个设备被加入到网段上，SMK 负责维护设备的当前时间。当前时间是用于决定何时执行功能块，也可能被用于应用进程和时间戳记操作，并且被用作连接到 HSE 链接设备的 H1 网段的时间源。

4）HSE NMA

HSE NMA 被调整为管理 HSE 特定的 SMIB 和 NMIB 对象，并且使用这些对象与 HSE SMK 和 HSE 层次管理实体交互。其他功能被一般 NMA 所描述。

（1）HSE NMIB 的特定内容主要包括如下几个方面：

①用于支持 VCR 的信息。对于 H1 桥对象，定义了 H1 端口之间的数据转发和重发布；对于 HSE 会话端点，定义了会话形态的的特征；对于 HSE 会话统计，包含了通信统计和其他与会话相关的信息；针对 HSE VCR 端点，定义了所有类型的 HSE VCR 的特征和形态；而对于 HSE VCR 统计，包含了 HSE VCR 的性能和与错误相关的统计信息。

②HSE NMA 特征。其中包含了与 HSE 设备的网络管理有关的杂项参数，例如 NMIB 的版本，报文首部的选项支持，发布者 VCR on-change 刷新速率，HSE 子网的屏蔽字，支持的 FMS 特性等等。

（2）HSE SMIB 的主要内容如下：

①时间同步信息。包括当前时间、本地时间差异、最后接收到的时间、主/辅时间服务器地址、时间请求的超时时间、时间请求的间隔等等。

②设备标识信息。包括设备 ID、设备位号、设备索引和设备类型。

③设备可以访问的 VFD 列表。每个入口包含一个数字 ID、Tag 标识符和这个 VFD 的一般 VCR 端点的选择符个数。

④设备的功能块调度列表。

⑤HSE SM 特征。包括与该 HSE 设备的系统管理相关的杂项信息，例如该设备的 SMK 支持的特征，作业上电标志，SMIB 以及 VFD 的版本，本地 IP 地址数组以及作业 IP 地址。

5）HSE 通信

HSE 通信由 5 个层次组成，即应用层、传输层、网络层、数据链路层以及物理层。应用层是由现场设备访问（FDA）代理提供的，它传达 SMK 服务和 FMS 服务。

（1）SMK 访问。FDA 代理通过由 UDP 传输的一套 FDA SM 报文来传达 SM 服务。这些报文的源地址是该设备的作业 IP 地址加上任意的可用的端口号，目的地址是 IANA 分配的端口号。SMK 也在这个用于 SM 服务请求的端口号进行侦听。

（2）VFD 访问。由 FDA 代理支持的 FMS 服务被分为两个子层：FMS 和 HSE 版本的 H1 FAS。

FMS 被调整为仅仅使用 FMS 的报文格式，但是它的传输则由 TCP 和 UDP 完成。HSE 版本的 FAS 提供 HSE AR，在此被引用为会话。HSE 会话使用由 UDP 提供的无连接服务和由 TCP 提供的有连接服务。UDP 和 TCP 都在 IP 层之上运作，而 IP 层又使用以太网的数据链路层的服务。以太网的物理层是 IEEE 802 规范所定义的，其中提供了多种可用媒体和信号传输速率。与 H1 的 AR 相比，一个 HSE 会话具有支持多个 VCR 的能力，这样能够减少用一个链接设备支持对 H1 设备访问的会话数量。另外，链接设备能够将多个 HSE VCR 映射到一个 H1 VCR 上，这减少了 H1 设备必须支持的 VCR 个数。客户机/服务器会话被映射到一对 UDP 端点或者一个 TCP 连接上。一个一般服务器端点由一个作业 IP 地址加上一个由 IANA 分配的 FMS 端口号来定位。当它接收到一个“打开会话”或者一个 TCP 连接请求时，它生成一个新的服务器会话端点，在一个以前未被使用的端口号上处理该请求。该一般服务器端点继续等待下一个“打开会话”或者一个 TCP 连接请求。

发布者/预订接收者、报告分发会话被映射到一组 UDP 端点。发布者或者报告源，从一个作业 IP 地址加上一个任意的以前尚未使用的端口号出发。目的地址是一个群播地址/端口号。预订接收者和报告接收器被组态后就开始在这个群播地址/端口号加上在发布者/报告源作业 IP 地址所在子网地址上进行侦听。两者的区别在于它们如何递送收到的报文。一个预订接收者会话只有在报文中包含它所预订的 FDA 地址时才向它相关联的 HSE VCR 递送该报文。这保证了每个预订接收者 VCR 端点只从单一的发布者接收发布的数据。FDA 地址标识出发布者的 HSE VCR 端点。与之不同，报告接收端根据报文中包含的 FDA 地址，向所有与它相关的 HSE VCR 递送所有的报文。这允许每个报告接收端 VCR 能够从多个报告源端点接收信息。

3. 额外构件说明

图 8-17 所示的体系结构中，包括了一些额外的构件，其中无阴影的构件是所有 HSE 设备必须具备的，带阴影的构件是不同的 HSE 设备可选择的。

网关设备需要额外的 I/O 映射构件，用来将非基金会现场总线设备映射到 FBAP 上，通过这个构件，这类设备的数据可以被显露在 FF-HSE 网络上。

HSE 链接设备需要额外的一个或者多个 H1 接口构件。每个与 HSE 链接设备连接的 H1 网段都需要一套 H1 构件：FMS、FAS、DLL、NMA、SMK。

HSE 局域网冗余实体对于要求实现局域网冗余的设备是必须具备的。

8.4.3 FF-HSE 设备类型及其冗余连接

1. 设备类型

FF-HSE 通信系统的设备类型如图 8-18 所示，图中 HSE 主网采用冗余局域网。

(1) 链接设备（LD，Linking Device）或称为连接器：负责 H1/HSE 间链接、H1 网桥、H1 与 H1 之间的桥路。

链接设备是将 H1 网段集成到 HSE 网中的手段，它提供对 H1 现场设备的 TCP/UDP 访问。多个 H1 网段可以通过同一个链接设备被映射到 HSE 网。FDA 代理通过

H1 通信栈，提供对 H1 现场设备中的 VFD 的访问。每个 H1 SMK 和 H1 NMA 是通过与端口相关的 H1 地址被访问的。注意，某个实现可能为每个 H1 接口提供单独的 FMS 和 FAS 实体，而某些实现将提供覆盖所有端口的一个 FMS 和一个 FAS 实体。同样，每个 H1 接口包含的可能是一个单一网桥的 DLL 实体，也可能是分别与一个网桥实体相连的 DLL 实体。

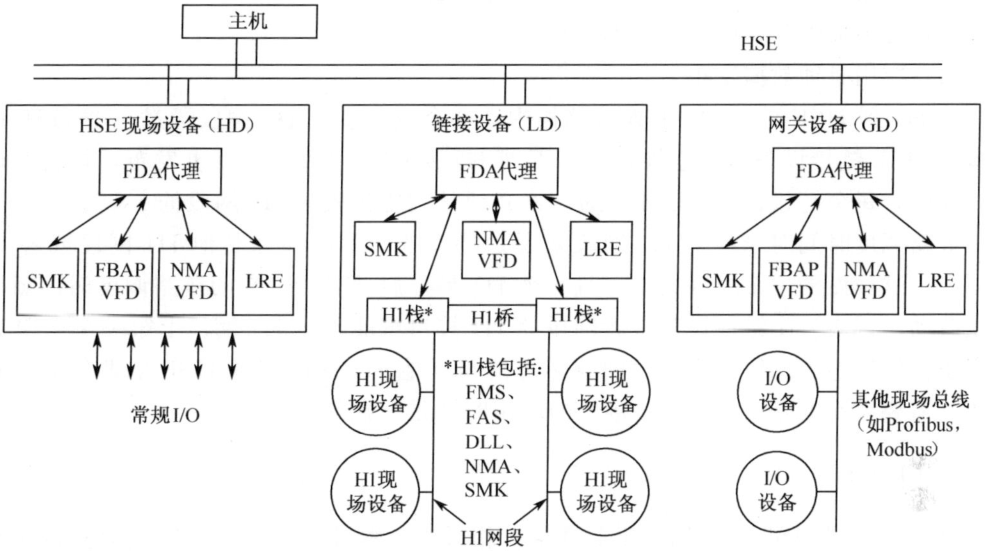

图 8-18　FF-HSE 的设备类型

(2) 网关设备 (GD，Gateway Device)：负责 HSE 与非基金会现场总线的通信。

网关设备中的 FBAP VFD 将 FF 的数据映射到功能块上。FDA 代理提供对这些设备中的 FBAP VFD 的 TCP/ UDP 的访问。映射是网关设备、链接设备以及 HSE 现场设备的主要区分之处。

(3) HSE 现场设备 (HD，HSE Device)：用于 I/O 设备或 PLC。HSE 现场设备相当于 H1 现场设备。FDA 代理通过 TCP/ UDP 实现对 HSE 现场设备中的 FBAP VFD 的访问。

(4) 主机 (HD，Host Device)：装有 100M 网卡和组态软件的计算机类设备。

这是一种没有 NMA VFD 或者 FBAP VFD 的 HSE 设备，但能与含有这些 VFD 的设备进行通信。由于它们没有这些 VFD，因此不在 HSE 上声明它们的存在，也不通过 HSE 组态工具来组态。但要注意，有的主机，为了实现冗余的目的有可能在 HSE 上声明它的存在。

一个实际的 HSE 设备也可以是上述几种设备类型的混合。

基金会现场总线网络一般包括一个或者多个 HSE 子网和 H1 网段。每个 HSE 子网是由 HSE 设备组成的，HSE 设备可以通过标准的交换式集线器相互连接，HSE 子网可以使用路由器相互连接。HSE 链接设备可将一个或者多个 H1 网段上的 H1 设备连接到 HSE 子网上。

在每个 HSE 设备中都包含一个 FDA 代理，这个代理用于提供对 SMK、FBAP

VFD 和 NMA VFD 的访问。FDA 代理同样提供支持局域网冗余实体的报文。

在 HSE 子网中，报文通过以下构件进行处理：① 标准 Internet 协议 SNTP、SNMP；② FDA 代理；③ SMKP；④ FMS；⑤ FDA 会话管理；⑥ 局域网冗余。

HSE 与 H1 网段的连接中，HSE 链接设备完成以下工作：

(1) 使用客户/服务器型 VCR 的报文转发。

(2) 使用发布/预定接收型 VCR 的数据重发布。

(3) 使用报告分发型 VCR 的报告转发。

(4) 应用时钟数据发布。

在 H1 到 HSE 再到 H1 的连接结构中，一个或者多个 H1 网段通过一个 HSE 网络和多个 HSE 链接设备相互连接起来，不同 H1 网段之间数据可以重发布，报告可以转发。因此，每个链接设备上的 H1 通信栈必须是它所代表的 H1 网段的 LAS。

链路调度时间对于各个 H1 网段来说是特定的，不需要和其他 H1 网段或者 HSE 来同步。这样做的一个原因是，一旦一个 H1 另外启动以后，它的链路调度时间就不能发生波动。因为一个链接设备或者网桥的 H1 接口可能不是 H1 网段上第一个声明 LAS 的设备，所以这个网段的调度时间就不可能与其他 H1 网段或者 HSE 的调度时间保持同步。需要说明的是，所有 H1 接口的应用时钟是一致的。

2. FF-HSE 冗余

工业以太网 HSE 主要用于工业环境，相对于一些非容错系统，需要有更高的可用性。现场总线基金会通过冗余的机制改进了高速以太网的可用性，而冗余对于正在通信的应用来说是透明的。

HSE 提供两种形式的冗余：局域网冗余和设备冗余。

1) 局域网冗余

局域网冗余借助多个网络接口来最大化 HSE 设备与其他网络中的设备之间通信的可用性。设备间的诊断报文被用于构建和维护每个设备中都有的一个网络状态表(NST)，这个表被用于跟踪设备和其通信方之间通信的可用性。NST 的入口能够帮助设备选择最有效的路径与网络上的其他设备进行通信。设备中的局域网冗余实体(LRE) 负责发送和接收诊断报文，并负责维护 NST。

HSE 局域网冗余尽管没有使用中心化的冗余管理器，却有很多优点：

① 在一个正在运行的系统中，允许连续地、系统地访问设备之间的通信线路；

② 允许每个设备有规律地将其对局域网状态的视图发布给其他设备，每个设备能够建立和维护用于智能故障检测和决策的知识库；

③ 提供一个在局域网设备之间的预备通道；

④ 允许网络被设计的更可用，网络不会因为通信通道上的或者来自一个 HSE 子网中的 VFD 的失效而导致与该 VFD 之间的通信中断；

⑤ 提供对 VFD 的作业的透明度；

⑥ 能够最大化地使用市场现成的技术；

⑦ 允许与非 HSE 设备共同存在；

⑧ 允许网络上的每个设备检测故障并采取相应的正确行动。

局域网冗余常用的配置有两种：N-2A 双独立网络、N-2B 单容错网络。

(1) N-2A 双独立网络。每台 HSE 设备通过双网口连接到两个互相无关的网络。双网可以提供设备之间的备用路径，能够在发生类似线缆损坏等网络媒体失效时进行恢复，图 8-19 即为一个双局域网，可见两个局域网的拓扑结构被限定于一个 HSE 子网。局域网 HSE A 连接所有设备的 A 接口，局域网 HSE B 连接所有设备的 B 接口。两个局域网之间没有任何连接。如果某个设备只有一个接口（像图中 HD_2，如手操器）连接到网络中，当它所在的网络失效时，则该设备就无法再访问该子网中的任何设备。

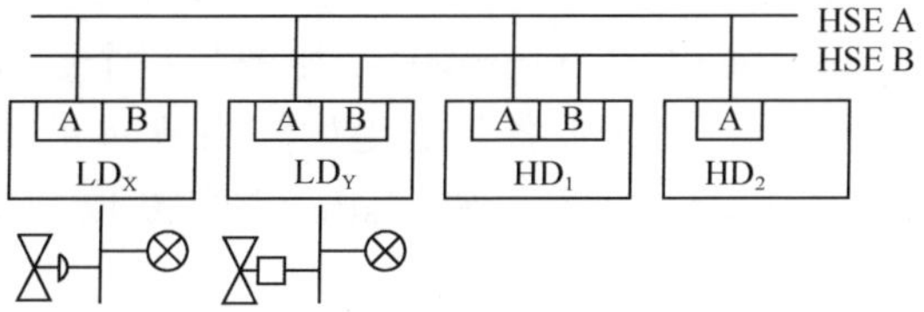

图 8-19　双局域网上的双接口

(2) N-2B 单容错网络。每台 HSE 设备有双网口，但连接到一个有容错能力的网络。双接口通过向一个设备提供备用的网络连接，可以在一个接口失效后继续用另外一个接口通信，因此改善了通信的可用性。这种冗余不限定拓扑结构。如图 8-20 所示，其显著的特征是网络有一定的容错性，但它是一个单一网络。图中也有单一接口的设备，这样的设备可以与网络上的所有设备进行通信。

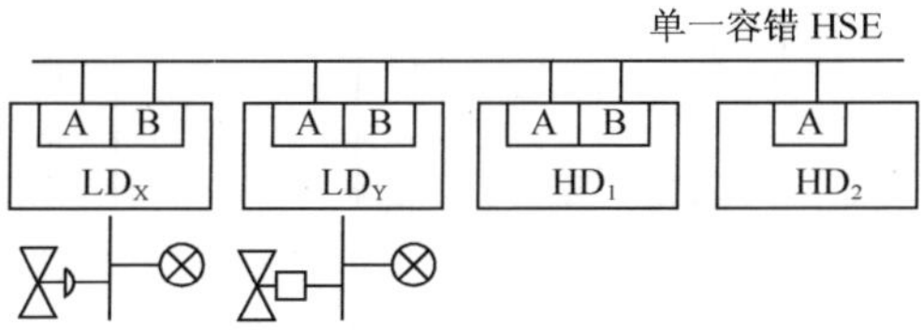

图 8-20　单局域网上的双接口

局域网冗余的关键组件有 5 种，分别描述如下。

(1) 诊断报文。局域网冗余的基础是网络上每个设备的 LRE 之间诊断报文的发送，一个诊断报文中报告了网络的健康状态。所有的参加局域网冗余的设备周期性地在它们每个接口上传送诊断报文。诊断报文允许设备建立它的网络状态表。

(2) 网络状态表。每个设备都维护一个网络状态表，该表包含了该设备与网络上所有设备的通信状态和健康状态的视图。NST 能够帮助一个设备选择哪个接口用于发送，哪个接口用于接收群播。NST 是根据接收到的诊断报文和其他本地获取的或者是厂家指定的诊断信息建立起来的，这个表是概念性的，没有规定具体的实现方式。

参加局域网冗余的设备只从其中一个接口发送单播报文。群播的报文可能从一个或者两个接口发送出来，其中有两个特例：局域网冗余诊断报文和 SM 设备声明报文总是同时从两个接口发送出来。设备计算它的 NST 并且为每个目的地址选择接口。这个端口被称为该地址的“被选传送接口”。

在某些网络拓扑结构中，一个作业性的群播报文可以在一个设备的每个接口上接收到。如果一个设备有两个接口，该设备可通过组态，使用 NST 为作业性的群播报文来选择一个接收接口，以减轻中断和报文处理负担。

(3) 接口 IP 地址的使用。每个参加局域网冗余的设备有一个分配的唯一的 IP 地址。远程应用可以通过 SM 查找工位名查询或者侦听 SM 设备声明报文来确定使用哪个 IP 地址与该设备通信。SM 查找工位名查询返回同一个 IP 地址，而不管这个查询是哪个接口收到的。

(4) 局域网冗余信息。对每个设备的组态都要使用 SM Set Assignment Info 和 LAN Redundancy Put Information 服务。该组态决定了一个设备如何传送诊断报文以及如何使用 NST 来选择传送和接收接口。这些信息可以通过 SM Device Annunciation 报文以及使用 LAN Redundancy Get Information 服务从一个设备中获取。

(5) 获取局域网冗余统计。每个设备都能提供与局域网冗余操作相关的统计信息。这些数据可以通过 LAN Redundancy Get Statistics 服务获取。这些信息被诊断程序用来解决问题。

2) 设备冗余

设备冗余是指使用一个或者多个设备作为备份，在主要设备失效后取代主要设备的地位。设备冗余是独立于局域网冗余的。

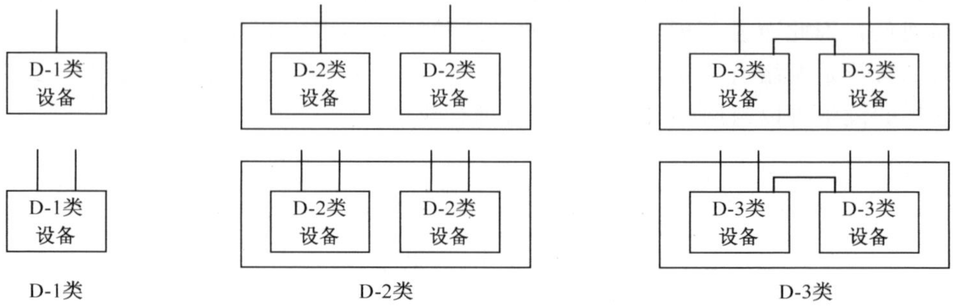

图 8-21　三类冗余设备

(1) 冗余设备分类。冗余设备分为三类，D-1 类、D-2 类和 D-3 类，如图 8-21 所示。每个设备在出厂时都被厂家赋予一个冗余设备类型能力值，这个值代表了这个设备能够支持的最高冗余类型。在应用时，组态工具会为设备设定一个设备冗余类型值，这个值描述了该设备正在参与的冗余类型。另外，该设备还可以被指定一个设备冗余角色(主或辅)。SM Set Assignment Info 服务被组态工具用于对设备冗余类型和设备冗余角色赋值。

D-1 类：组态控制冗余，没有内建的特定冗余支持。失效检测和切换完全是由组态工具控制的，辅设备在主设备失效以前不被赋予设备位号。当然为了能够被诊断，它们都已经由 DHCP 服务器赋予了 IP 地址。

D-2 类：松散式组态控制冗余，没有内建的厂家特定的同步机制，没有失效检查和切换。不过，辅设备已经被赋予了工位名，并且被进行了和主设备相同的组态。它们能够自己意识到自己的辅助地位，因此不参与系统运行，直到它们被赋予了主要角色。当主设备失效，组态程序命令辅助设备取代主设备的角色。此外，D-2 类设备可被当作 D-1 类设备使用。

D-3 类：紧凑式冗余，具有厂家特定的同步、故障检测和失效恢复功能，允许对失效进行更加快速的响应。同一套冗余集合中的设备应该是由同一厂家提供的。组态时只需要对主设备进行组态，辅助设备通过同步机制从主设备那里获取设备位号和组态信息。D-3 类设备也可被组态当作 D-1 类或 D-2 类设备使用。

(2) 失效检测。D-1 类和 D-2 类冗余设备由组态程序监视主设备的健康状态，组态程序监视主设备的方法和频度是组态工具设定的。

D-2 类冗余设备是自己检查自己的故障，外部的监督可以作为失效检查策略的一部分或者是全部。

(3) 失效恢复。恢复的动作与设备的类型有轻微的关联。一个失效的设备，当故障排除后，跟随着启动过程，并以辅助的形式开始工作。

①D-1 类冗余设备的失效恢复。组态程序检测到一个 D-1 类 HSE 设备失效后，一个替代的 D-1 设备被使用，但是它还处于 SMK 没有位号的状态。组态程序对该设备赋予相同的设备位号，并且下传相同的组态信息到替代的 HSE 设备中去。由于 D-1 设备的冗余缺乏预备性，所以被称为“冷备份”。

②D-2 类冗余设备的失效恢复。组态程序检测到 D-2 类设备失效后，由于辅助设备已经有了设备位号和组态信息，组态程序把预备的 HSE 设备的设备冗余角色设置为主。这种设备备份被称为“温备份”。

③D-3 类冗余设备的失效恢复。D-3 类设备的失效检测和切换不依赖于组态程序。辅设备检测到主设备失效即担负起主设备的作用。预先设置好的设备位号和组态信息意味着 D-3 设备相比 D-1 和 D-2 类设备具有更快的响应，被称为“热备份”。

8.5 FF-HSE 与其他工业以太网的比较

通过对工业以太网一般概念和 FF-HSE 工业以太网标准的学习，我们已经初步了解了这类现场总线的特点。目前 IEC 已经公布了多个工业以太网现场总线标准，尽管它们都是建立在标准以太网基础上的，但各有不同。

8.5.1 ProfiNet

1. ProfiNet 技术的起源

ProfiNet 是 Profibus 国际组织（PNO）于 2001 年 8 月发表的新一代通信系统，在 2003 年 4 月 IEC 颁布的现场总线国际标准 IEC61158 第 3 版中，ProfiNet 被正式列为国际标准 IEC61158 Type 10。ProfiNet 是一种工业以太网标准，它利用高速以太网的主要优点克服了 Profibus 总线的传输速率限制，无需对原有 Profibus 系统或其他现场总线系统做任何改变，就能完成与这些系统的集成，能够将现场控制层和企业信息管理层有机地融合为一体。

2. ProfiNet 的主要技术特点

(1) ProfiNet 的基础是组件技术。组件对象模型（COM，Component Object Mod-

el）是微软公司提出的一种面向对象的设计技术，允许基于预制组件的应用开发。ProfiNet 使用此类组件模型，为自动化应用量身定做了 COM 对象。在 ProfiNet 中，每个设备都被看作一个具有 COM 接口的自动化设备，都拥有一个标准组件，组件中定义了单个过程内、同一设备上的两个过程之间、以及不同设备上的两个过程之间的通信。设备的功能是通过对组件进行特定的编程来完成的。同类设备具有相同的内置组件，对外提供相同的 COM 接口，为不同厂家的设备之间提供了良好的互换性和互操作性。COM 对象之间还可通过 DCOM（Distributed COM）连接协议进行互连和通信。

（2）ProfiNet 采用标准以太网和 TCP/IP 协议族，再加上应用层的 DCOM 来完成节点之间的通信和网络寻址。

（3）通过代理设备实现 ProfiNet 与传统 Profibus 系统或其他总线系统的无缝集成。当现有的 Profibus 网段通过一个代理设备连接到 ProfiNet 网络中时，代理设备既是一个 Profibus 系统的主站，又是一个 ProfiNet 站点。作为 Profibus 主站，代理设备协调 Profibus 站点间的数据传输；与此同时，作为 ProfiNet 站点，又负责在 ProfiNet 上进行数据交换。代理设备可以是一个控制器也可以是一个路由器。图 8-22 给出了一个 ProfiNet 网络结构示意图。

（4）ProfiNet 支持总线型、树型、星型和冗余环型结构。

（5）ProfiNet 采用 100 Mbps 以太网交换技术，可以使用标准网络设备，允许主/从站点在任一时刻发送数据，甚至可以双向同时收发数据。

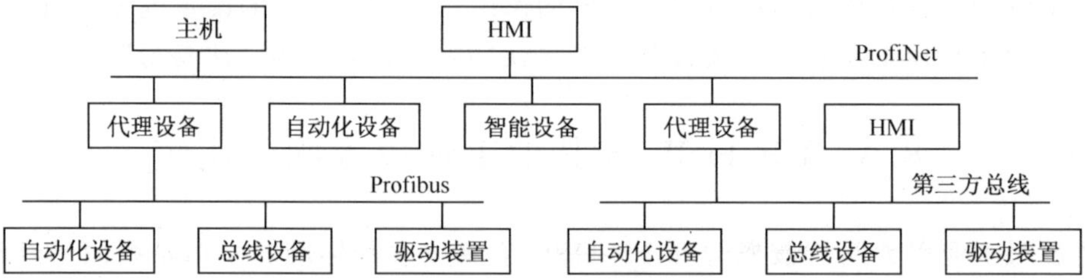

图 8-22　ProfiNet 网络结构示意图

（6）ProfiNet 支持生产者/用户通信方式，用于控制器和现场 I/O 交换信息，生产者直接发送数据给用户，无须用户提出要求。生产者在系统组态时定义。

（7）借助于简单网络管理协议，ProfiNet 可以在线调试和维护现场设备。ProfiNet 支持统一诊断，可高效定位故障点。故障信号出现时，故障设备向控制器发出一个故障中断信号，控制器调用相应的故障处理程序。诊断信息可以直接从设备中读出并显示在监视站上。通道故障也会发出故障通知，由控制器确认并处理。

3. ProfiNet 通信

ProfiNet 的体系结构见图 8-23。基于以太网的 ProfiNet 使用 3 种不同类型的通信，以支持不同的应用需要。

（1）TCP/IP 标准通信。主要用于对时间要求不高的数据的传输。如：设备参数、诊断数据、装载数据等。

（2）实时通信。为满足自动化系统的实时性要求，ProfiNet 中规定了优化的实时通信（RT）通道（又称软实时通道）。在这一通道中，应用层与数据链路层直接建立联系，避开了传输层（TCP/UDP）和网络层（IP）。这种解决方案极大地减少了通信所占用的时间，从而提高了自动化数据的刷新时间，数据的更新周期可在1～10ms之内。

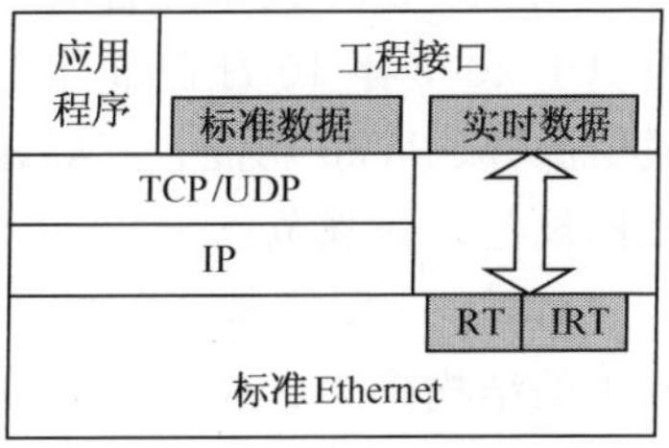

图 8-23　ProfiNet 体系结构

ProfiNet不仅提供了优化的实时通信通道，而且还对传输的数据进行了优先级处理（符合IEEE802.1p协议），按照数据的优先级控制数据流量，优先级7用作实时数据交换，保证实时数据比其他数据优先传送。其他优先级，如：6表示视频数据；5表示音频数据。

（3）同步实时通信。ProfiNet定义了同步实时（IRT）通信，以满足时间要求苛刻的应用，如运动控制、过程数据的周期性传输等，允许数据的更新周期小于1ms。为了实现这一功能，通信周期又分为强制部分和开放部分。周期性的实时数据在强制通道内执行，其他实时数据在开放通道执行，因此两种数据类型交替执行不存在相互干扰。

另外，ProfiNet也定义了用于ProfiNet与现场设备直接连接的I/O标准，借助于该标准，来自现场设备的数据信号周期性地映射到控制单元，实现数据交换，ProfiNet支持的每个现场设备的最大传输速率为1.44Mbps，超过限制时需要通过下层的现场总线传输。

8.5.2* Modbus-RTPS

Modbus-RTPS标准的产生与两个重要的现场总线开发组织密切相关。

Modbus协议原为美国Modicon公司用于PLC产品的通信协议。为促进Modbus协议的不断发展成熟，以法国Schenider电气公司为首的多家公司建立了Modbus组织（Modbus Orgnization），将以太网、Web Server和TCP/IP等技术引入Modbus协议，并于2002年5月发表了Modbus TCP/IP规范。Modbus TCP/IP是用简单方式将Modbus帧嵌入TCP帧，从而实现面向连接的数据传送。Modbus TCP/IP通信网络的规模是可伸缩的，可包括10～100个网络节点，无须采用多播技术。由于Modbus的功能比较完善，容易实现，适合多种工业用户的通信需要，因此被许多系统供应商采纳，应用十分广泛。

IDA（Interface for Distributed Automation）组织是由德国Phoenix Contact公司联合多家企业于2000年3月成立的，致力于开发一种多厂商支持的基于以太网和TCP/IP的智能分布式通用通信标准，利用这个标准。IDA组织开发的工业以太网的主要内容包括：协议、方法和用于节点间实时通信和管理通信的对象结构；为了实现不同生产商工具和设备间的对象交换，使用基于XML（eXtensible Markup Language，扩展标记语言）的对象描述和交换机制；通过定义一个安全层，增强网络的安全性；为了同步设备的时钟，定义了高精度的同步方法；定义了设备描述、IP寻址和设备映像等方法，用来简化设备的安装和替换，实现真正意义上的即插即用。

从上面的叙述可以看出，Modbus组织和IDA组织的目标都是建立基于以太网、

TCP/IP 和 Web 技术的智能分布式自动化系统通信协议。为了提高竞争力，上述两大组织于 2003 年 10 月宣布合并为 Modbus-IDA，形成单一的组织机构，继续两个组织在通信服务、Web 功能、互操作和网络安全方面的工作，并推出了 Modbus-RTPS 实时以太网规范，该规范已于 2007 年成为现场总线国际标准 IEC61158 Type 15。

Modbus-RTPS 工业以太网的体系结构如图 8-24 所示，它是一个建立在面向对象基础上的结构形式，这些对象可以通过应用程序接口（API）被调用。通信协议同时提供实时通信服务和非实时通信服务。

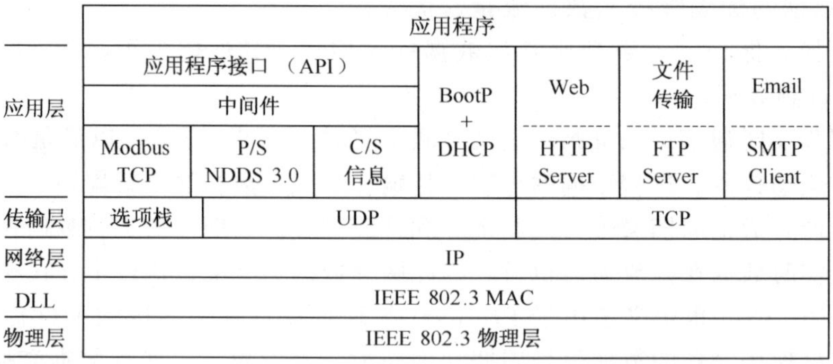

图 8-24　Modbus-RTPS 体系结构

实时通信服务建立在实时发布方/预订接收方（RTPS）协议和 Modbus 协议之上。RTPS 协议及其应用程序接口由一个对各种设备都一致的中间件来实现，它采用专用的实时通信系统（美国 RTI 公司的 NDDS3.0），并构建在 UDP 协议上；与 RTPS 协议有所不同的是，Modbus 协议构建在 TCP 协议上。

非实时通信服务基于 TCP/IP 协议，充分利用了 IT 成熟技术，如页面的诊断和配置（HTTP）、文件传输（FTP）、网络管理（SNMP）、地址管理（BootP/DHCP）和邮件传输（SMTP）等。

Modbus-RTPS 网络系统采用总线型分级分布式结构。它将网络分为三级，由高到低依次为管理级、控制级和现场级。管理级采用 TCP/IP 标准，完成用户各种管理功能；控制级包括 PLC、IPC、控制器和网关等，采用 Modbus TCP/IP 协议，完成各种控制功能；现场级可采用基于 Modbus 协议或以太网协议的各类 I/O 设备和控制装置。嵌入式 Web 服务器是系统核心技术之一，使用标准的 Internet 浏览器就可以读取设备的各类信息、修改设备配置等。同时，集成式 Web 服务器可以完成系统设备的诊断功能。

8.5.3　EPA

EPA 是在国家科技部“863”计划的支持下，由中国几所大学和研究所联合开发的现场总线国家标准，它的全称是《用于工业测量与控制系统的 EPA 通信标准》。目前已经成为现场总线国际标准 IEC61158 Type 14。

建立 EPA 标准的目的是为了改善以太网的通信实时性。为此，EPA 定义了基于以太网、TCP/IP 协议族的工业控制应用层服务和协议规范；建立了基于以太网的通信调度规范；给出了基于 XML 的电子设备描述方法等。这一工业以太网为用户应用进程之间无障碍的数据交换提供了统一的平台。EPA 已在化工、制药等多个领域的典型装置上获得了成功的应用。

EPA 的主要特点如下：

(1) 开放性。EPA 系统兼容 IEEE802.3、IEEE802.1p&q、IEEE802.1d、IEEE-802.11、IEEE802.15 以及 TCP/IP 协议族。IT 领域的所有成熟技术、资源均可以在 EPA 系统中得以继承，但必须注意满足工业环境的可靠性要求。

(2) 微网段化系统结构。EPA 控制系统中，控制网络划分为若干个控制区域，每个控制区域即为一个微网段。每个微网段通过 EPA 网桥与其他网段进行分隔，微网段内设备之间的通信被限制在本控制区域内进行，而不会占用其他网段的带宽资源。

不同网段内 EPA 设备之间的通信，需要由 EPA 网桥进行控制和转发。

(3) 通信实时性。EPA 采用以太网交换技术、全双工通信技术以及优先级技术，在一定程度上克服了以太网媒体访问控制方法中存在的通信不确定性问题。

EPA 系统中，微网段内每个设备按事先组态的分时发送原则向网络上发送数据，由此避免了微网段内的碰撞，保证了微网段内 EPA 设备之间通信的确定性和实时性。为了实现这一功能，EPA 标准在数据链路层与网络层之间定义了一个确定性通信调度管理接口，用于处理 EPA 设备的报文发送调度。通过这个调度管理接口，EPA 设备按组态后的顺序，采用分时发送方式向网络上发送报文，以避免报文冲突。

从某种意义上说，在 EPA 微网段内的媒体访问控制方法不再是严格意义上的 CSMA/CD。EPA 网络示意图如图 8-25 所示。

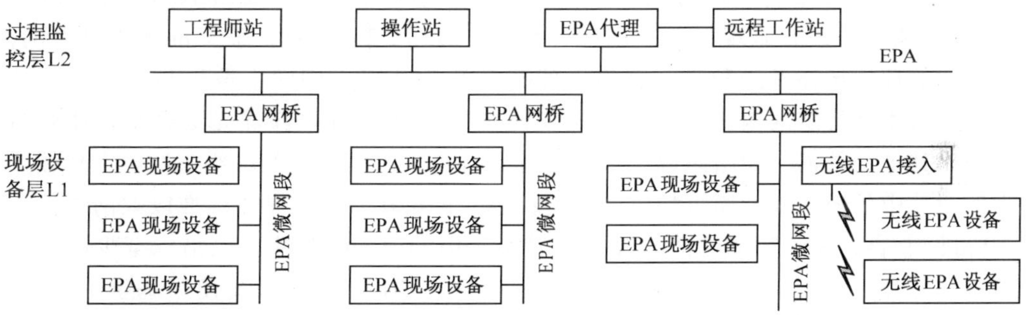

图 8-25　EPT 网络结构示意图

(4) 支持 EPA 报文与一般网络报文并行传输。在不影响实时性的前提下，EPA 报文与一般网络报文可并行传输。

(5) 分层化网络安全策略。EPA 将网络分为企业信息管理层、过程监控层和现场设备层 3 个层次，针对不同的层次规定了不同的网络安全管理措施。

(6) 基于 XML 的 EPA 设备描述与互操作。EPA 采用 XML 这种结构化文本语言，规定了 EPA 设备资源、功能块及其参数接口的描述方法，以实现不同 EPA 设备的互操作。

(7) 冗余。EPA 支持网络冗余和设备冗余，并规定了相应的故障检测和故障恢复措施，如设备冗余信息的发布、冗余状态的管理、备份的自动切换等。

（8）一致的高层协议。为了使设备之间能够理解、识别彼此所交换的信息含义，EPA 在应用层定义了应用层服务与协议规范，包括系统管理服务、上传/下载服务、变量访问服务、事件管理服务等。为降低设备的通信处理负荷，EPA 体系结构中忽略了会话层、表示层两个中间层，在应用层直接定义了与 TCP/IP 协议族的接口。

8.5.4* Ethernet Powerlink

Ethernet Powerlink 是奥地利贝加莱（B&R）公司开发的实时以太网标准，现在已成为现场总线国际标准 IEC61158 Type 13。它是一种能够满足最苛刻实时要求（4 级）、并已投入实际应用的工业以太网。Ethernet Powerlink 标准对 IP 和 TCP/UDP 层（3、4 层）进行了扩展，在共享式以太网网段上采用槽路通信网络管理（SCNM，Slot Communication Network Management）中间件控制网络上的数据流量。SCNM 使用主从调度方式，每个站只有在收到请求的情况下，才能发送实时数据。因此，在一个特定的时间，只有一个站可以访问总线，没有冲突，从而保证了通信的实时性。为此，该标准采用基于 IEEE1588 的时间同步机制。Ethernet Powerlink 可同时传输实时和非实时数据，实时数据传输周期最小可达 200 μs。

8.5.5* EtherCAT

EtherCAT（Ethernet for Control Automation Technology）是德国倍福（Beckhof）公司开发的实时以太网，并得到 EtherCAT 技术组织（ETG，EtherCAT Technology Group）的支持。现在是现场总线国际标准 IEC61158 Type 12。该标准采用以太网帧，并以特定的环型拓扑发送数据。网络上的每个站均从以太网帧上取走与本站有关的数据，并插入本站特定的输入/输出数据。EtherCAT 还通过内部优先级系统，使实时以太网帧比其他的数据（如组态或诊断数据等）具有较高的优先级。组态数据在传输实时数据的间隙中传输，或者通过特定的通道传输。EtherCAT 还保留标准以太网功能，并与 IP 协议兼容。为了实现这样的装置，需要专用的 ASIC 芯片，以集成至少两个以太网端口。另外，与 Ethernet Powerlink 标准一样，EtherCAT 需要使用基于 IEEE1588 的时间同步机制，以支持运动控制中的实时应用。

8.5.6* Vnet/IP

Vnet/IP 是日本横河（Yokogava）公司开发的实时以太网协议，该协议的实时性是通过实时可靠数据报协议（RTP，Real-Time & Reliable Datagram Protocol）来实现的，协议的传输层采用无连接的 UDP 协议。为实现冗余网络连接，VNET/IP 对网络层即 IP 层进行了优化处理。该协议现在是现场总线国际标准 IEC61158 Type 17。

8.5.7* TCnet

TCnet（Time-Critical Control Network）是由日本东芝（Toshiba）公司开发的实时以太网，又称为时间关键性控制网，它对 MAC 子层进行了实时扩展，并基于标准以太网开辟了两个冗余通道的连接。TCnet 现已成为现场总线国际标准 IEC61158 Type 11。

前面我们已经介绍了多种工业以太网现场总线，虽然各有特色，但从 IEC 已经公布的工业以太网标准来看，它们都建立在标准以太网基础上，尽管在处理设备互可操作性、通信实时性方面所采用的方法各有不同，媒体访问控制技术仍然是采用 CSMA/CD，物理层标准也基本一致。也就是说，它们的主要特性，如 DLL 实现、传输媒体、物理信号编码、最大可连节点数、通信确定性、本安特性、总线供电、拓扑结构、导线段最大长度等都与标准以太网基本相同，这里不再逐一列出。

8.6 工业以太网应用

工业以太网已在交通、发电、污水处理等监控系统中得到了广泛应用，但主要还是与其他现场总线配合使用，其中工业以太网主要针对监控层、管理层的网络，而现场检测与控制层网络还是以其他现场总线为主。如第 6 章图 6-35 所示的光纤环，就是将工业以太网应用于现场监控层的一个实例。

为了对其进行自动监控，系统分为现场控制层和监控层两个层次。现场控制层，包括现场 I/O 站、冗余的 Profibus 现场总线等；监控层是以太网层，同时可以通过以太网扩展接受上一级网络（厂级管理网）的调度，实现 Profibus 总线控制系统、电厂管理系统和电力公司管理信息系统的整体结合。

系统采用德国西门子公司的全集成自动化技术，通过冗余的光纤环网连接各控制子站，完成现场数据采集、控制和管理，各控制子站通过冗余的光纤环网与监控计算机相连接，计算机监控系统利用 WinCC 人机界面图形控制软件进行人机交互，实现整个 PLC 控制系统的控制、协调和管理。各操作员站、工程师站计算机通过 100Mbps 高速网络相连，充分保证计算机管理、监控、操作的实时性和可靠性。

习　题

1. 与通用以太网相比，工业以太网有什么特点？

2. UDP 引入了端口号的概念，在一些工业以太网标准中也使用了 UDP，分析端口号在工业以太网中的作用。

3. 有一个 4480 个字节的数据报需要传输，由于它将会经过一个最大净负荷为 1500 个字节的以太网，因而需要被分片。请描述分片后得到的每个数据段中的总长度字段、后续标志字段以及分片偏移量字段的值分别为多少？

4. 工业以太网系统需要遵循哪些工业防护要求？

5. FF-HSE 链接设备的作用是什么？

6. 柔性功能块（FFB）是 FF-HSE 新增的一种功能模块，试说明它的用途是什么？

7. ProfiNet 工业以太网是怎样实现周期性数据传输的？

8. 根据自己对现场总线发展与应用现况的认识，介绍对“E（Ethernet）网到底，一统天下”观点的看法。

第9章　现场总线控制系统的设计与集成

时至今日，由于各种现场总线自身在技术上的局限性，人们期望的一种现场总线一统天下的局面并没有出现，现场总线国际标准的种类反而由2000年的13种，变成2007年的25种，其发展趋势至今也没有缓和的迹象，这让许多现场总线用户感到失望。不过，这一现象本身也体现出现场总线技术发展强劲。从用户角度来看，多种现场总线标准并存不是一件好事，这是由于每个具体应用中会涉及多种使用不同标准的现场仪表，需要解决不同标准系统之间的互连和互操作问题，必然会增加投资，也给系统的应用和维护带来不便。另外，从信息集成的观点来看，现场总线的底层信息必然要和上层的通用局域网连接，将底层信息集成到车间、企业级的数据库中，甚至通过Web方式浏览和交互控制。因此，现场总线技术的发展势头不会终止，多种总线标准并存的局面还会持续相当长的一段时间。

通过前面几章的学习我们已经看到，现场总线是面向工业和工程应用的网络系统，有着广阔的应用空间，但由于其技术复杂性和标准多样性，现场总线的应用也是一项难度很高的任务。为便于读者掌握现场总线的应用技术，本章将从企业信息网的角度探索现场总线控制系统设计、规划和应用的一般方法和过程。

9.1　企业信息网的一般组成

随着信息技术的发展，现代企业中的生产、管理、营销等许多部门已经有了自己的局域网，但这些网络采用的通信协议多种多样，使得信息沟通存在一定困难。Intranet就是为解决这个问题而建立的一种在企业内部运作的信息管理系统，又称为企业信息网或企业网。

9.1.1　企业信息网的基本概念

1. Intranet

Intranet是Internal Internet的缩写，它通过在企业各部门现有网络上增加一些特定的软件，使企业已有网络连接起来，发挥它们的传输效能；同时还提供局域网与因特网的互连接口，使企业和广阔的外部信息世界连通，获取所需要的信息。也就是说Intranet是通过因特网主干网组成的企业内部的虚拟专网。

与因特网相比，Intranet的网络规模有限，管理权限集中，可以有效地进行用户身份鉴别，安全性好，易于配置管理、内部信息管理等。Intranet可以看成是因特网、局域网等技术的集成物。能够提供文件共享、电子邮件、远程登录、文件传输以及企业的网络管理等功能。可以连接到因特网上，利用因特网提供的丰富信息资源和各种服务。在不需要的情况下，也可以与因特网断开，成为相对独立的网络。

2. 企业网的网络操作系统

企业网的网络操作系统为所有运行在企业网上的用户或应用提供网络通信服务，实现网络协议。目前常用的网络操作系统有 Windows NT server、Unix、OS/2、LAN Manager 等。

3. 网络浏览器

网络浏览器是指在 Intranet 网络上为终端用户提供的应用界面管理软件，即用户端用于 Web 服务的软件。网络浏览器为多种多样的应用平台提供统一的用户界面，用户通过浏览器，按指定地址（被访问的 WWW 地址），进入并漫游网络世界。浏览器阅读用 HTML 语言书写的文件，解释其中所有的标记，并以正式的格式显示。常用的浏览器有多种，其中包括 Explorer、Navigator、和 Hot Java 等。

4. 企业网络应用软件

企业网应用软件是指任何支持 TCP/IP 协议族的软件。

（1）操作系统平台和 Web 服务器软件。建立 Web 服务器，需要使用操作系统平台和 Web 服务器软件。可供选择的 Web 服务器软件产品有很多，如 Netscape Communication Server、Netscape Commerce Server 等，它们都可利用 Windows NT、Unix 作为操作系统平台。

（2）HTML。Web 服务器使用超文本标记语言（HTML，Hyper Text Markup Language）来描述网络资源，并以 HTML 数据文件的形式存放在 Web 服务器中。事实上，HTML 并不是一种程序设计语言，只是一些代码的集合，这些代码使文本能被浏览器以指定的方式显示出来，并能表明文件之间的链接关系。浏览器能够解释 HTML 代码，并使用这些代码确定文档的结构、标题、段落等。HTML 提供了综合表达文字、声音、图像信息的强有力的手段，因此有人认为，WWW 技术就是超文本技术和信息检索技术结合的产物。

（3）URL。HTML 利用统一的信息资源定位器（URL，Uniform Resource Locator）实现超链接，即用 URL 标识出要链接的数据资源的位置，以便找到与因特网相连的主机上的任何可用的数据对象。提供给 URL 一定的信息，就能通过因特网上的任何一台计算机访问与网络连接的其他机器上的可用的公共数据。提供给 URL 的信息包括：所使用的访问协议、数据所在的机器、通向数据源的路径、数据文件名称等。

这里所说的超链接包括超文本链接和超媒体链接。URL 能指向网络文件、超文本传输协议（HTTP）、文件传输协议（FTP）、远程登陆（Telnet）、News、BBS 等电子信息资源。

（4）CGI。公共网关接口（CGI，Common Gateway Interface）软件为 Web 服务器定义了一种与外部应用程序共享信息的方法，用来实现服务器与外部程序、后台数据库管理软件的连接。服务器收到某个客户机的请求时，按要求启动一个网关程序即 CGI 脚本，由 CGI 脚本对请求作出处理。请求信息一般被综合在一个环境变量中，CGI 脚本程序通过检查这些环境变量，找到响应请求所必需的信息。CGI 使用户可以编写与浏览器进行交互的程序，如创建新的WWW页面，处理HTML表格输入，架设因特网服务之间的沟通渠道等。

（5）Java。Java语言是一种跨平台的、适于分布式计算的、面向对象的新型编程语言，特别适合用于因特网应用程序的开发。广义的Java不仅是指编程语言本身，还包括客户机/服务器模式的开发和执行环境。

（6）数据库。数据库用来存储和提取所需的信息，也是企业网支撑环境的重要组成部分，是信息沟通与交换的中心。常用的数据库分为两种，即关系数据库和实时数据库。可供选用的关系数据库类型有Sybase、SQL Server、Oracle、Informix等，实时数据库类型有InfoPlus、PI、ONSPEC等。

5. Intranet的用途

Intranet在企业的应用通常包括企业内部主页、通信处理、支持处理、产品规划处理、运行处理、市场和销售以及客户处理等。

（1）企业内部主页。企业内部主页主要介绍企业的情况，如企业的历史、宗旨、规章制度、组织结构、服务、工具和资源等。这些信息放在网络服务器上，供企业内部共享。

（2）通信处理。通信处理包括组织机构之间的通信和个人之间的通信两大类。前者处理公务合作部门之间的通信，后者用于个人之间或工作小组内的通信。组织机构的通信又分为三类：企业快报、公告栏、新闻等；经营单位或部门通信；企业的信息库。个人之间或小组内的通信，最常用的工具是电子邮件，此外还有新闻组、谈话和视频会议系统。

（3）支持处理。支持处理用于企业内部，包括人事处理、财务处理、信息系统和技术支持、法律事务及基础设施的规划和建设等。

（4）产品规划处理。产品规划处理是企业经营的核心部分，它和企业经营的目标有关，同时也是企业专有的。为了竞争需要，一般都属于内部使用，不被外界共享，其内容大致可分为研究规划和工程规划两部分。

（5）运行处理。运行处理也是企业经营的核心，包括采购、电子数据交换、库存管理、制造以及专门的服务规划等。

（6）市场和销售处理。市场和销售处理包括销售和市场策略、产品方向、市场研究信息、产品目录和说明、技术规范和需求、竞争能力信息、价格清单、促销计划等。由于竞争的原因，这些信息一般也不提供外界共享。

（7）客户处理。客户处理是通过企业的Web主页为客户提供信息，建立客户和产品规划者、产品服务部门的联系通道，以改善产品质量和售后服务质量；将企业内部数据库通过Intranet提供给客户使用。

9.1.2 企业信息网的设计内容

企业信息网的设计是以实现企业建设和发展的战略目标为原则的。美国著名的IT分析公司GartnerGroup根据企业发展和企业对供应链管理的需求提出了企业资源规划

(ERP，Enterprise Resource Planning）的概念。ERP将供应商和企业内部的采购、生产、销售以及客户紧密联系起来，集成了企业内部的其他管理功能如人力资源、质量管理、决策支持等，可对供应链上的所有环节进行有效管理，并支持国际互联网（Internet)、企业信息网和电子商务（E-Business）等，实现对企业的动态控制以及多种资源的集成与优化，达到企业资源合理、高效利用的目的。

ERP系统的成功运用涉及复杂的软件技术和网络技术。企业在建立ERP系统时，既要根据经济现状、企业内外部环境和自身经营状况，选择合适的ERP模式，同时又要考虑企业网建设。企业网作为ERP的主要支撑系统，其设计、规划与实现应当反映企业现代化、信息化的发展方向。FCS的应用能为ERP的实施提供来自企业和工程最底层的实时信息和生产过程的状态数据，为企业实现ERP战略奠定了基础。

尽管企业业务的需要不同，企业信息网的层次却大同小异，其组成一般包括三个部分，如图9-1所示，从低到高依次为：现场设备层、监控调度层和信息管理层。

图9-1　企业信息网的层次

1985年以前，企业信息网主要是信息系统和办公自动化系统，以信息管理和服务为主，也可称为服务网。在这一时期，生产过程的检测和控制基本上独立于企业信息网之外。现场总线技术的问世，建立了生产过程的基本控制设备（即现场级设备）之间，以及更高层次的自动控制设备（即车间级设备）之间的联系，使得上层管理与底层控制的信息可以直接联系。这就使得测量与控制也可成为企业信息网的一个有机组成部分。

现场总线有许多优点，但并不存在一个单一的国际标准，现有的多种现场总线的标准各有特点，要用一种总线组成的网络完成控制系统的测量、控制、优化等功能存在较大困难。根据已经存在的现场总线的能力，可用功能强大的工业以太网组成监控主干网，允许各类现场总线与其互连，还可实现高层次调度与先进控制功能，如协调控制、优化控制等。而满足工业现场不同应用需要的其他各种总线，主要完成现场设备的接入与互连。

综上所述，企业信息网的一般结构如图9-2所示，各层的功能及设计内容如下：

1. 现场控制层

现场控制层由现场设备和控制网段组成，对应现场级通信。按照IEC标准，现场总线支持多种类型的网络拓扑结构，现场设备以网络节点的形式挂接在现场总线网络上，由带有功能块的现场总线设备完成对生产过程的控制。低速总线H1支持点对点连接、总线型、菊花链型、树型拓扑结构，而高速总线H2仅支持总线型拓扑结构。H1、H2总线的用户层包括大量的功能块，可通过连接分布在各个现场设备中的功能块来实现控制系统结构设计。

在同时使用多种总线时，要达到多种总线标准共存，可在不同网络协议的现场总线之间加入协议转换器（网关），识别并解释不同格式的数据包，并在不同的网络之间转发。

现场总线固然能给用户带来效益，但它终究仅处于企业信息网的最低层，若管理不当，局部效益同样不能提高企业的整体效益。

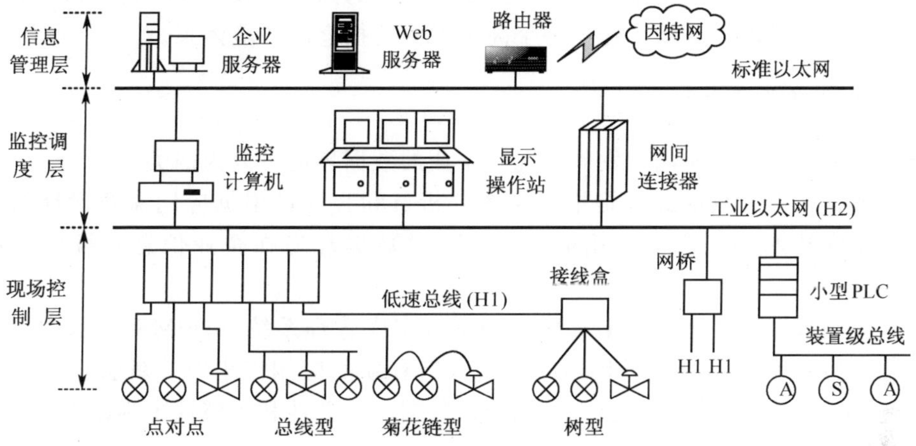

图 9-2 企业信息网结构示意图

2. 监控调度层

中间的监控调度层主要用于监控、优化与调度，它在企业信息网络中起到承上启下的作用，因而非常重要，在进行企业综合自动化时必须给予充分的重视。

监控调度层由高速以太网以及连接在总线上的担任监控任务的工作站或显示操作站组成，对应车间级通信。现场控制层通过现场总线接口与监控层相连，监控站可以完成对控制系统的组态设计和下装，执行对现场控制系统的监视、操作、趋势分析、报警、维护及各种人机交互功能。除上述功能之外，监控层还为实现先进控制和过程操作优化提供支撑环境。

3. 信息管理层

最上一层是企业信息管理层主要用于企业的计划、销售、库存、财务、人事及企业的经营、管理及决策等。

信息管理层网络由各种服务器和客户机组成，对应整个企业的管理。其主要目的是在分布式网络环境下，集成企业的各种信息，实现与 Internet 的连接。首先要将监控层实时数据库中的信息转入上层的关系数据库中，这样管理层用户能随时查询网络运行状态以及现场设备工况，对生产过程进行实时远程监控。赋予一定权限后，还可以在线修改各种设备参数和运行参数，从而在企业网范围内实现底层测控信息的实时传递。

目前，远程监控的实现途径是通过 Internet，主要方式是利用公众数据网或者租用 DDN 专线。由于涉及实际生产过程，必须保证网络安全，可以采用的技术包括防火墙、用户身份认证及密钥管理等。

9.1.3 企业信息网的数据库系统

数据集成环境建设是企业信息化的基础。建设高水平的数据环境，可使企业信息资源得到充分开发和利用。依据信息资源管理要求，由简单数据文件和应用数据库形成的低水平数据环境必须进一步发展到以数据仓库为主的高水平数据环境。分析企业对数据环境建设的总体要求，有助于建立一个高水平的数据仓库环境体系。

1. 企业数据环境分类

依据信息技术在企业内的发展状况，企业的数据环境可分为四类：

(1) 数据文件。数据文件是指由系统分析员和程序员根据应用需要设计的各种文件。在数据库技术得到广泛应用的今天，这类数据环境在企业信息系统中所占比例较少。

(2) 应用数据库。这类数据环境使用了数据库管理系统（DBMS)，数据有了一定的独立性，但并不真正独立于具体的应用。当有新的应用需求时，就会产生新的数据库，这就必然使数据存储出现极大的冗余，数据的一致性和完整性也难以得到保证，最终可能导致数据管理的混乱。

许多大中型企业的应用信息系统已有十几年历史，现有的信息系统大都由原先单个应用项目扩充而来，没有进行总体数据规划，企业为了进一步发展，对这种数据环境进行改造是必要的。

也有部分企业，他们通过与科研机构合作，已经实施了 CIMS（Computer Integrated Manufacturing System）工程。在总体规划的基础上，他们建立起了生产车间管理信息系统、质量管理系统、物资管理系统、生产计划调度系统和办公管理系统等信息系统，具备了很高的信息化水平。

(3) 主题数据库。这类数据环境独立于具体的应用，数据类型不频繁变化，而数据的使用方法可以经常变化。对于新的应用项目，不再需要建立新的数据库，而是从共享数据库中提取所需要的信息，因此，数据的一致性和完整性得到较好保证。由于建成这种数据库需要经过严格的数据分析和数据建模，实施时间较长，但维护成本很低。一旦投入使用之后，可以大大加快应用项目的开发速度和用户与数据库的交互，是企业进行信息系统集成化建设必须重点建立的数据环境。

(4) 数据仓库。数据仓库是面向主题的、集成的、稳定的、取自不同时间的数据集合，也可认为是主题数据库的集成。这类数据环境主要用于支持经营管理中的决策制定过程，属于企业级应用，涉及范围和建设成本非常之大。正因为数据仓库投入高、且进度一般较慢，促成了数据集市的产生。数据集市是一种更小、更集中的数据仓库，它为企业提供了一条部门级的分析数据的廉价途径。数据集市具有规模小、面向特定应用、面向部门、快速实现、投资规模小、易使用、全面支持异种机平台等特点。

其中 (3)、(4) 类数据环境水平较高，又称为高级数据环境。一个高效率的企业应该具有这两类数据环境，以保证良好的数据基础。但是，主题数据库和数据仓库并不是信息的堆积，而是信息资源的深入开发。在具体企业的生产车间通用信息集成系统中，一个鲜明特点就是生产过程中产生了大量的实时数据，这些数据被存放在实时数据库中加以管理，通过建立起实时数据库和关系数据库之间的交互（见图 9-1），可使基础自动化数据和企业上层的信息系统结合起来。

2. 企业数据库体系化环境建设

企业数据库体系化环境是指一个企业内，由各种面向事务处理的 OLTP（On Line Transaction Process）数据库及各级面向主题的数据仓库所组成的数据环境。在这个数据环境中，企业可以进行从联机事务处理到企业管理决策的各项工作。数据库体系化环境的构成是广泛的。除需要建立各级数据库和数据仓库外，还要对面向应用的数据库之间、各级数据仓库之间、数据库与数据仓库之间的界限和相互联系做出合理划分和明确描述；对不同数据库或数据仓库中数据的处理和应用做出明确的定义和划分；对软硬件资源及管理人员的配置做出明确规定等。以使这个体系化环境成为一个结构清晰、层次分明、联系明确、有序运行的有机整体。

从总体上看，操作型数据环境存放的是当前的细节性数据，用于支持高性能的事务处理，是分析型数据环境的数据源。分析型数据环境除了要存储大量的历史数据外，还存有各种级别的导出数据，用于支持企业内的各种分析处理。

数据分析方法是千变万化的。不可能要求一个单一层次的数据仓库完全符合各种各样的分析需求，数据仓库的主题需要不断完善，不断调整，导出数据的内容和形式也要灵活多变。另外，随着数据不断载入，数据仓库将越来越大，分析工作若完全基于单一层次的数据仓库，性能会十分低下，因而对于分析型数据环境，需要建立多层次的数据仓库。全局数据仓库存储的是操作型数据环境集成而来的、面向主题组织的、历史的、细节的和适度综合的数据，它独立于任何应用逻辑，负责为其他各级数据仓库的多维数据库提供集成的、一致的数据。

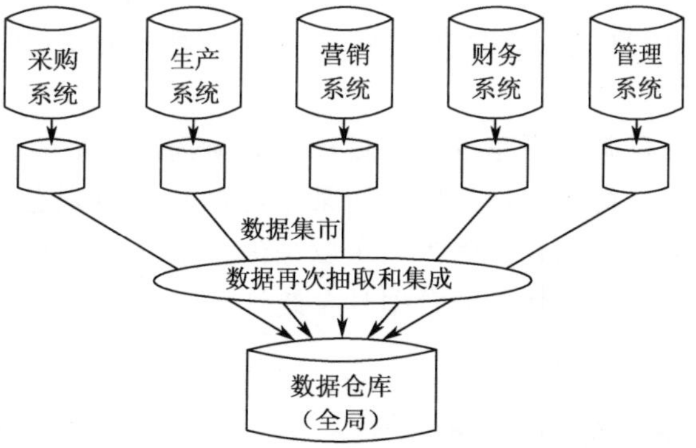

图 9-3　企业信息网使用的数据库示意图

部门数据仓库按照部门或业务领域分析的需要，从全局数据仓库抽取数据，数据组织一般与分析应用逻辑结合起来，这样有利于提高分析效率，部门数据仓库能够支持企业中一个或几个相关部门的业务分析、控制和决策。个人数据仓库按照分析需要，从全局数据仓库、部门数据仓库临时抽取和组织数据，企业中的高层管理人员，可使用个人数据仓库完成企业战略决策所需的复杂分析工作。企业信息网的数据库组成如图 9-3 所示。

3. 企业数据仓库建设实施方案

企业开发数据仓库首先需要统筹规划。规划阶段的主要工作是选择数据仓库的拓扑结构。数据仓库的拓扑结构一般分为 4 种：集中式企业级数据仓库、独立型部门级数据集市、分布式数据仓库、数据仓库与数据集市混合。这里将以大型企业的通用信息集成系统为例，研究企业数据仓库的建设方案。

由于大型企业数据丰富，物流复杂，数据来源广泛，因此这类企业一般选择数据仓库与数据集市混合的拓扑结构。利用这种结构可以保证先建立起各个相对简单的数据集市，然后在此基础上搭建起数据仓库，选择适当的开发策略。

常用的开发策略包括自顶向下、自底向上、自顶向下和自底向上相结合 3 种类型。

自顶向下开发策略首先在原始数据源基础上导出数据，建立企业数据仓库，然后根据需要导出部门数据仓库和个人数据仓库。在这种情况下，面向主题的数据仓库和面向应用的数据环境共存，构成一个多层次的体系化环境，可以实现所有的应用。该策略自上而下进行总体设计和实施，有利于保证各级数据仓库的一致性，但是周期长、费用多、难度大。

自底向上的开发策略，其核心思想是从最迫切的部门（或主题、区域等）需求出发建立数据集市，以最小的投资在最短的时间获得所需的回报。在此基础上，不断进行扩充、完善，最后实现企业级的数据仓库。在建立数据集市时要有全局观念，便于以后集成。

数据集市的快速开发特性是快捷又节省投资的方案，但数据集市的简单堆积并不能构成企业级数据仓库。因为如果没有全局的组织规划和数据集市建模，设计时不考虑跨部门的信息需求，则所建立的数据集市之间将产生零散且模式不一致的数据，这将妨碍跨部门信息的应用开发。因此，企业可利用自顶向下的策略规划整个企业的数据仓库，利用自底向上的策略快速开发数据集市，也就是自顶向下和自底向上相结合的方法。

在总体规划时，一旦确定了总方向和目标，必须选定一个能快速为企业带来效益的有限实现范围，即确定最初的实现范围。如某个炼油化工有限公司就可根据实际情况，选择生产数据作为数据仓库主题。因为该主题是信息系统集成的基础，有了它才有进一步的应用。生产数据表中积累性质的数据具备统计意义，操作型数据（瞬时数据）具备分类意义。

4. FCS 为企业数据库提供实时生产数据

生产和工程现场提供的实时数据是企业管理生产过程、实现市场目标的基础。由于建立了 FCS，生产过程的工艺参数、实时状态、生产进度和设备运行状态都可以有效地进行统计，这使得过去不能进行的高级优化、工程管理、故障诊断得以进行，极大地提高了生产的可靠性和经济效益。

近年来，由于 FCS 的应用，企业保存了大量的实时数据和历史数据，迫切需要将这些数据转换成有用的信息和知识。数据挖掘技术的发展满足了这方面的需要。获取的知识已广泛应用于商务管理、生产控制、市场分析、工程设计和科学探索等方面。

9.2 现场总线控制系统的一般设计应用过程

现场总线的应用范围广泛，规模和结构灵活多样。设计人员在面对 FCS 的设计任务时，怎样根据实际生产过程，给出合适的控制解决方案，同时又兼顾系统成本、功能和效益等多种因素，也是一项复杂的任务。在这一节里，我们将探讨这些问题的一般性解决方法。

9.2.1 现场总线控制系统的设计原则

1. 保证系统运行的可靠性

相对其他网络环境而言，现场总线的运行环境比一般信息管理系统的环境复杂、恶劣，对系统运行的安全性要求更高。因此，FCS 的设计必须考虑可靠性。在特殊的应用场合，FCS 有时需要采用屏蔽、防爆等措施，甚至要求使用冗余设计。

2. 保证系统的实时性和分布式特性

FCS 是为了满足生产过程的监控、调度、维护、管理和决策需要而设计的。其设计中需要仔细规划实现这些任务的网络基础，如网络节点数、节点的位置分布、传输速率等。

3. 保证系统中设备的互连、互操作和互换性

FCS 要把生产过程的测量信息和控制指令传送到不同的设备中去，设备之间必须互连并且能够互操作、互通信，总线段上的设备应遵从相同的协议，传递相互可理解的数据。系统的网络要具有可扩展性，以便于网络升级。为方便设备维护和更新，系统中的所有设备应具有互换性。

4. 充分考虑监控和通信软件的功能

在网络结构确定之后，系统功能的实现主要依赖于系统软件。大多数情况下，控制系统的制造厂家可以提供 FCS 软件，因此确定这些软件是否满足实际需要是非常重要的。这些软件将提供系统监控、组态、维护和更新任务。

5. 兼顾设计先进性和经济实用性

从现阶段的实际情况看，现场总线设备的价格比常规设备高很多，而且多数设备依赖跨国公司的进口产品。从长远发展的角度看，现场总线设备的价格呈现降低趋势。因此，设计实际控制系统时，最好在系统先进性和经济实用性之间折中考虑。

9.2.2 FCS的网络设计和控制实现

当我们明确了FCS的设计原则之后，就可以开始系统的网络设计和控制功能设计。

1. 网络设计中要考虑的因素

现场总线网络是FCS的主要组成部分，在其设计过程中，通常需要依次确定以下内容：

（1）现场测量仪表、变送器和执行器的测量控制点分布情况。

（2）控制任务执行设备的选择及其安装地点。

（3）服务器、工作站的选择和设置地点。

（4）传输线的走向、长度、拓扑结构和介质类型等与布线工作有关的因素。

（5）选择现场总线通信协议，着重考虑当前的应用要求而不是总线技术的高低，通常与实际连接设备一起考虑。

（6）选择通信网络的模块和部件，如通信控制模块、网络I/O转换模块。尽管每种现场总线都声称是开放的、互可操作的，事实上，要做到真正的互可操作，在确定使用的某种模块和部件之前必须进行测试。

另外，设计过程中还要考虑生产过程的环境要求，如温度、湿度、电磁特性和施工安装限制等。

2. 综合布线系统

结构化综合布线系统采用模块化设计和分层星型拓扑结构，能适应任何大楼或建筑物的布线需要，包括建筑与建筑群综合布线系统（PDS）、智能大楼布线系统（IBS）和工业布线系统（IDS）。它们的原理和设计方法基本相同，差别是PDS以商务和办公自动化环境为主；IBS以大楼环境控制和管理为主；IDS则以传输各类特殊信息和适应快速变化的工业通信为主。

1）建筑与建筑群综合布线系统（PDS）结构

PDS一般采用模块化设计和物理分层星型拓扑结构，传输语音、数据、图像以及各类控制信号。PDS结构可分成6个独立的子系统。

（1）工作区子系统。工作区布线子系统由终端设备到信息插座的连线组成，它包括装配软线、连接和连接所需的扩展软线，并在终端设备和I/O之间搭桥，信息插座有墙上、地下、桌上、软基等多种，标准有RJ45/RJ11的单、双、多孔等各种类型。

（2）水平布线子系统。水平布线子系统将电缆从楼层配线架连接到各用户工作区的信息插座上，一般处在一个楼层。通常可以用3类或5类8芯4对双绞线，3类线或5类线都是由8根24-AWG 0.511mm铜线组成，符合或超过EIA/TIA-568标准。

（3）垂直干线子系统。该系统由各楼层配线架与主配线架之间的大对数多芯铜缆或光缆组成，或两者混用。它是综合布线系统的神经中枢，其主要功能是将主配线架系统与各楼层配线架系统连接起来。

（4）管理子系统。管理子系统由楼层配线架组成。其主要功能是将垂直干缆线与各楼层水平布线子系统连接起来。光纤连接时，要用光纤接续箱（LIU），箱内可有多个ST连接器安装孔，箱体内的线路弯曲设计应符合62.5/125 μm多模光纤弯曲度要求，光纤接头用STII，它由陶瓷材料组成，最大信号衰减小于0.2dB，光耦合器可作为多模光纤与网络设备或光纤接续装置的连接，配线架和光纤接续箱通常设在设备间内，用来连接其他子系统，并对它通过跳线进行管理。

（5）设备间子系统。设备间子系统由主配线架和各公共设备组成。它的主要功能是将各种公共设备（如主机、交换机、各种控制系统、网络互连设备等）与主配线架联合起来。该子系统包括电气保护装置等。

（6）建筑群室连接子系统。该子系统是指主建筑物中的主配线架延伸到另外一些建筑物主配线架的连接系统。与垂直子系统类似，通常采用光缆或大对数铜缆连接。它是整个布线系统的一部分，并支持提供楼群之间通信所需的硬件，其中有电缆、光缆和防止电缆的浪涌电压进入建筑物的电气保护设备。

2）工业布线系统（IDS）结构

IDS用来解决工矿企业中特种信息的传输问题，支持工业环境中的信息传输平台，为设计工业网络提供了确定的方法。用这种方法设计的网络是灵活的、模块化的，能适应快速变化的工业通信要求。光纤主干用来将各个子网连接在一起，子网再依次连接到过程控制设备、管理工作站以及其他工业通信设备。利用IDS可对一个仓库、生产线、维修车间以及其他工业厂房或厂区环境中的任何操作定时存取数据，即时地访问共享数据。应用范围如表9-1所示。

表9-1　工业布线系统的应用范围

工业环境	典型协议	支持的应用
分散的产品生产	以太网（Ethernet）	生产管理系统
连续的过程生产	令牌环（Token Ring）	过程与制造控制系统
组装厂或车间	异步串行通信（Asynchronous）	材料管理系统
实验室	同步串行通信（synchronous）	过程调度系统
仓库	光纤分布数据接口（FDDI）	保安监控系统
维修设施	视频（Video）	工时及出勤管理系统
原始材料加工	现场总线（Fieldbus）	数据采集系统
港口码头	工业以太网（Industrial Ethernet）	资料查询系统
飞机场	语音通信（Audio）	内部通信系统

工业布线系统除了考虑类似PDS的6个独立子系统（或称模块）外，还要考虑各种工业现场的特殊性。水平布线系统的布线需要考虑车间情况，大多数车间的水平布线要利用已存在的地沟进行，同时要考虑配电动力电缆在地沟中对通信电缆的影响。根据车间实际情况也可采用架空槽架铺设通信控制电缆。为防止强大功率动力传输电缆的影响，也可以采用穿套管的方法进行铺设。现场总线布线要考虑T型分支器的应用。

3. 控制回路设计

FCS的控制回路一般采用逻辑控制和连续过程控制来实现。对于离散和顺序控制可采用现场的 PLC 完成，控制程序可用梯形图编写，也可以用汇编语言、C 语言编写。利用设备开发组态软件可实现控制回路软件的开发和下载调试，如果是通用算法，可利用功能块实现。

对于过程控制回路，可采用传统的 PID 调节及串级控制等基本功能块，也可使用较先进的控制模块，如超弛调节等。基本控制回路设计框图如图 9-4 所示。

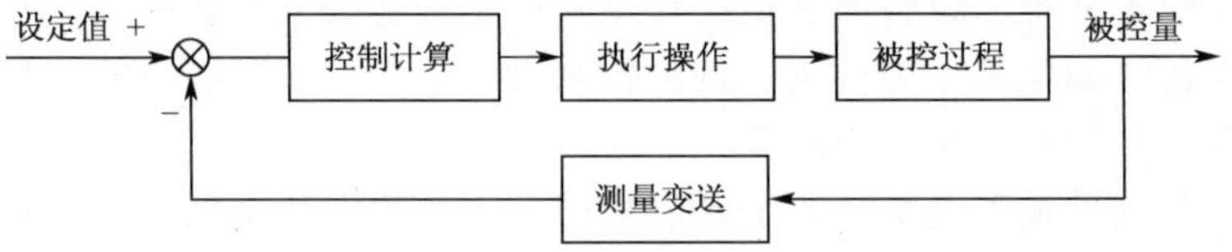

图 9-4　过程控制回路

由于大多数连续控制可采用 PID 实现，因此可选择调用现场总线功能模块，通过组态方式确定控制方案、变量（如温度、压力、流量）、输入输出通道等。

4. 现场应用设计

FCS 的网络设计要考虑生产过程的测量设备、传感器、控制器和执行机构的现状，考虑这些设备是否具有数字通信功能，是否需要更换或作为过渡使用。根据现场仪表、控制器等设备的通信功能，确定通信协议（如 FF、Profibus 等）。根据现场环境考虑确定布线、传输线类型、设备供电、防爆等环节。根据生产过程的检测与控制需要，确定通信速率。根据上级计算机监控的需要和现场设备的分布，确定网络结构层次。

在大多数情况下，要考虑各层设备传输数据类型、传输速率和数据量。比如在现场控制底层，要考虑是否满足实时控制的需要，对过程控制可选择较低的传输速率，着重考虑总线屏蔽、供电、防爆和连接的形式。对于离散设备如高性能 PLC，可采用高速数据传输模式，以保证现场汇集数据的传送。在高层监控管理计算机之间，要建立保证大量数据传送、远程操作和数据库系统运行的总线网络系统。现场总线网络层次的确定，要根据生产过程实际需要进行，如果实际规模较小，实际控制回路较少，也可以考虑简化网络结构和层次，以达到经济实用的要求。

在很多情况下，FCS 可能是分多次实现的，经常可以看到企业建设的一期工程、二期工程等，而现场总线的特点就是适用于系统更新和分批扩展。因此，在实际设计 FCS 时，要充分考虑留有余地。例如在设计总线段时，要考虑不全部用完总线段的协议最大节点数，以便将来挂接新设备，而不用更换总线段。

9.2.3　FCS 软件开发与组态

FCS 的监控软件必须经过设计、开发、组态和调试几个阶段之后才能运行。这些内容也是建立 FCS 的主要工作之一，与网络设计和实现一样重要。FCS 的监控软件一般采用 FCS 软件开发工具实现，如艾默生公司的 DeltaV Configuration Studio、罗克韦尔公司的 Rsview 和西门子自动化的 WinCC 等。

1. 监控软件的开发

监控软件的开发主要依据生产工艺流程进行。不管是简单的操作任务，还是复杂的系统监控任务，监控软件都可以为其建立用户界面。监控软件开发工具可绘制各个生产或工程监控画面，利用控件或软件组态建立各种控制块、显示框、动画、声音等，动态显示整个生产过程的各种参数和运行状态。

监控软件开发工具为软件组态提供范围广泛的各种功能，可用于以下实例应用：拖放画面方便并可将它们以画面的层次结构布置；按通常情况，可将画面分成三个区域，即概览区、工作区和功能按钮区。

监控软件开发工具提供所需要的对象，其中包括：

（1）标准对象。如按钮、复选框、单选框、滑动条；

（2）图形对象。应用程序和画面窗口；

（3）OLE 对象。报警、趋势、表格等的 ActiveX 控件输入输出字段，文本列表，二维和三维条形图，状态和分组显示。

监控软件开发工具的图形系统可在运行时处理画面上的所有输入和输出。通过图形编辑器可生成工厂中用于可视化操作的画面。可采用 OLE&ActiveX 控件——嵌入式应用程序或组件开发，利用 Visual Basic 进行功能扩展，用 VBScript 或 ANSI-C 编写脚本。例如，把图形对象的操作员输入的值与变量相连接；当操作员点鼠标时，输入给控制器一个具体的给定值；组态运行语言切换；组态颜色变化，周期性地闪烁或代表设备运行状态；把数据传输到其他程序；从主程序中启动其他应用程序，创建文件和文件夹。监控软件开发工具最终确定各个测量和控制变量，确定变量单位，建立实时数据库，并将这些变量与数据库联系起来。根据设定的各个变量，建立报表显示功能，将实时数据库的数据或状态变量的趋势显示出来，建立历史数据查询，将重要的生产过程信息、发生时间等存储打印。全部监控软件开发完毕后，就可以进行系统和设备组态。

2. 系统和设备组态

组态就是把已准备好的不同子系统或功能单元进行组合，使整个系统或单元达到用户要求的整体应用效果和功能状态。由于 FCS 都具有组态功能，极大地扩展了控制系统的技术水平和应用范围。

组态是构造整个网络控制系统的核心部分。工程设计人员需要利用组态软件连接现场总线设备、决定软件和设备功能。组态也包括软件界面开发组态，例如画面组态：画面的布局与切换、显示画面窗口、操作控制容许、画面缩放、动画等。软件界面开发是监控软件开发的基本工作。这里主要讨论的是系统和设备组态。

系统组态可构造不同系统：单用户系统、多用户系统、分布式系统、网络客户机、归档服务器、冗余服务器等。

设备组态是通过软件界面对所选设备分配位号，利用设备功能库选择执行信号变换、处理和控制的功能块，实现功能块连接，按应用要求为功能块设定参数。这些参数包括静态参数、初始参数和不易丢失的参数等。静态值是指那些在系统运行期间不变化的值。动态值是指那些会随系统运行状态变化而变化，而且在电源关闭后会丢失的值。

不易丢失的值是指那些在系统运行中会变化，但在电源关闭期间会保持参数的值。为了实现网络通信和设备控制，组态要确定通信协议以及协议版本，识别网段和设备，分配设备位号，确定应用时钟的发布。另外，可通过组态软件对现场设备下载应用程序和组态信息。所有的监控变量也是通过组态建立的，可以通过组态确定这些变量与显示图形、报表和数据库之间的一一对应关系。组态软件大多数情况下也是重要的人机交互界面，通过人机交互界面可方便地进行系统重构和运行管理。

现场总线组态过程分为设备离线组态和系统在线组态。

设备离线组态是在把设备连接到处于工作状态的网络之前，采用带有系统专门信息的装载设备，对某个现场设备进行组态。离线组态主要装载两类信息：一类用于规定该设备在系统中所完成的功能；另一类规定该设备与这个系统中其他设备间如何相互作用。一个设备的能力是由这个设备的软件和硬件决定的。通过把软件装载到设备，最终可确定这个设备的基本能力。单个设备离线组态可用该设备专用组态软件实现，如 SYMATIC S7 PLC 可用 STEP7 来完成，FF 设备可用 SYSCON 来实现组态。

系统在线组态是在 FCS 正常启动之前或改变运行配置时，从系统整体需要的角度，为其组成成员分配角色，选择希望某个设备所承担的工作，并为它们完成这些工作设置好静态参数、动态初始参数以及不易丢失的参数值。另外，组态还要对各个状态变量设置类型、报警上下限等。这是系统在线组态要完成的任务，它是形成系统的重要步骤。

FCS 要完成控制任务，首先要对生产过程进行控制回路设计，包括建立动态控制系统方框图，确定控制对象、对象的状态变量，根据系统性能指标要求，确定控制算法。系统组态可实现不同控制策略。例如，FF 系统定义了 29 种标准功能块，应用这些功能模块可以很方便地实现复杂的控制策略。

9.2.4 FCS 的运行、维护与故障诊断

在 FCS 设计和安装完毕后，可进行系统设备调试、系统测试运行、系统运行维护和故障诊断。

1. 系统设备调试

一个系统无论在设计和组态阶段准备得多么充分，在实际运行中都可能出现问题，因此系统的调试就是一个非常重要的阶段。调试过程包括以下内容。

(1) 设备检查。运行监控组态软件，如 SYSCON，在线观察各现场设备通信状态是否良好，并相应检查设备的外部连线及现场总线终端电阻的位置及连接情况。若出现问题，还要用显示器观察在现场总线安全栅的输出端上是否有歧波，输出电压是否大于规定值（若电压太低，则安全栅有可能已经损坏）。

(2) 位号与量程检查。在人机界面上检查各点的位号与现场是否一致，如不一致则应做出相应的修改。在监控组态软件中检查各设备量程是否符合实际要求。

(3) PID 作用方式和调节阀动作方向检查。同工艺人员一起根据实际情况设置 PID 的作用方式及调节阀的动作方向，如不符合要求应及时更正，并将每一控制回路的输入设置为手操，连续设置一定值，以检测该回路能否正确动作。

(4) 温度、压力补偿和特殊算法。对于有温度、压力补偿的系统，应在位号与量程检查之后，演算其输出值是否正确。

(5) 安全连锁装置检查。用检查位号与量程的步骤验证能否及时正确完成连锁动作。

(6) 不间断电源（UPS）自动切换功能检查。切断电源，以检查 UPS 能否自动切换。

2. 系统测试运行

FCS 的规模一般庞大且复杂，因此实际上是逐步投入运行的，其基本过程为：

(1) 软件代码的下载和测试，包括 PLC 控制程序和上级监控软件测试。

(2) 系统设备和功能组态，包括硬件组态（硬件模块地址和功能的确定）和软件组态（确定软件功能和连接方式）。

(3) 网络系统通信功能调试，用来确定网络通信是否达到设计要求。

(4) 实际 FCS 启动，低水平运行。

(5) 逐步投运全部功能，实现整体系统可靠运行。

实现应用的过程应根据系统规模大小、现场环境和系统安全运行要求来确定。

3. 维护和故障诊断

维护和故障诊断是 FCS 的优势之一。由于 FCS 的强大处理功能和通信能力，使得现场总线设备可以随时进行故障诊断，FCS 在这方面的功能包括以下两点：

(1) 纠正性维护。快速故障定位和有效故障纠正是缩短停产时间的基础，可采取系统诊断、过程诊断和远程诊断的方法进行。可以解决自动化系统中的编程错误、内存错误、部件故障和通信错误。可以解决工厂生产运行过程中的错误，包括连锁装置不切换、电机保护被触发、限位开关错误、执行元件运行错误。远程诊断应用简单，无需进行新的组态，可从不同工作站进行远程控制或远程诊断，通过用户管理进行访问和维护，具有用于远程访问的单独屏幕，方便使用。

(2) 预防性维护。包括测试、测量、更换、调整和维护等活动，目的是将功能设备恢复或保持在一个指定的工作状态，设备可在该状态中执行所需任务。有效测试设备运行状态、检验设备是否存在故障隐患，在故障萌芽状态即刻消除隐患。因此，预防性维护是预防故障、优化资源的重要方法。进行预防性维护可采用日历驱动、性能驱动和事件驱动的维护（运行计时器、运行循环计数器、过程信号），自动维护进度计算，自动激活，通过维护通知而取得最佳资源规划。通过进行薄弱环节分析（PM-Analyze，WinCC 高级附加程序），诸如故障消息、状态消息、过程值和各种分析功能结果（报警频率、报警持续时间、平均值、最小值、最大值），自动进行分析并将结果以表格形式输出。

9.3 现场总线控制系统的集成技术

FCS 通过与企业服务网和全球信息网（Internet）互连，构成一个完整的企业网络 3 级层次结构（见图 9-2）。在企业信息网中，各种网络通信协议并存，尤其是在采用现场总线的现场控制层和监控调度层，基本上是一个多厂商产品共存的异构环境，由于通信规范不统一，影响了各种现场信号与应用程序的连接，给企业随时了解生产情况，实现远程监控、诊断和维护，进而进行优化控制和调度决策带来较大困难。在这种情况下，研究不同数据源集成技术，实现大范围信息共享变的十分重要。

在企业信息网络的最高层（信息管理层）通常采用标准以太网协议，其技术比较成熟，因此，这里不再考虑这一层的集成问题，讲述重点放在与现场控制层和监控调度层相关的 FCS 的集成方面。

9.3.1 连接设备的应用

在底层网段与监控调度层之间加入中继器、网桥、网关等专门的硬件设备，可使现场总线网络作为监控调度层网络的扩展与之紧密集成。

各种现场总线标准中，对一条总线段上容许挂接的通信节点数和长度有严格限制（如 FF-H1 总线每个网段上最多允许挂接 32 个节点，每条总线段长度不能超过 1900m），可采用中继器实现网段延伸和网络节点数的增加。如 FF-H1 总线最多允许使用 4 个中继器，使用 4 个中继器时，网段中各种设备的个数可以达到 156 个（32×5－4＝156，其中 4 为中继器个数），网络最大长度可达 9500m（1900×5）。

同种类型的总线，采用网桥或耦合器可实现不同速率网段之间的连接。如 Profibus 总线，采用总线耦合器实现 Profibus-DP 网段与 Profibus-PA 网段之间的连接。

不同类型的现场总线网段之间可采用网关或链接设备实现互连。大多数现场总线标准都设计了专门的协议转换器（网关）完成低速总线网段与高速网段的连接，在同一控制器母板上连接多个网关，将不同类型现场总线网段与以太网相连，组成异构综合网络，是常见的多种现场总线集成形式。如艾默生公司在其 Delta V 系统中，在 H1 总线控制器母板上增加了兼容 Profibus、ControlNet 的网关；西门子公司在其 ProfiNet 控制系统中，使用 FL PN/IBS 网关，将 Interbus 接入 ProfiNet。网关集成方式功能较强，但实时性较差。

信息网络一般是采用 TCP/IP 协议族的标准以太网，没有考虑数据传输的实时性，当现场设备有大量信息上传或监控操作频繁时，转换接口都将成为实时通信的瓶颈。但随着以太网技术的不断进步，这一缺陷将被逐步消除。

硬件设备也可以是一台专门的计算机，计算机通过运行软件完成数据包的识别、解释和转换；对于多网段的应用，它还可以在不同网段之间存储、转发数据包，起到网桥的作用。

为了有效实现底层数据的交换和集成，仅靠设备制造商开发有限种类的异种总线连接设备是远远不够的，现在人们已经研究出多种软件技术，可以在较大程度上弥补这方面的不足。

9.3.2 OPC 技术

OPC 技术（OLE for Process Control）的中文含义是过程控制对象的链接与嵌入技

术。这项技术的最初设计目标是创建一个进行底层数据有效交换的接口，实现不同硬件和软件之间的兼容，为基于 Windows 的应用程序和工业现场的过程控制应用建立桥梁。

在过去，为了存取现场设备的数据信息，每一个应用软件开发商都需要编写专用的接口函数。由于现场设备种类繁多，且产品不断升级，往往给用户和软件开发商带来了巨大的工作负担。即使这样，通常也不能满足工作的实际需要，系统集成商和开发商急切需要一种具有高效、可靠、开放、互可操作的、即插即用的设备驱动程序。正是在这样的背景下，OPC 技术应运而生。OPC 标准以微软公司的对象连接嵌入（OLE，Object Linking and Embedding）技术为基础，提供了一套标准的 OLE/COM 接口，使系统能以标准的方式从数据源获取数据，并传送给用户应用程序。

为了方便理解 OPC 技术，我们首先介绍与 OPC 紧密相关的 COM/DCOM 技术。

1. COM/DCOM 技术

COM 是 Component Object Model 的缩写，意为组件对象模型，它是所有 OLE 机制的基础。COM 是任意的两个软件组件之间都可以相互通信的标准，并不是一种计算机语言，与运行机器、机器的操作系统（只要支持 COM）以及软件开发语言无关。OLE/COM 采用客户机/服务器模式，COM 服务器是可执行程序，它根据 COM 客户的要求提供 COM 服务。

COM 标准将 Windows 下的对象定义为独立单元，两个应用程序通过对象化接口进行通信时，不需要知道对方是如何创建的。在 Windows NT4.0 操作系统下，COM 标准扩展到可访问本地计算机以外的其他对象，一个应用程序所使用的对象可以分布在网络上，COM 的这个扩展被称为分布式 COM（DCOM，Distributed COM）。

DCOM 技术可以使分布在不同设备上的 COM 组件，通过网络互连达到数据交换的目的。对于 COM 客户程序来说，可以像连接本地计算机上的 COM 服务器一样，去连接远程计算机上的 COM 服务器，当然，通信速度不太一样，但重要的是不必对服务器程序进行修正就可以在网络上自由实现利用 COM 和 DCOM 构成的组件的互相连接。

2. OPC 技术的概念

OPC 定义了一套标准的 OLE/COM 组件，并确定了这些组件必须具有的性能。OPC 是连接数据源（服务提供者或称为 OPC 服务器）和数据使用者（OPC 应用程序或称为客户）之间的软件接口标准。OPC 的数据源可以是 PLC、DCS、仪表、条形码读取器等设备。OPC 客户可以是操作系统、监控系统、归档系统和其他过程数据用户。这种服务是通过面向对象的属性和方式来体现的，每一个 OPC 服务器都提供这种属性和方式的程序段。因此，不同制造商的组件产品之间的协作将不成问题。OPC 接口与具体应用无关，即使传统的办公应用程序都可与之相连接。用户可以不依赖设备内部结构及其制造商，自己编制应用程序。

在使用 OPC 技术的系统中（见图 9-5），OPC 服务器是数据供应方，负责为 OPC 客户提供所需数据。OPC 服务器是按照各个制造商的硬件所开发的，可以吸收硬件中存在的差异，从而实现不依存于硬件的系统构成。OPC 客户是数据的使用方，处理 OPC 服务器提供的数据。OPC 服务器一般并不知道它的客户来源，OPC 客户可根据需

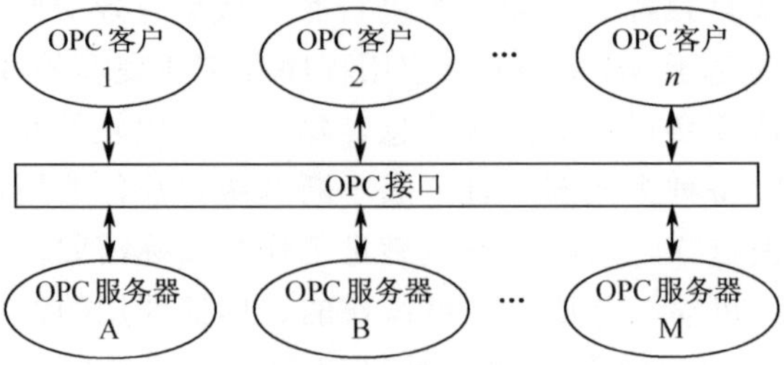

图 9-5　OPC 标准接口集成不同制造商的产品

要，接通或断开与 OPC 服务器的连接。

根据控制系统构成的不同，OPC 服务器既可以和 OPC 应用程序在同一台设备上运行，也可以在另外的设备上运行。OPC 接口可以通过网络把最下层控制设备的数据提供给数据使用者，也可用于应用程序和物理设备的直接连接。所以 OPC 接口是适用于多种系统的具有很大灵活性的接口标准。

3. OPC 规范简介

OPC 规范是由微软公司和一些著名的自动化设备制造商牵头组成的 OPC 基金会开发的，该基金会目前已经拥有 240 多个会员，主要负责 OPC 技术规范的制定和发布，并协调 OPC 技术的发展。OPC 规范诞生于 1996 年 8 月，在此之后，依据 1997 年 2 月微软公司推出的 DCOM 技术，1997 年 9 月 OPC 基金会又对 OPC 规范进行修改，增加了数据远程访问等功能，使得 OPC 规范得到了进一步的完善。

OPC 基金会主席 Dave Rehbein 称"OPC 是基于 Microsoft 公司的 DNA（Distributed interNet Application）构架和 COM 技术，根据易于扩展性而设计的。OPC 规范定义了一个工业标准接口，这个标准使得 COM 技术适用于过程控制和制造自动化等应用领域。"

OPC 以 OLE/COM 机制作为应用程序的通信标准，具有语言无关性、代码重用性、易于集成性等优点。OPC 规范了接口函数，不管现场设备以何种形式存在，客户机都以统一的方式去访问，使得用户完全从底层的开发中脱离出来。由于 OLE/COM 与 DCOM 技术支持 TCP/IP 等多种网络协议，因此可以将 OPC 客户机、服务器在物理上分开，分布于网络不同节点上。

应用程序与 OPC 服务器之间必须有 OPC 接口。OPC 规范为 OPC 服务器提供了两种标准接口：定制接口（Custom Interface）和自动化接口（Automation Interface），如图 9-6 所示。定制接口是 OPC 服务器必须提供的，只支持采用 C/C++ 语言编写的客户应用程序；而自动化接口是可选的，支持用 Visual Basic、Delphi、PowerBuilder、HTML 等语言开发的客户应用程序。

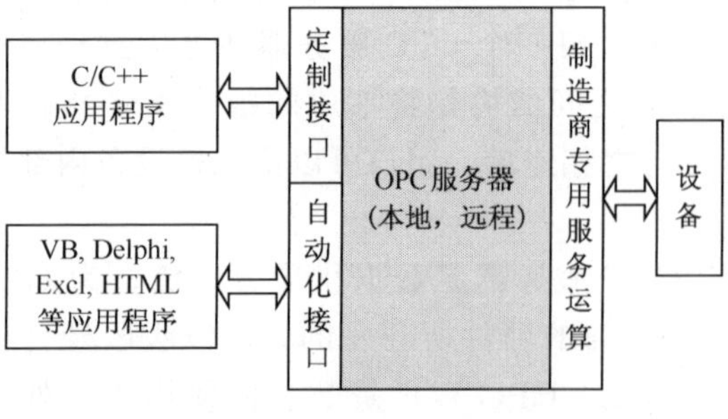

图 9-6　OPC 服务器的两种接口

在控制系统设计中通常采用自动化接口，该接口分为以下三层，依次呈包含关系：

OPC Server：OPC 启动服务器，获得其他对象和服务起始类，并用于返回 OPC Group 类对象。

OPC Group：存储由若干 OPC 项组成的 Group 信息，并用于返回 OPC Item 类对象。

OPC Item：存储具体 Item 的定义、数据值、状态值等信息。

OPC 服务器不仅可以用于硬件设备与系统软件之间的通信，也可以用于各个应用程序之间的通信。只要每个应用程序都给其他应用提供一个标准的 OPC 接口，它们之间就可以灵活而有效地进行数据交换。

4. OPC 技术在 FCS 集成中的作用

OPC 规范的出现，为 FCS 集成中的许多问题提供了一种简单、低廉的解决方案，其主要作用表现在以下几个方面：

(1) OPC 解决了设备驱动程序开发中的异构问题。以 FCS 为主体的工业控制系统功能日趋强大，结构日益复杂，规模也越来越大，一套工业控制系统往往选用几家甚至十几家不同公司生产的控制设备或 FCS。由于缺乏统一的标准，开发商必须对系统中的每一种设备都编写相应的驱动程序，而且，当硬件设备升级、修改时，驱动程序也必须跟随修改。

采用 OPC 标准后，OPC 提供了使系统以标准方式从数据源获取数据，并传送给各用户应用程序的方法。每个现场设备的制造商只需要为其设备开发一个符合 OPC 标准的 OPC 服务器，由服务器与数据源进行通信，获取现场数据；客户端应用程序只需要通过服务器标准接口访问现场设备，不会因设备的升级、更换而频繁改变应用程序。不论连接设备或控制系统是哪个制造商提供的，所有数据交换都通过标准的 OPC 服务器接口进行，用户可以很方便地进行设备的选型和功能的扩充。使用 OPC 标准，可以简化系统，缩短软件开发周期，提高软件运行的可靠性和稳定性，方便系统升级与维护。

(2) OPC 解决了异种网段之间的数据交换问题。在 FCS 中使用多种现场总线时，异种网段之间的数据交换面临许多困难。当使用 OPC 作为异种网段集成的中间件时，只要每个总线段提供各自的 OPC 服务器，任一 OPC 客户端软件都可以通过一致的 OPC 接口访问这些 OPC 服务器，从而获取各个总线段的数据，很好地实现异种总线段之间的数据交换与集成。图 9-7 给出了一种使用 OPC 作为中间件的数据集成方案，在这一系统中，通过三个 OPC 服务器，实现了 FF H1、Profibus、CAN 三种总线段上的数据集成。当其中某种总线的协议版本作了升级，也只要对相应总线段的服务器程序做升级修改，客户端软件和其他 OPC 服务器不需要做任何变动。

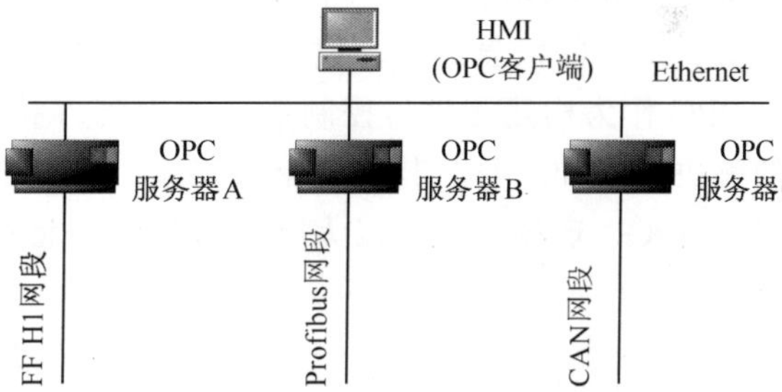

图 9-7　通过中间件的总线段数据集成

(3) OPC 可作为访问专用数据库的中间件。实际应用中，许多控制软件都采用专用的实时数据库或历史数据库，这些数据库由控制软件的开发商自主开发。对这类数据库的访问不像访问通用数据库那么容易，只能通过调用开发商提供的 API 函数来实现。然而，不同的开发商提供的 API 函数是不一样的，这就带来和硬件驱动器开发类似的问题：要访问不同监控软件的专有数据库，必须编写不同的代码，而且还要分别了解各个数据库提供的 API 函数的调用方法，这样显然十分繁琐。采用 OPC 则能有效的解决这个问题。

只要专有数据库的开发商在提供数据库的同时也能提供一个访问该数据库的 OPC 服务器，那么当用户要访问专用数据库时，只需按照 OPC 规范的要求编写 OPC 客户端程序而无需了解该专用数据库特定的接口要求。更重要的是，这个 OPC 客户端程序能够用来访问不同的数据库，只要这些数据库提供 OPC 服务器。

（4）OPC 便于集成不同来源的数据。OPC 除了能够连接异种控制网段之外，还可以连接不同类型的控制系统与设备。传统的离散 I/O 系统、PLC、DCS 和现在的 FCS 都可以通过 OPC 实现彼此之间的信息交换和集成。底层设备和仪表的信息可以通过 OPC 服务器进入其上一层的监控调度系统，这些系统与最上层的质量管理、生产管理和 Internet 应用软件通过 OPC 接口互换信息，从而使信息能够在整个企业信息网络之间充分流动。因此，OPC 提升了控制系统的功能，增强了网络的功能，提高了企业管理的水平。

（5）控制软件设计、硬件设计和系统集成设计的独立性增强。根据 OPC 提供的标准接口，软件供应商或设计人员可以不关心设备制造商的具体产品设计，而是专注于控制软件开发；设备制造商除了开发遵循 OPC 标准的服务器外，不需要再为配套驱动软件花费人力和物力，可把更多的精力投入到其核心产品研发上；系统集成设计人员不再需要讨论关于集成不同部件的接口问题，把精力集中到自动化功能实现上。这既有利于软件供应商、设备制造商和系统集成商的生产与发展，而且能够促进形成新的社会分工，引入更多的竞争，为社会提供更多更好的产品。

OPC 基金会最近又推出了的 OPC UA（Unified Architecture）标准，这一标准提升了基于微软 COM/DCOM 技术的 OPC 通信，定义了接口的很多方面，包含复杂的数据模型、统一的信息语义、以及安全和冗余等，OPC UA 将视角扩展到了整个企业。

OPC 作为构建测量与控制系统的中间件技术，为建立开放的自动化系统提供了有效的解决方案和工具，其发展十分迅速，已经成为测控数据交换的核心技术之一，毫无疑问，OPC、现场总线、以太网三者的结合将在许多领域中得到广泛应用。

习　题

1. 分析基于现场总线的控制网络在企业信息网中所起的主要作用。
2. 现场总线控制系统的设计原则是什么？
3. 试说明 FCS 的维护和故障诊断功能体现在哪些方面？
4. 现场总线的时间确定性是否已经达到工业通信的要求？
5. 各种工业以太网国际标准之间是否已经实现互操作？
6. 简要描述 OPC 技术在多种现场总线标准共存情况下的意义。

参 考 文 献

白焰，吴鸿，杨国田. 2000. 分散控制系统与现场总线控制系统. 北京：中国电力出版社

樊昌信等. 1995. 通信原理. 第 4 版. 北京：国防工业出版社

何城. 1989. 计算机局部网络结构与性能分析. 北京：中国科学技术出版社

胡海江，张凤登. 2006. 一种新的无线传感器网络分簇模型. 传感技术学报，19(2)：477～480

李显济. 1996. 计算机网络. 北京：机械工业出版社

李正军. 2005. 现场总线及其应用技术. 北京：机械工业出版社

凌志浩. 2007. 现场总线与工业以太网. 北京：机械工业出版社

缪学勤. 2000. 现场总线技术的最新进展. 自动化仪表，21(7)：1～7

缪学勤. 2007. 解读 IEC61158 第四版现场总线标准. 仪器仪表标准化与计量，3：1～4

潘峰，张凤登，应启戛. 2001. FF 总线实时通信机制研究. 上海理工大学学报，23(4)：372～375

史久根. 2004. CAN 现场总线系统设计技术. 北京：国防工业出版社

斯可克，王尊华，伍锦荣. 2003. 基金会现场总线功能块原理及应用. 北京：化学工业出版社

涂植英，朱麟章. 1988. 过程控制系统. 第 2 版. 北京：机械工业出版社

王常力，廖道文. 1993. 集散控制系统的设计与应用. 北京：清华大学出版社

王凌，杜娟娟，张凤登. 2004. CAN 总线协议的限定状态分析. 仪表技术与传感器，8：40～42

邬宽明. 1996. CAN 总线原理和应用系统设计. 北京：北京航空航天大学出版社

夏德海. 2003. 现场总线技术. 北京：中国电力出版社

谢希仁. 1994. 计算机网络. 大连：大连理工大学出版社

阳宪惠. 1999. 现场总线技术及其应用. 北京：清华大学出版社

张凤登，陆文华. 2001. 现场总线与电厂综合自动化系统集成技术. 动力工程，21(3)：1267～1270

张凤登，谢力，应启戛. 2002. 噪声环境中采用探询机制的局域网性能分析. 通信学报，23(6)：6～13

张凤登，应启戛. 2001. 现场总线与智能现场仪表设计技术. 自动化与仪器仪表，5(总第 97 期)：14～16

张凤登. 1997. 宝钢电厂自控仪表 RAM 优化目标管理系统开发. 华东工业大学学报，19(2)：73～76

张凤登. 2000. 一种可用于现场总线的连接管理方法及其证明. 上海理工大学学报，22(4)：299～303

张浩，马玉敏，杜品圣. 2006. Interbus 现场总线与工业以太网技术. 北京：机械工业出版社

张浩，谭克勤，朱守云. 2004. 现场总线与工业以太网络应用技术手册. 第二册. 上海：上海科学技术出版社

邹益仁，马增良，蒲维. 2003. 现场总线控制系统的设计和开发. 北京：国防工业出版社

Baums A K. 1998. Task Scheduling and Response Time Planning in Distributed Real-time Systems. Automatic Control and Computer Sciences，32(3)：41～47

Beeston W J. 1997. WorldFIP Advances in Process Control. Measurement＋Control，30(3)：71～74

Berthomieu B，Diaz M. 1991. Modeling and Verification of Time Dependent Systems Using Time Petri Nets. IEEE Transactions of Software Engineering，17(3)：259～273

Bogatyrev V A. 1999. Protocols for Dynamic Distribution of Requests Through a Bus with Variable Logic Ring for Reception Authority Transfer. Automatic Control and Computer Sciences，33(1)：57～63

BOSCH. 1991. CAN Specification Version 2. 0. Robert Bosch GmbH

Chou C C，Shin K G. 1997. Statistical Real-time Channels on Multiaccess Bus Networks. IEEE transactions on parallel and distributed systems，8(8)：769～780

Christopher A L. 2003. Multiplex Bus Progression 2003. SAE Technical Paper Series 2003-01-0111，Detroit：SAE World Congress. 1～9

Chunli Ai，Fengdeng Zhang，Rongpeng Liu. 2007. Research on Wireless Backup for CAN in Process Control System. The First International RFID Eurasia 2007 Conference，Istanbul，Turkey，1～6

Decotignie J D，Pleinevaux P. 1988. Field Buses in Manufacturing Automation：a Study of the Application Layer Requirements. IFAC Distributed Computer Control Systems，Vitznau，Switzerland，11～14

Fengli Lian, Moyne J R, Tibury D M. 2001. Performance Evaluation of Control Networks: EtherNet, ContrlNet and DeviceNet. IEEE Control Systems Magazine, 21(1): 66～83

Fieldbus Foundation. 1996. FOUNDATION™ Specification FF-800, FF-816, FF-821

Fieldbus Foundation. 1996. Technical Overview

Fieldbus Foundation. 1997. FOUNDATION™ Specification FF-801, FF-822, FF-870, FF-875, FF-890, FF-891, FF-892

Haverty N. 1986. MIL-STD1553—a Standard for Data Communications. Communication & Broadcasting, 10(1): 29～33

Hongju M, Hong seong P. 1998. Performance Degradation of the IEEE 802.4 Token Bus Network in a Noisy Environment. Computer Communications, 21(6): 547～557

Institute of Industrial Automation & Software Engineering. 2004. Introduction to CAN. Stuttgart: University of Stuttgart.

Jenkeins C G. 1997. P-NET as a European Fieldbus Standard EN50170 vol. 1. Measurement+Control, 30(3): 75～78

Kandola S S. 1997. Fieldbus Foundation and its Role in the Definition of a Single World Standard. Measurement + Control, 30(3): 79～81

Kim D W, Park H S, Kwon W H. 1993. The Performance of a Timer-controlled Token Passing Mechanism with Finite Buffers in an Industrial Communication Network. IEEE Transactions on Industrial Electronics, 40(4): 421～427

Mahalik N P. 2003. Fieldbus Technology. Berlin: Springer

OPC Foundation. 1998. OPC Data Access Custom Interface Standard 2.0

Philips Semiconductor Corporation. 2000. SJA1000 Stand-alone CAN Controller Data Sheet.

Philips Semiconductor Corporation. 2000. TJA1050 High Speed CAN Transceiver Data Sheet.

Phoenix Contact Co. 2004. Interbus & Automation

Pleinevaux P, Decotignie J G. 1988. Time Critical Communication Networks: Field Buses. IEEE Network Magazine, 2(3): 55～63

Prasad R, Guevara N, Luis R, Jean H. 1993. Analysis of Polling Protocols for Fieldbus Networks. ACM Computer Communication Review, 69～91

Robert L. 1997. Design of Distributed Control Systems in Next Millennium. Industrial Control, Aug: 148～152

Rockwell Automation-Allen Bradley. 1998. ControlNet Network Systems Overview

Shin K G, Chou C C. 1996. Design and Evaluation of Real-time Communication for Fieldbus-based Manufacturing Systems. IEEE Transactions on Robotics and Automation, 12(3): 357～367

Stallings W. 2000. Data & Computer Communications. NJ: Prentice Hall

Tovar E, Vasques. 1999. Cycle Time Properties of the PROFIBUS Timed-token Protocol. Computer Communications, 22(13): 1206～1216

Vector Informatik GmbH. 2000. CANoe Arbeitsbuch. Stuttgart

附录A　排队系统基础

A.1　稳定状态下的数据流

A.1.1　李特尔定律

假设有一边界为封闭曲线的网络（见图A-1），进出网络的数据为长短不一的报文。报文随机地进入网络，再按其进入队列的先后顺序，发往其他地方。我们所要知道的是，在稳定状态下，网络中暂时存储的报文数目与哪些因素有关，它们之间的关系又是怎样的。

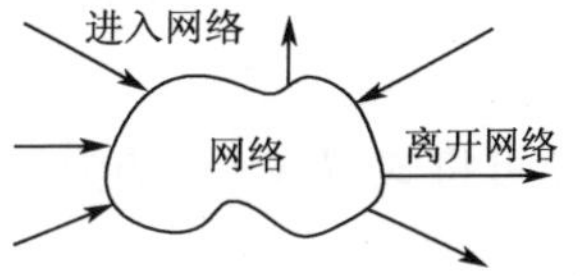

图A-1　具有封闭边界的网络

设在时间间隔（0，t）内进入网络的报文数目为$\alpha(t)$，离开网络的报文数目为$\delta(t)$。它们的差值为$N(t)$，是在此时间间隔里存储在网络中的报文数目，即

$$N(t) = \alpha(t) - \delta(t) \tag{A-1}$$

报文进入和离开网络的典型表示曲线见图A-2。这里的"离开网络"是指报文发送完毕。

在时间间隔长度为t时，报文的平均到达率记为λ_t，其表达式为

$$\lambda_t = \alpha(t)/t \tag{A-2}$$

另一个参数就是所有报文在网络中已经经历的时间，它是$\alpha(t)$与$\delta(t)$所包围的面积，即

$$\gamma(t) = \int_0^t N(x)\mathrm{d}x \tag{A-3}$$

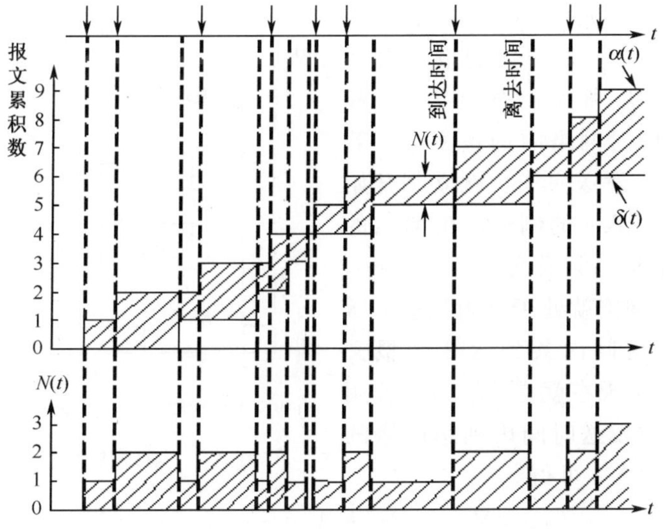

图A-2　稳定状态下累计进入和离开网络以及在网络中存储的报文数目

在时间间隔（0，t）内网络中的平均报文数目 N_t 为

$$N_t = \int_0^t N(x)\mathrm{d}x/t = \gamma(t)/t \tag{A-4}$$

每一个报文在网络中所经历的平均时间 T_t 为

$$T_t = \gamma(t)/\alpha(t) \tag{A-5}$$

由公式（A-2）、（A-4）和（A-5）可得

$$N_t = \lambda_t T_t \tag{A-6}$$

在以上算式的推导中有一点不够严密，就是在（0，t）内进入网络的报文（包含在 $\alpha(t)$ 中）可能还有未离开网络的。但随着时间 t 的推移这些影响是不用考虑的。

假设当 $t\to\infty$时，λ_t、T_t 和 N_t 都是有限值，则可令

$$\lambda = \lim_{t\to\infty}\lambda_t,\quad T = \lim_{t\to\infty}T_t,\quad N = \lim_{t\to\infty}N_t \tag{A-7}$$

由此可将式（A-6）变为

$$N = \lambda T \tag{A-8}$$

这就是著名的李特尔定律。在稳定状态下，存储在网络中的报文平均数等于报文的平均到达率乘以这些报文在网络中经历的平均时间。在使用时应注意 λ、T 和 N 要属于同一网络。

A.1.2 通信量强度

根据图 A-3 所示的网络，它有几个报文输入端，但输出信道只有一个。对于更复杂的网络，只要考虑发往某一个信道的报文，就可得出图 A-3 所示的模型。这里假定报文在队列中的发送规则是按照先进先出的原则进行的，以下将给出在稳定状态下的一些重要关系式。

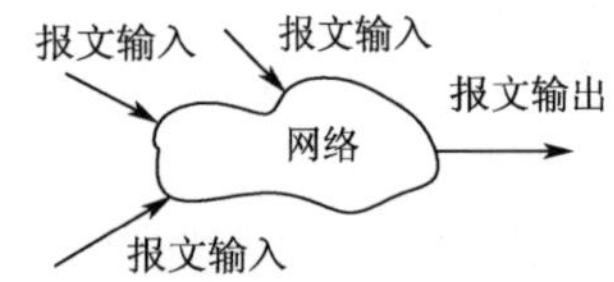

图 A-3　单输出信道的网络模型

报文的到达和离去情况见图 A-4（a）。这里将描述从第 i 个报文 M_i 发完到第 $i+1$ 个报文 M_{i+1}发完这段时间内，网络内的报文数 N 的变化情况。设 N_i 和 N_{i+1} 分别为 M_i 和 M_{i+1}刚刚发送完毕时网络内的报文数。若 $N_i>0$，则 M_i 刚一发送完毕，就立刻开始发送 M_{i+1}。对于图 A-4 的例子，在 M_{i+1}的发送时间内共到达 3 个报文。若 $N_i=0$，则 M_i 发送完毕，网络就处于空闲状态。所以在 M_{i+1} 的发送时间内共到达 2 个报文（第一个到达的报文现在就是 M_{i+1}）。若用 A_{i+1}表示在 M_{i+1}的发送时间内到达网络的报文数目，则从图 A-4 可得

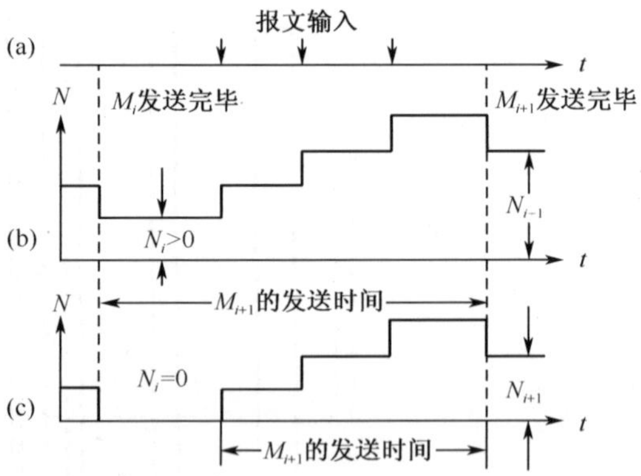

(a) 报文的发送和到达；(b) $N_i>0$；　(c) $N_i=0$

图 A-4　稳定状态下报文的发送时间

$$N_{i+1} = N_i + A_{i+1} - U(N_i) \tag{A-9}$$

式中 N_i 是否为 0 可以判断输出信道是忙状态（$N_i>0$）还是空闲状态（$N_i=0$），而

$U(N_i)$则是输出信道活跃性的一个度量。所谓“活跃性”就是信道忙的程度。输出信道忙就表示到达的报文须排队等待一段时间才能发送出去。

将（A-9）式两边取平均值，并考虑到在稳定状态下，$\overline{N}_{i+1}=\overline{N}_i$，则可得

$$\overline{U}(N_i)=\overline{A}_{i+1} \tag{A-10}$$

即$U(N_i)$的平均值等于第$i+1$个报文M_{i+1}的发送时间内网络的平均报文到达数$\overline{A}_{i+1}$。

如果不限于在报文刚刚发送完毕的时刻来考虑问题，而将在任何时刻t网络内的报文数记为$N(t)$，则$\overline{U}(N(t))$就表示信道平均忙的程度。这个参数特别重要，通常称之为通信强度或业务量强度，记为ρ，即

$$\overline{U}(N(t))=\rho \tag{A-11}$$

显然，

$$0\leqslant\rho\leqslant 1 \tag{A-12}$$

举例：如图 A-5 所示，报文（记为 msg）到达网络节点的平均到达率为λ(msg/s)。报文的到达可认为是瞬时的。输出信道的容量为C(bps)。报文长度是随机的，其平均长度为$1/\mu$(bit)（采用$1/\mu$是排队论中的习惯用方法）。这样，每个报文的平均发送时间为$1/\mu C$(s)，即信道的最大发送能力为μC(msg/s)。在稳定状态下报文的平均输入速率一定等于平均输出速率。因此，若将事件A出现的概率记为$P[A]$，则

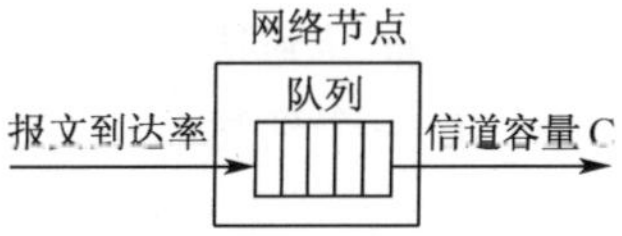

图 A-5　网络节点及输出信道

$$\lambda=P[\text{输出信道忙}]\cdot\mu C+P[\text{输出信道闲}]\cdot 0 \tag{A-13}$$

因此得出

$$\lambda=\rho\mu C \tag{A-14}$$

或

$$\rho=\lambda/(\mu C) \tag{A-15}$$

即通信量强度是跟报文平均到达率与输出信道所能提供的报文平均输出率之比。由式（A-12）可得出在稳定状态下有

$$\lambda\leqslant\mu C \tag{A-16}$$

A.2　M/G/1 排队模型

在排队论的文献中，常用“字母/字母/数字”这样的表示方法来描述某一类型的排队系统。第一个字母代表到达的规则，第二个字母代表服务规则（这里是指报文发送时间的长短服从什么规律），数字代表模型中平行的队列（这里是指发送信道）数目。我们最常遇到的几个字母是 M（负指数概率密度）、G（一般概率密度）和 D（确定值）。一般说来，在排队理论中所用的术语和网络中的术语不同。但它们是互相对应的，如顾客—报文；服务员—信道；服务时间—报文发送时间。为方便起见这里有时将两类术语混用。

M/G/1 表示到达规律是负指数概率密度，服务规则可以是任意的，而输出信道只有一个。M 也代表泊松（Poisson）过程。以下将从泊松过程讲起。

A. 2. 1 泊松过程

若在时间间隔 T 内到达 k 个报文的概率为

$$P[T\text{ 秒内 }k\text{ 个到达}] = \frac{(\lambda T)^k e^{-\lambda T}}{k!}, \quad k = 0,1,2,\cdots \tag{A-17}$$

其中，λ 为报文的平均到达率，则称这种形式的到达为泊松过程。

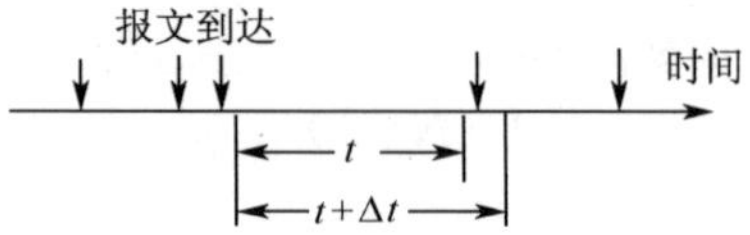

图 A-6 时间间隔 Δt 内有一个到达

现在推导到达时间间隔的概率密度函数 $a(t)$。$a(t)\Delta t$ 表示 $P[t$ 内无到达但在 $(t, t+\Delta t)$ 有一个到达$]$（参见图 A-6）。根据式（A-17），

$$P[t\text{ 内无到达}] = e^{-\lambda t}$$

$$P[(t,t+\Delta t)\text{ 内有 1 个到达}] = (\lambda\Delta t)e^{-\lambda\Delta t}$$

因此
$$a(t)\Delta t = e^{-\lambda t}\cdot\lambda\Delta t e^{-\lambda\Delta t}$$

当 $\Delta t\to 0$ 时，得出

$$a(t) = \lambda e^{-\lambda t} \tag{A-18}$$

这就是负指数的概率密度函数。由此可导出平均到达时间间隔为平均到达率 λ 的倒数。

$$a_1 = \int_0^\infty ta(t)\mathrm{d}t = 1/\lambda \tag{A-19}$$

到达时间间隔的方差为

$$\sigma_a^2 = \int_0^\infty t^2 a(t)\mathrm{d}t - a_1^2 = 2/\lambda^2 - 1/\lambda^2 = 1/\lambda^2 \tag{A-20}$$

可以看出，$\sigma_a = a_1 = 1/\lambda$。这是泊松过程的一个重要特点。

如果服务时间的概率密度也是负指数函数（记为 $b(t)$），且平均服务时间为 $1/\mu$（注：在排队论中，平均服务时间用 $1/\mu$，但在计算机网络中，$1/\mu$ 为平均报文长度，而平均服务时间为 $1/\mu C$。这点请勿混淆）。这样可得出与（A-18）相似的公式，则

$$b(t) = \mu e^{-\mu t} \tag{A-21}$$

μ 也称为平均服务率。

同样可以导出服务时间的标准差 σ_b 与平均值 b_1 为

$$\sigma_b = b_1 = 1/\mu \tag{A-22}$$

A. 2. 2 扑拉切克-辛钦公式

下面我们将给出 M/G/1 排队模型中的最重要的扑拉切克-辛钦（Pollaczek-Khinchine）公式，简称 P-K 公式。重新利用图 A-4，假定报文输入是泊松过程，报文的平均到达率和平均长度分别为 λ 和 $1/\mu$，但报文长度的分布规律则是任意的。输出信道只有一个，其容量为 C。从式（A-9）的差分方程着手。对于泊松过程，在任何一个

报文发送时间内的到达数目，与其他报文发送时间的长短无关，也与网络内的报文数目无关。因此式（A-9）中 A_{i+1} 的下标 $(i+1)$ 可以去掉。但是，A 与报文的发送时间（记为 Y，是个随机变量）有关。

将式（A-9）两端平方，再求平均值，得

$$\overline{N_{i+1}^2} = \overline{N_i^2} + \overline{U^2(N_i)} + \overline{A^2} - \overline{2N_iU(N_i)} - \overline{2AU(N_i)} + \overline{2N_iA} \tag{A-23}$$

在稳态下，式（A-23）的前两项可消去，因为网络中的报文数的均方值与在哪个报文发完时进行统计无关。$U(N_i)$ 被认为是单位阶跃函数，根据式（A-11），可得

$$\overline{U^2(N_i)} = \overline{U(N_i)} = \rho \tag{A-24}$$

由于 $N_iU(N_i) = N_i$，所以

$$\overline{N_iU(N_i)} = \overline{N_i} \tag{A-25}$$

考虑到 A 与 N_i 相互独立，根据（A-10）式，得

$$\overline{AU(N_i)} = \overline{A}\,\overline{U(N_i)} = \rho^2 \tag{A-26}$$

$$\overline{N_iA} = \overline{N_i}\,\overline{A} = \overline{N_i}\rho \tag{A-27}$$

将式（A-24）～式（A-27）代入式（A-23），得

$$0 = \rho + \overline{A^2} - 2\,\overline{N_i} - 2\rho^2 + 2\,\overline{N_i}\rho \tag{A-28}$$

对于泊松过程，在稳定状态下，网络中的平均报文数目不是时间的函数，因此 $\overline{N_i}$ 可改写为 N，于是得出网络中平均报文数目为

$$N = \frac{\rho + \overline{A^2} - 2\rho^2}{2(1-\rho)} \tag{A-29}$$

接着计算 $\overline{A^2}$。A 是在一个报文的发送时间 Y 内报文的到达数目，设 Y 固定时 $\overline{A^2}$ 为 m，有

$$m = \sum_{A=1}^{\infty} A^2\,\frac{(\lambda Y)^A \mathrm{e}^{-\lambda Y}}{A\,!} = \lambda Y + \lambda^2 Y^2 \tag{A-30}$$

再设报文的发送时间的概率密度为 $b(Y)$（注意：现在不是负指数函数了），则

$$\begin{aligned}\overline{A^2} &= \int_0^{\infty} mb(Y)\mathrm{d}Y = \int_0^{\infty} (\lambda Y + \lambda^2 Y^2) b(Y)\mathrm{d}Y \\ &= \lambda\int_0^{\infty} Yb(Y)\mathrm{d}Y + \lambda^2\int_0^{\infty} Y^2 b(Y)\mathrm{d}Y\end{aligned} \tag{A-31}$$

上式第 1 个积分即 Y 的平均值 $\overline{Y}$，其值为 $1/\mu C$。第 2 个积分为 Y 的方差 σ_Y^2 与 $(\overline{Y})^2$ 之和，因此，

$$\overline{A^2} = \lambda/\mu C + \lambda^2(\sigma_Y^2 + 1/\mu^2 C^2) \tag{A-32}$$

利用式（A-15），并考虑到 σ_Y^2 实际上就是前面提到过的服务时间的方差 σ_b^2，可将式（A-32）改写为

$$\overline{A^2} = \rho + \rho^2 + \lambda^2\sigma_b^2 \tag{A-33}$$

将式（A-33）代入式（A-29），即得出网络节点的队列中的平均报文数目

$$N = \rho + \frac{\rho^2 + \lambda^2\sigma_b^2}{2(1-\rho)} \tag{A-34}$$

根据式（A-8）的李特尔定律，可求出报文经网络所产生的平均延迟

$$T = \frac{1}{\mu C} + \frac{\rho + \lambda\,\mu C\sigma_b^2}{2\,\mu C(1-\rho)} \tag{A-35}$$

式（A-34）、（A-35）即为 M/G/1 模型中的两个 P-K 公式。对于 M/G/1 排队系统，网络中存储的报文数的平均值以及报文延迟的平均值，是由报文到达率的平均值，以及报文发送时间的平均值和方差这些因素所决定的。

另外，当通信量强度 ρ 趋于 1 时，网络中积压的报文的平均数目 N 和报文经网络引起的平均延迟 T 都趋于无限大。因而要使网络正常工作，通信量强度 ρ 一定不能太接近于 1。

以上仅介绍了最基本的排队系统及其常用公式，进一步学习请参阅排队论方面的教材。

附录 B IEEE 802 标准

开发局域网市场的关键在于使用低成本的接口。把设备连接到局域网的成本必须低于设备本身的成本。这一要求，再加上局域网逻辑的复杂性，都需要使用芯片和超大规模集成电路。但是，除非有巨大的市场，否则芯片的制造商是不可能主动生产新产品的。广泛接受的局域网标准能够保证市场规模，允许多家厂家生产的设备互通信。这就是 IEEE 802 委员会存在的原因。

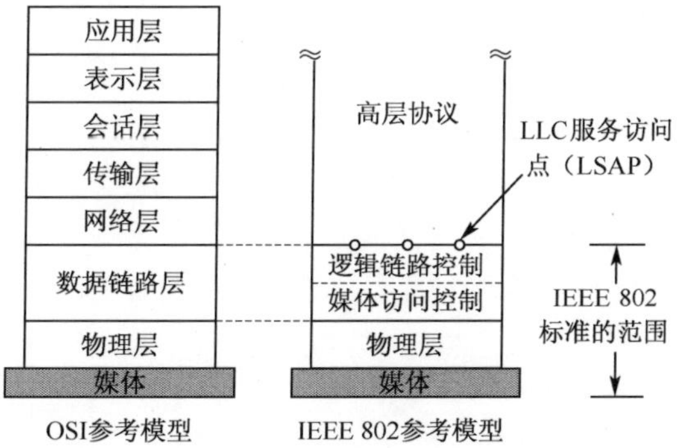

图 B-1 IEEE 802 协议层与 OSI 模型的对比

该委员会发布了一组标准，于 1985 年被美国国家标准局（ANSI）采纳作为美国国家标准，后来国际标准化组织（ISO）对这些标准作了修改，并于 1987 年作为国际标准重新发布，发布名称为 ISO 8802。从那以后，IEEE 802 委员会继续对该标准进行修改和扩展，最终被 ISO 采纳。该委员会很快得到两个结论。首先，在局域网上的通信任务是非常复杂的，需要划分成多个可管理的子任务，就是图 B-1 所示的 IEEE 802 参考模型；其次，没有哪一种单一的技术能够满足所有要求。

第二个结论是人们非常不情愿接受的。标准支持多种拓扑、访问方法和传输媒体。委员会所能做的就是把所有严格的建议标准化，而不是试图只建立一个标准。IEEE 802 下属的多个子委员会以及它们正在做的工作反映了标准化目前的情况。它们是：

（1）802.1 高层局域网协议工作小组：概要和体系结构、桥接、虚拟桥接局域网（VLAN）。

（2）802.2 逻辑链路控制工作小组：未工作。

（3）802.3 以太网工作小组：访问方法和物理信号。

（4）802.4 令牌总线工作小组：访问方法和物理信号（未工作）。

（5）802.5 令牌环工作小组：访问方法和物理信号。

（6）802.6 城域网工作小组：访问方法和物理信号。

（7）802.7 宽带 TAG：宽带技术咨询小组（未工作）。

（8）802.8 光纤 TAG：光纤技术咨询小组。

(9) 802.9 同步局域网工作小组：访问方法和物理信号。
(10) 802.10 安全工作小组：所有 IEEE 802 标准的多种安全级别。
(11) 802.11 无线局域网工作小组：访问方法和物理信号。
(12) 802.12 需求优先级工作小组：访问方法和物理信号。
(13) 802.13 没有使用。
(14) 802.14 线缆调制解调器工作小组。
(15) 802.15 无线个人区域网络工作小组：短距离无线网络标准。
(16) 802.16 宽带无线访问研究小组。
(17) 服务质量（QoS）/流控制研究小组。

附录 C　CAPL 语言简介

C. 1　数据类型

dword，long，word，int，byte，char：	整数，定义与 C 语言相同
float，double：	64 位浮点数
message：	CAN 报文
timer，msTimer：	定时器，不能在声明句中初始化

C. 2　控制信息访问

下列选项可用来访问控制信息：

ID　　报文标识符

CAN　　组件号码

DLC　　数据长度码

DIR　　传送方向，事件分类；可能的值：

　　RX　　报文已经接收（DIR＝RX）

　　TX　　报文已经发送（DIR＝TX）

　　TXREQUEST　已经设置报文发送请求

RTR　　远程发送请求；可能的值：0 ＝ no RTR，1 ＝ RTR

TIME　　时间，单位：10 ms

C. 3　重要 CAPL 函数

output（message msg）

output（errorFrame）

功能：　从程序块发送一个报文或出错帧

参数：　“message”或“errorFrame”型变量

例：

```
output(sendMsg);
```

int getvalue(EnvVarName)

float getvalue(EnvVarName)

功能：　获得标识符为 EnvVarName 的环境变量的值，返回值的类型取决于环境变量的类型(int 用于离散环境变量，float 用于连续变量）。

参数：　环境变量名

例：　　val = getValue(Switch);

putvalue(EnvVarName，int n)

putvalue(EnvVarName，float f)

功能：　给标识符为 EnvVarName 的环境变量指定 n 或 f 值，整数用于离散环境变量，浮点数用于连续环境变量。

参数：　环境变量名和其新值

例：　　PutValue(Lamp, 1); /＊ 设置环境变量 Lamp 的值为 1 ＊/

setTimer(msTimer t，long duration)

setTimer(timer t，long duration)

功能：　设置定时器

参数：　timer 和 msTimer 型变量，以及定时长度表达式

例：

```
msTimer t; timer t1;
setTimer(t, 200);  /* 设置定时器 t 的定时长度为 200ms */
setTimer(t1, 2);  /* 设置定时器 t1 的定时长度为 to 2s */
```

cancelTimer(msTimer t)

cancelTimer(timer t)

功能：　终止一个定时器的计时

参数：　Timer 或 msTimer 变量

例：

```
timer t;
cancelTimer(t);
```

long timeDiff(message m1，now)

long timeDiff(message m1，message m2)

功能：　报文之间或报文与当前时间的时间差，单位为 ms.

参数：　1.“message”型变量

　　　　2.“message”或“now”型变量

例：　　diff = timeDiff(sendMsg, now);

write(string format，...)

功能：　在写入窗口中显示文本信息

参数：　格式控制说明，变量或表达式

Write 函数是以 C 语言的“printf”函数为基础的，可用的格式为：

“%ld”：十进制显示

“%lx”：十六进制显示

“%lo”：八进制显示

“%lf”：浮点数显示

“%c”：字符输出

例：

```
i = 10; j = 12;
write("d = %ld, h = 0%lxh", i, j) /* result:> d = 10, h = 0ch < */
```

dword keypressed()

功能：　传送当前按键的键码，如果没有键被按下，函数返回 0 值